"十三五"国家重点图书出版规划项目

《西方古典学研究》
编辑委员会

主　编：黄　洋　（复旦大学）
　　　　高峰枫　（北京大学）

编　委：陈　恒　（上海师范大学）
　　　　李　猛　（北京大学）
　　　　刘津瑜　（美国德堡大学）
　　　　刘　玮　（中国人民大学）
　　　　穆启乐　（Fritz-Heiner Mutschler，德国德累斯顿大学；北京大学）
　　　　彭小瑜　（北京大学）
　　　　吴　飞　（北京大学）
　　　　吴天岳　（北京大学）
　　　　徐向东　（浙江大学）
　　　　薛　军　（北京大学）
　　　　晏绍祥　（首都师范大学）
　　　　岳秀坤　（首都师范大学）
　　　　张　强　（东北师范大学）
　　　　张　巍　（复旦大学）

西方古典学研究

The Therapy of Desire
Theory and
Practice in
Hellenistic Ethics

欲望的治疗

希腊化时期的
伦理理论与实践

Martha C. Nussbaum

[美] 玛莎·努斯鲍姆 著

徐向东 陈玮 译

北京大学出版社
PEKING UNIVERSITY PRESS

著作权合同登记号　图字：01-2011-1988

图书在版编目（CIP）数据

欲望的治疗：希腊化时期的伦理理论与实践/（美）玛莎·努斯鲍姆著；徐向东，陈玮译. —北京：北京大学出版社，2018.5
（西方古典学研究）
ISBN 978-7-301-29472-7

Ⅰ.①欲…　Ⅱ.①玛…②徐…③陈…　Ⅲ.①希腊化时代—伦理学—研究　Ⅳ.①K125②B82

中国版本图书馆 CIP 数据核字（2018）第 068150 号

The Therapy of Desire: Theory and Practice in Hellenistic Ethics, by Martha C. Nussbaum
Copyright © 1994 by Trustees of Oberlin College, English edition published by Princeton University Press

本书简体中文版由普林斯顿大学出版社授权北京大学出版社出版发行。未经出版方书面许可，不得以任何形式或通过任何电子或机械方式复制或传播。

All rights reserved. No part of this book may be reproduced or transmitted in any form or by any means, electronic or mechanical, including photocopying, recording or by any information storage and retrieval system, without permission in writing from the Publisher.

书　　名	欲望的治疗：希腊化时期的伦理理论与实践 YUWANG DE ZHILIAO: XILAHUA SHIQI DE LUNLI LILUN YU SHIJIAN
著作责任者	［美］玛莎·努斯鲍姆　著　徐向东　陈玮　译
责任编辑	王晨玉
标准书号	ISBN 978-7-301-29472-7
出版发行	北京大学出版社
地　　址	北京市海淀区成府路 205 号　100871
网　　址	http://www.pup.cn　新浪微博：@北京大学出版社
电子信箱	pkuwsz@126.com
电　　话	邮购部 62752015　发行部 62750672　编辑部 62752025
印 刷 者	北京中科印刷有限公司
经 销 者	新华书店
	965 毫米 × 1300 毫米　16 开本　39.25 印张　700 千字 2018 年 5 月第 1 版　2023 年 1 月第 2 次印刷
定　　价	98.00 元

未经许可，不得以任何方式复制或抄袭本书之部分或全部内容。
版权所有，侵权必究
举报电话：010-62752024　电子信箱：fd@pup.pku.edu.cn
图书如有印装质量问题，请与出版部联系，电话：010-62756370

纪念格雷戈里·弗拉斯托斯

哲学不在世界之外，正如人的大脑虽然不在肚子里、却也并不因此就在人体之外；但是，哲学在用双足站立在大地上之前，确实先用大脑立于世界之中，而人类的其他很多领域在认识到是"头脑"属于这世界，还是这世界是头脑的世界之前，早就已经扎根于大地并摘取这个世界的果实了。

——卡尔·马克思，1842

哲学家渴望

不拥有即欲望之始。
拥有不存在之物是欲望的古老循环……

欲望知道它拥有的正是不存在
于是将它扔弃，仿佛抛开另一个时代的事物，
就像早晨挣脱陈腐的月光和破旧的睡眠。

——华莱士·史蒂文斯：《最高虚构笔记》

"西方古典学研究"总序

古典学是西方一门具有悠久传统的学问,初时是以学习和通晓古希腊文和拉丁文为基础,研读和整理古代希腊拉丁文献,阐发其大意。18世纪中后期以来,古典教育成为西方人文教育的核心,古典学逐渐发展成为以多学科的视野和方法全面而深入研究希腊罗马文明的一个现代学科,也是西方知识体系中必不可少的基础人文学科。

在我国,明末即有士人与来华传教士陆续译介希腊拉丁文献,传播西方古典知识。进入20世纪,梁启超、周作人等不遗余力地介绍希腊文明,希冀以希腊之精神改造我们的国民性。鲁迅亦曾撰《斯巴达之魂》,以此呼唤中国的武士精神。20世纪40年代,陈康开创了我国的希腊哲学研究,发出欲使欧美学者不通汉语为憾的豪言壮语。晚年周作人专事希腊文学译介,罗念生一生献身希腊文学翻译。更晚近,张竹明和王焕生亦致力于希腊和拉丁文学译介。就国内学科分化来看,古典知识基本被分割在文学、历史、哲学这些传统学科之中。20世纪80年代初,我国世界古代史学科的开创者日知(林志纯)先生始倡建立古典学学科。时至今日,古典学作为一门学问已渐为学界所识,其在西学和人文研究中的地位日益凸显。在此背景之下,我们编辑出版这套"西方古典学研究"丛书,希冀它成为古典学学习者和研究者的一个知识与精神的园地。"古典学"一词在西文中固无歧义,但在中文中可包含多重意思。丛书取"西方古典学"之名,是为避免中文语境中的歧义。

收入本丛书的著述大体包括以下几类:一是我国学者的研究成果。近年来国内开始出现一批严肃的西方古典学研究者,尤其是立志于从事西方古典学研究的青年学子。他们具有国际学术视野,其研究往往大胆而独具见解,代表了我国西方古典学研究的前沿水平和发展方向。二是国外学者的研究论著。我们选择翻译出版在一些重要领域或是重要问题上反映国外最新研究取向的论著,希望为国内研究者和学习者提供一定的指引。三是西方古典学研习者亟需的书籍,包括一些工具书和部分不常见的英译西方古典文献汇编。对这类书,我们采取影印原著的方式予以出版。四是关系到西方古典学学科基础建设的著述,尤其是西方古典文献的汉文译注。收入这类的著述要求直接从古希腊文和拉丁文原文译出,且译者要有研究基础,在翻译的同时做研究性评注。这是一项长远的事业,非经几代人的努力不能见成效,但又是亟需的学术积累。我们希望能从细小处着手,为这一项事业添砖加瓦。无论哪一类著述,我们在收入时都将以学术品质为要,倡导严谨、踏实、审慎的学风。

我们希望,这套丛书能够引领读者走进古希腊罗马文明的世界,也盼望西方古典学研习者共同关心、浇灌这片精神的园地,使之呈现常绿的景色。

"西方古典学研究"编委会

2013 年 7 月

目　录

2009 年版导论　　　　　　　　　　　　　　1
致　谢　　　　　　　　　　　　　　　　　14
缩略表　　　　　　　　　　　　　　　　　18
哲学家和学派　　　　　　　　　　　　　　21

导　论　　　　　　　　　　　　　　　　　1
第一章　治疗论证　　　　　　　　　　　　11
第二章　医学论辩:亚里士多德论理论与实践　47
第三章　亚里士多德论情感和伦理健康　　　78
第四章　伊壁鸠鲁的手术:论证和空洞的欲望　102
第五章　超越痴迷和厌恶:卢克莱修论爱欲的治疗　141
第六章　凡间的不朽:卢克莱修论死亡和自然之声　195
第七章　"用言语,不用武器":卢克莱修论愤怒和侵犯　243
第八章　怀疑论的泻药:困扰与无信念的生活　285
第九章　斯多亚学派的滋补品:哲学与灵魂的自我管理　324
第十章　斯多亚主义者论根除激情　367
第十一章　塞涅卡论公共生活中的愤怒　411
第十二章　灵魂中的巨蛇:解读塞涅卡的《美狄亚》　449
第十三章　欲望的治疗　497

参考文献　　　　　　　　　　　　　　　524
出处索引　　　　　　　　　　　　　　　542
总索引　　　　　　　　　　　　　　　　570
译后记　　　　　　　　　　　　　　　　584

2009年版导论

《欲望的治疗》是十五年前出版的，现在是我们去反思从那时到现在的这段岁月如何对本书的基本主题和论点产生了新的启示（就像《善的脆弱性》十五岁生日时我对新版所做的那样）的时候了。在此，如果说我只是集中于自己的思想，而没有把重点放在其他作者撰写的大量有价值的著作上，那也只是因为采取其他做法至少会要求一本与本书同样篇幅的著作。

一、希腊化时期伦理学的中心地位

《欲望的治疗》的意图仅仅在于，在一个领域中展示希腊化时期的哲学流派及其争论的丰饶和质量。大约在1983年，当我开始开展本书的研究计划时，同行们已经逐渐认识到了这个事实，而对于几乎所有非专业哲学家和大多数专业学者来说，柏拉图和亚里士多德仍被看成所谓"古代哲学"（这个说法有点令人误解，因为印度人和中国人也有自己杰出的古代哲学学派，但这个称呼唯独被用于古希腊人和罗马人，实际上主要被用于古希腊人）的核心人物。在每三年召开一次的希腊化时期哲学研讨会上，一群杰出的学者已开始定期会面，但是，甚至到1994年为止，在《欲望的治疗》出版之际，他们的工作对整个专业领域仍影响甚微。

不过，到现在为止，在英美和欧陆的课程体系中，希腊化时期伦理思想研究已成为哲学主流的一个稳定部分，其质量和历史重要性在很长时间以来已得到了保证。在这个领域中，很多学者都做出了精彩的工作，于是，一篇导论有可能很快就变成一篇旁征博引的论文；他们所做的工作，无论是哲学重建，还是编译，都在这个学科领域激起焕然一新的兴趣。假若我在这里仅仅提及茱莉亚·安娜斯（Julia Annas）、乔纳森·巴恩斯（Jonathan Barnes）、迈尔斯·伯恩耶特（Myles Burnyeat）、玛格丽特·格雷弗（Margaret Graver）、皮埃尔·阿多（Pierre Hadot）、布拉德·因伍德（Brad Inwood）、

A. A. 朗(A. A. Long)、马尔康姆·斯科菲尔德(Malcolm Schofield)、戴维·塞德利(David Sedley)、理查德·索拉布吉(Richard Sorabji)以及吉塞拉·斯特莱克(Gisela Striker)这些名字,那我就是在忽略很多已经做出杰出贡献的作者。不过,本书的基本关注是有关情感和哲学治疗的问题,而在研究这些问题的领域,我刚才提到的那些名字尤为引人瞩目。

由于这些一流著作的涌现,哲学家和人文科学领域的教师开始认识到,在希腊化时期思想家(包括古希腊思想家和古罗马思想家)的著作中,我们可以发现对伦理学、道德心理学以及政治哲学的丰富而迷人的讨论。他们也开始认识到,若不详细讨论这些贡献,实际上就不可能负责任地讲授西方哲学史。即便是去试图理解笛卡尔、莱布尼茨、斯宾诺莎、休谟、亚当·斯密、康德、尼采等早期欧洲哲学的领先人物(更不用提更早一些的基督教思想家了)的著作,若没有领会希腊化时期思想家对他们的影响,那简直就会成为糟糕的哲学史著作产生的秘方。若不理解古罗马思想对托马斯·潘恩(Thomas Paine)和詹姆斯·麦迪逊(James Madison)的巨大重要性,就不可能准确地认识美国革命发生的哲学环境。人们开始逐渐认识到这些事实,而学者们也正在从文献上来梳理这些贡献。

但是在这些问题上,我们也经常碰到一些愚钝的做法。比如说,人文科学的核心课程需要完整地介绍西方思想的历史发展,但它们却经常跳过希腊化时期,从亚里士多德直接跳到基督教思想(甚至会跳到笛卡尔),而忽视了某些思想家——如果没有了他们,这个转变就不可能得到充分理解。有些学者专门研究西方哲学的早期现代时期,但是他们在希腊化时期的思想方面往往没有什么基础,因此就无法敏锐地领悟笛卡尔和斯宾诺莎之类的思想家与那些文本所进行的错综复杂的对话。研究美国宪政历史的专家们(只有伟大的戈登·伍德[Gordon Wood]才是一个值得尊敬的例外)仍然倾向于认为,美利坚合众国的开创者们沉浸在柏拉图和亚里士多德的思想之中,而不是沉浸在古罗马的思想之中,即使正是这方面的思想如此重要地塑造了他们自身的思想框架。于是,在这个专门的子领域以外,尽管事情发生了变化,但变化的方式基本上不是它所应当采取的那一种。

给予希腊化思想以其应有的地位,在这件事情上确实存在真正的困难。古希腊文本主要是以残篇和后人总结的形式保存下来的,甚至对专家学者来说,去评估这些材料就已经非常困难,而对于非专家和学生来说则令人苦恼。为了把希腊化时期的思想家有力地整合到人文科学和哲学的核心课程中去,唯一的办法就是集中于古罗马作者,因为他们的著作是作为完整的文本保存下来的。当然,后来的哲学家和政治思想家所信奉的也正是这些作者,尤其是用拉丁文来写作的作者。但是,要让人们确信卢克莱修(Lucretius)、西塞罗(Cicero)、塞涅卡(Seneca)是真正的哲学家也很不容易,因为他们从事哲学写作的方式不像亚里士多德的写作方式(虽然我们看不到他的著名对话)那样看似接近英美传统的规范,另一方面,如果我们忽视柏拉图对话中那些并不具有线性论证形式的部分,那么他们的写作方式也不像柏拉图的写作方式那样看似接近英美传统的规范。卢克莱修是诗人;西塞罗往往用对话体写作;塞涅卡既写对话又写书信。正是因为这三位伟大思想家的哲学议程都是治疗性的,他们选择了很难用通常的分析风格来传授的写作形式。如果一门课程的基本目的就是要教会学生如何进行论证和评价论证(这当然是一个很有价值的目的),那么就很难在这种课程中介绍他们的著作。

《欲望的治疗》试图表明:希腊化时期思想家对论证的质量和精湛其实有着极为深刻的承诺,而且充分符合他们对治疗议程的理解。(以下我将忽略怀疑论,正如读者在阅读第八章时会看到的,怀疑论是一种特殊情形。)说哲学应该是治疗性的,其要旨并不是说哲学应该让自己特有的承诺服从于其他规范(例如幸福和安宁);而是说,只有通过承诺一生都要追求论证,才能获得你正在寻求的好东西(例如幸福和安宁)。我们文化中的其他人物——预言者、魔法师、占星术家、政客——都声称要把人们想得到的东西给予他们,却不要求他们去从事批判性的思考和论证。哲学家们说:这样做不行,只有在献身于理性的生活中,你才会真正得到你想要的东西。(在这里,正如我在本书中提到的,米歇尔·福柯[Michel Foucault]论述自我塑造的著作本来应该很有启示,然而,在我看来,只要我们把他在这方面的著述置于希腊化时期,我们就可以发现它有一个主要缺陷。自我塑造可以采取很多形式;在哲学家那里,它所采取的形式就是终身致力于论证和分析。)

因此,如果哲学教师认为希腊化时期的文本主要是通过非论证性的手段来进行说服,并因此而加以回避,那么他们就错了;他们误解了希腊化时期的治疗所关心的事情。不过,对那些习惯于更常见的论证策略的学生来说,向他们讲授这些文本确实会涉及一些真正的困难。治疗论证有自己的修辞方式和文学风格。若完全忽视治疗论证的这些方面(很多哲学教学都会忽视这些方面),就不可能破解这种论证。只有当我们对这些论证的治疗目的保持敏感并以这种敏感性来解读它们,在经过艰苦的工作后,才能明白它们作为论证到底有多么精彩。

不管读者是否同意我用来重建这些论证的具体方式,甚或是否同意我对一个治疗论证(相对于我所要考察的每个学派来说)究竟是什么的总体把握,我希望他们都会相信:治疗论证这一范畴提供了看待文本及其合理结构的一种有用方式。于是我就有了这样一个希望:通过开启治疗论证的全部论题,同时强调对理性的承诺(这是斯多亚主义者和伊壁鸠鲁主义者的一个标志,尽管他们在细节上有很多差别),《欲望的治疗》有助于人们认识到这些文本确实是很好的哲学,而随着时间的展开,也有助于他们看到,这些文本如何可以与思想风格更接近主流的其他哲学家一道为他们提供教益。《欲望的治疗》也可以展现看待笛卡尔、斯宾诺莎乃至康德的治疗方案和文学策略的新方式。

二、情感和新斯多亚主义的观点

在过去十五年间,我继续从事一些论述情感的工作,将注意力集中于对希腊化时期文本的分析。《爱欲与有智慧的人》(Nussbaum, 1995b)分析和评价斯多亚主义者对爱欲(*erōs*)的看法(在 2005 年发表的一篇文章中,通过与当代心理分析的规范相联系,我进一步对此提出一个批判性的考察),而在即将发表的两篇文章(Nussbaum, forthcoming b)中,我探究了如下问题:塞涅卡和西塞罗,在二者的政治交战中,是否显示了他们在哲学著作中所要谴责的情感?在《对神圣的克劳狄皇帝的赞美》(*Apocolocyntosis*)这部尖刻滑稽的讽刺作品中,塞涅卡庆祝克劳狄皇帝的死亡。这部作品令我着迷,因此我已经为之准备了一个新的评注本,进一步评论这部著作对于情感及斯多亚学派的哲学规范所做的处理。

不过,这些年来,总的来说我一直在尝试提出我自己的情感理论,把古老的斯多亚主义学说作为我思考的一个起点。在《欲望的治疗》第十章中,我对这个理论提出了一个论述,试图表明斯多亚主义者的那个大胆主张(情感即判断)在哲学上有什么激动人心之处,在那里我对情感提出的总体分析最终发展为《思想的剧变》(*Upheavals of Thought*)及其续篇《隐瞒人性》(*Hiding from Humanity*),而它们都开始于那个起点。

在对斯多亚学派情感理论的价值进行多年沉思后,我终于相信:若要把这种理论塑造为令人满意的哲学理论,就需要用四种方式来进一步发展它。该理论中的这四个缺口或缺陷对应于《思想的剧变》的前四章,每一章都试图解决其中的一个问题。

首先,我们需要更系统地、用更多的区分和论证来阐述斯多亚学派对情感的看法。克里西普斯(Chrysippus)大概做了全部工作,他在这个论题上的著作残篇包含一些建议,表明他会如何回答有关的基本残篇中仍未回答的问题;不过,我们自己仍有大量工作要做。我们或许把这一切都称为"重建",其中涉及如何最好地阐明克里西普斯的观点,而不是实际上偏离它。然而,在一些情形中,剩下的三个发展的确彻底偏离了斯多亚学派的观点。

第二个修改关系到人的情感与动物情感之间的关系,这是最近一段时间让我越来越感兴趣的一个论题。[1]斯多亚学派对这个论题的论述否认动物有情感,因此既不符合我们的直观,从现在来看也不符合我们的科学知识。为了照顾"动物有情感"这个直观认识,有人可能会否认情感首先涉及认知。然而,在《思想的剧变》第二章中,我论证说无须采取这条途径。到目前为止我们知道动物能够有复杂的认知;它们肯定可以把关于眼前对象的想法与关于自身利弊的想法结合起来,而为了具有多种类型的情感(包括恐惧和忧伤),有这些就够了。但是,为了得到一种把动物情感(以及年轻人的情感)包括进来的理论,我们就不应该说情感涉及用语言(或者甚至可以用语言)来表达的命题;而是,我们应该说情感涉及一种特殊的知觉:一个对象可能会对一个生物产生某些有利或不利的影响,而对于这种影响的显著性或重要性,这个生物是有知觉的。在《思想的剧变》中,我表明对情感的这种看法如何可以充分理解关于动物情感的证据,实际上比非认知的观点得出了更好的理解。最近对动物情感的进一步反思(其中一些反思是在约翰·戴[John Deigh]的卓越批评下激发起来的,见 Nussbaum[2004b,2004c])表明,人的情感和动物情感之间的差别比我在《思想的剧变》中所意识到的要多得多,而其中一些差别对于"同情"这个论题特别重要。[2]

斯多亚主义者并不否认,在看待世界的规范和方式等方面的社会变异

---

[1] 见 Nussbaum(2004b, 2004c, 2006b, forthcoming d)。

[2] 见 Nussbaum(2006b, forthcoming d)。

能够影响一个社会对情感的分类。实际上,当西塞罗试图把斯多亚学派的文本翻译为拉丁文时,他的挣扎就向我们表明:诸如此类的争端时刻都会出现。不过,斯多亚主义者肯定没有探究过这个论题,而这就是一种认知理论需要做的,因为情感所包含的认知是社会塑造出来的。在《思想的剧变》第三章中,通过借助于对情感的人类学研究,并提出社会变异的一些独特来源和类型,我详细考察了这个问题。

然而,在斯多亚学派的情感理论中,最显著的缺陷就在于:对于人的情感从婴儿时期向成年时期的发展,它缺乏一种描述,因此就无法认识到成年人情感的复杂性,而很多这样的情感其实都包含婴儿时期的情感。假若我们不明白儿童的恐惧和渴望如何在成年人那里保存下来,我们就不可能很好地理解成年人的很多情感为何如此顽固地抵制理性说服。若没有这种理解,我们也就没有这样的论证:在面对那些采取非认知观点的竞争对手来捍卫一种认知观点时,这些论证至关重要,因为从表面上看,一种非认知的观点能够更好地说明这些现象。于是,在《思想的剧变》第四章中,通过借助于研究对象关系的心理分析学家的著作,我试图用对婴儿和儿童发展的某种理解来装备斯多亚主义的观点。我之所以利用他们的著作,是因为他们的见识符合斯多亚学派的见识,因此也就有助于我们丰富斯多亚主义的观点。我也大量借助普鲁斯特(Proust)的工作,因为在分析对象关系的理论家当中,他也许是最深刻的。

当我们从生长发育的角度重塑斯多亚学派的理论时,在《欲望的治疗》中原来并不占据中心地位的一些情感(特别是厌恶和羞耻)就变得特别重要。这两种情感的确出现在古希腊和罗马学者的分析中,[3]但是,它们并不像愤怒、爱、恐惧、希望以及忧伤那样在斯多亚学派的分析中占据核心地位。因此,在《思想的剧变》中,我投入了很大一部分篇幅来研究这两种情感如何与愤怒、爱、恐惧、希望和忧伤相缠绕,又如何使它们变得复杂。这一论题是如此引人入胜,对政治思想和法律思想的含义是如此丰富,因此值得单独处理,而《隐瞒人性》就是这样一个结果。该书也把内疚的情感置于前沿,阐明了斯多亚学派情感理论中一个进一步且颇为一贯的缺陷:在这个理论的分类方案中,它是围绕好与坏、现在和未来这两个坐标轴来组织情感的,因此就没有认识到那些聚焦于过去的情感。

---

[3] 关于"厌恶",见 Nussbaum(forthcoming b)。

这样,读者若想知道我究竟是如何思考情感的,就必须查阅我已经提到的这些论著和相关文章。然而,《欲望的治疗》不仅很清楚地揭示了(在第十章中)斯多亚学派情感理论的基本结构单元(它们在那个更加透彻的分析中得以保存),而且也对具体情感提出了一些详细分析,其中包括对死亡的恐惧(第六章)、热情的爱(第五章和第十二章)、忧伤(第十章)、愤怒(第七章和第十一章)。从这些分析中可以看出,卢克莱修、塞涅卡以及克里西普斯(或者我们可以从他那里重构出来的东西)都是格外深刻的心理学家,他们继续做出了一项无与伦比的哲学贡献。实际上,只是最近几年来,当代哲学家才对伊壁鸠鲁主义者有关死亡恐惧的论述产生兴趣。在此期间,我自己对这个问题的痴迷已经让我多次对它加以探究。[4]而为了回应约翰·费希尔(John Fischer)提出的出色的批判性论证,我也在几个方面改变了自己的立场。

三、斯多亚学派的政治思想

《欲望的治疗》没有特别关注政治思想,但是确实处理了一些与政治思想有关的规范问题。在过去十五年中,我花费很多时间去思考和写作斯多亚学派的世界主义,即如下思想:我们的根本忠诚应该是对全人类的忠诚,其他忠诚(对家庭、城市、共和国等)都应该以某些方式接受那种更加宏大的忠诚的约束。在不同的斯多亚学派文本和现代文本中,这个思想采取了不同形式,我的一些工作涉及在历史上来澄清这个一般的规范以及相关政治观念。[5] 我也一直都很关心去揭示这个观点对康德(他接受了某种形式的世界主义)、对尼采(他按照斯多亚学派的规范来批评怜悯)、对一系列已经影响美国奠基者的思想家所产生的历史影响。[6]但是与此同时,与对爱国主义和国际主义的争论以及普通教育的本质相联系,我也将那个思想的一种形式作为一种当代的形式来加以捍卫。[7]

在这里,我们也可以顺便澄清一个引起很大误解的问题。大约从1995

[4] 见 Nussbaum(2004b, 2004c, 2006b)。

[5] 见 Nussbaum(1995a, 1999c, 1999d, 2000, 2002b, 2002c)。

[6] 分别见 Nussbaum(1997b);(1994);以及(2007a, 2007b, 2008a, 2008e)。

[7] 见 Nussbaum(2002a, 1997a)。

年以来,我一直持有这样一个观点:在一个多元主义的社会中,应该按照所有理性公民都能认同的材料来建立政治原则,因此政治原则就应该避免任何类型的形而上学或认识论根据,因为这种根据往往使得政治原则倒向某个特定的宗教的或世俗的综合性学说。换句话说,我同意约翰·罗尔斯(John Rawls)的说法:我们应该寻求某种形式的**政治自由主义**,即公正地对待公民们追求善的所有不同方式的某种政治学说,拒绝赞同其中某一种方式胜过其他方式。公民具有很多综合性学说,所有公民都有资格得到平等尊重。但是,对人的平等尊重并不要求把任何宗教的或世俗的综合性学说确立为那个国家的学说。

当然,斯多亚主义者并不持有这种观点。他们认为,把一个好的社会建立在斯多亚学派物理学和形而上学的基础上其实挺好;用斯多亚学派的整个伦理学去教导人们,声称他们持有的其他观点都是错误的,这也不错。但是,如果我们发现他们的观点恰好在这个方面有点愚钝,就像一些最敏锐的追随者如罗杰·威廉斯(Roger Williams)和康德在捍卫多元主义和宗教信仰自由的时候所认为的那样,那么我们就不能把政治原则建立在任何单一的综合性观点的基础上,甚至也不能建立在世界主义的基础上,不管我们自己多么偏爱世界主义。这样一个观点至少与一些主要的宗教学说相抵触,因此在一个多元主义社会中就无法成为一种罗尔斯式的"交叠共识"(overlapping consensus)的对象。

因此,世界主义是一种综合性的伦理学说。如果有人像我一样把综合性的东西和政治性的东西明确区分开来,那么对他来说,世界主义就不可能(至少在整体上不可能)成为一个政治学说的基础。因此,我自己的规范的政治观点(即能力进路)就不是某种形式的世界主义。它没有说我们的根本忠诚应该是对全人类的忠诚,而只是说了一些更弱、争议更少的东西:我们所有人都应该同意要为全世界公民提供一种基本的能力水平。在"根本的忠诚应在何处?"这个问题上,即使一个人不是一个世界主义者,他也可以接受我的规范观点。(即使一个人相信根本的忠诚应该是对上帝的忠诚或是对自己家庭或国家的忠诚,但他仍然可以同意,我们应该帮助所有人获得一种基本的能力水平。)我相信,宗教和世俗方面的大多数主要的综合性学说都能接受我们对他人负有责任这一思想,而且在大多数情况下的确接受了这个思想。因此,我自己的深思熟虑的观点是:斯多亚学派的世界主义不应该是一个全球正义理论的基础,即便没有这种世界主义,我们仍然可以有一个完全说得过去的全球正义的政治理论。在《正义的前沿》(Frontiers of Justice)中，在阐述我自己的全球正义理论时，我就没有用"世界主义"这个说法来描述自己的观点。虽然世界主义能够认同能力进路，但还有很多其他的观点也能认同这条进路。

从目前来看，我甚至没有把世界主义当作一个完全正确的综合性伦理观点来接受，因为我认为它没有给对于家庭、朋友、挚爱的人，甚至国家的忠诚留下足够余地。[8] 在这一点上，我已经改变想法。若没有这种依恋，生活就会变得缺乏紧迫性和个人意义。

因此，在塑造一个政治观点时，我们不应该把斯多亚主义者的那个傲慢主张(要有一个唯一正确的伦理学说)建构进去。斯多亚学派的政治学之所以具有吸引力，就在于它强调所有人都具有平等价值，无论是男性还是女性、富人还是穷人、出身高贵还是出身贫贱。[9] 不过，我们可以保留这个关键的见识，同时出于政治目的而采纳一种更加尊重多种不同类型的公民的(不管他们是否具有宗教信仰)良知的观点。

然而，为了用正确的方式来塑造这个政治观点，我们就必须拒斥斯多亚主义的一个更关键的要素，即如下论点：在具有根本重要性的问题上，人不会受到运气的蹂躏。对于外在于自己的东西，例如食物、住所、安全、政治参与的条件，人们是有一定需要的；若不充分认识到这些需要，就没有充分的理由认为某些政治安排具有迫切的重要性，而其他的政治安排违背了人的尊严。如果我们同意斯多亚主义者的观点，即所有人都因为是人而具有平等尊严，那么我们就需要寻求一种方式来阐明：人的尊严并非不会受到世界上所发生的事情的影响，人的尊严对世界**提出要求**，应该得到某些类型的处理。[10] 向人们提供必要的社会条件，以便他们能够过上一种与人的尊严相称的生活，就是政府的职责所在。但是，斯多亚主义者认为外在事物对人的繁盛发展实际上并不重要，因此就让这项职责变得微不足道，于是他们就会攻击"同情"或"怜悯"，而我相信这种做法不仅是一种难以挽救的执迷不悟，而且也是深深有害的。[11]

---

[8] 见 Nussbaum(2003, 2008d)。

[9] Nussbaum (2008a, 2002b, 2007a, 2007b, 2008c).

[10] Nussbaum (2002b, 2007a, 2007b, 2008c, 2008e).

[11] Nussbaum (1994, 2003, 2008b).

与斯多亚主义者相比,亚里士多德对人的脆弱性有着更深刻的理解。然而,他并不理解人的平等。我现在相信,任何得体的政治理论都必须把亚里士多德主义和斯多亚主义的要素全部包含在内。[12]

总而言之,研究希腊化时期的伦理思想会给我们带来丰厚的回报:对于理解西方思想的历史、研究道德心理学,对于规范伦理学以及规范的政治哲学,这项研究都具有极其深远的意义。甚至当我们在希腊化时期的文本中发现了看似不完备或貌似错误的东西时,在其核心深处仍然有着深刻的见识并值得深思。通过与哲学史上的重要著作进行一种有礼貌而又富有批判性的对话,我们就总是能够对自己的观点或者我们有可能形成的观点有更多的了解。希腊化时期的哲学应当成为这种对话的一个核心部分。

作者后来发表的关于本书论题的扩展性论著

Nussbaum, M. (1994). "Pity and Mercy: Nietzsche's Stoicism." In *Nietzsche, Genealogy, Morality: Essays on Nietzsche's On the Genealogy of Morals*, ed. R. Schacht, 139-167. Berkeley.

—— (1995a). "Lawyer for Humanity: Theory and Practice in Ancient Political Thought." *Nomos* 37: 181-215.

——, (1995b). "*Erōs* and the Wise: The Stoic Response to a Cultural Dilemma." *Oxford Studies in Ancient Philosophy* 13: 231-267. A revised version, entitled "Erôs and Ethical Norms: Philosophers Respond to a Cultural Dilemma." appeared in Nussbaum and Sihvola (2002) 55-94.

——, (1997b). *Cultivating Humanity: A Classical Defense of Reform in Liberal Education*. Cambridge, Mass.

——, (1997b). "Kant and Stoic Cosmopolitanism." *Journal of Political Philosophy* 5: 1-25; published in German in 1996 as "Kant und stoisches Welturgertum." in *Frieden durch Recht: Kants Friedensidee und das Problem einer neuen Weltordunng*, ed. Mathias Lutz-Bachmann and James Bohman, 45-77. Frankfurt; and in 1997 in *Perpetual Peace: Essays on Kant's Cosmopolitan Ideal*, ed. James Bohman and Mathias Lutz-Bachmann, 25-58. Cambridge, Mass.

---

[12] Nussbaum (2007a).

——, (1999a). "Précis of *The Therapy of Desire.*" *Philosophy and Phenomenological Research* 59: 785-786.

——, (1999b). "Reply to Papers in Symposium on Nussbaum, *The Therapy of Desire.*" *Philosophy and Phenomenological Research* 59: 811-819.

——, (1999c). Foreword to a New Edition of *The Stoic Idea of the City*, by Malcolm Schofield, xi-xv. Chicago.

——, (1999d). "Duties of Justice, Duties of Material Aid: Cicero's Problematic Legacy." *Journal of Political Philosophy* 7: 1-31. Revised version published in 2004 in *Stoicism: Traditions and Transformations*, ed. S. Strange and J. Zupko, 214-249. Cambridge.

——, (2000). "Musonius Rufus—Enemy of Double Standards for Men and Women?" In *Double Standards in the Ancient and Medieval World*, ed. Karla Pollman, 221-246. Göttingen.

——, (2001a) *Upheavals of Thought: The Intelligence of Emotions.* Gifford Lectures 1993. Cambridge and New York.

——, (2001b). "Can Patriotism Be Compassionate?" *The Nation* 273, no. 20: 11-13.

——, (2002a). *For Love of Country?: A New Democracy Forum on the Limits of Patriotism* (lead essay mine, with response). Undated ed. Ed. Joshua Cohen. Boston.

——, (2002b). "The Worth of Human Dignity: Two Tensions in Stoic Cosmopolitanism." In *Philosophy and Power in the Graeco-Roman World: Essays in Honor of Miriam Griffin*, ed. G. Clark and T. Rajak, 31-49. Oxford.

——, (2002c). "The Incomplete Feminism of Musonius Rufus: Platonist, Stoic, and Roman." In Nussbaum and Sihvola (2002) 283-326.

——, (2003). "Compassion and Terror." *Daedalus* (Winter): 10-26. A slightly different version, same title, appeared in 2003 in *Terrorism and International Justice*, ed. James Sterba, 229-252. New York. Reprinted in 2003 in *Perspectives on Greek Philosophy: S. V. Keeling Memorial Lectures in Ancient Philosophy, 1992-2002*, ed. R. W. Sharples, 142-160. Aldershot; and in 2007 in *The Many Faces of Patriotism*, ed. Philip Abbott, 15-36. Lanham, Md.

——, (2004a). *Hiding from Humanity: Disgust, Shame, and the Law*. Princeton.

——, (2004b). "Précis of *Upheavals of Thought*." *Philosophy and Phenomenological Research* 68: 443-449.

——, (2004c). "Responses in Book Symposium on Nussbaum: *Upheavals of Thought*." *Philosophy and Phenomenological Research* 68: 473-486.

——, (2005) "Analytic Love and Human Vulnerability: A Comment on Lawrence Friedman's 'Is There a Special Psychoanalytic Love?'" *Journal of the American Psychoanalytic Association* 53: 377-384.

——, (2006a). *Frontiers of Justice: Disability, Nationality, Special Membership*. Cambridge, Mass.

——, (2007a). "Constitutions and Capacities: 'Perception' Against Lofty Formalism." Supreme Court Foreword, *Harvard Law Review* 212: 4-97.

——, (2007b). "'Equal Respect for Conscience': Roger Williams on the Moral Basis of Civil Peace." *Harvard Review of Philosophy* 15: 4-20.

——, (2008a). *Liberty of Conscience: The Attack on America's Tradition of Religious Equality*. New York.

——, (2008b). "The 'Morality of Pity': Sophocles' *Philoctetes*." In *Rethinking Tragedy*, ed. Rira Felski, 148-169. Baltimore.

——, (2008c). "Human Dignity and Political Entitlements." In *Human Dignity and Bioethics: Essays Commissioned by the President's Council on Bioethics*, comp. President's Council on Bioethics, 351-380. Washington D. C.

——, (2008d). "Toward a Globally Sensitive Patriotism." *Daedalus* (Summer): 78-93.

——, (2008e). "The First Founder." *New Republic* (September 10): 24-31.

——, (forthcoming a). *From Disgust to Humanity: Sexual Orientation and Constitutional Law*. New York.

——, (forthcoming b). "Stoic Laughter." In *Seneca and the Self*, ed. Shadi Bartsch and David Wray, 84-112. Cambridge.

——, (forthcoming c). "Philosophical Norms and Political Attachments: Cicero and Seneca." In volume on *Ancient Greek and Roman Philosophy of Mind*, ed. Dorothea Frede.

——, (forthcoming d). "Compassion: Human and Animal." In festschrift for Jonathan Glover, ed. Jeffrey McMahan. Cambridge.

——, trans. (forthcoming e). *Seneca: Apocolocyntosis*. University of Chicago Series of Seneca Translations, Dialogues, vol. 1. Chicago.

——, Nussbaum, M. and Sihvola, J. eds. (2002). *The Sleep of Reason: Erotic Experience and Sexual Ethics in Ancient Greece and Rome*. Chicago.

致　谢

本书最早来自我在1986年发表的马丁古典学演讲(Martin Classical Lectures)。原来的五次演讲构成了本书第一章和第二章、第四章、第八章、第十章以及第十二章的早期版本。感谢奥柏林学院马丁古典学演讲委员会以及希腊拉丁语系邀请我发表这些演讲，感激他们在访问期间给予我的热情款待以及对我的演讲提出的有促进作用的评论。1985年，我负责由国家人文科学基金会资助的暑期学院教师讨论班，学员们对这些讲座的准备工作提供了诸多帮助，从他们那里，我得到了对讲座初稿和早期思想的严厉而透彻的批评。本书的进一步工作在我于1986—1987年的休假期间展开，这项工作得到了布朗大学的支持，并得到国家人文科学基金会奖学金和牛津大学万灵学院所授予的一项访问学者奖学金的资助，牛津大学所提供的富有激励和支持的环境令我得以将这项计划扩展到目前的范围。本书初稿的最终修改是在加利福尼亚大学河滨校区思想和社会研究中心良好的学术资源与平和的生活环境中完成的。

很多人在很多方面都给我提供了帮助；每一章的注释记录了我从他们那里获得的教益。但是，我特别想要提到我从与迈尔斯·伯恩耶特(Myles Burnyeat)的交谈中所获得的帮助，这些交谈最先让我转向对希腊化时期伦理学的严肃研究。伯恩耶特在这个领域的工作历来对我都是一种激励，对其他很多人也是如此，他所提出的棘手问题向来都是无价之宝。从1978年开始，每三年召开一次的希腊化时期学术研讨会一直都是获取信息、进行论辩和批评的一个严格的、也是真正分享共同成果的来源。在参与研讨会的成员中，我首先要感谢茱莉亚·安娜斯(Julia Annas)、雅克·布伦瑞克(Jacques Brunschwig)、布拉德·因伍德(Brad Inwood)、G. E. R. 劳埃德(G. E. R. Lloyd)、菲利普·米特西斯(Philip Mitsis)、戴维·塞德利(David Sedley)以及理查德·索拉布吉(Richard Sorabji)。玛格丽特·格雷弗(Margaret Graver)、布拉德·因伍德、理查德·波斯纳(Richard Posner)、亨利·理查德森(Henry Richardson)、理查德·索拉布吉、卡斯·桑斯坦(Cass Sunstein)以及两位匿名读者对本书的整部初稿提出了评论;对于他们付出的辛劳及其评论所提供的深刻见解,我深为感激。我也感谢一些同事对个别章节和问题提出的各种批评和建议,他们是:茱莉亚·安娜斯、杰弗里·贝克威尔(Geoffrey Bakewell)、理查德·伯恩斯坦(Richard Bernstein)、西塞娜·博克(Sissela Bok)、丹·布洛克(Dan Brock)、雅克·布伦瑞克、迈尔斯·伯恩耶特、维克多·卡斯顿(Victor Caston)、阿伯特·格利森(Abbott Gleason)、迈克尔·格利森(Michael Gleason)、雅斯佩尔·格里芬(Jasper Griffin)、米利亚姆·格里芬(Miriam Griffin)、查尔斯·吉尼翁(Charles Guignon)、卡罗琳·哈内曼(Caroline Hahnemann)、斯蒂芬·哈利维尔(Stephen Halliwell)、戴维·哈尔珀琳(David Halperin)、科洛内尔·安东尼·哈特尔(Colonel Anthony Hartle)、德洛丽丝·伊欧瑞佐(Dolores Iorizzo)、金在权(Jaegwon Kim)、戴维·康斯坦(David Konstan)、玛丽·利夫科维茨(Mary Lefkowitz)、格伦·莱塞斯(Glen Lesses)、哈斯克尔·利维(Haskel Levi)、杰弗里·劳埃德(Geoffrey Lloyd)、马克·麦克弗伦(Mark McPherran)、阿瑟·马迪根(Arthur Madigan)、S.J.(S.J.)、加雷思·马修斯(Gareth Matthews)、吉列斯·米尔哈文(Giles Milhaven)、乔伊斯·卡罗尔·奥兹(Joyce Carol Oates)、安东尼·普莱斯(Anthony Price)、约翰·普洛科普(John Procope)、迈克尔·普特南(Michael Putnam)、詹姆斯·雷德菲尔德(James Redfield)、艾米莉·罗蒂(Amélie O. Rorty)、斯蒂芬·罗森鲍姆(Stephen Rosenbaum)、克里斯多夫·罗(Christopher Rowe)、马尔康姆·斯科菲尔德(Malcolm Schofield)、戴维·塞德利、查尔斯·西格尔(Charles Segal)、阿玛蒂亚·森(Amartya Sen)、南茜·谢尔曼(Nancy Sherman)、阿尔伯特·西尔弗斯坦(Albert Silverstein)、欧内斯特·索萨(Ernest Sosa)、策夫·斯图尔特(Zeph Stewart)、霍尔加尔·特斯雷夫(Holgar Thesleff)、雷克斯·威尔肖恩(Rex Welshon)、杰弗里·惠特曼(Jeffrey Whitman)、已故的J.温克勒(J. Winkler)以及苏珊·沃尔夫(Susan Wolf)。在很多讲座中,我曾报告过本书部分章节,并从听众那里得到了很多更有价值的评论,但是很遗憾在这里我无法一一致谢。

我要特别感谢乔纳森·格罗弗(Jonathan Glover),他允许我连续两个暑假住在他家里(他因暑期外出,家中需要有人照看),为我提供了一个格外舒适静怡的生活环境,空气和光线都堪称一流,本书大部分章节在他家中得以完成。在此期间,贾斯汀·布洛克斯(Justin Broackes)(两年后,他成为我在布朗大学的同事)爽快地借给我一台很棒的IBM打字机,让我很受感动。

感谢蕾切尔·努斯鲍姆(Rachel Nussbaum)的封面摄影,这幅作品在我看来醒目地捕捉到第十二章中的一些意象:与死亡相联系的纯白色和在背后阴郁地、不屈不挠地成长起来的绿色之间的对比;在明朗的直线和生命的略微凌乱的形状之间的对比;在清白的蓝天和划过天空及树木的怪异红光之间的对比,而那道光线就像来自美狄亚的反宇宙,与斯多亚主义者所推崇的美德世界直面而立。

有一份谢意尤为深厚。过去十五年来,我有幸成为格雷戈里·弗拉斯托斯(Gregory Vlastos)的同事和朋友,直到他于1992年10月去世为止。他不知疲倦、虚怀若谷地追求哲学理解的那种能力,他总是愿意让自己的思想接受透彻的论辩审视的那份谦逊,他把严密的文本知识与哲学承诺结合起来、进而把二者与社会同情相结合的那种做法,对我来说(同样对其他很多人来说)一直都是榜样。他的友谊中那份温暖与支持,他喜欢用来阐明个人困惑和哲学困惑的那种反讽方式,都在很多方面支持着我——我想,这支持远比我现在知道的还要多。在他去世前几个月,我问他是否可以将本书题献给他,他欣然同意。我为失去一位了不起的朋友而悲伤,现在我将本书题献给他,以表达对他的纪念。

鉴于公共生活中的愤怒和憎恨所导致的伤害并不是单凭哲学本身所能处理的,本书作者将把此书的销售所得捐赠给国际特赦组织。

本书的部分章节此前已发表在如下刊物或文集中:
第一章和第四章中某些部分的初步版本:"Therapeutic Arguments: Epicurus and Aristotle," in *The Norms of Nature*, ed. M. Schofield and G. Striker (Cambridge: Cambridge University Press, 1986), 31-74。
第五章的早期版本:"Beyond Obsession and Disgust: Lucretius' Genealogy of Love," in *Apeiron* 22 (1989): 1-59。
第六章的早期版本:*Philosophy and Phenomenological Research* 50 (1989): 303-351。
第七章的早期版本:"'By Words Not Arms': Lucretius on Gentleness in an Unsafe World," in *Apeiron* 23 (1990): 41-90。
第八章的早期版本:"Skeptic Purgatives: Therapeutic Arguments in Ancient Skepticism," in *Journal of the History of Philosophy* 29 (1991): 1-33。

第十章的早期版本发表在:*Apeiron* 20 (1987):129-175。

第十二章的早期版本发表在:*Pursuits of Reason: Essays in Honor of Stanley Cavell*, ed. T. Cohen, P. Guyer, and H. Putnam (Lubbock:Texas Tech Press, 1993), 307-344。

缩略表

书中引用古代作者而其缩写形式未见于此处的,请参见以下词典中的缩写清单:*Greek-English Lexicon*, 9th ed., edited by H. G. Liddell, R. Scott, and H. S. Jones (Oxford: Clarendon Press, 1968)(简写为 LSJ)。

Aristotle (Ar.):

DA	*De Anima* (*On the Soul*)
EE	*Eudemian Ethics*
EN	*Nicomachean Ethics*
GA	*Generation of Animals* (*De Generatione Animalium*)
MA	*On the Motion of Animals* (*De Motu Animalium*)
Metaph.	*Metaphysics*
PA	*Parts of Animals* (*De Partibus Animalium*)
Pol.	*Politics*

Cicero (Cic.):

Fin.	*De Finibus Bonorum et Malorum* (*On the Ends*)
TD	*Tusculan Disputations*

Diogenes Laertius (DL):

Lives of the Philosophers(第七卷论斯多亚学派,第九卷论怀疑论学派,第十卷论伊壁鸠鲁)

Epicurus:

LHdt	*Letter to Herodotus*
LMen	*Letter to Menoeceus*
LPyth	*Letter to Pythocles*

KD	*Kuriai Doxai* (*Principal Opinions*)
VS	*Vaticanes Sententiae*(箴言辑录)
Us.	H. Usener, ed., *Epicurea* (残篇和报告集,莱比锡 1887 年出版)

Galen:

PHP	*De Placitis Hippocrates et Platonis* (*On the Views of Hippocrates and Plato*)——页码标注所依照的版本:P. De Lacy, Corpus Medicorum Graecorum V. 4.1-2, Berlin 1978-1980.

Philodemus (Phld.):

O	*On Anger* (*Peri Orgēs*)
P	*On Frank Criticism* (*Peri Parrhēsias*)

Plutarch (Plut.):

Adv. Col	*Against Colotes* (*Adversus Colotem*)
Comm. Not	*On Common Conceptions* (*De communibus notitiis*)
LB	*Live Without Attracting Attention* (*Lathe Biōsas*)
Non Posse	*On the Fact That If One Follows Epicurus One Cannot Live a Pleasant Life* (*Non Posse Suaviter Vivere secundum Epicurum*)
St. Rep.	*On Stoic Self-Contradictions* (*De Stoicorum Repugnantiis*)
Virt. Mor.	*On Moral Virtue*(*De Virtute morali*)

Posidonius:

E-K	Edelstein-Kidd edition, Cambridge 1972.

Seneca:

Ben.	*De Beneficiis*
Clem.	*On Mercy* (*De Clementia*)
Ep.	*Moral Epistles* (*Ad Lucilium Epistulae Morales*)
Ir.	*On Anger* (*De Ira*)
NQ	*Naturales Quaestiones*

Tragedies:

Ag.	*Agamemnon*
HFu	*Hercules Furens*
HO	*Hercules Oetaeus*
Med.	*Medea*
Oed.	*Oedipus*
Phdr.	*Phaedra*
Phoen.	*Phoenissae*
Thy.	*Thyestes*

Sextus Empiricus:

M	*Against the Professors* (*Adversus mathematicos*)
PH	*Outlines of Pyrrhonism* (*Pyrrhoneae hupotupōseis*)

SVF	*Stoicorum Veterum Fragmenta* (4 vols), ed. H. Von Arnim, Leipzig 1924.

哲学家和学派

（关于本书所讨论人物的进一步历史信息，读者可以参考 Long and Sedley［1987］第一卷、Long［1974］以及 Sedley［1980］）

学园派（**Academy**）：柏拉图在雅典创建的哲学学派，在希腊化时期则由怀疑论占据主导地位（当时被称为新学园派）。

埃奈西德穆斯（**Aenesidemus**）：先前是新学园派成员，与该学派分道扬镳后成为公元前 1 世纪新皮浪主义运动的创始人。

阿尔凯西劳斯（**Arcesilaus**）：怀疑论学派哲学家，大约公元前 273—前 242 年间担任新学园派首领。

亚里士多德（**Aristotle**）：公元前 384—前 322 年间主要的希腊哲学家，雅典漫步学派创始人。

马可·奥勒留（**Aurelius, Marcus**）：罗马皇帝（公元 161—180 年在位）、斯多亚学派哲学家，著有《沉思录》（用希腊文撰写）。

卡尔尼亚德斯（**Carneades**）：公元前 2 世纪中期、新学园派的第四任领导者，公元前 137 年退休，死于前 129 年。

克里西普斯（**Chrysippus**）：生活在大约公元前 280—前 206 年，斯多亚学派的主要哲学家，自前 232 年开始担任该学派第三任领导者。他在逻辑学、形而上学、语言哲学、心灵哲学、道德和政治哲学领域撰写了大量著作。他大概是早期斯多亚学派在哲学方面最有才能、而且肯定是最高产的人物。在希腊化和罗马世界，他的影响与柏拉图不相上下，甚至超过了亚里士多德。他与芝诺一道，都是西方传统中的命题逻辑、实际上也是语言哲学的发明者，此外他也是对情感、欲望以及道德判断的本质等问题讨论最为深刻的作者之一。他的完整著作都没有保存下来，但是在西塞罗、第欧根尼·拉尔修、普鲁塔克以及其他作者那里，都可见到对其思想的丰富概括；在他的罗马追随者爱比克泰德和塞涅卡那里，也有关于其思想的证据和引用。他的关于激情的理论在盖伦那里得到了尤为丰富的引证和概述。

西塞罗（Cicero, Marcus Tullius）：生活在公元前 106—前 43 年，罗马演说家、政治家和哲学家中的代表人物。他在晚年撰写了大量著作，其中多数是对话并被保存下来。在这些著作中，他解说了希腊化时期主要学派的观点并加以批判性的审视。西塞罗本人就是一位思想家，同时也是记述和引用那些代表性的哲学家观点的一个主要来源。他与其他人齐心协力把希腊哲学术语翻译为拉丁文，并成为后来的拉丁哲学词汇的一个基本来源。自文艺复兴以来直至现在，在哲学家和有教养的普通人的教育中，他的重要性不论如何高估都不过分。他与普鲁塔克、爱比克泰德、塞涅卡和奥勒留一道，共同成为后来数个世纪中人们了解希腊化时期思想的主要来源；他还是美利坚合众国的奠基者们读得最多的一位古代作者。

克里安特斯（Cleanthes）：生活在大约公元前 331—前 232 年，斯多亚学派的哲学家和诗人，从前 262 年起担任该学派在雅典的第二任领导者。在该学派早期的三位主要领导人中，他好像是最没有分析倾向的，对该学派哲学观点的发展的影响也最小。

科罗特斯（Colotes）：伊壁鸠鲁学派哲学家，活跃在大约公元前 310—前 260 年间。当时的文献很好地记录了他对伊壁鸠鲁的敬畏（见本书第四章）。普鲁塔克在其反伊壁鸠鲁学派的著作《反对科罗斯特》中对他进行了攻击。

犬儒学派（Cynic School）：在公元前 4 世纪中期由西诺佩的第欧根尼（Diogenes of Sinope）创建的哲学学派。这个学派的哲学家声称追随苏格拉底，过着不合常规、刻意令人震惊的生活，并强调他们对财富、舒适和习俗无动于衷。

昔兰尼学派（Cyrenaic School）：由昔兰尼的阿里斯提普斯（Aristippus of Cyrene）创建的哲学家学派，活跃于公元前 4 世纪和公元前 3 世纪早期。这个学派宣称信奉快乐主义，但是与伊壁鸠鲁不同，他们的关注焦点在于直接的身体感知。

德谟克利特（Democritus）：公元前 5 世纪中期到晚期的原子论哲学家，与琉基普斯（Leucippus）有来往。伊壁鸠鲁一开始是德谟克利特观点的追随者，这种观点强调一种平静的幸福生活状态的重要性。

巴比伦的第欧根尼（Diogenes of Babylon）：公元前 2 世纪早期到中期斯多亚学派的首领。他记述了很多常见的斯多亚主义论题，其中包括修辞学和诗学。

第欧根尼·拉尔修（Diogenes Laertius）：公元3世纪早期就希腊哲学家的生活和学说进行写作的作者，他是我们了解希腊化时期各个学派的一个主要来源。尼采最早出版的著作就是对他的著作来源进行严格的历史考察。

奥伊诺安达的第欧根尼（Diogenes of Oenoanda）：公元2世纪富裕的伊壁鸠鲁学派哲学家，在现属于土耳其中部某公共廊柱的石碑上，他刻下了关于伊壁鸠鲁哲学的论述。

爱比克泰德（Epictetus）：生活在大约公元55—135年期间，罗马主要的斯多亚学派哲学家，一度为奴。他的讲座（用希腊语）被其学生阿里安（Arrian）转录下来，是我们了解罗马斯多亚学派哲学的一个主要文献来源。

伊壁鸠鲁学派（Epicurean School）：由伊壁鸠鲁创建的哲学家学派，在希腊和罗马都深有影响。该学派的主要哲学家包括伊壁鸠鲁、梅特罗多洛斯、罗马人卢克莱修和斐罗德穆斯以及奥伊诺安达的第欧根尼。

伊壁鸠鲁（Epicurus）：生活在公元前341—前271年，主要的希腊哲学家，伊壁鸠鲁学派创始人，著述极丰。第欧根尼·拉尔修所引用的三封长信和一部箴言集保存了他自己对伊壁鸠鲁学说的论述。我们对其思想的了解主要来自古代原始资料中的大量引证和总结、其主要著作的大量纸草残篇及其追随者卢克莱修的诗作。

盖伦（Galen）：古希腊医生、医学作者和哲学家，生活在公元2世纪晚期。他是我们了解克里西普斯的激情学说的核心来源，而他本人则是该学说的批评者，对之怀有很大敌意。

希洛克勒斯（Hierocles）：斯多亚学派哲学家，活跃期大约在公元100年左右。

卢克莱修（Lucretius）：公元前1世纪早期到中期的罗马诗人和哲学家，伊壁鸠鲁主义的追随者，六卷本教诲诗《物性论》（De Rerum Natura）的作者，这部诗作对伊壁鸠鲁学派关于宇宙、心灵、死亡、性欲以及政治共同体的观点有所论述。

兰普萨库斯的梅特罗多洛斯（Metrodorus of Lampsacus）：生活在大约公元前331—前278年，伊壁鸠鲁学派哲学家，伊壁鸠鲁的密友。伊壁鸠鲁在遗嘱中立下条款抚养他的孩子。

盖乌斯·穆索尼乌斯·卢弗斯（Musonius Rufus, Gaius）：罗马斯多亚主义哲学家,活跃在公元 1 世纪,爱比克泰德的老师。他留存下来的著作(用希腊语撰写)包括支持女性接受平等教育、反对婚姻内的双重性标准、反对杀婴以及认为哲学家应该结婚并参与共同体生活等论证。

瑙西芬尼斯(Nausiphanes):德谟克利特学派的哲学家,伊壁鸠鲁的老师。

帕奈提乌斯(Panaetius):生活在大约公元前 185—前 110 年,来自罗德岛的斯多亚学派哲学家,大约在前 129 年开始担任该学派的领导者。他的观点在某些方面看来对最初的希腊斯多亚学派的学说有所修改,在罗马很有影响。

漫步学派(Peripatetic School):亚里士多德创立的哲学家学派,后来由塞奥弗拉斯特斯(Theophrastus)和斯特拉托(Strato)担任领导。在希腊化时期,该学派的影响不如伊壁鸠鲁主义、怀疑论学说和斯多亚主义。

斐罗德穆斯(Philodemus):公元前 1 世纪伊壁鸠鲁学派哲学家,他的著作在罗马思想界具有影响。其著作的大量纸草残篇在赫库兰尼姆(Herculaneum)被发现。

柏拉图(Plato):生活在大约公元前 429—前 347 年,主要的希腊哲学家,学园派的奠基者。

普鲁塔克(Plutarch):公元 1 世纪晚期到 2 世纪早期的主要希腊作者和思想家。他受到某个道德目的的激发而撰写《希腊罗马名人传》,而他关于哲学问题的大量著述(结集为《道德论集》[*Moralia*]),都是我们了解希腊化时期思想的一个主要来源。作为一位柏拉图主义者,他在著作中对伊壁鸠鲁主义和斯多亚主义提出了大量批判性的讨论,其批评往往在哲学上非常敏锐。在现代西方文化史上很长一段时期里,他始终是一位得到广泛阅读的人物;例如,在各位美国奠基者所接受的古典影响以及他们了解希腊化时期思想的主要来源中,他都是一位核心人物。

波西多尼乌斯(Posidonius):大约公元前 135—前 50 年期间活跃于罗德岛的斯多亚学派哲学家,帕奈提乌斯的学生。他深受斯多亚主义和柏拉图的影响,因此,在灵魂的结构、情感的本性、音乐和文学在教育中的恰当作用这些论题上,他的观点不同于克里西普斯的观点。他在这些论题上的观点主要是通过盖伦的记录和引证而保存下来,盖伦本人更倾向于他的观点而不是克里西普斯的观点。

皮浪(Pyrrho):生活在大约公元前 365—前 270 年,哲学领域中怀疑论运动的奠基者,后来的怀疑论哲学家将他奉为圣贤。第欧根尼·拉尔修对他的生活所做的记述是我们了解怀疑论者观点的一个主要来源。据记载,他随亚历山大大帝到过印度,这个说法至少有点可信度,因为在某些怀疑论的论证模式和印度哲学的当代论证之间存在紧密关系。(见 Flintoff[1980]。)

皮浪主义学派(**Pyrrhonist School**):由埃奈西德穆斯创建的学派,从公元前 1 世纪开始,至少到公元 2 世纪期间都处于活跃阶段。塞克斯都·恩披里柯就属于这个学派。

塞涅卡(**Seneca, Lucius Annaeus**):生活在大约公元 1—65 年期间,罗马斯多亚学派的主要哲学家和诗人,用拉丁语进行写作。他在政治上也很活跃,曾在尼禄皇帝年轻时担任其教师和顾问。关于他的生活记述,见 M. Griffin(1976)。塞涅卡的戏剧对伊丽莎白时代的悲剧产生了主要影响。自文艺复兴至今,他的哲学著作都被人们广泛阅读,并对笛卡尔、斯宾诺莎、美国国父、康德和尼采等思想家产生了重要影响。

塞克斯都·恩披里柯(**Sextus Empiricus**):皮浪学派的怀疑论哲学家,活跃在公元 2 世纪。他看来是一位医生,不是属于经验派就是属于重理派。他的著作是我们了解皮浪学派、其他怀疑论学说以及他所攻击的那些学派的观点的一个主要来源。

苏格拉底(**Socrates**):生活在大约公元前 469—前 399 年,雅典哲学家,他本人不曾撰写著述,其观点在柏拉图和色诺芬的著作中得到描绘,亚里士多德对其也有描述。他的生活和活动不仅对柏拉图主义者产生了主要影响,也对犬儒主义者、斯多亚主义者和怀疑论者产生了主要影响,他们都在某种意义上将他作为榜样和源泉、从他那里汲取支持和力量。

斯多亚学派(**Stoic School**):希腊化时期最有影响的哲学学派。由基提翁的芝诺创建,继而由克里安特斯和克里西普斯先后担任领导者。该学派的早期阶段从公元前 300 年延续到公元前 130 年。帕奈提乌斯和斐罗德穆斯引入了某些变化,他们所在的时期有时被称为"中期斯多亚主义"。在罗马,斯多亚主义以穆索尼乌斯·卢弗斯、塞涅卡、马可·奥勒留以及希洛克勒斯为代表。

弗利乌斯的蒂蒙(**Timon of Phlius**):生活在大约公元前 325—前 235 年期间,怀疑论学派哲学家和诗人,皮浪的追随者。

基提翁的芝诺(**Zeno of Citium**):生活在大约公元前 334—前 262 年期

间,斯多亚学派哲学家,也是该学派的奠基者。他与克里西普斯一道,都是斯多亚学派最重要的哲学观点和论证的原创者。很难断定芝诺和克里西普斯的哲学观点在多大程度上有所不同(如果确有差别的话),但是芝诺似乎已经持有一套独立的激情理论。

导 论

哲学可以为了人类而存在——为了提出他们最深层的需要、正视他们最迫切的困惑、把他们从苦难中解救出来并给予他们某种更大的幸福而存在。在这个意义上,哲学是实践性的和富于同情心的。对于一位想知道哲学与世界究竟有何关系的哲学家来说,这样一种哲学观念令希腊化时期伦理学的研究变得引人入胜。从事哲学写作和教学的人很幸运,就像为数不多的人一样,她能够倾其一生,在最打动她、最吸引她的问题上,将其最严肃的思想和感情表达出来。但是,这种令人兴奋、奇妙无比的生活也是整个世界的一部分,而在这样一个世界中,饥饿、文盲和疾病是大多数依然存在的人类个体的日常命运,也是很多不再存在的人死亡的起因。对于世界上大多数人来说,一种闲暇的自我表达的生活是一个梦想,它是如此遥远,甚至都无法成形。人类生活的这两种图景之间的对比产生了一个问题:只要那个对立的世界依然存在,只要一个人仍然是其中的一员,生活在那个自我表达的幸福世界中的人又有什么用场呢?

对这个问题的一个回答很可能是:要利用一个人的时间和物质资源的一部分来支持有关的政治行动和社会服务。另一方面,有可能的是,哲学本身,在仍然保留自身的同时,能够履行社会职能和政治职能,通过利用自己独特的方法和技能在世界上产生某种影响。阐明这种关系以及支撑它的哲学观念,这就是希腊化时期思想的一项最紧迫的核心任务,也是它对哲学理解做出主要贡献的领域之一。

希腊和罗马的希腊化哲学流派——伊壁鸠鲁主义者、怀疑论者以及斯多亚主义者——都把哲学设想为一种方式,处理人类生活中最令人痛苦的问题。他们把哲学家看作一位富于同情心的医师,其技艺能够治愈多种广泛而深入的人类苦难。他们从事哲学研究,但不是把它作为一种致力于展示聪明的、超然的思想技术,而是把它作为一种努力克服人类苦难、身涉其中的世俗技术。因此他们就把注意力集中到对人类来说具有迫切需要的日常问题,例如对死亡的恐惧、爱与性、愤怒和侵犯;而那些更加超然的哲学有时认为这些问题由于过分凌乱且具有个人色彩而令人难堪,并因此而回避它们。希腊化时期的哲学家把这些问题当作人类日常生活中出现的问题来面对,并敏锐地注意到日常生活的变化无常,注意到为了使之变得更好所需要的必要和充分条件。一方面,这些哲学家仍然是地地道道的哲学家——在那个以苏格拉底为起点的(西方)伦理反思传统中,他们致力于追求精细论证、明晰、综合与严谨,而这通常都是哲学追寻的目标。(按此论述,他们反对民间宗教和巫术惯常使用的手法。)另一方面,他们对于学生的欲望和思想状态的强烈关注,促使他们去寻求对人类心理的崭新而复杂的理解,引导他们去采纳互动的、修辞的、文学的策略之类的复杂策略,以便可以有效地把握已经理解的东西。在这个过程中,对于"哲学的严密和精确究竟要求什么"这个问题,他们淬炼出了新的理解。在这些方面,希腊化时期的伦理学于是就不同于西方传统中有时所从事的那种更加超然、学院风格更强的道德哲学。

无论是在欧洲还是在北美,直到最近,在对希腊化时期伦理学的利用方面,20世纪哲学一直比不上公元前4世纪以来的几乎任何其他西方哲学文化。不论是古代晚期的思想和基督教思想的大多数变体,还是笛卡尔、斯宾诺莎、康德、亚当·斯密、休谟、卢梭、美利坚合众国的奠基者、尼采、马克思这些观点各异的现代作者,其著作都从斯多亚主义者、伊壁鸠鲁主义者、怀疑论者的著述中获得很大教益,甚至远胜于从亚里士多德和柏拉图的著作中所获得的教益。特别是,就情感的哲学观念而论,无视希腊化时期就意味着不仅无视西方传统中最好的原材料,也无视这个时期对后来哲学发展的重大影响。

一些例子将有助于我们更生动地向读者表明这一点。当基督教思想家论述神的愤怒或者神对人的脆弱所怀有的仁慈时,他们从罗马斯多亚主义者那里获益匪浅。当笛卡尔和伊丽莎白公主就激情进行通信交流时,塞涅卡(Seneca)是他们提到的核心作者。斯宾诺莎意识到了亚里士多德的重要,但他受斯多亚学派激情理论的影响则远为深刻。斯密的道德情感理论,就像他的经济目的论一样,受到了斯多亚学派之模型的重要启发。当卢梭捍卫怜悯的情感时,他是在一场长期的争论中选择了一个立场,而争论的双方是斯多亚主义者和亚里士多德主义者。当康德抛弃怜悯时,他加入争论并站在斯多亚主义者的一边。尼采本人对怜悯的攻击,加上他对仁慈(mercy)的捍卫,就像他自己反复强调的那样,不应被理解为一个进行全面压制的法西斯主义者的政策,也不应被理解为对道德上自我沉溺的一种无伤大雅的拒斥,而应被理解为一种既反对残忍又反对深层依恋*的立场,在阅读爱比克泰德(Epictetus)和塞涅卡时所得来的一种立场。当我们谈到"古典传统"对美国宪法缔造者的影响时,我们千万不要忘记,总的来说,其古典教育的核心正是希腊化时期(尤其是斯多亚学派)的伦理思想,首先是通过西塞罗(Cicero)、塞涅卡和普鲁塔克(Plutarch)的著作而集中地表达出来。因此,在近来对于"古典著作"和"名著"的教学中,这个时期被忽视了,对于哲学传统的描绘由此受到了严重歪曲,学生也就错失了极富启发性的哲学论证。

当代哲学写作已经开始清除这些错误;无论是在欧洲还是在北美,我们已经看到,在这个论题上,一流的学术著作开始呈现出兴旺发达的局面,而本书从中获益匪浅。不过,在哲学内部,也存在对希腊化时期的文本的一种重申,普通公众大概最了解这一点,但是在我看来,这种利用尽管令人激动,但也很成问题。这就是米歇尔·福柯(Michel Foucault)在其《性史》(History of Sexuality)第三卷及其生命后期的讲座中对希腊化时期思想家的诉求,他把这些思想家当作资源来阐明如下思想:哲学是一套关于自我的技术(techniques du soi),用来形成某种自我。福柯强调说,在某种程度上,这些哲学家不仅是在从事教学,也是在从事自我塑造的复杂实践。在强调这一点时,他肯定已经揭示出这些哲学家的某些非常基础的东西。不过,这正是这些哲学家与其文化当中的各种宗教运动、神秘主义运动或迷信活动所共有的东西。很多人都在供应一种"生活的技艺"(biou technē)。但是,这些哲学家的独特贡献就在于:他们断言,正是**哲学**,而不是任何其他东西,才是我们所要求的那门技艺——一门用有效且可靠的论证来进行讨论的技艺,一门对真理有所承诺的技艺。这些哲学家声称,对逻辑有效性、思想连贯性和真

---

* 在努斯鲍姆这里,我们翻译为"依恋"的这个词是"attachment"。在努斯鲍姆的用法中,这个词指的是两者之间(例如两个人,或者一个人和一个家庭、社群或国家等等)因为某些内在性质(包括某些情感联系)而进入的一种强烈的依赖关系,而且,一旦一个人进入了这样一种关系,他也倾向于具有某些情感态度或情感反应。为了方便,我们暂且把这个词翻译为"依恋",但读者需要始终考虑到它原本具有的特定含义。——译者注

理的追求把自由从习惯和习俗的专断中释放出来，为那些能够对自己的生活经历和思想负责的存在者创造了一个共同体。（我们将会看到，怀疑论在某些方面是个例外；不过，即便是怀疑论者也非常依赖理性和论证，其方式是其他流行"艺术"所没有的。）既然福柯认为知识和论证本身就是权力的工具，有一个问题就变得很可疑了，即：他是否还能承认可能存在这样一个自由的共同体？不管怎样，他关于这个时期的著作，尽管都是富有挑战性的思想，却无法正视对理性的根本承诺，而正是这个承诺把关于自我的哲学技艺与其他这样的技术区分开来。也许那个承诺是一个幻觉，但我相信它不是。而且我确信福柯尚未表明它是一个幻觉。不管怎样，本书将把那个承诺当作自己的焦点，并试图回答这个问题：为什么人们长期以来一直认为，对理性的哲学运用就是我们因其而能够变得真正自由、真正繁盛的那门技艺？

　　书写这一历史时期面临着一些结构性的难题。如果一个作者试图对希腊化时期的实践论证提出一个论述，他所面临的最大问题就是范围问题。希腊化时期的哲学之所以难以研究，部分原因就在于它的影响。主要学派的学说，在雅典开始于公元前4世纪晚期，在罗马（至少）延续到公元后几个世纪，有一个连续不断的传播和阐释的历史，而在那个时期的罗马，在这些传统中，一些最有价值的著作得以产生出来，其中哲学对文学和政治文化施加了重大影响。这意味着我们实际上必须处理六个世纪和两个不同的社会。我们不可能一览无余地处理所有相关材料，因为这些材料一方面很丰富，另一方面也很不均衡。任何处理都必须是一种抽样。因此，这种处理无论如何都不可能成为希腊化时期伦理思想的全部历史，也不可能是一种高度体系化的选择性纲要，而仅仅是对某些核心论题的一种多少有点特色的论述。这个论述是由对某些问题的一种执着追求来引导的——把作为生活技艺的哲学和医学之间的类比当作其核心的引导主题。

　　甚至就这些问题而论，寻找选择的原则也很困难。要是伊壁鸠鲁（Epicurus）、芝诺（Zeno）、克里西普斯（Chrysippus）这些希腊化时期哲学家的主要著作已经得以保存，我们就可以决定把这样一种研究限定在这些学派在古希腊的发端阶段，由此限定在一个单一的文化和时期之内。然而，证据并不允许这样做。在这些极度多产的哲学家的大量著述中，在斯多亚学派那里只有残篇和传闻保存下来，而对伊壁鸠鲁来说，保存下来的只有残篇、传闻加上三封总结其主要学说的简短信件以及两部格言集。对于怀疑论者的论证,我们差不多完全依赖于那些远远晚于该学派形成的文献来源——第欧根尼·拉尔修(Diogenes Laertius)的《皮浪的生平》(Life of Pyrrho)以及塞克斯都·恩披里柯(Sextus Empiricus)的著作。当然,后来有大量关于古希腊原始资料的证据;从一个较晚的时期开始,伊壁鸠鲁主义者、斯多亚主义者、怀疑论者的思想也有完整的原始著作(首先来自于罗马)。在早期年代和文本的完整性之间没有吻合关系,因此选择的任务就变得格外艰难。

但是,当我们转向更晚一点的原始资料尤其是罗马的原始资料时,仅仅将它们搜集起来作为重建希腊原始资料的证据(就像人们经常所做的那样)看来并不充分。我们必须面对这一事实:这些罗马的哲学著作,例如卢克莱修(Lucretius)的《物性论》(De Rerum Natura)以及塞涅卡的对话、书信和悲剧之类的作品,本身就是复杂的哲学和文学整体;若不注意它们的整个文学和修辞结构、特有的语言模式及其对其他文学和哲学文本的提及,就不可能很好地理解它们的"治疗论证"实践。这还不是全部:我们还必须注意到它们的罗马血统,因为罗马哲学是在与罗马历史和政治的紧密联系中来探求理论与实践的关系。罗马的治疗论证并不只是偶然成为对罗马人和罗马的治疗;若不理解隐含的对话者——卢克莱修那里的墨密乌斯(Memmius),塞涅卡著作中的卢西利乌斯(Lucilius)和诺瓦图斯(Novatus)之类的人物,以及在所有这类著作中,那位隐含的罗马读者——的品格,我们也就无法完整地理解这种论证的运作。这意味着我们要尽可能理解罗马的文学、政治和社会历史的有关方面,尽可能理解拉丁语言细节的有关方面(因为它一方面翻译了古希腊的哲学术语,另一方面又暗示了自己的文学传统),最终特别是要尽可能地理解罗马人对伦理问题和社会问题的态度。罗马伊壁鸠鲁主义者和斯多亚主义者就是伊壁鸠鲁主义者和斯多亚主义者;作为伊壁鸠鲁主义者和斯多亚主义者,他们都很关心他们认为属于我们的共同人性(按照每个学派对"共同人性"的理解)的那些方面。但是,作为伊壁鸠鲁主义者和斯多亚主义者,他们也相信,好的哲学论证必须彻底是个人的,要去阐明和处理对话者从文化适应和教学中所获得的信念,其中包括很多已被深刻地内化因而隐蔽起来的信念。由此获得的很多信念是一个人生活于其中的社会所特有的;因此,优秀的罗马伊壁鸠鲁主义哲学或斯多亚主义哲学也必须同时是对罗马传统的一种透彻的批判性研究。

哲学研究者往往忽视背景方面的材料,于是就把希腊化时期的伦理学描绘为一种无时间的整体。这种研究方式通常会仅仅将拉丁文本当作希腊化时期的希腊思想家的原材料来加以利用,而无视它们所特有的罗马文学和社会特点,无视把哲学材料包含进来的整个文学形态。与此相对,本书决定在这些哲学论证的历史和文学环境中研究它们。实际上,我将论证说,希腊化时期的治疗论证本来就很依赖语境(context-dependent),因此任何其他方式都不能充分理解这种论证——尤其是当我们在试图理解对自身来说具有连续不断的兴趣和迫切性的人类生活的那些方面时,也是如此。(我们将会看到,这并不意味着不存在跨语境的真理,有待这样一种研究来加以发掘。)另一方面,我也意识到,在每个相关文本和作者的情形中,完备地研究所有这些语境特点是多少人穷其一生也无法做到的,一本书当然就更不可能。即便是把我的研究限定在单一的作者,哪怕是一个单一的学派,我也无法实现全面的综述;我想追究的问题要求比较上述三个学派的技术和见识。我本人比较偏爱完整的文本,它们的文学形式可以作为论证的一部分加以分析,为了使问题不那么简单,这种偏爱已随着研究的不断发展越来越将我引向罗马的原始资料。

因此,我选择讨论某些论题而不是其他论题,关注某个特定作者的某些著作而不是其他著作,除此以外我还发现,对于年代和文化范围问题是没有简单的解决方案的;当然,一般来说,我对卢克莱修和塞涅卡的关注多于对西塞罗、爱比克泰德或马可·奥勒留(Marcus)的关注。通过把关注焦点限制到这三个主要学派,在它们那种多少算作核心和正统的发展中,借助于把亚里士多德的伦理思想用作背景和衬托,我开始了这项研究。我已经忽略折中主义学派以及亚里士多德主义的晚期变种。一个更成问题的忽略是对**犬儒主义**者的忽略,他们践行一种准哲学的生活方式,这种生活方式挑战了得体行为的公共习俗,也挑战了关于恰当论证的知识惯例。在哲学治疗观念的发展史上,犬儒主义学派在某个方面肯定是重要的;读过第欧根尼·拉尔修记述犬儒主义者第欧根尼*的生平的人会发现,他们都是极具魅力的人物。另一方面,我相信,对这个学派的人物及其影响,甚至对于他们到底

---

* Diogenes of Sinope(Diogenes the Cynic),西诺佩的第欧根尼,犬儒学派的代表人物之一,活跃于公元前4世纪中期,被认为是第一位真正的犬儒主义者。(参见 A. A. Long, "The Socratic Legacy," in *The Cambridge History of Hellenistic Philosophy*, Cambridge University Press, 2005, p. 625。)第欧根尼·拉尔修的《名哲言行录》对其生平有所记载。据称,正是由于第欧根尼独特的生活方式和反对世俗生活的态度,人们给他取绰号为 kynos,希腊文意为"狗",犬儒学派(Cynic)由此得名。——译者注

有没有提出过论证,我们都所知甚少。因此,在本书这样一本著作中,若对他们加以关注,就会在学术上陷入泥潭。于是很遗憾,我只能把犬儒主义者放在边缘地位。

对于每个学派,我都努力对其古希腊来源及其在罗马的延续提出一些想法。因此,在详细阐述卢克莱修的诗作及其对治疗的构想之前,我试图重构伊壁鸠鲁学派的治疗论证实践,审视伊壁鸠鲁本人对恐惧、爱以及愤怒的态度。克里西普斯自己提出的激情理论不仅在塞涅卡对愤怒的治疗中有所发展,在塞涅卡的悲剧中也得到某种游移不定的处理。不过,在考察这一点之前,我试图重构克里西普斯的理论(很幸运,我们对这套理论拥有异常丰富的信息)。在每个学派的情形中,我至少已经努力提及文化环境的那些看来最相关的部分。尽管我没有对修辞实践的历史提出系统论述(这样做会要求我们再写一部专著),但是我的确详细考虑了亚里士多德《修辞学》(*Rhetoric*)的一些部分,对具体的哲学论证的修辞学予以密切关注。在我论述中有裂隙的地方,我希望方法论上的坦率足以表明这些裂隙本身是可见的,这样别人也就能够加以弥合。

不管怎样,通过我的论述的不完备,也通过它所取得的成功,我希望自己已经表明:当我们不仅把这个时期的伦理学史理解为论证的历史,同时也理解为追求个人和社会改变的论证实践和心理互动的历史时,对它加以研究是多么艰难,又是多么激动人心。

本书的写作也提出了一些微妙的哲学问题,我们最好在一开始就提到这些问题。我满怀激情地认同希腊化哲学的一个方面,即它的实践承诺、它把逻辑和同情结合起来的做法。我之所以去从事这项研究,就是为了对这个方面获得一个更好的理解。然而,希腊化时期的思想也有一个更成问题的方面,那就是它倡导各种类型的超然和摆脱困扰。上述实践承诺在某种程度上与这个方面密切相关。不过,在我看来,这两个承诺在原则上是相互独立的,某种程度上在实践中也是相互独立的。不过很明显:如果不去努力把握对超然的规范论证,我们也不可能进一步理解对哲学治疗的这些论述。

当我们努力把握这些论证时,我认为我们会发现三件事情。首先,我们发现,希腊化时期哲学家激进的社会批评在某种程度上确实要求他们不信任激情,也就是说,不认为基于激情的直观是一块免于理性批评的伦理基石。如果激情是(至少部分地)从信念或判断中形成的,如果社会上传授的信念往往是不可靠的,那么我们就需要用审查社会上传授的其他信念的方式来审查激情。不过,只要有一个哲学观点(包括亚里士多德的观点)认为某些伦理信念和偏好比其他伦理信念和偏好更可靠,那么从任何这样的观点来看,采取上述审查似乎都是一项明智的策略。

其次,下面这个事实会变得清晰起来:伊壁鸠鲁主义者和斯多亚主义者为了彻底地削减激情而提出论证,至少其中有些论证是有力的——甚至对于一个此前绝不怀疑激情价值的人来说也是如此。尤其是,他们用来反对愤怒的论证,他们将爱和悲伤之类的激情与破坏性的愤怒之可能性联系起来的进一步论证,看来都具有无法躲避的力量。我们比较容易接受如下结论:在过一种具有深厚依恋的生活时,一个人就有了丧失和受苦的风险。但是,按照希腊化时期的论证,这种风险也是一种恶(evil)的风险——至少是用企图伤害的欲望来腐化内部世界的风险。那些捍卫情感的人,只要面对这些论证,就会变得忧虑不安。本书将对这种焦虑加以研究。

然而,最终我们会发现,至少在一些希腊化时期的文本当中,尤其是在卢克莱修和塞涅卡那里,对于情感以及作为其基础的依恋,人们持有一种模棱两可的态度,而且这种态度比它一开始看上去的更强。伊壁鸠鲁对"不受伤害"(invulnerability)的承诺因其赋予友谊以核心地位而受到限制。在卢克莱修那里,对世界的承诺扩展得更加广阔,看起来它不仅包括友谊,也包括对配偶、子女、城邦或国家的爱。就爱、恐惧甚至愤怒而论,这导致了一种复杂的见解。斯多亚学派的见解从表面上看更简单。但是,在塞涅卡的对话和书信中,他甚至在某些方面对其反对激情的观点施加了限制;我相信,在塞涅卡的悲剧作品中,当斯多亚主义面对罗马社会中关于世俗成就和胆量的传统规范时,我们可以看到一种更加深刻的矛盾态度。在对希腊化时期的自足原则提出的任何批评中,这些复杂性都应该得到承认。

进一步的困难来自政治在希腊化思想中的作用。希腊化时期的主要学派都对他们眼中的社会提出高度批评,都很关心把好的人类生活的必要条件给予那些已经遭受社会苦难的人。而且,他们在哲学实践中比亚里士多德更包容、更少精英意识,也更倾向于去表明他们的策略能够向每一个人(不管其阶级、地位或性别如何)提供某些东西。另一方面,他们落实这一点的方式总的来说与政治、制度或物质财富的变化没有多大关系。他们并不准备把世上的好东西带给每一个人,而是更愿意关注信念和欲望的变化,而这种变化令他们的学生更少地依赖世间各种善事物。他们甚至不去揭示消除不义的方式,反而要求学生学会对自己所遭受的不义无动于衷。

亚里士多德主义为好生活设置了严格的世俗条件,使得有美德的活动在很多方面依赖于个人无法控制的物质条件和教育条件。不过,亚里士多德随后也认为,让人民享有那些条件是政治的一项任务:好的政治安排是那种"能让每一个人都做得好并过上繁盛生活"(*Pol.* 1324a23-24)的安排。相比较而论,通过简单地降低人们的眼界,否认物质条件具有重要性,宣布放弃可能影响更广泛地分配这些条件的政治工作,希腊化时期的各个学派难道没有促进所谓的好生活吗?伊壁鸠鲁力劝人们完全退离城邦生活,怀疑论者要求人们不加批判地服从现存习俗的力量。斯多亚主义者对正义之内在价值的承诺是很明显,但是即使在他们那里,我们也很少听到关于如何改变奴隶制的政治现实的建议,反而经常听到他们说要如何学会在内心深处实现真正的自由,哪怕一个人(在政治上)仍然是奴隶;我们很少听到消除饥饿和干渴的策略,反而经常听到他们说这些身体上的善在一种明智的生活中如何不重要;我们也很少听到他们就如何改正现存的阶级结构以及解释其来源的(正如亚里士多德所论证的那样)经济关系发表意见,反而经常听到他们说明智的人对这种世间的区别如何无动于衷。在所有这三个学派中,真正好、真正有美德的人被认为完全不依赖于物质因素和经济因素:获得一个人的充分人性只要求内在变化。但这事实上难道不是错误的吗?难道内在世界本身不是(至少部分地)社会和物质条件的一种运转吗?如果不能考虑到这一点,难道就不会在当代思想那里削弱对希腊化时期的论证的兴趣吗?(与此相关,考虑一下马克思放弃他对伊壁鸠鲁的拥护而转向亚里士多德,前者是其博士论文的论题,而一旦他开始明白阶级分析和物质条件对人类繁盛的重要性,亚里士多德就自然而然地成为其成熟著作的古典导师。)

我将得出结论,肯定这个批评的价值。不过,在物质和制度方面的变化与信念和欲望方面的内在变化之间,我刚才做出的那个简单对比过于粗糙,不足以完整讲述亚里士多德与其希腊化时期的后继者之间的关系。之所以如此,是因为亚里士多德和希腊化时期的思想家事实上都坚持认为,如果欲望和思想就是它们在社会中通常被构造出来的那个样子,那么除非它们经过很大转变,否则人类繁盛就不可能实现。(例如,他们都认为大多数人学着把金钱和地位看得太高,而这就腐化了个人关系和社会关系。)希腊化时期的学派实际上对这些问题的深度提出了有力的诊断,因此,在他们那里,对这种内在变化予以更迫切、更详尽的关注看来也不是不合适的。任何切实可行的政治途径,不论是在过去还是在现在,必定也关系到批评和塑造评价性的思想和偏好。

而且,希腊化时期对内在世界的关注并不排除对社会疾病的关注,事实上它直接导致了此种关注。希腊化时期的哲学有一项最令人难忘的成就,那就是令人信服地详细表明,具体的社会条件如何塑造了情感、欲望和思想。这个时期的哲学家已经表明这一点,并论证说欲望和思想在它们目前被构造出来的那个样子上是畸形的,于是他们就自然地关注这些社会结构,这些要素通过这些结构及其革新而被塑造出来。毕竟他们全心关注教育,就像亚里士多德一样(不过提出了更为详尽的论证)。他们的哲学治疗既描述也塑造了一种设计教育实践的新方式;在他们对师生关系的表述中,他们也描绘了一种共同体的典范。至少在这里,他们好像获得了一个平等主义的结果,而在他们周围的世界中,这样一个结果本来是不可能实现的。

同样,在其他方面,他们重新塑造在其看来有碍于人类繁盛的社会制度。伊壁鸠鲁和卢克莱修对传统宗教发起一场猛烈攻击;在爱情、婚姻和抚养孩子等方面,卢克莱修重建了有关的社会实践。他们声称自己的论证不仅正确,而且有因果效力,因此也宣称要对他们所描述的那场革命做出贡献。在希腊的斯多亚主义者那里,我们发现了一个理想的政治理论,这一理论试图消除性别和阶级差别,甚至试图抹掉地方边界和国家边界在道德上的突出地位。在罗马的斯多亚主义者那里,还有几种不同的政治理论,其中既有君主政治的,又有共和主义的(不论是在罗马,还是在更晚的共和革命中,共和主义的政治理论在实践上都很有影响),我们发现了用大胆的批评来面对根深蒂固的政治现实的论证,这些论证涉及奴隶制、性别关系、种族宽容、公民身份的概念等论题。要普遍尊重在每一个人那里体现出来的人性尊严这个观念,从起源上看是一种斯多亚式的观念,而且自那时起就已经处于西方传统中一切著名政治思想的核心。我们需要仔细审视这个观念与斯多亚式的"超然"(detachment)之间的关系。不过与此同时,我们也可以说,对于一种旨在具有实践性的政治哲学来说,研究内在世界及其与社会条件之间的关系如果说不是一项充分任务的话,至少也是一项必要的任务。就这项任务而言,希腊化时期的哲学向我们提供了无与伦比的帮助。

第一章 治疗论证

一

伊壁鸠鲁写道,"哲学家的论证,若无从医治任何人类疾苦,就是空洞的。因为正如一门医术若不把身体疾病驱逐出去便毫无用处一样,哲学若不把灵魂的疾苦驱逐出去,便也毫无用处。"[1] 这位古代的怀疑论教师还把自己描绘为灵魂医治者:[2]"作为一个爱人类的人,只要可能,怀疑论者就希望用论证来治愈教条的人们身上那自大的空洞信念和轻率鲁莽。"医生尝试用不同的治疗方案来治疗患病的身体并使用有效的治疗方案,同样,怀疑论者也为每个学生选择对其疾病最合适也最有效的论证(Sextus PH 3.280-81)。斯多亚主义者热烈地认同这个哲学图景,并精心地发展哲学与医学间的类比。古希腊伟大的斯多亚主义者克里西普斯(Chrysippus)在描述其哲学技艺时曾自豪地宣称:

---

[1] Epicurus Us. 221 = Porphyry. *Ad Marc.* 31,第209页,23N:见本书第四章。除非另行指出,本书中所有的译文都是我自己翻译的。关于在这里把 pathos 翻译为"受苦"(suffering),见第四章注释1。我用"论证"(argument)来翻译 *logos*,后者当然是一个更一般的术语,也可以指"话语""言语""说明",参见本书第二章。第四章表明,伊壁鸠鲁确实集中于论证,把他的治疗建立在一种逻各斯的基础上,这是该哲学传统当时的标准做法。但是,他的治疗话语是多层面的,其中包括某些按当时的标准未被称为"论证"的技术,因此也有可能的是:在这里,伊壁鸠鲁的治疗话语更一般地指治疗性的哲学话语。我避免使用"话语"(discourse)这个译法,主要是因为:在当代文学理论和文化研究中,它已经变成一个被过度使用的专业术语。

[2] 在此处以及在其他地方,"灵魂"这个词都是对古希腊词语 *psuchē* 的翻译,就像那个术语一样,它并不蕴含任何特定的形而上学的人格理论,而仅仅代表生物的所有生命活动。希腊化时期把身体与 *psuchē* 相对比,在这种情形中,特别值得强调的是,这种对比并不意味着否认物理主义,因为伊壁鸠鲁主义者和斯多亚主义者都是物理主义者。这个对比只是在有机体的物质构成要素及其生命活动以及意识状态等之间的对比。

> 如下说法并不成立:存在着一门称为医疗的技艺,把患病的身体作为其关注对象,却不存在关心患病灵魂的相应技艺。以下说法也不是真的:不论是在理论理解还是在对个别案例的治疗上,后者都比前者更低劣。(Galen, *PHP* 5.2.22, 298D = *SVF* III.471)

或者正如西塞罗在代表斯多亚学派发言时更简洁地所说的:

> 我向你保证,存在着一门针对灵魂的医疗技艺,那就是哲学,我们无须像在身体疾病的情形中那样,从外在于我们的东西中寻求它所提供的援助。为了最终能够治疗自己,我们必须努力利用我们的一切资源和力量。(*TD* 3.6)

哲学治疗人的疾病,由错误信念所引起的疾病。其论证针对灵魂,宛如医生的治疗针对身体。论证能够具有治疗作用,要按照其治疗力量来加以评价。正如医术代表受苦的身体得以好转一样,哲学也代表受困的灵魂取得进展。哲学,若正确地理解,不亚于灵魂的生活技艺。对哲学任务的这个一般描述是希腊化时期所有三个主要学派(不论是在希腊还是在罗马)所共有的。[3] 它们都一致承认把哲学与医术加以类比是合适的,而对其成员来说,这个类比不只是装饰性的隐喻,而且是发现和辩护的重要工具。只要一个人已经用一种一般的方式理解了哲学家的任务类似于医生的任务,他就可以依靠这个一般理解(用一些一般标准来进一步提炼)来更具体、更详细地发现哲学家在各种情况下入手的方法。[4] 人们也可以诉诸这个类比来证明某个新的或可疑的方法在哲学上是适当的。竞争的学派,就像属于不同医疗学派的医生那样,用这个类比组织起来的措辞相互辩论,向可能成为学生的人毛遂自荐,宣告他们各自持有的哲学观念的优点。医生的具体方案被比作特定的哲学技术。这个类比也把一个好的"治疗"论证应该具有的特征越来越丰富地列举出来,而这些特征就是这样的特性:通过指出类似特征在医疗方法中的出现及其重要性,就可以表明它们的重要性。

---

[3] 严格地说,怀疑论者拒斥了哲学能够成为一门生活技艺的思想;另一方面,他们传授推理的策略,而且似乎声称这些东西对好的人类生活具有因果效力。这个问题将在本书第八章中加以分析。

[4] 当然也有不同的医疗学派;尤其对于怀疑论者来说,这些学派之间的区分对于界定他们的哲学观念来说会很重要。

总而言之,在这个时期有一个广泛而深刻的共识:哲学活动的核心动机就是人类痛苦的紧迫性,哲学的目标就是人的繁盛(human flourishing)或希腊人所说的 eudaimonia[5]。哲学向来被理解为一门把论证当作工具的技艺,精确的推理、严密的逻辑以及精确的定义都在其中发挥重要作用。但是这些设施的目的——以及就哲学与它们相结合而论,哲学的目的——首先要被理解为成就繁盛的人类生活。对任何一个具体论证的评价不仅必须关心逻辑形式和前提的真实性,也要关心如下问题:这个论证是否适宜于处理其对象的具体弊病。在这里我首先是在谈论一切伦理论证;在把哲学的伦理部分与其他部分联系起来的方式上,这些学派有所差别。对于伊壁鸠鲁主义者和怀疑论者来说,伦理目的(成就某种生活)显然具有中心地位,而对于斯多亚主义者来说,这一点就不太明显了。不过,对全部这三个学派来说,哲学首先是人类生活的技艺;从事这项研究,却不把它恰当地固定到生活得好的事业上,会被认为是空洞徒劳的。

总的来说,三个学派全都能接受伊壁鸠鲁对哲学的定义:"哲学是一种通过论证和推理来保证繁盛生活的活动。"[6]他们都可以同意,一个尽管在逻辑上严密和精确、但完全不符合听者需要的论证,一个纯粹学理性的、无法用某种实践方式来吸引听众的论证,在这个意义上就是一个**有缺陷的哲学论证**。在《论目的》(De Finibus)中,西塞罗在批评斯多亚主义者就像他所相信的那样、在其工作中缺乏这个必不可少的方面时,就绝妙地表达了这一点:

> 他们那狭隘简短的三段论式论证就像一根针那样刺痛了听众。即

---

[5] Eudaimonia 经常被译为 happiness,但这是误导性的,因为这种译法错失了对活动性和生活之完备性的强调,而后者(正如亚里士多德令人信服地论证的那样)出现在这个古希腊词语的日常运用中,此外,这种译法也错误地得出这样一个暗示:就 eudaimonia 来说,关键的东西必定是一种满足状态或者一种满足感。(在功利主义诞生之前,happiness 这个词的英语用法要广泛一些;但在我们时代,这个词不可避免地受到了功利主义联想的渲染。)人们固然可以论证说,eudaimonia 是一种状态或感受;我们将看到这样的例子。但是,这种含义根本就没有蕴含在这个术语本身之中,事实上,这个术语在其一般的用法中似乎含有"是活动的"这一含义,因此断言一种非活动的状态能够等价于 eudaimonia 似乎有悖于直觉。因此,在大多数情况下,我要么直接保留这个术语的拉丁音译,要么使用"人的繁盛"这个不太方便的说法。

[6] Sextus M 11.169 = Us. 219. 我们不应该把这个定义理解为意味着:对于那个若不提及其活动性就不能完备地加以确定的目标来说,哲学仅仅是工具性的。

使听众在理智上赞成其论证,他们在内心深处也不会有丝毫改变,反而会从他们原来进入的状况中走开。论证的题材也许是真的,而且肯定是重要的,但是论证却用一种过于琐碎的方式、而不是用与其价值相称的方式来处理。(*Fin.* 4.7)〔7〕

本章将概括地描绘希腊化时期治疗论证的特征,把这种研究伦理哲学思维的方式与在过去和现在都可得到的其他方式加以对比。我将对某种"医疗"(medical)论证的性质提出一个纲要性说明,这个说明稍后可用来研究具体学派,以列举它们之间的相似和差异。由于希腊化时期的治疗首先是对欲望和情感的治疗,因此我也将引入这个论题,描述某种由全部三个学派共有的、关于情感及其与哲学之间关系的观点。最终我将对全书的论证提出一个简要概述。

二

通过将伦理学中哲学思维的医疗模型与在古希腊可以得到的两种伦理研究进路加以对比,我们可以更好地理解这个模型。我将把其中一种探讨称为"柏拉图式的进路",把另一种称为"基于日常信念的进路"。前者与柏拉图的某些论证中的某些要素具有一定关系,因此事实上我要用一个柏拉图的文本来加以阐明。不管它实际上是不是柏拉图本人的进路,亚里士多德等人已经用这种方式来解读柏拉图。后一种进路有时被归诸亚里士多德,并且与其进路中的某些要素确有某种相似。不过,这两位思想家的见解都很微妙复杂;我不想提议说这些颇为概括的描述精确地描绘了那些微妙之处。(实际上,在亚里士多德这里,我将要论证的是,那个简单的日常信念图景并**不是**对其方法的精确描绘。)从我的目的来看,只要能表明以下这一点就足够了:在古代世界中,这些进路在某种形式上是可得到的——至少作为实际上已经存在的某种东西的要素,或者作为对那种东西的简化、夸张或误解。在现代道德哲学中,这两种进路实际上也是可得到的,因此对它们加以考虑就有了这样一个附加值:为我们澄清医学模型在我们的实际抉择

---

〔7〕 很难断定对希腊斯多亚主义者的这些批评究竟有多么精确,因为我们对他们的实际说法所知甚少,且关于他们采用什么风格的证据也是相矛盾的(见本书第九章、第十章和第十二章)。他们肯定很关心实际功效。罗马斯多亚主义者显然不受制于这样的指责。

中所占据的地位。[8]

因此,让我们来考虑柏拉图《斐德罗》(*Phaedrus*)的核心神话中对伦理研究的描绘。很多种类的灵魂——其中一些是有朽的(mortal),一些是神圣的,一些轻松灵活,一些困难吃力——离开它们通常居住的世界和日常的追求,漫步到天堂边缘。在那里,向外凝视那些居住在"天堂之上的王国"中的永恒存在者时,这些灵魂看见了(一些看得多,一些看得少)作为各种伦理美德之真实标准而存在的永恒规范。灵魂"看见了正义本身,看见了节制,看见了知识——不是随着我们现在称为'存在'的各种对象而发生变化和变更的知识,而是置身于如其所是的事物中的真正知识"(247D)。换言之,伦理规范就是那种完全不依赖于人类、不依赖于人的生活方式或人的欲望而存在的东西。于是,在我们的兴趣和真正的善之间所存在的任何联系都纯属偶然。善就存在于那里;实际上,甚至在我们开始存在之前就一直在那里了。然而,不管我们试图改变善的愿望有多么深刻或多么迫切,我们都不能使之变成别的样子。善不是为了我们而形成的,我们也不是为了善而被造就出来的。[9] 最好的生活终有可能是任何人都得不到的一种生活,或者甚至是任何人都把握不到或无法设想的一种生活。(大多数动物事实上就是这样:对它们来说,很不幸,它们面前有同样的善标准,但它们很愚钝,因此领会不到这个标准。)或者,最好的生活最终很可能是这样一种生活:它与所有实际的人类生活方式、所有实际的人类欲望都很不协调,因此实际的人类存在者发现它令人讨厌、粗俗不堪,或者是如此无聊或贫乏,以至于他们宁死也不愿去过那种生活。这样的结果,尽管对于人来说其实很不幸,却不会构成质疑对善的那种论述本身的理由。也许我们(或我们当中的一些人,在有些时候)碰巧能够把握"在那里存在"的真正的善,并在把

---

[8] 我不会否认,反而会强烈地断言说,在伦理学中,医学模型与哲学在希腊化世界和罗马世界中得到实践的具体历史和文化环境具有紧密联系。不过,这个模型本身就包含一种很有益的方式,去平衡对于人类所面临的共同问题的兴趣和对具体环境的关注,而为了理解这种方式的贡献在我们当前所生活的环境中何以具有启示,我们就可以去遵循这种方式。

[9] 如果我们把这一点与柏拉图著作的其他部分结合起来,我们又可以断言这个简单的解释是对柏拉图的实际观点的夸张。回忆,并不总是像《斐德罗》中所描述的那样,被描述为完全取决于某些在灵魂进入身体之前就发生的事件(灵魂附身有可能已经采取其他形式)。《蒂迈欧》(*Timaeus*)中对创世的说明意味着我们的结构并非只是偶然与形式的结构相联系——尽管必然性和理智(intelligence)都制约着我们的形成和发展。

握到它之后按照它来生活。但我们有可能已经是别的样子。动物就与我们不同;而不论是对人、对动物甚或对整个宇宙来说,善将一如既往地保持不变。

通过两条颇为不同的途径,即科学的途径和宗教的途径,具有这个一般结构的各个观点就进入了当代伦理场景中。(这两种形式都以不同的方式受到了柏拉图主义的影响。)[10]科学的变种认为伦理研究就类似于物理科学中的研究,在这里,要用一种柏拉图式的方式来理解这个说法,而在对科学的通俗思考中,即便不是在当代科学哲学对科学所提出的那种更加精致的说明中,那种柏拉图式方式也已经变得根深蒂固。按照这个图景,研究自然的科学家是用一种"纯粹的"方式——不受其文化框架、背景信念、意愿和兴趣的干扰和影响——去进行研究。他们的任务就是步入自然(就像柏拉图的灵魂们漫步到天堂边缘),去观察它,去描绘其本来面目,由此去发现它那真实而永恒的结构。他们的研究有可能通往任何地方,只有事物实际上存在的方式才能对之加以约束。某种物理理论要么得到、要么得不到事实的支持。物理科学家(或者更一般地说,人类存在者)的欲望、信念和生活方式都不得影响他们对自然界地位的研究或者他们对研究方法的选择。由此就产生了这样一个思想:伦理学正是以这种方式成为科学的。伦理研究就在于发现关于价值和规范的不变真理,即那种不依赖于我们是什么、想要什么或想做什么而本然地存在的真理。它们置身于事物的构造中,只需等待我们去发现。[11](在这种进路的某些变体中,就像在当代社会生物学中那样,伦理学与科学的这种关系不只是一种类比,因为科学中价值中立的发现被认为蕴含了伦理规范。而在我所描述的那种柏拉图式的观点中就不是这样了,因为在那种观点中,事实与价值的区分没有起到任何作用,那些独立的规范就是价值规范。)

通过一条不同途径,我们在奥古斯丁式的基督教伦理学中得到了一个类似图景。上帝设定了某些伦理标准,我们的工作就是去做上帝所希望的事。但是,我们可能被赋予了看到或向往上帝所希望的事情的能力,也可能

---

[10] 比如说,尼采很清楚地认识到这个联系,例如,参见 Nietzsche, "How the True World Finally Became a Fable," in *Twilight of the Idols* (Nietzsche 1888)。

[11] 对这样一个观点的一种说明,见 Rawls (1980)第 518 页和第 554 页及以下,也见 Rawls (1971)第 48—53 页。当然,罗尔斯好像不接受这个观点:参见随后的讨论。

没有被赋予这种能力。真理和上帝的恩惠就在那里,但是看到伦理真理或获得恩惠的能力不是我们所能控制的。[12]因此,并不存在这样一种可靠方法:通过它,从对我们最深层的需要、回应和欲望的审视中,就可以把一个伦理规范建构出来。因为最终完全有可能的是,一种真正好的生活是如此远离我们现在的处境和见识,以至于会让我们感到讨厌或无聊,或者觉得过于贫乏,不值得作为一种生活来加以追求。在这里,我们发现自己处于一种比那幅科学图景甚或比原来那幅柏拉图主义图景还要无助的境地,因为不太清楚我们如何能够去做进一步的探究,或者如何能够设法改善我们的认知困境。不过,核心的结构性的思想仍然是:真正的善完全不依赖于人的需要和欲望。无论是对柏拉图主义者还是对这些基督徒来说,对我们自己进行更加深入的挖掘并不是着手研究伦理学的正确方式,因为必定总有一个可能性是敞开的:不管我们是什么、想要什么、相信什么,这一切都是错误的。

　　这是伦理研究和伦理真理的一幅有力图景,它深深地植根于我们的哲学和宗教传统。通过接触柏拉图主义,希腊化时期的思想家认识到了这幅图景。然而,这是他们试图借助医学类比来颠覆的图景。现在,假设纯粹的灵魂对实际生物的感受、需要、快乐和痛苦一无所知,却在天堂边缘从事一项医学研究。(或者,即使他们具有这种知识,他们也决定不接受其约束。)假设那些天国的医生正试图对健康和健康生活提出一种论述,但是,对于他们打算治疗的那些生物的欲望和生活方式,即便他们可能具有一些经验,他们也不会去加以利用。他们确实承认,为了把这些规范**应用到**一群病人身上,他们就需要了解后者目前的状态。因为如果他们没有认识到某种疾病的症状,并按照自己对健康的典型说明来评估那些症状,他们就不可能治疗那种疾病。然而,他们所否认的是:健康规范本身无论如何都是来自病人的状况或愿望。这个规范"在那里"等待着被发现,而一旦被发现了,就可以应用于他们所要治疗的病人。

　　结果可能会表明,这些医生实际上很糟糕。天上的物理学至少看上去还有点道理。不过,医学究其本质而论似乎是一种参与性和投入性的技艺:

---

〔12〕 这似乎不是奥古斯丁在皈依基督教正统后最早的著作如《反摩尼教论创世记》(*De Genesi Contra Manichaeos*)和《论灵魂的伟大》(*De Quantitate Animae*)之中的见解;不过,这个观点在《论辛普里丘》(*Ad Simplicianum de Diversis Quaestionibus*)中得到了有力发展,并在《忏悔录》(*Confessions*)以及《上帝之城》(*City of God*)中占据支配地位。

这种技艺的运作取决于它与它要治疗的那些人之间某种实用的合作关系。医学很严肃地考虑病人的苦乐以及他们本人对健康和繁盛之所在的感受。医学旨在施以援助，这个目的是万万不能与病人对自己身体好坏的感受完全分离开来的。假设前面设想的那些天堂的医生从天堂边缘降落，宣布说，"看看你的身体状况吧，你这个可怜的老女人，你认为这是不堪忍受且有缺陷的。而这正是关于健康本质的一个例子，正如我通过查阅居于真实存在之中的那种知识所发现的。你们这些居于真实存在之中的孩子，你说你饿，你哭喊，但这也是健康。如果你学会用这种方式来看待事物并接受宇宙的智慧，你就会取得认识上的进步。"对此，我们的第一反应是：这个"医生"虐待成性、麻木不仁。然而，我们的第二反应是：他（或者她）不可能是正确的。这些说法不仅是残忍的，而且也是错误的。健康并不存在于天上，并非与人及其生活毫不相干。健康不是一种与病人的生成变化分离开来的存在，而是一种有生命的物种之生活形式的构成要素。在构造一个健康规范时，医生所要注意的正是该物种的生活形式以及依据它来生活时所涉及的经验。

人们确实可能在很多方面弄错自己的健康状况，尽管实际上做得不好，却认为自己做得很好。之所以如此，可能是因为他们患有一种尚未通过可知觉的症状将自身显示出来的疾病。或者可能是因为，除了当下的感觉经验外，他们的其他感觉经验都很差，例如就像在普遍的和长期营养不良的情况下所发生的那样。也可能是因为根深蒂固的文化传统已经使他们确信，对某些人来说看起来不健康的虚弱状态**对他们来说**实际上很好，而且就是他们应该寻求的最佳状态；比如说，在对男人和女人的繁盛持有不同标准的社会中，这种事情就经常发生。[13] 人们也可以在他们实际上做得很好的时候却相信自己做得很差，尽管这种情况不经常发生。我们当然可以说人们已经在上述某个方面出了错，但我们也必须按照他们自身的需要和知觉来理解这种主张的含义。这样一个主张往往具有如下含义：科学家或医生可以向他们表明，关于他们健康状态的某些东西会让他们确信自己一开始做出的判断已经错了，当然，前提是他们倾听并最终理解了那些东西；而且，在确信这一点的时候，他们所依据的是他们与科学家所分享的某个人类活动的概念，不管他们对这个概念的把握和表

---

[13] 见 Sen(1985)以及 Drèze and Sen(1989)。

述可能是多么模糊。有些人患了病却没有症状。对于这样一个人来说，医生会向他显示他目前状况的证据以及预期会发生的使人虚弱的（可知觉的）后果。可以给予一个营养不良的人以适当营养（如果这样做不算太晚的话），然后我们就可以指望用一种有利的方式把她后来的状态与先前的状态相比较，进而通过回顾而认识到疾病的证据。如果一个人相信其身体状况对于像她这样的人（跟她一样具有同样性别，或者属于同一阶层，等等）来说好得不得了，那么我们就更难用疾病的证据来影响她了。但是，若把第一种情形中得出的医学证据与从其他文化（还有其他类似情况下的个体）得出的比较描述相结合，而后者表明（比如说）女性一般来说并不比男性短寿，或者在耐力上并非不如男性，若有可能的话再把二者与因病人自身情况发生变化而可能导致的经验比较相结合，那么，如果上述主张是正确的，那就可以指望从病人那里得出一个判断，这一判断对传统来说是批判性的，而对医生的假说来说则是支持性的。最近对印度丧偶的女性和男性所做的一项比较调查表明，丧偶的女性几乎总是把自己的健康状况描述为"良好"或"优秀"，即使从医疗的观点来看，与男性（他们倾向于把很多抱怨表达出来，把自己的健康状况排列得很低）相比，她们在健康方面表现不佳。十年后，一项类似的调查表明，女人在实际的健康状况上没有重大变化。不过，通过教育和公共信息，她们对健康缺陷的知觉有了很大改进。现在，她们更紧密地关注医生的所作所为，并认识到存在着一个可得到的健康规范，与这个规范相比，她们的健康状况有着严重缺陷。[14]

因此，在医学中发现真理的方式看来很不同于在物理科学（或者我们对它的那种简单的、提纲性的描述）中发现真理的方式。在医学的情形中，病人在某种意义上是必不可少的，而在物理科学的情形中，看来没有任何人或人类实践在类似的意义上是必不可少的。并不是每一个实际病人都会被关于其病情的医学真理所说服，因为就像我们已经暗示的那样，在对这种真理的认知上，他们往往碰到了强有力的障碍。但是，一个真理，若要**成为医**学真理，好像就得满足如下必要条件：只要病人充分知情、充分专注，对各种取舍具有必要的经验并获准用正确的方式来审视它们，他们就应该确信这样一个真理。这并不意味着，在更加具体的专业层次上，医生不可能改变人

---

[14] 见 Sen（1985）。

们对健康**是**什么的想法。事实上,医生的一项主要任务就是要经常对健康的模糊目的提出具体说明,把它的各个要素列举出来。在某种程度上,这种详述可能会与病人自己的未经反思的阐述发生冲突,例如在上述例子中,当丧偶的印度女性了解到如下这一点的时候:对于世界上其他地方与她们年龄相仿的女性来说,机动性和忍耐力方面的规范非常不同于她们最终从自己身上所期待的东西。但是,医学所面临的挑战就在于:它总是要与人们最深的欲望和需要、与他们对重要事物的理解保持联系。它必须给予人们一种生活,而人们最终会把这种生活接受为对他们当前生活的一种改进,否则它就不能宣称自己取得了成功。

医学类比声称,诸如此类的东西对伦理学来说大致也成立。我们不是站在天堂边缘、用旁观者的姿态来探究人类的善;要是我们这样做,我们就不会发现正确的东西。这项研究,若不希望自己变得不得要领、前后矛盾,就不能遗漏人们的各种生活方式以及作为其中一部分的希望、快乐和痛苦。我们事实上并不是"在那里"来寻求伦理真理,因为伦理真理就存在于人类生活中,而且是关于人类生活的真理。不仅如此,它是一种**面对**人类生活**并为了**人类生活而存在的东西。就像在健康的情形中那样,我们正在寻求的是我们力图在人类生活中引出的东西,一种在本质上具有实践性的东西,其目的是要生活和生活得好。若把我们与我们的愿望、需要和目的全然分离开来,就不可能把握那个东西,一个聪明的神灵可能也发现不了那个东西。如果那个东西在根本上说是找得到的,那就必须在我们的内部、在彼此间来寻找它,把它作为一种能够回应我们对自己持有、对彼此持有的最深抱负和愿望的东西来寻求。通过表明它确实做出了这种回应,我们就可以把它当作正确的东西来加以辩护。就像在医学的情形中那样,如果我们经过反思发现,对人类而言,关于好的人类生活的某种看法似乎产生了一种格外痛苦、贫乏或者无意义的生活,不值得人们去选择或以之为生,那么我们就可以正当地拒斥那种看法——不是因为它难以实现,而是因为它是**错误的**。一种被损坏得不堪忍受的身体状况不可能是**健康之所在**,同样,一种单调贫乏或令人痛苦不堪的生活方式也不可能是**好的人类生活之所在**。

那么,在这里我们有没有资格谈论真理?一个柏拉图主义者可能会说我们没有资格这么做。有一种对伦理研究的论述包含着类似的实用主义要素,而在这种论述的现代倡导者中,至少有一个显著的倡导者断言:一旦采纳了这样一种论述,就必须在伦理学中抛弃真理的概念。不论是在《正义论》(*A Theory of Justice*)还是在《道德理论中康德式的建构主义》("Kantian Constructivism in Moral Theory")这篇文章中,约翰·罗尔斯(John Rawls)都论证说,伦理学的理论建树本质上是一个实践问题,不是要去发现某种不依赖于我们的愿望而保持不变的东西,而是要去构建一种我们都能赖以生存的观点,它比其他观点都能更好地回应我们最深层的需要、信念和欲望,只要我们可以经过一种反思审查把这些东西挑选出来。[15] 对伦理研究的这种理解暗示了伦理学和物理学的对比。罗尔斯对这一对比(他沿着柏拉图主义的路线来理解它)印象深刻,因此就推断说:只有在一种寻求一个完全独立的实在之本质的探究中,真理的概念才能是合适的。既然伦理理论缺乏这样一个独立目标,它就不能宣称要把真理体现出来。

亚里士多德和希腊化时期哲学家(怀疑论者总是例外)的确都声称要追求和说明真理,即使他们也明确沿着实用的"医疗"路线来设想伦理学。在本书几个章节中,我的一个目的就是要追问如下问题:他们这样做的根据究竟是什么,其做法又得到了多少辩护? 不过,在这里,在用一种预期的方式来推进医学类比的主张时,我至少可以开始说那个想法为什么可能并非全无道理。首先,我们应该质询罗尔斯在伦理学和科学研究之间所做的那个强烈对比。柏拉图主义者断言物理学就是要去发现一个其结构全然不依赖于人的理论和观念的实在,但不清楚的是,任何研究实际上都是在做那种柏拉图式论述要求物理学去做的事情。甚至科学中那种亚里士多德式的真理可能也不是不依赖于我们的观念,就像我已经论证的那样。在这个方向上,当代科学哲学已经取得更大的进展,发现了一些令人印象深刻的精细论证,以此来反对柏拉图主义的科学研究观念。但是,如果说没有任何研究是完全不以人类为中心的,那就更不用说伦理学也不是这样了。在这个意义上,当科学宣称要发现和说明真理时,一旦我们弄清这个主张的基础,伦理学看来也就不是特别与众不同而招致非议了,而当它声称"从人类生活的内部来说它也应该寻求真理"时,它也不是那么标新立异。[16]

然而,医学类比主张得更多。它不仅宣称伦理实在并非完全独立于人

---

〔15〕 Rawls(1980)第554页及以下,Rawls(1971)第48—53页。对科学与伦理学之区分的一种对比看法,见H. Putnam(1993,以及即出著作)。

〔16〕 见H. Putnam(1981,1993)。

的理论和观念,也宣称伦理真理不是独立于人类所深切渴望、需要和(在某个层次上)欲求的东西而存在。这个主张在物理科学中可能会有人加以捍卫,但是一个主张在物理科学中会引起争议,而关于医学科学的类似主张则不会如此。在这个意义上,甚至自然科学中大多数非实在论者仍会相信,科学旨在发现某些东西——即使在界定能够被发现的东西究竟是什么时,我们的理论起到了某种作用——而医学的目的是要为人类谋求某些东西,是要回应人们的需要。因此,问题必定仍然是:什么东西使得一项研究有资格具有这种实践目标,其陈述不仅受到了人类观念的约束,也以某种方式为人类谈论真理的欲望所约束?

我可以通过预想来指出支持这个主张的三个考虑。第一个是内在一致的思想,第二个是(一种细心地加以定义的)对应的思想,第三个是广泛的融贯和适应的思想。首先,一种沿着医学路线来理解的伦理学仍坚持要系统化作为其起点的直观和欲望并使之保持相互一致。事实上,这种伦理学的大部分活动就在于为了获得一致而审查和整理信念。(我们不久就会看到,激情由于具有命题内容而受制于这种审查,必须设法保持相互一致,并与病人的其他信念保持一致。)通过把隐藏在一个信念系统(或者更确切地说,一个由信念和认知激情构成的系统)中的矛盾和张力揭示出来,一个实用的医学伦理学就可以声称要做一些至少对于寻求真理来说是必要的(不管是否充分)事情。其次,某种对应事实上就是最终所要达到的目的:由此得出的说明与人类最深的愿望、需要和欲望相对应,也就是说,与"人的本质"相对应,在这里,"人的本质"是一个虽然规范但仍然属于经验的概念。发现我们最深层的要素是什么,甚或把所有这些要素呈现出来加以审查,并不是一件简单的事情。因此,在这里,人们就可以合理地谈论一种发现:对自己的发现,对自己同胞的发现。我们所要研究的那些论述声称:在寻求一个伦理理论和病人灵魂的最深层次之间的对应时,不管我们从何处入手、从什么人开始,我们最终都会达到一个单一的(如果说只是高度一般的)理论。于是,在这里就有一个思想参与进来,即我们受到了我们所发现的东西的约束,而且几乎是凭借它在科学的情形中所具有的那种力量,尽管不是用同样的方式。最终,我们将要研究的所有理论(怀疑论又是个例外)都强调说,我们所发现的伦理理论必须与我们在其他研究领域(例如对自然的研究、心理学研究、对实体与物质之间关系的研究)中所得到的最佳理论保持融贯。这样,伦理学的结果,就像医疗结果那样,不仅受到了内在融贯和心理对应的约束,也受到了这种更加广泛、更为全面的适应关系的约束。[17]

三

伦理研究的医学概念也与另一个伦理学概念相对立,后者大致站在从柏拉图主义开始的那个谱系的对立端。其思想如下:伦理研究和教学仅仅是记录传统的社会信念,除此之外没有正当目的。按照这种观点,伦理研究的起点就是我们可能会称为"一个关于社会健康的假定"的那种东西,即:基本上说,人们已经经过培养而具有了真的伦理信念和可靠的直观,日常的信念和直观可以被处理为伦理真理和正确性的标准。通过询问一些人对一件事情或一系列事情有什么想法或说法,就可以得到可靠的资料,而理论的任务就是去发现一个与这些资料相适应的一般说明。不论是在古代世界还是在后来,这个思想都有很多变种。其中一种形式被归于亚里士多德,尽管我们会看到这种做法过分简单。很多古代作者,例如雄辩家和某些诗人,都在其实践中认同这个思想。在古代道德教育中,它大概也扮演一个主要角色。[18] 最近,在当代"日常语言哲学"把日常用法视为"健康的和规范的"用法的意义上,在这种哲学的某些部分,它也得以体现出来。[19] 在功利主义的诸多变种中,它的起点(如果说不是其目的的话)也占据中心地位,因为即使功利主义对我们的伦理目的提出了一个富有争议、在某些方面有悖于直观的说明(按照最大化满足的思想提出的说明),但其原材料事实上就

---

〔17〕 这种适应关系可以在两个方向上加以约束;在每种情形中,问"什么东西给什么东西让路"都很重要。自然哲学究竟在何种程度上独立于伦理学而达到其结果,然后又对伦理学施加了约束?另一方面,伦理学迫切需要的东西又在多大程度上约束了自然哲学?

〔18〕 考虑阿里斯托芬(Aristophanes)在《云》(Clouds)中对旧时教育的描绘,其中涉及在两种逻各斯(logoi)之间的争论。

〔19〕 不过,参见斯坦利·卡维尔(Stanley Cavell)在 Cavell (1979)中试图把日常语言哲学与对习俗的单纯记录区分开来的做法。关于社会健康的假定,亦见 Rawls(1971)第 46 页:"我们不妨假设,在正常的社会条件下,每个人,只要到了一定年纪并具有必要的思想能力,都可以发展一种正义感。"然而,罗尔斯后来否认他自己的方法论观点就是这种日常信念观点:而不是去"描述一个人多多少少实际上具有的正义感,尽管允许把某些不规律的东西抹除",罗尔斯会让这个人面对一些有挑战性的、可能不太熟悉的取舍,结果"一个人的正义感可能发生一种根本转变,但也有可能不会发生这样一种转变。"这个说法接近我在这里试图引出的日常信念观点和"医学"观点之间的区分。

是所有相关人员的(被明确地表达或揭示出来的)欲望和偏好的总体,不管这些偏好在什么程度上得到了审查。这些偏好的健康状况似乎都被看作是理所当然的:它们都是相似的,并被认为可靠地表明了对人们而言善在于何处。[20]

从医学模型的观点来看,这样一种图景显然并非完全错误。看看人们实际上相信什么、言说什么,我们就是通过这种方式在正确的地方进行观察。[21]但是,对伦理学的医学论述强调要批判性地审查日常信念并重视专家的判断,而至少在日常信念观点的那些更加简单的变种中,这一点是见不到的。在检查病人时,医生在某种程度上会信任病人对其身体状况的描述。不过,她也会用自己具有经验并经过专业训练的眼睛来观察,在很多方面,她的眼睛可能比病人自己的眼睛更可靠。病人很有可能会看不到自己身体状况的某些方面,而医生会看到;在确定自己的身体状况是否健康等问题上,病人的确发挥了某种作用,但他或许不能像医生那样把一个健康规范详细表述出来。此外,正如印度丧偶女性的例子所表明,在正确地知觉和描述自己的身体状况方面,病人可能有一些深层和系统的障碍。

在一种以医学为模型的伦理学中,这种状况显然更为尖锐。医生在治疗一个病人时,后者的身体有病;但对病症的说明又正是从病人的信念、判断和欲望中得来的,这些东西并不是疾病之所在。相比较而论,医疗性的道德哲学所要处理的是在自己的信念、欲望和偏好上本身就有问题的人。之所以如此,是因为在希腊化时期的哲学家看来,社会状况并不理想;社会是他们大多数学生的信念乃至情感储备的来源,而社会已经用自身的弊病来感染学生。关于什么东西重要的错误观念以各种方式影响年轻人的成长(例如过分强调金钱、竞争和地位),年轻人的成长因此被认为是畸形的。这些腐化经常深入到很多地方,会用这种方式影响病人对教师或医生所做的自我描述。既然疾病是内在的,因此甚至也没有由医生来独立考察的可能:一切都取决于学生不可靠的报告。于是,对于学生根据自己的直接判断和知觉提出的任何报告,哲学方面的医生甚至就要比医学方面的医生有更多的怀疑,他们需要明确认识到把这样一个报告产生出来的东西也是或者

---

[20] 功利主义的当代哲学变种几乎都在这里引入了实质性限定,承认在某些条件下形成的偏好并不可靠。经济学领域的功利主义往往采取一种更简单的观点。

[21] 关于功利主义的这个相关要点,参见 Sen(1982)。

也有可能是有弊端的。不过,除了要求学生说出来之外,教师还能有什么办法去了解他们呢?

在很多方面,医学模型所承担的挑战就类似于试图处理精神干扰或精神疾病的心理学家所面对的挑战。正如我们即将看到的,希腊化时期伦理学的很多关注乃至很多方法都预见到了现代心理分析的很多关注和方法,但是其中有一个显著差别。到目前为止,心理分析仍然不太愿意承诺一个规范的健康观念;只要病人摆脱了某些明显的伤残,这往往就足够了。相比较而论,希腊化时期的哲学家更严格地遵循身体健康类比,坚持认为他们需要用一个关于繁盛生活的规范观念来操作,而这样一个观念是不会立即从受到严重干扰的病人那里得到的——尽管也需要通过反复面对病人来辩护这个模型,而在经过持久的反思后,病人可能会认可这个模型。

这样一来,一方面,医学模型承诺在某个层次上信任病人:哲学家迟早会希望所有病人或大多数病人都赞成其诊断,愿意参与治疗。另一方面,一个堕落且正在腐化的社会很有可能已经塑造了病人对好生活、甚至对自身所持有的信念,因此,哲学家不应该过于轻信。哲学家需要追问学生的哪些部分是健康的、是实际上应被信任的,而且要在很长一段时间持续追问。一般来说,在这样做的时候,哲学家可能需要诉诸一位审判员对可靠的伦理判断和健康所做的规范描述,后者的方法和裁决对学生来说具有示范作用,并且至少会尝试性地引导从事这项研究的方式。这个审判员不像一个柏拉图式的权威,因为就像病人一样,他自己也是人类共同体的成员,而且被认为代表了一个关于繁盛生活的理想,而这样一个理想也是病人所渴求的,不管是多么模糊不清地渴求。

这一切都使人想起:在教师和学生、医生和病人的关系上,这种医学伦理学可能倾向于(就像医学一样,但比医学更倾向于)采纳一个不对称模型。我们并不指望身体患病的病人在疾病的诊断和治疗上就像专业医生那样见多识广,同样,我们也不指望灵魂患病的学生能够像教师那样了解自己的状况。教师是在**谈论她**,教学需要阐明的是学生早晚应该能够承认的材料,从而能够分享教师的判断。但是,若只是要求学生对其目前的偏好和欲望提出一个说明,教师就不可能阐明这些材料。教师必须(就好像是受到了某种初步的规范论述的引导)让学生自己的信念和偏好接受彻底的批判审查,而不仅仅是信任她的一般理论陈述或者她对具体案例的判断。

为了说明这一点,让我们回到前面提到的例子,即印度女性以及她们对自身健康状况的不完备的知觉。医学研究丝毫没有忽视她们对自身健康状况的知觉、对自身苦乐的说明以及她们在如何与周围事物打交道的方面所持有的信念。然而,医学研究也不会简单地信任她们在自己的健康问题上一开始提出的回答,因为有理由认为这种回答是在信息不畅的情况下做出的,并且因为她们所生活的社会传统的不公正而有偏差。如果关于健康的进一步信息尚未改变她们的最初知觉,**而且**没有充分的证据表明在身体上处于类似状况、但面临更少的社会障碍和信息障碍的女性在有关问题上具有不同知觉,那么医生就必须去质疑自己初步提出的规范判断:这些女性的健康状况实际上是有缺陷的。不过,让她们意识到这样的事实就相当于改变她们的知觉,尽管这是一件缓慢而复杂的事情。

现在让我们在伦理学领域中来设想一种类似情形。我们无须为此而走得太远,因为很多这样的情形都是与同样的文化问题相联系而出现的。在印度,在政府的民意测验中,当类似的女性群体被问及她们是否觉得自己需要接受更多的教育,或者是否相信更多的教育对她们来说是件好事时,她们往往会回答说自己感觉不到这种需要,或者并不认为教育会进一步充实她们的生活。[22] 我所设想的那个柏拉图主义者会认为这个回答与如下问题毫不相干:对她们来说好的东西**实际上是**什么?日常信念哲学家(以及用另一种方式来说,经济学领域的功利主义者)会直截了当地把这种偏好接受为既定的和毋庸置疑的。医学哲学家(the medical philosopher)既不会无视也不会信任这种偏好。她认识到适当的判断和自我理解的障碍是多么普遍,因此就觉得有必要在一种更加深入和广泛的探究中来吸引这些女性的关注,让她们面对教育和雇佣方面的进一步信息,面对关于各种可能的生活方式的描述,面对她们目前状况中成问题的特点。她需要细心倾听她们对自己的最深抱负的设想,鼓励她们按照自己获得的新信息来思考这些抱负。对于现实中的女性群体来说,在她们所处的实际条件下,这样做有时是可能的,有时则不可能;因此,这位哲学家的规范结论并不需要得到普遍接受才能被认为是有效的。(然而,她不能只是因为她们不想去听充斥着术语的大学伦理学讲座就决定洗手不干,不再花费时间去激发她们的想象力、去改进她们的推理。**作为一位哲学家**,她的工作,就像西塞罗提醒斯多亚主义者

---

[22] 对读写能力争论的一个有价值的讨论,见 Chen(1983);对性别等级结构中知觉变形的一个一般讨论,见 Sen(1985)。

的那样,不只是作讲座,而是要对现实世界中的人们说话。)不过,无论这个论述是否得到普遍接受,它原本就是对学生本人的判断所做的论述,而学生只要遵循合适的批判方法,就会做出这个判断。

希腊化时期的伦理学大概就是用这种方式将投入与批判性的疏离结合起来——在强调对信念和欲望进行严格审查的同时,也强调伦理学必须在根本上回应现实世界中的人们及其信念和欲望。为了开始挑选学生提出的问题,这个时期的伦理学利用了三个密切相关的思想,它们在治疗分析过程中相互塑造又结为一体:

1. 对疾病以及阻止人们生活得好的最突出因素(其中特别是社会上被传授的信念)所提出的一种尝试性诊断。

2. 一个尝试性的健康规范:对繁盛和完整的人类生活的一种设想(这种设想往往具有一般性,并在某种程度上是开放的)。

3. 对恰当的哲学方法和实践的一种设想:在这种设想所描述的那种审查下得以幸存的东西,就有初步理由要求成为上面所描述的那个规范。

通过把这三个要素联系起来,我们将要分析的哲学观点就会形成某些综合性的观念。每个要素在某种程度上都是被独立发现并独立地得到支持;不过,为了形成一个融贯的整体,它们也需要相互调整以满足彼此的要求。这个规范把疾病和缺陷是什么的观念塑造出来,同时也为该观念所塑造;对合理方法的各种设想,尽管有一些独立担保,也需要得到它们所产生的那种总体上令人满意的结果的认可。

四

希腊化时期的哲学家,在发展他们对健康所提出的医学规范期间,求助于"自然"(nature)和"自然的"(natural)这两个概念。这些概念不甚明确,因此必须加以审查,因为只要它们受到误解,整个医学进路都可能受到严重误解。道德哲学中对"自然"或"人类本性"(human nature)的诉诸现在往往与某种形式的柏拉图主义的/科学的观念相联系:把伦理学建立在"自然"的基础上,就是把我们的规范建立在对世界存在的某种方式(在没有人为干预或塑造的情况下存在)的一种论述的基础上。这个观念接下来以两种形式出现。在一种形式上,即在那种柏拉图式的形式上,自然被看作是超越历史的超验价值的储存所。我已经讨论过这个观念,在此就不多说了。现今更经常(就像在社会生物学中那样)把自然看作是价值无涉的(value-free)事实的一个来源,而伦理规范就是以某种方式从这些事实中产生出来的。在这种规划中,对自然的诉诸往往被认为是在向我们讲述各种生物在人类发明尚未介入的时候是如何运作的:[23] 于是,合乎自然的生活就是按照本能刺激或生物学来生活,抑或按照我们在人为地获得成功之前自身存在的任何样貌来生活。但是,如果"自然"就是这样,那就完全不清楚它为何应当打动我们。[24] 如果人的干预可以改进眼睛近视者的状况,那我们就不认为"合乎自然"地使用他的眼睛对他更好。我们也不应该假设,如果人类是能够用伦理慎思来控制自己本能的生物,那么按照未受教育的生物本能刺激来生活对人来说就更好。有时候,对"自然"的这种价值无涉的论述所扮演的是一个更有节制的角色,仅仅是把任何伦理观点都必须加以考虑的趋势、约束和限制暗示出来;然而,甚至在这里,在以自然之名义提出的主张中,也有这样一种显著趋势:它们倾向于逾越自身的适度界限,去要求一种尚未从任何论证中获得辩护的规范分量。[25]

　　古代人对自然的诉求(后面我们将予以考虑)并不具有这些特点。这就是说,这种诉求并不假装要把价值规范从对人类生活之"科学"基础的一种价值无涉的论述中推导出来。古代人对"自然"的论述,尤其是对"人的本质"的论述,是价值负载的。它们将人类及其生活的某些方面作为特别重要或特别有价值的方面挑选出来,然后只是决定说,某个要素应该算作我们本性的一部分。在这样做的时候,它们往往诉诸人类价值的实际含义,追问一种不具备要素 X 或 Y 的生活是不是贫乏到了我们根本不愿意把它看成一种人类生活的地步,以此继续发展。(在这个意义上,这些论证就更类似于当代关于"人格"的论证,而非在生物学层面诉诸关于人性的事实。)规范从对"自然"的某种论述中产生出来,因为这种论述一开始就真诚地使用

---

[23]　因此,这些想法和我将要探究的那个想法的共同要素就是消除某种干预(往往是从社会中消除)的思想。但是被消除的干预以及由此剩下来的那种生活,仍然在种类上很不相同。

[24]　密尔对诉诸这个意义上的"自然"提出了一个很有说服力的批评,见 J. S. Mill, "Nature" in Mill (1961)。

[25]　与此相关的对社会生物学的一个有价值的批评,见 Williams(1985)。

规范的材料。其次,对"自然"的某种论述不是或不一定是在没有人类干预的情况下对事物存在的某种方式的论述。亚里士多德论证说我们天生就是伦理和政治的造物,这个说法肯定没有暗示说,我们的行为是在未经教育和培养的情况下发生的;实际上,亚里士多德认为,正是因为这些要素在人类生活的价值领域中占据一个核心地位,城邦对教育的关注应当多于它们目前予以的关注。此外,对亚里士多德来说,眼睛近视的人实际上**不是**在"合乎自然"地观看,因为对自然的论述就是对某个物种之繁盛所提出的规范论述;医疗干预会让这样一个人更接近自然,而不是远离自然。不过,对自然的诉求确实经常暗示了一个直观思想:所谓"自然",就是指缺乏产生畸形或构成阻碍的障碍;因此它就与一个规范的健康概念发生了密切联系。健康,在得到实现的时候,就是用一种繁盛的方式、在没有疾病或障碍的情况下实现自身的系统,类似地,也可以把我们的道德本性和社会本性的完整繁盛设想为一种完整的活动,而如果没有那种妨碍自我实现的障碍,这种活动就会把我们最重要的能力表示出来。正是在这个意义上,在古代人的论述中,自然依旧可以与文化相对立,因为许多文化都是妨碍人类实现繁盛的根源。于是,希腊化时期的哲学家就经常去探询完整的人类繁盛的规范,并在这个规范意义上去探询自然,而他们这样做,部分地就是通过看看事物在人们接触文化并被它扭曲之前究竟是什么样子。有时候他们会把婴儿和动物的行为看作事物以某种方式先于文化而存在的证据。不过,重要的是要看到这个想法具有什么含义、不具有什么含义。需要重申的是,这个想法并不意味着我们是在寻求一个价值无涉的论述,因为正如我们将会看到的,这种思想实验所要表明的是,对我们来说,一种被认为是好的、毫无约束的繁盛是可能的。这个想法也不意味着我们是在将某种特权授予在没有干预的情况下存在的东西;实际上,哲学就是一系列干预的技艺,与规范意义上的"自然"紧密结盟。不过,这个想法确实意味着:在寻求一个繁盛生活的规范时,我们很不信任现实社会,而是想要去审查在这样一个社会之外存在的各种可能性。

关于希腊化时期对自然的诉求,有一个很好的介绍,它清楚地揭示了这些诉求所具有的规范的和反习俗的冲击力,这就是瓦尔特·惠特曼(Walt Whitman)的《自我之歌》("Song of Myself")中那些关于动物王国的著名诗句(这几行诗成为伯特兰·罗素[Bertrand Russell]那本高度伊壁鸠鲁式的

著作《征服幸福》[The Conquest of Happiness]的题铭):[26]

> 我想,我该转去与动物生活,它们如此温和,如此自足,
> 我伫立良久,凝望它们。
>
> 对于处境,它们毫无懊恼和牢骚,
> 它们不会在黑夜中惊醒,为罪过哭泣,
> 它们不会要我去讨论对上帝的责任,让我厌恶,
> 没人不满,没有人为了狂热地拥有事物而发狂,
> 没有谁对谁卑躬屈膝,哪怕对千万年前就经历的善意,
> 在这世界上,没有人值得尊敬,也没人不幸。
>
> 于是,它们向我显示与我的关系,我欣然接受,
> 它们把我自己的样子明示于我,在其领地上将之坦然显示。

32　动物向惠特曼展示出来的不是一个价值无涉的生活领域;他也没有从动物那里学会赞美不经努力或教导就存在的东西。他所看到的是,无须存在某些在他看来(已经)阻碍人类繁盛的实践,那些与宗教恐惧和内疚、与痴迷于经济和积聚财富、与地位和权力相联系的实践。而且,当这些实践不存在的时候,某些畸形的生活方式(无眠的恐惧、卑躬屈膝的奉承、焦虑和不满)也就不复存在了。动物向惠特曼显示出来的是自我尊重、自我表达和社会平等的可能性,而这些东西往往被人类社会生活的实际状况所遮蔽。我将论证说,在希腊化时期对儿童本性和动物本性的诉诸中,情况也是如此:这种诉诸旨在为真正的人类繁盛构建一个根本规范。这个规范不是价值无涉的或者说不是"科学的":它通过诉诸人的深层欲望和判断而得到辩护,因此是价值负载的;不过,它也对日常信念持有高度批判的态度,将我们的很多日常信念视为繁盛的障碍。

　　然而,在这一点上,应该注意的是,尽管希腊化时期的主要哲学流派都希望把他们对自然的规范论述建立在一种总体上是目的论的世界观的基础上,但他们是在不同程度上来表达这个希望的。伊壁鸠鲁主义者和怀疑论

---

[26] Walt Whitman, "Song of Myself," section 32, in *Leaves of Grass*, Norton Critical Edition (New York 1973). 参见 Russell(1955)。

者有力地抛弃了所有这类计划,转而去仔细思考生物在一个漠然(indifferent)的宇宙中运作的方式,然后试图从这种思考中把自然的规范推导出来。斯多亚主义者,正如我们将会看到的,在某种意义上更接近前面讨论的柏拉图主义者,因为尽管他们对自然的论述肯定是价值负载的,而且确实宣称要从最深的人类欲望和目的中来寻求支持和辩护,但他们也相信整个宇宙是宙斯(Zeus)按照天意构造出来的,人类生活的规范就是这个天佑设计的一部分。让事情变得更加复杂的是,这个天佑设计的本质就是理性;理性是我们在审查我们的最深判断时在自身当中碰到的那个东西。因此,自我审查并不是偶然地把事情做到位。在这个意义上,斯多亚主义者不是柏拉图主义者:我们自身精神构造的最深层面和真正的善之间存在的联系并不仅仅是偶然的。不过,一个规范的伦理结构确实遍及整个宇宙。

五

这个医学观念尝试把柏拉图主义的批判性力量与日常信念哲学(ordinary-belief philosophy)对现实世界的投入结合起来。它也补充了一个属于自己的东西:对行动的承诺。柏拉图主义者描述了善以及我们与善的距离,而对于学生能够在多大范围内去追求善,他可以提出、也可以不提出一个进一步的论述。这是柏拉图的《理想国》(Republic)的一项中心计划;不过,一个人可以具有一个一般来说具有某种柏拉图主义结构的伦理观,但对教育不太感兴趣。一个人甚至有可能不相信存在着人们可以用来达到善的可靠途径,正如我们在前面提到的奥古斯丁式的例子中看到的。柏拉图式的哲学家用来理解善的哲学方法适合于所谓的善本身,但不适合于人类,因此,该方法本身可能就没有做出什么努力来让普通病人更加接近善。在《理想国》中,对话是针对极少数已有良好训练的人;普通公民并不从事哲学理论活动,而除了通过很间接的政治策略外,哲学也不会改变他们,但是,这种策略无论如何都不会自始至终地将他们引向好生活。柏拉图主义者似乎很容易认为,作为哲学家,一个人必须决定是要去发现和沉思真正的善,还是要服务于普通公民,而这种服务就意味着生活在一个较低的反思层次上。就此而论,知识和行动是对立的。

仅仅记录和整理日常信念的哲学家就不会处于这种境地。不过,她的观点也会以一种不同的方式阻止她认为哲学对行动有所承诺且应当有所承诺。她的全部方法都立足于如下思想:事物多多少少处于它们原本就处于的秩序——道德教育就像当前被实行的那样发挥作用,人们的信念和情感完全摆脱了歪曲。当然,有可能的是,即使人们具有正确的信念和欲望,他们最终也仍会缺乏其观念正确地指定的一些好东西。就此而论,日常信念哲学符合如下认识:一些人乃至很多人都是在糟糕地行动。不过,有人会认为,他们在生活中的某些欠缺,例如缺乏经济收入、缺乏朋友或缺乏政治权利,还没有损害信念和欲望本身,因此,处理这些欠缺看来也不是哲学家的工作,反而更像是政治或友谊的任务。

相比较而论,对于一种模仿医学的伦理哲学来说,对行动的承诺是内在的。查出人们为何生病、需要什么,是试图治疗他们并满足其需要的一个前奏,而且二者实际上不可分离。它们之所以具有如此紧密的联系,首先是因为:一旦哲学家的任务被设想为一项医疗任务,对人类的同情和爱就会成为其核心特点。只要一位名副其实的哲学家认识到人类生活何以生病,他就会像一位名副其实的医生那样着手去进行治疗。治疗就是医学研究的全部要旨。因此,人的繁盛就是哲学的全部要旨。医学类比就表达了这个基本承诺。

不过,哲学和行动的联系之所以如此密切,还有另一个理由。这种哲学所要揭露的疾病首先是信念和判断的疾病。但是,这些哲学家振振有词地认为,将这种疾病揭露出来就是消除它们的一个重大步骤。承认错误与把握真理紧紧相连。因此,按照对问题的这种诊断,哲学方法究其本质而论倾向于让事情变得更好。当然,每个病人也必须自己看到错误和真相;因此,当哲学家对人的疾病得出一个合理的一般理论时,他的任务不可能就此止步不前。就此而论,一个人可能拥有很多哲学真理,但并未去治愈在那里等待帮助的一大群人。(正如我们将看到的,在这些学派中,这是一个讨论颇多的问题。)不过也有不同情况:这种新情况**仅仅**是应用一个教条理论的场所。就像在医学中那样,理论最终必须对具体事例负责,因此必须对发现新症状(甚至对健康本质的新见识)的可能性保持开放。

一种模仿医学的道德哲学对于哲学论证有所承诺,实际上很看重论证的价值。考虑到这种哲学的诊断作用,这样做是很自然的。这是因为:如果妨碍人类繁盛的疾病首先是信念和社会教育方面的疾病,如果哲学所提供的批判性论证对于驱逐这些障碍是必要的(也许甚至是充分的),正如哲学家们希望表明的那样,那么,对于让人们摆脱疾病、走向健康来说,哲学似乎也是必要的(也许甚至是充分的)。不过,对哲学的这种探讨是用很具体的方式将我们对于当前实践的批判性疏离与对现实世界的投入结合起来的,因此说它应当使用什么论证也并非易事。在如何使用两种在前希腊化时期的哲学研究中(就像在当今的大多数哲学中一样)得到广泛承认的论证时,哲学家碰到了困难。柏拉图主义哲学将目标指向从真的、必然的、基本的第一原则中把结论推导出来的演绎论证,而且可以合理地指望把这种论证构造出来。哲学家的理智把握到第一原则,哲学逻辑把随后的论证构造出来。这些论证与普通人心理状态之间的关系并没有提出任何问题,因为对于柏拉图主义哲学家来说,改变日常生活并不是他作为一个哲学家所要追求的目标。不过,如果一位医学哲学家试图使用同一种论证,他很可能就会发现,正如西塞罗所说,在吸引普通听众的关注或者探究和改变他们的生活方面,演绎论证成效甚微。记录和整理日常信念的哲学家可以利用常见的辩证论证,并通过冷静的询问把日常信念诱导出来,然后为了取得一致而去做辩证练习所要求的一切。医学哲学(medical philosophy)也不可能采取这条途径,因为其任务要求深入挖掘并在根本上挑战和改变病人的心理。冷静的论辩挖掘得不够深入,不能把深藏不露的恐惧、挫折、愤怒和依恋诱导出来。如果困惑足够根深蒂固,那么冷静的论辩就无法发现它们。

因此,在对逻辑推理以及明晰性、一致性、严密性和论域的广阔性之类的好的推理标志有所承诺的时候,医学哲学往往也需要寻求比常见的演绎论证或辩证论证的技术更复杂、更间接、在心理上更投入的技术。[27] 它必须发现一些方法来探究学生的内心世界,比如说使用扣人心弦的例子和各种叙事技巧,求助于记忆和想象,这一切都旨在把学生的全部生活引入分析过程。例如,想象一下,对于一个声言不想接受更多教育的印度农村女性,如果农村发展部门的工作人员希望她认真考虑这个想法(接受更多教育)、希望她在乎他们的说法,那么他们需要对她说些什么。单一的逻辑论证对于吸引她的关注显然不会有什么成效;这样一种方法只会让她进一步相信教育跟她毫无关系。如果这些工作人员就像亚里士多德那样与她一道坐在教室中,就她的思想和言论向她提出一些冷静而理智的问题,那么他们的交流也不会有多大成效。不过,我们不妨转而假设他们花费很长时间跟她一

---

〔27〕 沿着类似路线提出的一个当代论证,见 Charles Taylor(1993)。

道生活,分享并进入她的生活方式。[28] 这段时间里,假设他们坐在她面前,用生动的故事向她讲述各种形式的教育如何改变了世界上其他地方女性的生活状况——他们需要努力发展一种相互信任的氛围,在这种氛围中,通过长时间的认真倾听,她在一些重要问题上就会有丰富的感触,比如说,她已经体验到什么,她认为自己究竟是谁,在一个更加深入的层次上对自身能力及其实现持有什么信念。如果他们做了这些事情,并且是用必要的敏感性、想象力、同情心和开放的态度来做,那么,随着时间推移,他们可能就会发现,在她的那种受到限制的角色方面,她确实体验到了某种挫折和愤怒;她也许能够承认和表达某些愿望和抱负,而这些愿望和抱负是她不可能在教室中对亚里士多德表达出来的。总之,通过叙事、记忆和友好的交谈,对善的一种更加复杂的看法可能就会开始凸现出来。

总而言之,当以医学的方式来从事哲学时,它所需要的是对复杂的人类互动的一种论述,这种互动是一种哲学互动。为此,哲学就需要考虑如何运用想象力、叙事、共同体、友谊以及可以有效地把一个论证包装出来的修辞形式和文学形式。每个希腊化时期的学派都用自己的方式来思考这种运用。不过,它们都一致同意哲学是一种复杂的生活形式,具有复杂的言谈和写作艺术。

一种被如此塑造出来的方法仍然是哲学吗?在问这个问题时,我们是在追问什么呢?我们似乎是在问,比如说,一种对世界以及世界中的变化做出这般承诺的方法,能否依然是那种反思的、批判的并具有自我批判精神的思想活动,那个在古希腊开始于苏格拉底和柏拉图被并称为"哲学"的智识传统。苏格拉底用一种方式令哲学面向世界。不过,他本人的超然离群、他的情感缺失、他与学生之间那种反讽式的距离,都为其听众和后来的读者维持了这样一种感觉:一种相对超然的思想过程在发挥作用,即使在学生那里,这种过程要求深邃、诚挚且深刻的投入。[29] 不仅如此,苏格拉底还把自己描绘为在雅典民主的那匹行动迟缓的马身上的一只牛虻,而在他对各种生活方式和社会上灌输的规范提出批评的深度上,这种自我描述则施加了限制。他的批评在很多方面都很深刻,但他并未暗示民主社会总的来说腐

---

[28] 这个例子是立足于对这样一个过程的实际叙述,只是这次不在印度,而是在孟加拉国。见 Chen(1983)。

[29] 对苏格拉底上述所有方面的一个精彩说明,见 Vlastos(1991)。

化到了极致。(柏拉图确实提出了这样的说法,不过,他也觉得哲学需要一个"非假设性的"、完全不依赖于信念的起点。)苏格拉底的方法好像依赖于其交谈者对具体事例的直观,尽管他往往推翻他们的理论声明。[30] 于是他就可以冷静地质询他们,希望从他们那里得到**某些**可靠的回答。希腊化时期的哲学提出了更加激进的批评,并附带承诺要改变学生的生活方式,因此就需要利用有点出人意料、干涉主义倾向更明显的方法。在希腊化时期思想家手中,哲学不再冷静地沉思世界,而是投入世界并成为其中的一部分。我们必定想知道:在获得这种投入时,它是否丧失了某些哲学反思的力量。卡尔·马克思(Karl Marx)的博士论文旨在说明伊壁鸠鲁哲学活动的实践目标,在其导论中,年轻的马克思对这个问题提出了如下反思:

> 当哲学也转而面对现象世界,体系就降低为一种抽象的总体性,也就是说,它已经变成彼此对立的世界的一个方面。它与世界的关系是反思的关系。在要实现自身的强烈欲望的鼓舞下,它进入了与其对立面的紧张关系中。那种内在的自我满足和完备已被打破。原来是内在光芒的东西现在已成为转向外面的烈火。结果,随着世界变成哲学的,哲学也变成世界的;其实现也是其丧失;它在外面相抗争的东西就是它自己的内在缺陷;在那种斗争中,它恰好陷入了它在对立阵营中作为缺陷来竭力反对的那些缺陷;唯有通过陷入这些缺陷,它才能去克服它们。反对它和它所要反对的东西自身都总是同一个东西,只是有着颠倒的因素而已。[31]

马克思宣称我们必须追问如下问题:一种富于同情心的哲学,在积极地介入世界时,是否可能不丧失自己的批判能力;是否可能不牺牲哲学为了获得结果而特有的那份耐心;在参与社会时,是否有可能不会陷入它在社会中鉴定出来的某些缺陷,例如不宽容、缺乏反思以及过分的竞争意识。这个问题只能在具体情形中加以探究,但无论如何都必须加以探究,因为有一件事情很令人不安,那就是:在冷静的、一丝不苟的论辩和对现状的接受之间好像有着某些相互支持关系,但是,在同情和开放的辩证分析之间似乎也存在一种表面张力。我相信马克思过于悲观;不过,至少在希腊化时期的一些哲

---

[30] 参见 Vlastos(1983,1991)。

[31] 这段引文来自 K. Marx(1841)。

学学派那里,这个问题迫切地出现了,我们即将看到这一点。[32]

六

按照医学路线来理解的哲学既处理信念又处理情感或激情。[33] 刚才提到的那个张力看起来之所以会出现,一个原因就在于:哲学不仅需要处理病人的无效推断和错误前提,也需要把握病人的非理性恐惧和焦虑,他那过度的爱和有害的愤怒。在处理这些"非理性"要素、在修正乃至消除它们时,哲学看来就必须停止劝说和论证,转向几乎与论证毫无关系的各种形式的因果控制。按照我对马克思的论证的理解,这就是其忧虑的一个来源,因为他把实践哲学说成是"烈火",而这个说法在我看来有如下含义:希腊化时期的哲学所探究的那个内在世界,为了一种不以论证为中介的因果控制,要求动用激情的能量。

然而,这个论证似乎假设情感与推理无关或几乎无关。希腊化时期的思想家用有力的论证拒斥了这个主张。他们之所以相信哲学就是处理人类疾病的装备精良的技艺,其中一个理由是:他们相信哲学(推理和论证)就是为了诊断和修改激情而需要的东西。他们论证说,之所以如此,恰好是因为恐惧、愤怒、忧伤以及爱之类的激情并不是盲目的感情巨浪,后者不顾推理和信念而席卷我们。它们实际上是人格中具有理解力和辨别力的要素,与信念密切联系,并随着信念的修正而被修正。(在某种程度上,正如我们即将看到的,这一点被认为甚至对于饥饿和饥渴之类的身体欲望也成立。因此,我们不仅可以谈论和应当谈论情感的治疗,而且更一般地说,也可以谈论和应当谈论**欲望的治疗**。然而,身体欲望[appetites]与情感不同,它们被认为立足于身体需求,只是在很低的程度上对其对象具有意向性觉察,而且在想象力方面也很粗糙。)稍后,在讨论每个学派时,我会研究对这个一般见解的论证;对于情感和信念或判断之间的关系,这些论证提出了具有微

---

[32] 虽然马克思的博士论文只是处理伊壁鸠鲁(以及德谟克利特),但他有一个更宏大的计划,即要去论述这些主题在希腊化时期哲学中的历史,他的一些观察反映了这一点。

[33] 关于这两个词、其词源学及其在哲学争论中的历史,见本书第九章注释4。正如在那里所说明的,在一种可互换的意义上,我用它们来指称这样一种属(genus):悲伤、恐惧、怜悯、愤怒、爱、欢乐以及其他对应物都是种类(species)。

妙差别的说法。不过,在每一种情形中,情感的认知维度,特别是情感与某种伦理信念(关系到什么东西重要、什么东西不重要的信念)的密切联系,都得到了强调。比如说,令我心存恐惧的东西与我认为值得在乎的东西相联系,与我赋予某些不稳定事物的重要程度相联系,而这种东西可能会因为生活中的偶然变故而受到损害。激情所依据的信念可能是错误的,也可能没有得到辩护,抑或二者都有。在这个意义上,激情是"非理性的"。不过,它们不是在与论证和推理无关的意义上是非理性的。

亚里士多德和希腊化时期的各个学派都进一步认为,很多激情(若不是所有激情的话)都依赖于某些信念,它们并非自然地涌现出来(如果信念确实可以这样出现的话),而是由社会塑造而成。它们事实上是社会习俗结构的一部分,应该与后者的其余部分一道受到批评。(这一点甚至对于身体欲望来说也成立,尽管与情感不同,身体欲望被认为在某种程度上是天赋的。)亚里士多德和这些学派都认为,在某种程度上说,大多数社会都有共同的错误:因此,不论是在雅典还是在罗马,也不管是在亚洲还是在德国,我们都可以指望发现类似的情感。就他们所知,没有任何实际社会不具有某种形式的愤怒、恐惧以及热烈的情爱。另一方面,他们论证说,文化信念的特殊构造使得一个社会的情感储备在某些重要方面不同于另一个社会的情感储备。于是,在罗马,爱就有了一种独特的模式,一个特殊的认知和叙述的历史。这意味着,对情感的哲学批评必须相当见多识广,必须是文化上专门的,同样,对一个文化的哲学批评也不可能不改变其公民的情感和欲望。

总之,医学哲学能够在某种程度上避免马克思的问题,因为与某些现代情感观念可能导致我们去假设的东西相比,它旨在改变的东西要更加合情合理、更为有理有据。为了用哲学论证来修改激情,医学哲学家并不需要背离自己对说理和细致论证的承诺,因为激情是由信念构成的并且能够回应论证。事实上,论证恰好就是探究激情的方式;任何在理解力上不够健全的方式都无法触及这个问题的根基。因此,在要求哲学去处理愤怒、恐惧和爱时,医学模型不是在要求它去利用与自身不相容的策略。哲学仍然可以在话语和信念的总体构造中寻求彼此的一致和适应,寻求真理。

另一方面,医学模型认识到,学生的很多信念,包括其激情所依据的诸多信念,直到他为了参与治疗教学而自我介绍的那个时刻为止,都相当根深蒂固而不易改变。社会上传授的一些信念是在一个深刻的层次上被内化的,往往会在学生不知不觉的情况下引导其思想和行动的很多方面。(正如我们将要看到的,希腊化时期哲学的一项重大荣誉就是发现了无意识的信念和欲望的思想;这个时期的哲学提出了强有力的论证来表明:若要令人信服地说明人类行为,就需要认识到无意识的心理要素。)对于日常信念哲学家来说,这种深度不是问题,因为那种根深蒂固的信念也被认为是健康的,没有必要接受批判性的审查。医学哲学家不会做出这种假定,反而会认为这样一些信念以及一些与之相联系的恐惧、愤怒和爱都很有可能是错误的和有害的。不过,改变它们显然不是一次性的辩证论证的任务。为了把这些层面的东西提出来加以批评,并用真实信念去取代错误信念,也需要其他进行审查和修正的技术。

这样一来,一方面,希腊化时期的哲学家发展出对情感的一种理解,这种理解允许他们把情感处理为哲学论证的一个目标,与学生的信念和判断属于同一类东西。这种理解以及支持它的论证(一般的和具体的)具有巨大力量,而且肯定是这些学派对哲学理解做出的一项最重要的贡献。另一方面,对于个性的深度和内在复杂性,对于学生在实际生活中表现出来的情感和信念,他们都有了新的认识。这个认识意味着,那种表面上彬彬有礼的论辩和交流可能不足以充分地处理情感或其他信念。对于记住、"坦白"和日常的自我审视之类的技术,希腊化时期的哲学家甚为关心,而这种关注的根源就处于那个新近发展起来的复杂心理学之中:我们面临的问题不是情感自身特有的问题,而是整个人的认知结构的问题。在自我当中,没有任何要素是理性论证无法渗透的;但是,为了像伊壁鸠鲁所说的那样在灵魂中"变得有力",[34] 论证就必须深入挖掘自身。

七

本书的其余部分旨在研究"一种富于同情心的'医学'哲学"这一思想。为此,我们将分析这种思想在希腊化时期的三个主要学派(伊壁鸠鲁学派、斯多亚学派和怀疑论学派)那里的发展,目的是要理解,在用这种医学方式来理解哲学时,哲学究竟变成了什么——事实上是要去理解对如下问题的几个不同想法:哲学方法和论证应该是什么,它们又应该如何与学生的信念

---

[34] Epicurus, *LHdt* 83;参见本书第四章。

和情感相互作用、与内化于他们的社会传统的组织结构相互作用？这三个学派都致力于彻底批评流行的认知权威，因此致力于改善人类生活；他们都把某些方法和策略发展出来，其目的并不只是在个别事例中派上用场，也是要创造一个有益于健康的共同体，一个与现实社会相对立、具有不同的规范和优先性的社会。在一些情形中，这个目的是通过真正意义上的物理分离来实现的；在另一些情形中，则是通过想象力来达到的。我将试图理解这些共同体的结构以及两种规范之间的相互关系———一种规范隐含在这些学派的哲学互动中，另一种规范是他们的论证所要支持的规范。虽然我将把焦点放在这些哲学观点的伦理方面，但我也会追问如下问题：它们对伦理目的的论述在什么程度上得到了其他领域中的独立论证的支持？另一方面，这些论证本身在什么程度上是由一个高于一切的伦理承诺来塑造的（就像马克思认为伊壁鸠鲁物理学是由这样一个承诺来塑造的那样）？

　　这三个学派中的两个学派，即伊壁鸠鲁主义者和斯多亚主义者，对情感提出了令人难忘的详细阐述；我也会研究这些阐述。他们提出的分析，不论是针对一般的情感观念还是针对具体的情感（以及有关欲望），本身就很有趣，也就是说不依赖于它们在一种理性治疗概念中的作用。因此我也会在某种程度上关注那个本身就值得讨论的论题。不过，我的更宏大的目标一直是要去弄清楚这些哲学分析如何被用来改善人类生活（包括个人生活和社会生活）。

　　这些哲学家并不只是分析情感，在大多数情况下，他们也力劝人们把情感从人类生活中消除。他们把繁盛的人类生活描绘为一种已经摆脱困扰和剧变、获得自由的生活——首先是通过减少行动者对世界中不稳定的东西的承诺。我在本书导论中已经指出，对于希腊化时期伦理学的这个方面，我深感不安；就像我在那里所说，我相信我们可以接受他们对情感的分析及其论述治疗方法的很多方面，而不去相信他们对这个目标的规范论述是正确的。其实本来就应该是这样，而这一点对于这些哲学家来说本身就很重要，因为在他们想要交谈的人之中（普通人、亚里士多德主义者，等等），很多人并不认同他们对摆脱困扰的承诺。这样，对于那些尚未接受其规范伦理观点的人来说，如果他们一开始对情感的分析或对方法的设想也得不到那些人的接受，他们的事业就会变得极为不利。事实上，他们费尽心思表明这不是他们正在做的事情，而为了表明他们对情感的分析具有强有力的独立凭证，他们就试图把它建立在日常信念、文学以及其他证据的基础上。

另一方面,有一个问题在哲学上也很有趣,那就是,既然那些富于同情心的哲学家承诺要改善人类生活,他们是出于什么理由而断言应该把情感从人类生活中移除呢?任何人,只要认真地看待医学哲学,就必须去把握他们提出的论证;任何人,只要确实把握了那些论证,就不太可能不被它们改变。为了把握这个复杂问题,本书将从亚里士多德入手,因为他对情感和欲望提出了一个概要性的论述,很接近我们在希腊化时期哲学中所发现的那些更加详细的论述。但是,他并不捍卫这样一个规范观点:我们应该摆脱世界中变幻不定的好东西。对于亚里士多德来说,最好的人类生活是这样一种生活:它充满着对自我之外的人和事——友谊、亲情、政治纽带、与财产和财富的某些类型的联系——的依恋。因此,最好的人类生活是一种在爱、忧伤、恐惧乃至愤怒之类的情感可能性方面都很丰富的生活。对这些联系的研究将通过一种对比的方式来阐明希腊化时期的情感观念。〔35〕

亚里士多德的情感观念也以另一种方式表明它是一个有价值的起点,因为他最终接受并发展了如下思想:伦理哲学致力于改善人类生活的实践目的,在这个方面应该类似于医学。亚里士多德详细发展了这个类比的一些方面。不过,在某些地方他也批评这个类比,论证说有一些很重要的方式使得伦理哲学**不应该**与医学相仿。在此基础上他发展了对实践方法的一种论述,而这种论述与希腊化时期各学派所提出的论述颇为不同。对照亚里士多德的论述来评价那些论述是理解后者的一种好方式,也是理解亚里士多德的一种更好的方式,因为他的方法在哲学上更为人所熟知也更有吸引力。但是,假如我们看到他的方法牵涉到拒斥什么、在什么基础上可能会受到批评,我们(对亚里士多德以及对我们自己)的理解就会变得更加微妙和复杂,我们差不多就初步把握到那种在希腊化时期的情感观念中似乎很陌

---

〔35〕 在我的研究方法中,我并未假设希腊化时期的任何思想家都是在回应亚里士多德的文本。对于最早几代古希腊学派来说,这是一件模糊不清、很有争议的事情,尽管到西塞罗的时代为止,亚里士多德已被广泛阅读,斯多亚学派的见解和漫步学派的见解之间的对比也很常见。我的方法依赖于如下事实:亚里士多德和希腊化时期的哲学家享有某种共同文化,作为一种文化,它以某种方式将伦理研究理解为对繁盛生活(eudaimonia)的一种寻求。这个文化的成员似乎也分享某些伦理问题,而哲学观点以各种方式来回应这些问题。亚里士多德很明确地将自己的多数伦理观点与人们广泛持有的信念以及好的理由联系起来;因此,在回应日常信念的这些方面时,希腊化时期的思想家是把自己置于与亚里士多德思想的一种联系之中,虽然这种联系是间接的,但是它依然很有启发。

生且缺乏哲学头脑的动机。因此,在所有这些问题上,我的目的不是要详述亚里士多德的思想,而只是要概述其观点的某些部分,以便做出某些有益的比较。

接下来的两章将把亚里士多德作为背景加以讨论,此后我将依次探讨各个学派。在伊壁鸠鲁主义的部分,通过利用伊壁鸠鲁的明确证言以及后来关于该学派活动的证据,我将首先对这个治疗共同体及其医学论证观念提出一个一般研究,然后再详细考察伊壁鸠鲁宣称要处理的三种情感:热烈的情爱、对死亡的恐惧以及愤怒。在这里,尽管在每一种情形中我都会陈述关于伊壁鸠鲁本人在这个论题上的观点的证据,但我还是会把焦点放到卢克莱修的伊壁鸠鲁主义上,由此聚焦到罗马诗歌而不是希腊散文上。这是必要的,因为这方面的证据在古希腊很稀少,也因为理解一个治疗论证要求研究其修辞形式和文学形式,即它用来与学生或读者的欲望取得联系的策略。如果处理的完全是残篇和释义,我们就不能很好地完成这项工作;伊壁鸠鲁残存的书信**用总结性的方式**向已经了解其教义的学生介绍自己,不过,即便利用这些书信也很难深入下去。但是我们必须记住,卢克莱修的治疗风格不同于伊壁鸠鲁用来从事哲学思维的任何风格;他的思想内容在某些方面可能也很不相同,特别是在那些看来已经受到罗马环境影响的方面。

论述怀疑论学派的这一章比较独特,因为皮浪学派的怀疑论倡导全盘拒斥一切信念,而这种做法对于精细地分析个别情感并没有帮助。从逻辑顺序和清晰性方面考虑,我把这一章放在处理伊壁鸠鲁学派的章节之后、处理斯多亚学派的章节之前;但也必须记住,塞克斯都·恩披里柯(Sextus Empiricus),作为正统"皮浪学派"怀疑论的主要来源,是一位对伊壁鸠鲁主义者和斯多亚主义者频繁进行回应的晚期作者。在这一章中,我将集中探讨怀疑论的方法及其对自身实践目标的论述,特别是如下问题:在怀疑论学派那里,学生表面上被要求悬搁所有判断,但同时好像也被要求将目标指向某个目的,并对这种哲学生活的因果功效持有某些观点,那么,他们是如何做到这一点的呢?

斯多亚主义是哲学中一个极其复杂、变化多端的运动。在五百多年的岁月里,它对两个社会施加了深刻而广泛的影响,不仅塑造了具有明确哲学色彩的思想和著作,也塑造了诗歌和政治。对欲望和判断进行治疗是斯多亚学派伦理学的核心关注。因此,对这个论题的任何处理都必定具有高度的选择性。我将以对于斯多亚学派治疗策略的一个一般论述作为起点,表明他们对灵魂的自我管理和自我批评之力量的强调如何产生了一个独特的哲学教育观念,这个观念旨在将哲学的好处扩展到所有人。接下来,我将转向他们对激情的论述以及他们对于"要把激情从人类生活中全盘根除"这个极端结论的论证。我将追问他们的治疗策略在什么程度上独立于根除激情的目标。然后,我会对塞涅卡的《论愤怒》(*De Ira*)提出一个更具体的分析,旨在表明斯多亚学派的治疗如何处理愤怒在公共生活中的作用。最终,我将返回个人生活,分析塞涅卡在《美狄亚》(*Medea*)中对爱和愤怒所做的模棱两可的描绘。

八

治疗论证自始至终都是具体的。通过对学生所持信念的日常架构提出一种敏锐的觉察,它试图以此来接近学生。它也认为信念的这种架构是在特定的文化环境中获得的,因此就决定去了解和把握这些环境。情感有时被认为是"普遍的"和"自然的",不过,甚至在与情感有关的方面,历史理解和文化理解的需要也显得特别突出,因为希腊化时期的思想家坚持认为情感根本就不是"自然的"(也就是说,不是天赋的),[36]而是在社会上被构造出来并加以教导的。不同的社会所教导的东西被认为有很多共同之处,但也有重大的变化和微妙的差别。这意味着,为了对这些教导提出一个适当说明,我们就必须把这些哲学学说置于其历史和文化环境中,即希腊和罗马的历史和文化环境之中,去仔细留心学生的疾病与他们所生活的社会之间的关系,留心哲学治疗与当前的修辞和文学形式之间的关系。唯有如此,才能对这些哲学学说必须提供的东西获得一个完整看法,因为在它们所提供的东西中,最为核心的就是它们对具体事情的丰富回应,而如果我们用一种没有时间性且过于抽象的方式来刻画它们的事业,那个核心的东西就会变得模糊不清。

为了想象这一切是如何运作的并用某种合情合理的具体性来加以设想,我决定去跟踪一个假想的学生的经历。该学生将依次出现在不同的哲学运动中,从中进行学习和请教,在每种情形中询问每个学派如何对她进行

---

[36] 他们也会论证说,在我所描述的那个规范意义上,情感不是"自然的",因为情感妨碍人类繁盛。

诊断和治疗,如何跟她说话,如何"治愈"她。这个方法有几个优点。它使我们能够生动地想象每个学派如何处理个别案例中的具体问题,具体事情如何与属于人的普遍事情相缠绕。它也允许我们去描述每个治疗共同体的结构和活动,表明正式的哲学教导如何与哲学方法的选择相联系。[37] 最终,它使我们能够追问如下问题:在每种情形中,**谁**能够从这些方法中获益——那种富于同情的医疗可以扩展多远?想象一个女学生的经历是探究这个问题的一种绝妙方式。因此我已经决定去跟踪一位年轻女士(在历史上也许确有其人,但也有可能是虚构的)的学习经历,在第欧根尼·拉尔修(Diogenes Laertius)那里,她作为伊壁鸠鲁的学生而被提及。这位名叫妮基狄昂(Nikidion)[38]的学生不会在不同的学派那里始终保留一个固定不变的历史身份或社会身份。她需要从希腊移居罗马,因此也会改变她的背景信念和社会地位。至少在一种情形中,她不得不乔装打扮为男性。不过,我希望这件事情本身就很有启迪作用;我也希望,妮基狄昂对好生活的多方面寻求,对于在克服恐惧、怨恨和困惑上取得一场"小小的胜利"的多方面寻求,都会让读者变成聚精会神的参与者,直到她的邂逅变成了读者自己的邂逅。

九

我们将会做出错综复杂的比较。伦理论证作为治疗的思想是一个多层次的思想,要求进一步的分析和细分。于是,为了把具体分析组织起来,我们就需要简要列举"医学"论证的可能特征。这个特征清单实际上是一个

---

[37] 在卢克莱修和塞涅卡那里,我们将不得不用一种更复杂的方式来做这件事,因为他们的著作包含一个假想的对话者,与我们所设想的那个学生不同。

[38] 根据不怀好意的提谟克拉忒斯(Timocrates)所讲述的一个关于伊壁鸠鲁的故事,DL 10.7 报告说:伊壁鸠鲁和梅特罗多洛斯(Metrodorus)二人都与妓女有染,其中包括玛莫丽昂(Mammarion)(其含义是"乳头")、赫狄亚(Hedeia)(其含义是"甜点")、厄洛提昂(Erotion)(其含义是"情人")以及妮基狄昂(其含义是"小小的胜利")。在《名哲言行录》这一节中再现出来的这些故事,尽管是诽谤性的,但也充满貌似真实的细节,其中就包括来自论文和书信的貌似真实的引文。因此至少就有这样一种可能性:即便上述关系是虚构的,但历史上确实有妮基狄昂这个人。然而,我们可以看到,女性哲学思考的开始与对女人品格的具有性别歧视的"幽默"的开始密不可分。

问题清单,引导我们去查看自己在每个情形中正在研究的论证到底有没有那个特点。这个清单很灵活;它并不声称要为一个医学伦理方法提供必要的或充分的条件,也不声称要把医学论证思想令我们注意到的所有特点都一一列举出来。不过,既然我们所要处理的材料性质各异,有这样一个概要性的工具就仍然是有用的;医学类比确实反复将某些特点置于显要地位。

于是,如果我们反思这个类比,去追问"若按照它来理解哲学论证,哲学论证会是什么样子"这一问题,那么如下特点至少一开始就会凸现出来供我们审视:

1. 哲学论证有一个**实践**目标:它们旨在让学生变得更好,因此可以按照它们对这个目的的贡献来加以评价。(正如我所说,这并不意味着论证的价值必定只是工具性的。)

2. 我们或许可以把哲学论证称为**价值相对的**(value-relative)*:也就是说,它们在某个层次上回应病人的深层愿望或需要,要按照它们在履行这项任务上是否取得成功来加以评判。

3. 它们对具体事例进行回应:正如好医生在治疗中具体问题具体分析一样,好的医学论证回应学生的特定状况和具体需要。

我们可以指望这三个特征以某种形式出现在用医学类比来引导自身的伦理

---

* 在中文语境中,"价值相对性"(value-relativity)有时候是一个容易引起误解的说法。本书作者在电子邮件的交流中对这个概念提出如下进一步的澄清:"所谓'价值相对的',正如我在本书第61—62页[即本书边码]所说,指的是在伦理研究中,真理的标准不是与某种超越经验的标准的对应,而是与人们做出的评价的总体适合。如果一个观点看来很不符合人们经过反思而做出的评价,它就可以作为错误的观点而受到拒斥。因此它是'相对于'真实的人的价值观念而论的。我假设它也'相关于'人们的价值观念,但是这个说法在我看来太弱了,因为一个观点可能会给我们一个印象,就好像它使得生活不值得过,这将是一个关于它的'相关'事实。因此'相关的'这一说法并未把我在努力表达的那个规范要点表达出来。"因此,在本书中,努斯鲍姆借助于这个概念所要表达的是,哲学论证的价值需要按照人们的反思性的经验来加以评估,在这个意义上是"价值相对的";伦理真理和伦理价值并不存在于一种超越真实的人类经验的实在之中,因此在这个意义上是"相对的"。但是,"总体适合"的说法表明,伦理真理和伦理价值也完全不是相对于任何特定个体乃至群体而论的,因此本书作者对"价值相对性"这个概念的使用并不暗示任何极端的道德相对主义,而仅仅是在强调它们都是植根于人类的根深蒂固的欲望和需要以及反思性的人类经验。——译者注

观点之中。我们将会看到,不仅希腊化时期的三个学派认同这些特征,而且亚里士多德也认同它们——尽管是用非常不同的方式。通过进一步思考这种医学技艺,我们就可以发现第二组特征事实上更具争议;看看一个伦理观点如何接受其中多少特征,是衡量它的一个颇具启示的标准。

4. 医学论证,就像身体治疗一样,是针对**个人自身的健康**,而不是针对共同体或作为共同体成员的个人健康。

5. 在医学论证中,**实践理性的使用**是工具性的。医生的技术不是健康这个目的之本质的一个内在要素,同样,哲学家的推理也不是好的人类生活自身之本质的一个内在要素。

6. **论证的标准优点**,例如一致性、定义的明晰性以及对歧义的回避,**在医学论证中具有一个纯粹工具性的价值**。这些优点,就像医术的方法一样,并不是那个目标的内在要素。

7. 在医学论证中,正如在医学中一样,在角色上存在着一种显著的**不对称**:医生与病人的关系、专家权威与其顺从的接受者之间的关系是不对称的。

8. 在医学论证中,教师**并不赞成对替代性的观点进行同情性的辩证审查**。医生不会力劝病人去尝试各种可能的医药治疗,同样,教师并不鼓励认知多元主义。

最终,我们必须问及医学论证与其自身的关系。在这里,医疗类比可能不止指向一个方向;因此我不想引入两个进一步的特点,而只想提出两个进一步的问题:

9. 医学论证如何谈论自身?尤其是,它们是**自我褒扬的**(经常提醒学生医疗论证是怎么好),还是**自我贬损的**(提醒学生医疗论证是多么具有试验性,有多少进一步的工作仍有待完成)?身体医疗中的话语经常是自我褒扬的,鼓励一种关于治疗的乐观主义;不过,为了不去激发不现实的期望,适度的自我贬损有时也是有益的。

10. 医疗论证如何影响学生对进一步论证的需要以及参与进一步论证的能力?换句话说,医疗论证是**自我强化的**(随着论证的开展让学生越来越擅长于论证)还是自我诋毁的(消除了从事进一步论证的需要和倾向)?(能力和动机实际上是两个分离的问题。)在医疗中,药物取消了对进一步的药物的需要;但某些药物显然会让人上瘾。一些有益于健康的处方(例如某些健康食谱)从那时起就成为一种"经过治愈的"日常生活的一部分。

  聚焦于这份清单不会妨碍我们去追踪前面展现出来的每个治疗论证的文学结构和修辞结构,不过,过于狭窄地聚焦于它会妨碍我们看到很多应当看到的东西。但是,只要我们足够谨慎,聚焦于这份清单就依然有助于理解我们的学生(妮基狄昂)在寻求好生活和摆脱痛苦的过程中所经历的那些不同的哲学生活方式的结构。

第二章 医学论辩:亚里士多德论理论与实践

一

亚里士多德并不是第一个提出如下论证的古希腊哲学家:哲学反思以及伦理和政治论题的教学具有某个实践目标。哲学与医学的类比已被用来揭示这一点。不过,亚里士多德以其特有的明晰,更清楚地提出理由来表明:为什么人们应该认为伦理学是实践性的而不仅仅是理论性的,为什么理论可以对实践做出贡献,理论本身又如何可以被实践的要求所塑造。他不仅提出了医学类比,也对它加以剖析,进而论证从伦理学的目的来看,这个类比在某些方面是一个好的类比,而在其他方面则是潜在地令人误解的。当我们去追究希腊化时期那些更加彻底的"医疗"观念的问题时,他提出的区分就会引导我们。[1] 只要我们看到亚里士多德的方法排除了何种可能的人力补救,看到希腊化时期富于同情心的思想家又如何可能对之进行批评,我们就可以更好地理解他的方法。

二

亚里士多德是一位伟大的生物学家,一位医生的儿子。医疗类比在他的个人经验中因此是有根源的。不过,他并未发明这个类比,大概只是得益于一个对这种比较进行反思的悠久传统。[2] 只要已经存在着一门专业医

---

[1] 对于亚里士多德使用医学类比的一个有力说明,见 Jaeger(1957)。然而,耶格尔只是关注对这个类比的正面运用,并没有把对它来说同样重要的批评揭示出来。也见 Hutchinson(1988)。

[2] 亚里士多德大概知道本节所提到的所有作者;他特别熟悉德谟克利特和那些演说家。《修辞学》(Rhetoric)表明,对于有关说服性演说的流行观点及其在伊索克拉底等人那里的延续,他做出了很多反思。

术,它就可以用某些精确可教的方法来缓解身体疾苦。[3]于是,对一个问题的追问也就变得很自然:是否也可能存在着某种其他技艺,可以用类似的方式来治疗思想、判断和欲望方面的"疾病"? 当我们思考劝导、安慰、规劝、批评和抚慰之类的经验时,我们就会自然地感到这种技艺或之前所说的各种技艺都是演说和论证的技艺,是以某种方式来理解的逻各斯(*logos*)的技艺。[4]

其实,在古希腊人对个性及其困境的谈论中,逻各斯与医学的类比就很古老和深刻。自荷马以来,我们就频繁而明显地碰到这一思想:逻各斯之于灵魂[5]的疾病,一如医学治疗之于身体的疾病。我们也发现如下主张:逻各斯是对这些疾病的一种有力治疗,甚至可能还是一种充分的治疗;逻各斯被频繁地描绘为唯一可得到的治疗。灵魂的疾病往往是不合适的或被误导的情感的疾病。菲尼克斯(Phoenix)向因愤怒的"坏脾气"而心潮"澎湃"的阿喀琉斯(《伊利亚特》9.646)讲述祷告者(代表神圣的逻各斯[*logoi*])的故事,说他们会进一步去斟酌争吵,去练习一种康复机能(*exakeontai*, 9.503)。再晚一点,品达(Pindar)把自己的诗歌演讲说成是一种能够让困惑的灵魂摆脱困扰的"魔力"(*epaoidē*)(*Nem.* 8.49 及以下;参见 *P.* 3.51, *P.* 4.217)。在《被缚的普罗米修斯》(*Prometheus Bound*)中,歌队告诉这位英雄,"逻各斯(*logoi*)就是治疗愤怒这种疾病的医生"(377),这一点众所周知;普罗米修斯详细提出一个及时(*en kairōi*)采取治疗的理论,以此作为答复。随着医术本身的进步(变得更详细、在理论上更精致),随着医疗知识的提高和普及,这种类比也变得更为详细。[6]在这里只举一个例子:恩培多克勒(Empedocles)认为他的哲学诗歌提供了医治人类疾病的药物(*pharmaka*)(Diels-Kranz B 111, 112)。

这种类比本来就不只是装饰性的:逻各斯据说起到了真实的治疗作用,通过它与理智和情感的复杂关系来进行治疗。但是逻各斯的概念似乎仍被

---

[3] 关于一些相关的背景材料,见 Nussbaum(1986a)第四章。一个更加充分的处理(讨论医学的成就及其缺陷)来自于 G. E. R. Lloyd(1989)。

[4] 相关的一般讨论有很多,例如参见 Rabbow(1954), Buxton(1982)以及 Simon(1978)。

[5] 在这里,就像在第一章中,我强调这个词的使用并不蕴含任何关于个性的特殊理论,肯定不蕴含一个非唯物主义的理论。在荷马那里,*psuchē* 是一种物质性的实体。

[6] 这方面的进一步文献,见 Nussbaum(1986b)。与此相关的讨论,亦见 Buxton(1982)。

广泛地理解为包括很多类型的言说和论证。就医疗类比而言,人们并未尝试去区分不同类型的话语,这些话语包括宗教和诗歌的说法、哲学论证与善意劝诫。到目前为止,我们尚未发现有人尝试把医疗功能与一种明确界定的、专门化的哲学技艺联系起来。因此,即使某些措施(例如严密的论证、连续的推理、清晰定义的术语)后来似乎构成了我们现在所说的哲学言语,但是我们看不到对它们的密切关注。[7] 就这些文本而言,一个经受苦难的人在寻求"生活的技艺(technē)"时就会有所选择。

哲学后来声称要成为"生活的技艺",这个主张富有挑战性且颇受争议。它其实是这样一个主张:哲学能够为遭受苦难的学生所做的,要多于逻各斯的其他可能来源所做的——哲学用一种超越其他通俗技艺和伪技艺的方式来治愈遭受苦难的灵魂。最重要的是,哲学在这里反对迷信和民间宗教。[8] 因为民间宗教将好生活移交给祈祷,于是就产生了既不受人类理性所控制、也不会得到人类理性充分审查的结果;另一方面,哲学宣称要把不可控制的黑暗因素从人类生活中消除,让运气(tuchē)服从于一种有理智的、可理解的技艺(technē)。[9] 在这里,就像在医学中那样,一种理性论证的方法取代了祈祷和许愿的地位。这些哲学学派后来会有激烈的相互竞争,但重要的是要理解其共同之处。它们都代表哲学理性,与被认为具有疗效的逻各斯的其他传统形式相竞争。[10]

在稳定的哲学制度(这种制度向学生提供了一套能够与医疗方法相比较并与民间宗教和巫术形成对比的确切方法)存在之前,人们是不可能把医疗类比的这种特有的哲学形式发展出来的。但是,我们发现,到公元前5

---

[7] 我并不打算暗示说,在这个时期、在任何地方都找不到对这些特点的讨论。早在巴门尼德(Parmenides)那里,"通过逻各斯来密切注意有争议的反驳"的劝告就已经被提了出来,与倾听和其他思想方式形成对比,只是没有把论证的这些特点与一个治疗目标联系起来——这种缺失并不令人惊奇,因为在残存的早期哲学文本中,很少有伦理学方面的文本。我只想针对后面这一点提出一些评论。

[8] 我们将要研究的每个学派都有自己的宗教信条;严格地说,甚至伊壁鸠鲁主义者也不是无神论者。但自苏格拉底以来,哲学的宗教是用一种要求拒斥诸多流行宗教观念的方式而被理性化的。

[9] 对这个文化背景的一个出色讨论,见 Sedley(1980)。

[10] 关于苏格拉底的理性化宗教及其与传统信念和实践的关系,尤其参见 Vlastos(1991)。

世纪结束之际,就有迹象表明医疗类比在一些情境中已被使用,而在这些情境中,逻各斯必定就是指"论证",一门以理服人的批判性技艺的思想也与人们可能用来进行劝说的其他方式形成对比。在高尔吉亚(Gorgias)对海伦(Helen)的称赞中,逻各斯与药物的著名比较大概暗示的是一般而论的说服性演说,而不是诡辩论证或哲学论证。高尔吉亚说逻各斯就像药物(*pharmaka*),具有"阻止恐惧、驱除忧伤、产生喜悦和提升同情"(14)的效力。然而在这里,在后来使用这个类比的方向上有了某种运动:因为高尔吉亚的逻各斯大概既不是宗教的或诗歌的,甚至在任何意义上也不是传统的。他的全部演说尽管在总体上显然试图展示其内容的这个部分,却是在推销一种专门的逻各斯,这种逻各斯显著地包括逻辑(或者伪逻辑的)辩论,并由专业人员供给那些希望对自己的生活有更多控制的人。

然而,在一种明确的哲学语境中切实地将这个类比详细发展出来的第一人似乎一直都是德谟克利特(Democritus)。[11] 他写道,"医学治疗身体的疾病,而智慧(*sophiē*)让灵魂摆脱苦楚(*pathē*)"(Diel-Kranz B 31)。[12] 在其他地方,他也令人们注意到身体疾病与思想和欲望疾病的类比;他强调说,在让灵魂保持平衡、促其恢复到健康状况方面,他自己的技艺具有因果效力。[13] 当我们进入公元前 4 世纪时,也许是因为德谟克利特的影响,这种比较变得越来越频繁、越来越详尽。稍后我就会讨论苏格拉底的贡献。演说家伊索克拉底(Isocrates)在谈到他的(哲学上受到影响的)政治论辩技艺时,把医学类比作为一个很常见的思想加以提及,并对之作了详细发展:"对于身体疾病来说,医生已经发现很多不同形式的治疗方法;但对于生病的灵魂来说……除了把那些犯错之人敲醒的逻各斯以外,就没有其他药物了"(*Peace* 39)。他用一个详尽的类比——医疗切除和灼烧与严厉或刺耳的论证的类比——继续说道:为了变好,人们就需要倾听令他们痛苦的论证(40)。

---

[11] 德谟克利特的残篇和证词的杰出版本是 Luria(1970),尽管翻译和评注是用俄语写就的。(鲁利亚用德语或英语出版了他的大多数著作,但这部著作——他的代表作——是在他去世后才出版的。)Abbott Gleason 替我翻译了鲁利亚的优秀评注的相关部分,对此我深表谢意。关于德谟克利特的伦理残篇(其真实性颇受怀疑)的传播,见 Stewart(1958)。

[12] 正如鲁利亚有说服力地表明的,*sophiē* 是德谟克利特专门用来表示哲学的词;包含"*philosophia*"这个词的材料必定是伪造的,或者是一个后来的释义。

[13] 例如,见 Dies-Kranz B 281 中对口疮的提及;也见 B 231、224 和 285,其中所提到的观点明显类似于伊壁鸠鲁学派对欲望之限度的看法。鲁利亚的讨论总是很有价值。

于是,在整个公元前 5 世纪晚期和公元前 4 世纪早期,希腊思想家和作家们发现:认为伦理和政治论证就类似于医学,在面临看似很难对付的心理痛苦时指望用这种论证来"治疗",就变得越来越容易了。这种类比越详细,与对逻各斯的那种特定的哲学运用的关系也就越密切。但是,如果对于医疗类比来说这已经是全部,那么我们也许就有资格把它视为含糊其辞的陈词滥调,而不具备格外严肃的哲学分量。然而,这些越来越详细的运用包含一个隐含的挑战,即更深入地进行挖掘,把这个类比实际上做什么工作、表达了什么伦理概念或观念说出来。因此,在这个对论证、对关于论证质量的批判性话语已经有着深刻承诺的文化中,[14] 我们有望迟早会发现这样的尝试:在将逻各斯应用于灵魂时,它们为科学和伦理学把适当方法的某些标准界定出来,而一旦有了这些标准,从事伦理实践的人就可以把仅仅作为社会势力的逻各斯[15]和在某种意义上作为真正理性的逻各斯区分开来。高尔吉亚已经把逻各斯比作药物,药物即便没有病人的批判性参与,也可以施加因果影响。我们或许指望有人会回答说:这并不是逻各斯能够在灵魂中发挥作用的唯一方式——也有一些逻各斯是实践性的而且依然是理性的,也就是那种不仅作为原因而发挥作用,而且也通过提出理由而发挥作用的逻各斯。如果一位哲学家急于把两种活动区分开来,一个是他自己作为伦理逻各斯的给予者而从事的职业活动,另一个是靠不住的修辞学家或纯粹争辩术(争论性的辩论)的从业者所从事的职业活动,那么,对他来说,区分这两种逻各斯就是一项特别重要的任务。假若他希望在一个天生就对论证的使用和误用充满怀疑的文化中为其哲学技艺赢得尊重,他就需要发展这些区分。[16]

三位伟大的道德哲学家——苏格拉底、柏拉图和亚里士多德——以不同的方式接受这个挑战。正是在他们手中,医学类比实际上才开始成为伦理学的哲学研究的某些方面一个丰富而具有启示的指南。对于灵魂的健康

---

〔14〕 在这个时期,已经有一些试图把迷信与对逻各斯的理性利用区分开来的工作。参见 G. E. R. Lloyd(1981)。

〔15〕 这种逻各斯的限制性情形是一种魔术般的咒语;但是,很多被某种认知所接纳的逻各斯仍未把积极的批判性推理抽取出来,而这种对比就是我首要关注的。

〔16〕 在很多方面,在当代文学理论的某些部分和法律的互动中,这样的历史正在重演。在这里我们再次发现那种高尔吉亚式的主张:一切言说都是权力,并不存在可靠地把原因和理由区分开来的标准。关于这一点,尤其参见 Fish(1989)。

以及与之相联系的哲学诘问的方法,柏拉图早期对话中的苏格拉底提出了一个说法。我将不讨论他对实践哲学的历史所做的这些重要贡献,因为它们已经在弗拉斯托斯(Gregory Vlastos)的基础研究中得到了充分讨论。[17] 柏拉图的复杂贡献也得到了许多出色的讨论;[18] 在《普罗泰戈拉》(*Protagoras*)、《理想国》(*Republic*)、《会饮》(*Symposium*)、《斐德罗》(*Phaedrus*)以及《智者》(*Sophist*)等多篇对话中,对于灵魂的健康,对于严密的、批判性的哲学论证在保证灵魂健康方面所发挥的作用,他都发展出相当复杂的论述。在这些讨论中,我们看到了希腊化晚期对于已经就位的医学类比的运用所具有的多个要素:对错误信念(以及与之相联系的激情)作为灵魂痛苦的一个来源的关注,对"哲学家知道那种能够把心理健康产生出来的系统治疗方法"的强调,以及这样一个观念——批判性的论证和自我批判的论证,特别是在专家手中,能够成为用来深入探究个性、使之摆脱病态因素的工具。这些讨论对希腊化时期的思想家产生了重大影响。

尽管如此,以下说法看来仍然是公正的:正是亚里士多德首先对伦理论证的一种治疗观念的潜力和限度提出了一个详细而系统的论述,陈述了这个类比所能做的工作和不能做的工作。

三

我们现在转向我们的学生。我们必须问:为了被亚里士多德收为学生,她必须是什么样子?"妮基狄昂"(意为"小小的胜利")这个名字大概是一个高级妓女(*hetaira*)或交际花的名字。在公元前4世纪的雅典世界,与其他女性相比,高级妓女很可能受过教育,具有随意来往的自由。虽然我们有理由怀疑第欧根尼名单上的名字在历史上真有其人(因为在这个文本中,这份名单与对伊壁鸠鲁快乐主义的诽谤相关联),不过,值得记住的是,近来一份纸草的发现证实了第欧根尼那份长期以来不受重视的记述:柏拉图

---

[17] Vlastos(1991)。

[18] 关于柏拉图的治疗方面,见 Kenny(1973),Sinaiko(1965),Simon(1978)以及最近 Price(1989,1990)。在 Nussbaum(1986a)中,我特别针对《普罗泰戈拉》(*Protagoras*),《会饮》(*Symposium*)以及《斐德罗》(*Phaedrus*)讨论了其中的一些问题。

在其学园中教过两个高级妓女。[19]不管妮基狄昂这个特殊名字在历史上是否确有其人,一位像她那样的女性当时可能已经在柏拉图学园中注册入学,也有可能在希腊化时期三个主要学派的任何一个那里注册入学。伯里克利(Pericles)的情妇阿斯帕西娅(Aspasia)的经历就例证了一位属于高级妓女阶层的女性所能取得的教养和知识水平,哪怕是在一种像雅典文化那样对女性加以限制的文化之中。[20]

于是,我们必须记住的第一件事就是:为了跟随亚里士多德学习伦理学,妮基狄昂大概就需要装扮成男性。亚里士多德的学园是尚未有证据表明有女学生参与的唯一一座主要的哲学学园。[21]他的哲学观点(按此,女性没有能力具有实践智慧)似乎支持这种做法。[22]然而,我们也应该记住,在雅典,将女性涵括在伦理和政治教诲之中本来就是一种最不合时宜的做法,会让这样做的人遭受公开嘲笑和批评(正如在伊壁鸠鲁的情形中我们所知道的那样)。亚里士多德自己在雅典本来就是异乡人,没有公民、宗教和财产权,两次因为其政治对手怀疑他与马其顿方面有染而被流放,[23]因此他并不处于做出令人惊讶之姿态的地位——柏拉图那富有的贵族家庭只是保护他不受虐待。亚里士多德排除女性的做法有其哲学上的理由,但可能也有政治方面的考虑。

---

[19] 见 DL 3.46;相关讨论见 Lefkowitz(1986)。

[20] 参考柏拉图的《美涅克塞诺斯》(*Menexenus*),发生在阿斯帕西娅和苏格拉底之间的一部虚构对话。(关于其历史背景,参见 Guthrie[1975]。)在《申辩》(*Apology*)(41C)中,苏格拉底提到他想要询问死后处于地狱中的女性——在地狱中,她们的活动大概不像在雅典受到那么多的限制。

[21] 在这方面,关于斯多亚学派的证据只是到了罗马时代才变得清楚,但明显的是,芝诺(Zeno)和克里西普斯(Chrysippus)的理想城邦是要促进妇女的同等公民资格和教育。几乎也没有什么证据表明怀疑论者的学园本身就招收女学生,尽管我们好像可以合理地假设它延续了柏拉图学园的传统。在新毕达哥拉斯学派的圈子中,女性取得了特殊的卓越地位,相关著作的一些残篇得以保存下来。

[22] 参见 *Pol.* I. 13, 1260a13。G. E. R. Lloyd(1983)论证说,亚里士多德对女性之能力的看法大大落后于他那个时代的其他知识分子;Salkever(1989)提出了一个更加积极的估计。也见亚里士多德的学生塞奥弗拉斯托斯(Theophrastus)在《论婚姻》("On Marriage")的残篇中歧视女性的观点。

[23] 参见 Düring(1966);Owen, "Philosophical Invective," in Owen(1986);关于外来居民的问题,见 Whitehead(1975, 1977)。

于是,妮基狄昂就把自己打扮为男性。她也不能太过年轻,因为亚里士多德强调说,不应该让年轻人(neos)参与伦理学和政治学讲座(EN 1095a2,关于这一点,见随后的讨论)。我们可以提出两个理由来支持这个说法。首先,年轻人缺乏实践经验,而这是理解这些讲座的内容和要旨的一个必要基础(1095a2-4)。其次,年轻人在伦理生活上仍有可能很不稳定;这样一个人从这些讲座中不会得到多少实际的好处,因为这些讲座的全部要点"不是知识,而是行动"(1095a4-6)。显然,与其说这是一个年龄问题,倒不如说是一个道德发展问题。

用真实的生活历史的措辞来说,这大概意味着妮基狄昂不得不让自己看起来就像一个过了青年阶段(预备的军事职责阶段,大约在16—17岁和20—22岁之间)的年轻男性,已经承担过职责,已经开始从事一种政治职业。她不得不让自己看起来已经有了自我训练和一种稳定的生活模式。为了有闲暇时间获得这样一种教育,她需要来自有闲的有产阶级,比如说,不是出身于乡村农夫家庭。[24] 这样一位相对富裕的年轻人已经接受了大量的预备教育。"他"知书识礼,精于诗歌,对城邦的道德和政治传统了如指掌,在修辞学和音乐表演的某些方面颇有能力,而且对数学和科学也略知一二。[25] 最为重要的是,"他"必须对城邦的日常生活、宗教和公民制度、集会和法庭以及悲剧和喜剧庆典具有某些第一手的经验。"他"必定已经参与一些与其年纪和地位相称的集体活动,包括军事活动。"他"必定已经倾听年长者的政治讨论,因为他们会提供关于实践智慧之类的鲜活事例。"他"很有可能已经从某位"有情人"(erastēs)那里得到了指导和保护,这位较年长的男性情人在得到性欢愉的同时已经对"他的"道德发展和政治发展有所贡献。[26] 特别是,正如亚里士多德所强调的,"他"不得不从一开始就有一对把"他"当作未来的成年公民来对待的双亲,用训诫、赞扬、责备但首先是用关心和爱护之类的方式来教导"他",鼓励"他"把公民身份看作"他"未来的活动领域,把实践智慧看作"他的"目标。[27] 所有这一切都是妮基狄

---

〔24〕 这一点在《政治学》(Politics)中得到强调,在那里亚里士多德劝告说,要把农夫、海员和手工匠从公民中排除出去,因为他们缺乏接受教育所需的闲暇时间。

〔25〕 参见 Marrou(1956)。

〔26〕 见 Dover(1978)、Halperin(1990)以及 Winkler(1990);关于这个男性公民身份的理想,见 Winkler(即出)。

〔27〕 见 Nussbaum(1986a)第十二章, Sherman(1989)。

昂不得不加以模仿的。你会说,对于一个实际生活在雅典的妮基狄昂而言,所有这一切都是不可能的,即使她是一个交际花而不是一位公民的妻子或女儿——不管她多么聪明,或是多么善于乔装打扮。看来确实如此。这就是在论及亚里士多德的方案时我们必须看到的部分真相。他的方案仅仅包括那些已被包含在社会中并受到青睐的人。

这并不意味着亚里士多德毫不考虑被排除者的状况。他确实有所考虑,正如我们即将看到的。但是,他的哲学实践的确把对教育(paideia)和闲暇的要求作为起点,因此就无力改善那些无法从政治中获益的人的状况。在他看来,只能通过政治设计和制度设计来帮助这些人,而这就是地位更加优越的人正在学习要如何做的事情。一旦人们已经在一个受到排挤的环境中成长起来,哲学本身就不能为他们做任何事情。

于是,妮基狄昂经过精心打扮来到吕克昂学园,在行为举止方面毫无纰漏。在那里,她的很多时间大概都花费在研究那些不属于伦理学的学科上,例如逻辑、形而上学、生物学、天文学、对自然和说明的一般研究。[28]她投身这些学科(只要她确实投入学习)不仅是出于纯粹的兴趣,也是出于其实践含义。在实践的方面,她的部分时间将用于研究政治史。与其他学生一道,她将帮助亚里士多德完成一项工作,即收集对158个"政体"(政治组织的形式)的详细论述,这些论述将为亚里士多德在政治理论方面的建设性研究提供背景材料。[29]

在课堂教学方法方面,尽管亚里士多德残存下来的讲稿(比较晚的时候才由其他人编撰,构成了其著作的论文部分)告诉我们的东西不多,但我们有理由认为学生们用一种与现代大学的教学习惯差不多的方式参与规模较大的学习小组并记录笔记。[30]几乎可以肯定的是,在讲座期间和(或者)讲座结束后是有讨论和争论的。我们知道这些伦理学讲座本来要服务于什么目的,因为我们从这些讲座中知道了这一点。这些讲座旨在用一种辩证的方式来澄清每个学生的伦理信念和回答,妮基狄昂的信念也在其中,因为

---

[28] 然而,参见 PA I.1,其中的论述表明有教养的年轻人无须在这些科学上有过分深入的研究。

[29] 关于这些"政体",尤其见 Newman(1887-1902);对政体作用的一个著名但比较特殊的说明,见 Jaeger(1934)。

[30] 关于学校的一般教学实践,见 Düring(1966);有人已经按照文本中的一些暗示把亚里士多德讲课的课堂很好地重构出来,例如,见 Jackson(1920)。

她是更大的听众群体的一部分,而听众转而把自己视为他们所生活的城邦这样一个更大的共同体的成员。这个群体的出现,以及每个人把自己认定为一个群体的成员,这一切都是教学过程中很重要的部分。他们所要寻求的是对一个共同目标的更清晰的认识。教师和学生不仅是在寻求让他们每个人自己感到满足的东西,也是在寻求他们在共同体中能够一道生活的东西。之所以如此,首先是因为他们的根本目标就是要为这样一个共同体制定法律;而对好生活进行反思的一个核心理由就是要为这项任务提供指南(*Pol.* VII. 1)。对意见一致的渴望因此就被预先设定,并在这项研究中调节他们的方法。即便是在把替代性的观点描述出来的时候,他们也不会考虑这样一种可能性:一个人会选择一个观点,另一个人会选择另一个观点。他们一直寻求的就是那个所有人都能分享的观点中最好的观点。

另一方面,即使我们提到了"共同体"这个说法,我们也不应该就此把教学过程狭隘地视为雅典式的,或者一般地认为教学过程依附于任何特定共同体在当地确立起来的传统。学生们从希腊语世界的各个地方来到雅典,带来了不同的地方传统和对"善"的不同论述。亚里士多德通过其跨文化研究纲领慎重地补充该学派关于可供选择的伦理观点和政治观点的信息库。在他看来,"所有人寻求的不是他们的祖先之道,而是善之道"(*Pol.* 1269a3-4);在这个观点的引导下,他认为不同的传统都对一项共同事业做出了贡献,而这项事业的目的就是要规定和捍卫对人的能力和人的繁盛的一个一般论述,而在任何人类共同体中,这样一个论述都能引导伦理选择和政治规划。

妮基狄昂会被告知:在伦理探究中,学生和教师的目的是要"把各种表象摆出来,然后通过深究其中所涉及的疑难,尽可能把我们在这些问题上所说的一切东西的真理揭示出来;若做不到这一点的话,就把最大数量、最基本的真理揭示出来"(*EN* 1145b2-7;参见 *EE* 1216b26 及以下,后文将会加以讨论)。[31] 表象就是人们所说、所感知、所相信的东西。因此那个目的总体来说就是要透彻地筛选和审查那个群体的经验和信念,并由此在它们之间实现一种一致排序(一种摆脱"疑难"的排序),以此来维护原材料的最大、最深的部分。亚里士多德的讲座为如何实现这种精选提供了榜样。不过,他所构想的论辩过程是开放式的,要求学生继续从事这种筛选活动,对这场

---

[31] 参见 Owen, "*Tithenai Ta Phainomena,*" in Owen (1986)。

对话做出自己独具特色的贡献。在这样一项更大的论辩事业中,亚里士多德自己的讲座,不管多么复杂、在多大程度上表达了对经验的一种预先精选,都毕竟只是其中的一项贡献。[32]亚里士多德自己也是这么说的:在对人类功能的施展提出了一组特别重要的论证后,他评论说:

> 对于好生活的概观,我们就说这些。看来任何人都可以进一步推进并阐明这个概述中好的部分;在这些事情上,时间是一个出色的发现者和帮手。这也是科学知识(*technai*)中的进步得以发生的方式:任何人都可以补充其不足之处。(*EN* 1098a22-26)

亚里士多德肯定会试图令学生确信,他的见解就是最好地维护表象的见解,不过,也没有理由假设他们不会引导他去改变自己的想法。亚里士多德承诺要认真地把他们的贡献视为达到真理的材料——若有另一个更加称职的观点出现了,他就会修改自己的观点。"因为每个人对于真理都会有自己的贡献",他写道,"正是从这些东西中,我们进一步提出对这些事情的一种说明"(*EE* 1216b1-2;参见后文第五节)。

四

现在我们转向医学类比本身,试着更具体地描述妮基狄昂的教育,为此,我们将联系亚里士多德对医学提出的明确评论以及其他的方法论观察来考察我们提出的每个要点。亚里士多德明确认同此前提出的那份清单中的前三个要点,将他对医学类比的运用与这一认同联系起来。伦理论证有一个**实践目标**;它们是而且也应该是我所说的**价值相对的**东西;它们应该**回应具体情况**。我将考察每一个要点,然后转向亚里士多德对这个类比提出批评的领域。

1. **实践目标**。伦理学的哲学研究,即在对好的人类生活的论证方面所做的交流,是实践性的。与一位哲学家可能从事的很多其他研究不同,亚里士多德强调说,这种研究并不只是把理论理解作为其目标,而且也把改善实

---

[32] 在这方面,我们或许可以看到亚里士多德的后继者塞奥弗拉斯托斯(Theophrastus)以及斯特拉托(Strato)和亚里士多德本人之间的大量分歧;这位奠基者的权威在这里好像不如在希腊化时期其他学派那里那么有分量。

践作为其目标。[33] 这些论证必须是"有用的"（*chrēsimoi*），具有一个"有益的贡献"（*ophelos*）。[34] 伦理论证如果对于重要的实践目的不能产生有益的影响（对于柏拉图的很多论证，亚里士多德都持有这种看法），那就应当因其无用而受到批评。[35]

在《欧德谟伦理学》（*Eudemian Ethics*）第一卷第五章中，亚里士多德用医学类比来强调这个关于伦理学的实践目标的要点。他写道，一些科学，例如天文学和几何学，仅把知识和理解作为其特有目的（1215b15-17）。另一方面，也有其他形式的研究，例如医学和政治学（伦理学是其中的一个分支），其特有目的是某种实践性的东西，高于通过纯粹的理论研究而获得的知识。"因为我们的目的不是要知道勇敢是什么，而是要勇敢，不是要知道公正是什么，而是要公正，正如我们的目的在于健康，而不是知道健康是什么，在于处于一种良好的身体状况，而不是知道这样一种状况是什么"（1216b22-25）。

亚里士多德不是在说实践科学不应该获得知识，也不是说自然科学不可能有实践应用。他明确地断言后一点（1216b15-18），显然相信前一点。他对一门学科的目的（*telos*）或者说恰当目的所做的谈论似乎意味着：这样一个目的就是我们在追求这门学科时努力获得的首要东西，就是在我们生活中赋予这门学科以要旨和重要性的东西。我们会仅仅为了理解而聚精会神地追求天文学和数学研究，而且也确实这样做（就像他在《形而上学》[*Metaphysics*]第一卷中所强调的那样）。我们不会要求数学家去改善我们的生活。尽管他们可能会偶尔这样做，但我们对他们的评价（是优秀的数学家还是很糟糕的数学家）仅仅立足于他们在促进理解上所做出的贡献。不过，医学就不是这样了。当我们判断医生是不是好医生时，我们的根据不仅在于他们知识渊博或者他们在理论上所取得的高明成果（尽管这肯定是

---

[33] *EN* 1095a5, 1103b26 及以下, 1143b18 及以下, 1179b35 及以下; *EE* 1214b12 及以下, 1215a8 及以下。事实上有理由认为，若不是因为我们用"理论理解"来翻译 *epistēmē*（知识）或 *technē*（技艺）的话，我们根本就不应该用这个说法来表示亚里士多德伦理学所要取得的目标。亚里士多德否认实践问题属于一门 *technē*，例如，见 *EN* 1103b34 及以下，后文会对此加以讨论；他也否认实践智慧是 *epistēmē*（因为具体的东西在其中发挥了作用），见 *EN* 1142a23-24，在 Nussbaum（1986a）第四章中得到了讨论。

[34] *EN* 1143b13; *EE* 1217b23, 1218a34, 38; *EN* 1103b29。

[35] *EN* 1096b33; *EE* 1217b25-26, 1218a33-34, 1218b1-2, 9-10。

其职业准备的一部分),而且也在于他们善于治疗,或者已经对未来的治疗做出一些有价值的贡献。(请注意,在医学科学中,若不谈到人,我们甚至无法说明一个重大的成果**究竟是**什么。)我们在我们的共同体中赋予整个科学以令人尊敬的地位,是因为它对健康这个实践目标有所贡献。亚里士多德现在声称,对于伦理学来说,同样的说法差不多也成立:要是伦理学未能让人类生活变得更好,它就理应受到忽视。

然而这并不是说,对于一个可以被完整地指定并脱离伦理研究来加以追求的目的,伦理研究的贡献必定是纯粹工具性的,正如我们不能说,既然医术不能更具体地告诉我们,"健康"这个我们所拥有的模糊目的**究竟是**什么,它也就不能向我们提供获得健康的工具手段(参见本书第一章)。"健康**究竟是**什么"这一问题确实是亚里士多德时代的医学科学所要研究和讨论的问题;实际上,在它能够进一步把获得健康的工具手段发明出来之前,它就知道自己必须处理这个问题。因此,当亚里士多德把伦理学变成一门实践性的学科时,他并不是在令其成为既定的目的观念的纯粹工具。(对于一个很一般的、得到广泛分享的良好运作的观念)伦理学会获准追问如下问题:这种运作究竟在于什么?又具有什么构成要素?这就是亚里士多德自己的讲座从头到尾都在做的事情;他指出这就是其讲座的一个突出贡献。[36]

对于某个已经接受一种透彻的伦理教育、有了一个相对缜密的生活计划和某些决策经验的人来说,伦理讲座的实践贡献是什么呢?究竟是将什么样的目标记在心中,亚里士多德才说他的贡献"很有帮助"(*poluōpheles*,*EN* 1095a11),甚至"在生活的紧要关头产生了一个重大转变"(1094a22-23)?向妮基狄昂提供的那种帮助,正如我此前所说,好像有两种密切相关的类型:个人对目的的澄清以及共同体就目的所达成的一致。这两个目标在亚里士多德的言说方式中往往被合并起来,因为个人更清楚地看到的是对人类的善的一种设想,而这种理解即将形成共同生活和社会规划的基础;共同体的一致,正如亚里士多德在《政治学》第七卷中所强调的,首先是在对"每一个"公民来说都是好的人类生活的条件上所达成的一致。[37]

---

[36] 例如,见 *EN* 1097b22-25。这个问题在 Austin(1961)中得到了很好的讨论。

[37] *Pol.* VII.2,1324a23-25。关于在繁盛生活(*eudaimonia*)的条件上达成一致的欲望,可参见例如 *EN* 1095a17-22,1097b22-24。不过,《政治学》第四至六卷讨论了在不同阶级具有不同目的的情况下获得稳定性的策略。

早在《尼各马可伦理学》中,亚里士多德就利用射箭术中的一个形象来说明其论证的实践贡献:"难道关于善的知识不会在生活的紧要关头产生一个重大转变吗?难道我们不就像瞄准面前目标的弓箭手那样,更有可能射中合适的目标吗?"(1094a22-24)。在此前完全没有目标的地方,伦理研究并不**提供**一个目标;他对研习伦理学的学生所做的描述排除了这一点。第五卷对目标语言的使用(1144a7)令人想起:在美德上受过训练的成年人已经旨在取得某个目标(也见 EE 1214b7 及以下);所缺乏的好像是对那个目标的清晰**观察**以及对繁盛生活(eudaimonia)这个共同目的的明确表述——把它的构成要素明确地表述出来。哲学讲座有助于把这些构成要素及其相互关系明确地表述出来。如果我们已经清晰地观察到一个目标,我们就更容易击中它;同样,如果我们在进行选择的时候变得更有辨别能力、更为自信也更加可靠,我们就可以改进我们的伦理实践。

于是,妮基狄昂的哲学教育,通过促进她以前的生活可能并不鼓励的一种全面反思,就可以促进她与其他同胞的共同生活。这会让她在个人生活和政治互动中成为一个更善于做出选择的人。[38]

2. 价值相关性。这种反思性的事业与第一章中描述的那种对日常信念的整理之间到底具有多么紧密的联系呢?在什么程度上它包含着对现状进行批评的可能性?既然这项事业是批判性的,它是以某种独立的柏拉图式实在的名义来实施的批评呢,还是通过诉诸人类经验的某个更加深刻的层面来实施的批评?这是一个很大的论题,不过,出于本章的目的,在这里我只能简要地加以处理。

一切亚里士多德式的探究,包括伦理探究,都受到了亚里士多德所说的"表象"即人类经验的限制。在任何地方,好像都不存在通过对比一个完全处于经验之外的实在来确认结果的可能性。另一方面,亚里士多德并没有为缺乏这样的标准而感到遗憾,因为在他看来,经验的界限也就是话语和思想的界限。寻求真理就是寻求对我们所经验到(以及将要经验到)的世界的最精确论述。不过,这种做法绝对是对**真理**的寻求,无须因为使用了"真理"一词而道歉。

然而,伦理学在一种更强的意义上依赖于人类经验。第一,它旨在描述

---

[38] Rawls(1971,1980)对伦理方法的设想与这些表述相接近,并明确提到了亚里士多德;不过,在真理问题上,它们是不同的——参见本书第一章以及本章后面的讨论。

的东西是对一个特定物种而论的好生活,在这样做时必须考虑该物种特有的能力和生活形式。好的人类生活必定首先是一个人类存在者**能够**过的生活——必定是"人类存在者可以实践和可以得到的"(*EN* 1906b33-35)。这不是一个无足轻重的要求。事实上,亚里士多德似乎持有某种更强的观点:好的生活必须是"多数人(*polukoinon*)共有的,因为只要一个人不是天生就失去了接近美德(*aretē*)的能力,他就可以通过学习和努力而拥有那种生活"(*EN* 1099b18-20)。(值得注意的是,按照亚里士多德的说法,并非多数人"天生就失去了这种能力":原罪之类的观点在其思想中毫无地位。)尽管他拒斥了"好生活主要是一个运气或天赋问题"这一观点,把诸如此类的观点作为**错误的伦理观点**来加以拒斥,但他之所以拒斥这些观点,并不是因为它们受到了某个独立的宇宙证据的反驳,而是因为它们"听起来很不恰当"(1099b24-25),与人们的目的和希望格格不入。

《欧德谟伦理学》的相应段落很清楚地表明,伦理真理受到限制,不仅恰当地受到了我们**所能**做的事情和**所能**成为的样子的限制,而且也恰当地受到了我们的欲望、我们认为有价值的和无价值的东西的限制:

> 因为,假若生活得好是一种靠运气或者靠自然而出现的东西,它就是多数人无法指望的——因为在这种情况下,它的获得就不会靠努力而得到保证,就不会取决于人们自身及其活动。但是,如果生活得好就在于成为一个具有某种品质的人,就在于那些与一个人自己相一致的行动,那么善就会更加普遍也更为神圣——更加普遍,是因为它能够为更多的人所分享;更为神圣,是因为繁盛生活(*eudaimonia*)对于那些努力让自己及其行动都具有某种品质的人来说就是可获得的。(1215a13-19)[39]

这段话有什么更加具体的含义呢?一方面,它明白无误地意味着:假如某些关于好的人类生活的设想让我们(或者相当数量的进行反思的人们)觉得生活不值得过,我们就必须把它们**作为错误的设想**而加以拒斥。在这样一些设想中,就有充满过多痛苦的生活,因为正如亚里士多德所论证的那样,过分的痛苦事实上会让人们抛弃生活(1215b18-22)。孩童所过的生活也不值得想望,"因为没有一个理智健全的人能够忍受再次回到那种状态"

---

[39] "更为神圣"这个说法大概间接地表明,如果好生活事实上是可以通过努力而普遍获得,那么整个宇宙看起来就更加公正并具有更好的秩序。

(1215b22-24)——尽管已有一些未进行哲学反思的人会捍卫与此相关的生活。[40] 既没有感受到快乐也没有感受到痛苦的生活,或者那种仅仅感受到低级快乐的生活(1215b25-27),也不值得想望。此外,我们不情愿体验到的那些东西的总体,不管快乐与否,都不足以让我们去选择生活,哪怕是一种无限延续的生活;如果一种生活沉溺于动物也能具有的那种无须动脑、无须选择的快乐,或者沉溺于酣睡的快乐,那么它也不值得想望(1215b27-1216a10)。亚里士多德在别处论证说,如若一个人在生活中享有所有其他好东西,但是完全没有朋友,那么这种生活也不值得想望(*EN* IX. 9)。总之,一种人类生活,哪怕只是为了成为**真实的**规范论述所要考虑的一个初始候选对象,也必须从人类存在者为了不负一生而情愿选择的生活中被选择出来。这事实上就会排除某些对善的论述(例如各种极端的快乐主义),即使这些论述已经找到理论支持。伦理学,就像医术那样,必须向病人提供一种他能够消化的生活。

但是,人的欲望用一种更加严格的方式约束伦理真理。之所以如此,是因为事实表明,对于好的人类生活的真实论述必须把这样一种生活描绘出来,它包含着人类所选择的某些本身就值得选择的目的(以及对它们的自愿选择);这种生活好像必须包括所有这样的目的——它们并不缺乏那些一旦被补充进来就会让上述生活变得更好或更加完备的东西。这个著名的要求得到了很多讨论,[41] 并导致亚里士多德排除了很多对好的人类生活的论述,其中包括这样一种论述,它把好生活缩小到一个人自己的能动性完全能够控制的范围。亚里士多德之所以这样认为,是因为他论证说,任何合情合理的人都不会把一个仅仅包含美德(的状态)、但不会在外部世界中产生任何行动的生活判断为完备的且不欠缺任何东西。事实上,亚里士多德说,没有任何人会认为美德的状态对繁盛生活来说是充分的,"除非他是在不惜一切代价来捍卫一个理论见解"(*EN* 1153b16-21;也见 1096a1-2)。[42]

---

[40] 例如,早在《尼各马可伦理学》中,亚里士多德就讨论了一种简单的快乐主义,在那里他的对手捍卫"选择不会说话的食草动物的生活"(1095b20)的想法;在柏拉图《斐莱布》(*Philebus*)对快乐主义的一个相关讨论中,这种生活被认为适合于甲壳类水生动物。

[41] *EN* 1097a15-b21;参见 Ackrill(1980)和 Williams(1962)对这个要求所做的出色分析。

[42] 请注意,亚里士多德在这里所摒弃的见解似乎已经是苏格拉底和柏拉图的见解以及斯多亚主义者的见解。

一般来说,对于好生活的一个假定的构成要素来说,若能表明一种具有其他好东西、但缺乏一个东西的生活是严重不完备的,那就有理由把那个要素看作一个构成要素。完备性判断是通过商榷反思性的欲望(reflective desire)来形成的(例如,见 EN IX.9)。这种思想实验涉及复杂的想象和比较活动;它们引发和考虑的欲望不是无理性的或未经训练的,而是经过了论证和慎思(deliberation)的深层塑造。但是,一个对人类生活及其欲望形式毫无经验的神是不可能形成这种判断的。伦理真理正是通过诉诸这种判断而得到辩护。

好生活也以一种进一步的方式受到了欲望的约束。此前我们说过,一种独居的生活并不值得过,因而会遭到拒斥。在其他地方,亚里士多德强调说,一个把自己认定为人的存在者会将与他人一道生活在共同体中看成是唯一完备的生活而加以接受。[43] 由此推出,对好的人类生活的一种**真实论**述必须得出一种自足的生活,但这里所说的"自足"并不是针对一个"离群索居、孤独自处的人",而是针对一个"既与父母妻儿、也一般地与朋友和同胞一道生活的人"(EN 1097b8-11)。某种共同体——不仅包括友谊,也包括某种形式的核心家庭和更加广泛的公民身份联系——已经被嵌入这种伦理方法的内在要求中,作为对它正在寻求的东西的最一般描述的一个部分。这从一开始就把对人类善的某种看法——那种废除了广泛的公民身份联系或核心家庭的看法——作为**伦理上错误的**看法而排除在外。

亚里士多德的方法提出了关于欲望的问题、允许自身受制于人们想要和选择的事物,在这样做的时候,它并不只是记录现状,也不是用简单的方式承诺要维护日常信念。亚里士多德不是本书第一章中所说的那个日常信念哲学家,因为他拒绝任何用来挑选表象的简单的多数原则,而强调一种更加深刻也更具批判性的审查。与伦理生活有关的表象往往前后矛盾、含糊不清。这项研究工作就是要去倾听每个学生的贡献以及以前的理论和关于其他社会的信息——但并非就停在这里。还需要敏锐地描述疑难、审查含糊不清的措辞并排除矛盾。(这看起来可能很明显,不过远非如此,怀疑论者会强调说这些想法都是错误的。)收集社会资料的计划本质上是跨文化的,这意味着我们会碰到很多需要考虑的偏差。现在必须问参与者:他们所相信的东西是不是最深刻、最必不可少的表象,即那种若缺少了它们就无从

---

[43] 对这一证据的讨论,见 Nussbaum(forthcoming b)。

生活的东西？在进行这种挑选时,所使用的方法要求或者说努力仿效一种专业裁判,即具有实践智慧的人——他们那见多识广、敏锐清晰且富有经验的鉴别是正确的解决方案的标准。伦理资料形态各异,而亚里士多德的那群学生在伦理观点上也各不相同(因为其中很多人与亚里士多德一样,并非出生在雅典),这两个因素加在一起就会产生很丰富的争论,涉及"什么东西处于最深处"乃至"要信任什么官能和方法"之类的问题。[44]

这些出现在现存著作中的对善的论述,正如我们到目前为止所能想到的,远远不是对日常信念的不加批判的记录。对于它们所记录的诸多流行观点,例如大多数人据说对金钱的重要性、身体快乐、地位和名声、愤怒和报复所持有的观点(参见本书第三章),它们事实上都持有极其严厉的批判态度。亚里士多德的论述无论如何都没有简单地无视传统。但它声称要更加深刻、要有更为融贯的综合;它的目的是要说出对一切相关信念的一种见多识广的、反思性的挑选将会说出的东西。当然,并不是所有人都能或者都愿意做这种挑选工作;即便如此,由此得到的那个论述不仅对于参与这项工作的人来说是真的,**对所有人来说**也是真的。

之所以如此,是因为亚里士多德的方法确实声称要达到真理,即便它的操作本质上是医疗性的。其中一些理由应该已经很清楚了。这种方法强调严格地审查表象,强调一致性的根本作用。它也宣称要与人类最深的欲望和信念保持一致。现在应该强调的是一个进一步的要点。伦理学中的结果必须是一致的,不仅要内在一致,也要与其他一切被认为是真的东西保持一致,例如与对宇宙、灵魂、实体(substance)等等的最佳论述保持一致。唯有通过具体分析,我们才能看到这个要求会在多大程度上约束伦理论述;亚里士多德从未声明:在存在着一种表面张力的地方,伦理直观必须服从形而上学表象或心理表象。不过,他对总体融贯的要求有助于辩护他在伦理研究的情形中对"真的"这个词的使用,并因此而激发了如下思想:我们不仅是在观察自己,也是在认真对待我们所经验到的整个世界。随着妮基狄昂对

---

[44] 有大量证据表明,亚里士多德对于各种社会中的人们对好生活的直观认识很感兴趣;也许最重要的证据来自两个方面:其一,他收集有关各种政体的资料;其二,他在《政治学》第二卷中对各种形式的社会生活的研究。在这里亚里士多德遵循赫卡泰乌斯(Hecataeus)和希罗多德(Herodotus)(也许甚至要加上阿那克西曼德[Anaximander])所开创的那种把伦理考虑作为出发点的人种学传统。

伦理健康的寻求,在与教师和同学的讨论中,她将学会这一切。

3.对具体情况的回应。[45] 按照亚里士多德的理解,大多数科学所处理的就是那种总是一贯如此或基本上一贯如此的东西。因此它们的原则往往具有高度的一般性。然而,医学是有实践承诺的,因此它就必须努力对此前的具体案例获得一种充分恰当的感知,把一般的指导方针看作感知实际情况的助手。亚里士多德写道,医生根本上要对"个别人的健康"负责,"因为他是逐一医治病人"(*EN* 1097a12-13)。医生可以适当地学会把一般规划预先写下来并接受其引导。不过,这些规划往往不足以处理他所面对的具体案例的复杂性——要么因为它们本来就打算把特殊的东西掩盖起来因而缺乏充分的具体性,要么因为它们未能预先考虑具体案例实际上展现出来的某些特点。在这种情况下,医生的主要职责是针对具体案例中以各种复杂方式出现的东西。医生必须既要灵活又要体贴;如果他仅仅强调照本宣科,他的治疗就会很粗野,在医疗上不负责任。亚里士多德论证说,这些东西在伦理推理中同样是真的。一般原则只有在正确的时候才有权威,但是,只有在具体事情上不出错的情况下,它们才是正确的。一般准则本来就打算覆盖很多不同的个别事物,但甚至在这样一个准则实际上没有出错的时候,它也不可能获得某种高度的精确性。因此,"在关于行为的陈述中……特殊陈述反倒更加真实,因为行动关系到个别事物,关于行动的陈述必须与个别事物相一致"(*EN* 1107a29-32)。

这并非实际原则的某个可以纠正的缺陷,而是伦理生活的本质所在:"错误不在法律,也不在立法者,而在事物的本质之中,因为实践问题从一开始就是这样"(1137b17-19)。在对医学类比的一个著名运用中,亚里士多德进一步发展了这一点:

> 让我们从一开始就同意:关于实践事务的每一个陈述都应该概要地、而不是精确地说出来,正如我们一开始所说,应该用一种与我们所面对的事情相称的方式来要求陈述。实践问题以及什么东西有利的问题,就像健康问题一样,永远都不是确定不变的……因为这些情形不能被列入任何科学,也不能被列入任何规则,只能让行动者自己去看看如何做才符合具体情况,就像在医学和航海的情形中那样。(*EN*

---

[45] 这是耶格尔对医学类比的细致讨论的焦点,见 Jaeger(1957)。

1103b34-1104a10）

在伦理学中,就像在医学中那样,**应该**用一种纲要或一套指导方针的形式来提出一般论述,而不是用精确的定论形式来提出。这是这门学科的本质,并非只是当前实践的一个缺陷。

上面这段简短的引文暗示了做出这一判断的三个不同理由。首先,伦理学和医学不同于数学之类的学科,它们所要关心的都是变化不定的生物及其世界。一个预先确立起来的规则系统只能包括已观察到的东西,正如一篇医学论文只能总结已记录下来的案例。相比较而论,变化的世界使人类面对的却是各种令人眼花缭乱的形态:在医学中,永远都是症状的各种新组合,而在伦理学中,永远都是各种新的选择状况。在面对一个与先前所描述的任何案例都不相似的案例时,如果医生只能去寻求希波克拉底（Hippocrates）的权威,把它当作唯一的资源,那他就不会提出适当的治疗方案。（实际上,他也不是在做希波克拉底所做的事情——希波克拉底恰是因为对症下药才被人们推崇为医学权威。）具有实践智慧的人必须用这种方式来准备面对新的案例,对之加以回应,发挥想象力,利用他自己从对过去事例的研究中学会的东西,但同时也培养一种让他能够"即席发挥"（此乃修昔底德[Thucydides]的说法）[46]的灵活性和洞察力。亚里士多德告诉我们,"一个一般而言善于慎思的人就是这样一个人:在所要处理的问题领域中,他按照理性即时考虑出对人最大的善"（*EN*1141b13-14）;他把这个理想与如下观察紧密结合起来:实践智慧关乎个别事物,而不仅仅关乎一般规则（1141b14-16）。

亚里士多德在这里关心的还不仅仅是随时发生的变化,他也关心好的伦理选择的环境敏感性。在《尼各马可伦理学》第五卷的一个相关讨论中,他提出了一些说法,很像他在引入医学类比的那段话中提出的说法,与此相联系,他使用了"*aoriston*"（"不确定"或"不可定义"）这个词。这个词在应用于实践问题的时候很难解释;不过,出现在其他地方的一个例子很明确地指出了亚里士多德的意思。他说,我们不能对"善于讲笑话"提出一个定义（*horismos*）,这种东西是"不确定的"（*aoristos*）,因为它在很大程度上取决于让特定的听众高兴,而"事物究竟是可憎还是可爱,乃是因人而异"

---

[46] Thucydides I. 138,关于忒弥斯托克勒斯（Themistocles）的相关论述。

(1128a25及以下)。准此，我们可以说卓越的伦理选择是不能完全用一般规则来把握的，因为就像医疗一样，这种选择取决于让一个人的选择符合具体情境的复杂要求，要考虑所有与情境相关的特点。规则，就像笑话指南一样(或者就像医学教科书一样)，做得太少也做得太多:太少,是因为规则(除非仔细限定)意味着它本身就会规定正确的答案(就像笑话指南会让你用它所包含的准则来裁减你的机智);太多,是因为这样一来,规则就会严重侵犯好的实践所具有的灵活性。

在爱和友谊的情景中，亚里士多德可能认识到了一种更强意义上的特殊性，认识到了某些形式的有价值的伦理关注和关怀甚至在原则上也不是可普遍化的。对一个特定的小孩或朋友的爱，不仅包括这场友爱的高度具体(但原则上可以复制)的历史,也包括这样一个思想:用具有同样描述性特点的东西来代替这场友爱，作为一种取代是不可接受的。柏拉图曾建议共同拥有妻子和儿女，在批评这个建议时,亚里士多德指出,特定的亲密依恋关系对家庭和政治动机来说都是根本的。"一件事情若要引起人们的爱和关心,首先得具备两个特点:其一,它是你自己的,其二,它只为你所拥有"(*Pol.* II. 4, 1262b22-24)。如果一个人的动机本来就是这样，他就不可能把自己特有的妻子儿女简单地视为可普遍化的伦理义务的对象。按照亚里士多德的说法，父母的教育之所以优于公共教育，就是因为它以孩子的特殊性作为起点，因此更有可能切中要害(1180b7及以下)。

因此，一般原则，即便被认为规定了正确的实践判断的标准，本身也不是充分的。从相关理由来看,也不存在任何一般的算法,足以在每个情形中把有美德的选择产生出来。其中一个缘由是，这种算法有一种显著倾向，把在一种亚里士多德式的论述中认识到的许多具有内在价值的东西归约为一个仅仅在数量上有所不同的东西;另一个缘由是,这种算法似乎提前对判断者施加了过多的约束。在把握情况的时候必须用一只"眼睛"来观察其全部的复杂性:总而言之,亚里士多德说过两次,"辨别就在于知觉"(*EN* 1109b18-23;参见1126b2-4)。知觉不是一种神妙莫测、自成一体的眼力。就像医生的诊断能力(以及就像英美普通法传统中好法官的能力)一样,它是由常规学习、原则和历史来引导的。不过,这种能力也要求一种资源丰富的想象、一种面对新案例时将其突出性质挑选出来的能力。这种能力,亚里士多德会很有道理地强调说，必定是通过经验而获得的，因为唯有对具体事物的经验才能造就一只面对突出特点的眼睛，才能造就一种把握时机（kairos，1096a32，在这里医学形象被再次使用）的能力。

如果我们现在转向妮基狄昂，就会发现，与其他要素相比，更难看到第三个关键的医学要素在课堂上的运作，因为除了通过指出其重要性（亚里士多德频繁采取这种做法）之外，根本上很难在普通讲座中将其示范出来。（在这项任务中，医学类比发挥了某种有价值的引导作用，因为通过类比推理就比较容易把握很难用其他方式进行交流的东西。）但是，很难说普通讲座就是妮基狄昂所接受的全部教育。她是在投身于对政治历史的具体问题的研究，而且无疑也在研究把错综复杂的事例展现出来的文学作品。[47] 此外，既然她认为理论旨在达到好的实践，她也会在生活中切实运用亚里士多德的讲座，参考讲座中逐渐发展出来的对善的论述，由此将具体的选择处境挑选出来，然后利用她自己的经验来评估这些讲座的主张。教育是在经验和人类生活的一般观点之间的一种相互启发的双向过程，永远都不会声称达到了终点，因此不时会让她再次回到经验，而经验可以被看作是实践判断的场景。

五

亚里士多德已经用医学类比来描绘对伦理学的一种哲学探讨，这种探讨是实践性的，与人的希望和信念之间具有富有成效的联系，并回应具体事例的复杂性。然而，他对实践哲学的看法令其在一个关键点上抛弃了这个类比，并因此而拒斥哲学的一组"治疗"特性，而后者是希腊化时期各个学派在很多情况下都会加以捍卫的。

亚里士多德在两段话中明确表达了他与医学类比的决裂，我们可以把这两段话作为起点，然后使用相关段落来发展这一批评所立足的那种对伦理论证的看法。在《欧德谟伦理学》第一卷第三章（1241b28 及以下）中，亚里士多德提出了一些理由，以此来说明他为什么不把儿童和精神失常的人包括在他需要对其伦理意见进行调查的人当中。他说，尽管前者有很多信念，但神志正常的人都不会对之加以严肃看待。然后他又补充了一些说法，

---

[47] 在《尼各马可伦理学》中，亚里士多德往往用文学例子来阐明他就美德提出的要点。一些典型的例子，参见 EN 1109b9；1111a10 及以下；1116a22, 33；1136b10；1145a20；1146a19；1148a33；1151b18；1161a14。

这些说法似乎构成了对如下做法的一个论证:在教师和学生现在从事的那个哲学研究过程中,不考虑那些意见的持有者。他解释说,"那些人需要的不是论证,在儿童的情形中,他们需要的是在时间中成长,而对于精神失常的人来说,他们需要的是政治或医疗的整治——因为用药也是某种形式的整治,不亚于鞭挞。"在这里,亚里士多德把医治说成是一种用来处置行为的因果技术,并将之与鞭挞相联系,不过,他也明确将医治与在合情合理的人当中提出论证和接受论证的做法分离开来。同样,在《尼各马可伦理学》第十卷第九章中,他提到了非理性的人们,说他们的状况所产生的不是论证,而仅仅是"强制"(bia,1179b28-29)。这两段话合在一起就有了这样一个含义:医治是某种形式的强制,是一种外在的因果干预。论证是一种其他的东西,一种看起来更加文雅、更具自我管理且更为互惠的东西。前一种东西适合于年轻人以及(或者)在心理上严重失常的人们,后一种东西适于合情合理的成年人。我现在转向亚里士多德对医学类比明确提出的其他批评。

在《尼各马可伦理学》第六卷第十三章中,亚里士多德碰到一个对手,后者指责说理智要素在伦理学中毫无用处。批评者继续说,如果实践知识的目的不是理论而在实践,那么只要一个人已经有了一个合理的好品格,他就无须对善做任何进一步的理智研究。批评者使用了亚里士多德本人从实践技艺中引出的独特类比。**研究体育理论**并未改进体育实践。**研究**医学也没有让病人变得更好:"若想健康,就不要去学习医学。"(1143b32-33)在伦理学中也是如此,如果你**已经是个**好人,你就不需要去学习;若你不是,去学习对你来说也不会有什么帮助。于是,在任何一种情形中,从实践的观点来看,学习和理智把握都毫无用处。

亚里士多德并不抗拒批评者对医学的看法;他含蓄地承认医学本身有一种智识上的不对称性。医疗的实践效益要求医生应该具有医学方面的学识,但不要求病人也应该具有这方面的学识;医学的理据(logoi)是有权威的和单方面的。然而,就伦理学而言,亚里士多德的确继续有力地抗拒批评者提出的主张——他争辩说,在伦理学领域,学习和运用理智对每一个人都有实践价值。与医学相比,伦理学好像没有那么单方面,反而"更加民主":为了让学生在实践问题上获益,伦理学的理据要求每个人都要在理智上积极参与。(我们现在注意到,甚至医学类比在 1104a 中的正面运用都有点变形了,因为它把**每个人**在伦理学中应该做的比作好**医生**在医疗中所做的。)

这个观察很符合《欧德谟伦理学》中的那段话在强制和论证之间所做的对比:伦理理据不像医治,因为它们涉及一种互惠性的话语,而在这种话语中,学生并未遭到某个权威人物的任意驱使,也没有受到强迫性手段的处置,相反,他们在理智上是积极主动的。不过,为了理解这个对比背后关于论证及其好处的看法,我们就需要求助于医学对比在其中并未明确出现的一些相关材料。

亚里士多德反复声称(正如我们在讨论妮基狄昂的时候所看到的),伦理论证和伦理讲座的合适接受者必定已经是一个相对成熟的人,具有良好的教养、某些经验以及某种情感上的平衡。我们现在看到,之所以需要经验,其原因就在于医学类比的积极方面:伦理理据所要处理的是具体事物,而唯有经验才能产生对具体事物的充分把握。因此,即使一个年轻人可能已经很擅长数学论证,他也不应该去研究《尼各马可伦理学》(1095b4-5,1094b27 以下,1179b23 以下;参见 1142a12 以下)。平衡之所以必要,是因为情绪失调的人在提出和接受理性论证方面准备不够,因此就"不太听话"。他们的状况要求某种更具强制性的东西——由惩戒所提供的那种强制因素——来加以整顿(1179b23 以下)。因此,对于这样一个人来说,对伦理学的理智研究也不会有什么用处(1096a4,9-10)。

如果我们把《尼各马可伦理学》或《欧德谟伦理学》看作一种伦理论证模型,我们就很容易理解上述主张了。我们可以赞同亚里士多德的说法:一个心智紊乱的人,不管是年轻人还是年长者(参见 1095a6-7,9),都不会从这本书中获得多大教益。其实,从亚里士多德提出的理由来看,甚至对于极其聪明且颇富积极性的本科生来说,对他们实施伦理教育也很不容易。但是,正如希腊化时期的作家以及他们之前的哲学和文学传统中的很多人所知,存在着很多类型的伦理论证。我们或许这样说:对于灵魂的每一种状况,都总是能够发现**某个**治疗理据(logos),甚至大概能够发现一个可以被称为论证的理据。如果事实表明一个学生竟然不能专心致志地研究《尼各马可伦理学》,那么用一种更简单、更引人注目或者在修辞上更加丰富多彩的著作来打动他,效果可能会更好。真正的问题看来是:为什么亚里士多德会选择那种温和文雅、错综复杂、互有来往且全然不像强制和药物治疗的话语?他是按照什么理由来强调说——就像他反复强调的那样——从那种**不是**用治疗的方式来处理品格、反而要求品格要有一种先行秩序的理据(logos)中,是可以得到一种重要的实践利益的?换言之,为什么伦理哲学其实不应该像医学?

对这个问题的探究将会贯穿这本书;不过,在这里,我可以借亚里士多德的名义开始概述一个答案。如前所述,亚里士多德伦理学的实践目标是个别澄清和共同协调。在这两种情形中,对"目标"形成清晰的看法,实践就会变得更加敏锐也更为可靠。现在我们可以把这一点与亚里士多德对医学类比的批评联系起来。在《尼各马可伦理学》第六卷中,对于那位宣称理智把握毫无用处的对手,亚里士多德事实上是通过强调清晰所具有的重大实践价值来回答他的。我们并不是通过研究医学来追求自己的健康,他的确承认这一点,不过他也强调说,我们确实通过追求伦理学的理智研究来追寻伦理和政治的善,因为通过在理智上审查我们的目的,对于与这样一个目的相关的东西,也就是说,对于好的人类生活的构成要素以及"它们如何相互联系"这一问题,我们就获得了一个更加清晰的**视角**。他强调说,即使美德本身就可以让我们指向目标,但是为了将目标正确地表达出来,我们仍然需要理智和教学(1144a7-8);实践智慧,作为一种理智美德,是灵魂的"眼睛"。我们已经知道实践智慧要求经验和道德教育。亚里士多德现在强调的是,实践智慧的发展也关键地取决于哲学教学。

这项要求理据的任务,作为一项澄清和清晰表达相关事物的任务,在理据本身那里也要求清楚和明晰:"如果我们让事物在其题材所允许的范围内变得清晰"(*diasaphētheiē*),[48]他在其他地方写到,"那么我们就已经充分地说了出来"(1094b11-12)。在《欧德谟伦理学》中,这个要求甚至变得更加明显。为了生活得好,我们必须用我们所选择的某个目的来组织自己的生活。不过,这样一来,"在一个人自身内部做个界定(*diorisasthai en hautōi*),既不草率又不粗心,就变得具有头等重要性了,因为生活得好就是由如此界定出来并处于我们能力之内的东西构成的"。[49]这种仔细澄清与大多数人通常热衷于在伦理问题上所发表的"随意言论"(*eikēi legein*)形成对比(1215a1-2)。于是,在一个很重要的段落中,亚里士多德告诉我们,这项事业以及相关的共同协调的目标,最好都是由一种合作性的批判话语来

---

[48] 比较 *diasaphēsai*(明白显出),1097a24,*dioristhōsi*(区分开),1098b6,*enargesteron*(更清楚的),1097b23。

[49] 在这里,需要再次注意的是这一规定:对生活得好的真实论述必须让它"处于我们的能力之内"。

促动，而这种话语所强调的是条理、慎重和清晰之类的哲学美德：

> 就所有这些事情而论，我们必须努力通过论证来寻求信念，用表象作为我们的证词和标准（*paradeigmasi*）。因为如果所有人都能与我们要说的东西达成一种明显的一致，那就最好不过了，不过，即便不是这样，所有人也应该以某种方式达成一致。如果他们被小心地引导，这就是他们所要做的，直到他们转变自己立场。因为每个人都会对真理做出一些自己的贡献，而正是从这些贡献中，我们进而对这些事情提出一种证明。因为只要我们不断前进，从那些真实地但不是清楚地说出来的东西中，我们也会达到明晰，总是要从通常杂乱无章地（*sunkechumenōs*）说出的东西过渡到一种更加清晰明白的观点。在每一项研究中，用哲学的方式说出来的论证都不同于用不是哲学的方式说出来的论证。因此我们不能认为，具有社会性的人要去从事那种不仅使得"事实"更加明确、也使得"缘由"更加明确的反思，纯属多此一举——因为这就是哲学家在每个领域中的贡献。（1216a26-39）

在这里，亚里士多德再次接受一部分医学类比，因为他坚持认为伦理论证的试金石和标准必须是由一般的伦理理论和传统来加以补充的表象——"表象"这个说法在这里是一个术语，在伦理学中指的是人的伦理经验的具体事例。[50] 不过，他也向我们清楚地显示了他同那个类比决裂的理由。个人澄清和共同同意的目标要求一种进步，这种进步超越了日常话语的草率而含混的样态，指向更大的融贯性和明晰性。但是，这接着要求那种将事物挑选出来并加以澄清的论证，这种论证通过指出人们信念系统中的不一致，引导他们转变原先用来支持其信念的根据，在这个过程中就不仅把我们具有某些承诺这一事实揭示出来，也阐明了我们为什么具有这些承诺，也就是说，表明这些承诺是如何相互促进并对一般而论的好生活做出了贡献。[51] 亚里士多德毫不掩饰地告诉我们，给出这种理据（*logos*）就是职业哲学家的任务，而哲学家之所以是一个可以交往且值得效仿的有用之人，其理由也在于此。

不过，不久之后他就继续对读者提出如下警告：清晰和典雅本身**并不足**

---

[50] "*paradeigma*"这个词的使用无疑会让人们想起与柏拉图的比较，因为柏拉图强调说，伦理学所要求的"标准"必定处于永恒存在的王国中，而后者处于与感知和信念的"表象"相对的地位。

[51] 关于"事实"和"缘由"，见 *EN* 1094b4-8；相关讨论见 Burnyeat（1980b）。

以使之在伦理论证中具有实践价值。有些哲学家有着清晰的论证,但缺乏与人类经验的恰当联系;亚里士多德说我们必须提防这种哲学家。一些学生受到这种人的误导,认为"使用论证、不随便说话就是哲学家的标志"(1217a1-2);于是他们就允许自己受到空洞乏味、毫不相干的花言巧语的影响。仅仅具有明晰、慎重和逻辑上一致的论证是不够的:论证也必须用好的方式具有治疗作用,植根于特殊事物并对之处处留心。我们不应该让某些哲学家那空洞的花言巧语玷污了伦理哲学的名声。我们不应该藐视哲学对伦理学做出的独特贡献,也不应该把道德哲学家视为多余之人。道德哲学家之所以有用,一方面是因为他与医生相似,另一方面也是因为他不同于医生。与医生不同,道德哲学家在"治疗"中积极地与你配合,把你对事物的看法严肃地视为他自己的看法;通过冷静而具有澄清作用的论证交流,他将你引向一个关于善的图景,而在自己眼中,他希望那幅图景是一个已经明确地表达出来的图景。

我们现在可以回到妮基狄昂以及那个概要性的医疗特征清单。我们会看到,只要亚里士多德对医学类比提出了批评,他就会把第二组中的某个特征从妮基狄昂的教育中排除出去,以便获得他认为哲学所特有的那项实践利益。

4. **医学治疗是针对个人自身的健康**,后者被视为一个单独的单元。相比较而论,亚里士多德的伦理论证把个人当作家庭和政治共同体的成员来看待,而在这里,尽管家庭和政治共同体也是单独的单元,它们却因为共同的目的、共同的情感和关怀纽带而相互结合。参与者认定自身为本质上具有社会属性和政治属性的存在者;因此,为妮基狄昂寻求好生活也是寻求一种她能够与其他人所分享的生活,成就她自己的善也涉及为共同体的健康而工作。

5. **在医学中,这门技艺所特有的方法对于一个目的(即身体健康)的产生来说是纯粹工具性的**,而且,即便没有提到实践理性,也可以充分描绘这样一个目的。于是,在一种医疗性的或治疗性的伦理学中,论证将扮演一个生产性的和工具性的角色。不过,在妮基狄昂的教育中,论证也具有高度的内在价值。按照完备的美德来从事的活动也是实践理性的一种活动。因此,在讨论亚里士多德的讲座、重温关于善的论证时,她所做的一切不仅是工具上有用的,其本身也是有价值的。若没有这些东西,生活就不会那么好、那么完备——即便生活仍然拥有所有其他好东西。

6. 在医学类比中,**哲学论证的标准优点**(例如逻辑一致和定义明晰)**被处理为纯粹工具性的**,也许甚至(就像医生的技术一样)被处理为可有可无的——如果发现了一种令它们受挫的治疗方法的话。但是,这些优点对于妮基狄昂所寻求的那种实践利益来说绝对具有核心意义,它们不仅作为无价的工具而占据中心地位,而且似乎也作为目标本身而占据中心地位。亚里士多德强调说,只有通过把我们的一切话语中的不一致搜寻出来并寻求明晰,我们才会超越日常生活的泥潭;一致和明晰,作为实践智慧和理智卓越的训练中的两个要素,似乎本身就是有价值的。

7. **医学类比产生了一种强烈的角色上的不对称**:医生和病人、权威和权威的接受者显然在角色上是不对称的。亚里士多德正是按照这些理由来批评医学类比。亚里士多德式的伦理论证涉及一种意义上的权威,因为职业哲学家声称,既然他在批评论证并提出清晰明白的论证方面具有优越的经验,他就有权要求具有社会性的人听从他的说法。不过,《尼各马可伦理学》第六卷对这个类比的否定向我们表明,妮基狄昂不会是这种专家意见的消极接受者。她要仿效哲学家,积极参与提出批评和接受批评,不是服从而是独立,不是崇拜而是批评。教师和学生都参与这个同样的活动,每一方都作为独立的理性存在者而参与;教师仅仅是参与的时间长一点而已,因此能够提供一种有经验的引导。在《尼各马可伦理学》开篇不久的地方,亚里士多德用一个例子来说明如何看待教师的权威,这种做法绝非偶然。在开始对柏拉图发起毁灭性的批评时,他说批评那些与我们亲近之人的观点可能很困难,但我们必须把真理放在第一位,"尤其是因为我们是哲学家"(1096a11 及以下)。妮基狄昂被鼓励用这种方式来思考亚里士多德。〔52〕

8. **医学类比阻止对替代性的观点进行同情性的辩证审查**。医生继续用自己的方式行事。用其他可得到的方式来指导病人,这种做法从最好的方面来说是次要的,而从最坏的方面来说则是混乱的和危险的。但是,这种有礼貌的辩证审查是亚里士多德学说的一个根本部分。我们的目标是要更清楚地发现我们分享或能够分享的东西。为此就需要用一种耐心细致的方式来清查对题材的一切可能论述,其中包括(就像亚里士多德所说的那样)"普通人的论述"和"博学者的论述"。亚里士多德的见解是,每个人都可以

---

〔52〕 1987 年,有人带我去参观孔子墓时,陪同我的中方学者李真(一位研究亚里士多德的学者)指着一群虔诚的朝圣者(他们把孔子当成一位神圣的思想家来尊敬而专门去到那里)对我说,"在这里你可以看到孔子和亚里士多德的差别。亚里士多德绝不会允许人们用那种方式来看待他。"不过,正如我们将要看到的,对伊壁鸠鲁来说,事情就不一样了。

对伦理真理做出贡献。就像他对自己正在考察的一些替代性观点所说的那样，"在这些东西中，有一些在很长时间以来就已经被很多人说过了，其他的则是被少数杰出的人说过了。我们可以合理地假设，在这些说法中没有任何一个说法完全不得要领，每一个说法反而都正确地理解了某个东西，甚至正确地理解了很多东西"（1098a28-30）。[53]（在这里，我们发现了教师进行教学的主张的另一个来源：因为亚里士多德学派的哲学家对政治历史和伦理学史的了解比大多数人都要深入得多，因此就能用一种特别清楚明白的方式以可能的替代方案来影响共同的计划。）妮基狄昂会抱着批判性的和尊敬的态度来研究很多哲学和历史著作。她会对苏格拉底和柏拉图的论证有很好的了解；她会从事政体的比较研究；她将学会把亚里士多德对好生活和政治安排的看法与其他哲学家、其他社会的看法进行对比，也会与她自己及其朋友们的看法进行对比。她会同情地看待所有这些替代性看法，通过想象将它们视为真理的严肃候选对象。

9. 最终，亚里士多德式的论证会对自身提出什么说法呢？从第八点提出的考虑中可以看出，这种论证往往是尝试性的，并且尊敬其他可能性。既然这些论证不仅考虑历史教训，也会考虑人们的经验，它们就多少有点自信——它们不会指望被完全推翻——但它们也留下了修改和纠正的可能性。不管怎样，学生要把在这些论证中提出的一般论述看作处理未来事例的一项指南，并不认为它可以完全为实践立法。她正在学会信任她那越来越精炼的伦理才能，而不是完全依靠亚里士多德的文本。总而言之，这些讲座并不宣称得出了终极结论，相反倒会抛弃那种教条式的、奉承式的赞颂。

10. 妮基狄昂与亚里士多德式的论证之间的关系可以被指望越来越强、越来越热情。她用亚里士多德式的方式推理辩论得越多，她就会变得越擅长于这样做。她这样做得越好，她就越有可能在自己的生活中看到其好处，因此越渴望这样做。

---

[53] 比较亚里士多德在《形而上学》第 13 卷 1076a11-16 中在开始阐明数学实体之前所说的话，在那里他说，为了避免一再犯同样的错误，为了让我们自己做出有效的贡献，我们就应该研究前人的著作：如果我们说出了一些比他们略好的东西，说出了其他不比他们更差的东西，我们就应该感到心满意足。

六

到此为止,在妮基狄昂所接受的教育中,我们已经把一些医学要素鉴定出来,也把一些非医学的乃至反医学的要素鉴定出来。在讨论伊壁鸠鲁的时候,把最后这组要素挑选出来的意义就会变得明显,因为尽管伊壁鸠鲁也在这些情形中使用了医学类比,但他会支持一种与亚里士多德很不相同的观点,并创造出一种不同的治疗共同体。

在这些教育方法中,我们发现了很多在西方哲学实践中已经变得根深蒂固的东西,很多在教学和写作中我们必须逐步加以重视的东西。对于我们这些在大学里教授道德哲学的人来说,在对师生关系的这一论述中,我们很可能会认识到我们也要用某种方式去努力效法的理想。更一般地说,在美国社会中,在个人独立和积极的批判性实践推理的规范(它们是美国社会的自由民主传统的重要组成部分)中,这些理想也有很深的根源。相比较而论,希腊化时期的教育方法在某些情形中好像是外来的,甚至有点令人惊恐。这项研究的目的,就是要努力把握在亚里士多德的这些要素中体现出来的自由理想,与对它们的一项深刻挑战达成妥协。既然如此,我打算开始追问妮基狄昂由于接受了亚里士多德主义而碰到的一些麻烦问题以及其中所隐含的假定,并希望以此来结束本章。

对伦理研究的这一论述将其理解为要对人们的意见做一番**挑选**和**过滤**,那么,对于这些意见和正确论述之间的关系,它做出了什么假定呢?有几件事情是明显的。首先,真理就处于要被检验的意见样本之中。亚里士多德似乎承诺了某种更强的东西:每个受到质询的人的信念都至少包含某个真理。正如我们即将看到的,到目前为止,对于那些提倡对伦理学采取一种"医学"论述的人来说,亚里士多德与他们分享了共同的基础;我已经暗示说,与各种形式的柏拉图主义相比,这样一个假定是那种观念的一个规定性特点。不过其次,亚里士多德必定相信,在其著作以及确定无疑地在其讲座中被标准地使用、在冷静的理智研究的情境中得到实施的理智质询方法,足以从妮基狄昂那里把她所持有的任何真信念诱发出来,足以保证那些信念就处于她提出来进行伦理审查的直观中。第三,亚里士多德必定相信,他的清查疑难、澄清定义的方法足以保证用一种可靠的方式将真实信念和错误信念分离开来;当学生们看到了表象之间的冲突并继续用这种亚里士多德式的方式来解决冲突时,他们就会定期扔掉错误信念,保持真实信念。

如若一个人相信所有这些假定,他又会对普通人(甚至具有良好教育的人)、对他们的健康、对他们所生活的社会的健康提出什么说法呢?难道他无须对社会健康持有某些至少是有争议的、也许与对现存实践和制度的透彻批评不相容的观念吗?此外,难道他无须对个性的透明度持有某些也许错误、肯定不是由亚里士多德提出的任何论证来辩护的观点吗?即使他对自己所教授的学生的能力有正确估计(因为这些能力本来就是为了符合他的技术规范而被甄选出来的),但对于他未曾教授也不能教授的学生,事情又会怎么样呢?比如说妮基狄昂,如果她脱下了那副精心准备、不可或缺的伪装的话?难道他不是在为了完善那些享有特殊待遇、有教养的年轻人那已经焕发的伦理健康和心理健康而忙碌不停,以至于无法顾及她的疾病、她在公民经验方面的欠缺、她因为受到排斥而遭受的痛苦?用这种方式来看,这个具有精细知觉的传道者难道不是一个在政治上和伦理上自以为是、自我满足的人物吗?

这个问题会一再出现,在讨论希腊化时期的每个学派对那个传统的哲学实践的挑战时都会出现。但是,如果我们现在转向亚里士多德对情感及其训练的论述,我们就可以更精确地讨论这个问题。

第三章 亚里士多德论情感和伦理健康

一

妮基狄昂是一个情感充沛的人。她热爱自己的朋友,有他们在的时候就会很高兴,为他们的未来祈祷。如果他们当中某个人将要死去,她就会痛哭流涕,会感到很悲哀。如果有人想要伤害她或对她有轻浮之举,她就会感到愤怒;如果有人在危难之际帮助她,她就会表示感激。当其他人遭受可怕的伤害、受到极不公正的对待时,她就会对他们的痛苦表示怜悯。这意味着她也会感到恐惧,因为她觉得自己也有类似的脆弱。她不以具有这些情感为憾,因为她成长起来的那个城邦认同这些情感,举办悲剧活动,以此来鼓励公民们对其他人所遭受的那种无根无由的痛苦表示怜悯,对他们自己可能遭受的类似痛苦感到恐惧。亚里士多德将如何处理她的品格的这些方面呢?

希腊化时期的思想家把通过使用理性论证来转变信念和欲望的内在世界视为哲学的目标。在这个内在世界中,他们首先关注的是情感——愤怒、恐惧、悲哀、爱、怜悯、感激以及它们的近亲和亚种。在亚里士多德的伦理思想中,一方面,我们看到了一种关于情感本质的观点,它预示了希腊化时期更完整地发展出来的观点中的很多要素。情感不是盲目的动物性力量,而是人格当中具有理解力和辨别力的部分,与某些信念密切相连,因此可以回应认知方面的修改。另一方面,我们也发现了一种关于情感在好的人类生活中所发挥作用的规范观点,它与希腊化时期的观点形成鲜明对比,因为它要求培养多种情感,将之作为合乎美德的能动性中具有价值而且必要的部分。妮基狄昂在这里接受的教育不会要求她去努力"根除"激情,因为那种教育会修改激情,甚至有可能要求进一步培养激情——只要事实表明她在这方面的性情是有缺陷的。漫步学派哲学家会因为持有这个见解而受到希腊化时期思想家的严厉批评,因为在后者看来,这个亚里士多德式的见解是一种因胆怯而不彻底的措施,不能把人类所面临的最迫切的问题提出来。

那么,为什么亚里士多德对情感的分析与希腊化时期思想家的分析相似,但同时又对情感的作用提出一种迥异的规范观点呢?这对妮基狄昂的哲学教育又有什么含义?如果我们把握了希腊化时期思想家所攻击的那个观念的某些特点(他们的攻击随着时间的推移而愈演愈烈),我们就可以更好地理解这些思想家。

二

根据某些有影响力的现代观点(它们在流行的成规中留有深刻印记),悲伤、愤怒、恐惧之类的情感乃是来自人格中一个动物性的非理性方面,与其中进行推理和形成信念的能力截然不同。情感仅仅是身体反应,而推理涉及复杂的意向性——一种对象指向性,对于对象的一种有辨别的看法。情感是非习得的或天赋的,而信念是在社会中习得的。情感不受教学和论证的影响,而信念则可以通过教学来加以修改。情感出现在婴儿和动物那里,而信念和推理只属于成年人。这些说法都是一些关于情感的常见套话,不管它们是否反映或曾经反映了生活中具有情感体验的人们实际上谈论具体情感的方式。[1]

直到最近,这种观点还对心理科学有着深刻影响。[2] 对于人们在讨论哲学和公共生活中的推理和论证标准时用来思考和谈论情感的方式,它们也有着深刻影响。在这个规范的意义上,对情感的诉求往往被描绘为完全是"无理性的",也就是说,在那种宣称要通过推理和论证来说服人们的话语中,是不合适的和不合法的。在对哲学演讲的一个著名讨论中,约翰·洛克(John Locke)把语言的情感用法比作一位性感女郎的诱骗:在想消遣的时候觉得很可爱,在寻求真理的时候则感到很有害。[3] 即便用来支持洛克

---

[1] 对于以极其不同的方式对这套陈词滥调的批评,见 Lutz(1988),Kenny(1963)。

[2] 在这方面对这个领域的一个历史描述,见 Lazarus (1991);也见 Oatley (1992)。拉扎勒斯指出,在回到亚里士多德于《修辞学》中已经捍卫的那个见解上,心理学领域才刚刚设法取得胜利。

[3] Locke (1690);*Essay* III 第十章。最近对这整个论题的一个优秀处理是德·索萨(De Sousa,1987)。在 Nussbaum(forthcoming a)中,我讨论了当代关于情感的法学争论。

的论证观点的那种情感分析不再赢得广泛接受,我们依然会发现很多类似说法。

然而,任何主要的古希腊思想家对情感都不持有这种看法。如果我们把他们论证的共同根据概要地展示出来,我们就能更好地领会亚里士多德对情感的特定分析:

1. 情感是**意向性觉察**(intentional awareness)的形态:也就是说(由于并不存在精确地对应于这些术语的古代术语),情感是**指向**一个对象或者**针对**一个对象的觉察之形式,而从情感主体的观点来看,那个对象就出现在他的觉察中。比如说,愤怒不是或者说不仅仅是一种身体反应(例如血液沸腾)。为了对愤怒提出一个适当论述,就必须提到它所指向的对象,即它所**关于**和**针对**的东西。在这样做的时候,我们把那个对象描绘为由体验到那种情感的那个人所看见的东西,不管这个观点是否正确:我的愤怒取决于**我如何看待你和你的所作所为**,而非取决于你实际上存在的方式或者你实际上的所作所为。[4]

2. 情感与信念有着很紧密的联系,可以随着信念的修改而被修改。比如说,我的愤怒要求我相信某个人已经用一种并非无关紧要的方式故意虐待我。假若我判断这个信念是错误的(所谓的虐待实际上并未发生,或者事实上不是一种虐待,或者不是由那个人做的,或者不是故意做的),我的愤怒就会消除,或者会转变其目标。在这一点上,人们的看法各不相同,有些人声称信念是情感的一个**必要条件**,有些人声称它是情感的一个**构成要素**,有些人声称它对情感来说既是必要的又是**充分的**。正如我们将要看到的,斯多亚主义者声称这种关系是一种**同一**关系:情感就是某种信念或判断。关于这些见解之间的逻辑关系,以及对于不同组合的论证或驳论,我们将在本书第十章中予以进一步处理。不过,最弱的论点(好像得到了自柏拉图以来所有主要希腊思想家的认可)如下:在每一种情形中,某种信念都是情感的一个必要条件。[5]

---

〔4〕 由此就产生了这样一种可能性:把情感指向实际上并不在那里的东西(不管是确实不在那里还是被想象成不在那里)。关于意向性分析中的"内容自由"的概念以及对亚里士多德思想中意向性论题的一个优秀的全面处理,见 Catson(1992)。

〔5〕 波西多尼乌斯在这个问题上的见解是不清楚的,可能比任何其他人都更接近一种关于情感的非认知观点;但即便是他也相信情感可以由认知治疗来修改。

3. 因此,情感可以被恰当地评价为**理性的**或**无理性的**,也可以被(独立地)评价为**真实的**或**错误的**,这取决于作为其根据的那些信念的特征。于是,我们不是在情感的东西和(规范意义上的)理性的东西之间做出一个简单的两分,[6]而是有这样一种状况:在一种描述的意义上说,所有情感在某种程度上都是"理性的"——它们都是认知的、立足于信念——因此,只要可以评价相关的信念,便可以就它们的规范地位对之进行评价。

不过,现在我们将转向亚里士多德,看看他是如何把这个意见一致的领域发展出来,并使之在对具体情感的分析中发挥作用的。

三

对于亚里士多德来说,甚至身体欲望(饥渴、口渴和性欲)也是意向性觉察的形态,其中包含对其对象的一种看法。因为他始终如一地把这种欲望描述成了"表面的善"(apparent good)、**指向**"表面的善"。身体欲望是欲望(orexis)——"设法抓住"某个对象的努力——的一种形态;orexis 的所有形态都用某种方式来看待其对象,把一个"善之前提"(premise of the good)提供给具有活动性的动物。[7]换言之,当一只狗穿过房间去吃肉时,其行为不是用某种从背后驱动它的液压式的欲望机制来说明的,而是被解释为对其看见对象的方式的一种回应。亚里士多德还认为,与(比如说)动物的消化系统不同,身体欲望可以对推理和指令进行回应(EN 1102b28-1103a1)。在这里他是在谈论人类的身体欲望,但他承认在人和其他动物之间有很多连续性,因为二者都有能力从一个(可以修改)的"善"的观点来行动。

---

[6] 我把这个限定包含在内,是因为不论是在古代的讨论中还是在现代的讨论中,"理性的"和"无理性的"这两个术语(及其相对应的希腊文)往往在描述的(通常指"认知的"和"非认知的")和规范的(指的是"符合对正确推理方式的[某种]规范看法")意义上被混淆使用。斯多亚主义者会认为,所有情感在描述的意义上都是"理性的"(所有情感都是判断),但在规范的意义上是"无理性的"(所有情感都是不可辩护的错误判断)。盖伦试图通过指出"alogos"(无理性的、不合理性的)这个词的这种双重用法来证明情感的荒谬性,但他仅仅是成功地表明,有一个微妙的术语问题需要加以注意。

[7] 见《论动物的运动》(De Motu Animalium)第七章;整个问题在 Nussbaum(1978)的评注和第四篇论文以及 Nussbaum(1986a)第九章中得到了讨论。最近也有学者捍卫这种看待亚里士多德式的欲望概念的方式,见 Richardson(1992)和 Charles(1984)。

就人类特有的身体欲望而言,其意向性和认知回应还要更加清楚一些。节制关系到对身体欲望(如亚里士多德常说的,人类和其他动物都具有的欲望)的恰当管理,亚里士多德对节制这种美德的论述表明,他相信抑制身体欲望并不是让这种欲望良好地表现出来的唯一方式。实际上,抑制充其量只能产生自我控制,而不是美德。节制的美德要求心理平衡(*sumphōnein*,1195b15),而一旦有了心理平衡,一个人一般来说就不会在错误的时间、渴望错误分量的错误饮食(1118b28-33)。不过,这是通过一种智性上的道德教育过程而获得的,它教导儿童做出合适的区分、接受合适的对象。亚里士多德认为,经过良好教育的欲望有一个对象,那就是"高贵"(*kalon*,1196b16)。[8]

因此,所有类型的欲望都可以在某种程度上回应推理和教导。但是,正是在与情感的联系中,而不是在与身体欲望的联系中,亚里士多德最明确地阐明了信念在欲望中的作用。[9] 在亚里士多德的伦理学著作和心理学著作中,有很多文本对我们都很有帮助,特别是有助于我们决定情感在好的人类生活中的规范作用。虽然我们不能直接用《修辞学》中的大多数伦理资料来重构亚里士多德本人的伦理观点——因为这部著作向年轻的演说者提供的不是亚里士多德自己深思熟虑的观点,而是在伦理问题上的流行看法,而这些看法在听众中可能很有市场[10]——但处理情感的那部分资料并未受到类似限制。因为在这些章节中,亚里士多德的计划就是要让有抱负的演说者能够把这些情感在听众那里**再现出来**(*empoiein*,1378a27)。为了成功地做到这一点,这样一个演说者就需要知道恐惧和愤怒**实际上是什么**,而不仅仅是人们认为它们是什么。如果流行看法认为愤怒是一种不具理智、没有理性思考的原始身体欲望,是心中的一团火,而事实却表明愤怒是立足于几种信念的一种复杂的认知倾向,那么演说者需要知道的是后一种观点,

---

[8] 关于亚里士多德式道德教育的这种辨识性特征,见 Sherman(1989)和 Sorabji(1980);关于身体欲望和节制,见 Price(1989),Young(1988)。普莱斯提出了一个很好的理由来说明性欲是可教导的。

[9] 对这个问题的一个出色说明,见 Leighton(1982);也见 Fortenbaugh(1975)更早提出的一个有影响的说明。对怜悯和恐惧的认知结构的出色论述,见 Halliwell(1986);关于愤怒,见 Aubenque(1957)。亦参见 Fillion-Lahille(1970)。

[10] 然而,需要注意的是,如果我们考虑到亚里士多德的伦理方法论,那么在这两者之间就有很大的连续性。

而不是前一种观点,因为他的目的不是要谈论愤怒,而是要把它产生出来。他无须知道通常令人愤怒的东西是否应该令人愤怒,或者人们对可怕的东西持有的信念是否事实上是真的:探究这种问题实际上是伦理著作的任务,我们在适当的时候会加以处理。不过,他需要知道什么东西实际上把情感产生出来;而整个修辞学事业的根本假定似乎就是:信念和论证乃是核心所在。因为演说者没有机会去研究人们的生理,向他们提供药物或者在他们心中点燃一团火。如果修辞学有望去做亚里士多德希望它做的事情,那么看来最好的情形应该是如此:情感事实上可以由话语和论证可靠地加以创造和消除。这就是亚里士多德现在试图表明的观点。我将集中关注恐惧和怜悯的情形,因为它们为考察亚里士多德与其希腊化时期的后继者之间的对比提供了很好的起点;希腊化时期的思想家将会复兴柏拉图对恐惧和怜悯的攻击,而亚里士多德已经对这种攻击做出过回应。我将从他的心理学著作中的两个重要段落入手,然后转到他在《修辞学》中所提出的详细分析。

对于亚里士多德的分析来说,根本的是在**恐惧**和**惊吓**(或**震惊**)之间所做的一个区分。在分析行动之构成要素的两个文本中,[11] 他指出,一种响亮的噪音,或者敌军的出现,甚至在一个勇敢的人那里也可以产生一种令人惊吓的效应。那个人会因为惊吓或震惊而心跳加速,尽管他其实并不真的害怕(*DA* 432b30-31;参见 *MA* 11)。(《论动物的运动》中的讨论补充了一个类似的例子:一位美人的出现有时候可以在某个人身上产生一种性兴奋,即使他并不具有那种真会导致行动的、性方面的情感。)但是,如果那个人只是惊吓而不感到害怕,显然他就不会逃跑:正如《论动物的运动》所论证的,被移动的只是身体的一部分,而非整个身体。《论动物的运动》的分析表明,在这种情形中,我们看到了"显像"(appearing, *phantasia*)的影响,但没有任何相伴随的 *orexis*(即伸手去抓)或欲望。[12](情感是欲望的一个子类。)现在的问题必定是,为了把受到惊吓转变为真实的**恐惧**,我们还需加进什么元素?

这个例子类似于亚里士多德在知觉领域中所使用的另一个例子,在那里他把简单的显像与信念或判断区分开来。[13] 他说,太阳**看起来**就一英尺那么大:它的**模样**如此。但是我们同时也**相信**它比我们所居住的世界都要

---

[11] *DA* III.9,*MA* 第十一章。

[12] 关于这个解释,见 Nussbaum(1978)的相关论述。

[13] *DA* 428b2-4;参见 *Insomn.* 460b19。

大。在此我们可以预料到这个说法会对行动产生一个相关影响:如果我仅仅有"太阳就一英尺那么大"的"显像",那么我很有可能不会按照它来行动。这里很清楚,为了把单纯的显像转变为人类行动的通常基础,[14]我们就需要补充某种东西,即一种确信或接受的成分。正是在这个地方,单纯的显像才与信念区别开来。尽管显像和信念的对比在亚里士多德那里有时被描述为非命题态度和命题性的认知态度之间的对比,但是,对于我们所讨论的情形来说,这显然不可能是正确的说法,因为"太阳就一英尺那么大"这一显像至少涉及**组合**或**述谓**。不太容易看到要在何处划出这种东西和"命题性的"东西之间的界线。显像和信念的真实差别在这里好像就是斯多亚主义者后来作为显像和信念之间的差别而提出的那种差别:在前一种情形中,太阳对我来说看上去就一英尺那么大,但我不会就此断言太阳只有一英尺那么大,我不会接受或赞成这个说法;在后一种情形中,我有一种确信,一种关于事物究竟如何的观点。

在我们前面所讨论的情感的例子中,同样的对比似乎也发挥作用。巨大的声响让勇敢的人感觉到了某种可怕的东西,不过,既然他是一个勇敢的人,他就不会认为那件事情事实上很可怕;他判断说那件事情并非如此可怕。[15]于是他就坚守阵地。以弗所的米迦勒(Michael of Ephesus),一位古

---

[14] 我说"通常基础",因为就像怀疑论学派会表明的那样(见本书第八章),即使一个人没有信念或确信,他也完全有可能行动,例如通过简单地跟随显像对他造成的因果压力。怀疑论学派就是这样来思考动物运动的;对亚里士多德如何理解动物运动的一个相关解释,见 Sorabji (1993)第二至四章。按照索拉布吉的说明,亚里士多德承认动物有情感,认为这些情感仅仅立足于显像,而没有那种基于劝说的确信(pistis)。索拉布吉指出,虽然后来受到斯多亚学派影响的亚里士多德评注者把显像(phantasia)和意见(doxa)或确信的区分同化为单纯的显像和显像加上赞同之间的区分,但亚里士多德的本意可能是指某种具有细微差别的东西:在一个显像加上某种非反思性的赞同和以论证性的劝说为基础的赞同之间的区分。我同意索拉布吉的说明可以解决这样一个问题:亚里士多德如何能够把情感、而不把信念赋予动物(虽然我们必须记住,他实际上采取这种做法的证据很少,而且主要见于他把流行观点报告出来的那些段落);另一方面,我不完全确信对显像和意见的区分所提出的这一说明,因为有很多这样的信念:即使亚里士多德会把它们称为"doxai"(各种意见),但它们不是论证性劝说的结果。不管怎样,我认为这个问题与《修辞学》的解释无关,因为《修辞学》并没有这些专门区分,实际上也没有比较生物学的思想。

[15] 在这种情形中,亚里士多德并未提出勇敢的人是否感觉到了某种真实的恐惧这一问题;正如我们即将看到的,他后来确实提出了这个问题,并在某些情形中给出肯定回答。

代评注者,用斯多亚学派的"赞同"的说法对《论动物的运动》中有关性的例子提出了类似的分析:那个诱人的对象出现,显得极为诱惑;但是,既然该例子中的那个人是有节制的,他就不会"赞同"如下建议:那个特定的对象事实上很诱惑。他拒绝这样的说法,因此我们所得到的只是一瞬间的性兴奋(用米迦勒的话说,一种"不自愿的勃起"),既不是情感,也不是行动。于是,看来亚里士多德同意柏拉图在《理想国》第二卷和第三卷中已经暗示的一个分析:为了具有恐惧和悲伤之类的情感,一个人首先就得具有某种信念,相信可怕的事情可能会以一种无法控制的方式落到自己头上。

不过,我们需要谨慎前行:因为《修辞学》中对恐惧的分析是以一种模糊不清的方式开始的。"于是,让我们把恐惧定义成因为一件即将发生的坏事情(要么是破坏性的,要么是令人痛苦的)的显现(phantasias)而带来的某种痛苦和困扰(tarachē)"(1382a21-23)。接下来,"那些事情之所以可怕,其中一个缘由就在于它们显得有(phainetai echein)一种用导致重大痛苦的方式来进行摧毁或伤害的巨大力量"(1382a28-30)。这几段话似乎把恐惧和简单的**显像**联系起来,而不是与信念或判断联系起来。[16] 因此,如果我们的分析是正确的,恐惧在这里就会得到非常不同的分析,与事物是怎样的单纯印象相联系,而不是与一种真实的确信或承诺相联系。然而,对这个问题的进一步追究会清楚地表明,在对情感所提出的任何这样的分析中,在"显现"和"相信"之间所做的任何专门区分都不是争论之所在:"phantasia"这个术语很少被使用,而即便是在使用它的少数情形中,它也只是被当作 phainesthai(显现)的动名词来使用。[17] 这段话并不包含任何这样的暗示: phantasia 正与 doxa(信念)区分开来。[18] 实际上,在分析情感的时候,亚里

---

〔16〕 这就是大卫·查尔斯(David Charles)在提交给1991年于赫尔辛基举行的亚里士多德《修辞学》讨论会的一篇卓越论文中提出的解释。

〔17〕 例如,参见 DA 402b22-24,在这里,在论述灵魂的属性时,亚里士多德谈到了 kata tēn phantasian(根据显像),他的本意显然是要对灵魂的属性提出所能给出的最好说明,即能够最好地理解证据的那种说明。认为他本来就是要"按照"单纯的印象、而不是按照确信或信念来提出一个说明是荒谬的。"phainesthai"这个动词在后面跟不定式的时候指的是"似乎是如此这般";在后面跟分词的时候指的是"显然是如此这般",把一种更加自信的信念指示出来。

〔18〕 phantasia 和 doxa 这两个术语的区分似乎是在第一卷的一段话(1370a28)中被引入的,但在第二卷中就完全不见了。一般说来,正文中提到的那个论述表明它并没有意识到《论灵魂》中提出的那些更加专门的心理区分。

士多德觉得自己可以自由地运用 dokein（看来是）和 oiesthai（相信是）之类的表信念的词语。[19] 换言之，需要强调的是，在情感的激发中发挥了工具作用的，是行动者看待事物的方式，而不是事物本身。问题的关键在于意向性，而不是缺乏承诺。

对于恐惧所要求的信念，亚里士多德其实可以提出很多说法。令人害怕的东西，他说，必定是一种好像能够引起巨大痛苦和破坏的恶，一种看似即将来临、而那个人似乎又无力阻止的东西。（于是他就指出，一般来说，我们并不是在一生中都对死亡有一种始终强烈的恐惧，即使我们知道我们会死，因为在一般情况下死亡似乎都很遥远；我们也不会对于变得愚蠢或不公正感到恐惧，大概因为我们认为那是我们有能力阻止的事情[1382a23]。）令人可怕的东西现在是在一系列复杂的反思中出现的，这些反思表达了在逐渐感到害怕的不同情形中可能涉及的各种判断，例如认为某个人受到了凌辱，正在等待机会复仇（1381a35-b4）。亚里士多德继续从总体上说道，"既然恐惧伴随着一个人将遭受某种毁灭性的影响（phthartikon pathos）这样一个期望，那么很显然，只要一个人认为（oiomenoi）自己不可能遭受什么痛苦，他也就无所畏惧"（1382b30-32）。这个信念现在是一目了然的，并成为这种情感的一个必要条件。进一步说，恐惧据说会被一个信念加强，即：如果受到损害就无法加以弥补（1382b23），也不会得到任何帮助。恐惧也会被一个信念（nomizontes）消除，即：自己已经承受了一切糟糕的事情。

总的来说，就像本章所描述的那样，恐惧是人类特有的一种经验，包含着对其对象的一种丰富的意向性觉察，立足于多种类型的信念和判断，其中既有一般的，也有具体的。"如果……他们就不会害怕"和"感到害怕的那个人必定……"之类的说法表明，这些信念，或者其中的某些信念，是恐惧的必要条件。实际上，这种暗示好像也包含在亚里士多德原来提出的定义中，因为这个定义使用了"出于"（ek）这个介词：悲痛和痛苦不是独立于判

---

[19] 这些词语包括 oiesthai（相信）、nomizein（信奉）、logizesthai（考虑）以及后面跟不定式的 phainesthai，也包括用来表示记忆和期望的动词。见 1385b17、21、22、24、32 和 35；1386a1-2、26、30-31 等。"phantasia"这个词在第二卷中只出现两次：一次出现在对恐惧的分析中，另一次出现在对羞耻的分析中（1383a17, 1384a23）。每当这个名词出现的时候，它前后要么有 phainesthai，要么有其他表信念的动词；愤怒、羞耻、怜悯、怨恨的定义都使用该动词的各个形式。

断,而是来自于判断。因此,如果判断发生了变化,我们就可以指望那种感受本身也会发生变化——正如亚里士多德自己在谈到消除恐惧的条件时所强调的那样。

现在让我们转到怜悯。怜悯是另一种令人不快的情感——lupē tis,某种痛苦。怎样的痛苦呢?"对于(epi)一件看似邪恶、具有破坏性或令人不快的事情的痛苦,这件事情发生在不该遭受它的人身上,而别人可能预料到它也会落到自己或亲人头上"(1385b13-15)。一开始的这个定义暗示了怜悯的三个认知条件,在目前的分析中可以被阐明如下。首先,必须认为被怜悯者不应(anaxios)遭受不幸。在上面那段话中,"anaxios"这个词得到了相当程度的强调。[20] 亚里士多德评论说,怜悯者必须相信"世上毕竟是有好人的;要不然他就不会有同情,因为他会认为每个人都应该承受发生在自己身上的坏事情"(1385b34-86a1)。受到怜悯的个体(被相信)是善的,这一点也很重要,因为它强化了"不应遭受那种苦难"(1386b6-8)这一信念。这种不应遭受的苦难诉诸我们对**不正义**的理解(1386b14-15)。

其次,怜悯者必须相信她或他在类似的方面都是脆弱的。亚里士多德说,相信自己超越了苦难并拥有一切的人是不会有怜悯的。他对这种心态毫不留情,两次把它称为 hubris(僭越)(1385b21-22,b31)。

最后,怜悯者必须相信被怜悯者苦难深重;这种苦难必须有一定"规模"(1386a6-7;参见 1382a28-30 对恐惧提出的相应要求)。他对怜悯发生的可能场合的列举在很大程度上类似于他自己在《尼各马可伦理学》第一卷(1099a33-b6)中对好行动的重大障碍的列举。这份清单包括死亡、人身攻击或虐待、年老体衰、疾病、食物匮乏、没有朋友、鲜有朋友、与朋友分离、丑陋(这妨碍友谊)、软弱、残疾、对自己的良好愿望感到失望、好东西来得太晚、自己没有碰到好事情、好事情发生了而自己却无法享受(1386a7-13)。

怜悯和恐惧密切相连:当某件事情发生在别人身上时,我们表示怜悯;我们对之感到恐惧,唯恐它会发生在自己身上(1386a27-28)。感知自身的脆弱,这实际上就成为那个定义的一部分;因此,从怜悯的逻辑可以看出,怜

---

〔20〕 这个词或其反义词出现在 1385b14;1385b34-1386a1;1386b7、b10、b12、b13。这个判断在《诗学》中反复提出:peri ton anaxion dustuchounta (1453a4)(对于不该遭受不幸的人),eleos men peri ton anaxion (1453a5)(对于不该遭受[不幸]的人的同情)。关于《诗学》对这些情感的处理,见 Halliwell (1986);Nussbaum (1992)。

悯者自己也会有自我指向的恐惧（尽管不一定是在同时，因为1386a22指出，大量自我指向的恐惧可以临时击倒怜悯）。产生恐惧的时刻，多数也是产生怜悯的时刻，亚里士多德实际上在1382b26-27断言了这个双条件句的另一半；不过这其实有点夸张，因为他所列举的一些产生恐惧的情形是这样的：一个人知道自己做错了事，因此害怕受到（应受的）惩罚；但是，这些情形并不是（对他人产生）怜悯的场合。

总的来说，这些情感具有丰富的认知结构。很清楚，它们并非无须动用头脑的心血来潮，而是有辨别性地看待对象的方式；各种类型的信念是它们的必要条件。但我们现在可以多说一点，因为通过考察亚里士多德的论述，我们就可以看到那些信念必须被看作情感之**本质**的构成要素。恐惧和怜悯都是令人痛苦的情感。亚里士多德在其分析中从未试图通过描述不同类型的痛苦或（有可能）快乐的感受来将情感个体化，相反，情感是按其特征本身而被个体化的。若不说**恐惧**所特有的痛苦就是**在想起**某种据信即将发生的事件时所感到的痛苦，就不能描述这种痛苦，也不能说恐惧如何不同于悲伤或怜悯。但是，如果这些信念就是那种情感定义的一个基本部分，那么我们就不得不说，它们的作用不只是外在的必要条件。它们必须被看作是情感本身的**构成要素**。

我们还可以更进一步。看来情感并非（在每种情形中）都具有两个相互分离的构成要素，每个要素对于完备的情感来说都是必要的，但又都是独立于另一个要素而可以得到的。因为亚里士多德很清楚地表明，痛苦或快乐的感受本身就取决于那个信念成分，会随着后者的消除而消失。他用两个古希腊语介词"*ek*"和"*epi*"来描述信念和感受之间的紧密联系：两者之间既有一种**因果**关系（恐惧是"出于"[*ek*]想起即将来临的灾祸而具有的痛苦和困扰），也有一种意向性或关涉性的关系（怜悯被定义为"**指向**[*epi*]某个人正在遭受苦难这一显像的令人不快的感受……"）。事实上，这两种关系都清楚地出现在这两种情形中：因为同样真实的是，怜悯所带来的痛苦是由"另一个人正在受苦"的想法产生出来的（亚里士多德的修辞学分析取决于这一点），而恐惧是一种**指向**想象中的未来灾祸的痛苦。[21]

---

[21] 也见1378a20-23，在那里亚里士多德把激情定义为**跟随着**痛苦和快乐的感受，就好像那种感受甚至不是激情的一个恰当部分。"跟随着"这个说法也在某种程度上暗示了充分条件的观点，参见本书接下来的讨论。

那么,信念对于完整的情感来说既是**必要**条件又是**充分**条件吗?(既然它们显然是自身的充分条件,我们在这里追问的是:它们是否也是情感中的另一个构成要素——痛苦或快乐的感受——的充分原因?)在这个问题上,我们从文本中得不到完全清楚的信息。在处理情感的那些章节,我们确实发现了"如果他们想起 X,他们就会体验到情感 Y"这样的语句;这有力地暗示了一种充分条件观点。在一种情形中,亚里士多德甚至可以提出这样一种观点:"认为自己很可能会遭受苦难的人必定会害怕,害怕那些他们认为会让自己遭受苦难的人和事,而且是在他们认为自己将会遭受苦难的那个时刻"(1382b33-35)。而且,一般来说,要让一个有抱负的演说家深入了解易动感情的人们的信念,关键就在于他应该有一套激发这些情感的可靠措施。亚里士多德写道,演说者必须知道愤怒的目标和场合:"因为要是他只是略知一二而不知全部,他就不能把愤怒创造出来(*empoiein*),其他激情也是如此"(1378a24-28)。

《论灵魂》中的那段话似乎产生了一个反例:勇敢的人与胆怯的人具有同样的思想,却不会感到恐惧。然而,我们应该追问其信念是否确实相同。勇敢的人对自己说"敌人正在逼近",我认为他并没有对自己说"一件将要发生的可怕的坏事,一件能够引起巨大痛苦和破坏的事情,正在降临"。或者,如果他确实这样说,我们似乎就可以合理地假设他已经感到害怕。(至少按照《尼各马可伦理学》中的说法,勇敢的人不会对死亡这个想法感到恐惧。)简言之,如果我们彻底弄清这个想法(包括它的一切评价性要素)是什么,那些所谓的反例就没有多大分量。我们会看到,在斯多亚学派的理论中,这也是一个重要问题,在那里,容易动情的人所做判断中包含了很明显的评价性内容。我认为可以推断说,尽管一种充分条件观点的证据仍不清楚,但亚里士多德必定相信,至少在很多时候,信念确实充分地引起了复杂的激情,否则他就不可能对自己的修辞技艺感到自豪了。

我把焦点放在这两种情感上面是出于两个原因,它们很快就会变得明确:对于亚里士多德式情感的规范结构及其与亚里士多德的反柏拉图的运气观之间的关系,这两种情感提供了一个特别清楚的例证。不过,对于在本书中对我们具有重要性的其他情感,也可以提出类似分析。愤怒特别复杂,因为它既有一个令人愉快的感受成分,也有一个令人痛苦的感受成分,二者与彼此不同却密切相关的信念相联系。一方面,愤怒要求当事人(或者某个与他关系亲近的人)相信其他人通过自愿行动、用一种严重的方式来轻视、虐待或侮辱自己(1380a8);亚里士多德强调说这是一种令人痛苦的体验。(再次强调,这种痛苦不是直接由世界本身所引起的一种分离的东西,而是由"一个人自己受到了轻视"这一**信念**引起的。即使这个信念是错误的,一个人仍然会感受到这种痛苦;假如一个人受到了轻视而自己并不知道这一点,他就不会有这种痛苦。)再次强调,这些信念是情感的必要构成要素。亚里士多德说得很清楚,如果愤怒的人发现那个所谓的轻视根本就没有发生,或者不是故意所为(1380a8-10),或者不是由他所认为的那个人做的(1378a34-b1,1380b25-29),那么可想而知的是,愤怒就会消失。同样,如果一个人判断说被另一个人毁损的那个东西没什么大不了的(peri mikron),那么也可以指望愤怒会消失(1379b35,也见1379b31-32)。不过,亚里士多德认为愤怒也要求报复的愿望,即这样一个想法:让做错事情的人受到某种惩罚是件好事——一想起这种恢复平衡的纠正就会令人愉快(1378b1以下)。演说家所要做的一切,不管是激发愤怒还是平息愤怒(II.3),都是指向这个复杂的认知结构。

在亚里士多德的思想中,爱是一个高度复杂的论题。不过,鉴于爱及其与愤怒的关系将成为希腊化时期哲学家的一个主要论题,我们就应该简要提及这些讨论的背景。亚里士多德是在"友爱"(philia)这个一般的标题下来分析爱的,严格地说,友爱根本就不是一种情感,而是一种具有情感要素的关系。在《修辞学》中,他把爱与其他情感一道分析,这个事实表明他认识到了这些要素的重要性。友爱这种关系本身要求彼此喜爱、相互祝愿、为了对方自身的缘故而令彼此受益以及对这一切的共同关注。不论是在《修辞学》中还是在《尼各马可伦理学》中,友爱的种种情感的认知内容都变得格外清晰,因为亚里士多德详细地告诉我们,彼此相爱的人们这样做,是基于某种关于对象的观念或描述,是基于他们的信念即对象具有他们所设想的某个或某些特征,是基于其进一步的信念即认为对象于他们是有好感的,等等。很清楚,如果事实表明任何这样的核心信念是错误的,或者不再是正确的,那么爱本身就会停止——除非它同时也把某个其他的基础发展出来。(因此,亚里士多德认为,一种以"和另一个人相处十分愉快"这一观念为基础的爱,经过一段时间之后也会演化为一种以对好品格的尊重为基础的爱。)[22]情爱被看作友爱的一种特殊情形,以一种特殊的强度为其特征。

---

[22] 对这些问题的出色研究,见 Price(1989)第四章。

情爱往往开始于对方令人愉快这一观念,但可以逐渐变得成熟,成为一种以品格为基础的友爱。或者,如果它以一种不对称的方式开始,作为一方对另一方的欲望,因此也就不能恰当地算作一种友爱,而随着双方有了更深入的了解,它就可以往彼此更加亲密的方向上发展,最终成为友爱。[23]不管怎样,友爱双方彼此用来了解对方的描述,他们相互持有的信念,都是这种情感的必不可少的基础。

四

进一步的审视将表明,在情感的核心情形中所涉及的信念具有一个一般的共同特点,苏格拉底和柏拉图已经观察到这一点。[24]这就是说,所有这样的信念都涉及把某种重大价值赋予外在于行动者的世界中的某些东西,即行动者自己不能充分控制的那些东西。最为明显的是,爱是对另一个分离的生命的一种深刻依恋,[25]而为了让爱的关系在根本上变得可能,就必须把这种依恋作为一种分离的运动和选择核心保留下来,使之不被吞没或融合。在亚里士多德最为看重的那些形式的爱中,参与者彼此认为对方具有好品格,因此是充分独立的善的选择者;如果一方控制了另一方,哪怕只是像父母对孩子所做的那样,那么这种爱作为爱显然就不再有那么好了。但是,这样一来,就像亚里士多德自己所知的那样,这种关系有可能会完全破裂,不管是因为死亡,还是因为分离或背叛。因此,一种并非随随便便的爱就要求参与者相信:在生活中最重要的一些事情上,一个人自己并不是自足的。

在怜悯和恐惧中有一些相关的信念。如若一个人认为能够被世界所伤害的东西都没有任何重要性,他也就没有什么可害怕的,同样,当这种东西在其他人的情形中遭到损毁时,他也没有理由怜悯他们。前面列举的怜悯的情形——失去朋友和孩子,健康问题,丧失机会等等——都只有当那些东西在某种程度上受到重视的时候才会产生怜悯。亚里士多德之所以将这些

---

[23] 参见 Price(1989)对逻辑学著作中相关段落的讨论。

[24] 关于苏格拉底对愤怒的讨论,见 Vlastos(1991)。

[25] 在这里,我暂不讨论"自爱"(*philautia*)的情形,因为这种爱通常没有被看作一种真正的友爱,需要单独分析。

东西挑选出来,是因为他的确看重它们(正如我们即将看到的);他没有说一个人会因为另一个人失去了一片指甲而怜悯后者,也没有说会害怕一架竖琴被摧毁。在怜悯和恐惧中,我们承认我们在生活环境面前是脆弱的;他明明白白地说,只有当我们确实认为生活可以对我们产生某种影响、而这种影响也很重要时,我们才有那些情感。愤怒与这一点密切相关,因为在愤怒的时候,我们承认我们在其他人的行动面前是脆弱的。如果我们判断说其他人对我们的怠慢无关紧要,我们就不会变得愤怒。

就像这一点所暗示的那样,情感所依据的信念在如下意义上是密切相连的:对世界上不受控制的人和事的任何深刻承诺,在环境发生了恰当变化的情况下,都可以为任何乃至一切主要的情感提供基础。比如说,只要一个人很在乎朋友或家人,除了拥有爱之外,当他们受到威胁的时候,他也有理由担惊受怕,当他们快要死去的时候他就有理由感到悲伤,当他们遭受不应遭受的苦难时他就有理由感到怜悯,在别人伤害他们的时候他就有理由表示愤怒。爱也为愤怒提供了一种不同的理由,因为就像亚里士多德注意到的那样,我们指望我们所爱的人要特别善待我们,因此,若不是这样,他们的轻视看来就更令人心寒,而我们对他们的愤怒也会甚于对陌生人的愤怒(1379b2-4)。

现在,让我们就像苏格拉底那样相信"好人不可能被伤害"(*Apology* 41D,亦参见 30D)。或者就像柏拉图《理想国》中的苏格拉底在继续这个论证的时候所做的那样,相信"好人在过好的生活方面完全是自足的"(387-388)。(在苏格拉底看来,之所以如此,是因为美德不可能受到外在偶然条件的伤害,美德对繁盛生活[*eudaimonia*]来说是充分的。)[26] 如果这是正确的,就像《理想国》继续论证的那样,那么怜悯、恐惧和悲伤之类的情感就没有余地了,因为凡是不属于美德上的闪失,就不值得认真看待;既然美德按照定义是一个人自己所能控制的,美德方面的闪失也就成了责备和申斥的缘由,而不是怜悯的缘由。即使有些事情(例如失去挚爱的人、丧失财富和政治地位)往往被视为恐惧和怜悯的情形,但它们其实并非真正如此,因为"在属于人的事情当中,没有什么东西值得如此认真"(*Rep.* 604B12-C1)。既然悲剧诗将这种东西展示为就好像它们确实具有重大含义似的,那就要把悲剧诗从城邦中驱逐出去,因为它"在我们中间培养怜悯的要素,并使之

---

[26] 见 Vlastos(1991)。

变得强大"(606B)。尽管柏拉图的卫士获准保留那种指向城邦敌人的愤怒,但是很明显,大多数愤怒的缘由也会随着脆弱的消除而被消除:好人无须复仇,因为其他人视为伤害和损毁的那种怠慢根本就不会让他烦心。[27]尽管也有一种爱出现在有德之人组成的城邦中,但它远远不是悲剧所描绘且为多数人所珍视的那种爱,因为这种爱乃是立足于柏拉图所倡导的那种有美德的、自足的规范,立足于如下教导:好人"在一切人中对他人的需求最少。……因此,失去孩子兄弟之类的事情,……或者任何诸如此类的事情,对他来说就最算不上可怕"(387DE)。

与普通人的爱、悲伤和怜悯相对立的是那种"总是与自身保持一致的明智而安详的品格"的理想(604E)。柏拉图评论说,很难把这样一位人物在剧场中呈现出来,因为听众习惯于更多的情感波澜。然而,柏拉图的对话确实把这样一位人物表现了出来:一个毫不在意自己即将到来的死亡、不管外在环境如何都执意追求哲学研究的苏格拉底。《斐多》开始于一个把悲剧情感的一切要素都包含在内的故事,其对话者说他们因此会指望感受到怜悯。但是,他们实际上没有感觉到怜悯,因为苏格拉底对其即将来临的死亡的态度阻止了这种反应(58E,59A)。克珊西普(Xanthippe)因为流泪而被打发走,阿波罗多洛斯(Apollodorus)因为"姑娘家的"行为而受到严厉警告(60A,117D)。相形之下,苏格拉底继续自己对理解的寻求,无所恐惧,毫无怨恨,也没有哀伤。

这一切所表明的是:情感虽然不在作为非认知状态的意义上是"无理性的",但是仍然立足于一系列关于外部事件之价值的信念,而从那个哲学传统的很大一部分来看,这些信念都是错误的、(在那个规范的意义上)无理性的。这个反悲剧的传统将在希腊化时期的哲学学派(尤其是斯多亚学派)那里得到最充分的发展。

五

与《理想国》中的苏格拉底不同,亚里士多德并不相信好人(具有实践

---

〔27〕 因此,当Vlastos(1991)宣称苏格拉底的一项伟大成就在于他超越了复仇的道德时,他的主张需要某种限制:苏格拉底确实超越了这种道德,但只是通过在这个过程中把爱和怜悯的基础也一并取消。参见Nussbaum(1991b)。

智慧的人)在繁盛生活(eudaimonia)方面是"自足的",并因此对悲伤和恐惧无动于衷。在他看来,对一个朋友的死亡感到悲伤是**对的**,因为那是在承认这段关系和这个人的重要性。就恐惧而论,在《尼各马可伦理学》第一卷中,他强调说灾难发生的可能性是如此之大,以至于可以把过去一直都做得很好的人逐出繁盛生活本身,因此他就为恐惧的适当地位留出了空间。[28] 后来,在说明恰当的勇敢的时候,他明确了这一点,并强调说:由于勇敢的人正确地赋予自己生命的那种价值,在想到死亡的时候他实际上会感到恐惧和痛苦。在使用与《修辞学》同样的方式来定义恐惧时(1115a9),他强调说并非一切恐惧都是恰当的。(比如说,有人可能害怕老鼠,而这被看成是一件荒谬得近乎病态的事[1149a8]。)另一方面,"有些事情是人们必须害怕的,感到恐惧是高贵的,不感到恐惧反而可耻"(1115a12-13)。在恰当的恐惧对象中,他提到了耻辱、对妻子儿女的攻击或杀害以及首先是一个人自己的死亡。勇敢的人恐惧死亡,但却是"以适当的方式,而且就像理性教导他的那样,仍然会为了高贵的缘故而屹立不动"(1115b11-13)。事实上,亚里士多德补充说,一个人"在德性上越完备、越幸福(eudaimōn),在面对死亡的时候他就越痛苦,……因为他会意识到自己正在丧失最大的善,而这很令人痛苦"(1117b10-13)。在亚里士多德看来,一个毫无恐惧的人说不上有美德(有美德意味着拥有实践理性),反而是一种失衡。"在无恐惧方面过度的人没有名称,但是,如果他对任何东西都无所畏惧,哪怕是对地震或惊涛骇浪,就像人们传说的凯尔特人(Celts)那样,那么他不是疯了,就是麻木"(1115b24-27)。

亚里士多德在其伦理著作中并没有经常讨论怜悯,因为这些著作更多地关注一个人自身应该培养的美德,而不是对其他人的行动和运气的回应。然而,《尼各马可伦理学》第一卷对厄运的讨论意味着,亚里士多德确实承认一些怜悯的缘由(也正是《修辞学》在说明怜悯的时候所关注的那组缘由)是正当的。在讨论自愿行动和不自愿行动的时候,亚里士多德是联系着那些出于免受责备的无知、因而是不自愿的行动——例如他在《诗学》中归于俄狄浦斯的那种行动(EN 1109b30-32,1111a1-2)——来谈论怜悯的。

总的来说,世界上有些东西应当加以关心,例如朋友、家人、自己的生死、有美德的行动所要求的世俗条件。这些东西有时会被一个人自身无法

---

[28] *EN* I.11,尤其是 1101a9-14。

控制的事件所损害。出于这些理由,有某种恐惧是对的。好人并不是一个毫无恐惧的人,而是这样一个人:他会有适当的而非不适当的恐惧,**而且不会因为有了这种恐惧就不去做必须做的事以及高贵之举**。当令人恐惧的事情落到别人头上时,它们就成了怜悯的适当对象。就恰当的恐惧和怜悯进行教育恰在于认识到什么是合适的依恋,以及一个人在不同的环境中可以合理地预料到的损害。

亚里士多德也用一种类似的方式来处理愤怒。一方面,他明确地相信很多人过于愤怒,而且是出于不充分的理由。他选择用"温和"(*praotēs*)这个词来表示该领域中合适的美德倾向,这表明他有意决定让事情偏向不愤怒的那一端,而不是偏向愤怒的那一端(1125b26-29)。亚里士多德写道,有美德的人只是"用理性教导他的方式对那些人、在那个时间限度内发怒"(1125b35-1126a1)。如若他错了,也是在不足的方向上错了,"因为温和的人习惯于谅解(*sungnōmonikos*),而不是急于报复"(1126a1-3)。然而,理性确实告诉那个人,当实际上值得关心的东西受到损害时,就有很好的理由发怒:

> 这种不足,不管是应该把它称为不生气(*aorgēsia*),还是称作什么其他东西,都要受到责备。因为不对他们应该发怒的人发怒,这样的人似乎是愚钝的,而那些不用应该的方式、在应该发怒的时候、出于应该发怒的理由而发怒的人,也是愚钝的。之所以如此,是因为他们好像没有知觉,也感受不到痛苦。一个不愤怒的人不会捍卫自己,而是允许自己和所爱的人遭受践踏,无视这一点就是奴性十足。(1126a3-8)

按照亚里士多德的论述,成为奴隶就是由另一个人随意处置,成为其他人的生活计划的"活工具",在自己的选择上缺乏完整性(*Pol.* I.4)。因此,亚里士多德在这里是在说,假若一个人已经对能够为别人所伤害的人和事做出了深刻承诺,那么不去捍卫这些承诺就等于丧失了自己的完整性。愤怒据说是捍卫一个人所爱之物的一个必要动机,之所以这样说,大概是因为愤怒被视为承认受损的事物具有重要性;而如果没有这样一种承认,一个人也就没有理由去捍卫那个东西。如果一个信念认为某个事物具有重要性,同时还有一个信念认为对该事物的轻视或损害是自愿做出的,这种情况下前一个信念通常被认为是产生愤怒的充分条件。于是,如果愤怒并不出现,人们就会推断说某些相关的信念大概也没有出现。如果行动者相信已经出现了损害而且是自愿造成的,却不感到愤怒,那么,假若我们遵循亚里士多德的论述,我们就不得不推断说,当事人自己并不认为那个损害很重要。正是愤怒和对重要性的承认之间的这种概念联系,说明了为什么亚里士多德认为愤怒对于自卫行动是必要的——不是因为它起到了某种不用动脑筋的液压式的作用。关键在于,如果一个人并不具有愤怒所涉及的那些信念,我们就很难明白他何以会冒着生命危险或者甚至用一番痛苦的努力来捍卫那个东西。(在伊壁鸠鲁主义者和斯多亚主义者的论述中,这个问题会浮现出来,见本书第七章、第十一章、第十三章。)正如亚里士多德所说,温和的人不会急于报复。不过,在做出最深刻承诺的情形中,不采取某种行动似乎就意味着缺乏"知觉";如果一个人具有这些实践意义上的知觉,看来他就必定会愤怒。在这些情形中,愤怒是对真相的一种承认。

按照亚里士多德的观点,情感并不总是正确的,正如信念和行动并不总是正确的。情感需要接受教育,需要与对好的人类生活的正确看法保持一致。但是,在经过教育后,情感不仅作为动机力量而对有美德的行动来说是本质的,同样也对真理和价值有所认识,正如我刚刚暗示的那样。就此而论,情感不只是美德的工具,也是有美德的能动性的构成要素:美德,就像亚里士多德三番五次地强调的那样,是一种"针对激情和行动而论"的"中间倾向"(追求恰当事物的倾向)(*EN* 1105b25-26,1106b16-17 等等)。这个说法的含义是:要是看似正确的行动是在没有恰当的激发性情感和反应性情感的情况下所选择的,那么对亚里士多德来说,它就算不上一个**有美德的行动**——只有当一个行动是以一个有美德的人做它的**那种方式**来完成的时候,它才是有美德的。这一切就是具有实践智慧的人的装备的一部分,是实践合理性之本质的一部分。合理性承认真理;若没有情感,就不可能认识到某些伦理真理;实际上,某些情感在核心地带就涉及这种认识。

六

于是,具有实践智慧的人就会着手处理一种具体状况,准备在情感上用合适的方式去回应它。合适的东西是由那个一般的伦理理论来界定的,在它赋予可能被损害的外在善的那种作用中来加以确定。对于亚里士多德所生活于其中的那个社会教给人们的很多东西,这套伦理理论都持批评态度。人们往往重视太多的外在事物,或是对它们过分重视,或是不够重视。于是，在金钱、财富、名声方面，他们就投入过多的情感，而在某些真正有价值的东西上，他们有时候在情感上却投入不够。哲学批评的一个重要作用就是要坚持有美德行动的核心作用，这种行动往往可以通过一个人自己的努力来控制。不过，这种控制不是绝对的，也不应该是绝对的。情感认识到在一个人自身之外的价值，而在这样做的时候往往也认识到了真理。

妮基狄昂在吕克昂学园所接受的教育中，情感经验有望发挥某种核心作用。如果我们的论述到此为止是正确的，对一切真实的意见进行一种超然的、不涉情感的理智审视看来就是一件不可能的事情：当一个人回避情感的时候，他也回避了部分真理。于是，在把信念和直观挑选出来的过程中，妮基狄昂和她的同学们就会凭借他们的情感反应及其对情感经验的记忆，把那些东西视为伦理真理的指南。在面对"一种没有朋友的生活是否完备？"和"这是不是勇敢行动的一个实例？"之类的问题时，她就会用一种非常投入的方式进行慎思，会考虑自己的恐惧、爱、悲伤以及其他相关判断。她的慎思（在她的老师看来）会因此而变得更加合理，而不是变得不太合理。正如亚里士多德的道德发展观所暗示的那样，[29] 同样的审视过程也会改善情感，宛如它会改善和教育实践理性的一切相关要素，使之更具辨别和回应能力，更好地面对未来出现的新情况。此外，当妮基狄昂和她的同学们对自己的"目标"有了更明确的考虑后，他们所建造的那种生活就会把某些类型的情感经验包含于其中，把它们视为美德中有价值的要素。我们大概可以说，通过依靠并进一步培养这些情感，他们是在努力把自己保持在健康中，甚至变得更健康。

然而，亚里士多德的立场内部似乎也存在着一个张力。一方面，他把情感描述为一种与判断密切相连的东西，因此能够随着判断的修改而被修改。这种描绘不仅意味着情感能够在理性慎思中发挥某种作用，而且也意味着：**通过**慎思和论证，情感就可以随着所有信念的改变而改变。另一方面，正如我们在第二章中看到的，他把品格训练和伦理学的哲学研究截然区分开来，其理由是：在学生可以从他的哲学论证中获得任何教益**之前**，情感需要获得平衡。既然他的确对情感提出了这种理解，那他为何又好像坚持把品格训练和哲学分离开来呢？为什么哲学论证本身不能塑造情感呢？这个问题对哲学的范围和医疗作用来说显然很重要，因为对于真实生活中（没有经过

---

[29] 见 Sherman(1989)。

伪装)的妮基狄昂来说,正是对先前的普通教育(*paideia*)的要求让吕克昂学园变成了一个不友善的地方。

首先我们必须让这个对比变得更加精细。对于一个在生活上如此混乱以至于不能跟进任何持久的研究课程或者不能参与论证交流的人来说,显然没有任何学派可以指望去帮助她。伊壁鸠鲁要求所有学生都要愿意从事艰苦的理智工作,即使与亚里士多德的路子相比,他的路子并不要求学生在论辩方面有太多的独立性;对怀疑论学派也可以提出大致相同的说法;斯多亚学派会要求更多。因此,如果亚里士多德只是在谈论因生活过于混乱而无法进行学习和论证的人,那么他们都是一致的。另一方面,亚里士多德显然确实认为他的论证能够修改很多信念,其中就包括各种恐惧和愤怒所依据的一些信念。在这个意义上,即便是他也得承认,就他所提出的那些论证具有实践价值而论,它们将会在这个过程中影响激情。于是,在当时的雅典接受过一般教育的年轻人之中,就可以指望有一位认真研读《尼各马可伦理学》的学生会脱颖而出,他将具有略微不同的愤怒和恐惧,在爱和友谊的领域中有不同的选择。

但是,这并没有消除那个区分,我们应该对它做进一步的分析。为什么亚里士多德坚持认为,在应用哲学的医学**之前**,好品格必须有一个坚固的基础?他认为这个基础来自何处?又为何认为它在种类上不同于通过教学而形成和修改的其他信念和判断?

首先,在亚里士多德讨论非理智的训练和需要规训的很多段落中,他大概首先想到的是身体欲望,这种欲望确实具有一个实质性的非认知要素,尽管在某种程度上也回应理性。看来他确实相信,年轻人在伦理生活中之所以不够坚定且反复无常,其原因就在于他们的身体欲望,尤其是性欲(见 *Rhet.* II. 12, 1389a3 以下)。对于这些欲望来说,成长的时间似乎是必不可少的;若不承认这一点,如果没有在成长的早期阶段就提供某种非哲学的训练,我们就永远都不会找到足够稳定、意志足够坚定以至于可以从事哲学研究的人。

其次,亚里士多德相信,情感不同于很多其他信念,它们首先是在家庭中、在孩子与父母、亲人之间最早的互动中形成的。无论是父母的爱,还是孩子对父母之爱的感激,对于后来生活中的一切动机和激情来说都是根本的,正如亚里士多德在反对柏拉图时所说的那样。由此我们可以明白,在对情感依然持有一种强烈的认知观点的同时——爱和感激被说成是立足于某些知觉和思想,它们在柏拉图的城邦中的缺乏据说导致了关爱的缺失——亚里士多德何以认为与成年人进行哲学交流可能无助于改变这种基本模式。看看在柏拉图的城邦中被养育起来的一个人吧:他没有家庭,在他后来的生活中,大概就不可能把家庭特有的观念和依恋灌输给他。另一方面,早期的家庭生活为未来对朋友和城邦的依恋做好了准备,而且是用一种深入人格的方式——这种方式是如此深入,以至于人们可能会询问哲学审视在改变这些结构上究竟能走多远,即便它们被认为是有缺陷的。[30]可能正是出于这个原因,亚里士多德在《尼各马可伦理学》中把情感频频称为"无理性的",虽然在严格意义上说,在"无理性的"这个词的任何一个公认的意义上,他的理论并不允许他用这个词来描述情感,因为(从他自己的观点来看)情感既不是非认知的,(在规范的意义上)也不是无辩护或错误的。不过,由于自身发展的历史,情感可能更多地抵制由教学来进行修改,更少地抵制由其他的信念和判断来进行修改。[31]在依赖信念和判断的时候,情感可以依赖于一种特殊的信念和判断,而与一个人持有的其他大多数信念相比,那种信念和判断是辩证审察不太容易接近的。

在这里,亚里士多德已经触及一些尤为重要的东西,不过,他尚未把自己的理由充分阐述出来。为了表明情感**如何**在儿童时代就有其根源,因此在什么程度上仍然可以为治疗性的说服所接近,仅仅引用一些反柏拉图式的断言还不够。这个见识,若能一路继续下去,就会改变哲学的面貌,因为它具有这样一个含义:哲学,若想有效地把握情感,就得进入冷静的论辩无法触及的个性深处。希腊化时期的思想家会发展这个见识并接受这一挑战。

七

不过,亚里士多德的见识暗示了更多的东西。它使人想起哲学作为灵

---

[30] 这一切都在Sherman(1989)那里得到了更详细的出色分析。

[31] 关于作为aloga(无理性)的情感,参见如EN 1102a28,1102b29-34;1111b1;1168b20。在这种讨论中,情感和身体欲望往往被合为一体。在DA III. 9 中,亚里士多德对柏拉图把灵魂划分为无理性(alogon)和有理性(logon echon)的做法持严厉批评的态度,有鉴于此,他在《尼各马可伦理学》中不加批判地使用这个划分的做法令人感到有些惊讶。

魂的一个塑造者并不是自足的。在妮基狄昂碰到哲学之前——在她于自己的想象力范围内能够碰到任何可设想的哲学之前——不论是在物质方面,还是在制度和关系方面,她都有着自己的生活。这种生活塑造了她,无论结果好坏。她是她父母的孩子:他们的爱和关心,抑或不爱或不关心,塑造了她。她是贫乏或丰饶的物质环境中长大的孩子;她或健康或生病,或挨饿或饱食,这些也都塑造了她——不仅塑造了她的健康状况,也塑造了她的希望、期待和恐惧,塑造了她的理性思维能力。她是她的城邦及其制度的孩子,这些制度塑造了她的羞耻和自尊、吝啬或慷慨、贪婪或节制等种种能力。这种塑造深入灵魂,深刻地影响了灵魂即使有哲学为伴时可能成为的样子。

这为哲学创造了另一项工作,一项政治方面的工作。哲学能够逐个与学生打交道,改善他们追求好生活的能力。但是,哲学也能(或许更加迫切地)反映其生活的物质条件和社会条件,从而把这样一种制度设计出来——只要人们愿意,这种制度就允许他们用哲学的方式进一步完善自己。亚里士多德的学生不仅为自己追求繁盛生活(eudaimonia),也为其他人追求繁盛生活,因为他们认为最好的政治安排就是"使得无论何人都可以做得最好、过上一种繁盛生活"的那种安排(*Pol*. VII.2;参见此前的讨论),并从这个观念入手来思考政治制度的设计。当亚里士多德在《政治学》第七卷中批评其他政治安排的时候,他把大量精力投入到那些将情感塑造出来的条件;他自己在《政治学》第七卷和第八卷中对一个理想城邦的描绘也是如此。

总的来说,亚里士多德对妮基狄昂所实施的那种辩证教育表面上看是保守主义的,但也仅仅从表面上看是保守主义的。他的教育方案的一部分是要将她作为个体来对待,这已经排除了根本的变化。不过,这不是哲学所要做的全部。最终确实参与哲学研究的那些人也分担了一项激进而长远的任务:设计一个这样的社会,在那里,金钱不会被当作目的而得到重视,荣誉不会,战争和帝国也不会——在那里,人类个体按照自己的选择和实践理性来发挥自身的能力,这才是制度和选择的终极目的。即使为了从亚里士多德所构想的那种论证中获益,妮基狄昂也必须成为一个精英阶层的成员,但她之所以接受教育,其目的是要使她能够通过政治而让其他那些跟她没有亲密关系的人过上好生活。

然而,这个理想的城邦(甚至亚里士多德心目中的理想城邦)仍然是空中楼阁。[32] 没有任何现存的城邦近乎于获得亚里士多德的认可。于是，对于一位富有同情心的妮基狄昂来说，在反思这一哲学观念的时候，它看起来就像是用来医治连续不断的苦难的处方。当一个人等待着政治变得合理的时候，他能为世界上那些现实中的人们做点什么呢？不错，对于如何设计制度，哲学可以提出一些说法；然而，在把观念转变为现实这件事情上，哲学几乎无能为力。亚历山大大帝（Alexander the Great）不是亚里士多德主义的一位好学生，但对于塑造这个世界来说，他的所作所为比大多数哲学家曾经做过的尝试都要好。那么，哲学必须径直放弃那些生活在有缺陷的制度下的人们的生活吗？亚里士多德对情感的论述似乎为我们帮助生活在现实世界中的人们提供了原材料。如果情感是由信念来塑造的，而不是由某个不用动脑筋的过程塑造出来的，那么看来有可能的是，不管有没有根本的政治变化，那些信念都可以在每个个别的情形中得到完成和修改。一种富于同情心的哲学难道不应该照样行事吗？

总而言之，如果我们同意亚里士多德的说法，那么哲学几乎就不能为改善现实世界中的不幸状况做出努力。它可以改善某些有教养的幸运儿。它可以指出达到某种理想的道路，而这样一个理想可能有机会在任何地方、任何时候得到实现，但也可能没有这样的机会。这些都是哲学的实践功效的限度。然而，如果我们把哲学设想为一门医治人类灵魂的技艺，我们就不太可能把亚里士多德所说的一切作为定论来接受，因为如果医疗仅仅是把维生素给予健康人，仅仅是去设计不可实现的、理想的健康保险方案，那么它就名不符实了。医疗的职责是要在此时此地面对病人的实际苦难。如果它对这些苦难无所作为，它就无所作为。希腊化时期的哲学家就是这样来思考哲学的。他们之所以觉得自己必须超越亚里士多德，其缘由也在于此。

---

[32] 在《政治学》第二卷中，亚里士多德批评柏拉图的《礼法》，其理由是这篇对话引入了让理想城邦变得"不可能"的约束；他自己的理想在《政治学》第七卷和第八卷中得到描述，而且显然旨在充当一个可能的理想，能够为立法者改进现实城邦提供指南。但是问题依然存在：在政治变化的缓慢而不确定的过程已经展开时，哲学在做什么呢？

第四章　伊壁鸠鲁的手术:论证和空洞的欲望

> 批评从锁链上摘取了想象的花朵,但不是为了让人无幻想或无慰藉地继续承受锁链,而是为了让人最终摆脱锁链,摘取鲜活的花朵。
>
> ——马克思:《〈黑格尔法哲学批判〉导言》

一

伊壁鸠鲁写道,"哲学家的论证,若无从医治任何人类疾苦,就是空洞的。因为正如一门医术若不能驱逐身体疾病就毫无用处一样,在哲学中,若不把灵魂的疾苦驱逐出去,哲学也毫无用处。"[1]他也说道,"唯有逃脱了大恶的对比才会产生无可超越的欣喜。此乃善的本质,假若一个人正确运用自己的心智,然后站定,而不是走来走去(*peripatēi*)、用一种空洞的方式喋喋不休地谈论善的话"(Us. 423 = Plutarch. *Non Posse* 1091B)。第二个说法看来是对亚里士多德学派(漫步学派)的伦理论证的一种抨击,这两个说法合起来就暗示了如下批评:亚里士多德学派的伦理论证空洞无用,因为它们没有充分地承诺哲学论证的唯一恰当任务,即缓解人类痛苦。它们在实践上是不充分的,或者只是以一种不充分有效的方式而具有实践性。我现在要试图表明这其实就是伊壁鸠鲁的观点,并尝试分析他的指责,研究他的治疗的特性。

亚里士多德式的辩证法,正如我此前所论证的,对普通人的伦理信念的

---

[1] Epicurus Us. 221 = Porphyry. *Ad Marc.* 31, p.209, 23N。"*pathos*"这个词当然可以指"感受""影响",或者特别指"情感"(见本书第十章)。但是,伊壁鸠鲁想要"逐出"的是所有令人不快的干扰性影响,而且只是这种影响;这并非涵盖一切情感(见本书第七章),但包括了其他更多的东西(正如后文即将指出的)。因此,用"受苦"(suffering)来翻译这个词似乎更可取。但是应该记住,并非伊壁鸠鲁学派视为"*pathē*"的一切东西都是作为痛苦而被感觉到的(见本书第五章)。

本质做出了几个有争议的假定。它假定这些信念本质上是健康的:真理与各种谬误相混杂而存在于那里,因此,只要经过一番审视,就可以表明真信念是"最大多数人的最基本的"信念。既然这些信念大体上是社会所传授的,这个方法也假定社会环境是相对健康的。此外,它还假定最重要的信念非常接近对话者的理性层面,因此通过冷静的辩证询问就可以被释放出来。最终,这个方法似乎也假定**应当**由这种辩证过程来帮助的每个人都可以得到这样的帮助:它指出,在理性"治疗"的可用性及其预期接受者的需要之间不存在令人烦恼的缺口。

对于伊壁鸠鲁来说,这样的假定往好里说是幼稚,往坏里说则是迟钝麻木。他要我们看看自己、看看我们的朋友、看看我们所生活的社会。当我们去观察且诚实地观察的时候,我们看到了什么?我们看到的是冷静而理性的人们(他们对价值所持有的信念大体上具有根据并且可靠)吗?不是。我们看到的是为了追逐金钱、名声、美食和情爱而疯狂奔波的人们——他们所生活于其中的文化、他们自小听到的故事让他们确信这些东西具有远超过其实际拥有的价值。到处都能看到错误的社会宣传的牺牲者:人们心中确信若没有钱财积聚、进口美食、社会地位、情人情妇就无法生活——虽然这些信念来自教化,可能与关于价值的真实真理没有多大关系。那么,我们看到了一个理性的社会吗?看到它的共同信念可以被当作对好生活的真实论述的材料而加以信任吗?没有。我们看到的是一个病态的社会,它更看重金钱和奢华而不是灵魂的健康;它那关于性和爱的病态教义将一半成员转变为既受崇拜又遭憎恨的所有物,将另一半成员转变为因焦虑而痛苦不堪的虐待狂式的看守者;它为了逃避自己对脆弱的令人烦恼的恐惧而使用更加精巧的战争机器来杀戮成千上万的人。我们首先看到的是这样一个社会,其中每一项事业都受到了恐惧死亡的毒害,这种恐惧不会令其成员品尝到任何稳定的人类喜悦,而是把他们转变为腐化堕落的宗教施教者的奴颜婢膝的奴隶。

再者,我们看到了解自己所信所求之人么?看到面对亚里士多德直截了当的询问时仍然可以如此回答之人么?没有。无论我们看往何处,我们看到的都只是对自己的信念和动机一无所知的人。在面对提问时,他们给出的答案可能会显示出无知和乐观。不过,他们那种焦虑狂躁的活动也出卖了他们:对死亡的恐惧(一种驱使行动的"看不见的刺激")深深地植根于他们心中,"即使他们自己意识不到"(Lucretius. III. 873,878)。在这种情况下,冷静的辩证法能派上什么用场呢？它能穿过贪婪的扭曲力量、拆除由一种病态文化的全部资源树立起来的错误信念和欲望的大厦吗？它能接近那种来自无意识的信念和情感的有力动机吗？

最终,这种辩证法对谁有帮助呢？答案似乎过于明显了。它对那些处境已经很好的人有益,因为已经受过一种"博雅教育"(*paideia*)的人才是它所要奉献的对象。[2] 于是,这种做法就会把每一个因现存的社会安排而从未受过那种教育的人排除在外。亚里士多德实际上就等于公开宣称,不仅要把所有的妇女和奴隶排除在外,也要把商人、水手和农夫排除在外。这种辩证法就其内容而论也是精英主义的。尊重它所要询问的精英阶层的信念,通过一种批判性的审视把这些社会教条转变为"真理",在这样做时,它必然会保持现行的价值观念,因此注定要让受到排除的人们遭受进一步的苦难——这真是一种奇怪的炼金术,它接受一些病态信念,使它们服从某种上流的筛选,然后宣称由此就已经把它们转化为"实践真理"。

伊壁鸠鲁于是就对我们提出挑战,要我们认识到亚里士多德式的辩证法可能在最需要帮助的地方无力帮助,在最需要哲学批评的地方无力批评。一种在此止步不前的哲学不仅软弱无力,而且也麻木不仁:它只是一种掠夺的工具,一个造就人类苦难的帮凶。这个有力的挑战迫使我们面对如下问题:在承认社会疾病的深度和人类心灵的微妙复杂的同时,我们还能相信"亚里士多德式"的伦理论证的那种冷静的意见交换吗？

二

在伊壁鸠鲁看来,人是遭受烦恼和受到驱策的生物。他们的身体容易遭受诸多疾病和痛苦的伤害。对于世界上意外事件的攻击,我们很难予以避免或加以控制,除非医术发现了治疗的方法。但是,按照伊壁鸠鲁的观点,身体痛苦作为一般的不幸的一个来源,并不是特别可怕;[3] 正如我们将看到的,甚至这种痛苦也可以由哲学来缓解。迄今为止更加糟糕的是灵魂的困扰。大多数人类灵魂非常不必要地处于一种令人痛苦的紧张和困扰

---

[2] 参见 Marrou(1956)、Sherman(1989)。

[3] 尤其见 KD 4,在那里伊壁鸠鲁提出了如下著名主张:剧烈痛苦是短暂的,而长期的痛苦可以被转变为可忍受的痛苦。

状态,就像遭到了暴风雨的猛烈袭击(LMen 128)。之所以不必要,是因为困扰的原因可以消除。之所以可消除,是因为这些原因就是关于世界和价值的错误信念及其所产生的"空洞"欲望。伊壁鸠鲁看到人们奔波于追逐各种欲望对象:财富、奢华、权力、爱,尤其是不朽的生命。他确信人类苦难的核心原因就是欲望的那种看似"无边无际"的要求所产生的困扰,于是我们就不得安宁,或没有稳定的满足。不过,很幸运,对我们来说,那些引起焦虑和狂热活动的相同欲望,以及它们因贪得无厌毫不知足而引发的各种苦恼,也是彻底依赖于错误信念的那些欲望,因此,消除这种信念也就有效地消除了那种欲望,从而也就消除了烦恼。在伊壁鸠鲁看来,为了让这一诊断引人注目,为了推荐他的治疗,他首先需要的就是一种把好欲望和坏欲望、健康的欲望和病态的欲望分离开来的方法;其次,他需要对坏欲望的起源做出诊断,这种诊断将表明那种欲望乃是立足于错误信念以及何以如此;最后需要做的是对错误信念的一种治疗,这种治疗将表明我们如何能够通过修改信念来摆脱坏欲望。

伊壁鸠鲁把健康欲望和病态欲望分离开来的方法是我们的关切所在,因为稍后我们就会看到,在这个方法中体现出来的价值在何种程度上影响了其哲学方法的结构。我们首先可以指出他用来分类的"类属的"(generic)术语:一方面,我们有所谓"空洞的"欲望(kenai epithumiai),另一方面,我们有所谓"自然的"(phusikai)欲望。[4]这就告诉我们,伊壁鸠鲁所谓健康的、非空洞的欲望就是属于我们本性的欲望;但是自然在这里要被处理为一个规范概念——不是与技巧相对立,而是与那种可能会阻碍健康运作的膨胀无度的东西相对立。他把自然的欲望鉴定出来的方法确认和发展了这个思想。

伊壁鸠鲁,就像他之前的柏拉图和亚里士多德一样,[5]把一个生物挑选出来(它看起来会成为好生活或繁盛生活的未受腐化的可靠"见证者"),去问它追求什么。任何一种不能在该生物身上找到的欲望都是可疑的:我们有一个初步的理由把它们视为腐化。在这个未受阻碍的生物身上出现的欲望本身就被初步地看作健康的。但是,这个生物,这个未受阻碍的选择典

---

[4] 关于伊壁鸠鲁对欲望的分类,见 LMen 127;KD 15,26;VS 21,23,31,59;Cicero. Fin. 2.26 及以下,等等。

[5] 关于柏拉图,见后面的讨论;亚里士多德的"见证者"在这个段落中得到讨论。

范,应该是谁呢?对亚里士多德来说,这个可靠的见证者就是把自己沉浸在一个积极的社会存在物的承诺之中、具有实践智慧的人。我们能猜到伊壁鸠鲁会对亚里士多德的选择表示怀疑:对这样一个人来说,如果他所生活的社会是腐化的,他也很容易成为其幻想的受骗者、其畸形偏好的传道者。对伊壁鸠鲁来说,在这个意义上唯一可靠的见证者就是那个尚未被社会教化所腐化并拥有人类追求繁盛生活(在那种规范的意义上追求本性)之能力的生物,而这种能力没有受到文化环境所产生的那种经过压缩或膨胀的期望的阻碍。为了让这个思想得到一种生动的认识,伊壁鸠鲁不断提及尚未被教化和话语腐化的孩子——他也提到那个健康的动物,将之作为看待我们(作为人类动物)的感觉本性和身体本性的一种方式。

第欧根尼·拉尔修告诉我们,伊壁鸠鲁希望通过利用这个未受腐化的见证者作为指南来达到什么目的。他对人类生活的真实目的提出了自己的主张,而他希望取得的只不过是对这个主张的一种证明:

> 快乐就是目的,而作为对这个事实的一种证明(*apodeixis*),他指出:动物一出生就很满足于快乐并抵制痛苦,它们自然而然地这样做而不伴随着话语(*phusikōs kai chōris logou*)。因为我们是通过自己的自然感受(*autopathōs*)而逃离痛苦。(10.137)

同样的论述也略有变化地出现在塞克斯都·恩披里柯(Sextus Empiricus)和西塞罗那里:

> 伊壁鸠鲁学派的一些人喜欢说,动物在没有教导的情况下就自然地(*phusikōs kai adidaktōs*)感受痛苦、追求快乐。因为只要动物一出生,在尚未成为意见世界(*tois kata doxan*)的奴隶时,只要被尚未习惯的冷空气吹击,就会叫喊出来、放声痛哭。(Sextus *M* 11.96;参见 *PH* 3.194-195)

> 每一只动物,一出生就会追求快乐,将之作为主要的善而感到愉快,同时将痛苦作为主要的恶而加以回避并尽量远离痛苦。在尚未堕落的时候(*nondum depravatum*),它用一种未被腐化、毫无瑕疵的方式(*incorrupte atque integre*)按照本性自身来做出这种判断。(Cicero. *Fin.* 1.30)

在所有这三段话(大概都有一个共同来源)中,我们发现了一种反复出现的对立:在"自然"(表面看来是某种未受阻碍的健康状况)和腐化的社会教化之间的对立。对动物的提及并未掩盖如下事实:我们需要考虑的是我们当中某个健康的部分:因为第一段话从谈论动物进而到谈论人,而塞克斯都则描述了人类婴儿在出生时的哭喊。[6]伊壁鸠鲁是在暗示说,我们是作为健康的生物、在我们的官能可靠而无瑕疵地运作的时候进入世界的。但是不久我们就碰到了腐化我们、令我们困惑的外在力量。这些影响将我们紧紧攥住,但它们实际上又不是我们。它们不是"我们自己的真正感受",而是某种来自外部世界的东西;它们在时间的长河中奴役我们。我们已经知道这样一些影响是什么:让我们去恐惧神灵和死亡的宗教迷信;将我们的自然性欲弄得错综复杂的爱情故事;在我们周围用来美化财富和权力的交谈。伊壁鸠鲁的核心思想看来是:如果在人类动物变得腐化之前我们就能在想象中捕获它,看看它在阴险的社会过程扭曲其偏好之前所具有的禀赋,那么我们就有了对于真正的人类善的真实见证者,有了一种在我们自己的欲望中把那些健康的欲望隔离出来的方式。

伊壁鸠鲁推断说,如果社会靠不住,那么关于那个目的的可靠见证就是与教导和信念分离开来的感觉和身体感受的见证。[7]那其实就是诉诸孩童所提供的东西。西塞罗的对话者托夸图斯(Torquatus)阐明了这一点:

> 于是他否认需要用论证(*ratione*)或辩证推理(*disputatione*)来表明要追求快乐和回避痛苦。他认为这些东西是由感觉来察觉的,用我们知觉到火是热的、雪是白的、蜂蜜是甜的那种方式来觉察的。这些东西都不需要用精妙的论证(*exquisitis rationibus*)来支持——我们只需对之加以注意就行了。……自然本身必定就是符合自然或违背自然之物的裁判者。(1.30)

托夸图斯的结束语对自明性提出了同样说法:

> 如果我所说的这些东西比日光本身更清楚明亮;如果它们完全是从自然的源泉中被描绘出来的;如果我们的整个言说都依靠感觉来确认——也就是说,依靠没有被腐化、毫无瑕疵的证据(*incorruptis atque integris testibus*)来确认;如果还不会说话的小孩子乃至哑兽在本性的引

---

[6] *LMen* 128 转向另一个方向,从谈论"我们"进而谈论"动物"。
[7] 见 Long and Sedley(1987)第 87—90 页。

导下都会用哭泣来表明,除了快乐之外没有什么东西是好的,除了痛苦之外没有什么东西是坏的——而且是在没有堕落、没有腐化的情况下(neque deprivate neque coorupte)对这些事情做出判断——那么,对于那个听到了自然的声音并对之有了如此坚固、如此充分的理解,以至于已经把一切正直的人们领入安宁、冷静、幸福的生活之路的人来说,难道我们不应该感激涕零吗?(1.71)

伊壁鸠鲁对这个伦理目的的说明与他的一般认识论不可分离,而按照他的认识论,感觉本身是完全可靠的,一切错误都来自信念。[8]这种认识论支持他对一个伦理见证者的选择,也得到了他对伦理疾病的分析的支持。正是因为社会及其教导被发现是如此病态、如此不可靠,我们才需要依靠一位脱离了那种教导的裁判者。伊壁鸠鲁精明地抓住其道德认识论对于哲学方法所具有的含义。关于那个伦理目的的主张并不是一种要由精细的论证来证明的东西,因为精细的论证并非像某些人所想的那样是可靠的认知工具,而是一种很容易被文化滥用的东西;我们反而应该通过请教我们的感觉和感受来评估这种论证。那个未受腐化的人类生物,在使用自己未受阻碍的官能的时候,并没有在财富、权力、情爱和灵魂的不朽生命中看到任何价值。在保证痛苦和阻碍已被消除的时候,它用一种繁盛的方式生活。于是,当我们接着用自己的官能来考虑那个未受腐化的生物时,我们看到这就是真正的善的本质。

既然那个未受腐化的生物就是某种设施、可以用来把我们之中的某个部分孤立出来,伊壁鸠鲁于是就用一个进一步的思想实验来确认他的选择。如果我们确实能够让自己去想象一个(成熟的)人类存在者——在他那里,一切困扰和阻碍都被消除了;在他那里,孩童的欲望真正得到了满足——那么,按照伊壁鸠鲁的说法,我们就会看到那个人一无所缺,无须追求更多:

> 当这一点[即摆脱痛苦和困扰]对我们来说已经得到保证的时候,灵魂的全部骚动就被解除了,因为动物并不需要再去动身寻求某些进一步的东西来填补身体需要,就好像是在寻求某些依然缺乏的东西。

---

〔8〕 也见 Cicero. *Fin.* 3.3:"伊壁鸠鲁自己说,没有必要对快乐提出论证,因为判断就处于感觉中,而提醒我们注意到这个事实就足够了,教导是无关的";亦参见 *Fin.* 2.36。关于伊壁鸠鲁对错误看法的进一步讨论,见本书第五章;也见 Long and Sedley(1987)第78—86页以及 C. C. W. Taylor(1980)。

(*LMen* 128;参见 *Fin*. 1.40 以及 *VS* 71 对检验欲望的讨论)

那个未受腐化的生物之所以是一位可靠的见证者,是因为它在某个层次上就是我们的**本性所在**,也就是说,当我们在没有社会阻碍的情况下进行思考时,我们发现自己会认同如下想法:摆脱这个生物所追求的痛苦和困扰就是我们自身的完整无缺的繁盛。[9]

当我们说这个方法有什么含义、没有什么含义的时候,我们必须小心谨慎。它确实意味着,对于那个未受腐化的生物来说,在使用它那没有经过教化的装备时,它看不到也不去欲求的一切东西都不是人类目的的一部分。于是,如果孩童不去追求逻辑和数学(与亚里士多德不同,伊壁鸠鲁似乎相信孩童不会这样做),那就表明逻辑和数学至多只有工具价值。心神安宁(ataraxia,摆脱灵魂中的困扰和焦虑),摆脱身体痛苦,这些都是那个未受腐化的生物的目标。然而,我们不应该用一种纯粹否定的方式来设想这些目标。从文本来看,那个健康的生物所追求的东西似乎不是一种零状态,不是一种停滞不前的、不活动的状态;实际上,这样一种状态对有机体来说无异于死亡。那个生物的目标看来是某种更加充实、更为积极的东西,即整个生物的那种没有受到干扰和阻碍的连续不断的机能运作。这样,当伊壁鸠鲁把快乐鉴定为摆脱痛苦和困扰时,他对快乐的论述似乎就很接近亚里士多德在《尼各马可伦理学》第七卷中的论述:"自然状态的未受阻碍的活动。"[10]我们在文本中得到的对成就的描述根本就不是否定性的或者无生命的:这些描述都表明该生物积极地使用其能力,尽管是用一种没有被饥饿、疾病或恐惧所损坏或妨碍的方式。不过,把某种推理作为那个目的的一部分包含进来也是合理的,因为对一个人来说,精神能力的全盘瘫痪肯定是一种重大的阻碍或干扰。不过,对于理性作任何专门的或者社会上教导的使用,这好像都不是该目的之组成部分,因为那种运用超出了理性作为人类

---

[9] 关于希腊化时期对孩童行为的诉求,见 Brunschwig(1986)颇具启发的讨论。布伦瑞克坚持认为伊壁鸠鲁并未提倡简单地回归自然生活,在这一点上我同意他的看法。但我仍然认为如下事实很重要:孩童被认为是伦理目的之可靠和充分的见证者。

[10] *EN* 1153a15;对伊壁鸠鲁快乐观的一个类似的正面论述,见 Mitsis(1988a),Rodis-Lewis(1975)以及 Long and Sedley(1987)第 123 页,以及附加的参考资料。我们应该注意,亚里士多德把快乐描绘为一种稳定状态(*hexis*)的活动,他的描绘接近伊壁鸠鲁的快乐观念:最为重要的那种快乐是"状态性的"(katastematic),也就是说,关系到一种稳定的状况。

动物的一种才能而健康地运作的范围。伊壁鸠鲁不断地暗示说,理性的这种日常运用与身体功能密切相连,而且往往是由对身体状态的觉察和对它们的规划构成的。[11]

此外,这种方法看来确实意味着,在那个未受腐化的生物得不到或者不使用的才能或方法中,没有任何才能或方法对于认识到那个真正的最终善是必要的。这似乎将我们限于身体感觉和感受,限于实践理性的低层次运用,而后者可能是小孩子的一个特征。伊壁鸠鲁对这一点的强调就相当于对柏拉图的一种颠倒(大概是有意为之),因为在柏拉图看来,最终目的或最终善的唯一可靠的见证者,就是经过长年累月的数学训练和论辩训练而清除了身体方面的依恋的哲学理性。[12] 伊壁鸠鲁和柏拉图在下面这一点上仍然是一致的,即他们都把人们生活于其中的文化依恋、把与文化相伴而行的情感和欲望(例如情爱和对死亡的恐惧)看作是不可靠的东西而加以拒斥。不过,伊壁鸠鲁在身体中发现了真理,而对柏拉图来说,身体则是迷惑和蛊惑的主要来源,唯有通过理智,才能把一个人自己从身体的影响中分离出来,才能获得澄明。

伊壁鸠鲁声称无须教导和训练就可以把握一个人的目的(因此,这样一个目的不包含任何要用教导和训练来发现的东西),不过,在文本中找到他对这个主张的论证并不容易。他对本性的设想是规范的:正如他对身体痛苦的研究所表明的,他并没有错误地仅仅因为某个东西在没有干预的情况下发生就对之加以肯定。他也不相信宇宙中有任何天意的设计在运作,把我们的身体才能创造出来。事实上,卢克莱修把下面这个观点归于他:就人及其生活而论,这个世界其实运行得很糟糕。因此,我们不太清楚他为何会认为,就对善的认识而论,即使没有教导和训练,人类在进入世界时就已经整装待发了。既然这个主张在他设想哲学在人类生活中的地位时发挥了如此重大的作用,那我们在这里想必就需要对它进行更充实的讨论。在我看来,当我们在爱、恐惧和愤怒的具体情形中来看待社会的和未受阻碍的东

---

[11] 很多段落都强调,对伊壁鸠鲁来说,不只是具有工具价值的心智快乐被限制到对身体机能的各种形式的觉察。例如,参见 Us. 409.70 = Athenaeus 546F;Cicero. *Fin.* 2.69;尤其是 Plutarch, *Non Posse* 1088E,1089DE,1090A。普鲁塔克强调说,伊壁鸠鲁(不像亚里士多德和柏拉图)在对人性的论述中,并没有把爱好推理包含在内(1093D 以下)。

[12] 关于数学在柏拉图思想发展中的作用,见 Nussbaum(1986a)第五章以及 Vlastos(1991)。

西之间的对比时，我们就会更好地理解伊壁鸠鲁的动机。因为现在我们可以说，文本对这样一种生物提出了一种强有力的直观描绘——它适宜于用一种健康的、生气勃勃的方式来追求自己的满足。而且，对它来说，社会教导的公认形式好像就是约束和阻碍的来源。

然而，伊壁鸠鲁的见解并不意味着，人应该努力去过未受教育的孩童所过的那种生活，也不意味着这样一种生活现在对我们来说是最好的。出于两个理由，这种生活不是最好的。首先，就我们现在所知，我们是我们的社会的产物。我们已经深深地内化了需要加以长期治疗的恐惧和欲望。正如我们即将看到的，这种治疗是通过推理和论证的一种哲学运用来运作的。其次，那个未受腐化的生物，即便能够把握终极目的，也不是很擅长于发现获得它的工具手段。即使我们假设它摆脱了灵魂的一切焦虑，它仍然很容易受到身体需求、痛苦和疾病的侵害。对理性的一种经过辅导的运用能够帮助成年人避免这些痛苦：通过提供食物、饮料和住所资源，通过发现医疗手段，通过形成能够提供进一步支持的友谊，甚至通过利用幸福的回忆来抵消身体的痛苦。要是伊壁鸠鲁一直都像个孩子，他在临终之际就不会幸福。但他声称，即使他在身体上遭受了巨大痛苦，总体上他依然很快乐，因为他已经设法通过与朋友进行哲学交谈的愉快记忆来减少自己对痛苦的意识。[13]因此，虽然一个未受教育的孩童能够正确把握那个目的，但是经过教育的成年人更有能力获得那个目的。

现在，伊壁鸠鲁把他对健康和阻碍的直观描述用作一个指南，以此将人类欲望基本划分为两组："自然的"和"空洞的"。自然的欲望出现在那个未

―――――――――――

[13] DL10.22："仔细检查我生命中的这一天，那既是充满喜悦的一天又是我的最后日子，我写这封信给你。肾结石和痢疾引起的痛苦继续与我为伴，其自然力量丝毫未减。不过，面对这一切，我用对于我们过去讨论的记忆来保持灵魂的快乐（*to tēs psuchēs chairon*）。" *VS* 41类似地提到哲学学习和论证的快乐（*to terpnon*）。Long and Sedley（1987）第156页论证说，这不是关系到一种状态性的快乐，而是从一种受到干扰的状况中恢复过来的"动态"快乐。但这一点是不清楚的，因为如果哲学家受到了良好的训练，他的**灵魂**就不会因为身体的痛苦而困扰；因此他的精神活动就是在他身上没有受到那种（持续的）痛苦所打扰的那个部分的健康活动。有可能的是，伊壁鸠鲁不会已经把复杂的哲学思维活动包括在灵魂的那种关系到一种状态性的快乐中，正如他不会把对身体健康的幸福记忆和意识包括在那种快乐中。关于这一点，参见 *KD* 11以及我后面的讨论。但是，他在临终之际说出来的那段话并不意味着记忆包含任何技术性的哲学材料；记忆的内容可能只是友好的谈话，也许这种记忆被包括在心智的健康运作中。

受腐化的生物身上,因此其适当性得到了证实。[14] 空洞的欲望是教导和教化的产物,它们在未受腐化的状况中并不存在。它们之所以被称为"空洞的"(或有时被称为"空洞的努力"[kenospoudon]),是因为它们受到了自身所依据的评价性信念的错误感染;此外也是因为它们往往是空洞无益或自我挫败的,想要抓住一种不可能产生稳定满足的"无边无际"的对象。伊壁鸠鲁认为这两个特点相互联系,因为在指出那个未受腐化的生物时,他论证说欲望的"自然"运作"有一个限度"——也就是说,这种运作可以得到充实和恰当满足,不会提出过高的或不可实现的要求。[15] 它们的目的只是生物的身体和灵魂的持续健康和顺畅运作。但是,伊壁鸠鲁相信,通过现有的、有限的且通常是适度的物质资源就可以获得这个目的。[16] 另一方面,错误的社会信念却教导我们,不要满足于现有的东西,而是要去渴望那些要么完全不可得到的对象(不朽)、要么很难取得的对象(奢华和美食),或者没有任何明确的满足限度的对象(爱好金钱的人永远都不会满足于一定量的财富,情人永远不会从他所渴望的占有中获得享受)。因此,空洞的渴望本质上并非"有限",而是"趋于无穷"(*LMen* 130,*KD* 14,Seneca. *Ep*. 16.9)。[17]

让我们看几个例子。对食物的自然欲望是不要挨饿或营养不良,更正面地说,是对身体持续健康运作的欲望。但是,适量的食物就可以满足这个欲望。这种食物只需某种营养平衡,无须特别奢侈或精致。"只要消除了一切需求的痛苦,简朴膳食带来的快乐就无异于昂贵饮食所产生的快乐;只要一个穷人有面包吃、有水喝,在这个时候他就到达了快乐的顶峰"(*LMen* 130)。"给我一小罐奶酪吧",伊壁鸠鲁对一个朋友写道,"这样,只要我高兴,我就拥有一席盛宴"(*DL* 10.11)。追求数量无限的食物和饮料、肉类、花样翻新的美食以及技艺精湛的烹饪,这模糊了欲望本来就有的界限,因为所有这些渴望都

---

[14] 既然性欲算作自然的(见第五章),既然没有迹象令我们相信婴儿有性欲,我们就可以推断说,伊壁鸠鲁所想起的是一个未受腐化的生物的整个生涯,而不只是其婴儿时期。

[15] 关于自然欲望的这种"限度",参见例如 *KD* 15,18,20,21。这个思想在亚里士多德那里已经出现,他认为对外在善之可欲性的限制是由繁盛生活(*eudaimonia*)的正确图景来确定的,按照这种图景,繁盛生活是符合完备美德的活动。关于错误的积累,见 *Pol*. I.8;关于一般而论的外在善,见 *Pol*. VII.1。

[16] 参见 Us. 469 = Stobaeus. *Florileg*. 17.23:"感谢上天,因为她已经让必需的东西容易取得,让不必需的东西难于取得。"也见 *VS* 20,*LMen* 130,*KD* 26 等等。

[17] 也见 *VS* 68,Us. 473;关于财富,见 *VS* 25,Us. 478,479,480。

不自然,都是立足于关于我们的需求的错误信念。"贪得无厌的不是肚子(就像很多人以为的那样),而是'肚子需要无限数量的东西来满足自己'这样一个错误信念"(VS 59)。[18]同样,与情爱相联系的渴望被认为来自一种基于信念的、对性欲的腐化(因为性欲本身很容易得到满足)。对不朽的欲望——以及可以诊断为以不同方式来自该欲望的所有其他复杂的人类追求——都来自关于神灵、灵魂以及个人生存的错误信念。总而言之,健康的欲望也是确实容易满足的欲望;我们的诸多痛苦和一切焦虑都来自腐化的思想方式。

错误信念有时以一种更微妙的方式来感染欲望:不是通过改变它关于对象的看法,而是通过教导生物要对目标保持一种焦虑不安的紧张,尽管这个目标本身并不是未受腐化的生物的特征。[19]伊壁鸠鲁发现,这种腐化主要出现在"自然的"却"不必要的"欲望领域中,也就是那些未受腐化的生物身上的欲望,但是它们的对象对于持续不断的生活或无痛苦来说并不是必要的。伊壁鸠鲁似乎相信性欲就是这种欲望的最突出的例子;我们将在第五章中讨论性欲的堕落。

空洞的欲望和错误的信念之间具有很紧密的联系。伊壁鸠鲁认为信念是欲望的基础和必要条件,它的出现首先产生了欲望(或情感),它的消除则不仅消除了欲望或情感的理由或根据,也消除了欲望或情感本身:

> 死亡对我们来说算不了什么,对这个事实的正确理解让必朽的生命变得令人愉快,但不是通过添加某个无限的时间,而是通过取消对不朽的充满激情的渴望,因为对于真正确信在死去的时候没有什么可害怕的人来说,活着的时候也没有什么可怕的。(LMen 24)

类似地,《基本主张》20 告诉我们,"理性……通过驱除对于永劫的恐惧,使生活变得圆满。"《箴言辑录》21 甚至更大胆地谈到对不恰当的欲望的"驳斥"(elenchos)。

---

[18] 参见 VS 25,33,67,68;DL 10.11;Us. 189 = Stobaeus. Florileg. 17.34。关于吃肉,见 Us. 464 = Porphyry. De Abstin. 1.51-52。VS 33 说道,"肉体喊的是:不要挨饿、不要口渴、不要受冻。如果一个人有了这些东西,有了在未来具有这些东西的希望,那么他在幸福(eudaimonia)方面可能就比得上宙斯。"

[19] KD 30:"在那些即便没有得到满足也不会导致痛苦的自然欲望中,每当一种强烈的渴望(spoudē suntonos)出现时,那种欲望也是错误信念的产物。它们并非是由于自身的本性而不被消除,而是因为人类的错误信念而没有被消除。"参见本书第五章以及注释;不同观点参见 Konstan (1973)。

因此，伊壁鸠鲁似乎分享了亚里士多德的观点：信念是恐惧、爱和愤怒之类情感的必要条件；他也把这个观点扩展到很多其他欲望。他把欲望说成是错误信念的"产物"，这让人想起，他可能也认为某些信念是欲望的充分条件；在后面几章的例子中我们会看到这一点。[20] 与亚里士多德和斯多亚主义者不同，伊壁鸠鲁没有把情感（恐惧、愤怒、爱、悲伤、妒忌、感激等）和身体欲望（饥饿、口渴、性欲、对温暖和住所的欲望）的区分处理为一个核心的理论区分；他自己在"自然的"东西和"空洞的"东西之间、在身体的东西和精神的东西之间所做的区分跨越了那个区分。因为很多身体欲望都有一个"精神的"成分，而很多情感都与身体状况有着密切联系。许多身体欲望是"空洞的"，因为它们依赖于某些错误信念，这些信念关系到对幸福来说既不必要甚至也不重要的东西；至少一些情感可以立足于并非错误，而是真实的信念。（斐罗德穆斯提出的典型例子是所谓的"自然的愤怒"，即那种表面上立足于"痛苦很糟糕"这一信念的愤怒。）[21]

伊壁鸠鲁的诊断意味着，有一项很迫切的工作需要做。既然错误信念就是疾病的根源，治病的技艺就必定是一门能够对错误信念进行挑战和征服的技艺，因此就必定是一门推理的技艺：

> 令人生活愉快的东西，既不是饮酒夜宴，也不是纵情于妙龄男女，亦不是享用奢华餐桌上的鸡鸭鱼肉，而是清醒冷静的推理（logismos），它找出我们所有追求和躲避的原因，并驱逐那些令灵魂备受困扰的信念。(LMen 132)[22]

既然错误信念就是我们所有人都以某种方式受到感染的一种疾病，那么这门技艺对于我们每个人的好生活来说就是必要的。[23] 既然用推理来

---

[20] 然而，参见 Philodemus, O XLIX-L，在此他可以否认一个人已经受到虐待这一信念是愤怒的一个充分条件；这个文本本身很难解读，他好像确实很认真地看待如下可能性：也许最终可以表明那个信念是一种 drastikē aitia（产生性原因，也许也是那个情感的充分条件）。也见 O fr. 4 和 col. VI。对伊壁鸠鲁所说的情感的一般论述，见 Annas（1992）。

[21] 关于自然的愤怒，见 Philodemus, O XXXVII, XLI；进一步见本书第七章。虽然斐罗德穆斯说这种愤怒是来自对事物本性的正确认识，但他好像也认为这种愤怒的对象通常是一个人；因此我们可以猜测说，当一个人在行动者那里引起了身体痛苦或者否认他是某种必要的欲望对象时，这种情况下就会最经常地感受到这种愤怒。

[22] 在 Nussbaum（1990c）中，我讨论了这段话及其（对我们来说显得古怪的）那份关于享受的清单。这段话经常被误译，既掩盖了对男性的提及，也掩盖了性欲对象和食欲对象之间的平行关系。

[23] 例如，见 Cicero, Fin. 1.63-64, KD 22, VS 54。

消除信念对于驱逐令人不安的欲望来说是完全有效的,那么一门有效地处理信念的技艺对于保证幸福生活来说也将是充分的。[24]

这门技艺将推理用作工具。它也需要处理哲学的很多传统关注:自然、灵魂和目的之价值。因此伊壁鸠鲁认为把哲学的名头赋予这门进行挽救的技艺是合适的,不仅如此,坚持认为这种拯救的技艺就是经过恰当理解的哲学之**本质**,这也是合适的。塞克斯都告诉我们,伊壁鸠鲁把哲学定义为"一种通过论证和推理来保障繁盛生活的活动"。[25] 但是,如果哲学对于好生活来说是必要的,如果伊壁鸠鲁承诺要为具有不同才能、处于不同环境中的人们谋取好生活,看来他就必须把哲学转变为一种足以令每一个人都能达到其目的的东西——不仅是那些受过博雅教育的年轻男士,也包括农夫、女性、奴隶以及那些未受教育乃至目不识丁的人们。因为哲学实际上是为了每一个人——每一个对于好生活具有兴趣的人。《致美诺俄库斯的信》(*Letter to Menoeceus*)是这样开头的:

> 任何人在年轻的时候都不要推迟做哲学,也不要因为年老而在哲学上变得懒怠,因为没有任何人会因为太年轻或太年老而不能保证灵魂的健康。说做哲学的恰当时间尚未到来或已经过去,就像是在说繁盛生活(*eudaimonia*)的时间尚未到来或已经过去一样。(*LMen* 122)

可想而知,这种医疗观念塑造了伊壁鸠鲁对"论证和推理"的理解:哲学正是通过论证和推理来"保证繁盛的生活"。

三

那么,当我们用伊壁鸠鲁式的方式来实践哲学时,哲学又**是什么**呢?它如何接近其接受者,又使用怎样的论证呢?在回答这些问题时,伊壁鸠鲁主义者很倚重医学类比——它作为一个隐喻渗透到这个传统中,但对这项哲学努力来说又不仅仅是一个隐喻。我们已经看到,伊壁鸠鲁用它来强调,哲学唯一恰当的使命就是治疗灵魂。这段话表明,伊壁鸠鲁的哲学实践会受到这个类

---

[24] 例如,*LMen* 135,并参见本书第三节结尾。

[25] *Tēn philosophian energeian einai logois kai dialogismois ton eudaimona bion perioiousan*, *M* 11.169 = Us. 219;也见 Us. 227 = Schol. D. Thr.：*methodos energousa tōi biōi to sumpheron*(方法的实施对于生活有益)。

比的限定,而亚里士多德的哲学实践则不会受到类似的限定:凡是把其他目的当作目标的论证都会被称为空洞的。此外,我们还看到了《致美诺俄库斯的信》用医学类比来强调说,哲学是为所有年龄阶段的所有人服务的。这也对哲学施加了约束,尽管是一类在亚里士多德看来并不合宜的约束。[26]

不过,在伊壁鸠鲁的"菜园"(Garden)内部,医学类比与我们仅仅从伊壁鸠鲁本人的现存著作中所看到的相比,更为显著也更加普遍。《基本主张》(Principal Opinions)的前四条(KD 1-4)是学生耳熟能详的"四重药物"(tetrapharmakos)。[27] 在伊壁鸠鲁主义者斐罗德穆斯(Philodemus,西塞罗的同时代人)的著作中,特别是在《论愤怒》(Peri Orgēs)和《论自由言说》(Peri Parrhēsias)中,[28] 医学比喻都很丰富。与这些充满空白的纸草残篇打交道固然无比困难,但是我们仍可以从中抽取出对伊壁鸠鲁的观点(他对治疗性的逻各斯的看法)的一个很丰富、也很复杂的论述。在上述两个文本中,斐罗德穆斯不仅把行医的意象用作伊壁鸠鲁学派哲学实践的主要引导意象,而且也精心构造细节来发展了这个类比,把不同类型的论证比作不同类型的医疗方法,把职业哲学家所面临的不同问题比作医生所面临的类似问题。这个类比从一开始就被假定是合适的,可以被用来辩护伊壁鸠鲁式哲学实践中一个有争议的要素。这个颇具吸引力的材料对斐罗德穆斯来说大概不算原创,它不断提及伊壁鸠鲁的权威和实践,把他的已知著作当作各类治疗性的逻各斯样板来引证,并概括地指出这个样板与伊壁鸠鲁自己的哲学实践以及后来的伊壁鸠鲁学派共同体之间的紧密关系。[29] 在奥伊诺安达

---

[26] 也见 VS 54:"我们千万不要假装在做哲学,而是在真正地做哲学,因为我们需要的不是健康的表象,而是真正的健康。"在如下论述中也可以发现类似说法:VS 64,LHdt 35、Cicero. Fin. 1. 59,Us. 224 = Florilegium Monac. 195,Us. 471 = Porphyry. Ad Marc. 27,208 N。后面这个论述把一个因为空洞的欲望而遭受痛苦的人的灵魂比作一个发烧的身体的物理状态。关于医学方面的其他指涉,见 Clay(1983b)。

[27] 关于这个标题,见 Pap. Herc. 1005,col. 4。参见 Bailey(1926)第 347 页。

[28] 关于 Peri Orgēs(简称为"O"),我使用的是 Wilke(1914)的版本;关于 Peri Parrhēsias(简称为"P"),我使用的是 Olivieri(1914)的版本。Gigante(1975)对这些残篇有很好的研究,其中包含对医学类比的广泛讨论,我从他的讨论中获益匪浅。亦参见 Clay(1983a)和 Frischer(1982)。

[29] 在《论自由言说》中,斐罗德穆斯的文本资源是西顿的芝诺(Zeno of Sidon),大约公元前 100 年的一位伊壁鸠鲁主义者。芝诺的著作大概也是《论愤怒》的来源,参见 Wilke(1974);然而,清楚的是,某些关于愤怒的材料是折中的,也受到了斯多亚学派的讨论的影响。见 Wilke(1974)和 Fillion-Lahille(1984)。

的第欧根尼(Diogenes of Oenoanda,另一位不太有原创性的伊壁鸠鲁学派作者)那里,很具体的医疗意象又被用来刻画论证,把他那庞大的哲学逻各斯"公布出来"的全部目的都是按照医学类比来描述的(见本章第四节)。

那么,医学类比是如何对哲学论证的某种独特态度既加以表达又予以辩护呢?为了探究这个问题,我们不妨回到妮基狄昂,在年轻且富有教养的亚里士多德主义者的陪同下,她开始在城邦中寻求一种好生活。一开始我们就可以指出,她的名字(一位女性、一位高级妓女的名字)很有可能是伊壁鸠鲁学派中某一位学生的真实名字,而这种事情在亚里士多德学园中是不可能发生的。她是在富裕的有产阶级的圈子之外成长起来的,在接受教育的路上历经坎坷,〔30〕很可能连读写能力也没有,〔31〕而且肯定还没有作为未来的公民、领导者或具有实践智慧的人来接受训练。不过,所有这一切都没有使她失去接受伊壁鸠鲁式治疗的资格,她也不会因此失去追求伊壁鸠鲁式的繁盛生活(eudaimonia)的资格。而在亚里士多德学园中就不同了:任何一位真实的妮基狄昂都没有资格参与亚里士多德式的辩证论证,也没有资格追求亚里士多德式的繁盛生活。伊壁鸠鲁让自己的学派向世界上真实的妮基狄昂们敞开大门时,〔32〕他所采取的激进举措既影响了他对哲学应该是什么的设想,也受到了这一设想的影响。

---

〔30〕 很多东西取决于我们如何设想她的处境;如果她是一个高级妓女,就像这个名字所暗示的那样,那么她大概就会比一个公民的妻子或女儿接受了更多的教育;但不是所有高级妓女都是阿斯帕西娅(Aspasia)。

〔31〕 关于文化程度按照阶级和性别的分布情况,见Harris(1990)中的有力论证,再次说明,高级妓女在这方面的处境会比公民的妻子好得多。

〔32〕 即使在引入妮基狄昂的那段话中所引用的那些高级妓女的名字都不是真实的,但保存下来的书信残篇可靠地表明女性确实出现在伊壁鸠鲁开办的学校中;举例来说,一对已婚夫妇(兰萨库斯的莱昂提乌斯[Leontius of Lampsacus]及其妻子特米斯塔[Themista],DL 20.25)好像是他的助手;特米斯塔收到伊壁鸠鲁的信函(DL 10.5),他们用伊壁鸠鲁的名字来为自己的孩子命名(10.26)。高级妓女莱翁狄昂(Leontion)好像也积极参与这个学派的哲学生活,收到伊壁鸠鲁的信函(10.5);也可能还有其他女性。普鲁塔克(LB 1129A)提到如下事实,把它看作人人皆知的事情:伊壁鸠鲁把他的书籍和信函送给"一切男人和女人"(pasi kai pasais)。我们不应该把伊壁鸠鲁看作一个彻底的社会激进分子:他在遗嘱中(也仅仅是在这个时候)交代要释放他的男奴和女奴,在这方面他很像亚里士多德;虽然他不仅资助梅特罗多洛斯(Metrodorus)的儿子,也资助他的女儿,但只有儿子们被责成做哲学,女儿则需要在适婚的年龄从他的学派成员中选择一位结成夫妇。(事实上,这种做法使得她更费钱,伊壁鸠鲁还向她提供了一份嫁妆[DL 19-20]。)

另一方面,伊壁鸠鲁并不教导庞大的学生群体,也不公开教导他们。成为伊壁鸠鲁的学生得有一个前提:妮基狄昂必须能够离开她在城邦中通常会从事的职业,进入伊壁鸠鲁共同体,并从那时起就在那里生活下来。虽然我们对这个共同体的财政结构所知甚少,但在伊壁鸠鲁的遗愿中,他提到学生们已经用他们自己的个人财力来支持他(*DL* 10.20)。他表达了他对"应该共同拥有共同体财产"这一观念的反对,认为这个观念意味着缺乏信任(10.11)。尽管他一开始比较贫困——他此前可能是一位教师的儿子(*DL* 10.1-4)——但到了去世的时候,他显然很发达了,有资金供其慷慨地遗赠给学派的未来以及支持朋友。[33] 于是我们就可以猜测,这种状况很像我们在很多宗教共同体中所观察到的状况:学生可以注册入学,按照捐赠给中央金库的情况得到支持,或许也显示出用其他方式来支持共同体生活的愿望。(*VS* 41 提到,*oikonomia*,[34] 即家庭工作或家务管理,是伊壁鸠鲁式生活中的一个有规律的特点。在伊壁鸠鲁致伊多梅纽斯[Idomeneus]的一封信中,他要求后者"提供"农产品[Plutarch. *Adv. Col.* 1117E,后面会加以讨论]。)因此,尽管这个共同体的学生来自各个社会阶层,既有男性又有女性,但也有一些不言而喻的限制。妮基狄昂大概不得不随身带着她的积蓄和珠宝;如果她有孩子,她大概就会被劝说把孩子留给别人。[35]

　　那就让我们想象一下我们的朋友妮基狄昂实际上可能的样子:聪明但受教育的程度不够,在知识训练方面相对薄弱,喜欢诗歌胜于喜欢柏拉图。她的灵魂充满着无限的渴望。她热望于影响,易于陷入充满激情的爱中,喜欢精美的食物和服饰,对死亡深感恐惧。斐罗德穆斯告诉我们,女人对伊壁鸠鲁式论证的抗拒比男人要大得多,因为她们不喜欢接受对信念的那种"坦率批评",而在斐罗德穆斯看来,这种批评恰是伊壁鸠鲁的价值所在(*P*

---

[33] 我们需要特别注意这一强调:"那么多人在个人生活中向我提供必要的支持,向我表明其绝对的善意并选择与我一起终生从事哲学,只要在我的能力之内,他们就不会缺少生活的必需。"(10.20)

[34] *Oikonomia* 的核心含义是管理家务;但色诺芬(Xenophon)对年轻妻子追求这种工作的论述表明,这项工作不仅涉及吩咐仆人、处理账目等,也涉及监管清洁卫生并从事不重的清洁工作,例如自己打扫灰尘。

[35] 关于孩子,见本书第五章。对这个学派的结构和经济安排的进一步讨论,见 Clay (1983a, 1983b, 1984a, 1986), Frischer(1982), De Witt(1954), Fauth(1973), Longo Auricchio (1978)。Philodemus *P* 55 声明,教师因为做了好事而应该拥有财产。

col. XXIb)。因此,我们不妨设想妮基狄昂多少有点虚荣心,比较固执——因为这样一来我们就有机会谈到那种针对冥顽不化的学生的治疗技术,这是我们所讨论的主题中一个特别有吸引力的部分。另一方面,对于一种等待着她、等待着每一个人的健康平静的生活(渴望、焦虑和忧虑的对立面),她也有一些深刻的直观认识。她可能会把这个梦想与对一个无忧无虑的、健康的孩童时代的记忆联系起来——尽管严格地说她并不想要回到这样一个孩童时代。

于是,妮基狄昂来到伊壁鸠鲁的"菜园"(the Garden)。那是一个远离城市的封闭的治疗共同体,在经济上相当自给自足,其成员几乎没有什么理由与他们此前在城邦中的伙伴保持联系。她大概在接触学园的领导者之前就已决定入学,因为她受到学园所做的许诺(一种摆脱压力的生活)的吸引。[36] 也许她已经听说过或甚至阅读过伊壁鸠鲁的一些长篇论著——普鲁塔克说,伊壁鸠鲁著作的容量和声誉破坏了他声称自己是在努力"默默无闻地生活"这一主张。[37] 在去往伊壁鸠鲁学园时,她已经决定抛弃自己原来在城邦中的生活方式,在到达那里之后就去过一种完全献身于哲学共同体的生活。伊壁鸠鲁学园的成员变成了她的新家庭成员。

"谁是这个家庭的首脑"这一问题是不可能存在的,因为其成员甚至戴着刻有伊壁鸠鲁形象的戒指,把他的肖像描画在水杯上(Cicero. Fin. 5.1. 3, Pliny NH 35.5)。他们在平日的宴会上把伊壁鸠鲁称为"救星",把他当作英雄来赞美,为他喝彩,而在这样做时,他们使用的言辞类似于外面的世俗世界中用来赞颂被神化的英雄(如赫拉克勒斯)时所使用的言辞,卢克莱修把伊壁鸠鲁比作赫拉克勒斯就颇受人们赞同。普鲁塔克说道,"你们的'欢呼喝彩''喜极而泣''掌声雷动''顶礼膜拜'以及'倾慕有加'都是在恳求和赞美给你们带来快乐的那个人"(Adv. Col. 1117A)。对伊壁鸠鲁的这种"英雄崇拜"是"菜园"中一种类似于公民宗教的东西。[38] 在进入这个共

---

[36] 对伊壁鸠鲁学派的招募策略(据说是通过塑像来描绘冷静和平静的面貌)的一个有争议的讨论,见 Frischer(1982)。Clay(1984b)对这部著作提出了一个批判性的评论。

[37] Plutarch, Lathē Biōsas 1128-1129;参见 Clay(1983a, 1984b)。在我看来,这个证据表明我们并不需要用描绘塑像的可疑证据来说明伊壁鸠鲁的招募方法。

[38] 见 Clay(1983, 1984a, 1986);也见 Plutarch, LB 1128-1129。很难知道这种崇拜在伊壁鸠鲁生前到底有多少。也有某种证据表明了对神秘宗教的暗示或联系(见 Plutarch, Adv. Col. 1117B)。

同体的时候,妮基狄昂就同意承认一位新的"救星"。

妮基狄昂于是就进入了一个温和愉快的非政治世界,一个致力于推进友谊和团结之价值的世界,一个(用梅特罗多洛斯的话说)其成员在其中可以"通过同伴情谊"(tais homoiopatheiais;Plutarch. Adv. Col. 1117B)来"掩埋"危险和干扰的世界;一个对一切外在约束充满怀疑、但首先怀疑其中所涉及的教育(paideia)和价值的世界。这个世界不仅在经济上是自足的,在精神上也是自足的。它有自己井然有序的日常生活结构,自己的"宗教",自己用来取代家庭关系、社会关系和公民关系的东西。最重要的是,它认为哲学不仅塑造了正式教育的各个时期,也塑造了一种替代性的生活方式的全部。这大概就是与亚里士多德式实践的一个重大差别。亚里士多德并不需要向学生提供一个崭新的共同体,因为他假定他们所生活于其中的共同体是相对健康的。伊壁鸠鲁则有不同想法。在其遗嘱中,他把加入该共同体的决定说成是"要在那里持久地依哲学(endiatribein kata philosophian,DL 10.17)度过一生";并对学生说"他们选择与我在哲学中一起终老"(10.20;参见注释〔35〕)。

妮基狄昂碰到了什么论证,又是什么东西使这些论证具有治疗作用?我们现在转向之前提纲挈领地提出的那组特点,问问伊壁鸠鲁如何看待它们。

1. **实践目标**。妮基狄昂将要参与的论证有一个最普遍且必不可少的特点,那就是:它们其实是被设计来达到一个实践目标,即让她更加接近繁盛生活(eudaimonia)。论证并不只是要向她提供如此生活的理由。论证可以做这件事情,但其任务首先是要充当好生活的**原因**。即使一个论证有效、简洁且优雅,但若没有因果效力,在哲学中也毫无用处,一如一种色彩鲜美、芳香弥漫却毫无成效的药物在医疗中没有用处。对妮基狄昂的许诺就是对美诺俄库斯的许诺:"好好审视这些东西吧……这样你就绝不会受到打扰,不论是在醒着还是在睡觉,你会像人中之神那样生活"(LMen 135)。如果治疗进行得很好,她就可以给家人写信,把伊壁鸠鲁看起来是写给自己母亲的话告诉他们:"啊,妈妈,高兴起来吧……想想我每天都会向着更大的繁盛生活迈进一步,获得更深层的有益收获。"[39] 对于有志向的学生来说,论证

---

〔39〕 Letter to Mother,Chilton(1976)编。关于这封信的内容和论证的一些争论,见 Clay(1983)。

就是那种"连续不断提供帮助"的"有用"之物。[40]

至此,伊壁鸠鲁对一个实践目标的投入就与亚里士多德相类似。不过,事实表明伊壁鸠鲁的忠诚更加兼收并蓄。对亚里士多德来说,伦理学和政治学有一个实践目的,而其他哲学分支则有一个纯粹理论的目的,理论因其自身的缘故就值得追求。对伊壁鸠鲁来说,每一个哲学分支都要按照它对实践的贡献来评价。若毫无贡献,就空洞无用。[41]他似乎也不像亚里士多德那样相信,因自身之故而展开的理论推理,仅仅由于它是最好的人类生活之中一个内在地具有价值的构成部分,就能具有实践性。数学研究、逻辑研究以及科学研究本身都不是那个目的的一部分,不属于处在不受干扰的状况之中的那个东西。哲学逐渐缩小到为生活的主导技艺而服务的任何东西。正如西塞罗笔下的托夸图斯所说:

> 他在你看来缺乏教育,因为他认为没有任何教育值得上"教育"这个名字,除非它有益于我们为了幸福生活而进行的训练。……他要像柏拉图那样整天忙碌于音乐、几何、算术和天文学吗?——这些东西开始于错误前提,因而不可能是真的,而即便它们是真的,也不会帮助我们生活得更加愉快。要我说,他真要去研究那些技艺而忽视伟大的生活技艺吗?——这门技艺要求付出如此大的努力,但也有相应的丰厚回报。(1.17)

传统课程的很多部分(不像数学)仍会证明自身对生活的技艺是有帮助的;不过,甚至在这里,其功能也有了一种转变。伦理学成为理性的全部运用的指导原则。

我们可以补充说,伊壁鸠鲁通过致力于研究伦理学和自然哲学所要取得的那个实践目的,是用一种显著的非亚里士多德式的方式来刻画的:因为这个目的恰好涉及把运气(*tuchē*)、把我们无法控制的事件容易对我们造成伤害这件事情从对幸福的追求中完全消除。亚里士多德式伦理学并没有给予运气以无限制的力量,他的学说实际上强调人类生活中最重要的东西不是很容易受到厄运的侵害。但是,亚里士多德从不会写出梅特罗多洛斯所

---

[40] *Chrēsima ta dialogismata*(有益的推理),*LPyth* 85;*sunechōs boēthēsei*(连续不断的帮助),*LHdt* 83。

[41] 这就是马克思在其博士论文(Marx 1854)中的核心论证,在这篇论文中,他将伊壁鸠鲁与德谟克利特在这个方面进行了对比。

写的东西：

> 噢,运气,我已经对你有了防备,我建立起全部防御,以抵抗你一切鬼鬼祟祟的攻击。我们不会让自己成为你的俘虏,不让自己就范于任何其他情况。不过,当必然性开始对我们发难,我们会唾弃生活和那些徒劳地想要抓牢生命不放的人,然后唱着优美的凯旋之歌离开,声明我们曾经很好地活过。(*VS* 47)[42]

正如我们将要看到的,这个承诺也塑造了伊壁鸠鲁式的论证。

2. 这把我们带到**价值相对性**的医学性质。此前我们看到,对亚里士多德主义者来说,即将被视为健康的东西与学生自己从前的健康观念具有某些联系。治疗对他们来说不可能被当作一种不值得忍耐的状态;实际上,他们必须把治疗作为一种对自己最深层也最核心的欲望进行回应的东西来认可。伊壁鸠鲁进一步发展了所有这些思想。不管他的探究可能做出了多少修正,他的挑战,就像他自己所描绘的那样,总是要让学生看到他交付给她的东西确实满足了她的欲望,至少是满足了那些最深层也最核心的欲望。[43]在这个过程中,她可以改变自己对其欲望是什么、哪些欲望最深的看法;不过,这种联系最终要由治疗专家来做出。

斐罗德穆斯说得很明白:这就是在伊壁鸠鲁式的治疗实践中讨论颇多的一个问题。因为学生往往会(特别是在一开始进行治疗的时候)拒绝承认她的"空洞的"欲望实际上很糟糕,因此可能不会倾向于把治疗论证的结果接受为对其状况的改进。妮基狄昂可能喜欢生活在爱中,可能对其行头、美酒乃至其宗教恋恋不舍。斐罗德穆斯告诉我们,在进行治疗的早期阶段,教师就应该去做一位好医生对一位拒绝承认身体有病的病人同样会做的事

---

[42] 关于 *VS* 47 的作者身份,见 Clay(1983a)第 260 页以下,他论证说,鉴于效法和模仿的做法在伊壁鸠鲁共同体中很流行,我们就无法明确无误地回答这段话的作者究竟是梅特罗多洛斯还是伊壁鸠鲁。"在这个语境中,个体的特点往往模糊不清,但一种独特的外貌开始从这个群体中凸现出来"(第 261 页)。参见伊壁鸠鲁在 Us. 489 = Porphyry. *Ad Marc*. 30, p. 209,12N 的说法:"智慧与运气没有关系。"

[43] 关于什么东西可能是最深刻和最核心的问题,伊壁鸠鲁和亚里士多德看来有不同的直观认识。亚里士多德总的来说相信那种以教育和共同经验为基础的反思性评价比没有经过教化的欲望更可靠;伊壁鸠鲁则认为反思性评价充满幻觉,并且就像我们已经看到的,他更相信没有受过教化的欲望。

情。就像医生会试着用令人害怕的语言来生动地描述疾病,以此让病人看到疾病的危险和恶果,哲学家也必须用"引起巨大战栗"的语言向学生呈现其目前状况,用一种必然很清楚的方式把疾病的"规模"呈现"在她眼前"(*O* cols. III-IV)。因为只有那种战栗、那种目睹才能向妮基狄昂表明:治疗论证的目的最终确实会与她实际上想为自己获得的东西发生联系——只有到了那个时候,她才会"醒悟过来让自己准备接受治疗"(IV)。[44] 一种替代性的技术是积极的。就像西塞罗笔下的托夸图斯所做的那样,教师举起那位神圣而幸福的圣人的画像,把它作为人们所珍视的好东西的一个标志。他试图让学生承认那幅画像就是曾经深深吸引她的东西。这些方法不仅是启发性的设施:从我们此前对如何"证明"目的的讨论来看,这是明显的;它们也是辩护那种关于善的观点的工具。

因此,这种伦理观点与亚里士多德的观点在某些相同的方面都是实用的。但是,也有一些差别让这种实用的约束在伊壁鸠鲁那里的运用看起来更加令人不安。第一个也是最明显的差别是:伊壁鸠鲁伦理学在某种程度上是修正的,而亚里士多德伦理学并非如此。[45] 伊壁鸠鲁伦理学从一开始就将妮基狄昂的信念中体现出来的大量"表象"贬损为空洞的和不可靠的。在要求妮基狄昂自己把它们挑选出来之前,这种伦理似乎就很清楚地知道它们究竟是什么。即便伊壁鸠鲁把那个未受教化的人选择为"见证者",在这里也并没有什么帮助,因为他的选择显然是规范的,承载着该学派特有的价值;亚里士多德几乎不会接受这种选择,因为他把孩童视为不完整的生活和推理的一个样板。[46] 不仅如此,甚至一个人在那个未受教化的人身上看到了什么,很大程度上也取决于他把什么东西看作是重要的。在孩童那里,亚里士多德发现了进行区分的爱好,这是一种对知识的渴求(*Metaph.* I.1),而伊壁鸠鲁看到的仅仅是摆脱痛苦和困扰的欲望。然而,这一差别似乎在于:亚里士多德表现出对学生身上完整的价值经验的尊重,并认真分析这种经验,视之为达到伦理真理的原材

---

[44] 亦参见 *P* 1, 3, 67。对比 Augustine, *Conf.* 8.7: *et videbam et horrebam, et quo a me fugerem non erat*(我看到自己并感到惊骇,然而我又无从逃离自身)。

[45] 斐罗德穆斯(用一种让人们想起柏拉图的方式)谈到"扭转理智"(*tēn dianoian apostrephesthai*);参见 *P* 13,在那里他声称教育涉及改变品格。

[46] *EN* 1111a25-26, 1144b8, 1176b23。

料。我们觉得学生会选择什么观念是一个开放的问题,而在伊壁鸠鲁那里,这一点似乎不太清楚。在伊壁鸠鲁学园中,妮基狄昂不是要去追求一种探究,而是要改变信仰。

第二个差别在于那种实用主义的程度。对亚里士多德来说,伦理学中的结果最终必须与心理学、科学和形而上学中的结果相融贯。其他这些探究超出了人类的情形,除了顾及人的目的和需要之外,从事这些探究也是因其自身的缘故。这就是为什么贯穿在这些探究中的融贯性可以让我们对自己的伦理观点的正确性保持额外的自信。对伊壁鸠鲁来说,**每一种**研究(就像马克思很好地论证的)都有伦理约束。"如果我们从不曾因为对穹顶之上和死亡所持有的可疑恐惧而背上重负,唯恐那种事情会发生在我们身上,而且不是通过领会到了痛苦和欲望的限度,那么我们就不会对自然科学有任何需要"(KD 11;参见 12)。然而,这个说法意味着,如果一门自然科学在"事物究竟怎样"这个问题上告诉我们的是令人不安而非让人平静的故事,那么它就尚未实现我们需要一门自然科学来实现的目的,我们就会正当地将其视为徒劳而予以搁置。"连续不断地研究自然科学"的成果是"一种平静的生活历程"(LHdt 37)。对物理教学的总结"会不断地帮助"一个学生,向她提供一种与其他东西之力量不可比拟的"力量"(83)。这封信的结尾将其内容——伊壁鸠鲁自然哲学中得以保存下来的核心教义——称为"对于心灵平静来说最为重要的东西"(83)。此外,关于天体现象的《致皮索克勒斯的信》(Letter to Pythocles)被描述为"关于有益于幸福生活的事物的推理"(84);而伊壁鸠鲁给皮索克勒斯的第一条教诲是,"首先要记住,关于天体现象的知识,如同一切事物,不管是孤立地看,还是与其他学科一道来看,除了摆脱困扰和维护一种稳当的确信状态之外,没有其他目的"(LPyth 85)。

这份材料为伊壁鸠鲁学派的一个根本信念提供了证据,即:摆脱困扰要求对于影响我们的伦理目的之物理事实持有一个经过坚定捍卫的观点。在这个意义上,我们不仅要求合适的物理教条,也要求细致且具有说服力的物理论证,否则一套对立的论证就会令我们陷入困扰。不过,认为这个学派特别具有科学意识,或因其本身的缘故而倾向于平心静气地研究自然,那就是一个严重错误了。事实上,在亚里士多德学派那里,对生物学和历史的第一手研究都在连续不断地进行,而且天文学研究(即使不是第一手的)也是来自欧多克索斯(Eudoxus)最新的独立研究,而与此相比,伊壁鸠鲁学派很不科学。西塞罗笔下的托夸图斯承认这一点,并在其答复中为伦理学的至高地位做辩护。伊壁鸠鲁主义的物理理论具有某种令人无法忽视的内在的优雅以及某种漂亮的论辩;但是伊壁鸠鲁学派似乎一直都没有试着用一种亚里士多德式的方式、抱着开放的心态、面对所观察的自然来检验那个理论。该理论的要旨在于让人们确信其真实;它在实践方面的贡献被反复提出,以作为我们承诺它的一个理由。有了这套理论,我们就无须害怕神灵或死亡;我们就可以证明灵魂必朽。

于是,伊壁鸠鲁哲学不仅在伦理学方面是价值相对的,而且也是彻底地价值相对的。它的一切真理都必须支持其幸福观。关于宇宙的全部令人不安的观点最终证明都是假的,这绝非偶然。[47]

3. 伊壁鸠鲁主义者自豪于**他们的伦理论证能够回应具体事例和具体情况**。哲学教师就像好医生一样,必须是具体事情的敏锐诊断者,为每个学生设计专门的治疗方案。在这里,斐罗德穆斯对医疗比喻进行了最广泛的运用。一些论证,就像一些药物,"更苦涩"或"更辛辣";一些论证则是温和的。在纠正妮基狄昂的坏欲望时,伊壁鸠鲁会尽可能温和地对待她,因为这样一位教师是"最温和也最公平无私的人"(*O* XLIV)。(皮索克勒斯是作为伊壁鸠鲁用温和的批判性治疗来与之交谈的一个人而被提及。[*P* 6])[48]

于是,这位医生就会"用温和的话语来进行治疗"(*P* 20),只要这样做行之有效;不过,他也可以自行做主,采用更严厉、更强硬的治疗方案。斐罗德穆斯强调说,如果他使用"更苦涩"的论证,那他并非像某些人所想的那样是出于坏脾气或者恶意(*P* 54),而是在结合具体情境做出好的医疗判断。一个医生会"通过看似合理的迹象"来决定一个病人是否需要吃泻药,与此相似,我们的医生会提出一个具有类似的净化效果的论证——大概是对妮基狄昂先前的依恋和生活方式所做的某种破坏性批评。(例如,我们可能会想起卢克莱修对爱的严厉攻击;参见本书第五章。)如果这种净化一

---

[47] 我们可以把这一点与伊壁鸠鲁在《给皮索克勒斯的信》中的强调(在很多情况下,我们都应该接受对现象的多重说明)联系起来;但是,如果在这些说明中进行选择对我们的幸福有严重后果,我们就无须这么做。

[48] 在《论自由言说》中,温和的治疗作为最值得向往的策略而在很大程度上得到强调。见 *P* 6, 8, 9, 18, 26, 27, 71, 85-87, col. I。参见 Gigante (1975)。

开始不起作用,他就会"一再"(P 63-64)尝试严厉的治疗,这样如果一次不能达到目的(telos),那就再来一次(64)。(因此卢克莱修不断在论证上堆积论证,以便击倒那种恶性疾病的哪怕最顽固的爱好者。)伊壁鸠鲁说,"让我们把坏习惯完全赶走,就像赶走长期以来严重伤害我们的恶人"(VS 46)。净化性的论证,若反复加以应用,就相当于医生治疗那种选择根深蒂固地相信和评价某些东西的习惯。与此同时——因为教师并不具有一种单方面的品格,反而会"对教学技艺(technē)做出色彩丰富的贡献"——他会在自己严厉的治疗中"搀进"某种味道不错的材料,比如某种"赞美之词";他会"鼓励她去做好事情"(P 86)。(卢克莱修甚至"搀进"了对不令人烦恼的、生殖性的性活动的一些有益论述。)这样,年轻的妮基狄昂就会发现自己吞下了一种专门为她设计和调制的令人沉醉的药剂,其中混合了赞扬和劝勉,也包含尖刻的责备——我们现在也可以补充说,那是一位医生为她开出的药方,在留意其状况的紧要关头(akmē),他知道如何辨认药方生效的时机(kairos)(P 22, 25, 65)。

现在,结果或许表明,妮基狄昂作为一位女性,会抵制那种强烈的净化性的或伤人感情的医疗。甚至在效力上强似苦艾的言语也没有效果(P 68)。(伊壁鸠鲁说,有些人一直都是自己去发现真理;有些人需要导引,不过跟随得很好;剩下的人就必须被驱赶了。)[49] 斐罗德穆斯于是说道,教师或医生别无选择,只能很不情愿地决定动手术。就像一个"明智的医生"那样,他会在对的时间、"出于好意"而做手术(O XLIV, P col. XVII;参见 Gigante)。不太容易知道论证的手术形式是什么。斐罗德穆斯称之为一种"斥责"(nouthetein)。这个说法使人想起,教师会对学生的信念和行为提出强烈的反对意见并提出反对的理由。斐罗德穆斯记录道,一个学生的言语表明,这种批评被体会为一种对个人尊严的冒犯:"我脱离自己的意志,陷入青春的无知;因此他不得不给我一顿鞭子(mastigoun m'edei, P 83)。"我们知道,雅典男性公民痴迷于维护身体界线的完整;一个人可以打奴隶,但对自由的公民绝不能动手。[50] 这样,如果这种批评被体会为类似于鞭打,它必定就已经成为对那个学生眼中的私人空间的一种羞辱性的入侵,也许是对她的弱点和坏念头的一种公开揭露。这很符合伊壁鸠鲁共同体的"坦

---

[49] Seneca. Ep. 52.3. 对这段话的讨论,见 Clay(1983a)第 265 页。

[50] 见 Dover(1978)和 Halperin(1990)。

白"实践,对此我稍后就会加以描述。[51]

在伊壁鸠鲁和亚里士多德的实践中,特殊性扮演了不同的角色。对亚里士多德来说,伦理上成熟的人,具有实践智慧的人,在她与新情形、新状况的关系之中就像一位医生:对情境格外敏感、对新特点有所准备、灵活应变。伦理学之所以是医疗性的,就是因为规则不够好。伊壁鸠鲁转而用医学模型来描绘伦理**教师**和生病**学生**的关系。这位教师其实很像一位医生,必须处理疾病在个别灵魂中的变化,但几乎不会强调如下思想:经过治愈的健康生活会采取聚焦于特殊事情的推理形式。事实上,从现存的文本来看,伊壁鸠鲁的规范伦理学看起来相当教条,并得到与规则相类似的普遍表述。"明智的人会是一位教条主义者,他不会茫然无措"(D. L. 10.120)。

我们似乎处于与论证失去联系的危险中,因为我们的论述已经将我们引入心理互动的领域,而这些领域看起来不太像哲学话语的交流。在这一点上,有人可能会受到诱惑,想象着在这份关于净化和手术的材料中,我们获得了关于伊壁鸠鲁学园课外生活的有趣信息,不过,真正中坚的哲学活动是某种别的东西。(因为现存的伊壁鸠鲁著作看起来毕竟像是一种可以识别的哲学论证,详细而系统,而且往往采取很精致的策略来反对对立见解。)我们必须抵制这种诱惑。

首先,整个治疗都是通过论证来展开的。伊壁鸠鲁所描述的那种疾病是信念的疾病,往往由哲学学说所滋养,因此治疗也必然要通过哲学论证得出。医学比喻的精巧工具例证了哲学家从事其独特活动的诸多方式,"使用理性和逻各斯"。这项工作旨在根除错误信念;为此我们就需要那种让错误事物声名扫地、让真实事物各就其位的论证。斐罗德穆斯往往把伊壁鸠鲁的著作引证为他所设想的治疗实践的范例。只有一个经过仔细论证的复杂系统才会向患者提供一种说明一切的方式,也只有这样才能平息她的焦虑。

此外,我们也必须强调说,在伊壁鸠鲁共同体中,一切论证**本质**上都是治疗。"净化"和"用药"不是哲学的附庸,考虑到哲学的实践承诺,它们就是哲学必须成为的那个东西。不管传统哲学中有什么东西被剔除了,那些

---

[51] 关于这位顽固的学生,也见 O XIX, XXXI-XXXII; P 6, 7, 10, 30, 59, 61, 63, 67, 71, col. II, col. XIV。顽固与对外部事物的依靠(P 30)、与年轻(P 71)和教育(paideia)(O XXXI-XXXII)相联系。

东西也恰好是所谓的"空洞之物"。因而我们不应该对此感到诧异:在伊壁鸠鲁共同体中,在哲学活动和人们的日常互动之间好像有一种彻底的相互渗透关系;因为互动首先是以哲学为中介的,而哲学完全旨在改善日常实践。伊壁鸠鲁用如此强烈的措辞来强调这种交融:"我们必须笑,同时做哲学,同时做我们的家务,同时使用其他才能,宣扬正确的哲学名言,永不停顿"(VS 41)。我们不要把妮基狄昂想象为去参加几个小时的课堂学习,然后打发一天中剩余的时光,就像课堂不曾存在一样。她生活在这个共同体中;她的一切活动都是由该共同体的目标、由伊壁鸠鲁(她当作"救星"来敬畏的那个人)的在场指导来管理的。她的生活充斥着哲学,犹如她所学习的哲学充斥着她的生活。

　　但是,在把所有这些治疗交流称为"哲学"、将其工具称为"论证"的时候,假若我们觉得事情比较怪异,那也确实没什么错。如果我们现在转向第二组"医学"属性,我们的不安就会得到进一步的探究。

　　4. 妮基狄昂的论证不仅适合于其具体状况,在根本上说也是**针对她本人的健康**,而不是针对任何共同的目的。尽管同伴情谊在伊壁鸠鲁治疗共同体中占据了绝对中心的地位,但在大多数时候,该共同体好像都把每个成员自己的健康当作其目的,友谊仅仅是工具性的手段。当然,在这一点上的证据很复杂,因此我把它推迟到第七章再来讨论;不过,很清楚,伊壁鸠鲁本人并不打算建立一个更大的政治共同体;在他那里,甚至连婚姻和家庭纽带都没有得到鼓励(见本书第五章)。卢克莱修可能采取了一个不同观点。

　　5. 与亚里士多德的论证不同,在这些论证中,**实践推理的运用仅仅是工具性的**。我已经论证说,这一点对于科学推理也成立;在伦理学中也是如此。(前文引用的)《基本主张》11 把二者联系起来:关于欲望的错误信念所导致的恐惧就是我们对欲望进行哲学反思的理由,正如对天空的恐惧就是我们对天空进行哲学思考的理由。《致美诺俄库斯的信》告诉我们,从事哲学的理由是"保证灵魂的健康"。这封信向美诺俄库斯许诺说,作为研究哲学的报答,他会过上一种神样的生活。假设我们有一种特殊的药物,能够让妮基狄昂一下子忘记她所有的错误信念而保留那些真实信念,我们就没有理由认为伊壁鸠鲁不会使用这种药物——只要这样做不会妨碍实践理性的其他工具职能,例如发现获得食物和住所的手段。仅仅是因为不存在这种药物,治疗不得已才采取艰苦而困难的论证过程:唯有通过心灵的理性能力,我们才能接近心灵的疾病。但是,通过这些能力而运作的论证却不具有内在的人类价值。[52] 我们绝非能够全然免于身体疾病；因此在身体患病的时候，我们就需要四处寻找论证来抵消它们。错误信念也不可能被永远击垮，事实上，对于在一种传统文化中成长起来的人来说，它们根深蒂固，因此我们就需要通过不断重温伊壁鸠鲁式的论证来加以对抗。不过，论证对我们而言仅仅像侍女一样：有用，甚至必要，但是本身并不具有价值。在实践理性的诸种运用中，只有那种提供基本需求的日常运用才有机会算作目的的一个构成要素。

6. 因此，伊壁鸠鲁学派的教师认为**论证的标准优点**纯粹是工具性的。一致性、逻辑有效性和定义的明晰性显然都具有很高的工具价值。但是，正如托夸图斯告诉我们的，妮基狄昂会学着蔑视那些**仅仅为了逻辑和定义**本身的缘故而对之加以研究的人。[53] 她甚至有可能不会为了那些东西自身的缘故而暂时研究它们，以便准备好后来将它们应用于实践论证：这就是斯多亚主义者声称他们的学派与伊壁鸠鲁学派之间的一个主要差别。既然妮基狄昂需要重温那些带来平静的论证并认识其优越性，她也同样要学习严格的分析。正如卢克莱修所说，伊壁鸠鲁式论证的清晰性就像阳光驱散阴云。不过，这些优点也还只是仆从。如果妮基狄昂在心神安宁（ataraxia）方面每天都会取得进步，如果我们能够确信她会稳妥地继续前进并抵抗对立的东西，那么，即使她不能总是把有效论证和无效论证区分开来，不能把清楚明晰的定义和模糊不清的定义区分开来，这个事实也不会打扰教师的镇静。

这一点最明显的体现莫过于概述和总结在伊壁鸠鲁学派的实践中所发挥的作用了。伊壁鸠鲁告诫说，所有学生，包括没时间去弄清他的论证细节或在这方面缺乏经验的学生，都应该消化并记住他最重要结论的摘要。现存的三封书信就是这种摘要。它们都以这样的宣告开始：伊壁鸠鲁决定为某个论题上的主要学说准备一个简明扼要、容易记住的总结；对"要素"的这种总结显然是针对没有去深入学习的学生，当然也针对已经有了深入学

---

[52] 在当代对心理问题的心理分析治疗和化学治疗之相对价值的一些争论中，类似的问题看来也至关重要，因为我们至少必须追问自我审视的心理分析过程是否具有内在价值且不依赖于它所导致的那个"经过治愈"的状态的价值。

[53] 参见 DL 10.31 = Us. 257, Cicero. *Fin.* 1.63 = Us. 234；见 Long and Sedley (1987) 第 99—100 页。

习的学生。不过,甚至对后面这种学生来说,这种总结也有价值。"因为一个一般的概述总是需要的,而细节就并非如此了"(LHdt 35)。如若我们是亚里士多德主义者,我们就会因为反感而不去给自己哲学课上的学生提供这样一份学说概述。因为我们倾向于像亚里士多德那样认为,这种做法会挫败这项事业的全部要旨,即实践理性的那种有辨别力的运用。这就像是给一个学习数学的学生一张答案清单。如果我们的确在伦理学中把我们信以为真的结论透露给学生,那么我们也要明确指出:离开了把结论推导出来的推理,结论就毫无价值。对妮基狄昂的教师来说,情况并非如此。如果那位教师的根本目的就是要帮助一切不幸的人,那么这个差别似乎就是可以理解的。不仅要去帮助布朗大学的本科生——他们的才能和此前的文化适应使得一种分析性的哲学研究变得可能——也要去帮助没有闲暇时间、没有受过教育的穷人。不管妮基狄昂是什么人,都要去帮助她。

此刻,我们必须再强调一点,以此来预示我们对怀疑论的讨论。在伊壁鸠鲁哲学实践中,某种全面的融贯性极为重要。用卢克莱修的比喻来说,伊壁鸠鲁哲学体系是一个坚不可摧的堡垒,学生在其中可免受一切挑战。但是,这意味着这个体系必须在工具层面上具有一种高度的秩序和精巧。妮基狄昂可能没有听到伊壁鸠鲁对希罗多德(Herodotus)的同样教诲;疾病越是复杂,治疗越要详尽,而且,如果她对于亚里士多德批判德谟克利特没有表现出担忧,那就不要对她讲授原子理论。不过,那个体系的一切都已准备停当,只要学生需要,时刻都可以加以利用。

7. 医学模型创造了一种强烈的**角色上的不对称**:医生和患者、积极的和消极的、权威和权威的服从者之间的不对称。斐罗德穆斯强调说,教师必须继续工作和接受批评——大概从自己或从同事那里接受批评。[54] 但是,学生却被鼓励遵循医学榜样,把自己完全置于医生的势力之下。她必须"把自己交给"教师,把自己交到教师"手中"(参见 O IV, P 40)。斐罗德穆斯在引证医学类比时说,学生甚至必须"打个比方说,把自己抛入领导者手中,只依靠他们"(P 39)。[55] 斐罗德穆斯继续说道,在开始治疗之前,学生可以在心中默诵《伊利亚特》中的结束语"有他在我身旁"。这句话出现在狄奥米德斯(Diomedes)要求奥德修斯(Odysseus)当他夜间探险的保护人的

---

[54] 见 P 46, 81, col. VIII。

[55] 这里,见 Gigante 对 Olivieri 的文本所做的修改:Gigante(1975)。

那段话中:"有他在我身旁,我们两人都能从那团燃烧的火中回来,因为他的心灵最擅长谋略"(10.246-247)。斐罗德穆斯说,在背诵这句话时,学生承认教师是"唯一的救星",是"正确言行的正确向导"。

于是,对伊壁鸠鲁和伊壁鸠鲁主义的一切古代论述都一致同意把这位大师描绘为一位值得高度忠诚和恭敬顺从的人。学生们(从卢克莱修到西塞罗笔下的托夸图斯)都把他称颂为人类救星。他被当作英雄、甚至被当作神来敬畏。普鲁塔克记述道,有一天,当伊壁鸠鲁正在课堂上讲授自然时,科罗特斯(Colotes)扑倒在他脚下,抱住他的膝盖,对他行了一个跪拜礼(*prokunēsis*),这是只有对神或对自命为神的君主才适用的礼节(*Non Posse* 1100A, *Adv. Col.* 1117B);他引用这位大师写给学生的一封信,伊壁鸠鲁在信中用认可的口气回想起这件事,强调说科罗特斯"紧紧抓住他,而这是在敬畏和恳求某些人时的习惯做法"(*Adv. Col.* 1117BC = Us. 141)。伊壁鸠鲁提出了一个含糊其辞的主张:作为回报,他想"敬畏并献身于"科罗特斯——那大概是一个愿望,即科罗特斯最终应该获得伊壁鸠鲁那种像神一样的身份。不过,这恰好也进一步表明提出论证和接受论证的不对称:要么你是神,要么你不是。如果你不是神,你对那个是神的人提出的论证的恰当回应就只能是接受和崇拜了。在写给伊多梅纽斯的一封信中,伊壁鸠鲁提出了一个请求:"好吧,为了照料(*therapeian*)我们神圣的身体(*hierou sōmatos*),以你自己和你孩子的名义,把刚采下的水果带给我们作为敬献吧。"(Plutarch. *Adv. Col.* 1117E)斐罗德穆斯告诉我们,学生的根本态度是,"我们决心服从伊壁鸠鲁的权威,我们已经选择以他为榜样来生活"(*P* 15)。我们已经看到了证据(迪斯金·克雷关于纸草的新著支持这一点,见 Clay 1986):伊壁鸠鲁把对他本人的英雄崇拜确立为学生们共同关注的一个焦点。努力想象一下要是亚里士多德接纳了这个角色会怎样,你就会对我们已经发现的差距有所估量。塞涅卡告诉我们,斯多亚主义者也拒斥伊壁鸠鲁式的哲学权威观念:"我们不是生活在国王的统治下。每个人都主张自己的自由。而对他们来说,不管赫尔马库斯(Hermachus)说了什么,不管梅特罗多洛斯说了什么,他们所说的一切都被归结到一个单一来源。而在那伙人中,任何人所说的任何东西都是在一个人的领导和指挥下说出的"(*Ep.* 33.4;参见本书第九章)。

8. 假若妮基狄昂进入亚里士多德学园,她就会接触到很多其他的立场,被教导用自己的批判能力来同情性地考察其价值。伊壁鸠鲁学派则受制于一个信念即大多数可得到的观点都是腐化的,于是就采取了与亚里士多德学园不同的做法。妮基狄昂会被灌输正确的思考方式并被要求远离其他观点——除非是为了学会如何拒斥它们。整个论证过程往往被称为"纠正"(*diorthōsis*),这个事实向我们表明,该学派几乎对任何一种不带偏见、公正无私地审视对立观点的方式不感兴趣。但是,毕竟没有任何一位医生会同时告诉你三种医疗方案,看看哪一种有效:它们的效应会相互干扰。即便如此,伊壁鸠鲁力劝妮基狄昂避开来自普通文化和其他哲学学派的竞争影响。他对阿佩莱斯(Apelles)写道:"祝贺你呀,阿佩莱斯,因为你已经开始从事一切教育(*paideia*)[56]中最纯粹的哲学。"(Us. 117 = Athenaeus XIII 第 588 页)他对皮索克勒斯写道:"幸福的人啊,扬帆急驶,逃离每一种形式的普通教育(*paideia*)吧。"(Us. 161 = DL 10.6)即使形成竞争的哲学观点并不等同于普通教育,但在伊壁鸠鲁看来,它们受到了普通教育的错误价值的影响。我们可以指出,这一点对亚里士多德的观点尤为成立。

治疗论证的上述特征导致某些做法得以确立,它们都关系到在伊壁鸠鲁学派与当时其他学派之间划清界限。这些做法包括记忆、坦白和通告。妮基狄昂希望用正确的伊壁鸠鲁教义来支配自己的生活和灵魂。不过,伊壁鸠鲁认为,只有通过每天背诵,才能克服她那顽固的坏习惯。所有学生都要背过伊壁鸠鲁的《基本主张》(*Kuriai Doxai*)。现存信件中的摘要也是为了记忆和背诵而设计的,以便学生能够"在每个场合中、在最重要的事情上帮助自己"(*LHdt* 35,参见 36; *LPyth* 84, 116; *LMen* 135)。例如,《致美诺俄库斯的信》在结尾盼咐其接受者:"去做这些事和与此类似的事吧,要夜以继日地去做,把它们对你自己、对与你相似的某个人说出来。"

对记忆和背诵的强调既不是偶然的,也不是次要的。伊壁鸠鲁至少提供了三个理由来说明为什么这种做法必不可少。第一,记忆是学生在内心深处接受教诲的方式,以便教诲"变得有力"并在面对错误时能够帮助自己。如果她每次都需要通过查阅著作来反驳错误学说,她往往就会陷入毫无准备的状况。(皮索克勒斯曾经抱怨很难记住伊壁鸠鲁在重要问题上的观点,见 *LPyth* 84。)如果她内化了教诲,她就会像美诺俄库斯那样"无论是

---

[56] 瓦克斯穆特(Wachsmuth)的文本;其他人猜测是 *aikia*(损毁);但普鲁塔克的释义(*Non Posse* 1094D)用的是"*mathēmata*"(学习,知识,中性复数形式特指数学——译者注)这个词,因此对瓦克斯穆特的选择提供了支持。

在醒着还是在睡觉都不会受到打扰"(135;参见123)。第二,只要记住了要点,对整个体系的结构也就有了一种全面把握;这正好向学生表明伊壁鸠鲁的体系实际上是一个多么稳妥、多么完备的结构,各个部分是多么精巧地组合在一起。伊壁鸠鲁认为,仅凭把书面论著的所有细节都浏览一遍,妮基狄昂是不可能得到这种东西的:

> 甚至在完全熟练的学生那里,在澄清每一个具体问题上,最关键的要素仍然是迅速唤起概念的能力,而(如果)这些概念还没有被归结为基本命题和简单表述(就不可能有那种能力)。因为,如果不能用简洁的表述来包含对细节问题的潜在解释,就不可能对普遍的自然真理的方方面面做适当的压缩。(*LHdt* 36,英译文见 Clay 1983a。)

通过这种方式,甚至妮基狄昂这样一个不成熟的学生也可以"无声且如思绪般敏捷地令这些相关学说对于平静心态来说成为最基本的"(*LHdt* 83)[57]。伊壁鸠鲁在此颇具原创性地承认,阅读,在大声读出来的时候,是公开的和散漫的。而我们想要的那种把握是一种不费时的、内在的私人概观;这种把握是由记忆来提供的。

伊壁鸠鲁为何要强调这种内在把握呢?这把我们带到我们想要提出的第三个理由,也是最深的那个理由,正是这个理由表明了伊壁鸠鲁作为一位心理学家的伟大之处。这就是他认识到,在生活中引起困扰的错误信念,并不是完全处在自我的表面上,准备接受批判性的辩证审视,就像亚里士多德主义者看上去所认为的那样。相反,它们藏于灵魂深处,经常在有意识的层面下施加其有害影响。简而言之,伊壁鸠鲁发现了无意识的东西,而有了这样一个发现,亚里士多德主义就不可能显得与伊壁鸠鲁学说一样了。这个见识的大多数证据体现在卢克莱修那里,我在本书第六章中会加以讨论。不过,在伊壁鸠鲁自己的著作中,也有充分的迹象表明我们有权把这项发现归于这位导师。有两段话把伊壁鸠鲁对默记的强调与学生**在睡觉时**不会受到打扰的推论联系起来(*LMen* 135,此前已经注意到这一点;DL 120)。就像我们已经看到的那样,伊壁鸠鲁对希罗多德强调说,记忆和实践令论证在学生的灵魂中"变得有力"(*dunatos*, *LHH* 83)——这意味着,只有通过将论证逐入内心深处、让它牢固地扎下根来,它才能得到击败对手所需要的力量。

---

[57] 对这个问题的有价值的讨论,见 Clay(1983a)。

关于人的这一看法对哲学方法具有重大影响。如果我们对自己不是一目了然,而是往往由我们并不知道自己具有的信念激发起来的,那么辩证法的运用就不够深入。在某些情形中,这种手法可能有助于向学生揭示出那些她并不知道自己已经具有的信念,但不可能让她已经抑制的信念浮现出来(她抑制这些信念,是因为它们有着令人不安的特征),因此不知道自己具有这些信念这件事情就变得很重要了。为了对抗这些深藏在心底的声音,我们就需要把其他声音也驱赶到内心深处,以使它们(即使在梦中)与妮基狄昂对话。

但是,甚至在我们能够达到这一点之前,就有了另一个问题:如何发现病人真正的疾病?亚里士多德主义似乎假设,如果我们问妮基狄昂她究竟相信什么、欲求什么,她就会正确地告诉我们答案。伊壁鸠鲁暗示说,这样一种进路只是浮光掠影。为了发现她在内心深处相信的东西,教师就必须看看她在做什么以及如何做。如果教师不能每天在她身边这样做,他该如何得到需要的材料呢?

一个自然的解决方案就是利用叙事。就像一位现代精神分析师一样,教师必须让妮基狄昂把她的故事(行动、思想、欲望乃至她的梦)都告诉他,由此了解她的症状——这样,他就像医治身体疾病的医生那样获得有利的角度来把握她的症状并做出恰当的诊断。伊壁鸠鲁就是用这种方式来面对问题的,因为我们在其学派那里发现了希腊哲学传统中对坦白或私人叙事规定的第一条记录。这条颇具吸引力的材料来自《论自由言说》(*Peri Parrhēsias*),萨德豪斯(Sudhause)在 1911 年首次认识到了其重要性,[58]尽管他并未引用所有相关的残篇,而且(我认为)他过分紧密地把那些实践与基督教的实践联系起来(把二者区分开来很重要)。斐罗德穆斯告诉我们,伊壁鸠鲁"赞扬赫拉克莱德斯(Heracleides),因为伊壁鸠鲁认为,他把某些东西公开讲出来而遭受的责备不如他从中得到的帮助那么重要:于是他就把自己的过失透露给伊壁鸠鲁"(*P* 49)。斐罗德穆斯同意他的老师,判断说如果我们在任何方面都会犯错误[59],那么伊壁鸠鲁主义者就应该"变成自己的控告者

---

[58] Sudhaus(1911),第 647—648 页。

[59] *Hamartias*(过失),萨德豪斯错误地译为"Sünden"(罪孽)。"罪"(sin)通常意味着那种缺陷在我们的原初人性中有一个基础;但这是希腊化时期的所有思想家都强烈予以否认的。

(*kategorous*)"（51）；在我已经提到的一段话中，他用医学类比来说明这种做法的要点：

> 学生必须毫无隐瞒地向他（伊壁鸠鲁）表明自己的过失，公开讲述自己的缺点。因为如果他把伊壁鸠鲁看作正确言行的向导，他所谓的唯一救星、在说"有他在我身旁"时将自己加以托付以得到医治的那个人，那么他怎么会不把他要求医治的那些东西显示出来、接受他（伊壁鸠鲁）的批评呢？（*P* 39-40）

这段话（萨德豪斯没有引用）向我们表明，罪孽和免罪的概念不是我们理解伊壁鸠鲁式的"坦白"时最能说明问题的工具，因为那种"坦白"事实上是把症状公开，以便加以分析和诊断。[60] 它接近于现代心理治疗的某些思想和方法：治疗师在能够对那些在患者的生活中造成干扰的材料（包括无意识的材料）形成一个假说之前，先要对患者的生活和思想有一个尽可能完备的故事。[61] 叙事允许他审视学生的孤独、她的梦想以及她的秘密时刻。

但是，就像我们假设的那样，妮基狄昂是一位不喜欢接受批评的顽固学生。她可能不愿说出自己的风流韵事；她可能隐瞒自己对牡蛎的喜好、对自己此时已经抛在身后的那种社会生活的渴望。她之所以待在那个共同体中，是因为她想要在那里；即便如此，她可能很难让自己说出需要说出的东西。这在现代心理治疗中是一个很麻烦的问题，因为即使病人自愿接受治疗且想要开诚布公，她也希望给医生留一个好印象；她的抵抗和沉默出于各种原因；她自己可能没有意识到与她的治疗最相关的东西。

正统的心理分析学家在这里就无计可施了，只能延长与病人的接触。这个方法很有限，因此很多治疗师就偏离正统的弗洛伊德疗法，去会见病人的家人和朋友。这显然是伊壁鸠鲁做过的事情，即利用他那严密的共同体资源来解决问题。按照斐罗德穆斯的记载，某个名叫波利艾努斯（Polyae-

---

[60] 参见 *P* 28："如果我们通过论证表明，虽然很多高贵的东西都是出自友谊，但其中没有任何东西会像拥有这样一个人一般伟大——你可以对他谈论自己的内心世界，而当他说话的时候，你也可以倾听他。因为自然强烈地渴望把一个人对其他人的看法揭示出来。"也见 *P* 41：私下行动是不友好的。关于坦白的其他证据，见 Plutarch, *Col.* 1124D；参见 *Mor.* 566F。

[61] 也有某种证据表明，伊壁鸠鲁之所以留心一个人的思想，其目的在于抑制未来的逾越。见 Seneca, *Ep.* 24.4-5，"不管你在做什么，都要设想伊壁鸠鲁在旁边注视着你"。对现代心理分析的类似思想的进一步讨论，见 Nussbaum（1993c）。

nus)的人,在看到阿波罗尼德斯(Apollonides)"懈怠"于追求伊壁鸠鲁主义,就"去找"(或"写信给"——此处文本有损毁)伊壁鸠鲁。下一条残篇继续这个传说:"因为,如果一个人希望朋友得到纠正,那么,只要他不是在诽谤,伊壁鸠鲁就不会把他看作诽谤者,反而会认为他是一个爱朋友的人(philophilon);因为他很了解这个差别。"(*P* 50)另一条残篇记载,由于朋友们都很积极,"不主动的人显然被看作是在隐瞒,……没有什么东西能逃过注意"(*P* 41;参见 8)。我们可以看到这些做法如何再次从医学模型中获得支持:因为一种未经宣告的、不明显的症状是无法得到医治的。一个人很有可能向一位朋友或亲戚提供这种援助,后者由于一种隐藏的疾病而处于丧失全部良好机能的危险中。尽管在提供这种帮助的时候我们不得不面对隐私这个令人挠头的问题,但在一种受到保护的医疗环境中,病人的迫切需要也会促使我们避开那些问题。古希腊人远不像我们那么看重隐私的价值,隐私问题在他们看来好像没有那么严重。

9-10. 妮基狄昂经常听到的那些论证对其自身的功效提出了这样的评论:学生不断被提醒说,那些论证对于拯救她来说既是充分的又是必要的。(在任何地方都找不到比这个更显著的、与亚里士多德的对比了。后者的谦逊、他对完备性的放弃与他赋予学生的独立贡献的那种价值密切相连。)伊壁鸠鲁的实践是严厉的,要求放弃很多先前所看重的东西,要求一种经过训练的学习,而伊壁鸠鲁的很多学生还没有为这种学习做好准备。为了鼓励他们与哲学为伴,论证就必须把劝勉和自我宣扬与其推理糅合在一起。

这种论证对于妮基狄昂从事论证的能力和动机所造成的影响是一个复杂问题。一方面,随着更加深入地沉浸于伊壁鸠鲁的体系,妮基狄昂也对这个体系变得更为热情,在参与讨论**其**论证方面变得更有能力。但是也可能她会**在一般性地进行论证**时、在某种意义上变得更糟。亚里士多德的学生,**通过**更好地对自己的推理承担责任而变成一个更好的亚里士多德主义者;正如我们即将看到的,斯多亚主义者也是一样。伊壁鸠鲁的学生不被鼓励去面对他的体系来提出自己的异议或进行辩驳性的论证;随着她愈发依赖这位大师的文本和学说,她可能就变得不太擅长独自进行推理了。

四

现在我们来概述一下妮基狄昂的哲学教育,其中的特点并非都具有同等的重要性。对于任何一个优秀的伊壁鸠鲁主义者来说,对严重疾病的敏锐意识、对治疗的需要总是占据支配地位。这个实践目标于是就让位于医学类比,并激发了这种治疗的其他具体特点。比如说,我们可以看到,在那个实践目标的迫切性和特殊性主张之间会不时出现冲突:为了有效地治疗所有需要治疗的"病人",医生不可能总是抽出时间来仔细为每个病人做出个别的预后说明。在出现传染病的情况下,对治疗的迫切需要决定了治疗的标准没那么精细且更为普遍化。尽管伊壁鸠鲁将其个人教学限制到很紧密的共同体,他还是撰写了大量著作并加以传播。如果假设这些著作的唯一目的就是向亲身来到学园当学生的人宣扬他的学说,这看起来不太合理;更有可能的是,他认为那些成文的著作本身就具有某种独立的治疗价值,即便它们是泛泛地写给一般人的。[62] 公元 2 世纪的伊壁鸠鲁主义者、奥伊诺安达的第欧根尼(Diogenes of Oenoanda)甚至更进一步强调说,信念疾病在他那个时代的盛行,要求人们构建一种单一的、非特殊性的、高度持久的逻各斯(logos)。他在小亚细亚有一处房产,在其边界靠近公共道路的地方,他建造了一块巨大石碑。这是已发掘的古希腊碑铭中最大的石刻之一,其中包含对伊壁鸠鲁在一切主要问题上的论证的简要总结。这位第欧根尼对这块碑铭的起源提出了如下说明:

> 人啊,若只有一两个,或三四个,或五六个,或者你想起来更多的人,这些处境悲惨的人只要数目不是太大,那就——将他们召唤出来吧……[此处铭文有缺]但是,就像我此前所说,既然大多数人都像在瘟疫中那样,由于对事物持有错误看法而一起病倒,既然他们的人数正变得越来越多——因为他们相互效法,因此就像羊群一样相继染病——于是,帮助路过的陌生人是一种仁慈之举(philanthrōpon),除此之外,既然很多人都很渴望这段文字的帮助,我就决定利用这个廊柱,把即将拯救他们的所有良方(pharmaka tēs sōtērias)公布于众。(III-IV, Chilton 1971)

这向我们表明,对于优秀的伊壁鸠鲁主义者来说,对治疗的实践需要在多大

---

[62] 普鲁塔克的不友善的解释是:写作是试图获得个人名声——"如果你是建议好人避免受到关注并默默无闻地生活,那么……对你自己来说,伊壁鸠鲁,你首先该说,'不要给你在亚细亚的朋友写信。不要从埃及招募新学员。不要把礼物送给兰萨库斯的年轻男人。不要为了宣扬你的智慧而把书籍送给所有的男人和女人(pasi kai pasais)'"(LB 1128F-1129A)。

程度上支配了对哲学论证的所有其他考虑。第欧根尼的碑铭确实包含论证,完全不是一块写着宣称"耶稣拯救我们"的公告牌。另一方面,它同样远离托马斯·阿奎那(Thomas Aquinas)的《神学大全》(*Summa Theologica*),后者大概是亚里士多德主义影响最大的"救命良方"。相互关系、批判活动乃至学生的特殊需要和动机都可以被抛弃,只要这样做看上去对拯救灵魂来说是必要的。

五

伊壁鸠鲁对医学类比的使用在很多方面似乎与亚里士多德的类比相连续,因为就像亚里士多德一样,他对这个类比的使用也要求下面这种论证:它们不论是在设计上还是在效应上都是真正实践性的,都回应以往的价值、希望和欲望,灵活地关注具体情形的微妙差别。亚里士多德和伊壁鸠鲁都一致认为,伦理哲学家的技艺,就像一位好医生的技艺一样,要求关注病人的希望和恐惧,要求灵活地把握时机。不过,到此为止他们就分道扬镳了。亚里士多德声称伦理论证活动本质上是辩证的和相互的,其成功要求一个多多少少是平等的人组成的共同体,所有这些人都是医生和病人。他也论证说,伦理论证在实践层面的益处与对于对立见解的辩证审查不可分离,与相互批评的活动不可分离,与一致性、明晰性和明确的结构安排这样一些基本的哲学优点不可分离。不管我们如何限定伊壁鸠鲁的见解,清楚的是,对于这些不属于医疗程序上的优点,他并没有同样的承诺。

伊壁鸠鲁曾经指责说,当存在着另一种我们可以得到、能够更广泛地照料人类需要的哲学时,亚里士多德的上述辩证承诺是冷酷无情的。一种富于同情心的哲学会将自己改造为回应那种需要的一切。这个指责应该令我们感到忧虑,因为我们是生活在这样一个世界中,在那里,亚里士多德式的哲学教育不能得到很广泛的分配,因为它要求(它确实要求)某种先前的教育背景和动机背景,而这种背景与阶级身份(以及本地传统或民族传统)有着很强的关联。只要我们没有全力以赴用我们的教学和写作把现实世界的需要说出来,我们所有人实际上不都是空洞无用的吗?

亚里士多德主义者应当首先承认,伊壁鸠鲁认为分析性和论辩性的哲学在范围上过于狭隘,他是对的。不过,她坚持认为这种哲学探讨把一种独特的实践利益贡献出来,而我们从任何不太全面、不太严格也不太关心明晰性的东西中是不可能得到那种好处的。事实是,伊壁鸠鲁哲学所具有的任何伟大而令人难忘的东西之所以如此,是因为它们确实满足了那些标准;在实际上开始接触对人的卓越、人的功能以及人类社会之正义的最有力也最合理的描绘时,轻视这些标准就是忘却**好哲学**的实践价值。这种哲学论述绝不是无用的,因为它们一经提出就可以为公共生活(法官、立法者、经济学家以及各种各样的政策制定者)提供大量指南。这些人本身并不**都是**哲学家;不过,他们能够利用哲学研究的成果来更好地设计社会制度。那样的话,他们就会把哲学的益处带给很多从来就不打算研究哲学的人,因此就可以用他们自己的方式去帮助伊壁鸠鲁声称亚里士多德主义者无法帮助的那些人。[63] 伊壁鸠鲁本来不应该忽视这一可能性;不过,如果他确实如此,那他似乎就已经为了维护一小群个体的心神安宁(ataraxia)而卖空了哲学和社会。伊壁鸠鲁可能会争辩说,法官和立法者无论如何都是那个腐化体制的一部分,因此不会倾听好的哲学论证。不过,他还没有表明事实必定如此,而且,只要这样一种影响仍有希望,为之做出尝试就确实很重要。

伊壁鸠鲁主义在以下几个方面超越了亚里士多德:在它分析情感和欲望的精确性和深度上,在它对动机的无意识层面的认识上,在它对欲望和偏好在一个迷恋财富和地位的社会中是如何被塑造出来这件事情的透彻批评上。在接下来的三章中,我们会看到它在这些领域中的探究是多么深入锐利。我们也会看到,在伊壁鸠鲁主义实际上所使用的论证中,其实很多都满足了严格性、明晰性甚至相互论辩的高标准。因此,我们对伊壁鸠鲁共同体中哲学实践的忧虑在某种程度上就会减轻。

不过,我们应该继续把亚里士多德的例子牢记在心,严密审视这些方法。我们的研究表明,对辩证论证的承诺有任何放松都是一个不应轻易采取,或者不应不加反思就采取的举动。因为我们总有可能(事实上是过分容易)从冷静的批判性话语转向某种形式的治疗方法,正如伊壁鸠鲁本人从他那位柏拉图主义的教师瑙西芬尼斯(Nausiphanes)那里转向他自己的道路。然而,一旦沉浸于治疗中,我们就更难返回亚里士多德式的批判话语

---

[63] 有学者试图用一种新亚里士多德主义的见解来影响发展中国家的贫困和不平等的问题。关于这样一个例子,见 Nussbaum and Sen(1993)。不过,这个见解当然不必非得是一种亚里士多德式的见解才能履行亚里士多德所设想的那些功能:康德式的见解和功利主义的见解也可以对这个当代争论做出有价值的贡献。

所具有的价值。伊壁鸠鲁学派学生的消极性,她的信任和尊敬的习惯,可能都会变成惯性,因此就毁了她、使她不能从事积极的批判任务。据第欧根尼记载,[64] 有人曾问阿尔凯西劳斯(Arcesilaus),为什么很多人从其他学派转向伊壁鸠鲁学派、却没有任何伊壁鸠鲁学派的学生转向另一个学派。阿尔凯西劳斯回答说,"因为人可以变成阉人,而阉人绝不会变成人"。即使妮基狄昂注意到阿尔凯西劳斯好像忘记了她在伊壁鸠鲁学园中的存在,她可能也会觉得他的那个过分狭隘的隐喻包含着一个深刻的批评,而这同时也适用于她自己。

---

[64] DL 4.43.

第五章　超越痴迷和厌恶：
卢克莱修论爱欲的治疗

> 因此性爱和两性之间的交往被神化为一种宗教，仅仅是为了让"宗教"这个词——这个如此贴近唯心论记忆的词——可以不从语言中消失。……在我们与其他人的交往中，纯粹的人类感情的可能性如今已经被我们不得不生活于其中的社会充分削减了。……我们没有理由通过把这些感情拔高为一种宗教来进一步剥夺这个可能性。
>
> ——恩格斯：《路德维希·费尔巴哈和德国古典哲学的终结》

一

诗人提图斯·卢克莱修(Titus Lucretius)出生了。后来，他因为喝了春药而发疯。在他精神错乱期间那些断断续续的清醒时期，他写了几本书，之后由西塞罗加以编订。再后来，他在四十四岁那年结束了自己的生命。[1] 杰罗姆(Jerome)所讲的著名故事本身基于有关卢克莱修诗作的两个明显事实：其一，故事中的诗人言说者宣称要对我们说出对于爱的一种强烈的个人体验；其二，据说正是这同一个言说者，在他神志清醒、具有理性的时刻，用诗歌作品无法企及的一种苦楚来谴责和攻击爱。但是，杰罗姆的故事并不只是记录这些事实，而是构造了一段传记来说明它们。这段传记告诉我们，卢克莱修对情爱的批评是由他对爱的体验引发的；此外，这种体验以及由此产生的批评很不合常规，而且过于标新立异。爱的疯狂绝非日常的情欲体验，而是一种由药物诱发的强制状态。因此，在那些"断断续续的清醒时期"写下的对爱的谴责，就可以被视为一种不情愿的上瘾状态所产生的疾

---

[1] 这个故事出现在杰罗姆对优西比乌斯(Eusebius)自(公元)94年（也可能是93年）以降的编年史的补充中。关于订年的讨论，见 Bailey(1974)第1卷，第1页及以下。

苦和痛楚的流露,而不是一个能自由思想的人通过反思而构造出来的理性批评。接下来的自杀故事完成了这种描述。这导致我们相信,在卢克莱修的诗作中,我们看不到值得尊重和深究的论证,而只能看到一颗自暴自弃、无比绝望的心灵留下的遗言——我们任何人都不会选择处于这样一种心智状况,它不可能对反思有利。还有一个进一步的教训。从杰罗姆的叙述中,人们可以推断说,如若一个人已经把握了提出这些批评的要旨,他就无法回去过一种幸福的生活。这个关于疯狂的故事不仅令人对论证产生怀疑,也力劝我们把论证看作一种危险而加以拒斥。总而言之,我们无须、甚至也不应该认真研究卢克莱修对爱的攻击。我们可以怜悯他;但是,在他用如此引人关注的暴力方式对我们提出的这个论题上,从他那里我们学不到什么。

这个故事及其具有教化意味的结论(太符合基督教讨伐无神论和唯物论的精神,因此作为传记未曾受到深层质疑[2])数个世纪以来已经充当一幅非正式的阐释蓝图,不仅被用来解释《物性论》(De Rerum Natura)第四卷对爱的攻击,也被用来解释整部著作。因此,这部诗作常被解读为个人的诗意表达,而非哲学论证,常被读作非理性征兆,而不是理性治疗。[3] 甚至当它在诗学方面的卓越备受称赞的时候,它所提出的道德挑战也被回避了,就好像卢克莱修就是这样一位诗人:对他来说,诗歌具有其他一切正当职能,却唯独没有澄清和解放人类生活的职能。

在20世纪,学术界已经开始清除这些错误。认真看待这部诗作的治疗目的和反宗教目的的解释已经不再像是例外,反倒像是流行规范。很多不同类型的讨论——从乔治·桑塔耶那(George Santayana)在《三位哲学诗人》(Three Philosophical Poets)中对卢克莱修写作目的所做的清晰阐释,到西里尔·贝利(Cyril Bailey)对迪斯金·克雷(Diskin Clay)关于卢克莱修式治疗的近著的权威评论[4]——都强调这部诗作的道德目的与其诗学设计

---

[2] 杰罗姆认为他所讲述的故事就是传记,对这一点的批评,见 Ziegler(1936),Kenney(1977),Classen(1968),Betensky(1980)以及 Wormell(1960)。现在人们广泛同意这个故事其实不是真的。

[3] 近来关于这种思路的一些例子,见 Logre(1946)和 Perelli(1969)。Patin(1883)有影响地发展了如下论点:卢克莱修的心理学和更深层动机与他详细阐明的伊壁鸠鲁学说相冲突,因此在这部诗作中我们就可以看到一种"卢克莱修作品中的反卢克莱修"(anti-Lucrèce chez Lucrèce)的众多迹象。这个论点仍然有很多捍卫者和追随者。

[4] Santayana(1910),Bailey(1947),Clay(1983)。

是和谐一致的,并将二者都视为理性心灵的精心创造。[5]克雷令人信服地论证说,这部诗作经过精心设计,其目的在于引导一位假想的读者一步步去经历伊壁鸠鲁式的治疗过程。尽管克雷的论述并非在所有方面都具有说服力,但他详细说明了如何实现这个目的。显然,于此我们就远离了杰罗姆的怜悯和俯就。

在我们的时代,对卢克莱修的逐渐承认显然与对人类生活的世俗的、唯物论观点的盛行有关,同时出现的还有对于已确立的宗教的批判态度。卢克莱修对自然世界和灵魂的看法现在看来并不疯狂,在理智上反而显得很健全——远比那些为了取代他而发明出来的观点更健全。几年前甚至出现了这样一件事:某位著名的英国道德哲学家应邀在关于灵魂不朽的专题系列讲座中发表演讲,他发现,为了让一群当代听众在哲学上和直观上理解这个论题,最好的办法就是倒过来通过卢克莱修来讲述灵魂**必朽**以及为什么这不是坏事。[6]事实上,卢克莱修对传统信念所做的全部攻击现在看来就像是我们自己的信念传统的一部分。人们(至少很多人)在阅读它们的时候不会感到惊讶,不会觉得受到威胁,也不会觉得某种珍贵的东西突然之间就令人震惊地受到了侵犯。

对一切都加以攻击,只有一个例外。因为爱得到了广泛敬畏;事实上,对很多人来说,爱具有一种世俗宗教的地位。事实表明,人们往往更愿意放弃神或神灵,而不愿停止将彼此当作神。甚至在卢克莱修的信教时期,爱也是宗教性的,他自己告诉我们,爱是一种由神造就的状况,具有神一般的力量,将爱者和被爱者联结起来,而后者则被恰当地看作一位有形体的神。然而,在我们的时代,当个体救赎的宗教来源广受怀疑时,个人的情爱(连同其他世俗的价值来源)甚至开始更强烈地承受一系列渴望的重负——多数人对于超越的渴望、对于某种超越尘世的完美的渴望、对于与这种完美神秘地结合的渴望。与卢克莱修所想象的读者相比,当代那些敬畏爱却不信宗教的读者可能会更加热诚地与自己的情欲目的保持一致——因为对卢克莱修假想的读者来说同样朝向天国的一切希望和欲望,对当代读者来说就必

---

〔5〕 关于这条思路,亦参见 Kenney(1977)和 Classen(1968);我们将会在 Bailey(1938)和 Wormell(1960)那里发现对这位诗人的"心智"(mind)的强调——尽管是一种很谨慎的强调。关于卢克莱修的诗歌作为理性治疗的另一种主要论述,见 Schrijvers(1969,1970)。

〔6〕 见 Williams(1973),在本书第六章中会作详细讨论。

须被注入人世间脆弱的计划之中。于是,卢克莱修对这些计划的攻击就以一种其他攻击不再具有的威胁方式产生了威胁。

在对《物性论》第四卷所做的回应中,我们清楚地看到了这一点。在杰罗姆的故事中,基督教不是以公开表达愤怒和恐惧的方式来回应卢克莱修的无神论,反而是以怜悯和谦卑来回应。从宗教内部来看,上述反宗教的论证看来愚蠢而疯狂,但并不危险。对于卢克莱修就爱提出的论证,现在也差不多可以这样说。在爱的追随者(the lover of love)眼中,这些论证违背常情、软弱不堪,全然是一个充满怨恨和绝望的心灵的产物,而不是应当认真加以考虑的理性建议。事实上,对卢克莱修唯物论所做的最严肃的哲学论述几乎都没有在这些论证上花费笔墨。两项主要的长篇研究,克雷和博莱克(M. Bollack)的研究,几乎都没有提到这些论证;肯尼(E. J. Kenney)对近来学术研究的有效总结尽管同情卢克莱修的无神论,但显然也避免就爱的主题做出评论。尽管桑塔耶那没有分析这段文字,但他也指责说,卢克莱修因为对爱持有否定态度,因此就对人类价值持有一种相当贫乏的理解。[7]当研究者详细讨论这段文字的时候,通常而言,他们要么是从传记的角度来处理(在这一点上,甚至贝利也认可对卢克莱修所提出的那种"精神错乱"的解释),[8]要么是从文学史的观点来处理,就好像卢克莱修此时不再是一位哲学家,反倒变成了一件纯粹的装饰品,集各种症状为一体。简而言之,这些读者是用忠实信徒的那种高高在上的姿态来阅读卢克莱修,自以为已经知道情爱或浪漫之爱是多么奇妙,知道没有这种爱的生活是多么贫乏。对这种爱进行公然抨击的口吻听起来就像是一种疯狂的腔调,不是出自医生,而是出自病人。

---

[7] Clay (1983); M. Bollack (1978); Kenney (1977); Santayana(1910)第205页。

[8] 贝利在评论《物性论》IV. 1058时说,"人们经常认为,卢克莱修的热烈是出于其个人体验,杰罗姆的春药故事被用来支持这个观点。我们无法确信杰罗姆的这个提议是否成立,不过,卢克莱修用不成比例的篇幅和激烈的措辞来催促读者接受他的辩解,这种做法让那个提议显得可信"。Logre(1946)诊断卢克莱修患了狂躁-抑郁症,其主要根据就是论述爱的那个篇章;Perelli(1969)谈到卢克莱修对性的强烈厌恶以及他的性虐待倾向。这类"解释"的主要例外是Godwin(1986)的新评论,尤其还有Brown(1987)这部一流著作——该书在本章作为一篇文章发表后才出版,因此并没有影响我在本章中所采取的主要论证路线,不过,这部著作从头到尾都值得称赞。也见Fitzgerald(1984)和Betensky(1980)这两篇文章,后者对这部诗作的积极方面提出了一个特别有帮助的说明。

如果我们遵循这条思路,那就会自然地回到杰罗姆的故事、用一种略微不同的方式来看待它。因为,如果我们不是作为基督教说教者,而是作为爱的追随者(不论是古代人还是现代人)来阅读这个故事,那么它本身就会很可疑地变得像是一个爱情故事。痴迷、疯狂、逃避未遂、自杀,浪漫或情欲之爱的所有这些要素全都在这里了,而且正是它们为从《埃涅阿斯纪》(*Aeneid*)第四卷到《少年维特之烦恼》(*Sorrows of Young Werther*)及其前后的无数爱情故事提供了基本情节。在对爱的文化体验中,这些基本特点跨越了将古代罗马和当代欧美分离开来的那些差别,多多少少一直都保持不变,并成为拉丁诗中那种动人心弦、连续不断的力量的一个主要来源。从这些讲述爱情故事的传统来看,卢克莱修对爱的哲学攻击看来恰是自己悲剧性的爱情故事中的一个情节。这个故事几乎无法对这种激情提出一种严肃认真、无法反驳的攻击,因为只要它自身存在于那个故事之中,它就会提供证据(只要我们需要)来表明爱的力量凌驾于创造性的理智之上。卢克莱修对爱的争辩越有力,他对自己的背叛就越多;他越贬低爱,其实也就越赞美爱。对杰罗姆的故事做这种浪漫化的重新读解,就像那种道德化的读解一样,其实是逃避的秘诀。只有通过事先承认这部诗作中没有什么值得我们学习的东西,那种重新读解才允许我们去关注这部诗作。

这些反应都很自然且颇具吸引力。出于这个原因,如果我们已经密切注意妮基狄昂迄今所接受的治疗教育,我们就应该怀疑上述反应。伊壁鸠鲁式的治疗不会在失去力量的错误观念上浪费时间,而是将矛头指向那些形成妮基狄昂日常生活特有结构的糟糕观念——也就是指向那些"就像坏朋友那样"多年来一直在把她引向不幸和错误的坏习惯。只有构成威胁的东西才会把真实治疗的希望保存下来,而像伊壁鸠鲁所强调的,真实的治疗是痛苦的。因此我们必须要求妮基狄昂考虑一种可能性。我们要求她(也应当要求自己)绝对认真地考虑,卢克莱修可能是正确的——就像大多数人所了解和体验的那样,情爱对我们来说很糟糕;如果没有这种爱,人类生活会变得更丰富也更美好。我们后面会看到,卢克莱修对于大多数人在爱的体验中所具有的治疗动机会有很多说法。我们会具体地看到,他如何激发想象中的读者。不过,此时,我们不妨要求我们的学生给这部诗作一线机会,哪怕只是简单地承认,不只是在课堂讨论上,而且也在自己的生活中,这部诗作总有些表达还算值得一听。爱很可能并非如此奇妙。

事实上,我相信这些论证对于那些相信爱和爱情故事的人来说都有很大价值。我相信它们是治疗性的,但不是在一种虚无主义的意义上,而是用一种人道的、建设性的方式。我将论证说,它们不是把我们领入一个贫乏的世界,而是领入一个更富于人性的世界。通过揭露那些约束我们、妨碍我们用一种充分人道的方式来相互交往的神话和幻觉,它们把我们领入那个更富人性的世界。它们教导我们在最重要也最亲密的一项活动中承认对方也承认自己——将自己和彼此看作人,即既具有自然属性也具有社会属性的存在者。通过其错综复杂而精心打造的结构,它们把我们引向一个超越了爱的宗教、超越了现实中各种病态情感(徒劳的渴望、敬畏和痴迷、对身体及其限度的厌恶)的世界,把我们领入一个既自然又理性的世界。那不是一个由无色的原子构成的世界,[9] 而是一个我们在其中彼此理解、相互关心的世界,在那里没有宗教的介入,在那里我们按照本来的样子生活。

为了看到这一切是如何运作的,我们必须详细研究这些论证及其诗学表现,追问这部诗作是如何构造出来的,如何对其对话者和读者发声,从哪个或哪些角度来要求他们考察爱的现象。卢克莱修告诉我们,伊壁鸠鲁比任何传奇英雄都要伟大,因为他所要征服的不仅仅是想象中的巨兽,而是现在把人类撕得四分五裂的真实巨兽:徒劳的渴望、焦虑、恐惧、自大、放荡、愤怒、贪食(《物性论》5.45-48)。他征服这些信念和欲望的巨兽,但没有效仿他所反对的那种侵略方式,因为他是用言语、而不是用武器(*dictis non armis*, 5.49-50;参见本书第七章)来武装自己。因此我们就需要仔细考察卢克莱修为其对抗性任务而选择的诗歌语言。就爱而论,这一点尤为关键,因为相较于卢克莱修所考察的任何其他错误信念,爱本身就是诗歌语言的产物。通过诗歌及其故事,卢克莱修的读者认识到了诗歌特有的结构,即"情节"及其情感的层次。[10] 用诗歌来表现的爱情故事,一旦得到理解,就可以成为读者在面对实际经验时所要参考并加以效法的范例。因此,反对爱的诗歌就不得不与其自身的传统具有一种奇特关系。这种诗歌必须让自身转而反对自身,要求它利用自己的策略来取消其中一些最珍贵也最迷人的结构。我将在卢克莱修巧妙地从事这项任务时跟随他,在他写作时评论他的写作。我希望通过这种方式不仅能够发展出某种对论证结构的一般论述,也能对某些结构上的和技术性的问题(令认真阅读《物性论》第四卷的文学

---

[9] 参见我在本章第七节中对 Clay(1983a)的批评。
[10] 尤其见 Lieberg(1962) 和 Kenney(1970)。

读者困惑不已的问题)给出回答。例如,为什么性幻灭的故事紧跟着对女性欲望的讨论?为什么第四卷的结尾专注于讨论婚姻?为什么第四卷最后几行看起来如此缺乏诗意、在诗歌表现力上远逊于卢克莱修作品中那些最美妙的瞬间?

二

这位书写性爱的哲学家面临一个麻烦的问题:什么观点是用来描述和讨论这个现象的可靠观点?这个观点如何可以**作为**可靠的和合适的观点而得到辩护?从不同的角度来看,爱都会有所不同,我们生活中的任何其他部分都无法与之相比。我们可以从内部、从对爱的切身体验的观点来考察爱。我们可以从爱的终止或爱的失败的角度来看待爱。我们可以尝试从一种处于这种体验及其终止之外的、超然或是科学的视角来把握爱。我们还可以将爱视为一种社会和政治现象,因此着眼于更加复杂的人生旨趣。这些视角中的每一个都是多重的。爱的体验包含很多阶段,也有多种类型的表现形式:幸福与不幸,温和与剧烈,放开与占有,自信与不安全,等等。爱的终结也会产生同样多的反应。科学的视角本身也是多重的。科学家可以用还原论的方式来言说,例如把人和动物看作单纯的原子聚集体,其宏观结构不具有说明上的重要性。科学家也可以承认更大的形式具有重要性,例如采纳一种亚里士多德式的自然科学的视角。科学家可以把独立的重要性赋予自然实在之中那些心理的和意向性的要素,例如感觉、欲望、思想、痛苦和快乐,不过他们也可以不这样做。相应地,社会和政治的视角也是多重的,因为对于好的社会、对于其特有的利益和目标、对于婚姻和家庭在与这些目标的关系中的作用,都存在很多竞争性的论述。所有这些观点都是卢克莱修可以通过其文学遗产和哲学遗产而得到的。他必须从中加以选择。其中有一些观点是互补的或至少是相容的;其他观点则不然。如果存在着一个或一些视角是真正合理的、真的善于将我们最深层的关注向自己提出来并因此而赢得信任,那么研究人类生活的哲学家如何能够发现这样一个(或一些)视角呢?

我们已经看到,伊壁鸠鲁学派的医生在开始进行治疗的时候,就强调要去接触学生本人目前的立场或各种观点,去了解她自己对疾病和健康的感受。就爱而论,如果教师的目的是批判性和否定性的,他就会碰到一个重大的不利条件和一个重大的有利条件。不利条件是明显的:爱是如此广泛而深刻地为人所爱。从妮基狄昂自身经验所具备的内在视角来看,她几乎肯定会赞同爱是一种极端重要、美好、绝妙乃至神圣的东西。任何一个不能将爱呈现为真实或美好的视角都会立刻招致妮基狄昂的怀疑。当伊壁鸠鲁主义者驳斥对死亡的恐惧时,他可以从日常经验内部入手来展开其论证,因为尽管我们大多数人都相信这种恐惧是有根据的,我们也会发现它极为令人不快。它肯定没有正面的吸引力。此外,当他反驳愤怒时,他可以依靠如下事实:大多数人都不喜欢愤怒,也不喜欢我们在公共生活中所看到的愤怒的后果——杀人、动武、迫害、战争。然而,有了爱,事情就变得更加复杂。大多数学生会说他们都很看重爱,也会有意识地相信这一点,不管他们的焦虑行为会令人对此产生多少怀疑。这个差别在关于爱的神话中反映出来,因为维纳斯(Venus)/阿佛洛狄特(Aphrodite)和厄洛斯(Eros)地位较高、富有魅力、备受喜爱,而厄里斯(Eris)(意为"不和")和福波斯(Phobos,意为"恐惧")地位较低、令人可憎。没有任何一首诗歌以"不朽的恐惧啊,在光彩夺目中加冕"开头。也没有任何一位年轻的英雄因为不去崇拜不和而受到贬抑。那么,这位伊壁鸠鲁主义的攻击者怎么能够发现一个滩头堡,并由此来发起他的言语攻击呢?

他的状况并不像这个描述所展现的那样毫无希望。因为如果对于爱的美妙,妮基狄昂几乎肯定会怀有一种强烈的感觉,那么,对于爱的终结及其令人颓靡的焦虑、压倒一切的悲伤以及经常随之而来的一段时间的幻灭和批判性的评估,她差不多也会有所体验。这一切也是爱的神话的一部分,因此,在这种个人体验中,她甚至会把爱视为疯狂和约束的一种危险根源。[11] 她会意识到爱在带来快乐的同时也带来痛苦;她迟早也会看到爱带来了一种知觉上的转变。从爱的终结的观点来看,被爱者和爱者往往看到了不同的东西。在欲望和入迷的视野下,他们光彩夺目,而在失去了这种光辉后,他们看起来稀松平常、毫不起眼,甚至往往毫无价值或令人厌恶。爱之终结的这种视角于是就有办法证明这种终结是理智的或理性的,并背叛这种内在的想象,把它作为幻觉和幻想来攻击。[12] 几乎可以肯定的是,妮基狄昂既占据了爱的内在视角,与此相应也占据了这个批评视角,因此,在她自

---

[11] 尤其参见"The Constraints of Eros,"载于 Winkler(1990),以及 Halperin(1989)。

[12] 考虑柏拉图《斐德罗》(*Phaedrus*)中的前两个演说。

己的生活中，她就体验到了一种对爱的"理性"批评，感觉到了她自己进行这样一种批评的动机所具有的强度。

卢克莱修将会利用这种双重导向，通过模仿为人熟知的恋爱和失恋活动来赋予其批评以直观力量。我将论证他的目的最终是要让我们超越爱、超越对爱的对象的那种特殊颂扬以及在幻灭后对那个对象的怨恨，进而达到一个视角——这个视角没有受到任何一方的约束，因此就可以自由地用一种清晰的方式和真挚的感情来感知对方。他让读者参与的两个进一步的视角（自然的和社会的）会帮助他完成这项任务。他首先要求对话者越过自己直接的人文关怀，去关注事物在整个自然界中的运行方式，将自己视为自然界的一部分。懂得原子理论就是占据这个视角的一个重要部分；不过，正如我将论证的，这个视角并不是排除性的或还原论的。[13] 它包含着复杂的生物形式，也包含着意图、思想和欲望。后面这个事实提醒读者，与其他自然存在物不同，他[14]生活在社会中，社会对他的幸福极为重要。（只是在《物性论》第五卷中，卢克莱修才明确阐明这一点；不过，他的全部讨论都预设了第五卷的这个一般结论，因为他假设读者会关心他们所生活的整个社会是否健康，而这是一个正当的和重要的关切。）这个视角要求读者去反思各种形式的行动（特别是各种形式的信念）对社会健康的含义。

稍后我将试图详细表明在这些视角内外的运动如何推进卢克莱修在第四卷中提出的治疗论证。现在我想一般地暗示说，由于两个理由，多重视角的运用对于卢克莱修的方法来说是本质的。第一，这种运用使得他的论证具有更大的治疗**力量**。通过运用不同观点，他就可以在对话者那里把自我审视和自我发现激发起来，因为即便对话者在某个时刻已经占据了所有这些不同的视角，他也不可能对自己之前的所有关注已然系统地加以审视，而当他这样做时，他往往会发现自己目前的信念和生活方式没有公正地对待所有这些关注。在我看来，甚至在对亚里士多德式的开放性论辩忠心耿耿、对伊壁鸠鲁式的教条主义充满怀疑的人那里，这个方法也会留下深刻印象，在这个意义上，它也会让卢克莱修的论证有理由声称自己是理性的。卢克

---

[13] 在这里我的解释与戴维·塞德利近来的著作相吻合；见 Sedley(1983b) 以及 Long and Sedley(1987)。

[14] 关于这位对话者的性别，见本书随后的讨论。

莱修用微妙而复杂的方式所做的一切,就是要问我们:当我们已经从尽可能多的相关视角来完备地审视一个论题时,我们如何看待它?我们认为所有视角在被正确地组合起来的时候可以向我们提供对整个对象的精确看法。这样,对于我们在前一章中用来批评伊壁鸠鲁的一些指责,卢克莱修就可以提出一个很好的回答。他可以声称他还没有忽视我们的直观,还没有把一个相异的观点强加给学生,或者还没有把一种不用动脑筋的行为调节过程施加在学生身上。他是在寻找一种均衡而透彻的观点,而不是一种狭隘而偏袒的观点——当我们沉浸于自己喜爱的某种活动时我们往往会具有的那种观点。这难道不就是亚里士多德式的出色论辩旨在获得的目标吗?不是一切视角都同样根本或同样合理;卢克莱修会这样说。但是,当我们巡视了所有视角,看到它们彼此的关系时,我们就可以声称我们已经在一个伊壁鸠鲁式的框架内满足了亚里士多德的很多要求。

三

伊壁鸠鲁关于爱和性欲的著作只有很少一部分保存下来。[15] 但是,这方面的教导显然是其著作的一个重要部分。在第欧根尼·拉尔修所列的伊壁鸠鲁著作清单中,一篇名为《论爱》(Peri Erōtos)的论文是其中的第三条——紧跟着其代表作《论自然》和另一部肯定也极为重要的著作《论原子和虚空》(DL 10.27)。既然这份清单的根据看起来合乎(至少部分地)某个人对重要性的认识,那我们就可以谨慎地假设《论爱》并不是一部次要著作。此外,很清楚,性欲在《论目的》(Peri Telous)这部基础性的名作中得到了讨论,也在《会饮》中得到了讨论(见本书随后的讨论);这个论题大概也出现在《关于激情的主张:驳提谟克拉忒斯》中(Opinions Concerning the Passions: Against Timocrates,10.28)。在第欧根尼对伊壁鸠鲁式的有智慧的人所做的概括描述中,与性有关的问题构成了其中一个重要部分(10.118-119)。伊壁鸠鲁式的"爱欲"(erōs)定义在古代晚期就很有名,并且往往与斯多亚学派的定义形成对比。即便如此,具体证据依然很少,因此我们就只能按照只言片语来重构伊壁鸠鲁的观点。在能够评价卢克莱修的贡献之前,我们必须做这项工作;不过,必须记住,在对这两位思想家进行比较这件

---

[15] 比较 Brown(1987)第101—122页,其中包含一个很有价值的全面讨论。

事上,我们通常处于十分不利的地位。但无论如何我们将尽力而为。[16]

伊壁鸠鲁始终坚持对情爱或爱欲抱有敌意态度。"他们相信有智慧的人不会陷入爱河(erasthēnai)",第欧根尼告诉我们,"他们也不相信爱是神灵遣来的东西"(10.118 = Us. 574)。伊壁鸠鲁对爱欲的定义说得很明白:爱欲是"一种与痛苦挣扎和心烦意乱相伴随的对性交的强烈(suntonos)欲望"(Us. 483 = Hermeias In Plato. Phdr. p.76)。[17]一些古代评论者把伊壁鸠鲁与斯多亚学派相对比,他们指出,与斯多亚学派的定义不同,这个定义使得爱欲完全地、从本性上来说就很糟糕。[18]伊壁鸠鲁本人,在更一般地谈到一切本质上如此强烈、如此令人痛苦的欲望时,严厉警告年轻人要绝对避免性交的欲望:"对一个年轻人来说,安全部分地就在于保卫你的青春、避开那些用这种令人痛苦不堪的欲望(epithumias oistrōdeis)来污染一切的东西"(VS 80)。[19]

关于性欲和性关系[20]的记录更为复杂。我们看到有很多报告都提到伊壁鸠鲁学园中的性狂热和性放纵;不过,其中大多数来自对快乐主义怀有敌意的证词,不可信任。在这类故事中就有提谟克拉忒斯(Timocrates)的诽谤和卡尔尼亚德斯(Carneades)的故事(由普鲁塔克所报告)。前者所说的是,伊壁鸠鲁和梅特罗多洛斯(Metrodorus)与名为玛莫丽昂(Mammarion)、赫狄亚(Hedeia)、厄洛提昂(Erotion)和妮基狄昂的高级妓女有染(DL 10.7);后者所说的是,伊壁鸠鲁有一本记录他饮酒和做爱的日记(Plutarch. Non Posse 1089C)。不过,我们还有指向同一方向的更加可靠的证据。伊壁鸠鲁有一封信写给年轻的皮索克勒斯(Pythocles)(第欧根尼说她很漂亮),

---

[16] 在这里,我当然不是在考察关于友爱(philia)的更加丰富的证据;对这一点的一些讨论,见本书第七章。在那里我将考虑伊壁鸠鲁对婚姻和子女的看法,卢克莱修把这些看法与友爱联系起来。

[17] 希腊文是:suntonos orexis aphrodisiōn meta oistrou kai adēmonias。关于这个证据及其他相关证据,见Brown(1987)第113页以下,他指出,伊壁鸠鲁在这个方面是在发展古希腊大众观点中的一个显著张力。

[18] 参见Hermeias;也见Scholiast to Dionysii Thr. BAG p.667, 13; Alexander of Aphrodisias, In Aristotle. Top. p.75; Cicero, TD 4.70——在 Us. 483 中都有引用。

[19] 也见Plato, Tim. 91B,柏拉图在此处说男性生殖器是"被疯狂的欲望驱使者,要去统治一切"(pantōn di'epithumias oistrōdeis epicheirei kratein)。

[20] 相关的古希腊词语是 aphrodisia(男欢女爱)和 sunousia(交欢)。

其中写道:"我会坐在这里,无比渴望你的到来,就像等待神灵一样"(DL 10.5:"himertēn"这个词强烈地暗示性渴望)。尤其重要的是,我们有《论目的》中那个常被引用的著名片断:"若把气味的快乐拿走,把性交(aphrodisiōn)的快乐拿走,把声音的快乐拿走,把美妙形体的快乐拿走,我就不知道我该把什么东西看作好的。"[21]

另一方面,我们也有其他证据暗示他对性交以及那些激发性交的欲望持有一种严厉的否定态度。"性交(sunousia)绝不会对任何人有益,它若不伤害就算万幸。"第欧根尼(118)和克莱门(Clement)把这个说法当作伊壁鸠鲁的一个一般教条来引用,[22]而普鲁塔克则坚定地把它归于伊壁鸠鲁的《会饮》(Qu. Conviv. 3.6 = Us. 62)。梵蒂冈的一项判决(最初大概是一份文书)传达了同样的讯息:

> 你告诉我说,肉体的运动让你对性交(aphrodisiōn)心醉神迷。只要你不违法,不扰乱合理规定出来的习俗,不冒犯你周围的任何人,不伤害你的健康,也不浪费你的钱财,你尽可以随心所欲地放纵你的倾向[23]。但是事实上你不可能不撞上其中任何一个障碍。因为性交从来都没有好处,它若不伤害就算万幸。(VS 51)

这并不等于绝对禁止性交,而是一种强烈的、能起作用的劝阻。

为了更深入一步,我们必须弄明白,在伊壁鸠鲁对欲望的分类中,他究竟把性欲置于何处。因为正如我们此前看到的,空洞的欲望完全立足于错误信念,消除错误信念是消除空洞欲望的一个充分条件。另一方面,自然的和必要的欲望又要在我们的本性所设定的限度内得到满足。我已经论证说,满足这些欲望的活动就是那个目的、那种未受困扰的生活方式的构成要

---

[21] Us. 67:在阿特纳奥斯(Athenaeus)那里,这段文本两次被完整引用(XII p. 546e, VII p. 280e),在VII p. 278 及以下和DL 10.6 中也被部分引用;也参见Cicero, TD 3.41, Fin. 3.7, 20 以及在乌西诺(Usener)那里被引用的其他几段话。

[22] 见Us. 62; Clement, Alexandr. Paedag. 2.10 p. 84; Galen, Art. Med. c. 24 t. I p. 371K; Galen in Hippocrates. Epidem. III Comm. 14 t. XVII p. 521。也见Us. 62a:在被问到何时与女人性交时,伊壁鸠鲁回答说,"当你想变得比自己更弱小的时候"(Gnomologion Monacense 194)。

[23] "倾向"这个词是 prohairesei;其含义大概是,由于这位年轻人目前的状态,性爱之路就是**他所偏好**的道路。(比较我们所说的"性偏好",尽管这个习语也被使用,但不具有如下含义:这个人有能力选择这种方式而不是某种其他方式。)

素。如果性欲一方面没有被完全驱逐,另一方面又在其表达方式上受到严格约束,那么这就有力地表明它不属于上述两组欲望中的任何一组,而是属于伊壁鸠鲁式的第三组主要欲望:自然的但并非必要的欲望。这些欲望的根源存在于我们的自然构造而非社会教导中;但是,这些欲望完全可以在不对我们未受困扰的幸福状况造成威胁的情况下加以忽略。[24]

有证据表明,这个分类就是伊壁鸠鲁想要的。只有一条原始材料明确阐明了这个联系:对亚里士多德《尼各马可伦理学》第三卷的一条批注把性交的欲望看作伊壁鸠鲁式的、自然但不必要的欲望样板,把对衣食的欲望当作自然且必要的欲望样板,把对特定饮料或特定穿着的欲望当作空洞的欲望样板。[25] 这个支持很薄弱,但我们可以加以补充。首先,我们注意到,在伊壁鸠鲁对自然(nature)之要求的谈论中,没有任何段落提到了性满足。"肉体的声音"要求结束饥饿和寒冷(VS 33;也见 Bailey 残篇 44)。斯托拜乌斯(Stobaeus)引用的一个残篇(Us. 181)所说的是:水和面包让身体的快乐变得完备。《致美诺俄库斯的信》(132)把与年轻男女的性交包含在**不会**让生活变得快乐的东西当中。我已经引用的那段话清楚地指出:性交对幸福生活来说并不必要。另一方面,《论目的》的残篇把性交列入与善确有某种密切关系的基本快乐的清单中。对这一点的最佳说明看来是:性交的快乐,就像那个残篇中提到的另外两种快乐(声音的快乐和形体的快乐),是自然但不必要的。这意味着,只有当我们的其他快乐的结构使得性放纵变得慎重、变得不成问题时,我们才应该在性的方面放纵自己。如果伊壁鸠鲁认为性交总的来说是不慎重的,那不是因为他认为性交的欲望立足于错误信念,而是因为(就像 VS 51 明确所说的那样)性放纵与生活中其他方面的常规行为之间的关系往往是相互对抗的。

我们必须补充说,既然伊壁鸠鲁学园是围绕每个人的幸福来组织其活动的,它就不会提倡对性活动保持强烈的积极动机。伊壁鸠鲁显然不鼓励婚姻,尽管我们仍然无法肯定他在这方面的确切立场,因为有关文本在第欧

---

[24] 在《理想国》(Republic)中,对柏拉图来说,性欲反而属于"必要的"欲望,在不影响"健康和安康"的情况下可以被满足;对食物的欲望也以同样的方式得到处理(Rep. VIII. 558D-559C)。《斐多》(Phaedo)采取了一种更加负面的观点:哲学家根本就不会去关心性行为(64D)。

[25] 在 Us. 456 中被引用:普罗塔克好像也在 Plutarch Grylli. c. 6 p. 989b 中提出同样的要点,在 Us. 456 中也被引用。也见 Brown(1987)第 108 页以下。

根尼那里很不幸地变成了一个难题。[26]虽然有一些证据表明伊壁鸠鲁学园中至少是有一些孩子的,但伊壁鸠鲁据说同意德谟克里特的观点:对有智慧的人来说,孩子是件坏事,因为孩子会引起"诸多不快,让人从更加必要的事情中分心"(Us. 521 = Clement. *Strom.* 2.232)。只要一个伊壁鸠鲁主义者对跨代义务有着更强烈的感受,[27] 或者对作为一种核心的政治制度的家庭更感兴趣,他可能就很容易把伊壁鸠鲁的工具性结论颠倒过来,并争辩说:性交,只要恰当地控制,就有了一个在价值上超过其风险的用处。我相

---

[26] 各种抄本对 DL 10.119 的解读是:*kai mēn kai gamēsein kai teknopoiēsein ton sophon hōs Epikouros en tais Diaporais kain en tais Peri phuseōs kata peristasin de pote biou gamēsein*。换句话说,所能得出的最好的翻译是:"确实,有智慧的人会结婚并生儿育女,正如伊壁鸠鲁在《问题集》(*Problems*)和《论自然》中所说。但是,鉴于他生活中的某些特殊情况,有时他可以结婚。"但这个译文有两个问题。首先,它是内在不一致的:在这句话的前半部分和后半部分之间的对比是不可理解的。已经试图尽可能理解这一点的人是贝利,他把这两个部分翻译为:"而且,有智慧的人会结婚并生儿育女……但是,他会根据自己生活的具体情况来结婚。"然而,这种译法忽略了"*pote*"("在某个时候"或者"在某个场合")这个重要词汇。这句话显然要求在对婚姻的一般禁止和由于偶然的特殊情况而产生的例外之间做出对比。其次,各种抄本中所表述的这句话与我们在伊壁鸠鲁对婚姻和子女的看法上具有的其他所有证据相矛盾。爱比克泰德反复断言——就好像在提到一个著名的(或者从一个斯多亚主义的观点来看是声名狼藉的)见解——伊壁鸠鲁主义者既不会结婚,也不会生儿育女(*Disc.* 3.7.19, 20;1.23.3;1.23.7);他认为这个教条会毁灭社会,因此对之加以谴责,并声嘶力竭地说道:即使伊壁鸠鲁的父母知道他长大后会说出这种话,他们也不会把他扔掉(1.23.10)。塞涅卡记述了同样的观点,不过略有限制:圣人鲜有结婚的,"因为婚姻与很多不便混杂在一起"(残篇 45 Haase)。克莱门迎合这种说法,把对婚姻和生儿育女的拒斥归因于伊壁鸠鲁和德谟克里特(*Strom.* 2.23.138)。(参见 Us. 19, 521, 523。)伊壁鸠鲁本人,这位有智慧者的典范,终生未婚。我们或许补充说,《名哲言行录》中的那段话的上下文显然被损坏了;我们所讨论的那句话的第二个部分,尽管是基于伊壁鸠鲁的《会饮》而提出一些对酒醉的评论,但几乎让人摸不着头脑。由于这些理由,自卡索邦(Casaubon)和伽桑狄(Gassendi)以来的学者都觉得必须修正这个文本;卡索邦猜测说,只要把"*kai mēn kai*"改为"*kai mēde*",这句话就读作:"而且,有智慧的人不会结婚……"(乌西诺[Usener]、贝利以及迪亚诺[Diano]都保留各抄本的读法,而希克斯[Hicks]接受了这种修正。) Chilton(1960)对这个问题有一个全面而出色的讨论,他对这种修正提出了一个可靠的支持。不管我们是否接受卡索邦的建议,我们肯定应该承认这段话的含义就是在那种修正中传达出来的含义。Brown(1987)第 119—120 页表达了一种怀疑态度,但是在我看来低估了这段话的上下文受到损坏这一证据。

[27] 例如,见 Diogenes of Oenoanda frr. III-IV Chilton(1971):"因为他们也是我们的,即使他们尚未出生。"

信这就是在卢克莱修那里发生的事情。

究竟是什么把对性交的欲望(一种本身无害的欲望)转变为令人痛苦不堪的危险爱欲(erōs)呢？答案好像是：错误信念的影响。《基本主张》(Principal Opinion)中有一条困难的主张好像就是这样说的：

> 在那些没有得到满足也不会导致痛苦的自然欲望中，每当一种强烈的渴求(spoudē sontanos)出现时，这种欲望就是错误信念的产物。它们之所以没有被驱逐，并不是由于自身的本性，而是由于人们空洞地相信。(KD 30)[28]

这个残篇谈到了一种有时发生在一个自然但并非必要的欲望中的转变。(这些词语几乎就是《基本主张》[KD 26]中用来描述这类欲望的词语。)这种变化导致了两个结果：第一，紧张的或强烈的渴求；第二，一种不可满足、毫无限制的品格(ou diacheontai，它们未遭驱逐，一个饱和点尚未达到)。伊壁鸠鲁是在说，每当你在一个具有自然基础的欲望中看到这两个特征时，你手中就有了一种混合物；一个基本的自然冲动在错误信念的手中变得腐败。回想一下，按照定义，爱欲就是性交的欲望的一种强烈(suntonos)形式，而这个欲望本身(我们已经论证)是一个自然但并不必要的欲望。于是我们好像就能以伊壁鸠鲁的名义推断说，情爱是错误信念对自然的性冲动进行腐化的结果。我相信这大概就是卢克莱修所讲述的故事。尽管他对性欲在人类生活中的作用提出了一个更为宽宏的论述，对人类的性目标和性目的提出了一个具有更加丰富的社会含义的论述，但他的故事在很多方面是在充实伊壁鸠鲁所提出的那些区分。对于性欲变得腐败和丧失其恰当限制的方式，他会向我们提供一个详细论述，即使我们永远都不会知道这个论述是不是立足于伊壁鸠鲁的观点。

对于伊壁鸠鲁关于爱的治疗的观点，我们所知甚少。一个留存下来的评论肤浅得令人失望："如果不能相见、联系或是每日厮守，爱的激情(to erōtikon pathos)就被消除了。"(VS 18)这听起来就像行为疗法，而不像我们期待从伊壁鸠鲁主义那里看到的认知方法。这个评论看来没有恰当地认识

---

[28] 我对这段话的翻译近似于Arrighetti(1960)的翻译。Konstan(1973)中对这段话提出了不同的论述。关于"suntonos"(强烈的，绷紧的)这个词及其含义，见本书第八章。斐罗德穆斯把这个词用于伊壁鸠鲁主义者将会避免的那种愤怒。

到爱的激情在很多人的生活中所具有的深度。个别的爱可能会以这种方式终止；不过，对于总体上非常依恋这种激情的灵魂来说几乎不可能成为一种治疗。另一个评论更有特色，充当了对卢克莱修的治疗方法的一个良好介绍："只要对一种真正的哲学充满激情（*erōti philosophias alēthinēs*），就会消除每一个令人不安、令人苦恼的欲望"（Us. 457 = Porphyry. *Ad Marc.* 31, p. 209, 21）。一种爱欲驱逐另一种爱欲。对坏欲望的治疗是通过一种对论证的爱而达到的：这种爱将幻觉驱逐出去，把真理留给我们。

四

伊壁鸠鲁没有写过诗歌。实际上，有证据表明他对诗歌以及滋养对诗歌欲望的那种教育怀有敌意。他本人用一种粗俗不雅的散文体写作，与柏拉图的流畅相比，甚至与亚里士多德的清晰简明相比，他的写作风格看起来都生硬粗糙，而且往往构思不当。有可能的是，他故意选择这种风格来表达他对当时文化中那种具有贵族气派的规范的蔑视，表达对于普通人的朴实言论的承诺。（"他用日常措辞来谈论事情"，第欧根尼在 10.13 中写道。）他的反柏拉图式的说法"我向高贵的东西（*kalon*）吐唾沫"[29]不仅具有伦理含义，而且也具有文体层面的内涵。这个说法拒斥了措辞上的那种贵族式幻想，正如他的哲学拒斥了思想上的那种贵族式幻想。明显的是，大多数传统的诗歌体裁在其结构中都深刻地信奉伊壁鸠鲁公然抨击为"空洞的"那些欲望：恐惧、爱、怜悯以及愤怒。因此，在避免语言上的精英主义时，他有一个强有力的附加理由，特别是避免使用诗歌语言。甚至非精英的大众诗歌也会受到这种批评——这是柏拉图在其对史诗和悲剧的攻击中就已经看到的一个要点，也是亚里士多德在其对史诗和悲剧的捍卫中已经看到的一个要点。

卢克莱修，伊壁鸠鲁的虔诚追随者，写了一部史诗。选择用诗歌的方式来写作，这本身就是这部诗作的一个主题。从最初几行诗开始，卢克莱修就鼓励我们去思考这种选择，思考诗歌写作所唤发的欲望——与此同时，他也

---

[29] 关于这个残篇的各种来源，见 Us. 512 以及尤其是 Athenaeus XII p. 547a；完整的陈述看来是："我向高贵的东西（*kalon*）、向用一种空洞的方式对之感到好奇的人吐唾沫——每当那种东西不会产生任何快乐的时候。"关于伊壁鸠鲁对诗歌的看法的其他证据，见 Classen（1968）和 Segal（1990），二者都包含额外的二手参考文献。

要我们去思考欲望在整个自然界中的作用。因为就在把维纳斯作为整个自然界中性欲的原理(对动物性的生育予以说明的那个原理)请出来后,他恳求维纳斯成为其诗作的合作者(*sociam*,第 24 行),成为能够把一种令人愉快的特征赋予其言辞的那个人。在第一卷中,他后来向我们说明这种令人愉快的特征为何如此重要:[30]

> 带着壮健的心灵(*mente*),[31]我漫游于派伊里亚,这人迹罕至的遥远仙境;我快乐地来到这里的处女泉边啜饮清泉,快乐地采摘初绽的鲜花并为自己编织一顶光荣的冠冕,而文艺女神尚未从此处采摘花朵为谁人加冕。之所以如此,首先是因为我教导极为重要的东西,飞快地将人的心灵从紧缚的宗教桎梏中解脱出来;其次是因为我对这样晦涩的主题唱出了如此明澈的歌声,以诗神之魅力点染一切,应该说这不是一个没有经过缜密思考的计划(*ratione*):而是像医生一样,试着把讨厌的苦艾拿给小孩,就先在杯口四周涂满了金色甜美的蜜汁,孩童那缺少预见的单纯在嘴唇受到哄骗时就吞下苦艾的苦汁;这样孩子虽然被逗弄,却不是全然受欺害,反而因此恢复健康并重新长得强壮。这依据理性的论证(*ratio*)对从未品尝过它的人来说似乎过于苦严,而人们又总是厌恶地避开它,因此现在我也决定用甜美动人的诗歌来向你阐述我的推理(*rationem*),为它涂上缪斯女神甜美的蜜汁,看看用这缜密思考的计划(*ratione*),我能否幸运地把你的心神收摄于我的诗句,直至你看透事物的全部本性,看透它的结构和形式。(I. 925-950)

卢克莱修将自己描绘为一位创新者,因为他是在写作伊壁鸠鲁式的诗歌。不论是从伊壁鸠鲁主义[32]还是从诗歌的角度来看,这都是创新,尤其

---

[30] 关于这个段落以及一般地关于卢克莱修对诗歌的说教功能所采取的态度,见 Clay(1976,1983a),Classen(1968),Brown(1987)第 127—143 页。【在翻译本书中《物性论》的引文时,我们部分地参考了方书春先生的译本(卢克莱修:《物性论》,方书春译,商务印书馆,2007 年),谨此致谢。不过,需要指出的是,这个中译本所使用的原文与努斯鲍姆的引文并不完全一致,在这些地方,我们按照本书的引文翻译,而在其他相似之处,我们也按照本书引文适当地修改该中译本的译文。——译者注】

[31] 在这里,就像在本书第六章一样,我用"心灵"(mind)来翻译"*mens*"和"*animus*"这两个词,为避免歧义,我在使用 mens 的时候会注明拉丁文。

[32] 斐罗德穆斯的诗作不像卢克莱修的诗作那样与伊壁鸠鲁主义具有紧密联系,见 Segal(1990)。

是,除了用传统的拟人论宗教的方式外,此前还没有人从诗歌的观点去处理这些重要题材。卢克莱修告诉我们,他使用诗歌语言的"经过缜密思考的计划"是受到了实践和医疗动机的鼓舞。为了让读者积极参与一个通向健康的治疗过程,他会用一副令人愉快的甜蜜外表来提供这部诗作的内在论证,即其理性根据(ratio)。那项"经过缜密思考的计划"就是论证和诗歌外表的这种结合。[33] 伊壁鸠鲁主义的真理是困难的,而且从学生的角度来看不合胃口,因为它们会要求学生把自己与很多极其重视的东西分离开来。因此,这种有益于健康的医疗就需要一件"外套";卢克莱修把诗歌描述为提供了一件外套或一层外表,并由此暗示:论证本身不会被它与诗歌的交易所败坏。[34]

这种意象提示了对诗歌愉悦感的一个论述,或者无论如何,提示了某些诗性的愉悦;而有了这种论述,那些快乐就可以为伊壁鸠鲁主义者所接受。因为一个令人愉快的东西所具有的甜蜜味道是一种正当的(尽管并不必要)伊壁鸠鲁式的快乐,其本身与空洞的欲望或错误的情感无关。于是,每当它与摆脱困扰之间的工具关系是一种有益关系时,就可以选择它。不过,卢克莱修也强有力地提醒我们:诗歌的语言会激发和塑造欲望;由此他邀请我们对诗歌、对逐渐展开的这部诗作进行批判性的考察,去追问如下问题:由一般而论的诗歌所激发的全部欲望,特别是由这部诗作所激发的欲望,是否确实有益?诗歌是否有可能不仅成为正当快乐的同盟,也有可能成为空洞的爱的同盟?维纳斯是卢克莱修的诗作计划的同谋;在这部诗作中,她最终会成为一位复杂而暧昧的人物。

在跟从卢克莱修的诗歌论证时,我们不得不暂时抛开妮基狄昂的求学经历,因为在这部诗作中,卢克莱修所要交谈的读者和学生是一位男性;人们认为他是墨密乌斯(Memmius),卢克莱修的赞助人,出身贵族家庭。[35] 很多反对爱的论证都采取了男性的观点并假设学生是在国家的政治和军事事务中积极活跃的公民。为了理解卢克莱修的作为,我们必须密切注意这

---

[33] 在这一点上,我得益于鲍迪奇(A. Lowell Bowditch)的一篇未发表的文章。

[34] 注意,一旦人们超越了这个初始阶段,伊壁鸠鲁的论证本身就不再不可口,反倒会成为甘露(III. 11);关于这一点,见 Graver(1990)。

[35] 关于对墨密乌斯的描绘以及卢克莱修的"诗人言说者"对他的态度,见 Clay(1983a)和 Classen(1968)。Brown(1987,第 122 页以下)令人信服地论证说,对爱的全部讨论都是从一个男性的视角来撰写的,不过,在断言女性的"性需要和情感需要"没有得到考虑这一点上,他的论证缺少说服力;布朗自己后来讨论了那个关于双方快乐和婚姻的段落,他在那里的讨论与他在这里做出的断言相矛盾。对罗马人的性态度和性实践的讨论的进一步参考文献,见 Brown(1987)第 123 页注释 64。

位读者的教育。不过,正如我们将看到的,这并不意味着这部诗作完全不考虑女性经验或对女性读者无话可说。最终我们还是会回到妮基狄昂,问问这部诗作对她来说如何可能也是治疗性的。[36]

五

就卢克莱修处理爱和性欲的论证而言,对它们的任何研究最好都是从这样一件事情入手:说明爱和欲望在他的诗作中一开始是如何出现的——也就是说,从那首致维纳斯的序诗入手。[37] 这首序诗对整部诗来说很重要,但显然与第四卷特别相关,因为它对性欲在动物界中的作用提出了一个论述——关于爱的论证在两个关键点上还会回到这个角度。

在转向第四卷之前,我们还有一个更迫切的理由关注第一卷。迪斯金·克雷最近对这部诗作提出了一个主要解释,其中有这样一个建议:第一卷和第四卷的关系根本就不是互补的,反而是彻底对抗的。第一卷的序诗记录并利用了一个关于爱的拟人论的宗教神话,而这样一个神话是第四卷所要摧毁的,因为第四卷旨在向读者表明,自然实际上只是包含发生运动的原子的聚集体。第四卷的要点是把读者引向那种关于爱和性欲的彻底还原论的观点,而在这种观点之中,不只是流行的宗教拟人论,还有我们的一个日常习惯——习惯于把彼此视为具有思想、情感和欲望的完整的有机形式——都被一种唯物论的说法取而代之,这种说法把世界看作是由虚空中的原子构成的。第一卷站在一个天真无邪的读者的起点上,而第四卷则向他表明维纳斯**实际上**究竟意味着什么。[38]

---

[36] 在把妮基狄昂想象为一位罗马学生这件事情上,我们是不会碰到什么障碍的。对于一位具有适当的阶级背景的罗马女性来说,与雅典女性的地位相比,她的教育地位和社会地位更有利于她接受哲学教育,因为在雅典,一般来说,公民的妻子无论如何都不会去从事哲学学习;见 de Sainte Croix (1981,第 108—110 页)和 Pomeroy(1975)。关于罗马人对女性教育的建议,见本书第九章。而卢克莱修诗作的普及原本应该保证就算那些不能阅读希腊文的人也可以接触到伊壁鸠鲁主义的哲学。(然而,在其他方面,比起伊壁鸠鲁,卢克莱修所依赖的听众更为精英化。)关于卢克莱修与他的罗马背景之间的关系,见 Fowler(1989)。

[37] 关于这首序诗的研究文献数量庞大;就有益且富有启发性的讨论而言,其中两个例子是 Classen(1968)和 Brown(1987)第 91 页及以下。

[38] Clay (1983a)。

我相信，只要仔细考察第四卷的论证（克雷并未考察的论证），彻底唯物论的解读就不可能得以幸存。我将论证说，卢克莱修并没有为了支持一种还原论观点而拒斥对欲望的这样一种理解：欲望是属于人的，而且具有意向性特征。相反，通过拒斥关于爱的流行宗教中的那些迷信和神话，他试图创造或者说重新发现一种属于人的观点。在这项任务中，在第一卷的序诗中首次得以发展的那个自然的视角就极为重要。因此我相信，即使第一卷并没有丝毫无损地从第四卷的批评——特别是那个需要批判性地加以审查的维纳斯-玛尔斯（Venus-Mars）的故事——中显露出来，但它在很多方面都是卢克莱修的进一步论证（不管是批判性的还是建设性的）的一个很有价值的基础。倘若如此，第一卷就更加符合卢克莱修的治疗实践。因为在每一卷中，他都通过序诗向墨密乌斯（以及读者们）展现某种好东西，也就是应该激发他们去寻求治疗的东西，一种被正确地看作治疗的某个目标和允诺的东西。让我们看看，在这首关于维纳斯的序诗中，这个目标是如何运作的。

在维纳斯被看作存在于自然界中之前，她是在与某个特定的人类社会的联系中被提及的。在这首诗的开场白中，她是埃涅阿斯（Aeneas）一族的母亲（Aeneadum genetrix），也就是说，是罗马人的母亲。这个说法确立了将在整部诗作中产生回响的复杂联想。其中很多联想与爱有关。读者会想起维纳斯对安喀塞斯（Anchises）的爱——在这场爱中，一位凡人满足了与完美的美之女神做爱的欲望。读者也必然会想起特洛伊战争。性欲可以是丰饶而有益的，比如说，在维纳斯对安喀塞斯的欲望将这位读者的民族创造出来的时候；对于这个民族的延续来说，性欲肯定是必要的。但是，性欲也可以摧毁一个社会，例如通过那种引发战争的嫉妒。卢克莱修催促墨密乌斯去追问一个问题：究竟是什么把性欲转变为一种毁灭性的而不是有益的力量？（他将被告知：答案与那个貌似有益的故事很有关系——一个凡人可以去爱一位女神并赢得了她。）于是，从一开始，卢克莱修的谈话对象（不久就会被看作一位从事政治和军事的人物）就被假定为一位具有社会生活的凡人，与其他所有动物都不相同的动物，他要去且应当去关心罗马及其对于社会秩序和社会正义的传统抱负。他受邀从这个社会视角来看待性欲。

维纳斯接着作为"人和神的快乐（voluptas）而被唤起"。在我看来，这个说法从一开始就对克雷的如下主张提出了质疑：维纳斯注定要从这部诗作中"消失"，要被无快乐、无意向的原子运动所取代。因为卢克莱修是将维纳斯作为伊壁鸠鲁式的生活中最高的善而提及，而描述这种善并把它产生出来就是其诗作的任务。诗人在第二卷中说道,自然总是在对我们"发出"一个简单讯息:身体应该摆脱痛苦,心灵应该摆脱焦虑和恐惧,由于令人高兴的感知觉(*iucundo sensu*)而快乐(Ⅱ.16-19)。克雷的著作总体上面临的最大问题,就在于它遗漏了生活中快乐的一面,那就是当一个人从一切宗教和压力中解放出来时随之而来的安慰和欣喜,而这种安慰和欣喜在伊壁鸠鲁学说中备受强调。在这里,维纳斯被等同于这种欣喜。

现在,墨密乌斯的视野豁然开朗:他把自己和罗马人视为自然中一个更大秩序的一部分,正如维纳斯接下来作为整个生物界中丰饶的原理而被祈求。墨密乌斯首先把自己视为埃涅阿斯血统的成员,然后,现在(卢克莱修)要求他把自己和所有人都看作是整个生物种类(*genus omne animantum*)的成员;与此相应地将生物视为更大的自然界的一部分,那个世界也包括太阳、风云和大地。(卢克莱修)让他看到,欲望就是那个将世界统一且在世界中统一起来的原理,就是对其连续性的说明,也是对其中很多欢乐的说明。

之所以如此,是因为自然界就像这首序诗所描绘的那样是一个令人欢乐的世界。大地和蔼可亲(*suavis*,第 7 行),色彩斑斓;海面微笑,天宇宁静,风和日丽。在维纳斯的招揽下,动物们充满了强有力的活力,那种生机勃勃、喜爱嬉戏、内在协调的活力。性欲的力量巨大无比,令它们心潮"澎湃"(*perculsae*,第 13 行;*incutiens*,第 19 行)。在性欲的激发下,它们能够穿越广阔原野、跨过激流险滩(第 14—15 行)。在大海上,在群山间,在激流中,在鸟巢里,在绿色的原野上,都可以感觉到维纳斯的力量(第 17—18 行)。不过,这是一种令人愉悦的力量,而不是充满焦虑的、强制性的或令人痛苦的力量:这种力量让动物们"跃过原野"(第 15 行);"满怀喜悦地跟随你,急切地(*cupide*)走向你引领前往的任何地方"(第 15—16 行)。这位维纳斯尽管威力无比,但也温柔可亲(*blandum...amorem*,第 19 行),没有被任何病态的残忍或占有欲所污染。如果我们把这幅景象与其他诗歌对动物本性的相关描绘加以对比,例如与维吉尔(Virgil)《田园诗》(*Georgics*)中对动物欲望的论述相对比(菲利普·哈迪[Philip Hardie]在其近著中所从事的这种比较颇富成效),[39] 我们就会看到,卢克莱修构建了对动物世界的一种极为正面的描述,并表明那个世界的性能量是快乐而有益的。在这里没有疯狂,也没有对自己或对他人的残忍。

---

[39] Hardie(1986). 卢克莱修在这里肯定已经强调动物生活的积极且具有吸引力的方面,但闭口不谈那种为了雌性而展开攻击性竞争以及动物交配的其他暴力方面。

假若我们记得特洛伊战争的故事,我们不免会注意到,也不存在所谓的"陷在爱里"。没有那种会产生嫉妒、聚焦于单一对象的迷恋以及与之相关的暴力;没有那种把被爱者视为神的想法,而正是这种想法激发了痴迷,阻止人们将对方作为一种身体存在予以承认(正如我们稍后将看到的)。并非巧合的是,在这里也没有战争,没有谋杀。于是我们也不禁会注意到,自然界事实上井然有序,在某种意义上处于比我们更好的秩序。我们受邀去追问究竟是什么东西产生了这个分别,并为了理解这个差别而去关注爱。

与此同时,卢克莱修毫不含糊地告诉我们:我们也是自然界的一部分。我们分有我们的物种(genus)所具有的性本能,因此就可以合理地假设:我们的性与爱的行为原本是由在自然界的其余部分发挥同样作用的性吸引力所激发的。当卢克莱修要求我们去采取自然的视角时,往往有一个凝缩的目的是要加以考虑的。某种行为被认为非常特别——要么它本身就是神圣的,要么是由神派遣和支配的;无论如何不接受普通的自然和物理的说明。爱就是这样一种现象(回想一下卢克莱修对"爱由神遣"这一流行观点的反对)。这部诗作的发现还有很多。紧缩论证的策略是要将动物本性中看来很像我们行为的某个行为置于我们面前;对动物行为提出一个令人信服的自然主义说明,然后暗示说:如果我们坚持"类似事物应有类似说明"这一基本的理性原则(也是卢克莱修明确认同并在很多段落中加以使用的一个原则),那么我们就会学会把那种直截了当的自然主义说明应用于我们的行为,并在这样做时让这种说明优先于复杂或特殊的非自然说明。在这种情形中,我们在自己行为中发现的"神性"就与我们在动物行为中发现的"神性"一样多——这就是一种固有的自然化的"神性",一个被看成是自然的性本能的维纳斯。在《人性论》(*Treatise of Human Nature*)论述动物的那些不同寻常的段落("论动物的理性""论动物的骄傲和谦卑""论动物的爱和恨")中,休谟(Hume)也在很大程度上利用了同样的紧缩论证,而且也是出于同样的目的,也就是说,为了揭穿对自然行为的神学说明和形而上学说明的伪装,并将我们引向一种关于人类的自然史。[40]

---

[40] Hume(1739-1740)第一卷,第三部分,第16节;第二卷,第一部分,第12节,第二部分,第12节。卢克莱修强调说,类似的被说明项(*explananda*)必定有类似的说明;关于这个强调的一些实例,见 *pari ratione*(通过同等的理由),IV. 191;*necessest consimili causa*(必然存在相似的原因),IV. 232;*simili ratione*(通过相似的理由),IV. 750-751。

然而，与此同时，一开始就出现并在随后对墨密乌斯的演说（第41行以下）中被明确地召回的那个社会视角则提醒我们：我们并非简单地类似于其他动物，而且那个由人类欲望提出的问题，其解决也不可能像回归动物本性这么简单。我们是动物，不是神：不过我们也是社会生物，而对这种生物来说，生活在形式复杂的共同体中对于繁盛生活也是必要的。对于形式上更为复杂的动物联系，有理由假设我们的维纳斯也很友善，因为她利用自己的魅力，把战神玛尔斯（Mars）的注意力从营造战争中转移出来，因此就给罗马带来了和平（*quiescant*，第30行，这个词在伊壁鸠鲁那里具有强烈的正面含义）。同时她把一颗宁静的心灵赋予卢克莱修，让他可以自由地撰写自己的诗作（第41—42行），在不要求他的读者放弃共同善的前提下，让他们可以自由地研究这部诗作（第43行）。不过，若想在我们的人类生活中扮演一个积极角色，维纳斯就需要成为一种更明智也更复杂的力量——比让动物在原野上欢快地奔跑、在丛林间跳跃的那种力量更明智、更复杂。

我们从第五卷可以很清楚地看出，属人的维纳斯**是**不同的，因为人类有某些特有的联系，其发展要求维纳斯在形式上发生演化。在最早那批人的生活中，维纳斯就是第一卷中动物的维纳斯：一种强有力的动物性吸引力，它通过彼此给予快乐而保证了动物物种的繁衍，正如卢克莱修在这里（一如在第四卷中）所强调的，在自然界中，一般来说，彼此给予快乐是健康的性活动的一个必要条件（V. 849-854）。最初的人类强壮坚忍、吃苦耐劳、居无定所（I. 932），对后代没有爱，没有思考共同善的能力（第958行），没有道德和法律。他们靠本能随遇而安（第960—961行）。

> 维纳斯令情侣们的身体在林间结合。因为每个女人要么由于男女间的欲望，要么由于男性的暴力和压倒一切的性能量，或者由于受到了一点诱惑，比如橡果、野草莓或好梨子，而听任摆布。（第962—965行）[41]

这些人，确如卢克莱修所说，是在用禽兽的方式（*more ferarum*，第932行）生活。他清楚地表明，在一种意义上说，这种生活比我们的生活要好得多，因为如果这些人没有那么多自我保护的手段，如果他们在群兽的攻击下无助地死去，那么在他们那里也就不会有令我们痛苦不堪的宗教奴役、战争

---

[41] 对这段材料的进一步讨论，见本书第七章。

的蹂躏以及奢侈的腐化(参见第 188 行以下,第 1161 行以下;参照本书第六章和第七章)。正如我们所看到的,他们也没有由爱欲(erōs)所引起的疾病——当卢克莱修说他们没有理由跨越海洋,并把跨越海洋与战争的思想相联系时,他就表明了这一点(第 999—1001 行)。不过,他也很清楚地指出,对人类来说,这种生活不是一种完备的生活,这位维纳斯不是一个完整的维纳斯;人类的情感和欲望必须演化,以便把对他人的温柔、对法律、制度以及共同善的关怀包含在内,后面这些东西对真正的人类幸福来说必不可少。

卢克莱修向我们展示了这种演化的第一阶段(第 1011 行以下)。这个阶段就在于建立家室、家庭以及某种婚姻制度。他说,通过这样做,人们就可以看到或承认他们的孩子是自己的,由他们自身创造出来;这种对家庭纽带的感觉,加上一种更加稳定的性关系(与在丛林中突如其来的偶遇相比,人们大概有更多的时间享受这种性关系)的吸引力,就开始"软化"此前粗鲁顽固的种族。做父母的以前很难感受到对孩子的温柔;我们可以假设同一种温柔和亲切现在也是夫妻关系的一个特征,因为这位维纳斯现在据说"软化"了他们的力量,就像对孩子的爱也会软化他们(第 1017—1018 行)。这些"软化"是许诺和契约、共同体以及法律的必要的先决条件。因此,在卢克莱修看来,它们对于一个完整的、繁盛的人类生活来说是必要的。维纳斯并未从卢克莱修的诗作中"消失",而是变得文明了。

卢克莱修直到第五卷才来详细追究这些反思。不过,那首写给维纳斯的序诗利用了它对社会视角的诉求,从一开始就在那位正在思量维纳斯的学生的心目中建立某些约束,向他显示对人类的爱和性欲的任何可接受的论述都要加以回应的某些考虑。

卢克莱修还用另一种方式让人类的维纳斯与兽类的维纳斯拉开距离:他提醒我们说,我们是创造了诗歌和哲学的生物,我们最大的喜悦之一就是去理解关于我们自己的事情,包括我们享受快乐和喜悦的能力。因为正如我们已经看到的,接下来他就请出维纳斯作为其诗歌创作的合作者(sociam,第 24 行)——她能把一种令人愉快的特征赋予卢克莱修的言辞。他用来表示喜悦的词与他曾经用来表示动物的性快乐的词是同一个词(lepore,第 15 行;leporem,第 28 行)。动物仅仅是在身体接触中发现快乐(lepos),而我们也在言语和思想中发现快乐。这就告诉我们,人类的喜悦甚至在其感性方面也与心灵密切相连。正如言语对我们来说可以是比具体兵器更富英雄气概的武器,它们也可以是某种快乐的对象,而在给读者带来幸福生活这件事上,这种快乐被认为是主要的。

于是,从对性欲的一种可靠论述中,卢克莱修引导读者去期待的就是这样一种性生活:一方面,这种性生活是自然的,分享了卢克莱修在自然界的生活中所发现的那种自由,即免于焦虑和困扰的自由;另一方面,它也是理性的,既把我们人类对推理和语言的爱表示出来,又满足于这种爱,同时也为人类生活中那些友好而温柔、具有社会性的方面留下余地,而这些方面对于说话和推理的存在者来说必不可少。我们或许说,这是一种自然地属于人的性生活。卢克莱修的读者会倾向于把欲望中那些特别属于人的东西与对情爱的痴迷及其折磨联系起来。这部诗作的挑战就是要证明:情爱之路不是形成人类特有的性关系的唯一道路;实际上,情爱用某些准宗教的幻觉污染了性关系,而这种幻觉妨碍我们把彼此作为人类存在者来加以承认。

维纳斯再次出现在这首序诗中;她这次露面尽管看似和蔼可亲,却首次向墨密乌斯明确介绍第四卷中要加以诊断的疾病。我们看到玛尔斯斜靠在维纳斯怀中,"被爱情的永恒创伤所征服"(第34行)。"在你怀中,昂起优美的脖颈仰视你,他那贪馋的眼光吮食着爱情,热切地凝视着你,而当他躺下,他的气息便笼住你的双唇"(I.35-37)。这是一幅用画家的方式来描绘的画面。读者很容易想起诗歌和绘画中的类似场景,想起他们对爱情的意义和结构的理解塑造出来的场景。[42] 这是男性痴迷于一位女神的图景。这部诗作开篇就去回忆维纳斯引诱一个明智高贵的凡人。现在我们知道,这样一位神圣的女性甚至能够让神分心——只要他忘记了自己的正事,满足于汲取相貌目光这种并非食物的东西。这部诗作本来就打算描绘那些为人熟知、几乎算得上陈词滥调的事情。它是一种让爱的宗教变得富有生气的对爱的描绘;爱情诗将自己展现为那个宗教的传统同盟。

至此,这个神话看来都是有益的,因为陷入爱中的那种消遣具有好结果——推迟战争,乃至让这部诗作成为可能。但是,如果我们回头想想这部诗作的开篇,我们可能就会想起,特洛伊战争,毫无疑问还有其他很多战争,向来都是完全相似的痴迷的产物。我们也可能会想起,玛尔斯和维纳斯的性爱本身并非毫无问题。它破坏了婚姻的基础;它所引发的嫉妒导致众神

---

[42] 关于创伤比喻及其在希腊化时期的警句中的运用,见 Kenney(1970)及引用文献。

不睦。这些反思在这部诗作中可能很早就被唤醒,也有可能并非如此;[43]不过,当我们了解到,一旦男人和女人在生活中遵循这个范例,男人要为此付出什么代价、女人要付出什么代价、社会要付出什么代价时,我们不久就会再度面对这些反思。

六

第四卷构思灵巧,其目的是要为攻击爱做准备。卢克莱修的对话者对于爱是如此依恋,因此就必须通过大量隐晦而生动有力的准备、以一种温和婉转的方式将他引入这种攻击。于是,这一卷有四分之三的篇幅并不是直接谈论爱,而是充斥着对知觉、知觉错误和做梦的分析,这些分析乍看起来与关于爱欲(erōs)的问题没有直接关联。不过,它们对于卢克莱修的哲学计划具有总体上的重要性,与此同时,它们也做了一项与后来对爱的论辩特别相关的工作。[44] 首先,有了这些讨论,我们就可以承认,并非我们所看到的一切都是其本来面目;我们就可以看到,对知觉提出的一种实在论的因果理论,例如伊壁鸠鲁的理论,以及对知觉作为真理标准的一种伊壁鸠鲁式的捍卫,完全符合如下主张:我们的很多知觉经验都是欺骗性的和令人误解的。尤其是,这些讨论向我们表明,我们的习惯和习惯信念如何能够歪曲我们与周围知觉对象的关系,即使那些对象具有一位健康的知觉主体能够正确地把握的真实特性。这些论证很深奥,详细研究它们并不是本章的目的。不过,我们可以把卢克莱修的分析要点总结出来,因为在他后来对爱的攻击中,这些要点至关重要。[45]

  1. **知觉并非总是真实无误**。幻像,或者说视觉流溢(visual effluences),是真实的,却是由很多并没有把对象的本质真实地反映出来的方式引起的。一些幻像是自发地在空气中生成的;一些是来自其他对象片段的组合体;一些在穿越介质的时候已经受到损害;一些已经与其他映像相交换;还有一些

---

[43] 如果我们在这里保留第44—49行,这些反思就更有可能被激发起来;这几行诗是对伊壁鸠鲁所设想的那种不会被愤怒所触动的神灵的宁静生活的对比描述。在本书第七章中,我会论证支持这种保留。

[44] 关于第四卷的统一性,见 Brown(1987)。关于知觉相对性,见 Graver(1990)。

[45] Bailey(1947)对这部诗作的这一节有很好的分析。

在其他方面是非表象性的。任何知觉经验都应该由心灵来审查和批判,要去留心发生错误的可能性。唯有如此才能信任知觉。(第753行以下,第818-822行)

2. **欲望和知觉相互影响**。爱者认为自己的欲望是由看到心爱的人所激发的。然而,卢克莱修告诉我们,知觉也是由欲望来决定的。在我们周围的空气中,在任何一个时刻都会出现很多视觉流溢或幻像,从它们当中,我们把那些与我们的预期欲望和关注相对应的幻像挑选出来加以感知。知觉是一种形式的**关注**,会漏掉那些没有成为关注对象的东西;我们在任何时候挑选出来加以关注的东西,都取决于很多关于我们的其他东西,尤其是取决于我们想要看到的东西(第779行以下)。

3. **心灵迅速地从其知觉中进行外推**,从微小的迹象中把一个完整的图像建立起来,而不是密切关注实际上可得到的一切知觉证据。(第814—817行)

4. **我们的生理状态影响欲望,并通过这种影响进而影响注意和知觉**。当我们的身体处于一种消耗状态时,我们就感到痛苦,因此就去欲求那种可以终止痛苦的东西,例如食物。正是出于这个缘故,我们倾向于把食物作为知觉或思想的对象来加以关注。当我们得到满足时,我们就不再那么经常地想到相应的对象(第858行以下)。

5. **习惯影响知觉**。在睡眠中(不过,也可以推广到醒着的情形),我们习惯于追求的东西影响我们所看到的东西——大概是通过与之前在第一个要点中所描述的机制相同的机制。各种形式的习惯性活动包含快乐和注意力所特有的结构(*studium atque voluptas*,第984行),这些结构甚至会在无意识的层面上影响思想。于是,律师会梦到自己在法庭上陈词,将军觉得自己好像正在战场上打仗(第962行以下)。就卢克莱修自己而论,他写道,"我好像总是在探究事物的本性,一旦发现,就用我的母语将它陈述出来"(第969—970行)。

在这点上,卢克莱修特别有效地利用了自然的视角。人们广泛地相信梦境具有超自然含义。但是,如果我们表明非人类的动物具有同样的经验并显示了同样的做梦行为,如果我们都同意对这种行为的最佳说明是自然的而不是超自然的,那么为了一致和简省,在人类的情形中也就应该选择自然的说明。卢克莱修现在断言,如果一个做梦的生活可以把日常生活的习惯性场景再造出来,那么动物就确实可以展现这样一个生活的所有行为迹象。马在睡眠中仍流汗喘气；狗在睡眠中仍四肢前后踢动、嗅嗅空气；野兽和鸟儿都同样骚动不安，就好像被它们的捕食对象所唤醒（第986—1010行）。总而言之，经验"并非仅仅属于人类，实际上也属于一切动物"（第986行）。但这样一来，把这种心理机制看作是自然的，而不是超自然的，就是最合理的了。

只要墨密乌斯有了上述所有观察，他也就可以去理解这样一个问题：贯穿在其社会中的那个关于爱的神话，如何能够不仅腐化每一个人的有意识的生活，甚至也能腐化每一个人的无意识的生活；他也可以由此把这种影响视为一种自然过程，而不是一种超自然的或神遣的过程。这些观察也让他有了准备，可以去理解一个人如何能够着手反抗这种影响。一种方式当然就是去做他现在所做的事情，即花时间来阅读和思考卢克莱修的诗篇。诗歌触及人类生活的深处，哪怕是在睡梦中也可以塑造人们所看到的景象。因此，很明显，我们也必须小心谨慎地接近诗歌。因为不论是在睡眠中还是在醒着的时候，阅读情诗的体验都会把爱的意象（维纳斯的范型）给予墨密乌斯，这样一来他就会把这个范型带入自己的生活中，在他所看到的女性身上去寻求这位美丽女神的踪迹，并随心所欲地从这些踪迹进行外推，从而忽视了这位女性本来面目的其他方面。卢克莱修在这里告诉墨密乌斯，阅读他的诗篇会有一个对立的治疗效应：这部诗篇不仅是在对幻觉实施一个批评，也会让墨密乌斯在最深的层次上将心思投入一种对幻觉进行批评的理性反思。他不仅会得到对一个论证及其结论的临时把握，而且，只要关注得当，也会获得全新的视觉习惯和欲望模式。

七

对情爱的讨论是经过一系列独具匠心的微妙过渡，从论述做梦的那个段落中发展出来的。有了过渡段落，读者就可以把爱视为幻觉，同时认识到爱有一种自然的心理和生理基础。通过对梦的讨论，读者首先被引向性欲的论题。现在，卢克莱修用三个例子来描述从实际的身体欲望中产生出来的梦：(1) 一个口渴的人梦见一条河流或一口喷泉，在梦中张开喉咙一饮而下（第1024—1025行）；(2) 一个很讲究的人觉得自己想要小便，梦见自己使用了便壶，但实际上弄湿了自己和昂贵的睡袍（第1026—1029行）；(3)

一个青春期少年梦见一个美丽人儿[46]并射精,弄脏了[47]自己的衣服(第1030—1036行)。

上述例子都有一些共同点。在所有例子中,都有一个错觉的要素。那里并没有真实的河流或便壶,关于可爱的面貌或形体的想法是由来自"任何一个形体"的幻像所引起的(第1032行)。总的来说,视像在很大程度上是由实际的身体需要引起的,这种需要让做梦者紧紧抓住这些幻像而不是其他幻像。最终,在这三个例子中,那种需要都没有得到适当满足。在第一个例子中,根本就没有实际的满足;在第二个和第三个例子中,有一种满足(虽然不是对具有意向内容的梦中欲望的满足);但是,这种满足却因为错觉而采取了一种荒唐可笑、毫不相称的形式。从清醒时的视角来看,做梦者对其所作所为感到羞耻和厌恶,但愿自己不曾被错觉所掌控。

如果我们是在讨论做梦,哪怕是一个年轻人的春梦,我们就会欣然同意上述观点。不过,我们不久就会看到(对错误的分析允许我们看到,因为这种分析很容易把做梦的生活和醒着的生活联系起来):所有这些特点也可以出现在清醒的经验中。它们也都出现在情爱的经验中。

卢克莱修即将攻击墨密乌斯(以及大多数读者)生活中一个备受喜爱的核心要素。因此,与他对恐惧的攻击相比(在恐惧的情形中,人们都承认这种经验令人不快,需要考察的只是其精确性和价值),他在这里使用的方法更为委婉而对抗性较弱。通过对知觉提出一个系统论述,卢克莱修不动声色地为其攻击打下了基础,并进一步用那三个例子来加以夯实。不过,甚至在这个时候,他也没有直截了当地断言"爱纯属幻觉,宛如一场梦"。而是,他允许墨密乌斯和读者嘲笑那三个做梦者,尽管他们没有意识到这个论证就要转向他们自己。[48]

与此同时,在论述做梦的整段话中,卢克莱修已经令墨密乌斯准备好接受自己的引导,其方式是通过采纳一种有权威的、专横的基调,把自己与墨

---

[46] 文本并没有明确指出这个梦的对象的性别,仅仅是说那人有着"极美的面貌和漂亮的穿着",是由来自"任何一个形体"的幻像产生出来的。后来,这个对象被说成要么是"一个具有女性肢体的年轻男人",要么是一位女人(第1053行),尽管这个论证的其余部分都是在谈论对女人的爱。值得注意的是,卢克莱修认为人的欲望总得有个具体化的对象。

[47] 原来的说法是"*cruentent*",这个词通常是指溢出的血。Brown(1987)也讨论了这一行,并暗示说"通过让色彩的基本内涵服从于污染或败坏的内涵,卢克莱修大胆地扩展了通常的含义"。

[48] 比较 Brown(1987)第62页以下,他强调这段话的"临床治疗"的基调。

密乌斯拉开距离并要求后者:"我要你用灵敏的耳朵和聪慧的心灵(*animum*)来倾听。不要说我称为可能的那些事情是不可能的。在你自己陷入错误却无力把握自己时,不要用一种拒斥我所说的真理的心态(*pectore*)离我而去"(第912—915行)。他把自己与墨密乌斯的距离描绘为两个心灵之间的距离:一个眺望整个自然界并能对之加以把握;另一个则软弱无力、易犯错误,但还算得上理智,因此,除非它谦逊地跟着走,否则就有可能错过真理。他实际上告诉墨密乌斯,不要信赖自己在这个论题上的直觉,而是要比以往任何时候都更听从他的引导。[49]

在那三个做梦的例子之后,卢克莱修转向清醒时的性生活,就好像他对性生活的讨论自然地来自他对春梦的论述。[50] 爱仍未被提及,如下这一点也仍不明显:对话者最为珍惜的一些信念被排上了批判日程。在这里,诗人开始使用第一人称复数,将墨密乌斯(以及读者)包含在其论证中并提醒墨密乌斯,他和诗人都是人,都是类似经验的主体。卢克莱修允许墨密乌斯从轻松的旁观者立场来观察那三个荒唐可笑的做梦者,而从这个角度来看,墨密乌斯现在就转移到了舞台中央(或者开放剧场的中央,只要我们愿意这么说)——就像诗人本人一样,同时担任外科医生和(从前的)病人,为手术性的论证做好准备。

接下来就是对情欲的冷静讨论,其中并不包含任何一眼看去就具有威胁性或否定性的东西,而是对性渴望中生理和心理之间的复杂互动所做的一种直截了当的简单描述,其风格与这一卷前面部分的很多描述相差无几。性欲部分地是一种物理冲动,由种子的累积所产生,要求身体在某个阶段的成熟和敏捷。不过,它也有一种复杂心理,因为不是任何偶然原因都会产生这种激动。"只有人的吸引力才从人那里吸引人的种子"(第1040行)。[51] 身体不是寻求把种子排入任何偶然的容器中,而是排入一个人体中;不是排入任何偶然的身体中,而是排入那个"心灵(*mens*)因爱而遭受创伤"的身体中(第1048行)。因此,人类的性欲究其本质而论不仅是物理的,同时也是精神的;不

---

[49] 卢克莱修对这位对话者的说话方式发生了变化;关于这一点的一个有益讨论,见Clay(1983a)。

[50] 关于这个联系,见Brown(1987)第76页和第82页以下,布朗正确地指出,对卢克莱修来说,激情不像真实的吃喝,而像梦见吃喝——人只是与幻像相接触。

[51] Brown(1987)在这个地方指出,这段话是性别中立的,因此不仅为女人影响男人留下了余地,也为年轻男人影响男人留下了余地,甚至也为男人影响女人留下了余地(如果人们相信有阴性的种子的话)。

仅是一种想要排泄的身体冲动,也是一种形式的有选择的意向性。如果不提具体对象、不采纳与意图相关的描述,我们就无法界定人类的性欲。人类的性欲是要与另一个人——知觉者用一种特殊的方式看到的另一个人[52]——完成某种身体行为的欲望。当然,这个意向内容实际上也是一种物理的东西。在这里显然没有超自然的实体。但是,不论是在这里还是在后面,卢克莱修都没有显示出把性意图和性知觉还原为原子运动的倾向;他也没有指出:在我们所面临的关于爱的问题中,那种非还原论的人文主义语言就是罪魁祸首。卢克莱修用一个陈述来总结他对性现象所提出的复杂的物理/心理描述。这个陈述有力地表明他认可自己刚刚提出的那种论述。他向读者推荐说:"这就是我们的维纳斯的本质所在;但我们也正是由此而得到爱的名字"(Haec Venus est nobis; hinc autemst nomen amoris,第 1058 行)。

迪斯金·克雷已经论证,这段话表明拟人化的维纳斯已从这部诗篇中消失了。在这一点上,学生了解到,在用流行神话中所传授的拟人论措辞来谈论爱和欲望的方面,他一直都错了。从现在起,他必须学会说一种陌生而严厉的新语言——原子生理学的语言。原子的一种运动就是我们的维纳斯的本质所在。我已经指出,既然那段话用一种显著而首要的方式使用了意向性的心理语言,那么作为对这段话的一种解读,这种还原论就显得很奇特了。[53]事实上,卢克莱修对爱欲的意向性承诺是如此深厚,以至于他好像强

---

[52] 在这里大概应该用一种弱的方式来解读"爱"(amore)这个词,不要把它理解为具有如下含义:立足于错误信念的那种特定的爱已经出现——因为这并不是性唤起的一个必要条件。这部诗篇的其余部分告诉我们,性唤起完全符合主体与对象的一种真实关系。卢克莱修的麻烦就在于:他所使用的语言让他缺乏词语来表示那种真实关系。因此这段话就意味着"知觉者的心灵视为值得欲求的一个人"。这种理解符合这段话后来对传统"创伤"比喻的那种紧缩性的自然主义利用(第1049行,第1053行),在那里,爱情诗的陈词滥调被当作自然主义的描述来使用。对卢克莱修在这里所采取策略的一个出色讨论,见 Kenney(1970),尤其是第 254 页(论述第 1049 行及以下):"那个在传统上被美化、被放了血(不妨这么说吧)的意象得到改变,以便使用这种最粗俗的物理措辞来阐明卢克莱修从物理角度对爱的设想,因此贬低流行的浪漫概念。"关于军事比喻,亦参见 Fitzgerald(1984)。同样的情况也发生在液体比喻那里,见本书随后的讨论。

[53] 因此,很奇怪的是,Kenney(1970)竟然把卢克莱修在这段话中所描述的那个欲望刻画为"由一种物理刺激所激发、把种子从一个人体移植到另一个人体的欲望,而在那种物理刺激中,心灵还没有任何地位"(第255页);这显然是对"mens unde est saucia amore"(心灵因爱而受创伤)的一种古怪释义。同一种没有根据的还原论也出现在该书注释49中那个若放弃了还原论就会很有帮助的讨论中。Fitzgerald(1984)和 Betensky(1980)也对这几行诗提出了一种还原论解读。

调说,人类的爱欲总是有一个具体的人类对象:种子的累积不会导致没有幻想的性高潮。那个具有意向性的维纳斯在任何意义上都没有从这部诗篇中消失。在第五卷中,维纳斯又一次被召唤出来,但这次关系到从粗鲁的暴力到婚姻中更温柔的欲望之间的转变,这些欲望使得共同体变得可能。她甚至在第四卷也原封不动地再次出现。此外,不管有没有提到维纳斯的名字,意向性的语言继续被用来描述卢克莱修所认可的行为。例如,关于相互间的欲望的那段话(后面会加以分析)肯定是这一卷中最具移情色彩也最正面的一段话(第1192—1207 行)。但它充满了意向性的语言:谈到了欲望、快乐、寻求、打算、思想。它甚至用维纳斯的名字来表示这种欲望所导致的性交。[54]

不过,在我看来,克雷走对路了。在这段话中,**某种东西**正受到拒斥、正在被脱去假面具。**某种东西**此刻被说成是性经验"实际上"所具有的一切。我们需要做的仅仅是精确地刻画这两种东西并将它们区分开来。我认为我们应该说,被保留下来的是自然主义说明所具备的充分的丰富性——其中包括了我们在把自己说成是具有一种生理和一种心理(二者处于复杂的相互关系中)的复杂的自然存在物时想要使用的一切语言(既是物理的又是心理的)。

到目前为止,我们仍然不太清楚卢克莱修究竟要拒斥什么。不过,我们确实注意到,在这个经过认可的描述中,与维纳斯的流行神话相联系的那几个要素不见了,而此前它们曾经典型地出现在第一卷维纳斯-玛尔斯的故事中,出现在卢克莱修不久后提到的那首爱情诗中。这些要素包含:把爱的对象提升为一种有神性的东西,提升为痴迷和崇拜的对象;旨在与如此看待的对象合而为一;这样一种想法——爱是一种与神相似的东西,或者说是一种神遣的东西,一种使我们得以超越我们身上纯然人性的东西。相比较而论,在那个经过认可的描述中,人需要身体方面的满足和快乐(第1057 行)。他们彼此设防,而且就像序诗中的动物那样相互攻击。他们在行为上具有选择性和反思性,想抓住那个让他们遭受打击的人。不过,他们并不迷恋什么,也没有

---

[54] 在这里,比较 Commager(1957)的判断是有益的。康马格如此总结卢克莱修在叙述这场灾难时对于修昔底德的背离:"这些变化所显示出来的,并不只是某种粗心大意和诗意构思,或者也不只是用拉丁文而不是用希腊文来写作所带来的不可避免的结果。我们已经看到,卢克莱修是用一种心理词汇来描述物理疾病,把临床现象处理为在情感上被激发起来的行动,把医学资料改变为伦理评论,不顾物理事实而拓宽这场灾难的领域。用最简单的话来说,他的补充和变更显示出这样一种显著趋势:与其用物理措辞来描述这场灾难,不如用情感的、道德的、心理的措辞来描述它。"这段话在 Wormell(1960)中得到了讨论。也见 Brown(1987)第 95 页。

占有欲。卢克莱修现在告诉我们,这就是原始的或者说自然的维纳斯。这就是我们由此而得到爱的名字的地方。这就是爱注入我们心中的那种甜蜜——在令人心寒的焦虑之后接踵而至的那种甜蜜——的原始来源。

这些过渡历经艰辛。从表面上看像是爱的自然基础的东西,从与任何批评好像都没有关系的某种形式的性行为,过渡到一种传统意义上的充满焦虑的、不幸的爱,一种用诗歌语言的那套陈词滥调来描绘的爱。这种不幸的爱是卢克莱修不久就会加以拒斥的;他会告诉我们,这种爱并不是自然之爱的一个必然或自然的结果。在这段话中,卢克莱修让我们从一种形式的爱过渡到另一种形式的爱,却没有很清楚地标明二者的界限;在我看来,这是刻意为之。在让墨密乌斯了解到(可以说是)爱的全部领域后,卢克莱修会更进一步,非常清楚地表明自然的维纳斯和病态的爱(amor)之间究竟有什么区别,并向墨密乌斯表明我们无须从前者转移到后者(也许墨密乌斯自己认为必须这样做)。既然这些说明仍有待提出,对这三行诗的解释在某种程度上就取决于事后认识。不过,我相信我们所提出的解释应该聚焦于 haec(this,这)和 hinc(from this,由此)之间的区分。Haec Venus est nobis:这,我们刚才描述的那个自然复合体,就是真正地或真实地出现在人类生活中的维纳斯之本质所在。Hinc autem est nomen amoris:然而,**由此**我们引出爱的名字;我们把爱的名字及其一切传统联想应用于具有这一自然基础的经验。autem(然而,另一方面),这个往往没有被翻译出来的词,大概指出了那个原始的东西与其派生物之间的一种对立。[55] Hinc illaec primum Veneris dulcedinis in cor/stillavit gutta et successit frigida cura。古老的爱的蜜汁(illaec…gutta)由此注入我们心中——接下来的则是冰冷的忧虑。换句话说,这就是那些众所周知的陈词滥调所描述的那种痛苦经验的无害基础。[56] 这就是

---

[55] Brown(1987)在此正确地指出:"autem"并不一定表示相反的意思,尽管它总是标志着某种对比。然而,他没有提出任何论证来反对一种相反含义的解读或者支持他自己的"此外"这一说法。

[56] 关于这几行诗,见 Kenney(1970)第 255—257 页,他对"illaec"提出了同样说法,并举出这里所说的诗歌中的陈词滥调的一些例子。Fitzgerald(1984)有益地指出 muta cupido(被激起的欲望)(第 1057 行)和诗歌语言所创造的那个世界观之间的隐含对比。Betensky(1980)古怪地认为这几行诗是对**自然**的维纳斯以及诗歌的爱情观的一种谴责:"这就是**我们**的维纳斯……缺乏任何人性或神性,只会引起荒废和毁灭。"(第 292 页)Brown(1987)第 64—65 页讨论了整段话中在 amor 和 umor 之间的双关用法以及试图从词源学上把其中一个从另外一个中引申出来的做法。

那个神话的起源。

一个人一下子听了太多这些陈旧的诗句,难免会变得无动于衷,这时候卢克莱修就用一种秘密的、几乎令人难以察觉的方式将我们推入对情爱的批判性审视。

八

紧接着的那一节中,卢克莱修更详细地描绘了爱、那种病态的或糟糕的性关系以及他所推荐的那种更加自然、更有成效的性关系之间的差别。他说(也是在确认他在这部诗作之中早先提出的建议),那种糟糕的性关系把整个心思都集中到一个人身上(第 1066 行),虔诚地关注此人的形体乃至名字(第 1061—1062 行),因为一种焦虑而备受折磨,而这种焦虑就像溃烂的伤口那样困扰着爱者(第 1068—1069 行);这是一种与日俱增的疯狂(第 1069 行)。我们未被告知这种疯狂关于什么或是如何产生。另一方面,只要摆脱了这种爱,一个人就可以获得一种纯粹的性快乐(pura voluptas,第 1075 行),一种不会为这些痛苦所污染的快乐。

现在我们需要准确地了解,在爱的这种结构中,究竟什么东西是糟糕的;因为只有当我们把握了这个分析的时候,我们才能充分理解怎样的关系才是卢克莱修所要谴责的,怎样的关系是他不会谴责的。假若我们是伊壁鸠鲁式论证的聚精会神的读者,我们就会指望这个分析把导致那种糟糕的性关系的错误信念揭示出来。我们相信自己很容易因为爱而遭受丧失,而这个信念好像不是那种错误信念的一个有希望的候选者,因为善于阅读爱情诗的人会准备好在某种程度上去感受焦虑和痛苦,甚至可能会把这种准备视为爱的深度的一个标志。如果卢克莱修将易受伤害作为核心的错误信念来加以利用,那么他的论证显而易见是循环的;因为即便易受伤害的思想在一个伊壁鸠鲁式的善观念中是假的,但在卢克莱修的读者很可能持有的大多数善观念中,它是真的。这样一个论证很难达到治疗的目标。

因此,卢克莱修并没有在容易遭受损失这一点上止步不前。在接下来对性交的引人注目的论述中,他对爱的认知结构提出了一个复杂的批评,既诋毁关于爱的目的的信念以及对其对象的看法,又去描绘追求这个目的和持有这种看法的后果,而对于这种性关系来说,这些后果既是内在的又是外在的。这段话在声调上既超然又严厉。它对男欢女爱的描述就像人们可能会对一个进行陌生仪式的异族行为所提出的描述。但与此同时,它又明确肯定自己的主观起源,因为诗人可能(或者看似)只有一种方式知道床笫之事,知道那有多么强烈、多么疯狂。他言说的方式就好像他已经见识了激情最强烈的深渊并得以生还,并重新获得健全的理智。如果墨密乌斯自己正在或曾经缠绵于床笫之间,他就会觉得这位诗人是高高在上地蔑视他,用他那双清澈的眼睛告诉自己他究竟看到了什么。诗人的批评对他来说很有力量,不仅因为他看到自己就是他所描述的那些情人当中的一员,并由此确信诗人已经在那里并知道自己所知道的一切;而且也因为诗人(作为诗人)此刻俯察一切,看到了墨密乌斯会欣然同意自己看不到的东西。杰罗姆的故事就起源于这种复杂和刻意的诗意设计。

这些情侣们就像相互"爱上"的人那样狂热地欢好,互相挤压、搂抱、撕咬(第1079行及以下),他们究竟是在做什么呢?在这个异乎寻常的段落中,面对这些人,卢克莱修提出的第一个要点是,他们**不知道**自己究竟在做什么。他们的激情"在不知所措的神志恍惚中(incertis erroribus)起伏不定",就好像他们"无法确定该首先用他们的眼睛和双手来享受什么"(第1077—1078行)。他们"不知所措地(incerti)在整个身体上游走"(第1104行);他们"游移不定,不知所措地(incerti)因那不可见的创伤而憔悴"(第1120行)。毫不奇怪,他们无法做出决定,因为从他们的行为中变得明显的那个目的、他们实际上用自己的行动来追求的那个目的,是如此古怪,以至于若不宣告自己很荒谬,他们就不可能有意识地拥有那个目的。自然的情人,就像第一卷中的动物一样,旨在获得快乐——事实上,旨在获得彼此给予的快乐,正如我们将被告知的那样。这个目的可以与友谊、婚姻和生育之类的其他目的相结合,也可以不与这些目的相结合。然而,陷在爱里的人旨在获得某种更加古怪的东西:与其欲望对象结合或交融。这就是爱侣们的性爱之所以如此强烈的原因,这就解释了他们为什么会狂乱地撕咬和搂抱(第1056行以下)。

但是这个目的无法实现,因为人永远都不可能被"吸收"。[57] 即使小片肉体可以被撕扯下来(参见第1103行,第1110行),抑或,即使作为女人,或者作为与男人欢好的男人,一个人的确从伙伴那里吸收了某种东西,不过这仍然没有实现爱欲的目的,因为这个目的是要占有或吞食人。而就我们所

---

[57] 我们或许可以和柏拉图《会饮》中阿里斯托芬(Aristophanes)的故事做出有益的比较。

知,人绝不只是物质碎片。[58] 情侣们必须依靠(而且只依靠)这些感知来喂养自己(第1095—1096行)。他人是分离的存在,而接触则只有通过知觉、通过回应可知觉的迹象才有可能发生,这两个事实对于那些情侣们来说并非安慰,而是对他们最挚爱的愿望——通过性活动来吞食对方,以对方的心灵和身体为食,将对方全盘占为己有——的令人痛苦的挫败。[59]

但是,人们可能会问,为什么爱者会形成这样一个稀奇古怪、无法实现的目标呢?一个人也许会把融合作为一种特殊的快乐或一种至高的狂喜来寻求。然而,这些爱者却是出于痛苦而寻求它。他们觉得情欲就像身上溃烂的伤口一样令自己软弱不安,认为只要完全占有了对方,就可以终止一切欲望、一切不适宜的悬而未决的状态,于是他们就寻求通过全盘占有对方来结束痛苦,乃至结束因处于这种脆弱状况而蒙受的羞耻。卢克莱修的诗作就用这种方式置身于关于爱欲的流行思想的环境中,而按照这种思想,爱欲是约束和娇弱的一种来源,产生了一种通过占有来束缚和固定这种软弱之来源的迫切欲望。[60] 爱者对其被动性感到绝望,于是就形成了这样一个错误信念:通过性活动,他就可以终止那种让他日渐憔悴的渴望,全盘掌控它那因独立不羁和不受控制而难以忍受的来源。

在我看来,如果我们把这个目的与卢克莱修关于爱欲对其对象之性质所持有的错误信念的附带诊断联系起来,我们实际上就可以更充分地理解

---

[58] 甚至这种生理愿望都是含混不清的:在第1105—1111行中,把被爱者全盘吸收的愿望,用一种含糊不清的方式与进入被爱者的身体并迷失于其中的愿望相结合。卢克莱修迅速指出这同样是不可能的。

[59] 依然有人捍卫对欲望目的的这种看法,参见 Scruton(1986),他写道:欲望的目标"仿佛旨在把一个人的言语、爱抚和匆匆一瞥都引入对方心中,从内部来了解他,就好像他是自己的一部分"。

[60] 尤其参见:"The Constraints of Desire: Erotic Magical Spells," 载于 Winkler(1990)。温克勒考察了从赫西俄德直到公元2世纪的一个观念的历史,尤其是在所谓的"魔法书"(Magical Papyri)中保存下来的流行魔法咒语中,这个观念就是:爱欲是一种疾病,一种"由有害无益的侵入力所导致的牺牲",治疗这种疾病就在于约束和占有其来源。温克勒所研究的很多咒语都采用了与卢克莱修对性虐待的说明具有紧密关系的意象。(仅仅提到一个例子:"如果她想要睡觉,那就把有刺的皮鞭放在她身下,用木钉刺激神穴。")温克勒敏锐地总结说:"当事人所实施的这种控制部分地是对其自身绝望的一种控制……把他置于与他'实际上'所处的那种爱欲的受害者之地位相对立的一种地位。"我们也可以有益地比较萨特在《存在与虚无》(Being and Nothingness)中对性的论述,按照萨特的说法,情人的目标就是让对方把自由让渡给自己。

它。卢克莱修的诊断尽管只是在后来才明确提出,但从第一卷中论述维纳斯-玛尔斯(Venus-Mars)的那段话以来,就已经得到了暗示。为什么爱想要吞食这人——这个特定的人,而不是其他人?因为这人被看作是完美的、神圣的、唯一的,是他无论如何都要拥有的。(也许也是他奔向幸福的通行证,他走向天堂的阶梯,他的一切。)卢克莱修论证说,情人们对于爱的故事和套话是如此着迷,以至于在陷入爱欲的时候几乎不去看看那人的实际面目。他们瞥见一星半点的迹象,就(按照论述知觉错误时描述的那种方式)修饰并承认(*tribuunt*,第 1154 行)其他的部分,"因欲望而变得盲目"(第 1153 行)。这些推演和编造都是怎么来的呢?对于男人将他们所爱的女人错误地浪漫化的做法,卢克莱修有一段著名的讽刺,阐明了这种做法的来源:那种编造出来的言过其实的描述来自文化,尤其是来自流行的诗歌文化,而后者在这件事上乃是宗教的同谋:

> 男人们因欲望而变得盲目,把女人实际上没有的优点归于她们。因此我们就看见在很多方面畸形丑陋的女人却被给予极大的欢愉和最高的尊崇;男人们彼此嘲笑,劝别人去恳求维纳斯息怒,因为这些朋友是一种低级爱欲的牺牲品——这些可怜的受骗者很少看见自己的问题。皮肤黝黑的女人被称为"蜜色"(*melichrus*),[61]污秽而有臭味的女人被说成是"不加修饰的美丽"(*acosmos*),灰眼睛的女人被说成是"名副其实的帕拉斯",骨瘦如柴的女人则是"小羚羊"(*dorcas*),身形矮小的女人就像"美惠三女神之一"(*chariton mia*)那样"玲珑多姿",体格健硕的女人则是"一种奇迹"(*cataplexis*)、"充满威严"。如果一位女人口吃,不能言说,那她就是在"咬舌发音"(*traulizi*);如果她是哑巴,那她就显得"谦逊端庄";毒舌妇宛如"燃烧的火炬"(*lampadium*)。无法进食的女人就变成了"身材苗条的可人儿"(*ischnon eromenion*);如果她因咳嗽而濒临死亡,那她就"纤巧体弱"(*rhadine*)。胸部丰满的女人就宛如"哺育幼年酒神时的谷类女神";塌鼻子的女人是"一位女性深林之神"或"牧羊神"。厚嘴唇的女人则是"生来就是要被亲吻的"(*philema*)。若是把诸如此类的其他例子一一道来,那可真是乏味至极。(第 1153—1170 行)

---

[61] 对这个译法的令人信服的讨论,见 Brown(1987) 的相关论述。Bailey(1947)译为"蜜样的金色",用一种不同的方式来理解这个词的引申含义。

上述每一种夸张的错误描述都是诗歌的套话。[62] 大量的希腊词语令这一点变得尤为清楚。其中一些词语将女人奉若神明,另一些则将一种自然品质变成完美的东西。卢克莱修是在向我们表明:爱者的感知在故事和诗歌神话的引导下是如何从实际上呈现在他眼前的迹象进行外推的。诗歌的描绘为情爱想象提供了现存的工具和范例,而在所有这些情形中,这种想象都倾向于把一个真实的女人转变为维纳斯。爱者要完全占有对方的欲望现在可以被看作要占有某种超越人类之事物的欲望、某种想要吞没具有神性的事物的欲望。不能占有一个普通人说不上痛苦,但神圣的女神却会引起一种挥之不去的渴望的痛楚。

在这段话的前后,卢克莱修都列举了这种情爱幻觉的糟糕后果。因为即便爱欲的目标是内在不一致和不可能的,爱欲仍能保存并确实保存下来,因此最好不要把这种不一致和不可能当作反对爱欲的唯一论证。卢克莱修提到的后果有两种:前一种是外在的,即在爱欲关系之外的情人的生活领域;后一种则内在于那种关系本身。外在后果众人皆知,可简单举例如下:浪费精力,对自己生活的其余部分失去控制,耗费钱财,损害政治活动,损坏名声(第1121—1132行)。[63] 内在后果更为突出。爱欲的占有目的及其必然遭受的挫折在这种性关系中产生了三个致命后果,而通过再次诉诸体验和超然的结合(此前我们已经发现这种结合很有说服力),卢克莱修对这些后果提出了尖刻的描述。

首先,在性爱活动以及围绕它的那种更加广泛的关系中,爱者都被一种连续不断的受挫感和不满足感所折磨。卢克莱修暗示说,这就是他们的计

---

[62] 见 Kenney(1970)对这个论题的出色处理,他强调希腊化时期的讽喻诗传统,并暗示说:卢克莱修可能是在把目标指向自认为属于那个传统的卡图卢斯(Catullus)。我们大概不应该把自己限制到讽喻诗,因为对我们来说,在罗马新诗传统的诗人那里一直都很重要的抒情诗传统基本上失传了。亦参见 Bailey(1947)对这一点的讨论,Brown(1987)第78—79页、第127—143页、第280—283页,以及 Humphries(1968)的出色译本,他为这些诗歌套话找到了英语中合适的等价译法。对于描绘"神圣的"女情人的诗歌所做的详细研究,见 Lieberg(1962)。关于受过教育的罗马人对希腊语的运用,参见 Juvenal 6. 187-196。关于这段话与柏拉图的《理想国》470D 的关系,见 Godwin(1986)以及 Brown(1987)第128—132页、第280—283页。

[63] 这些要点在古代对爱欲的批评中都是共同的:柏拉图《斐德罗》(Phaedrus)的最初两场演说是两个突出的例子。Brown(1987,第77页及以下)也评论了这段话对爱之痴迷的谴责:布朗证说,这段话旨在"揭露一种单方面的、唯物论关系的空虚"。

划不可能得到实现的一个必然结果。因为他们实际上无法吞食和占有对方，于是，在那种想要与对方结为一体的虚幻图景的驱使下，他们就越加疯狂、越加贪得无厌地想去吞食和占有对方，最终却落得饥肠辘辘：

> 最后，当他们相互搂抱着享受着青春年华的果实，当身体已经能够预感到那种狂喜，当维纳斯即将在女人的田地播下种子的时候，他们就热切地紧紧搂抱，口涎混着口涎，彼此喘着气，牙齿压紧对方的口唇——然而，这一切都毫无用处，因为他们不能从中撕去什么东西，也不能让自己的身体渗入对方并迷失于其中。[64]（第1105—1111行）

甚至在最美好的时光，在性爱所提供的快乐中，"甚至在花香鬓影之间，仍然有些苦涩涌现出来，折磨他们"（第1134行）。对于因不可能占有对方而引起的挫折，卢克莱修现在补充了一种紧密相关的挫折，即因嫉妒而产生的挫折——她抛出的一句暧昧言语，就像武器一样刺伤他，继续留在他心中，炙热地燃烧（第1137—1138行）；她对其他男人投送秋波，或者他从她脸上看到了嘲笑的迹象，诸如此类的事情都会让他想起自己其实还没有完全占有她（第1139—1140行）。这些折磨，以及那些更加简单的挫折，都是爱者的目的所致，这个目的并不允许对方保有一个分离的生活。

因此，我们不会惊讶，爱者的目的也会给对方造成糟糕后果。占有的目的导致了多疑的焦虑行为，而这种行为对其对象而言几乎说不上是令人愉快或是公正的；它不会促使一个人为了对方的善而怀有一种无偏私的关切。爱者全然执着于关注自己的目的，关注每个偶然的言辞、微笑或是匆匆一瞥，因为那个目标的地位不会促使他正确认识到被爱者的实际品质，更不会促使他去采取行动、去为对方的切身利益着想。对方几乎完全消失，纯粹变成了爱者的个人愿望的载体，但与此同时也变成了实现这种愿望的永恒障碍。甚至在性爱的亲密中，对方的真实生活在爱者对于结合的狂乱追求中也被忽视了。因为他不是去考虑伴侣的体验，不是将她自身的快乐当作目的，反而把一切注意力都集中到夺取、啃咬和抓挠上——这一切都仅仅是徒劳地表达他要控制和抓牢对方的欲望，徒劳地表达渴望的痛楚在他身上所产生的报复冲动。伴侣实际上是因为她身上本来就有的那种差异性、因为

---

[64] 进一步的讨论参见本书第七章，我将论证这段话是从男人的集体观点来写的。亦参见 Brown（1987）对这段话的讨论。

抗拒结合（这种抗拒会消除爱的捆绑）而受到惩罚。

> 他们抓住了就会抱紧，直到压痛身体，他们还常常用牙齿迫紧对方的口唇，嘴对着嘴，使劲狂吻，正因为他们的快乐并不纯粹，有些隐藏的针刺才刺激着他们去伤害那些让他们变得疯狂的东西。（第1079—1083行）[65]

178 如果她打算坚持自己独立的感受，顽固地抵制被吞食，那么她即将感受到的就只是痛苦了。

对爱的心理后果的这一论述暗示了一个进一步的批评。爱的欲望现在看来不仅对爱者和被爱者来说都是痛苦的，而且也是自我挫败的。因为爱的结合计划所产生的欲望，甚至在这种结合或融洽有可能已经达到的时候，反而会产生抑制这种结合或融洽的结果；占有的目的所产生的嫉妒欲，则会导致一种因未能占有而越来越苦闷的感受，会导致爱者和被爱者之间的日益对立。在第三卷中，卢克莱修将爱者的苦闷恰当地比作提泰俄斯（Tityos）在地狱中所遭受的惩罚——提泰俄斯的肝脏被秃鹰吞食，而爱者则被自己的焦虑撕裂和吞没。

最终，卢克莱修论证说，这样一位爱者，既然用这种目的来武装自己，痴迷于抬高作为那项计划之一部分的被爱者，因此就无法忍受女性身体在日常生活中的存在迹象。在讽刺性地描述爱者抬高被爱者的那段话后面，有一段话形成了治疗论证的高潮，需要详细分析：

> 但是，就算她的脸庞如你所希望的那样动人，让她的肢体焕发出维纳斯的全部艳丽。……她在一切方面还是像丑陋的女人一样（我们对此心知肚明），这可怜卑微的东西，全身散发恶臭，甚至女仆们也都避开她，在背后吃吃偷笑。而那吃了闭门羹、泪痕满面的情人，却常常把鲜花和花环堆满她的门槛，用墨角兰的香胶涂在她骄傲的门柱上，这可怜卑微的人还在门上留下了很多吻痕。但是，如果他终于被放进屋来，在他进来时有一丝气味飘进他鼻子，他就会竭力找寻一个适当的

---

[65] 见 Brown（1987）对这段话的出色讨论。布朗注意到属于爱的语言的那个昵称名词（labellis）和那些具有暴力含义的动词之间的刺耳对比。关于此处"他们"这个词的不明确性（就像在第1005行及以下一样），见本书第七章注释26，我在该处论证说，这个词大概指称全体男性爱者，而不是一对男女爱侣。

借口马上离开,他那准备很久的深长哀怨,就会突然沉默;他就会当场谴责自己竟是如此愚蠢,因为他发现自己曾把任何一个凡人所不能有的东西归于那位女人。我们的诸位维纳斯对此也不是全然不知,因此她们都费尽心思,隐藏起生活背后的东西,以免被那些她们想用爱紧紧抓住的男人们看见。这一切纯属徒劳,因为你总是能够在心中(*animo*)把一切都扯出来见光,并搜寻产生这嘲笑的理由;而如果她有纯良的心地(*animo*),[66]并非心怀恶意,那么,你也应该对这一切视而不见,屈从于人类的生活(*humanis concedere rebus*)。*(第1171行,第1174—1191行)

这段话一开始就像一个更具讽刺意味的谋略。通过诉诸嘲笑乃至厌恶,它要爱者从爱的那种光芒四射的现象背后看到实际上存在的东西。它告诉爱者:假若他这样做,他就会发现令他厌恶的事情。我们现在面对拉丁爱情诗中一个常见的情节:情人站在情妇的门外。[67] 读者被要求同时去做两件事:一方面是把自己设想为那个情人(因为他已得到许诺、得以一窥其情妇惯常的举动),另一方面则是走到紧锁的门后,在那里,未经修饰的日常生活正在展现。在门前,情人把散发着甜蜜气味的花环挂在门柱上,亲吻他那神圣情妇触摸过的门扉。在里面,我们发现污秽的气味和心照不宣的咯咯笑声。读者在内室的替代者们(那些女仆)摆脱了一切幻觉,四处逃散,以避开那种气味并嘲笑她们的女主人。显然,情人之所以用这种崇拜的方式来行动,原因只能是:他不是站在她们所处的位置。要是他可以去场景背后,他立刻就会想出某个借口尽快离开,就会忘记他那精心准备的爱的表白。于是他就会悔恨自己在那种崇拜行为上所花费的时间,看明白他错误地归于那个女人的品质并非凡人所有。

在这里究竟发生了什么?数个世纪以来,这段话一直让评论者困惑不已。他们提出的一些不同凡响的解释受到了豪斯曼(Housman)的嘲笑,他在一个旁征博引的注解中指出:这段话在性方面的坦率与其讲究的拉丁语

---

[66] "*bello animo*"(美好的心灵)在这里既指品格,也指理智;也见 Brown(1987)第305页,在这里他特意把"*bellus*"(美好的)这个词的日常指称转变为对身体美丽的指称。

* 此处拉丁文直译为"屈从于人类的事务",努斯鲍姆译为"yield to human life"。——译者注

[67] 关于这个诗歌传统,见 Brown(1987)第297页以下(以及引用文献),尤其见 Copley(1956)。

用法不可分离。[68] 豪斯曼说,朗比弩斯(Lambinus)宣称自己对这段话茫然不解。两位后来的评论者猜测说,那个女人很肮脏,正在试图用香水来掩盖自己。但是,这个说法不可能是正确的:正如豪斯曼所指出的,在这里我们不是在谈论那位盲目的爱者称之为"acosmos"(非世间所有)的那种 *immunda*(肮脏)和 *fetida*(恶臭);我们是在谈论我们已承认展现了全部女性之美的那个人。此外,把香水洒在身上几乎不能被描述为"*se suffit ... taetris odoribus*"(全身散发……恶臭)。拉赫曼的猜测更不同凡响。他说,那个女人一直在与另一个情人欢好,想用香水来掩盖**那种**气味。正如豪斯曼所说,"*taetris*"这个说法仍为那种进一步将一种最不同凡响的嗅觉能力赋予那个爱者的读解提出了困难:"*miror amatoris sagacitatem, qui una suffitamentorum aura offensus continuo intellegat amicam cum alio consuevisse.*"[69] 此外,卢克莱修笔下那位爱者的最终反思——他已经归于那个女人的东西要多于可以恰当地归于任何凡人的东西——与如下建议极为不符:他已经错误地归于那个女人的仅仅是忠诚。豪斯曼推断说:"*nimirum Lachmann, vir sanctissimo, accidit ut in his vitae postscaeniis parum feliciter versaretur.*"[70]

我们需要的是一个能够讲得通如下事实的解释:从那个女人身上散发出来的气味是不好的(*taetris*);这些气味不是她自己想要散发出来的(*miseram*,第1175行,其地位没有被"*se suffit*"所削弱,后者在"散发"的意义上指的是"用来掩盖自己");这些气味是自然的(屈从于它们意味着屈从于"属于人的事情");这些气味是滑稽的(女仆们偷笑);情人对那个女人的浪漫想象让他拒绝接纳这些气味。豪斯曼的建议是:那个女人因腹胀引起的放屁而苦恼。[71](他很讲究地用希腊文和拉丁文来表达这个思想。)这很符合标准。唯一的问题是,那并非**女性**特有的苦恼:"她在一切方面还是像一个丑陋的女人一样"暗示了女性特有的一个秘密正被揭开。放屁好像也不

---

[68] Housman(1972),第432—435页。

[69] "我对那位情人的敏锐感到惊奇;在闻到一点点渗透出来的液体后,他立即就猜到他的情人与别人有了关系。"

[70] "拉赫曼,这个很虔诚的家伙,显然在生活的背后有过很不幸的体验。"

[71] Housman(1972);这一观点被 Godwin(1986)所接受。可以比较 Semonides 残篇 7W 中对那个狡猾如鼬鼠的女人的论述,她让接近她的男人生病。(鼬鼠因放屁而臭名昭著。)对女人的不雅体味的更一般的抱怨,见 Alcaeus 347.4, Aristophanes *Equ.* 1284-1285, Juvenal. 6.131-132。感谢 Mary Lefkowitz 向我指出此处提到的一些文献。

是一种可以预料的、持久的事情,可以让那个女人预先拒绝接纳其追求者。因此我们大概可以推测:[72]难以定论的东西其实就是与月经期相联系的气味——在用过即可丢弃的纸产品出现之前,那些气味确实更难控制,而且在每一个时代都是强烈的负面关注和带有迷信色彩的厌女症的题材。这个猜测更好地说明了为什么那个女人在此期间拒绝接纳追求者,也更好地说明了如下思想:那种苦恼就是她作为女性的证据。按照这种论述,仆人们之所以偷笑,是因为对她们摆架子、假装比她们高贵的某人,现在清楚地透露出和她们是同样的动物。

布朗现在提出了其他的新解释。[73]他建议说,*se suffit*指的是医疗烟熏法,被广泛用来治疗某些妇科病痛。烟气(有时含有某些很难闻的物质,例如硫黄、尿和粪便)被用于鼻孔,或者通过管子用于阴道。于是,卢克莱修想要表达的要点是:甚至那个美丽的女人也有身体上的苦恼,因此就会使用令人厌恶的治疗方法。在我看来这种解释是可能的,尽管在说明每个情人如何能够确信是他的情妇产生这种污秽气味的问题上,我认为它不如我的解释,因为肯定不是所有女人都有规律地使用这些疗法。此外,按照布朗的解释,这些气味也**不是**自然的(尽管它们所产生的抱怨可以被说成是自然的)。布朗也没有提出任何令人信服的论证来表明*se suffit*必定具有这个专门的医疗含义:他承认,当这个词出现在卢克莱修著作中的另一个地方(II. 1098)时,它并不具有这个含义。他用来支持这些做法的证据基本上来自希腊而不是罗马。此外,如果我们接受了他的观点,那么基本的要点就很接近我所发现的要点:与女性身体特有的运作方式有关的某种东西,一旦被发现,就会让男性感到厌恶。

因此,不管是接受我的建议还是布朗的建议,甚或接受豪斯曼的建议,那些女孩之所以发笑,是因为她们看到了大自然是如何揭穿其女主人的幌子。那个男人,将其全部爱的精力都集中于否认那个女人的日常人性,于是就会有一种更加深刻的反应。正是因为他在那个女人的门前顶礼膜拜,正

---

[72] 这个解释是我独立地提出的,当时本章作为一篇文章首次在1989年发表。我受益于Brown(1987)第296页,他指出:Brieger(1908)第1625页也曾提出这个解释,尽管他没有进行论证:"Kein Mediziner wird hier etwas anderes finden als ' male olet ex mensibus ' "(没有哪个医生会发现除了"按月例行的难闻气味"之外的东西)。作为参照,Brieger还引用了Casanova, *Mémoires* II. 1。

[73] Brown(1987),第296—297页。

是因为他把凡人所不具有的东西归于那个女人,对于凡人都会碰到的那件平常事情,他的反应必定就是幻灭、厌恶和遗弃。卢克莱修用这种方式继续说道,男性的幻觉也会迫使女性去过一种不诚实的生活,就像是在舞台上演戏,把道具隐藏起来。[74] 既然这位爱者是靠维纳斯的神话养大的,他所看到的就必定是一个维纳斯。[75] 于是,可怜的人类女性("我们的诸位维纳斯",卢克莱修反讽地说道)就必须竭尽全力把他想要的东西给予他,即使这意味着将自己掩盖起来。

但是,卢克莱修告诉我们,这种做法并不奏效。即使你实际上不能进入屋内,你也可以在任何时候、在脑海里走向后台,把一切都拉出来见光,然后——

九

然后怎样?假若我们只是追踪到这个地步,我们就会预料到:对于爱者/读者来说,下一步就是拒斥和充满愤慨的蔑视。这段话,就像前面引用的那段关于所编造的品质的论述一样,到目前为止在结构上都是紧缩的和否定性的。那段话让爱者从崇拜转向嘲笑,与此类似,这段话也让爱者从对爱的痴迷转向蔑视和厌恶,从爱慕的仪式转向逃离难闻的气味。但是,这并非这个治疗论证的结尾。当诗人也驱使我们去超越厌恶时,这个论证现在用一种令人惊奇、突如其来的方式转向一种全新的态度:"如果她心地纯良,并非心怀恶意,那么,你也应该对这一切视而不见,屈从于人类的生活。"*Humanis concedere rebus*。[76] 我们如何从揭穿和幻灭的时刻到达这一刻呢?这个含义模糊的劝告究竟意味着什么?

在我看来,已经发生的事情在于,通过为这个关于爱者的故事写一个令人惊讶的结尾,卢克莱修迫使我们去反思包含在这个故事中的那些对立。他要我们看到,这些对立是相互依赖的。若没有幻觉,也就不会有幻灭的时刻。若没有富有魅力的台上演出,也就不会有与之相反、看起来粗俗低劣的

---

[74] 关于这些戏剧术语,见 Brown(1987)第 303—304 页。

[75] 见 Brown(1987)第 80 页,论"浪漫崇拜的主题"。

[76] 见 Brown(1987)第 306—307 页:"过于向凡人让步的做法曾受到谴责,但随着人类境况的需要……对这种让步的推荐现在取代了这种谴责;*humanus*(人类的)是一个比 *mortalis*(凡人的)更加温和的形容词,这加强了这个对比。"

后台。如果被爱者没有被转变为一位女神，对于她的人性也就不会有惊异和厌恶。实际上要加以治疗的状态也就不会是那个心生厌恶的爱者的状态。这是一种既超越痴迷又超越厌恶的状况，在这种状况中，爱者可以明确地把被爱者视为一个具有充分人性的分离存在者，准确地留心她实际上确实具有的好品质，既接受她的人性，也接受自己的人性。爱的幻想既约束又包围着男人和女人，注定让男人在崇拜和怨恨之间来来回回地不停倒腾，注定让女人狂乱地奔波于隐瞒和演戏，并由此生发出对世间日常事物的同等怨恨。[77] 他们都受到了一个古老而深刻的图景的控制，除非他们已经停止按照这个图景来看待自己，否则他们就没有机会拥有一种真实的人类关系。

在"要屈从于属于人的事物"这一劝告之后，卢克莱修立即提出一个关于女性快乐的论证。这段话经常被认为是一个联系松散的附言。贝利（Bailey）写道："卢克莱修搁下了对爱之激情所做的挖苦评论，在这一卷的其余部分返回某些生理细节。"[78] 但是，论述相互快乐的这段话，表面上看，并不仅仅是细节。通过诉诸大自然的观点，卢克莱修对女性之性快乐的存在提出了颇具说服力的论证；这个观点使用了描述动物行为的语言，因此这种语言就刻意接近在上一段话中用来描述那些爱者的语言（*Veneris compagibus haerent*，[他们紧紧结合在维纳斯的纽带上]第1205行、第1113行）。就像卢克莱修所提出的任何结论一样，这个论证的结论也是用一种很强的修辞力量来断言的："因此我再次强调，这里双方都有着共同快乐"（第1207行）。进一步，他要我们看到这个论证与此前那段话之间的紧密联系，因为它是用"*nec*"（"也不"）这个连接词来开始的："女人也不总是假装快乐。"那么，这段话的要点究竟何在？那个联系又是什么？

我相信这段话其实与前面对演戏和揭穿的讨论密切相关，是卢克莱修现在推荐的那种崭新的、积极的接受和承认态度的一种应用。在爱的宗教

---

[77] 这个论证，按照我目前提出的解释，可以有益地与尼采一生在很多著作中提出的各种论证相比较，这些论证关系到两个东西：其一，宗教如何激发出对日常生活中身体方面的人性（bodily humanity）不宽容；其二，对一种对立关系的一端的批评，应如何通过把我们从对这些极端本身的坚持中、从它们所构想的世界观中完全解放出来而得以终止。

[78] Bailey (1947) III. 1312. 与Brown (1987, 第60页以下、第307页以下)相反，布朗恰当地强调两件事相互之间的有机联系：一件事是对爱的攻击，另一件事是这个讨论以及其他的生物学/心理学讨论。

中,男人们所痴迷的目的几乎与**给予**快乐毫无关系。(一位女神有需求吗?)他们被那种庄严的结合图景所控制,试图通过性爱来达到这一目的,并因为渴望获得一种准神秘的体验而发狂,而在这种欲望中,女性自身的独立快乐无论如何都得不到考虑,因为在高潮时刻,一切感觉都被融合起来了。这个图景让他们忘记或者甚至主动否认如下事实:在那里还有另一个有感情的、相分离的存在者,她的快乐是一种分离的东西,而且的确具有某种重要性。甚至男性的性行为的那种匆忙而狂乱的特征,就像卢克莱修所描绘的那样,也很不符合对另一个人的独立需要的满足。不过,一旦我们摆脱神化和融合的目的,对性爱的一种崭新理解的根据也就清晰可见了,而按照这种理解,性爱的目的是要让双方都给予快乐和得到快乐。只是在这部诗篇的这个关键时刻,当属于人的东西已被读者接受,当女人作为具有自己身心的、完整的人类存在者出现在读者眼前时,她是否快乐的问题才能得到富有成效的考虑。卢克莱修告诉我们,一旦我们认真考虑这个问题,我们就会发现,女性的快乐在整个自然界中都是明显的,而且对于说明动物行为来说必不可少。因为动物(这个论证不言而喻地假设)并不具有人类女性所具有的那种病态的性爱动机:旨在被视为一位女神,旨在掌控男人,旨在报复男人对她实施的否定。因此,如果雌性动物就像实际上那样乐意交配,那么对这一点的说明就只能是:它们享受这种行为本身。[79] 一旦这个治疗论

---

[79] 贝利的翻译模糊了动物的享受,因为他把"*retractat*"(第 1200 行)译为"勉强接受"(III. 1313)。然而,这种译法不能解释前面紧接的"*laeta*"这个词。在对照本第一卷中,他用了一个略为不同的译法,把它译为"强颜欢笑地接受"(with reluctant joy)。这种做法表明他在理解这一行上碰到了困难。但在这里,就像在第 1270 行那句类似的话中一样(在这一行中,有待澄清的是人类女性在性交期间出于快乐而进行的运动),卢克莱修是在描绘女性为了再次接受阴茎的进入而离开这种进入。Fitzgerald (1984) 和 Godwin (1986) 都充分地论证说,"*re-tractare*"应被视为具有一个双重含义:"收回"和"再次感到"。古德温指出,在 Martial 3.75.6 和 Juvenal. 2.167 中,"维纳斯"这个词的使用具有"阴茎"的含义。布朗提出一个类似观点。他指出,"*laeta*"标志着女性具有同样的性渴望。第 1207 行中快乐的"陷阱"的说法并未削弱卢克莱修的如下主张:这种快乐是真实的、相互的。正如古德温所强调的,我们不应该想起任何欺骗,而应该想起"动物在交配过程中那种紧密相扣的位置"。(然而,我们也应该注意,文本在这一点上有些含糊不清。这几行的秩序是不确定的,从"*quod facerent numquam, nisi mutua gaudia nossent*"[除非他们那时已经知道了相互的快乐,否则什么事也做不成]到"*quare etiam atque etiam, ut dico, est communi' voluptas*"[所以,就像我一再说的,相互的乐趣从何而来呢?]的过渡是平稳的,但被中间几行的出现所打断。)

证得以完成,这个动机也是人类存在者可以得到的。因此卢克莱修的治疗就有了一个进一步的优势:它为男人和女人扫清道路,让他们看到了某些关于身体、关于女性反应的真相——如若治疗还没有让读者学会用大自然的视角来看待女人以及男人,这些真相就不会被看到了。

这些论证令人难忘。我们有时倾向于相信,正是20世纪60年代的女权主义运动,发明了对男性行为、对这种行为要求女人承担的角色的批评,发明了对一种联系的批评——这种联系的一方是男性的幻觉,另一方是对作为性伴侣的女人的一种愚笨无知的处理。我们往往认为,女性的快乐是一项最近的发现,要把女性快乐作为一种分离的存在来关怀,这一劝告是当代女权主义的一项劝告。然而,事实上,古代人对这个论题已经有了漫长而丰富的争论,像卢西安(Lucian)和奥维德(Ovid)这样判然有别的作家都参与了这样一场争论,捍卫那种以相互快乐为基础的关系而不是单方面的关系,并坚持认为相互快乐特别可能出现在男性和女性的关系中(相较于男性和男性的关系而论)——如果女性感受快乐的能力得到充分承认的话。[80]在这个论证传统中,卢克莱修对爱欲的批评似乎起到了一个领先的、塑造性的作用,在每一个核心要点上都预见了后来的论证,而且是用一种更加深刻的方式,因为他把爱欲的那种"病态"形式追溯到一种更为根本的否定——双方对属于人的事物和人之限度的否定。

第四卷以对婚姻和生育的一些观察而告终。从两个方面来看,这样做是合适的。社会的视角自这首诗开篇以来就已经出现,此时竟然又明确返回,这让我们觉得有点奇怪,因为自然的视角已经得到充分分析,不仅提醒读者去注意它的要求,也要按照这些要求来评价我们正在发展的那个论述。

---

[80] 关于女性在性爱过程中获得的快乐,见(仅仅举出一些有代表性的例子):Aristophanes, *Lys.* 163; Aristotle, *GA* 727b9-10, 727b35-36, 739a29-35; Xenophon, *Symp.* 8.21; Ovid, *Ars Amatoria* 682-684; Plutarch, *Mor.* 769EF; Lucian, *Erotes* 27; Achilles Tatius 2.37。在 Halperin (1986,1990) 和 Brown(1987) 第307—308页中,这些段落以及其他相关段落得到了很好的讨论。也见 Dover(1974) 第101页和 Pomeroy(1975) 第146页以下。其中一些段落(色诺芬、奥维德,特别是卢西安)在这方面把异性之间的欢好和男性之间的性爱加以对比,在后面这种情形中,更年轻的一方据说不应该获得任何快乐。关于这一点,见 Dover(1974),特别是第52页和第91—103页。卢克莱修对彼此给予的快乐的兴趣(除了他对婚姻和孩子的明显兴趣之外)也许有助于说明:为什么男性对男性的欲望,在第1053行被简要地引入后,在这一卷的其余部分就没有再次提及。

不过,需要注意的是,在这首诗中,也只是在这个时刻,社会的视角才能返回,因为爱欲(就像卢克莱修已经论证的那样)对社会具有破坏作用:它产生了令人不安的忧虑,把爱者从政治和社会中转移出去;爱欲关系本身,由于极不稳定且相互虐待,不可能成为一场婚姻的基础,不过,通过在一种温柔关怀的气氛中来抚养孩子,婚姻会促进社会的目的。婚姻,就像第五卷所表明的,既要求稳定也要求温柔。现在我们看到婚姻要求更多。它要求这样一种能力:即使每天目睹对方"在后台"的日常生活,也不会因此而感到厌恶乃至厌倦,也不会暗中把他看到的事情与其他令人兴奋、无比美妙的事情不停地加以对比。关注日常事情,使之成为令人喜悦的对象,成为一种具有意向性和互惠性的东西。令一桩好婚姻成为可能,这就是卢克莱修治疗的目标。[81]

第四卷结尾可能会让读者觉得有点无聊。它所说的是,一个并不像神一样美丽的女人仍然能够为人所爱,而且不是通过神的干涉。你碰巧习惯了她,学会重视她、她的行为举止以及她的努力,学会与她一起分享日常生活的习惯。诗人把一个问题留给我们:难道习惯不就以水滴石穿那样的方

---

[81] 亦参见 Brown(1987)第 87—91 页、第 371—380 页,他正确地指出,第 1065—1066 行关于乱交的说法是为了破除痴迷的占据而临时采取的权宜之计,而非卢克莱修最终的正面推荐。卢克莱修在讨论期间两次强调说,一桩美好的婚姻或者一段长期的关系要求抛弃爱的**宗教**:我们不应该相信受孕或者夫妻感情要求神的干预(*nec divina...numina*,第 1233 行;*nec divinitus*,第 1278 行)。在把这些结论以及这首诗中作为其根据的那一节与卢克莱修后来就性和生育提出的说法调和起来这件事情上,好像存在着一个问题。因为他力劝已婚夫妇采取最有利于受孕的位置和运动,并告诉妻子们不要用摇摆运动来表达快乐(*laeta*,第 1270 行),因为这种运动大概会引起男性在女人体外射精,因此不能怀孕。他说,妓女特意选择这些运动,一方面是为了避孕,另一方面是因为她们认为男人们发现体操运动很有趣——但"我们的妻子"没有这种需要。这些观察可能被当作证据来表明:在婚姻中所追求的各种目的之间是存在着张力的,彼此给予的快乐要服从生育。我认为这种说法是错误的。卢克莱修显然并不认为这些运动对女性快乐来说是必要的——因为他向我们表明,动物在生殖性的交配中也有快乐。他所说的是,妓女认为这些运动会给**男性**带来额外的快乐;但首要目的是避孕,这显然就是她们用那种特定的方式来给予快乐的原因。这样说是不合理的;彼此给予的快乐要求中断性交(*coitus interruptus*)来避孕,或者甚至因为采取这种做法而得到加强。尽管 Brown (1987,第 361—362 页)引用了中断性交的证据以及古代其他有关的避孕措施,但他还是(我认为没有经过充分论证)把这段话理解为:要让其他的性目的服从于生育。关于古代妓女的那种人人皆知的体操训练,见 Winkler(1990)和 Halperin(1990)中对视觉证据的提及;当然,人们也有理由怀疑:处于那种奇特位置的女人(这种景象经常被描绘在瓶画上)是否能够体验到任何快乐(除了竞技成就所带来的那种快乐外)。

式影响欲望吗(第1278—1287行)?

这个结尾可能令人吃惊和失望,因为尽管它在风格上与这首诗中其他地方的诸多自然主义说明如出一辙,但是只要我们仍对传统爱情诗抱有期望,它就特别缺乏这种诗歌所具有的魅力。事实上,我们注意到,它那简单的自然主义形象改写了爱情诗的戏剧性形象:我们所具有的不是爱者因忧虑和心寒而流下的爱的泪滴,而是用一种非戏剧性的方式缓慢地发挥作用的一滴液体。[82] 后者通过某些方法产生了积极效果,而这些方法与传统爱情诗的激情澎湃都没有多大关系。墨密乌斯会指望一首爱情诗以死亡来结尾,或者用愤怒和苦涩来结尾,或者至少用某种狂喜来结尾。然而,卢克莱修就用这种方式,用从诗歌的角度来看甚至不会给我们留下深刻印象的言语,把墨密乌斯留在了这里。于是我们就很想知道这样做究竟是为了什么,因为这些言语不是特别引人注目,不是特别生动,或者不是特别具有戏剧性。作为读者,我们开始意识到自己与日常生活及其例行事务(包括情感和关怀方面的例行事务)之间的成问题的联系。我们开始看到,对日常生活中反复出现的这些事情的兴趣,是如何被浪漫的渴望、被如此频繁地用来表达和教唆那种渴望的诗歌语言所削弱。我很快就会转到这个论题。

在这个治疗论证中,有很多特征与本书第四章中所描述的伊壁鸠鲁的治疗模型是共同的。不过,由于使用了多重视角,它就像我已经暗示的那样有了一种辩证的开放性,而只要我们在那里能够把伊壁鸠鲁自己的方法重构出来,我们就可以看到它似乎并不具有这种开放性。卢克莱修引导我们轮流用不同的方式来看待和描绘性方面的现象;他甚至很有力地考虑到了对立的观点。在既不激发也不灌输他所批评的那些情感的情况下,他已经用生动亲切的细节把爱的生活向我们展示出来,向我们表明这种生活究竟如何。这个方法,就如同对于多重视角的一般使用,令他的论证有了一种辩证力量。

这个论证的辩证特征或许本身就偏离了伊壁鸠鲁,它所得出的一些结论显然是非伊壁鸠鲁式的结论。因为,既然这个论证格外关注社会视角,它在婚姻和性关系的问题上就采取了一种无疑比伊壁鸠鲁的见解更加积极的见解,正如第五卷出于类似的理由在子女问题上采取了一种更积极的态度。这些"不和"现在被认为很有价值,在这里甚至可以被认为由于表达了我们的政治本质而具有内在价值。此外,对婚姻和家庭的这种新的依恋导致卢

---

[82] 见 Brown(1987)第64—65页、第378—379页。

克莱修去捍卫这样一种生活方式,把它看成是有价值的;这种生活方式看来并非最符合个人的心神安宁(ataraxia),因为它包含很多风险以及丧失和悲伤的可能性。这些论证,绝不是通过任何恶性循环的方式而变成价值相对的,反倒是像亚里士多德的很多论证,用一种开放的方式去研究学生本人对于人类幸福构成要素的看法,去追问生活得好究竟在于什么,而且在这样做时显然没有预先把个人的心神安宁接受为最高价值。[83] 同样的张力也明显存在于伊壁鸠鲁对友爱(philia)的论述中,正如我们在第七章中将会进一步看到的。但是,通过描绘一种实际上是某种形式的友爱的婚姻关系,卢克莱修大大地拓宽了好人的需要和相互依赖的范围。人们不可能声称伊壁鸠鲁对心神安宁的承诺未曾影响和塑造卢克莱修论证的诸多方面;本书第六章就是要表明这个承诺是多么深刻。不过,这些关于爱的论证,特别是在它们看起来与伊壁鸠鲁分道扬镳的地方,似乎并不依赖于对人的目的所做的一种狭隘承诺,并力求辩证地考虑这个目的的某些设定的构成要素。关于这个目的的内容的这种新的开放性(既是由那个方法的辩证开放性来表示的,也是由它进一步产生出来)看来向卢克莱修的论证提供了一个强有力的理由来宣称自己是合理的,而且在方法论上公正地对待关于实践理性之伦理价值的根深蒂固的直观。

这样,我们就有了一个既激进又合理的论证;一个要求我们通过理性批评的过程来改变我们的信念的论证。这种批评,就像亚里士多德式的批评一样,是内在的:它从头到尾都在诉诸学生本人对生活的熟悉感受。不过,它也会导致这样一些结论:这些结论起初只是为少数读者所接受,甚至在我们的时代也会被看作是激进的。如果我们已经允许这个论证对我们发挥作用,那么,对于我们最为珍惜的一些信念,对于作为其基础的那些关于爱欲的文化范式,我们现在就需要采取不同的态度。

对此我们应该说些什么呢?这些论证究竟有多可靠?爱的追随者又如

---

〔83〕 在这里,与这首诗的其他地方相比,卢克莱修的罗马血统表现得更为强烈。他显然是在思考罗马人的婚姻理想,甚至不是在试图讨论伊壁鸠鲁可能已经认识到的那种婚姻。关于这一点,见 Classen(1968)第 342 页;对婚姻的这一讨论中存在积极因素,对此,见 Betensky(1990)以及 Brown(1987)第 87—91 页。

第五章 超越痴迷和厌恶：卢克莱修论爱欲的治疗 191

何能够尝试回应它们？在我看来,卢克莱修对情感和故事之间的关系所提出的一般论述很有力。卢克莱修宣称,情感所依据的信念往往是由故事、图画和诗歌——由我们后来所说的艺术表现——来传授的,这些东西被当作典范,用来引导我们理解我们在生活中所知觉到的迹象。在提出这个主张时,他深化了伊壁鸠鲁对情感和信念的论述。这个按照故事及其原型提出的论述,特别是作为对爱欲的本质和起源的一种分析,是有说服力的。然而,爱欲的虔诚信徒会提出一些异议。

卢克莱修论证说,当人们陷入爱欲时,他们的核心目的,他们在性爱中正试图抬高的那个目的,是与被爱者结合或融合。正如我们已经看到的,这个诊断是其论证的一个核心部分。然而,他是正确的吗？我们有充分理由认为,对于爱往往过高地估计其对象以及由此而产生的问题,他有正确的看法。不过,爱究其本质而论果真是立足于那个关于融合的思想吗？我们可以同意卢克莱修的说法:人们有时会这样错误地看待爱;但我们也可以强调说,爱的恰当目的或真正目的,在男欢女爱中被恰当地表达出来的一个目的,不是融合,而是亲密回应。爱者想要的是与其所爱的人格外亲近,亲近得足以感受到每一个运动、每一个可察觉的迹象,并对之加以回应。在这种亲近中,爱者想要成就对方的快乐和自己的快乐,同时想要获得对对方的一种认识,而这种认识就在于关注和承认那个人的活动的每一个可察觉的部分。对于这种亲密的回应,融合或结合既不必要,也不充分。不必要,是因为爱的双方可以作为分离的人而相互回应,无须否认他们必定总是分离的存在。(事实上,如若他们没有用融合或结合的幻想让自己从关注和回应的计划中分心,他们就会回应得更好。)不充分,是因为即使爱者能够(事实上这是不可能的)将被爱者的身体和心灵"吸纳"在自己当中,使之成为他的一个部分,这种做法实际上也不是在回应对方的身心,也不是在把她当作一个有着分离生活的人(这个人的计划和目的不同于他的,她对生活的内在意识是他永远无法企及的)来努力加以取悦。对于爱的双方努力获得的那种相互认识,也可以提出同样的说法。融合对于这种认识来说既不必要也不充分,因为这种认识是一种与分离之物的相谐,而不是对同一个东西的占有。我们或许可以论证说,正是对亲近、相谐和回应的渴望,而不是结合或融合这个不可能实现的想法,说明了情人们相互拥抱、啃咬和挤压的方式。哪怕是在无意识的层面上,我们也无须假定这个错误。

这个异议道出了关于爱和性的重点,而这些说法很像卢克莱修的说法。

但是,它果真是对卢克莱修的一个异议吗?卢克莱修并没有说那个关于融合的错误想法对于性爱来说是必要的,实际上他否认这一点。即使男人和女人因为性本能而相互吸引,他们也可以因此而进入一种充满关切和深情的关系。卢克莱修也没有说那个想法对于这种关系而言是必要的。在他对一种"经过治愈"的性欲的描绘中,他再次否认这一点。他所说的是,对于某些爱者来说,对于彼此的深层需要是作为痛苦的根源和缺乏男子气概的软弱而被感觉到的,于是他们就试图击败那种让他们变得软弱不堪的分离,就相信他们可以通过性的结合来实现这一目的。卢克莱修暗示说,那个错误想法为损害很多性爱关系的嫉妒和性虐待提供了最好的说明,也为如下事实提供了最好的说明:男性往往忽视或否认女人的快乐。在这一点上他错了吗?普鲁斯特(Proust)笔下的马塞尔(Marcel),因痛恨阿尔贝蒂娜(Albertine)在他那里唤起的需要以及由此遭受的痛苦,把她当作一个囚徒扣留起来,希望完全将她固定住。就像普鲁斯特一样,卢克莱修看到,人类(也许特别是这样一些男性,他们生活在把男性气概和自足联系起来的文化中)发现,一旦有了需求,生活就会变得艰难;于是他们就想去惩罚其不完备的根源。尽管这不是一个关于人类之爱的普遍或必然的真理,但这个事实不应妨碍我们去看到他所描述的现象的深度和广度。卢克莱修可以引用进一步的证据来表明:爱的历史的很大一部分充斥着难以计数的嫉妒、占有以及自我中心的行为,不仅如此,甚至在卢克莱修本人提出的来自于大自然的证据(只要看一下,任何人都能看到的那些证据)面前,整个社会和群体仍然全盘否认女性快乐的实在性。知觉的这种腐化当然与对女性独立存在的恐惧相联系,而且也恰好是各种毁损做法的一种更加精致的无意识的变种;正是通过这种做法,其他社会继续表达这样一个愿望:女人不应当有自己的快乐,而应当直接成为男性的一部分或者男性的一种延伸,完全受男性所控制。通过把爱者的这一错误想法与痛苦的打击相联系,卢克莱修的论证对男性在女性身上实施的诸多暴力行为、甚至对充满暴力的色情文学提出了一种有说服力的诊断,这种色情文学往往痴迷于如下思想:应当把女人转化为供男人利用和控制的机器。

卢克莱修是正确的:我们未能关注我们所爱之人的人性,这种失败的历史很漫长,与我们不愿作为不完备的存在者来生活的态度一样漫长。[84]卢

---

[84] 有关的观察,参见 Cavell(1969,1979)。

克莱修对爱的目的所提出的论述,作为对这个错误想法的一个替代,也是我所设想的那个反对者提出的论述。如果这个反对者能够接受这个论述并按照它来生活,那么他就不需要卢克莱修的论证了;就此而论,他得到了治疗。但是,作为一个经过治愈的人,他应该认同卢克莱修的论证,视之为大多数人都需要考虑的一个论证。

然而,在卢克莱修的论述中,仍有一些东西令人不安。这首诗坚持认为,随着幻觉的消除,爱欲的一切神秘、惊异以及非凡的兴奋也必定会消失。卢克莱修似乎相信这些东西全然来自准宗教的幻觉,来自一个人对个人需求的痛恨。他暗示说,一旦得到治愈,我们就会刻意把那种用意志来管理的友谊安排停当,把性快乐和养育子女补充到这种友谊中去;这种友谊也会包含友谊所特有的风险和脆弱,却没有更加深层的性兴奋。

换言之,卢克莱修未能追问:在自己所爱的人面前,是否因为处于需求和脆弱的状态就可能失去强烈的兴奋和美妙?他未能追问:对于一个人来说,某种深层的性兴奋是否确有可能并非来自这样一个事实——他已经交出控制,并承认另一个与自己相分离的人对自己的全部生活来说极为重要?我认为柏拉图在《斐德罗》中已经看到了这一点,当时他强调说,爱的美妙部分地在于它的"疯狂",在于爱的双方觉得自己无法控制局面,在于双方都体验到对方对自己的全部身心所产生的影响。在这样一种爱中,对方的分离性并未受到憎恨和反对,反而同时成为冒险和喜悦的源泉。在这样一种爱里,对方的特殊品格也没有遭到忽视或扭曲,因为柏拉图所描述的那种喜悦恰好就在于去接受和感受这样一个人:追求者在某些方面认为那个人是好的,而且也把他自己的好当作她的目标。爱的双方彼此间的准确理解和宽宏大量就是他们那充满激情的兴奋的核心要素。

如果卢克莱修无法设想这种可能性,那么在我看来,很有可能是因为他还没有将其治疗思想落实到底。他所批评的那些人在爱中注定要痴迷于完备和控制。但是已治愈的伊壁鸠鲁主义者仍然不放开这些目标。他们可能不会坚决要求控制和固定他们的性伴侣。然而,这不是因为他们其实已经认识到人必定是不完备的,即便在有需求的时候也不应有怨恨;而是因为(在我看来)他们已经用那种伊壁鸠鲁式的方式内在地变得像神,对这个世界没有深层需求,或者彼此没有深层需求。看来,不论是病人还是经过治愈的学生都没有发现,仅仅作为人,就可以享受情爱的喜悦。

这也阐明了卢克莱修与其自身诗歌传统之间的关系。他那表面上没有生气的反诗歌的诗作得出了这样一个暗示:一旦爱的幻觉被消除了,也就没有爱情诗可写。对于伊壁鸠鲁式的那种好婚姻所提供的兴趣和兴奋,在文学上没有什么正面的东西可言——大概是因为在那种婚姻中几乎没有多少戏剧性的东西,也几乎没有多少情感方面的东西。然而,人们可能会质疑这一点,因为他们可以回想起:《斐德罗》对一种持久的性爱(那种摆脱了控制或结合的欲望的性爱)的力量和喜悦的描述,在文学上是何等地具有力量。他们可能也会想到:在西方传统中,从约翰·多恩(John Donne)开始,通过艾米莉·勃朗特(Emily Brontë)等人直到现在,描写性爱的诸多力作是如何关注对暴露、需要和感受的体验,并把这种体验本身看作情爱的兴奋和奇妙的一个来源。(也许这种喜悦恰好来自如下事实:在这种爱中,人们把在童年时代一开始作为恐怖而体验到的那种需求,重新组合为一种慷慨大度、亲切宜人的东西。)卢克莱修无法理解这种喜悦,因为他归根结底是一位伊壁鸠鲁主义者,而作为一位伊壁鸠鲁主义者,他不能允许自己超越某个界限,去遵循他自己提出的"要屈从于属于人的生活"的劝告。对于这个伊壁鸠鲁主义者来说,这种面对世界的需求既可恨又可怕。他不屈服;他要求那种像神一样自足的生活。他说,"噢,运气,我已经对你有了防备,我把一切防御建立起来,以抵抗你的一切鬼鬼祟祟的攻击"。[85] 这是一种经过治愈的爱者的态度呢,还是卢克莱修的治疗打算治愈的那种疾病的一种新形式?

---

[85] VS 47;见本书第四章第 121 页(原书页码)。

第六章　凡间的不朽:卢克莱修论死亡和自然之声

有朽即不朽,不朽即有朽,
生是有死者的死,死是他们的生。

——赫拉克利特

神灵必定生活在她心中:
雨的激情,
或是落雪中的情绪;
孤独中的悲伤,
或树林茂盛时无法压抑的欢欣;
秋夜湿漉漉的路上突发的情感;
一切快乐和一切痛苦,忆起
夏天的树桠和冬天的残枝。
这些都是她的灵魂预定的尺度。

——华莱士·史蒂文斯:《星期天早晨》,第二节

一

伊壁鸠鲁写道:"死亡对我们来说算不了什么,正是这个正确的认识让必死的生活变得令人愉快,但不是通过添加无限的时间,而是通过消除对不朽的渴望。"(*LMen* 132)

但是,妮基狄昂或许想得不对。因为就像往常发生的那样,她或许漫步在早春时节的黎明,感受早晨破晓而出的美丽。看到半卷开来、半透明的树叶,它们的沁绿尚未被生命所触及;看到阳光闪耀在缓缓升起的雾霭中。于是,她会在静默中倾听时光那悦耳而致命的音乐。

初春的气息所焕发的景象可能会在她面前旋转,然后越聚越多,重重叠叠:她所喜爱、所哀伤的那些人的面庞,她的童年时光和家乡的景象,玩耍、希望以及新生欲望的景象。她会透过这些景象看到那个早晨,直到每棵树看起来不仅就像自身,也像那远逝而去的很多事物,直到她所迈出的每一步都与死者相伴。事物的美好对她来说似乎都在悲伤的面貌下显现出来,并因此而变得更加美好和高傲,更富于人性也更可怕。她漫步在时光中,无数次被时间放逐,转瞬却又发觉时光不知所终。任何动物都不可能看到一个如此美妙的早晨。

如果妮基狄昂看到这一切、感受到这一切,她可能也想让此刻停滞不前,令它凝固,将它吞没——实际上,拥有和抓住她所喜爱的每一件事物、每一个活动、每一种美好。因为她会突然想起,没有任何人实际上曾经拥有任何喜悦,哪怕只是在一瞬间。一瞬间本身就是成千上万个其他瞬间相聚集的地方,其中没有任何一个瞬间能够被再次占据;一瞬间也是由在它外面、指向尚不知晓的瞬间的那些计划组成的。甚至当一个人试图去抓住每个时刻,每个时刻本身也都在消失。在占据这些时刻的计划中,每一个计划在每一个时刻都可以被这个世界打断,因为这个世界而变得徒劳无益、毫无指望;这个世界,在已经将她所喜爱的很多东西包含于其中的同时,也会突然间就在她面前将自身完全封闭起来,不再开启。死亡对她来说就像设定限制的约束,世间的一切丧失的顶点。她看到,仅仅是在少数很有限的时间里,她才会去做自己喜爱的事情。有些事情是她做不完的,哪怕就一次。正是美好的事物本身,正是这种喜悦感,让这些思想对她来说变得如此可怕;一切都会结束,这个思想从对一切美好事物的体验中可怕地倒流出来,令这种体验变得更为强烈、更加令人惊异。

这种状况在她看来不可接受。这是一种疾病,一种她认为必须设法加以治疗的疾病。也许某个更为深刻的把握、某种更加深邃的反思会保护她。也许我们实际上有办法将生命中的一切都冻结在生命之中;令最重要的事物都得以凝固,并将它们提升到在时间面前的那种可怜无助的状况之上;在必死的生命中把一种与神所具有的并非有限的完备性相似的东西创造出来。最重要的是,不要受死亡的思想所支配。

在她看来,哲学应当包含这个问题的答案。

最初的人,按照卢克莱修的描述,发现生活很甜美。他们满怀悲哀地离开了"生命的甜美阳光",怀着恐惧来看待这种离去(V. 988-993)。对生命的爱,卢克莱修宣称,在一切具有感受能力的生物那里都很自然,因此一切生物都不情愿死去。不过,与妮基狄昂不同,这些最初的人不会停下来反思自身的有限性。他们不想知道自己的脆弱,也不会仅仅因为了解到"生命必死"就痛苦不堪。另一方面,伊壁鸠鲁学派所说的神灵有反思但不会受伤害,有关于宇宙的思想但没有令人焦虑的恐惧和关切。在这两者之间就是实际的人类存在者,唯一既会受伤害又能进行反思的存在者,对于自己存在的自然条件,他们充满恐惧,在这种恐惧的支配下度过一生,但又竭力通过自己的反思能力来理解和改善其生存状况,而这种能力恰好也是他们众多苦恼的来源。卢克莱修的雄心是要向妮基狄昂指明一条出路,并由此向她表明,对死亡的反思能够消除、而不是加强恐惧和脆弱感:是要通过治疗论证,把她从那个春天的早晨领到一种类似于神的地位,不受变化所困扰,并理解和接受自然之道。

卢克莱修(或是其诗作中代表他的说话者)对妮基狄昂的体验并不陌生。事实上,他两次提到了类似的时刻,他使用的措辞表明,他很熟悉一个人处于这种时刻所受到的冲击。有一次他提到了一个醉酒之后开始痛哭的男人,说道:"我们这些可怜人儿(*homullis*)在世间只有短暂的欢乐(*fructus*);只要欢乐已逝,就不可追回"(III. 914-915)。这个男人说出了我们大多数人都认真相信的事情——却是用一种晕头转向、粗心大意的方式说出来,宛如一个失去自我控制、言不由衷的人。卢克莱修暗示说,生命短暂的思想是一个自我放纵、慵懒草率、自悲自怜的思想;他力劝读者以潇洒和厌恶的态度来看待这个思想。后来,诗人再次说道,人们:

> 总是去伺候一个不知足的心灵,[1]用好东西去填塞它,却永远不能使它满足:就像一年四季对于我们那样,当它们循环而来,带来新的收成和各色美景时,我们却永远不能为生命的果实(*fructibus*)所充实。(第1003—1007行)

这就是妮基狄昂的体验;诗人让读者知道他已知晓这种体验。不过,现在他站在一旁,用一种超然的态度来批评这种体验所产生的生命意识。我们必须努力发现这样一些问题:那个诗人言说者如何能够把这些时刻了解

---

[1] 我在全书中都把"*animus*"译为"心灵"(mind);对于偶尔出现的 *mens*,我也采取同样译法,但在括号中用拉丁文特意标出。

得一清二楚而又对之加以嘲弄？哲学如何让他超越那些时刻，把他领入这样一个地方，在那里，他声称自己既发现了一种具有神性的生活，又发现了一种遵循自然的生活？

在这里，我将把焦点集中到卢克莱修那种伊壁鸠鲁式治疗的双重目的：把读者当作神来看待，同时也让他[2]留心自然的声音。我们会看到，这两个目的其实彼此处于一种深刻的紧张关系中；我会对如何消除这种紧张关系提出一个建议。在这个过程中，我就需要分析我在描述妮基狄昂的体验时所安置的那个建议：在人类经验所包含的属人的价值之中，有很多东西与对脆弱、短暂和必死的意识不可分离。

二

对死亡的恐惧（the fear of death）*究竟有多糟糕呢？伊壁鸠鲁的论证所要做的工作是消除错误信念及其引起的欲望。不过，伊壁鸠鲁主义者并不打算消除学生可能具有的每一个错误信念。他们所关注的是妨碍繁盛生活的信念。我们之所以需要自然哲学，只是因为我们受到了妨碍；只是在可以表明错误有碍于幸福的时候，错误才算得上疾病。即使妮基狄昂错误地相信圆周长和直径的比率是3.14152，而不是3.14159，这件事也不可能成为一个主要的治疗目标。

但是，在伊壁鸠鲁主义者看来，死亡恐惧（以及与此相关，对无限延长生命的渴望）确实有一种极度令人不安的阻碍作用。"它用它那空洞的方式引起痛苦"，伊壁鸠鲁在《致美诺俄库斯的信》（125）中这样写道。多数人害怕死亡，是因为把它看作"最令人恐怖的不幸"（125），"死亡极其糟糕"这一信念被认为引起了同样巨大的困扰。这封信继续说，哲学推理要把"驱逐那些攫住灵魂并使之骚动不安的信念"当作己任。卢克莱修甚至更强烈地说道：

---

〔2〕 就像在本书第五章中那样，在这里我将再次关注这首诗对其男性对话者说话的方式；但我也不会忽视它对妮基狄昂的治疗所具有的含义。在伊壁鸠鲁对死亡恐惧的诊断中，性别差异似乎没什么作用。

* 以下为了让行文变得相对简洁，很多时候我们将这个词语译为"死亡恐惧"。——译者注

第六章 凡间的不朽:卢克莱修论死亡和自然之声

> 必须彻底驱逐干净对阴间的恐惧——它从根部动摇人类生活,令一切东西都笼罩着死亡的阴影,不留下任何流畅而纯净的快乐。(III. 37—40)

卢克莱修对这种恐惧的扰乱效应的复杂诊断,是他用来驳斥其论证的一个很重要的部分。因为他想表明,这种恐惧的后果是如此糟糕、如此深入,以至于不管其基础是不是错误的,我们都有理由摆脱它——实际上,死亡恐惧就是众多最糟糕的人类疾病的一个核心原因。

为了证实这一点,伊壁鸠鲁式的医生就不能只是看看大多数人在被问及日常直观时对自己生活的说法。因为正如卢克莱修所认识到的,大多数人并不承认他们害怕死亡——而且,只要他们这样说,也就没有理由认为他们的否认并不诚实。即便有些人确实承认死亡恐惧,他们也不会承认这种恐惧在自己的生活中扮演一个很有影响的角色。妮基狄昂可能会在某一个春日面对死亡恐惧;但是,她不太可能会承认,在她的大多数行动中,这种恐惧都与她相伴。于是,如果伊壁鸠鲁学派的教师想要证实死亡恐惧的恶果及其因果力量,向妮基狄昂提出一个诊断,以便激发她去寻求治疗,那么他就得对恐惧(及其所立足的信念)提出一个详细说法,后者没有把恐惧简单地等同于有意识的可怕感觉和思想。他必须提出一个论证来说服学生承认死亡恐惧中存在着无意识的要素,这些要素具有因果作用,并用一种引人注目的方式将它们与人们感觉到的坏事联系起来。

卢克莱修从其论证中复杂的诊断部分着手展开这项工作。回想一下,对于伊壁鸠鲁学派的医生来说,一个主要的困难往往是要让学生相信自己确实有病,而且病得很厉害。[3] 正是针对这个目的,教师才开始对学生的灵魂进行持久的系统考察,力劝她把自己的一切症状、思想、欲望和活动对他坦承。在卢克莱修对死亡恐惧的治疗中,我们可以最清楚地看到这样一种诊断将如何进行。[4]

---

[3] Segal(1990)并未讨论这一证据,他论证说,卢克莱修对于死去的焦虑和痛苦的生动描述来自其诗歌的背景和目标,与他的哲学使命之间具有一定张力。我相信卢克莱修对语言的生动使用显然与伊壁鸠鲁学派的治疗论证实践相和谐。

[4] 关于无意识的材料只是在卢克莱修那里才出现;但我们有理由假设,对无意识的信念和欲望的认识也与伊壁鸠鲁有关——参见本书第四章;类似的材料也出现在《阿克塞欧库斯》(*Axiochus*)中(见以下进一步的说明),这个事实确认了这一点。

这个诊断论证有四个部分：

1. 对一种似乎缺乏适当说明的行为模式的描述。卢克莱修会论证说，死亡恐惧就是对这些症状的最有力的说明。

2. 对一种主观状况的描述。这种状况尽管不是作为恐惧而为人有意识地感知，但是当它被描述出来的时候却缺乏适当说明。卢克莱修又会论证说，死亡恐惧就是对这些内部症状的最佳说明。

3. 对于坦白或承认的场合的描述：病人在这种情况下放弃其习惯性辩护的时候，会承认她确实感觉到了恐惧。

4. 在这个背景下，对健康的、未受约束的人（他的生活没有背上恐惧的负担，因此也没有与这种负担相联系的糟糕症状）提出一种规范描述。

让我们依次考察这个论证的各个部分，看看卢克莱修那个有力的说明性假说是如何从中产生出来的。

行为症状是多种多样的；在让妮基狄昂将作为一种疾病而引发它们的那种恐惧鉴定出来时，这些症状明显的不良特征发挥了一个核心作用。接下来，它们可以被划分为四个不同范畴。

首先，死亡恐惧产生了对宗教信念和宗教权威的屈从。在这部诗作一开始，随着它对伊菲琴尼亚（Iphigenia）牺牲的阴沉描述（I. 88 以下），死亡恐惧的这一糟糕后果就被鉴定出来。这个后果被认为在人类生活中无处不在，其作用在第三卷中再次得到强调，当时卢克莱修告诉我们，那些远离家乡四处游荡的不幸之人，何以仍然不顾一切地依附宗教习俗：

> 这些可怜的人儿，不论走到何处，依然会供奉祭品，宰杀羔羊，把它们奉献给下界的神灵，在命途多舛的境况中，更悲切地求助于宗教。（III. 51-54）

卢克莱修坚持不懈地论证说宗教信仰很糟糕，因为它是迷信的和非理性的，立足于关于神灵和灵魂的毫无根据的错误信念。这种信仰也很糟糕，因为它让人们依靠牧师，而不是依靠自己的判断。牧师进一步刺激了人的恐惧，提高了依赖性（I. 102 以下）。不过，最重要的是，这种信仰之所以糟糕，是因为它导致人们彼此伤害，做下"有罪的和不敬的"行为（I. 82-83），例如阿伽门农屠杀自己的孩子。

其次，死亡恐惧干扰人们去享受必死的人类生命能够得到的快乐。正如我们已经看到的,伊壁鸠鲁相信,为了让"必死的生活变得令人愉快",我们就必须驱逐这种恐惧;卢克莱修也同样宣称,死亡恐惧从根本上打扰了人类生活,没有留下任何不受干扰的快乐。他也向我们表明,那些在任何活动中都无法获得满足的人(因为没有任何活动能够成功地满足他们对不朽存在的渴求,III. 1003 以下),那些因为怨恨生命的终结转而怨恨生命本身的人:

> 由于对死亡怀有这样的恐惧,因此对生活和看见阳光的怨恨就经常深深地攫住他们,让他们在极度的痛苦中了结自己的生命,却忘记了那种恐惧就是他们痛苦的源泉。(III. 79-82)

在妮基狄昂那里,我们看到了这种极度痛苦的萌芽。卢克莱修声称,这种痛苦,若不加以遏止,就会在人们继续生活时毒害其中的一切。

与此密切相关的是一种毫无目的、永无宁息的狂热活动,这种活动,除了回避一个人的自我及其有限的存在状况外,毫无要旨:

> 当人们似乎感觉到心灵中有一种分量将他们耗尽时,如果只有人类才能把握其原因、认识到压在他们心头那么多的悲苦从何而来,那他们就不会像我们现在经常看到的那样,过着自己的生活,却不知道自己实际上想要什么,总是寻求处所的改变,就好像他们能够由此卸下重担。那因为厌倦于待在家中而离开自己的房子、经常在外游荡的人,突然间会跑回来,因为觉得外面也好不到哪里去。他驱策家乡的马匹疾驰而去,带着他的奴隶,就好像他的房子着了火,他要赶去帮忙;当他双脚一踏上门槛,他又立刻返回;或者他因为太沉重,而试图在昏睡中把一切忘却;或者他又匆忙为了索取欠款而赶回城市。就这样,每个人都想逃离自己,即便他曾费尽心机紧紧抓住那个自我,而我们却知道,他不可能成功逃离,因此就对那个自我心生怨恨。这一切都是因为他生了病,却不知道病根何在。(第 1053—1070 行)

这个症状与前一个症状密切相连,因为自我逃避已证明(正如它一直证明的那样)是不可能的,于是就会产生自我毁灭的暴怒。在这里,值得注意的是,卢克莱修是在宣称,这种疾病的无意识本质就是其毁灭性力量的一个重要部分。一旦察觉到这一点,就已经向治疗迈进了一步。

最终,卢克莱修雄心勃勃地将死亡恐惧与大多数毁灭自我或毁灭他人的活动联系起来,而所有这些活动据说都表达了对某种持续存在的渴求:"这些生活的创伤",他写道,"主要都是受到死亡恐惧的滋养"(III. 36-40)。对财富的贪婪积聚令其拥有者觉得离死亡远了一点,因为贫困好像是滑向死亡的一步(第59—67行)。对于用来追求不朽名声的那种"对荣誉和权力的盲目贪求"(第60行),也可以提出同样说法。这两种激情轮流引起很多犯罪行为、家庭破裂、嫉妒他人、背叛友谊以及背离公民职责的后果(III. 59以下)。

在很多情况下,这种糟糕行为并不伴随对恐惧的主观意识。不过,各种症状确实有其**主观的方面**。在这里,卢克莱修向我们展现了这样一些人:他们从未体验到纯粹的乐趣;他们觉得自己被一种"心底看不见的刺激"驱使和刺痛(第873—874行);他们觉得灵魂中有一种重负,如山的灾祸压在他们心头。在具有这种感觉的时候,他们也觉得自己必须竭尽全力抛弃这种感觉——不管是通过犯罪,通过令人精疲力竭的空洞消遣,抑或是通过昏睡和遗忘。于是,对卢克莱修的诊断来说极为关键的是,病人的主观状况若不太容易确定为恐惧,就依然是令人痛苦和疲惫不堪的,就可以被合理地视为糟糕行为的原因。

通过把这些内部症状和外部症状结合在一起,通过有说服力地表明它们如何可以被理解为是由死亡恐惧引起、但在被描述出来的时候好像又缺乏适当说明,卢克莱修就提出了一个有力的理论假说,这一假说能够以其简单性和说明能力说服学生。不过,这并不是他的诊断论证的全部内容。这是幸运的,因为若没有进一步的证据,对人类苦难的这样一种通用说明可能就没有说服力。进一步的证据来自一个有价值的来源,即病人。因为卢克莱修声称,即使有些人往往会否认自己害怕死亡,或者否认死亡恐惧在他们的生活中起着很大作用,在某些情况下也可以让他们看到并承认这种恐惧。这个说明性的假说之所以正确,就是因为病人自己会为其真实性作证:

> 人们更多地是在危难之际才能真正地看透一个人,知道他在逆境中究竟如何;因为只有在那个时候,才能最终得到他内心深处的真话。假面具被剥掉,真面目留下。(III. 55-58)

在伪柏拉图的对话《阿克塞欧库斯》(Axiochus)中,[5]我们可以发现一个类似的论证,其起源可以(部分地)追溯到伊壁鸠鲁。阿克塞欧库斯(Axiochus)在一生中大部分时间里都否认死亡是件坏事,甚至借助于哲学

---

[5] 关于《阿克塞欧库斯》及其作者身份,见 Furley(1986)以及 Hershbell(1981)的版本。

论证来否认这一点。但他说道:"既然我正好面对那件可怕的事情,我那勇敢而聪明的论证就悄无声息地归于沉寂。"(365B-C)*这个伊壁鸠鲁式的主张认为,直接面对这些关于人类状况之事实的时刻,也就是拥有真理的时刻。一个事件(或者一个即将来临的事件)可能突然间切断了习惯和理性化的说明,在其驱使下,人们不得不去审视生活并揭露其真相。我们可以依靠在这种时刻产生出来的陈述。这些陈述被认为不仅精确地描绘了这个时刻的状况,也精确地描述了在人类灵魂中向来如此的东西。于是,伊壁鸠鲁对习惯和习俗的欺骗性力量的攻击很有可能与如下信念相联系:在习惯突然之间被打破、灵魂被暴露在未受保护的原始状态、只能直接面对自身的时候,由此出现的东西就是真实的。在这方面,他酷似普鲁斯特;而且他的论证具有类似的心理冲击力。

诊断的这三个部分(外部症状、内部症状以及承认的时刻)现在通过那个说明性的假说而融为一体,后者所说的是,正是我们对离开人生及其善事物的恐惧,产生了如此众多的不幸和苦恼。任何这样的总体说明都会碰到困难,即便如此,我认为我们应该同情地看待这个伊壁鸠鲁式的假说,因为它在心理上是合理的,因为卢克莱修已经通过复杂的论证把它推荐给我们。这个假说也与**人类健康**的一种模糊不清、尚未阐明的观念相联系。按照这个观念,人的健康不受这些疾病所折磨,而这就是妮基狄昂所能为自己设想的状况,与此相比,她会把自己目前的状况视为患病。伊壁鸠鲁式坦白的一项核心工作向来是让学生看到自己各种症状的模式以及假设性的说明,并且激发她去面对那种能够听得见的"真实声音"。这样一种面对自然会伴随着对幸福(*eudaimonia*)的一种描绘,由此描绘出来的幸福是一个经过治愈的伊壁鸠鲁主义者所能获得的幸福。

把握这种诊断与它所批评的宗教信念之间的关系颇为重要。或许有人

---

* 努斯鲍姆对这句话的译法略有不同。这句话的原文是:"*kai orthōs moi fainēi legōn; all' ouk oida hopōs par' auto moi to deinon genomenōi hoi men karteroi kai perittoi logoi hupekpneousin lelēthotōs kai atimazontai*。"《柏拉图全集》英文版(Plato, *Complete Works*, edited, with introduction and notes, by John M. Cooper, Indianapolis: Hackett Publishing Company, 1997)中 Jackson P. Hershbell 的译文是:"[……]now that I'm very close to that awful moment, all those powerful and impressive arguments mysteriously lose their strength and I can't take them seriously。"努斯鲍姆的英译文是:"now that I am right up against the fearful thing, my brave and clever arguments steal off and breathe their last。"——译者注

会假设,对伊壁鸠鲁主义者来说,对死亡的恐惧乃是宗教教化的产物,在人类生活的前宗教的自然状况中并不存在。事实上,有些评论者往往用这样一种方式来描述卢克莱修的论证,就好像其目标仅仅是宗教,而对那种恐惧的充分治愈就是抛弃宗教。〔6〕卢克莱修的文本反驳了这种观点。第三卷已经暗示说,依靠宗教是死亡恐惧的一个后果,而不是其来源。第五卷明确肯定了这一点。在批评"神灵创造世界"这一假说的过程中,卢克莱修断言,在有生命的事物中,对继续生活的爱是普遍的:"任何已经出生的东西必定自然地渴望始终活着,只要甜美的享受(blanda voluptas)将它紧握不放。"(第177—178行)他后来对最初之人的论述确认了这一点,因为在宗教起源之前,他们痛恨死亡,不愿死去:

> 那时并不比现在更常见到,凡人们带着哀叹离开甜蜜的阳光。因为在那个时候,每个人都会被野兽抓住,活活儿成为它们的食物,被它们的牙齿所吞噬。当他看到自己的内脏被埋进活的坟墓,他的哀号会响彻树林和山野。(第988—993行)〔7〕

实际上,卢克莱修后来论证说,人们认识到自己在死亡面前的脆弱,认识到神灵没有自己身上的那种软弱和恐惧(mortis timor,第1180行),而正是这种认识成为崇拜和宗教屈从得以产生的主要原因。

卢克莱修告诉我们,宗教已经令我们与我们的死亡之间的关系变得比以往更加糟糕,用来生的恐怖来堵塞我们,让我们变得比以往更加软弱,就好像有"某种隐藏的力量在挖人类事务的墙脚"(V.1233-1234)。他告诉我们,最初的人尽管也恐惧和哀号,但并不从事当代人试图用来抓住不朽的那种野心勃勃的军事侵略和航海计划(V.949-1006)。不过,事实依然是,恐惧就在眼前,表现为对生活的自然的爱,对我们作为人而特有的、对生活之美好和价值的理解的直接回答。因此,在扑灭恐惧时,卢克莱修不可能是在简单地宣称:人类应当返回某个未受腐化的前宗教状况,或者就像在爱的情形中那样,应当取消深厚的宗教/文化构造。他必须承认,他是在攻击"自然的"人类生活的一个深刻而根本的部分,就像他自己所强调的那样,与人类价值感的结构具有密切关系的一个部分。这种价值感显然是经验的,而

---

〔6〕 例如,见Shibles(1974)。
〔7〕 译文无法传递原文那扣人心弦的头韵:viva videns vivo sepeliri viscera busto。

不是先验的；它是对人类有关世界之经验的一种回答。但是，它又比任何特定的文化都要深刻，甚至好像比文化自身都要深刻；实际上比文化制造出来的错误要深刻得多。这也意味着，如果卢克莱修的论证只是处理那些在文化教化或宗教教化（对来世或对死后幸存的谎言的关切）中有其根源的关于死亡的错误认识，那么它们就不会具有真正的治疗作用。这种论证甚至不会消除宗教，因为宗教的根本原因仍然留在原地，未经触及。他的治疗也必须处理普鲁塔克所谓"对存在的渴望，所有形式的爱欲（erōs）中最古老、最伟大的那个东西"（*Non Posse* 1104C）。在处理这种渴望时，卢克莱修必须首先关注我们与我们所爱并感到愉快的那些东西之间的关系；因为我们的恐惧首先是对于丧失的恐惧，是对于阿克塞欧库斯所说的"白昼的光亮和其他好东西"（365B-C）的恐惧。恐惧是对价值的一种回应。

三

卢克莱修的这首诗包含三个核心论证，旨在向读者表明害怕死亡是非理性的。第一个最重要的论证也出现在伊壁鸠鲁那里，实际上是在说明伊壁鸠鲁的那个著名主张（"死亡对我们来说算不了什么"）。这个论证可以表述如下：

(1) 只有在下列条件得到满足的情况下，我们才能说一个事件对于某人有好坏之别：在该事件出现的时候，他至少是作为一个可能经验的主体而存在，以至于"他经验到这个事件"这件事情至少是可能的。[8]

---

[8] 关于经验和可能经验，见 Rosenbaum（1986）中对伊壁鸠鲁论证的富于同情且清楚明晰的重建。伊壁鸠鲁有时候好像是按照实际经验来陈述第一个前提（例如 *KD* 2，也许也包括 *LMen* 124）；但 *LMen* 125 的著名表述——"当死亡存在，我们就不存在，当我们存在，死亡就不存在"——似乎得出了下面这个更强的主张：这个主体甚至根本就不是作为一个可能经验的主体而存在；我们可以认为 *LMen* 124 的"死亡是剥夺了经验（*aisthēsis*）的状态"也得出了这样一个更强的要点。卢克莱修的论证集中于确立以下更强的主张：死亡所扑灭的不仅仅是实际的知觉，也是这种可能性——在任何情况下，这个主体都可以再次作为与前任主体在数目上同一的一个经验主体而存在（尤其是 III. 845-869）。伊壁鸠鲁的论证若要合理，就需要集中于这个更强的主张，因为如果我们认为他所强调的是，没有什么东西对于对之并不具有实际经验的那个人来说是好的或坏的，那么他的主张就会面临内格尔所提出的那种反例中的很多明显的、貌似可信的反例。亦见 J. Bollack（1975）。

(2)在一个人死后的任何一个时间点上,他并不是作为一个可能经验的主体而存在。

(3)因此,死去的状况对于这个人来说不是坏事。

(4)害怕一个未来的事件是非理性的,除非在该事件到来时它对一个人而言将是一件坏事。[9]

(5)害怕死亡是非理性的。

这首诗的主要关注在于确立第二个前提,为此它就需要表明,被鉴定为身体和心灵的某种复合体的那个人,必定在死亡中结束一生。这个论证对于伊壁鸠鲁和卢克莱修都很重要,因为它足以消除对死后生活的恐惧,而在他们眼中,这种恐惧在死亡恐惧中起了很大作用。但是,卢克莱修意识到,也有很多人,他们相信人必有一死,却仍然害怕死亡。他把第一个前提推荐给这些人。他敏锐地指出,在这些人当中,有很多人受到了对死亡的不一致的心理描绘的控制。尽管他们确实相信人必将死去,但他们也去想象一种幸存下来的主体,这种主体因其尸体受到损害而感到痛苦和悲伤,因自己失去了生活中的善事物(孩子、家庭、各种喜悦和活动)而感到痛苦和悲伤(III.870-911)。这样一个主体之所以悲伤,其根本原因就在于他死了;不过,通过想象自己的悲伤,他又赋予自己以生命。卢克莱修想要说的是,唯有这种无意识地持有(inscius ipse,第878行)的不合逻辑的幻想,才使得这些人的恐惧貌似有理。[10]他相信每一个读者都会认同第一个前提;只要读者设法认识到,他没有资格荒谬地相信死亡是一种能够由主体来经验到的丧失,他就会自然地承认伊壁鸠鲁式的结论是真实的。

---

[9] *LMen* 125:"在出现时并不产生障碍或烦恼的无论什么东西,在被期望的时候都是一种(完全)空洞的痛苦的对象。"很清楚,伊壁鸠鲁的关注焦点是死了的状态,而不是死去的过程。关于这一点,见 Rosenbaum(1986);所有主要的解释者都同意这一点。伊壁鸠鲁似乎并不认为,一个令人痛苦的死去过程也是恐惧的一个合适对象;在他临终之际所写的那封令人瞩目的信中,他声称那天是他"一生中最幸福的日子",尽管他仍然因为患有肾结石和痢疾而遭受强烈痛苦。这表明他会如何支持刚才提到的那一点。他宣称与朋友对话的幸福回忆足以抵消身体的痛苦(DL 10.22,本书第四章中曾引用)。关于死去,也参见 Segal(1990),他断言死去仅仅对于未受教育的人来说才是痛苦的。

[10] 关于其中所涉及的这种自相矛盾,尤其考虑如下说法:*vivus...in morte*(死中的……生)(第870—880行),*in vera morte...vivus*(真实死亡中的……生)(第885—886行),*stansque iacentem*(处于困厄)(第887行)。

在这一点上，可以引入三个补充论证。我将把其中的一个称为"对称性论证"，它与第一个论证密切相连。这个论证指出，我们所有人都同意，我们不会对自己出生之前的时间担惊受怕——但不是在如下意义上：此时，在我们的生活中，我们对历史上发生的事情没有兴趣，因为我们显然有这样的兴趣；而是在这样一个意义上：在我们出生前，我们既没有享受好东西，也没有遭受坏事情，即使好事或坏事那时都在发生，因为那时我们甚至都不存在。于是，这个论证继续说道，如果我们消除了对生还者的不正当的虚构，我们就会看到，在如下意义上，我们死后的时间同样不是我们要牵挂的：既然我们在死后甚至都不会存在，那么在我们死后的时间里，我们就不可能享受好东西或遭受坏事情，不管那时有什么事情发生。[11] 在讨论第一个论证的时候，我还会回到这个论证。

第三个论证是卢克莱修以大自然的口吻提出的（第 931 行以下，尤其是第 938—939 行）。自然驱使我们认识到生活就像一场盛宴：它在时间之中具有某种达到一个自然的且恰如其分之终点的结构；在这个终点之外，它的价值就不可能延长，否则就会糟蹋此前的价值。因此，必将死去的人不应试图无限期延长其生命，因为这样做只会糟蹋他们现在享受的快乐人生。这个论证看来迥异于其他两个论证；我们待会儿就会考察它们之间的差别。

第四个论证也是借大自然之口说出来的，与第三个论证（第 963—971 行）紧密相随。我将称之为"人口论证"。大自然指出，如果只有出生而没有死亡，世界就会变得不适宜于居住。年老者最终需要死去，以便年轻者可以活下来。这个论证，就像关于盛宴的论证，不论是在论证策略上还是在所

---

[11] 这个论证在第 832—842 行、第 852—861 行以及第 972—977 行被暗示出来，在 Axiochus 365D-E 也被暗示出来，关于后面这一点，见 Furley（1986）第 78 页。正如弗利正确地指出的，即使有人说我们并不关心罗马与迦太基的三次战争，这种说法也并不像某些人认为的那样，是在陈述我们目前关于过去或未来事件的感受。相反，这种说法想要强调的是，对于一个主体来说，当一个事件发生的时候，那个事件若要对她产生好的或坏的影响，她就必须在场。（Furley [1986] 第 76—78 页；比较 Kenney [1971] 第 193 页。）近来关于对称性论证的一个重新考虑以及对有关文本的深入分析，见 Mitsis（1988b）以及 Striker（1988）的评论。米提西斯正确地指出，第 972—977 行所关心的是我们现在对待死亡的态度是否合理，而前面几段话并未触及这个问题；不过，这并未削弱弗利对这个论证的论述，因为就像我们对核心论证的分析所表明的，"主体在死后不再存在"这一结论是伊壁鸠鲁用来支持一个进一步的结论（我们现在的恐惧是非理性的）的基础。

得出的结论上,看来都不同于那个核心论证;在后面对它加以考察时,我们会看到它们在何种程度上有所不同。

四

伊壁鸠鲁的核心论证近年来已成为激烈的哲学争论的主题。事实上,希腊化时期伦理学的其他方面都还没有激发如此广泛的哲学兴趣,并在哲学层面上产生如此高质量的成果。[12] 总体而言,主要的解释者都一致认为,他们发现这个论证不足以确立其极端结论。总的来说,他们也都集中攻击第一个前提。不过,在第一个前提错在何处,以及死亡恐惧为什么终归是合理的这一问题上,他们鲜有一致的看法。

对托马斯·内格尔(Thomas Nagel)来说,问题就在于第一个前提聚焦于可能的经验。他论证说,一个人不只是经验的主体,甚至也不仅仅是可能经验的主体:"大多数好运和厄运都有一个人作为主体,后者是通过其历史和可能性而被鉴定出来的";[13] 对于一个被如此鉴定出来的人来说,很多好事或坏事都可以发生在意识范围外。一个人可能遭到背叛,却从来不知道这件事;不过,这种背叛对他来说仍是一种损失。回到与卢克莱修的例子更为接近的一个例子,[14] 一个人可能在一场事故中失去全部的高级精神功能;这种损失,尽管是他现在甚至无法领会到的,对他来说仍然是一种损失,而且不只是因为他现在感受到的痛苦而成为一种损失;因为我们可以设想这样一种情形:被损坏的那个人生活得就像一个心满意足的小孩。实际

---

[12] 将焦点集中于解释伊壁鸠鲁观点的哲学讨论包括 Furley(1986),Long and Sedley(1987),Miller(1976),Mitsis(1988b),Rosenbaum(1986,1987),Sorabji(1983)第 176 页以下,Striker(1988)。一些一般性的哲学论文包含对伊壁鸠鲁或卢克莱修的大量讨论,例如 Green(1982),Luper-Foy(1987),Nagel(1979),Silverstein(1980),Sumner(1976),Williams(1973)。与这一争论有关、但没有直接把伊壁鸠鲁作为关注焦点的哲学讨论,见 Brueckner and Fischer(1986),Feinberg(1977),Murphy(1976),Partridge(1981),Pitcher(1984),A. Rorty(1983),Yourgrau(1987)。大多数讨论伊壁鸠鲁的文章都以不同方式拒斥了他的结论;罗森鲍姆提供了一个颇具说服力的尖锐论证来加以捍卫。

[13] Nagel(1979)第 15 页。在这个论证中,在这一点上,内格尔只是在攻击那种聚焦于实际经验的做法;但他后来强调说,可能经验也不是合适的焦点。

[14] Nagel(1979)第 5—7 页。

上，内格尔继续说道，如果那种衰弱状态对一个人来说代表一种损失，那么他就不是那个在一种孩子似的状况中存活下来、对痛苦或挫折毫无感受且受到损坏的个体。这种损失对于具有理解力的成年人来说是损失——他曾经拥有理解力，而在被损坏后就不再有理解力了。由此看来，损失甚至无须定位在遭受损失的主体的时间经历中，而是要按照它们与那个人所经历的可能性的关系来加以评价。死亡之所以糟糕，就是因为它剥夺了当事人对其所具有的一切可能性的实现。

这显然是一个强有力的有趣论证。它要求我们看看这个人的全部历史及其在时间中的轨迹，要求我们将死亡视为某种不断行进着投向未来的事物的终结，而在要求我们这样做时，它肯定是在朝着正确的方向运动。但是，正如内格尔自己观察到的，这个论证仍然留下一些困难。首先，可能性的概念存在着一个问题：究竟要如何定位可能性，又如何确定死亡究竟挫败了何种可能性，这些问题都没有得到明确回答。[15] 同样重要的是，那个"可能性"概念多少是一个静态的概念，而内格尔承认，这样一个概念不足以揭示一个生命的单向的时间运动，因为它可能不足以表明对称性论证究竟错在何处。[16] 内格尔争辩说（当他发展由罗伯特·诺齐克 [Robert Nozick] 所提出的一个建议时），我们可以想象这样一种情形：一个尚未出生的生物（在他的例子中，一个等待孵化的生殖细胞）用尚未得到实现的可能性活着，因为没有出生而无法去实现这些可能性；我们不得不承认，当我们在用可能性受挫的说法来描述这种情形时，它就很接近死亡的情形。在这两种情形中，好像都有一些关于死亡恐惧的本质要点被遗漏了。[17]

此外，内格尔并没有准确地阐明完全在一个生活的时间跨度之外发生的事件会如何削弱生活本身。他实际上分析的那些案例本身不足以表明这一点，因为在每个案例中，在糟糕的事件发生期间，一个主体都持续存在，这样一个主体至少可以有力地声称自己就是因为那件糟糕的事情而遭受不幸

---

〔15〕 参见 Furley(1986)第 88 页提出的批评。当内格尔在 Nagel(1979)第 10 页谈到"无限广阔的可能善事物"并否认一个人自己对其生活的体验包含着一个"自然的限度"的思想时，我对此感到尤为不适。

〔16〕 见 Nagel(1979)第 8 页注释 3："我猜测，对死亡为何糟糕的这一论述，通过将死亡分析为对于可能性的一种剥夺，就遗漏了一些本质的东西。"

〔17〕 亦见上述引文的注释 3："我推断说，按照'被否定的可能性'来提出的分析，并未抓住某些关于永恒虚无的未来**前景**的东西。"

的主体。在背叛的案例中,主体显然都是同样的,是对那个事件具有可能经验(如果说不是实时经验的话)的主体。在第二个案例中,我们很容易感觉到,那个受到损毁的人(与此前的那个成年人具有连续性和表面上的一致性的人)的继续存在得出了这一论据:那个成年人遭受了一种损失,或者至少受到这种损失的部分冲击。然而,就死亡而论,根本就没有任何主体在场,也没有持续下来的东西。因此仍不清楚的是,那种已经结束的生活如何能被这个事件所削弱?[18]

伯纳德·威廉斯在《马克罗普洛斯案例》("The Makropulos Case")一文中暗示了一种不同的进路。从一开始他就假设欲望的满足是件好事。不过,在与满足相关的时间里,并非一切欲望都(像伊壁鸠鲁可能会假设的那样)取决于在得到实现的那一刻依然活着。因为威廉斯论证说,存在着一些他称之为"绝对欲望"(categorical desires)的东西,这种欲望驱使一个人进入生活,由此说明他(或她)愿意活着。这些欲望可以有很多不同类型;假若我们想象一下自杀率攀升的问题,问问什么样的欲望会挫败自杀的念头,我们就会发现它们是什么。因此,这些欲望不可能取决于持续下去的生活;死亡挫败了它们的实现。[19]

这个论证比内格尔的论证做得更多,因为它考虑到一种生活的时间结构以及一些相关问题,比如说,一种生活如何超越自身目前的状态而投向未来,死亡如何取消一个明确地指向未来的欲望的落实。因此,尽管威廉斯并未讨论对称性论证,他的论证也适合于处理这个论证:未出生的生命没有要被满足的欲望,更不用说没有绝对欲望;因此我们不能指望在它们那里发现死亡是件坏事。但是,在另一个方面,威廉斯的论证不如内格尔的论证做得多,因为他用来反对死亡的案例(与内格尔的案例不同),是立足于一个关于大多数人的偶然事实——他们有绝对欲望。威廉斯的论证并未表明具有这种欲望就是人类生活的一个本质特点,尽管在承认自己的论证在这方面没有内格尔的论证那么强的时候,他暗示说,我们可以提出有说服力的论证

---

[18] 作为对卢克莱修的一个批评,内格尔的论证还有一个进一步的问题,即:他在提出批评时依靠日常直观。伊壁鸠鲁无疑会同意直观具有内格尔所描述的那种内容;但他会强调说,我们可以表明这些直观是腐化的,立足于社会上传授的错误信念。见 Rosenbaum(1986),Silverstein(1980)以及我在本书第四章中的讨论。

[19] Williams(1973)第 85—87 页。

来支持"人有绝对欲望"这一见解。[20] 不过，更为重要的是，威廉斯的论证并未表明绝对欲望在任何方面都是好的或是理性的，因此实际上就无法应对伊壁鸠鲁提出的批评。卢克莱修肯定会回答说，人们不可能通过指出一个欲望与另一个欲望之间具有紧密联系来捍卫其合理性——除非他们已经表明这个欲望本身就是理性的，值得持有。如果二者都是非理性的，那么治疗论证就会把消除二者视为己任。我们将会看到，这实际上就是伊壁鸠鲁式的治疗试图要做的事情。在这一点上，威廉斯表示，他同情内格尔提出的更加客观的论证，并暗示他可能愿意转向那个方向；不过，这种暗示并没有得到进一步发展。[21]

用"绝对欲望"的概念来说明死亡为何糟糕会产生一个进一步的困难。不清楚的是，为何要通过指出人的一小部分欲望受到了挫折来说明死亡的糟糕；当人类生活的内容是如此丰富（其中包含各种各样的活动、计划、欲望、希望）的时候，为何认为唯有对那部分欲望来说，死亡才是不受欢迎的终结？对于行动者来说，如果一个欲望本身并不足以推动他继续生活下去，这难道就表明该欲望因死亡而落空于他而言不是一种损失吗？

戴维·弗利（David Furley）最近对卢克莱修的论证提出一个有价值的讨论。[22] 他的讨论暗示了我们可能有一种略有区别又很有希望的方式来看待死亡糟糕之处（就死亡与它所终止的生活的关系而论）。对于不再活着的人来说，死亡之所以糟糕，是因为一旦死亡来临，那个人在活着的时候实际上具有的计划、希望和欲望就会白白落空。弗利用如下例子来说明这一点：一个人谋划自己未来的生活，却不知道自己即将死去。对于知道这一点的亲朋好友来说，他对未来的希望和计划此时看起来都很徒劳无益、令人悲哀，因为它们注定会半途而废。弗利于是论证说，即便没有那些知情的亲朋好友，这种状况也不会发生改变。任何死亡，只要让希望和计划落空，对

---

[20] Williams(1973)第88页：他说自己的论证比内格尔的论证"更具功利主义色彩"，并认为"也存在着强有力的理由采纳内格尔的这种考虑"。威廉斯相信，他的论证很有可能说服一个具有功利主义倾向的人，而内格尔的论证却做不到这一点，因此在这个意义上强于内格尔的论证。不过，对我们来说，既然从本书一开始我们就强调未加批判的欲望和偏好不是伦理价值的可靠指南，那么一个仅仅以这种欲望和偏好为基础的论证实际上就更加薄弱。

[21] 对于这一点的一个特别清晰的陈述是 Striker(1988)；与此相关的考虑，见 Brueckner and Fischer(1986)、Sumner(1976)。

[22] Furley (1986)。

于它所终止的生活来说就是糟糕的,因为它把那个生活反衬出来,表明行动者在生活中形成希望和计划的时候,那些东西其实已经是空洞而无意义的。我们但愿自己不要死去,这种关注是对我们此时所采纳的计划的意义和完整性的关注。我们对死亡的恐惧就是这样一种恐惧:此时此刻,我们的希望和计划是徒劳的和空洞的。[23]

这个论证成功地反驳了卢克莱修的如下论点:在每一种情形中,死亡恐惧都是立足于一种非理性的虚构——对一个幸存下来、会为自己的损失感到悲伤的主体的虚构。这个论证表明死亡是如何从实际生活中反弹回来,并在表明这一点的时候向我们提供了一种生动的方式,由此我们就可以理解内格尔的如下要点:即使生活在某一个事件发生的时候未能得以幸存,这个事件对它来说也可能是糟糕的。此外,这个论证敏锐地描绘了未来导向的欲望和计划的结构,因此也适合于反击对称性论证:尚未出生的事物并不具有因为延期出生而变得徒劳和空洞的计划和希望。[24] 但是,在置于行动者目前的欲望、希望和计划的那种重要性中,也有一些东西令人忧虑。当然,大多数人确实用弗利所描述的那种方式把自己投向未来。大多数人确实用这样一种方式来生活,以至于有可能让自己去面对空洞和挫折。然而,我们未必确信这就是一个人生活的唯一方式。正如我们将会看到的,伊壁鸠鲁会暗示另一种方式。我们都知道有些人不像大多数人那样去计划和打算,因此他们就不太容易成为未来的人质。于是,弗利的论证,就像威廉斯的论证一样,也需要加以补充。我们需要被告知,因死亡而变得徒劳的那种生活方式,究竟是不是一种好的和理性的生活方式?就像威廉斯的论证一样,这个论证走得不够深入,因为它在欲望面前停了下来,而没有说欲望是否或者为什么是好的。

我们可以通过指出以下这一点来开始扩展弗利的论证:在很多现成可

---

[23] Furley(1986)第89—90页。Murphy(1976)采取了类似思路,不过,由他明确提出却未曾加以捍卫的一个假定削弱了他的讨论,这个假定就是:自我利益是人类合理性的核心要素(第191页)。对于死亡如何能够"反过来对生活投下阴影"这一问题,Pitcher(1984)提出了一个不同论述。Feinberg(1977)敏锐地探究了一个相关问题:一个人能否有那种延伸到自己的死亡之外,因此可以被他死后发生的事情所挫败的关注? 也见Partridge(1981)对范伯格(Feinberg)的见解所做的批判性讨论。

[24] 关于这一点,Sorabji(1983)论证说,我们的不对称的偏好以及我们对"生活有一种单向运动"的认识,都是"深深地属于人的",并未受到这个伊壁鸠鲁式论证的适当批评。

见的人类活动中，人们通常最重视的活动和关系几乎在每种情形中都具有一个在时间上扩展的结构。一切活动和关系都涉及谋划一个未来（这样一个未来可以出现，也可以不出现），形成可能会破灭的希望，并通过一系列在时间中发生的变化而发展，而这样一个变化序列可能会被随意打断。父母对孩子的爱，孩子对父母的爱，教师对学生的爱，公民对城市的爱；这一切都涉及随着时间而发生的互动，涉及很多规划和期望。甚至两个成年人之间的爱或友谊也有一个随着时间而变化和深化的结构，最终会涉及分享某些指向未来的计划。这种指向未来的导向似乎与我们赋予那些关系的价值不可分离；我们无法设想它们是在一瞬间就发生的，除非我们假设它们实际上具有的人类价值已被剥夺。事实上，能够在一瞬间就发生的事情根本就说不上是爱，因为爱不是（或者不只是）一种刹那间就能有的感受，而是一种关心和互动的模式，一种与某人共同生活的方式。我们对希望、悲伤以及其他几种情感也能提出类似的要点。

  对于个别形式的有美德的活动，我们也可以提出大致相同的说法。为了公正地或勇敢地行动，一个人就必须着手处理在时间上发展的复杂计划；对于创造性的思想工作，对于体育运动的成就，也是如此。在这些情形中，那些工作的时间上扩展的特征都是其价值的一个重要因素。甚至一种简单的人类经验，例如妮基狄昂的春日漫步，对她来说之所以显得美好而具有价值，也是因为那种经验本身以某种方式在时间上有所扩展并将她卷入未来的计划之中。她可能只是希望来年再有这样的体验，或者在体验了春天之后再去感受夏天。事实仍然是，她对四季轮回变化的喜悦涉及这样一个意识——那不是她生活中的一个孤立事件，而是一种自然模式的一部分，而在这种模式中，她也起到一个不断演进和变化的作用。于是，在死亡来临之际，死亡不仅会挫败当时碰巧存在于那里的计划和欲望，也会打扰时间上演化的活动和关系所具有的价值和美好。死亡恐惧不仅是对"现在的计划立即就会变得空洞"的恐惧，也是对"现在的价值和美好马上就会减少"的恐惧。[25]

---

  [25] 斯蒂芬·罗森鲍姆在通信中向我建议，也许伊壁鸠鲁可以用如下说法来回答：为了避免让我们现在的计划变得徒劳，我们只需把它们建立在关于未来的合理信念的基础上。我指出，伊壁鸠鲁自己并未利用这个回答；我认为他不这样做是正确的。在这个充满意外事件的世界中，很难说一个合理的信念究竟是什么，而上述回答好像也不足以对付这个困难。一个在一场事故中死去的年轻人曾经按照尽可能合理的信念来规划未来；然而，正是在这种情形中，我们最强烈地感觉到死去的那个人的准备活动是空洞无效的。关于做有价值的事情，见 Striker(1988)。

对于任何一个仍在从事有价值的活动的人(他仍然在爱、在工作、在选择、在享受美好事物),这个论证足以让他觉得死亡恐惧是合理的。死亡,用人们通常的话来说,在比预期来得早的时候是最可怕的,因为在这种情况下,很多准备活动(涉及自我训练、以便能够在未来用某种重要的方式来行动的那些活动)就会完全失去价值,因为它们永远都不会达到开花结果的阶段并因此让自身的存在变得有意义。把生活中的大部分时间专门用于准备活动是青年时期的特征。不过,年长者也拥有宝贵的生活,他们的活动也会因死亡而被打断。对于年长者来说,把全部时间用于那些其价值仅仅是准备性和工具性的活动,也许是非理性的;不过,即便是构成一个好生活的那些活动(我们之前说过的)也可以被打断。就算一个人的死亡是在一切当前的计划都完成停当的瞬间降临,如果这样一件事情碰巧发生在一个喜欢活着的人那里,那么要形成新计划的那个"原始"计划本身也被打断了;而这样一个计划本身看来是人类生活的一项有价值的计划,是卢克莱修批判性地称之为"心灵的不领情的本质"的那种东西的一个深刻要素。

这个论证抓住了我们在说"死亡对死去的人来说是损失"时所要表达的很多含义。但是,它把关注焦点放在计划和活动被打断这个方面,就此而论,它看来并不完备。因为即便一个计划在当时已经完备,我们仍会觉得有件事情对于一个人来说往往是一种价值上的损失,那就是,在这项计划完成之际,那个人的生命就戛然而止,无法去追求不同的未来计划,也无法再去从事那项计划。为了感受到在死亡的提早来临中的悲剧,我们并不一定要相信一个年轻人正在用一种基本上是准备性的或指向未来的方式活着——当然,很多人都不相信是这样。不过,在这个时候,我们应该考虑到在人类生活中实际上存在着两种不同的中断,或者说,中断可以在两个不同层次上发生。到目前为止,我们所关注的是这样的情形:中断是内在于某个计划或追求的。但是,在人类生活中,有很多计划都涉及在整个一生中反复做某种活动的规划。例如,按照卢克莱修在第五卷中的描述,一桩好婚姻就有这样的形态:它不是一种孤立行为,而是一种在时间上扩展的日常活动和互动模式,在其中,时间上的扩展,包括生活模式和生活习惯的形成,是其价值和深度的一个主要来源。于是,即使死亡并未抓住在因死亡而中断的某个特定活动或具体规划中仍保持镇定的配偶,在这里仍有一种更大而更深的中断:对于结婚并投入一种典型的婚姻生活的计划(包括这种生活的习惯及其不确定的和具体的计划、希望和愿望)的中断。在最深层次上,当死亡来临时,每一个这样的生活模式(工作、爱、公民身份、玩乐)都会被打断,因此,一个无论多么模糊、多么含蓄地处于这些模式背后的计划(亦即过一个完整的人类生活的计划)也会被打断。这个计划无须像一个生活规划那么正式,可能只是由模糊的希望、期望以及对人类生活的预期展开和延续的内在感受构成的。大多数死亡会打破这种复杂的活动,并因此(即使不是因为其他缘由)而变得糟糕。〔26〕

实际上,在大自然的盛宴比喻中,卢克莱修自己就已经进一步提出这个论证。这个论证告诉我们,生命,就像进餐那样,有(或者就是)一个时间上展开的结构。大自然用它来反击无限延长生命的愿望;我们稍后就会考察这种用法。不过,现在我们可以看到,这个论证也支持如下判断:死亡可以来得很早,实际上几乎总是如此。因为在吃饱喝足之前,死亡几乎就总是会打断那种过一个人类生活的时间上扩展的过程,而在这个论证中,这种过程似乎被认为是一种好东西。如果一个人过早死去,比如说,在主菜上来之前就死去,这就会成为最糟糕的死亡,因为这样一来,在这顿饭中,主要职能在于为主菜准备食欲和味觉的"配菜"就变得毫无成果。(若有人已经知道主菜不会上来,他就会有不同的吃法。)但是,这个论证也暗示说,只要吃东西对于食者来说是件好事、是种快乐,只要死亡以另一种方式过早到来,它对

---

〔26〕 Silverstein(1980)在他那很有趣的论证中暗示说,我们应该在一个四维的框架中来看待我们的生活,就像我们现在处理空间那样来处理时间;他由此断言,时间上遥远的事件,就像空间上遥远的事件一样,只要影响了主体的整个生活形态,就可以对其好坏产生影响。他推断说:"简言之,正是这种四维的能力——用时间上延续的说法来理解生活、把一个人的生活看作一个时间整体、在它和可供取舍的可能生活的整体之间做出比较评价的能力——根本上说明了'A 的死亡对 A 来说是种不幸'这种形式的陈述往往被认为不仅是可理解的,而且也是真的"(第 424 页)。西尔弗斯坦的论证在 Yourgrau(1987)那里得到了进一步讨论。这里提出的这个论证,既然的确是立足于"过一个生活"这种活动(可以被解释为包括对未来的某种规划、希望和盼望),似乎就有了如下推论:年幼孩童的死亡对于主体来说并不糟糕,尽管这种死亡在其他某个方面仍有可能是糟糕的,或者出于其他某个理由而对主体来说仍有可能是糟糕的。事实上,医学伦理学的文献往往接受这个推论,这种文献把对一个人生活的打断与其他的死亡区分开来,而且同时针对生命的开始和终结。参见 Brock(1993)中对这些论证的出色概览,以及 Brock(1986)中对老年痴呆者的讨论。然而,就婴儿而论,我不愿意接受这个推论,因为在我看来,对于一种只要有了适当的支持、各种人类规划和行动就会按时发生的功能组织来说,只要基本的人类能力已经出现,死亡也就意味着某种趋向未来的生活的中断;对于那些已经失去以上能力的老年人来说,情形则并非与此相应。

于主体来说就很糟糕,因为它打断了人所特有的生活过程,而这样一个在时间上扩展的过程就像一场盛宴那样是好的。当我们现在转向对我们自己关于时间扩展的论证的伊壁鸠鲁式批评时,千万不要忘记:这个论证本身看起来也是伊壁鸠鲁式的,也是借大自然之口说出来的。

五

伊壁鸠鲁有一个现成的答案,那就是:我们表明的那些价值恰好都是错误的。从欲望转向价值实际上毫无帮助,因为反思性的评价至少也有可能是腐败的。对于把恐惧产生出来的那些价值,我们无须紧抓不放;如果我们这样做,那么通过让我们确信死亡是一种损失,那些价值就会阻止我们去享受凡人的幸福。聪明的伊壁鸠鲁主义者会完全认同于神一般的快乐,而这种快乐并不从一种时间上扩展的结构之中获得其完备性,因此也就没有把她与一个由转瞬即逝的事物构成的世界、与她自身的短暂无常联系起来。因为伊壁鸠鲁并不认同这样一种快乐主义:它赞成一切满足,认为人们实际上碰巧享受的无论什么东西都很好。

按照伊壁鸠鲁的描述,真正的快乐首先不是聚合性的:并非快乐越多,或者拥有快乐的时间越长,快乐就越好或越有价值;也不是经历一种快乐的次数越多,快乐就越有价值。卢克莱修的大自然告诉读者:并不存在大自然能够发明出来且提高其生活价值的新事物(第 944—945 行)。伊壁鸠鲁的很多说法强调了这一点:一旦达到心神安宁(ataraxia)和无痛苦(aponia),人也就到达了生活的顶峰,没有什么东西(哪怕是同一种生活的延长或重复)能够添加新的快乐。西塞罗总结得很好:[27]

> 伊壁鸠鲁否认时间的长短为幸福生活[beate,西塞罗用它来翻译 eudaimonia]添加了任何东西。按照他的观点,在短暂的时间跨度里感受到的快乐并不比在永恒的时间里感受到的快乐要少。……他否认一个无限延续的生活中的快乐会变得比一个有限的、适度的时间中的快乐要大。……他否认时间给最高的善带来增值。(Fin. 2.87-88)

就其本身而言,这是一个有希望的关键思想。看来我们确实可以合理

---

[27] 亦参见 Furley(1986),第 81 页。

地认为,追求的价值不同于商品的价值,不是按照这样一种"越多越好"的方式堆积起来的。不过,最重要的是,这并不表明,它能够再次去选择一种重要活动(只要愿意,能够继续去选择这种活动)不是一件更好的事情,也不表明有这种选择的生活不如没有这种选择的生活。还想再要一个孩子的女人不一定是在错误地假设孩子越多越好。她可能是在认为,用抚养孩子来占据自己是一件很有价值的事情,这项活动的价值向她提供了很好的理由再次去履行这项活动。同样,如果一位学者在写完上一本书后还想写一本书,那是因为她相信她所从事的活动是有价值的;她不一定是在认为写书能够赚钱。倘若如此,死亡或任何其他的意外事件,只要剥夺了个体选择一项有价值的活动的能力,看来就确实取消了某种有价值的东西——不管意外事件在这项活动得到履行后是否发生。

而且,即使我们应该辩证地同意伊壁鸠鲁的说法(更多**绝非**更好),这也不足以让他得出这个极端结论:死亡对于死去的人来说绝不是一种价值损失。因为只要我们返回那个关于中断的论证,我们就可以提醒他说:甚至一项单一的重要活动本身也可能具有一个时间上扩展的结构;死亡可以打断这个结构并削弱其价值。这样,每当死亡中途打断了爱、养育孩子、工作、制定计划时,这种事情就仍然是悲剧性的。

然而,完美的伊壁鸠鲁式快乐并不具有一个在时间上扩展或受到限制的结构。这种快乐,就像亚里士多德所说的活动(*energeiai*),须臾就变得完备——只要我们在做某件事情或者在行动,我们的活动就是完备的。[28] 伊壁鸠鲁强调,未受打扰的健康生活不是途中奔向在它自身之外的某个进一

---

[28] 见 Furley(1986)第81页, Diano(1974), Mitsis(1988b)。对于伊壁鸠鲁主义在这一点上表现出来的张力,弗利给出了一个很好的论述,并提出证据来表明:伊壁鸠鲁承认对未来的某种关注会影响一个人目前的状态。尤其是,未来会摆脱痛苦的稳当期望好像就是完备的伊壁鸠鲁式幸福的一个必要条件(比如说,*VS* 33, Plutarch *Non Posse* 1089D)。弗利和狄阿诺都把亚里士多德式的活动(*energeiai*)与伊壁鸠鲁式的完备快乐做比较,关于亚里士多德式的活动,也见 Nussbaum(1986a)第11章,在那里我论证说,按照亚里士多德的观点,活动可以被我们无法控制的意外事件所阻碍,尽管不是在中途就被这样的事件所打断。例如,近视可以导致一个人每次看东西的时候看得不太好,即使在亚里士多德式的意义上,看某个东西这一活动在一个瞬间就是完备的,并不要求一个时间序列。稍后,在这一讨论中,我会提出一些理由来表明,在亚里士多德称为 *energeiai* 的那些活动中,有些活动(例如智力工作)涉及在时间上展开的阶段。

步目标的过程,这种生活在有可能达到这个目标之前很容易被打断。如果这种生活确实存在,那它就已经在那里了,除了它自身外,在它之外的任何东西都不是目的。伊壁鸠鲁敦促我们去修改我们的价值方案,去依靠具有这种自足结构的快乐。通过这样做,他宣称让我们摆脱了生活中的意外事故。于是,在他看来,说他的理论不符合我们目前对价值的很多看法,并不是对他的理论的合理指责。因为伊壁鸠鲁会把新的价值给予我们,而在这些价值内部,死亡确实会以他所说的那种方式变得无足畏惧。而且,对称性论证在那个新的方案内部将会成立,尽管对于不善思考的凡人来说,它并不成立。真正的快乐并不在时间上向前投射;因此死的结束与生的开始恰好是对称的。

然而,这个回答揭示了伊壁鸠鲁思想内部的一个深层张力。这个张力在其理论的很多部分都浮现出来,正如我们在讨论爱的时候开始看到的,但在关于死亡的论证上,则会导致特殊困难。这个张力就是在自然的视角和神的视角之间的张力。一方面,伊壁鸠鲁反复劝告我们要在自然的限度内像凡人那样生活,倾听自然的声音,把作为一种自然的动物能力的知觉当作我们的真理标准来依靠。伊壁鸠鲁将其全部事业的目标描述为"让必死的生活变得令人愉快"。卢克莱修追随他,力劝读者拒斥习俗的教条,转而拥护一种真正属于人和自然的生活。在目前的情形中,我们要搁置文化向我们灌输的那种对不朽的渴望。然而,在第三卷中,大自然的声音一方面拒斥对绝对不朽的寻求(我很快就会讨论这一点),也拒斥年长者对生活的过度贪求,另一方面却暗示说,生活及其价值,就像所描述的那场盛宴一样,确实具有一种在时间上扩展的结构,具有一系列随着时间而建立起来、在特定的时间才会适当地结束的相互关联的部分。大自然引入盛宴意象,是为了表明死亡有可能来得太晚;不过,它也确实具有这样一个含义:死亡可以来得太早——在可爱的、有价值的计划仍在进行的时候,在饱食让吃东西成为一个负担之前。盛宴意象进一步暗示说,任何一部分生活的价值都来自它在整个序列中的地位,正如甜点的价值得自它与主菜相配套、在主菜上来之后被送上来的方式。从回溯的角度看,过早到来的结束因而就会影响已经历的那些部分的价值,正如在开胃菜上来之后,若后面没有什么菜紧跟而上,它就会变得不如实际上那么有价值。这一切都符合我们的论证,但是非常不符合伊壁鸠鲁对神一般的快乐的强调。这根本就不是卢克莱修诗作中的孤立段落,因为,我们可以回想一下,对卢克莱修来说,对继续生活的爱好和享受是一切有生命的事物的自然欲望;而在人类的情形中,这种欲望采取了对美好和"甜蜜"做出判断的形式,而这种判断就是一套"自然的"、在不同社会都成立的人类价值的基础,因此几乎不能被当作这样那样的社会空想来加以批评。

但是,另一方面,正如我们已经开始看到的,在卢克莱修的伊壁鸠鲁主义中有一个同样深刻的线索,力劝我们超越必死的命运,像神那样生活。《致美诺俄库斯的信》的结尾许诺要把一种神一般的存在状态给予美诺俄库斯:"你会生活得就像人当中的一位神,因为在不灭的善中生活的人无论如何都不像必死的动物"(第135行)。如果我们回想起伊壁鸠鲁就科罗特斯的崇拜(*proskunēsis*)行为写给他的信,我们就会看到,在伊壁鸠鲁主义的日常实践中,把学生提升到其有限性之上的许诺是多么深刻。

把神性作为好生活的一种形象来诉求也是卢克莱修诗作的一个普遍特点;卢克莱修说得很明白:为了追求一种像神一样的生活,我们就必须跨越在大自然中所设立的界限或限度。在这部诗作的开篇,卢克莱修就立即把凡人——困扰的受害者(第32行)——与伊壁鸠鲁所说的神加以对比,后者在生活中没有悲伤、没有变化、没有需求、没有感激或愤怒(I. 44-49 = II. 646-651)。由此可见,超越人类生活、像神一样生存的目标从一开始就出现了。如果有人仍然怀疑,对于我们当中那些试图通过哲学来治愈自己的人来说,对神的这种描绘是他们应当接受的一个目标,那么,在接下来对伊壁鸠鲁之成就的描述中,这种怀疑就被消除了。伊壁鸠鲁是传统宗教的敌人;不过,在这首赞辞中,他也是大自然及其限度的敌人。他的智慧和勇气都被激发起来:

> 于是,在历史上,他首次满怀激情地渴望冲破自然的狭窄门槛。就这样,在他的心灵之中,那股强烈的力量就取得了胜利,[29] 他穿越了宇宙燃烧的墙垒,用他的心灵和灵魂穿过那无边无际的整体,然后凯旋,向我们说明:什么事情能发生,什么事情不能发生,每个事物通过何种理性原则而具有自己有限的力量、自己的根深蒂固的界碑。于是,宗教就被打倒,被践踏在脚下,他用他的胜利,让我们与天堂处于同等地位。(I. 70-79)

---

[29] 请再次注意头韵:*vivida vis animi pervicit*。

在这种对哲学上的英雄气概的描述中,对适当的自然限度的认可与对限度的一种大胆侵越并存。真正的伊壁鸠鲁主义者了解到自然的限度,同时又因为伊壁鸠鲁的胜利而能够超越自然的限度。

第二卷序诗同样向勤勉的读者许诺了一种生活,其中任何方面都并非显著地不同于伊壁鸠鲁所说的神的生活:一种与人类牵挂分离开来、无忧无虑地蔑视(despicere,第8行)有朽事物之世界的生活。在这里,界限比喻有了进一步的转折:哲学据说围绕学生建立了一道围墙,把她与其他单纯的人隔绝开来,直到她栖息于"智慧者那宁静、高傲的殿堂,用其学说把它加强"(第7—8行)。在第五卷中我们得知,"神用一种平和的心态来看待一切"(V.1203),而我们能否与它们相像,就取决于我们能否抵挡有朽者的时间上扩展的欲望,后者继而取决于我们能否认识到自己的不完备。之所以如此,是因为我们被告知,完全自足的人根本就不会渴求任何变化(V.168-172);于是,在他们的世界中,大概根本就不会有时间扩展的意识,而且肯定不会有价值随着时间而发展的意识。在这一卷一开始,卢克莱修就着重强调伊壁鸠鲁式渴望的僭越性。诗人以其绰号惊呼,"高贵的墨密乌斯,他是一位神,一位神啊"(VIII.8),这就向其学生开启了一种类似的提升的可能性,甚至在他为自己培养同样希望的时候,他还断言"生来就具有必死的身体"的任何人都不配去赞扬伊壁鸠鲁的成就(第6行)。这项成就在于"将生活从这样的巨浪和阴霾中领出来,在如此宁静的地方、如此清澈的阳光中来为它建立家园"(第11—12行)。

其实,在第三卷开始,卢克莱修在给出一些论证以使我们消除对神一般不朽的欲望并服从自然的限度之前,就提出了一个类似主张,说伊壁鸠鲁的教导"最配得上永恒的不朽"(第13行),"是出自神一般的心灵(mens)";说他的教导让"世界的墙垒躲闪到一边",直到我们变得像神那样能够看到虚空,看到"神灵的和平家园"(第16—22行)。甚至诗人自己的情感,在他从事这项任务的时候,也是有朽之物和不朽之物的一种奇特混合:

> 通过一种神圣的喜悦和战栗,我被这些事物攫住,看到自然因为你的力量而彻底洞开,在每一个方面都一览无余。(第28—30行)

在这些著名诗句中,[30] 卢克莱修令我们非常清楚地看到:伊壁鸠鲁式

---

[30] 关于这一点,见 Schrijvers(1970)。

的反思是对自然之秘密的一种攻击,是将人嵌入神的王国的一种尝试。不过,这个主张不是在简单地声称:科学本身就是僭越的,认识整个世界的雄心是人类对其奥秘的一种野心勃勃的侵犯。尽管很多思想家不会劝人通过脱离属于人的事物而变成神,他们也会提出那个说法。卢克莱修在这几段话中是在说,对整个自然的把握让认识者永远而绝然地超越了必死的状况,进入神的价值系统,并因此而进入唯有神才享有的安全领域。在伊壁鸠鲁的学说中,在价值观念上的这种特定转变得到了推荐和实施,而通过这种转变,只要认识到人类存在的限度,也有了一种无限制的生活。伊壁鸠鲁学派的科学表达了一种僭越,不仅因为它让一个受到限制的存在者认识到了整体,最重要的是因为伊壁鸠鲁学派的科学知识的内容让她学会用这样一种方式来看待和关心事物,以至于她实际上不会再受到限制。

六

为了转向一种神一样的生活和一个神一般的自我,就需要在人类欲望和价值的模式中进行大量修改。需要改变的不是我们中立地持有和看待的反应,而是我们经过反思所认同的评价性判断,而对于"什么构成了有朽的好生活"这一问题,这些判断向我们提供了一个正确论述。我们被告知这一转变是大自然所推荐的,它让我们离开一种宗教的生命观,迈向在一个有限存在者的限度中来过的生活。然而,只要再深入地审视一下,我们就会发现这个转变的目标实际上是不同的:彻底超越必死的命运,将自己转变为神。但是,这难道不就是那种宗教的生命观,只不过在形式上略有不同,用对神性的一种新理解、一个新的赫拉克勒斯来装扮(参见第五卷第 22 行以下)、但仍旧是在培养对超越(transcendence)的同一个古老渴望?我们也许禁不住猜想:伊壁鸠鲁不是去承担让我们不要憎恨自己的实际面目和实际状况的任务,反而是去接管一项早期的任务——转变我们对来世的宗教渴望的根据,直到在对现世的超越中发现一个家园。在我们对那些关于爱的论证的分析中,这个问题就出现了,而现在只不过是以一种更一般、更广泛的形式出现而已。因此我们就想知道,为了捍卫自己对妮基狄昂的信念所做的激进攻击(这些信念不仅根深蒂固,而且卢克莱修自己承认它们就是人类对生活条件的回答的一个自然部分),卢克莱修能够对她说些什么。

然而,在这一点上,卢克莱修可以公正地指责我们忽视了他的某些论证。也就是说,如果我们相信在自然的劝告和成为神的抱负之间存在着一个矛盾,那么他就可以提出反驳,说我们之所以这样认为,是因为我们还没有充分注意自然的全部演讲或由此而来的对人类价值结构的复杂批评。在对卢克莱修的论证的大多数哲学论述中,第三卷的这些部分已被不公正地忽略,也许是因为它们在诗歌的表现形式上具有生动而夸张的力量。甚至连弗利也认为他的分析所忽略的那些部分"过于讲究修辞,过于诗情画意,或者过于冷嘲热讽,少有哲学意味"。不过,他的说法采取的区分也是我们对伊壁鸠鲁式治疗的分析令我们有理由加以质疑的区分。第 931 行和第 1052 行之间的那段话,以大自然的演讲开始、以对话者对自己的批判性演讲而结束,其中包含着两个重要论证,旨在把读者从对人的现世价值的自在接受中驱逐出去,用大自然自身的名义来推举伊壁鸠鲁主义所推荐的那种属于神的价值。第一个论证攻击属于人的价值,视之为自我挫败的,因此是不自然的。第二个论证要求读者从整个自然界的观点来看待自己的生死。

首先,在大自然的声音和卢克莱修后来所作评论的敦促下,我们看到,在我们当前的价值系统的结构中有很多东西,在内在地不合常理或是自我挫败的意义上,它们实际上与自然相对立。关于价值的四个不同错误被鉴定出来并受到攻击。第一个错误我们已经讨论过:把生活中有价值的东西看得如同商品,越多总是越好。大自然谴责这种态度,其理由是,这种态度表现出无视自然实际上所提供的好东西的结构。大自然进一步暗示说,这种态度实际上削弱了我们在自己生活中实现价值的尝试,因为享受的反复积聚会导致厌腻和不快。"没有什么新东西是我能够设计或发明出来让你高兴的",大自然对积聚者这样说道。"每一个东西都总是同样的"(第944—995 行)——这意味着寻求更多的享受必然会导致厌倦并因此削弱自身。

其次,卢克莱修鉴定出其他几种腐化的评价和活动,把每种形式与阴间中一种人人皆知的折磨联系起来,声称它们都扭曲了地球上的生活,把人间变成地狱。真实生活中并不存在提泰俄斯,生活在永远为秃鹫所吞噬的状态里;但是存在着爱欲的追随者,其每一项计划都会产生焦虑,将他吞噬和撕裂(第 984—994 行)。正如卢克莱修在第四卷中所表明的,爱者对一个不可实现的目标的追求产生了焦虑,后者接着削弱了爱,阻碍了他的其他计划。在真实生活中,也不存在把巨石徒劳地推上山(因为巨石在即将到达山顶的时候又会再次滚落山底)的西绪福斯(Sisyphus)。但是,卢克莱修说,存在着对政治权力的徒劳追求,其自身的内在结构又会让追求者的欲望永远达不到目的(第995—1002行)。在卢克莱修看来,权力追求者注定会遭受永无止境的无效奋斗的厄运,并因为自己选择了这种生活方式而永远得不到他在其中所要寻求的目标。在这里,卢克莱修好像不仅仅是要说,这个目标(即对权力的稳固占有)实际上永远都无法达到(nec datur umquam,第998行);他似乎也要说,在那种生活方式内部产生出来的欲望和追求导致了一种不稳定性,而后者加速挫败权力追求者的目的。

最终,还存在着妮基狄昂的快乐:

> 于是,总是去喂养心灵那不领情的本性,用好东西去填充它,但从来满足不了——就像一年四季那样,当它们循环而来,带来新的生长和各式喜悦时,我们也不曾被生活的果实所充实。在我看来,他们所讲述的那些年轻女孩也是这样,她们把水倒入无论用什么计谋都装不满的筛子中。(第1003—1010行)

在这里,这些少女所选择的活动,即把水倒入筛子中,必定会挫败她们的目的,即保存和搬运水。人们通常对世间的美好和价值的追求被认为也是如此,必定会挫败我们这些凡人的目的,而只要我们严格地解释这个类比,那个目的似乎就是要紧紧抓住某种美好和某种价值。

这些论证意味深长,因为对于我们所捍卫的人世价值,它们提出了内在的自我否定的指责。我们最为珍惜的活动所追求的,恰好就是因为这种活动自身的本质而无法获得的目的。这种论证很可能会让妮基狄昂确信,人世的价值在某种重要的意义上是不自然的;因为她很可能相信大自然在这个方面并不是自我挫败的。她可能会在诱导下发现,她所珍惜的那些追求不仅是艰难的或冒险的,而且在其结构上也受到了扭曲或曲解;于是她可能就会相信,那种神一般的伊壁鸠鲁式的超然生活就是要在其中去发现真实而自然的人类价值的生活。这些论证若取得成功,就会填补卢克莱修的策略之中那两个部分之间的裂隙。但是,它们究竟是不是有效呢?

添加的错误,加上它那自我破坏的努力,是某些人犯下的一项真实错误。但我已经论证过,某种人类生活能够避免这个错误,同时依然可以承诺在时间上扩展的价值。这个关于"添加"的论证本身并未向我们提供可靠的理由,让我们相信那些人的活动是徒劳无益且自我挫败的。大致的说法也适用于对提泰俄斯之活动的批评。因为,正如第四卷清楚地表明的,一个人可以避免卢克莱修所攻击的那种特殊的、自我否定的爱,但仍然可以爱另一个人,而且是用一种在时间上演化并使得爱者容易遭受损失的方式。在人类生活中,并非一切爱都是自我否定的,卢克莱修也没有这样认为。他自己对婚姻之爱的论述强调时间上的发展对于这种关系的价值来说是本质的,但也表明这种爱如何避免了爱欲的自我否定。那位寻求融合的爱者确实追求一个既不可实现又自我挫败的目的(在如下意义上:追求这个目的不仅让他更少地与其对象相结合,反而更加与之不和,于是就很容易产生对其计划加以破坏的焦虑)。不过,寻求相互快乐、相互喜爱和相互对话的爱者,似乎不仅没有通过他对目的的选择而削弱自己的活动,实际上反而扩充了自己的活动。这是因为,在卢克莱修所设想的那种婚姻中,一个人对对话和快乐的追求越多、越长久,对话和快乐就会变得越好,因为这样一来他就会用更为适当也更加深刻的习惯来回应伴侣的品格、趣味和欲望。在我看来,与卢克莱修的建议相比,如果我们允许爱者具有更多的人类需要、更少一点自我保护,那么我刚才提出的说法甚至就会变得更加真实。

此外,某种类型的权力角逐很可能是西绪福斯式的,因其对所要追求的目标的选择而注定失败。柏拉图对暴君的那种自我破坏的生活的论述(《理想国》第九卷)(按此,对绝对控制的追求会导致一轮又一轮的不安和脆弱)向我们提供了对卢克莱修的想法所做的一幅有说服力的描绘。不过,也有一些其他的政治活动,例如制定公正法律、促进城邦福祉、改善公民福利,尽管其完成仍取决于时间上的扩展,但似乎缺乏一种西绪福斯式的结构。这些目标既不是不可能的,也与追求它们的活动之间没有负面联系。我们还可以列举很多其他的重要追求,例如友谊、抚养孩子、各种类型的工作和社会活动、多种有美德的活动,这些追求的目的是可得到的,而其活动也确实促进(甚至帮助构成)了这些目的。

达那俄斯的女儿们(the Danaids)是很多人类追求的更有说服力的形象:因为我们可能会同意卢克莱修的说法——我们最为看重、感到最快乐的很多活动确有一种需求和充满、缺席和在场的内在结构。它们在如下意义上就像把水倒入筛子:有价值的东西甚至在来临之际也在运动和变化,并在价值上取决于那个始于空洞又终于空洞的时间序列。不过,即使一个追求因为先前的匮乏而具有了意义和生动性,这并不意味着它本身只有一个完全相对于需求的价值,宛如抓痒的价值;也不意味着这项活动在某种意义上是荒谬的,以及一种没有需求和活动的生活会设法变得更好也更值得尊重。

我们看重吃东西和性行为之类的活动，但不是把它们当作平息瘙痒的抓挠，而是作为人的表示性活动的形式，与其他重要的社会目的和个人目的相联系。此外，春天的美好与春天和冬天之间的对比相联系，实际上与我们对有限性和必死的认识相联系，但这并不意味着春天并不真正美好。也许，一种没有变化的存在者是无法看到和回应这种美好的，但这也不意味着它一直都不美好。达那俄斯的女儿们之所以是荒谬的和自我挫败的，是因为她们在试图**保存**水；她们用来尝试这项计划的活动（把水倒入筛子）是一项必定会挫败其目的的活动。我们会反对这样的活动，因为这不是普通人一般会去做的事情。吃东西的人不是把永远消除饥饿当作其目的；她的欲望确实得到了满足，但饥饿肯定会再来。寻求性快乐的人通常并不试图去永远抓牢那种摆脱了一切欲望的满足状况；实际上，她宁愿那个欲望再次出现。她得到满足，而且，她之所以得到满足，部分原因就在于满足的条件并非永久存在。妮基狄昂确实又一次看到美好事物，喜爱她所看到的美好事物，即使在她看到这种美好的时候它就在变化、就在消失——或者说，这种美好就部分地在于它在如此运动，因为变化就是其美好的一部分。卢克莱修笔下那些深受折磨的人们之所以受到折磨，是因为他们在试图将某种东西牢牢固定，试图绝对而永久地抓牢这种东西。这项计划不仅注定会失败，也会产生妨碍其自身得到追求的挫折。但是，倘若一个人不是要试图抓牢和保持，而仅仅是要生活，卢克莱修又会怎么说呢？

在这里我们再次看到卢克莱修计划的两个部分之间的张力。从自然的观点来看，他的论证对一些人（那些被不朽的观念所控制的人）的活动和价值提出了一个深刻批评。对他们那地狱般困境的回答好像就是，在自然中生活，并合乎自然地生活——也就是说，重视生活中的好东西，但又不试图把它们固定住，甚至注意到这些东西的短暂如何塑造了我们在它们之中所发现的价值。不过，不论是在这里还是在其他地方，这都不是卢克莱修得出的结论。他倒是好像得出了一个很彻底的结论，全盘拒斥这些短暂即逝的人间追求，去支持伊壁鸠鲁式的智慧所带来的那种神一般的快乐。另一方面，若有一种存在者，其快乐不仅不会发生变化，反而因此而变得有价值，那么，从其观点来看，凡人与不断变化的自然之间的交易看来就像是试图去拥有稳定不变的快乐的愚蠢而徒劳的做法，而由于所选择的那些追求的本质及其在需求和充实之间的来回循环，这种尝试注定要遭受挫折。卢克莱修似乎假设，只有当一项追求完全可以脱离变化和脆弱、从一种类似于"神眼"的观点来看被认为具有价值时,它才真正有价值。[31] 在卢克莱修对四季提出的说法中,就已经流露出对自然和俗事彻底不予宽容的迹象:因为他在这里所攻击的是自然本身,是变化所发生的方式,是变化从必死的灵魂那里把爱和渴望焕发出来的方式。[32] 然而,这个判断难道不就是对必死的生活的抛弃?而对必死的憎恨难道不就是治疗论证本来就要治愈的疾病?

不过,在这首诗的这个部分,卢克莱修提出了另一个论证。在最终评价他的治疗方案并提出我们自己的一种经过修改的方案之前,我们必须领会这个论证。这个论证又是通过大自然的声音说出来的,要求我们从一个更广泛的视角——一切有生命的事物的生活和利益(包括现在和未来的生活和利益)的视角——来看待我们目前的处境。当我们用爱、用对整个自然界的关心来看待它,在这个视角中把我们自己的生死看作那个整体中的一种生活时,有两件事情发生了。其一,我们自己的个人焦虑看起来微不足道。我们会想,当宇宙中有如此之多的东西需要考虑时,为什么我们还要用自己必将死去的思想来占据自己,并由此来度过自己的一生?其他人已经死去;生与死都是必然的和普遍的;我们自己的生死也不例外。我们的思想窗户于是就被打开了。用卢克莱修的比喻来说,把我们的视觉束缚到我们自己的狭窄环境中的阴影现在消散了,我们心灵的全部视觉现在充满着宇宙的清晰光芒。当我们去沉思和关心整个宇宙时,我们就会羞于把自己缠绕在自我当中;这种可耻的痴迷就会被全神贯注的反思兴趣所驱散,并在这种反思的光芒中被揭示为可耻的。正如桑塔耶那在总结这首诗的这一部分时所说,"过着宇宙生活的人,不可能对自己的生活牵挂太多"。[33]

其二,当我们按照整体来看待自己的死亡时,我们认识到自己的死亡对于整体的持续健康和生活来说是必要的。

> 总是需要物质,以便世代能够生长。在过完他们的生活后,他们也将随你而去。在这一代人就像你那样死去后,未来几代人也将死去。就这样,一个东西从来不会停止在另一个东西中出现。生活不是谁的

---

[31] 柏拉图在《高尔吉亚》(*Gorgias*)和《理想国》中提出了一些很相似的论证,相关讨论见 Nussbaum(1986a)第五章。

[32] 也见第三卷第 936—937 行,在这里,大自然母亲自己就使用了将液体倒入充满孔洞的容器中的同一个意象。

[33] Santayana(1910),第 56 页。

私人财产,而是供每一个人使用。(第967—971行)

总而言之,大自然这样说:你如此倔强地紧抓不放的那个生活,不仅不是整体的一个很大的部分,而且,整体若要生活得好,也必须从你那里索回那个生活。如果人们从来不曾死去,那就会让整个自然界停滞不前:没有空间留给新的生命,没有资源供新生儿利用。(在某个合理的限度外)紧抓生活不放不仅是自私的,对于自然界的其他存在者来说也是残忍的。

在这个论证背后有这样一个假定:世上的资源不是无限制地可发展的。即使世界能够支持某种类型的人口增长,它也不可能支持一种无限制的增长。在事件发生的正常历程中,新的人会自然地出生。要是没有死亡,我们迟早会陷入现存的人们将会缺乏资源的状况。实际上,卢克莱修似乎设想了这样一种状况:稀缺的负担会最沉重地压在新生者头上——因为已生活在各地的人们会顽强地抓住已经紧握在手的资源。生活变得就像没有退休制度的大学教师队伍:年长者为了顽固地抓住自己得到的终身职位,就会阻止整整一代年轻人进入学校。卢克莱修对那些上了年纪的教授们所说的是:用这种代价来紧抓你的位置不放是自私和残忍的。腾出位置,为其他人留下余地。这并不意味着目前的退休年龄是公正的,或者不能让某个更长的退休年限与年轻人的进入相容——如果资源更好地得到调配和安排的话。卢克莱修的说法仅仅意味着,在不把新来者排挤出去的情况下,延期不可能是无限制的;而一旦认识到这一点,你就应该相应地修改你对自己离去的态度。

这个论证是有力的。不像关于自我否定的欲望的论证,它不是来自对变化的不宽容。相反,它要求我们对生活和变化持有一种更加深刻、更为一致的爱,一种愿意正视自己在整体中的微小地位的爱。它并不要求我们不要将过早死亡看作悲剧;甚或不再害怕自己可能在任何时候死去。然而,它提醒我们说:我们的死去,尽管对我们来说是一种损失,对其他人来说却有好处;你最想避免的东西对未来的其他人来说是必要的和有益的;大自然的结构含有一种永远都具有悲剧色彩的张力——在部分的欲望和整体的要求之间的张力。这个思想,尽管既没有消除死亡恐惧,也没有消除其恰当性,但的确减小了那种往往与死亡的思想相伴而生的不公正感。它告诫妮基狄昂,不要把你自己变成例外,不要认为你自己就是宇宙的中心,不要要求那种将会损毁整个宇宙的恩惠。这个禁令,只要得到遵守,就可以转变我们对恐惧的体验。

妮基狄昂可能会对这个论证提出两个异议。第一个是要问自己为什么不应该是例外。即使保有少量真正永久的位置,大学仍然可以做得很好。在生活的情形中也是如此:一个人的不朽,甚至很多人的不朽,不足以导致伤害。在这里,大自然会提醒她说,在采纳大自然的视角——她自己已经当作合理性的一个构成要素而同意接受的一个视角——时,她已经同意将自身考虑为其他人当中的一员;这好像很难符合将特殊原则应用于自己的做法。此外,大自然会指出,并不是没有人会因她的选择而受苦。即便年轻者没有遭受痛苦,妮基狄昂也是在不正当地对待她那一代的其他成员——由于她占有永久的终身职位,于是,为了支持她的持续生活,他们就不得不离开,甚至可能离开得更快。就像欧里庇得斯笔下的阿德墨托斯(Admetus),她已经允许别人用死来换取她的生,而这种自我助长和怯懦的行为(不管是否实际上缩短了为她而死的那个人的寿命)会扭曲她往后的生活。

但是,如果她足智多谋,她就可以尝试一个更一般的回答。因为看来只有在出生率大致保持不变或正在提高的情况下,年长者的不死才是一个问题。另一方面,为什么我们不可以通过大规模地降低出生率来得到同样的平衡,从而使得我们人口中相当大的一部分仍被冻结在成年时期,而新来者在数量上是如此之少,以至于没有谁会缺乏资源?当代社会在某种程度上就是这样做的,在延长寿命的情况下寻求一种与可得到的资源相称的出生率。

这个异议并不容易反驳;因为即使它对于卢克莱修而言就像奇谈怪论,对于我们来说却很实际。我们必须在某种程度上承认,提出该异议的人是正确的:如果已经在生活的人确实提出了要继续生活下去的主张,那么尽可能延长这些生命,首先把资源投入给他们,并因此而限制出生,看来就是道德上正确的(尽管并不是没有争议)。不过,那个替代性提议(把人口几乎完全冻结起来)却提出了异议者并未予以考虑的新的道德问题。我们稍后会谈到它对被冻结的那个人自己及其生活价值所提出的问题。但是现在我们将集中于它对社群提出的问题。在顶层被冻结起来的大学教员队伍(在当今人数很多),没有为新进来的年轻人留下任何位置,因此就缺乏这样一种机构应有的价值所具备的一个关键要素。对于双方来说,它缺乏年轻人和年长者互动的价值——年长者的经验和智慧对年轻人的教育,年轻人的新思想和新方法对年长者的刺激。因此,一个没有年轻人的世界会缺乏我们当前在自己的世界中所看重的很多东西:新生者,孩子的成长和养育,将几代人凝聚起来的各种特殊的爱,年轻人的生机勃勃和精神饱满,几代人在多种类型的创造性活动中的相互刺激和激励。一个人若选择了那个被冻结起来的世界,他这样做,其实是退出了生活中很多真正美好的东西。

我们还能补充一点:这个人是寄生在她试图颠覆的那个制度上的。因为在成长到她现在建议的那个冻结点之前,她已经受益于那个旧制度,受益于父母的爱和关心,受益于教师的关怀。在选择一个不再包含这些结构的世界时,她似乎是在选择一个她在其中再也不可能成为自己现在的样子的世界。作为一个如此看重自己和自己的生活、因此试图将它冻结起来的人,她也会(否则就会陷入矛盾)看重把她的生活变成那个样子的条件,此外,我们没有理由假设一个具有类似结构和价值的生活能够以其他方式出现。既然如此,在竭力要求拒斥这种代际生活方式时,她就很有可能与自己不一致了。

于是,这个论证似乎就从妮基狄昂的异议中得以幸存下来,用它那种得到扩大和澄清、而不是受到削弱的力量幸存下来。不过,请注意,就像那个关于盛宴的论证一样,这个论证幸存下来,不是通过根除凡人的那种具有时间性的价值,而是通过确认这种价值并将其重要性展现出来。

七

我们有了一个复杂的结果。一方面,我们有了一个令人印象深刻的论证——通过诉诸更为宽广的关切,这个论证确实在某种程度上、用某些方式来治疗个人恐惧。它允许我们把一个信念作为理性信念保留下来,即:对于死去的人来说,死亡是一种价值损失。不过,它也把这个信念与其他关切相平衡。另一方面,我们有了一个进一步的论证,它对那个信念提出质疑;不过,这个论证好像不太有力,是由对必死的生活本身的愤怒激发起来的,而且与大自然的声音中所提供的那种对人间价值的描述处于紧张关系。在这首诗中,到目前为止,还没有任何论证令我们确信:死亡恐惧是非理性的,或者把死亡恐惧当作一种回应的那些价值不是真正的善。

在此紧要关头,另一个论证出现了。这是卢克莱修自己由于承诺了神一般的超然而避免提出的一个论证。不过,在以大自然的名义提出的那个关于盛宴的论证中,在他用来说明对待人间价值的糟糕态度的一些例子中,这个论证已得到了暗示。这是一个古老的论证,至少与讲述凡人如何变得不朽、不朽者与凡人如何相爱的神话和故事一样古老。这个论证就在于认真追寻如下思想:人类经验的结构,乃至人类对价值的经验感知的结构,与人类生活实际上得以展开的有限的时间结构不可分离。我们的有限性,尤其是我们必死的命运(这是我们的有限性的核心情形,而且支配着我们对其他限度的意识),是如下思想的一个构成要素:一切有价值的东西对我们来说具有它们确实具有的价值。作为用我们实际上运动的方式——从出生开始,随着时间而必然走向死亡——来运动的存在者,我们生活在这些约束中,从中看到我们所看到的一切,珍惜我们所珍惜的一切。我们喜爱和珍惜的活动,一般来说,对于一个像神一样、无限制的存在者来说是不可得到的。我已经论证说,友谊、爱、公正以及各种形式的有美德的活动,都是在人类时间的结构中,作为在有限时间上扩展的关系和活动,而获得其要旨和价值。我用这个观察来说明:死亡对这些关系和活动的突然终止,对于一直在追寻它们的人来说,为何可以被恰当地看作是悲剧性的。不过,我们现在可以把这个考虑反转过来,提出这样一个建议:就我们所知,排除一切有限性,尤其是排除必死的命运,不仅不能让这些价值永恒地保存下来,反而会导致价值的枯萎。

到目前为止,这还是一个笼统的主张,需要进一步加以研究。这个主张关系到我们对价值所持有的经验概念,因此对它提出的分析也必须是经验性的,需要把人类经验的各个部分揭示出来,用它们(而不是某些所谓的先验原则)来确立如下论点:我们的价值概念其实就是我们所说的那个样子。但是这个概念也需要深刻和锐利,要深入初步的想法和日常自动反应的底层,以便把关于重要事情的更加深入的判断诱导出来。为此,我们就需要错综复杂的虚构,那些讲述不朽者和必死者故事的文学作品,然后仔细想象在他们各自的生活中,什么东西可以继续下去、什么东西不能继续下去,并借此来让我们确信必死的命运和人类价值之间的关系。在这里我要做的工作要略为简单和初步一点,即纲要性地讲述一个哲学家的故事,不过会出于我们的目的而提到一些相关的文学资料。

伯纳德·威廉斯在《马克罗普洛斯案例》一文中展开了一项相关计划。[34]雅那切克(Janacek)笔下的女英雄已经生活了三百年,但总是在四十二岁的时候就被冰冻起来。在考虑这位女英雄的生活时,威廉斯论证说,她

---

[34] Williams (1973).

最终的厌倦和冻结,她的欲望的丧失和她最终的自杀,都是试图把人类欲望延长到其自然限度之外的必然结果。这个有趣而令人信服的案例留下了一些尚无答案的问题。比如说,这个结果在多大程度上取决于一个事实即她是独自处于那种困境?她是被培养来形成凡人所特有的那些欲望吗?她的例子是否向我们提供了任何理由,让我们不要去培养(不管是在我们自己身上,还是在其他人身上)将一个不朽的存在维持下去的欲望?我将保留我对价值和好理由的强调,但同时我也会选择一个略为不同的案例,并试图正视这些忧虑。

在我看来,如果我们采取如下做法,我们就会让那些支持不朽的人得到最强的根据:我们把那个不朽的人设想为并非孤立地存在,因此差别的痛苦本身就不会破坏她的生活,进一步,我们把她设想为一直都在用那种方式生活,或者至少自童年时代就用那种方式生活,于是,期望和结果之间不和谐的偏差也不会破坏她的生活。(我们甚至可以假设她在两个方向上都是不朽的,因此她没有童年。)让我们再选择一个与脆弱有关的微小变化,在排除死亡的同时不排除痛苦以及她在体力方面所受到的其他相关限制。

事实上,荷马以及整个古希腊文化都已经做过这个思想实验:奥林匹斯山上的众神、被冻结的不朽的神人同形的成年人的故事。[35] 我们所要追问的是,在我们所珍视的美德和价值中,有多少出现在他们那不受限制的生活之中?当我们把死亡从这些类似于人类的生物身上去除时,我们已经造就了两个变化:一个关系到风险,另一个关系到时间。神永远活着,于是,对于他们所能经受的风险,就有了一个显著限制。

关于众神,我们注意到的第一件事就是:他们不可能具有我们认识到并加以尊敬的勇敢的美德。因为勇敢就在于在面对死亡和死亡风险时以某种方式行动和反应,而一个不可能冒这种风险的存在者也不可能具有这个美德——或者,就像我们在面对众神及其对待痛苦的态度时事实上所看到的那样,他们只能具有该美德的一种苍白无力的幻影。[36]

这也意味着,如果友谊、爱以及对国家的爱之中的某个构成要素就在于

---

[35] 众神确实有出生,因此只是在一个方向上是不朽的;但在很多情形中,他们的孩提时代不是神话的一个重要论题,他们被想象为宛如永恒的成年人。

[36] 不过,这一点会随着我们所认可的痛苦的分量和类型而变化。普罗米修斯的受难在某些方面是因为永久而变得更糟。

愿意为对方而放弃自己的生活,那么,对于在其经验中没有感受到必死的那些人来说,这个要素在他们那里必定也不存在——实际上对他们来说必定是神秘和晦涩的。因此,就像我们实际上在荷马那里所看到的,众神的关系稀松平淡,他们尽可以嬉戏玩乐,却缺乏一种英雄气概,而这种特性与人类的爱和友谊的更加强烈的特征形成了鲜明对比,并显然具有一种不同的价值。在两个意义上,天上并无阿喀琉斯:其一,没有把他当作一切、为了他的一切而冒险的战士;其二,没有爱他到如此地步、甘愿为他赴汤蹈火的朋友。用如此不同的方式形成的友谊不会是同样的东西,或者不会有同样的价值。

除此之外,我们开始发现,我们所珍视的很多美德都要求意识到人类身体的限度和需求,而在一个永远都不会死去的存在者那里,是不会有这样一种意识的。节制,就我们所知,是在某种类型的存在者那里对身体欲望的一种管理——对于这样一个存在者来说,某些类型的过度会导致疾病并最终带来死亡,此外,他需要与其他具有类似体质、冒着类似高风险的存在者打交道。政治正义和私人慷慨都关系到某些资源(例如食物)的配置,这些资源对于生活本身来说是必要的,而不只是对于玩耍或娱乐来说是必要的。人类对正义的思考之所以格外严肃和迫切,就是因为这样一种意识:我们所有人实际上都需要正义所分配的那些东西,因为生活本身而需要那些东西。如果这种需要被取消了,或者变得可有可无,那么分配就不重要,或者就不会用同样的方式、在同样的程度上变得重要;正义的美德因此就会变成选择性的,甚至变得毫无意义。亚里士多德正确地指出,众神就正义和契约进行争辩的想法很荒唐可笑(*EN* 1187b10-16)。我们距离那被再度引入的必朽越近(例如通过允许有可能存在永远无法忍受的痛苦或者造成严重后果的残疾),我们离人类对美德及其重要性的感受也就越近。不过,要点在于,必死的命运越远,美德也就越远。

这些变化进一步改变了个人、家庭和社会关系的结构。假若孩子没有父母也能生存和成长,公民没有城市也能生活下来,假若人们在实际生活中不能做出利他主义的牺牲,那么人类关系就会越来越多地呈现出选择性的、游戏性的特征,就像荷马在描绘众神时如此非凡地向我们表明的那样。当然,缺乏时间限制以及由此而产生的态度变化,会导致更加显著、甚至更难想象的变化。态度上的变化会涉及很多方面,例如代际关系(如果世代依然以任何形式存在的话)、出生和成长(如果仍然有的话),一切在结构和要旨上与成长、变化和过程相联系的关系。我们不可能假设,妮基狄昂在那个春天的早晨实实在在地感受到的快乐,哪怕是作为一个孤立事件,也会在一个不朽存在者的生活中被发现;因为她对大自然和其中乐趣的理解、对其有限的时间运动的理解,都是部分地来自于她的这样一种自我理解:她是用某些具体的方式与自然、与其他有限的人类存在者相联系的存在者,随着自然和其他人类存在者的运动而运动,并分享了一种类似的脆弱。我们很难想象阿波罗会像妮基狄昂那样散步遐思。

现在,只要我们回到我们针对卢克莱修对爱的治疗所提出的批评,就可以用一种更加深刻、更为一般的方式看到这个问题。卢克莱修对于"经过治愈"的凡人之爱的论述似乎忽略了爱欲的需求和脆弱所具有的那种深度,而这种深度本身却可以与对必死和有限的意识发生模模糊糊的联系。若没有这种联系,我们所具有的仅仅是两个自足的神之间令人愉快的性游戏,而不是让人类的性活动变得兴趣盎然的一切。

一般来说,若不提及一个基本意识,我们就无法说明用来追求很多人类活动的那种热情和热忱。那个意识就是:我们的机会是有限的,我们不可能在无限多的时间里选择那些活动。在养育一个孩子,珍惜一位爱人,履行一项要求很高的工作、思想或艺术创作的任务时,我们都在某个层次上意识到,在这些努力中,每一项努力都是由有限的时间来组织和约束的。消除这个意识肯定会以我们几乎无法想象的方式来改变这些追求及其对于我们的意义,比如说,也许让它们变得更容易、更有选择性、不需要更多的努力和奋斗以及某种勇敢和勇气。就像赫拉克利特所观察到的那样,众神在一种似是而非的方式上是有限的;因为对于我们所看到的价值和令我们高兴的美好事物,他们毫无感觉,与之隔绝。他们与妮基狄昂在那个早晨所不能忘怀的美好相隔绝,与父母和孩子的拥抱相隔绝,与在有限的人类生活的约束内做好工作的努力相隔绝。在这样一种存在中,无疑是有其他价值来源的,但其构成条件是如此迥异于我们的构成条件,以至于我们实际上无法想象它们会是什么。

我们是在从我们人类对价值的经验感受的观点来判断众神的生活。在某种意义上说,这好像是不公正的,尤其对伊壁鸠鲁不公正,因为他坚持认为我们不能依靠不加批判的直观。不过,请回想一下我们试图表明的东西。我们不是在试图表明一个不朽的存在不可能具有价值、美好以及内在于自身的意义。与威廉斯不同,我相信我们没有好的理由这样说;对于这样一种生活的结构和"语言",我们必然理解得很少,因而甚至无法去恰当分析那个问题。我们试图表明,在那种生活中,**我们的**价值在什么程度上不会存在;这与对我们那个总是不可能实现的愿望(拥有那种生活并以此来取代我们自己的生活)的一种治疗最为相关。它也是我们在为自己追问一个问题时可以开始用来连贯地看待价值的唯一视角:因为在追问我们自己的时候,假若我们甚至没有机会成为某种生物,或者一旦我们把自己鉴定为某种生物,我们就不再是我们自己,那么,从这样一种生物的观点来追问某种生活看起来是不是好的,就没有什么意义了。当伊壁鸠鲁要我们批判性地看待直观时,他并不要求这样一种全盘背离;要是他确实提出了这样的要求,他就不会是我们心目中那位有趣的哲学家了。而是,他要求我们更加深刻而彻底地询问我们对自己所持有的全部想法;这就是我们在反思的时候可以声称自己正在做的事情。

在华莱士·斯蒂文斯的《星期天早晨》一诗中,[37] 当女性言说者在自然界中寻求某个天堂、某种超然时,她发现天堂的传统形象其实并不包含她所喜爱的凡间美好:

> 没有预言的栖息地,
> 也没有坟墓中古老的虚构女怪。
> 没有金色的地下宝库,
> 也没有歌声悦耳的小岛,
> 那里是精灵们的家园。
> 在天堂山上那遥远的地方,
> 没有梦幻般的南方,
> 也没有愁容满面的棕榈树,
> 如四月的嫩绿那样,持续着,
> 或者就像她对被唤醒的鸟群的记忆那样,
> 持续下去,
> 或者就像她对六月和黄昏的渴望那样,
> 被燕子翅膀的完美体现所颠覆。(第四节)

她试图想象一种持续下去的价值,但自相矛盾的是,这种尝试取消了她所珍惜的那种持续:那种与短暂和运动、与她对自身之短暂的意识不可分离

---

[37] Stevens (1954).

的持续。(因为她发现奇妙无比的东西显然都表达了她对自己有限时光的意识。)她再次呼唤不朽,说道"但是在满足中,我仍然感到/对某种不朽赐福的需要"(第五节)(伊壁鸠鲁所允许的那种需求,仍然有待满足的主张)。答案立即回来了:

> 死亡是美之母亲;唯有她
> 才会满足我们的梦想
> 我们的渴望。(第五节)

最终,她在静默中听到一个声音,好像在告诉她说,真实的价值不是在这个世界之外,不是处于某个分离的精神王国中,而是在那个终止于坟墓的生活中。这首诗以对我们所生活的那个地方的一种论述作为结束,那是死亡和无常的地方,是我们发现自己所发现的一切价值的地方:

> 我们生活在太阳古老的混沌中,
> 在对白昼和黑夜的久远依赖中,
> 在孤独无援而自由的岛上,
> 那里四面环水,无法逃避。
> 鹿群在我们的山上漫游,
> 鹌鸟对我们尽情歌唱;
> 在黄昏孤独的天空中,
> 不期而至的鸽群展开翅膀,
> 向黑暗俯冲,
> 形成起伏不定的波浪。(第八节)

我们这个世界的地理是由其结束来塑造的;光面对黑暗而出现,其生命的优美运动面对不含运动的虚空而出现。

这个论证并未反对妮基狄昂对死亡的恐惧,而是告诉她:死亡恐惧是恰当的,因为它立足于关于死亡之糟糕和生活之价值的真实信念。但是,它也把死亡恐惧的正面作用向妮基狄昂提示出来:死亡恐惧恰当地表达了她对人类有限价值的构成性条件的意识。它告诉妮基狄昂不要憎恨自己的恐惧,不要把它当作逃离人类事物的一个借口,而是要把它的正当原因看作她能得到的最好可能性的一个条件。当春天带来了一系列美好、痛苦和恐惧时,只要她遵循这个论证,在拥抱喜悦的同时也就会拥抱痛苦和恐惧,因为她会看到它们之间是如何相互联系。她不会回避引发恐惧的状况,也不会试图为自己塑造一种无恐惧的生活,因为她知道恐惧是如何与她经过反思而认同的一种善观念相联系。我们必须强调,这并不意味着她会把恐惧看作一种好东西,或者不再去对抗恐惧。因为,如果死亡是一种要用镇定自若来接受的限度,它就不会成为一种设定价值的限度,即使在人类生活中它就是这样。死亡最好被称为美好事物的继母,而非母亲。她会继续害怕死亡并尽可能避免这种恐惧,她会相信这样做是理性的。这种做法的确意味着,在害怕死亡并尽可能避免这种恐惧时,她不会谴责必死的命运本身的整个状况,也不会把众神的状况想象为在价值上具有优越性。

如若她有可能发现自己会过早死去,这个论证对她就几乎无话可说。这种死亡是一件可怕的事情,是恐惧和愤怒的一个理由。当她达到在自身的历史时间中与"一种完备的生活"这个含糊的思想正常地发生联系的时刻,也就是那个包含在她对一种生活的规划中的尽管模糊、但会暗中涉及的时刻,她可能就会用不太具有负面色彩的情感来看待死亡的来临。不过,只要她仍然在进行有价值的活动,她就有理由害怕死亡。

这个论证是不完备的。因为,从根本上说,它不仅应该去分析死亡,也应该去分析其他的限度:人类在面对痛苦和疾病时的脆弱,我们对饮食的需要,我们容易受到各种偶然事件的影响,我们是作为脆弱的婴儿来到世界并因此而绝对依赖于我们身边人的爱和善意,我们在一生中都需要其他人的支持和爱。从某个方面来说,所有这一切都是我们的局限,但又都可以被合理地视为人所特有的某种价值的必要条件,也许在一些情形中具有更多的内容——它们是有价值的关系或活动的一个构成要素。这一切都是这个治疗论证的恰当且自然的延续,尽管在这里我无法进一步追究这些问题。[38]

---

[38] 这个进一步的论证对于过早死亡的问题会具有重要含义,因为我们需要深思的是,人类生活不仅是死亡的一个场所,也是意外事件的一个场所。真实生活中并不存在"正常寿命"这样的东西(除了作为一种在统计学上被人为地构造出来的东西之外)。过早死亡和意外死亡是人类生活的一个普遍事实。若不经过大量进一步的反思,我们就无法确信这个事实在什么程度上影响着人类价值的构成。如果在没有大自然的反复无常和行事不公的情况下,所有生活都延续同样长的时间,都用可以预测的方式结束,那么这看起来就像是一个好的状况,实际上是我们试图用很多方式去实现的一种状况。不过,在完全接受这个结论之前,我们还需要更深入地看看,去追究这样一个问题:如果大自然实际上在那种程度上受到了我们的控制,人类生活会是什么样子?

在以上论证以及之前关于人口的论证中,我们发现了对死亡恐惧的一种真正自然主义的治疗的基础。卢克莱修的论证含有某些自然主义要素,而这个论证就是对这些要素的恰当发展,因此基本上与卢克莱修的论证对超越性的矛盾承诺分离开来。这个论证可以声称它所做的事情就是伊壁鸠鲁声称自己想做的事情:"让必死的生活变得令人愉快,但不是通过添加无限的时间,而是通过消除对不朽的渴望。"在我看来,卢克莱修那个真正具有自然主义承诺的学生应该更喜欢这种治疗,因为它不是消除恐惧,而是用那些应当削弱恐惧之"震慑"力量的其他反思来平衡和对抗恐惧。

八

然而,这些具有平衡和缓解作用的论证并不像卢克莱修的论证那样驱除一切恐惧;卢克莱修已经论证说,只要死亡恐惧没有完全得到驱逐,它就会在人类生活中引起很多糟糕结果。于是,现在我们必须回到伊壁鸠鲁的诊断,去追问这样一个问题:如果妮基狄昂可能会选择听从我们提出的那个经过改进的治疗方案,恐惧的糟糕结果会不会出现在她的生活中?

恐惧的糟糕结果有四种类型:依赖于宗教;不能享受其他快乐(在极端的情形中会以完全憎恨生活来收场);不得要领的狂热和焦虑行为,加上身受重负的主观感受;最终,各种形式的有害且不道德的行为,旨在用金钱、权力和名声的形式来抓住一种凡间的不朽。这四个范畴密切相连。例如,宗教受到谴责,不仅因为它是错误的和非理性的,而且也因为它使我们憎恨我们的人类活动并鼓舞各种形式的不道德行为。不道德行为增加了对神灵的恐惧,因此提高了我们对宗教的依赖。狂热行为是由逃避自己的欲望促动的,因此是由一种憎恨(憎恨我们只是必死的存在)促动的,于是就与不能享受密切相关。妮基狄昂与这些交织在一起的后果将处于什么关系呢?

在卢克莱修具有说服力的分析中,对宗教的屈从与其说是由死亡恐惧本身所激发的,倒不如说它是由如下信念所激发的:死亡恐惧是一种软弱,众神之所以生活得更好,是因为他们的生活中没有这种恐惧。通过激发妮基狄昂去爱人类生活中脆弱的、属人的事物,去爱那种将她从神一般的存在之中分离出去的限度(不管这种爱是多么不稳定、多么不自在),那些经过改进的治疗论证就应当抵抗宗教转向,从而使我们可以怀着喜悦而非怨恨在我们所在的地方生活。实际上,我们甚至可以宣称,唯有这个经过改进的治疗才真正打破了宗教的束缚;卢克莱修式的治疗只是把我们移交给神性的一种新形象,只是自恨的一种新形式。妮基狄昂对整个自然的关怀应当进一步削弱来世宗教在其生活中所发挥的作用,因为她会猜想(在遵循卢克莱修对心灵和宗教提出的其他论证时)那种宗教既不符合对整体的一种真实论述,对整体的生活也没有好处。

对于恐惧与妮基狄昂的其他快乐和活动之间的关系,我们也可以提出同样的说法。既然她并未把死亡恐惧与一种软弱或糟糕的状况(一种要不惜一切代价来超越的状况)相联系,她就不会让死亡恐惧取消她在人类生活所包含的各种美好事物中所获得的乐趣。实际上,与之前不同,她现在会反思性地观察到那种乐趣和那种恐惧是如何深深地相互联系;于是,在对一个目的的焦虑寻求中,她也不会把自己的快乐抛在一边而只是去害怕。在这里,我们大概可以说,这个治疗论证比卢克莱修自己的论证做得更好,因为卢克莱修要求妮基狄昂用像神那样生活的名义去避开她以往的大多数价值、快乐和活动。(这向我们提供了一个进一步的理由,让我们明白为什么我们的批判性论证必须与价值、与欲望的结构相联系:因为唯有一个以价值为基础的捍卫才会表明,伊壁鸠鲁在妮基狄昂的生活中其实减少了多少东西。)整体的视角一般来说会加强而不是削弱妮基狄昂的快乐。当一些快乐来自对整体的损害或对整体之重要性的否定时,这个视角就会取消它们。不过,这似乎是一个好结果而不是坏结果,它会把理解世界所带来的巨大乐趣和价值添加到妮基狄昂的生活中去,而这也许是人类的生活所能得到的最大快乐之一;对于置身于这个世界之中、而不是远离它的人类生活来说,这种乐趣看来会更大。

深受重负的感受以及与此相联系的狂热活动首先是由无知、由对一个人自己及其真实条件的否定引起的。妮基狄昂接受的治疗不仅消除了这种无知,也消除了这种否定的原因,即对人之限度的憎恨。只要一个人爱自己,爱那些作为其构成要素而存在的限度,她就没有逃避自己的动机。在这里,我们又可以说,唯有那种经过改进的治疗才真正地进入问题的根源。伊壁鸠鲁允许我们憎恨自己、逃避自己。他向我们许诺了一个安全而和平的目的地;但是,这无疑只是一趟航班的终点,一片海岸,在那里一个人松了口气,看着其他那些仍然保留原状的可怜人。既然我们的论证尚未取消恐惧,反而强调这种痛苦和不安的人文价值,在妮基狄昂的生活中就仍然有着某种焦虑不安的抗争活动。她不会获得(或者不会去争取)完全的心神安宁。

不过,这种状况似乎既是好的又合乎人性,并非看上去空洞乏味。事实上,从我们的治疗方案来看,这种状况是人类生活之中一个自然且具有价值的部分。

最终,让我们看看凡人如何寻求凡间的不朽,这种寻求又如何导致了各种形式的损害和不道德。这好像就是我们要来回答的最困难的卢克莱修式控告,因为或许有人认为,通过把人类存在者限制到属于人的世界,通过向她否认伊壁鸠鲁式的超越以及宗教的超越,通过在她自己的有限性中把痛苦的感受留给她,我们其实大大增进了她采取这些有害行为的动机——而那种伊壁鸠鲁式的生活,即便并非属于人,也是有益的。

在这里我们必须再次指出,我们所提出的治疗是评价性的,不只是关系到对人类欲望的描述。它是一种更为一般的评价性研究的一部分,而这项研究包括审查金钱和权力在人类生活中的价值。因此,与那种仅限于分析欲望的论述不同,这种治疗在适当的时候可以指出:在人类对抗人之限度的各种方式中,有些方式比其他方式更好也更有价值。权力、名声和金钱的方式从审慎的角度来看最不牢靠,因为它们把人的抗争和想象的努力建立在既外在又不稳定的好东西的基础上。但是,它们在一种更加深刻的方式上也是不牢靠的:因为它们试图把一个人的生活延伸到其自身之外,所使用的工具本质上没有个人人称,因此就不适宜于表达正试图通过这些方式来设计自己的那个人的身份。它们也属于最没有评价能力的东西,因为它们把人类活动的热情倒入一个外在的东西中,而那个东西实际上只能是活动的一个手段。

此时此刻,我们注意到一件醒目的事情:在卢克莱修对上述结果的浏览中,他完全没有考虑到,在人类生活中,死亡恐惧可能也有一些好结果。首先,很明显的是,死亡恐惧有益于我们的自我保存,因为它激发了审慎和谨慎的行为(不管是对自己,还是对他人),正如感受痛苦的能力激发了避免身体伤害的行为。[39] 有可能的是,完全缺乏死亡恐惧的动物会遭难。伊壁鸠鲁会指出,只有当死亡是件坏事时自我保存才是一个好结果,但他恰恰否认死亡是件坏事。但是,我们用一种稳定的、自我保存的方式来经营自己生活的能力,似乎确实与伊壁鸠鲁(以及卢克莱修)所看重的其他目的相联

---

[39] 这是 A. Rorty(1983)的核心论点;人们已经在动物的恐惧方面做了大量工作,并得出了同样的结论,参见 Lazarus(1991),Oatley(1992),De Sousa(1987)。

系,例如形成政治社会、形成家庭和友谊的纽带,以及实际上摆脱痛苦本身——因为在自我保存方面毫无警惕的生物会更经常地受到损害,会忍受更多的痛苦。因此,我们无法明确了解的是,甚至在伊壁鸠鲁自己对善的理解中,他也可以将这个结果作为道德上无关的结果而不予理会。

更为重要的是,当卢克莱修的论证谈到人们如何尝试在此生中变得不朽,它遗漏了表现性的人类活动的很多形式,而人们已经把这些活动选择出来作为自己继续存在的载体。这就是说,他的论证遗漏了一切看来有益甚或是很好的人类活动形式,遗漏了柏拉图笔下的狄奥提玛(Diotima)在反思必死的意识是如何把一种产生价值的欲望激发起来时所描述的所有形式。[40] 它们包括:生养小孩,创作艺术作品,创造良好的政治条件和法律制度,创造思想以及科学和哲学研究——总而言之,创造世间的一切美好和价值,而后者又能把创造者自己的身份表现出来,于是,借助于她创造出来的东西,甚至在她死去后,她仍然能够以一种特别属于人的方式活在世上。这是对一种历史上发展的、属人之不朽的寻求,而伊壁鸠鲁式的行动者必须拒斥这样一种寻求,正如他拒斥了那种通过占有而变得不朽的企图。对他来说,只有在某个独一无二的时刻像神那样存在时,人才能变得不朽,而这是唯一值得考虑的不朽。而且,就像神一样,他必须"用一颗冷静的心灵来看待一切":所谓一切,包括了人的苦难,包括不公正,包括美的缺失。于是,即使不禁止他寻求自己的这种延续,他也会缺乏进行创造的其他动机,而大多数人都有这样的动机。相比较而论,妮基狄昂的恐惧和不满只要与她对属人事物的热爱和关心相结合,就会向她提供一套强有力的动机把人世间的价值创造出来。

在《阿多尼斯》(Adonais)这首诗中,在描绘死者济慈(Keats)的贡献时,雪莱(Shelley)写道,济慈通过其作品在自然界中获得延续,成为那个世界的一个不间断的部分。[41] 作为言说者的诗人怀着极大的喜悦认识到,按照这种特别合适且属于人的方式,济慈其实并未死去:

  他活着,他醒来——
  死去的是死亡本身,而不是他;

---

[40] Symposium 206C-212A,对此的相关评论见 Kosman(1976)。

[41] 当然,我不想否认这首诗也普遍地表达了一种对柏拉图式的超越的兴趣;但我并不是很清楚它对不朽的各种设想是如何联系的。

不要为阿多尼斯哀伤——年轻的黎明,
把你的泪珠全都化为壮丽,
因为你所哀悼的精灵并未离去。(第四十一节)

妮基狄昂能够回应这种喜悦;在这样做时,她会努力在自己的生活中对这个不断变化的世界做出一个类似的贡献。她的贡献无须采取伟大杰作的形式。也许仅仅通过生活在家庭和共同体中,通过热衷于这些东西,她就将自己奉献给整体,就像斯蒂文斯的诗歌中那些在自然和社会中共同生活的人们:

他们会深刻地认识到,
夏日早晨那些行将逝去之人的,
神圣友情。(第七节)

如果我们相信这就是一种与自己、与他人一道生活的好方式,那么我们就有很好的理由不去选择伊壁鸠鲁式的治疗。

关于人口的论证提高了妮基狄昂进行创造性活动的动机,因为这个论证告诉她:她应该用一种关心同类其他成员以及其他有生命之物的精神来过自己的生活。在用这种方式思考时,她就不太可能用沉默来面对死亡,因为在死之前,她想用一切最适合于自身本性的方式,把自己的一些东西给予整体、给予未来:作为一位母亲,作为一个科学家,作为一位诗人,作为一个公正的立法者。她关心他人的动机和关心自己的动机相得益彰。正如她为自己寻求在历史和自然中延续下来一样,她同时也会努力回报历史和自然。相比较而论,伊壁鸠鲁主义者尽管准备去关心整体,却过于像神而不可能具有来自死亡恐惧的创造动机,因此就不会把自己关心他人的目标派上最好的用场。

在我看来,我们还可以更进一步。现在我们完全不清楚的是,大自然的声音所敦促的那种对整体的关怀是否符合卢克莱修在其他地方所推荐的那种神一般的看待生活的视角。经过治愈的伊壁鸠鲁主义者,远远地居于尘世的烦恼之上,似乎没有理由干涉这个世界,或者并不比伊壁鸠鲁所说的神更有理由干涉这个世界;他们肯定不关心用创造性的活动来缓解其他人的苦难。同伴情谊和对自身有限性的认识,按照对众神的那种伊壁鸠鲁式论述,是为了他人而进行创造的动机,这种动机在众神的生活中是见不到的。因此不清楚的是,伊壁鸠鲁主义者能否留心大自然的声音(哪怕只是在很有限的程度上),去关心整体及其存在者,不论是在当下还是未来。

颇富启示的是,卢克莱修在谈到自己诗作的使命时提到了这两种非伊壁鸠鲁式的动机；[42] 他在第一卷中提到了同伴情谊，当时他谈到自然的维纳斯，"全部有生命的事物"的女神，把她说成是其诗作的保护人；在第一卷和第四卷中，他提到了要在人类生活中留下自己印迹的愿望，当时他说他渴望恰如其分的赞扬，这种渴望"用尖锐的酒神杖敲击我的心"（I. 922-923），导致他"从文艺女神以前从未为任何人的庙宇加冕的地方，为我自己寻求一个高贵的王冠"（I. 929-930 = IV. 4-5）。这显然不是卢克莱修在对恐惧进行攻击的时候所质问的那种对名声和权力的糟糕的爱，因为诗人异常清晰地表明，他想要的是好活动的名声，是帮助有所需求的其他人的名声。不是如此挣来的任何名声都不会满足他的欲望。但是，这种欲望仍然是一个创造性的、关心他人的目的，说来也怪，这个目的符合伊壁鸠鲁学派的一项计划，将行动者从对人类世界及其意外事件的关注中分离开来。如果这种欲望在很多方面就像是对卢克莱修用大自然的声音来提出的要求的恰当实现，那么，就像这整首诗一样，它也向我们清楚地揭示了大自然的声音和类似于神的超越（godlike transcendence）的声音之间那种张力的深度。一个对于这种超越持有郑重承诺的诗人不可能或者说不会按照那个承诺来向我们说明自己的行为，而这个事实恰好表明，要把这种超越看作对一种好的人类生活来说是充分的，有多么艰难。

---

[42] 见 Segal（1989）对这几段话以及诗人-言说者的姿态演变的敏锐讨论，在这里他发现，在作为诗人的卢克莱修和作为伊壁鸠鲁学派哲学家的卢克莱修之间有着一种深刻的张力。虽然我发现西格尔的讨论很好而且构成了进一步探究这些问题的一个必要基础，但与他相比，我更倾向于在伊壁鸠鲁主义自身之中来发现这个张力，把它理解为伊壁鸠鲁主义的两个抱负之间的张力：一方面是要把一种自然的生活给予我们，另一方面是要把一种神一样的生活给予我们。亦参见 Segal（1990）。

第七章 "用言语，不用武器"：
卢克莱修论愤怒和侵犯

（一）

如果我们来自大地，
那么正是大地，让我们厌烦，
它养育一切，我们是其中的一部分，
一种比它更低级的东西。
我们的本性就是她的本性。
我们天性就要变老，
大地也要变老，
我们与这位母亲同生共死。
她漫步在比旷野之风更宽敞，
比霜冻更寒冷的秋天，
为我们大声哭泣，
在夏天结束之际，刺伤我们的精神，
在我们的天空那毫无遮挡的空间上面，她看到
一片更无遮挡、不会弯曲的天空。

（二）

身体赤裸在太阳下，向前步行
出于温柔或忧伤，太阳缓和下来
以便让其他身体，一同前往，
让我们的幻想和计谋，成双成对，

在多方面的运动、触摸和声音中,反应灵敏
让身体在欲望中去渴望
那更加精美、更难安抚的思绪。
就这样吧。但身体在其中漫步并被欺骗的
宽敞和光亮,
从那致命、那更无遮挡的天空中倒下,
精神看到这一点,并为之悲伤。

——华莱士·史蒂文斯:《单调的剖析》

一

战斗:装备着长柄大镰刀的两轮战车,把敌人的四肢切成碎片。大腿和胳膊仍带着体温掉在地上,在血浆中颤抖。一个人未注意右胳膊正被马匹践踏,还想冲向前去。另一个人向前推进,右手已经失落。第三个人已断了腿,却企图站起来,而就在地面上,他那被砍断的腿上,脚趾仍在抽筋。从温暖的躯干被砍下的那个头,在地上仍保留那副活着的面孔。(III. 642-655)

森林:没有武装的人被野兽咬住下巴,活活儿成为它们的食物。当他看到自己的内脏被埋进活生生的坟墓,他的哀号响彻树林和山野。(V. 988-993)

床上:情人们猛烈抓住伴侣,招致痛苦。他们用嘴对着嘴,渴望弄疼令他们发狂的对象,在这个欲望的驱使下咬着柔软的嘴唇。(IV. 1079-1083)

战斗:在人类训练者的驱赶下,公牛、野猪、狮子,向着敌人冲去。一闻到热血,它们就变得狂野,不分青红皂白。一头母狮子猛地向前扑去,撕裂前进中的战士的面孔。另一头乘人不备,用弯曲的爪子从后面把他撕碎。公牛扯破战马的柔软肚腹。野猪嚼碎先前的主人,让鲜血飞溅在他们未使用的武器上。每个地方都有伤口、叫喊、战斗、恐怖和骚乱。这发生过了吗?难道他们未曾料到那场又会接踵而至的灾难?

也许应该这样说,这景象发生在某个可能世界中,而不是在这个世界中。但是,假若它发生了,那么他们这样做,不是为了赢得胜利以使敌人遭受最大痛苦和丧失信心,也不是为了损毁自己。(V.1308 及以下)[1]

在卢克莱修的诗作中,相较于恐惧和爱,愤怒作为一个主题而占据的核心地位不太明显。这部诗作中的任何一卷都没有致力于诊断或治疗这些激发侵犯的激情,也没有任何延伸的讨论。但是野蛮侵犯的景象仍充斥这部著作,反复而执着地提醒读者去注意暴力在人类生活中无所不在。这部诗作始于和源于战争中的一段喘息时间——当时维纳斯将玛尔斯的注意力从杀戮中转移出来,因此允许诗人及其学生墨密乌斯撇开罗马共和国的危机,把思想集中于哲学(I.41-43)。诗作以一场激烈争执而告终,争执的对象就是这场灾祸中的尸体(VI.1278-1296)。在整部诗作中,相较于用来描绘恐惧或悲伤的任何一种语言,卢克莱修用更加活灵活现的身体语言来描述侵犯所导致的损害对读者感官的冲击。"一切赤裸而没有武装的东西都容易服从一切有武装的东西"(V.1291-1292);这首诗痴迷于撕裂、刺穿、撕扯的景象——在这些景象中,毫无防护的柔软之物屈从于强壮而坚硬的东西的侵入。如果说用生动而令人惊恐的语言来描绘灵魂的疾病是伊壁鸠鲁式治疗论证的一个核心职能,那就没有需要予以更多关注的疾病了。人的身体是作为一种柔软而没有武装的东西呈现于读者眼前,在自然界中毫无防备,遭受多种暴力。人的灵魂,既然并非不可变化的无形实体,而是一种柔软可分的物理对象,因此本身就可以被撕裂,在其生活中毫无安全可言。但是与此同时,人是一种最危险的存在者,比任何强壮的野兽都要暴烈,可以将噩梦般的毁灭恐怖创造出来。好斗的激情从内部撕扯这种存在者的灵魂(V.45-46)(按照卢克莱修的说法,这种激情迄今为止比神话中的巨兽和自然中的野兽还要可怕得多),使之在世上横冲直撞,无论是对自己还是对他人都是一种危险。

伊壁鸠鲁式的神则高居于杀戮之上,精美且不会受到伤害,不论是感激还是愤怒都无法触及,生活在至高的和平之中。神的和平有赖于他们的绝对安全。他们既不在这个世界中,也不属于这个世界,因此所能担得起的是柔软而不是坚硬,是安详而不是好斗,是适度的慵懒而不是巧妙的算计。然

---

[1] 这些段落都很紧密,目前的引文忽略了一些材料。第二段和第三段各自在本书第六章和第七章中被引用过,最后一段在本章稍后会作更完整的引用。

而他们的状况并不属于我们。那么,有什么办法可以让人生活在和平中,保护弱者而不使用暴力,给予和接受爱和快乐而不进行侵犯,在一个不安全的世界中依然温和?

我将试着表明,这个问题对于整部《物性论》而言所具有的重要性既是深刻的又是结构上的。我将考察卢克莱修在神的状况和人的状况之间所做的对比,追问他是如何将这些形而上学观察与他对侵犯之起源的论述联系起来。侵犯性的暴力与人类的很多追求、与其他的复杂激情之间存在错综复杂的联系;因此我接下来会更严密地考察其中的两个联系——与死亡恐惧相联系的侵犯和情爱的侵犯。然后,我将考察卢克莱修在第五卷关于文明起源的著名段落中对侵犯行为和战争起源所做的论述,并以那段关于参战野兽的惊人话语作为结束。卢克莱修在那里表明,人保护身体的脆弱边界的企图,一方面如何可以导致温柔、快乐和正义,另一方面如何可以通过其他方式而导致极度的残暴和杀戮。卢克莱修宣称,罗马公民可以用来赢得一场真正胜利的唯一战争,是"用言语,不用武器"而进行的战争,是哲学反对暴力的文明战争。因此,在最后,通过密切关注卢克莱修对这个主张的论述及其诗歌体现,我将试图揭示其治疗建议。

二

在探究卢克莱修对愤怒的描绘之前,我们需要对其哲学环境有所认识。卢克莱修的论述所依据的观点(即伊壁鸠鲁式的观点)与众不同,因此他对如何治疗愤怒的论述在某些方面就偏离了斯多亚主义者和亚里士多德主义者的类似论述。不过,他的论述也具有后面两种论述的某些特点,而现代读者一开始会觉得这些特点很奇怪。出于这两个理由,我们需要仔细考察卢克莱修的论述,看看它在何种程度上与我们自己的直观不符。

人们所知道的伊壁鸠鲁关于愤怒的大多数评论,都关系到对神的描绘。但是这些简要的评论足以让我们大致了解他是如何理解这种激情及其与侵犯行为之间的联系。这个论述得到了斐罗德穆斯(Philodemus)的《论愤怒》(*On Anger*)的确认和补充,这部著作是我们了解伊壁鸠鲁情感理论的主要信息来源之一。[2]

---

[2] 参见 Annas(1992)。

伊壁鸠鲁对愤怒的分析似乎集中于愤怒和某种信念之间的联系,这种信念关系到那些可以被另一个人的能动性所损害的外在事物的价值。正如亚里士多德的分析指出,愤怒被认为与某些独特感受相联系,而在斐罗德穆斯看来,首先是与燥热感和烦躁感相联系(Philodemus, *O* VIII. 20-27);不过,愤怒的认知结构被认为更加重要,是这些感受的根据和治疗的目标。因为假若一个人并不认为可以受到损害的外在事物极为重要,他就不会相信损害在出现之时也极为重要;于是斐罗德穆斯就论证说,一个人要么根本就不愤怒,要么只会有短暂而轻微的愤怒(*O* XLII, XLIV, XLVII-XLVIII, XLIX)。因此,愤怒被认为依赖于一种暴露和软弱的状况,在这种状况下,只要一个人对世上的脆弱事物投入很多精力,他也会相应地遭受命运的逆转。愤怒在其所具有的认知基础中与另一组情感密切相关。伊壁鸠鲁和斐罗德穆斯都强调说,与愤怒最接近的是感激,因为同样的依恋在其他人采取有害行动的时候就会产生愤怒,而在他们采取有益行动的时候就会产生感激。[3]这两种激情在本质上和程度上都是伙伴(*O* XLVI):只要你有其中一种,就会有另一种;如果你的这种激情只有一点点,那么另一种激情也就只有一点点(XLVIII)。神处于自足的状况,因此既无愤怒,亦无感激(Epicurus *KD* 1)。《致希罗多德的信》(*The Letter to Herodotus*)补充说,易于愤怒和感激的倾向与恐惧和需要相联系(第77行)。

我已经谈到了愤怒。然而我的论题不仅是愤怒,也包括侵犯。事实上,按照古代人对 *orgē* 或 *ira*(愤怒)所做的所有主要分析,[4]这种激情不仅是(或者说不仅涉及)我们在考虑愤怒的时候最常想到的反应情感,也是(或者说也涉及)主动侵犯的一个要素。因为这些分析都认为,愿侵犯者遭受痛苦就是愤怒之**本质**的一个基本要素。亚里士多德按照两个信念来定义愤怒:一个是"有人受到了不公正的对待";另一个是"反击是件好事"。前者伴随着痛苦的感觉,后者伴随着快乐。在斯多亚主义者对情感的划分中,他

―――――――
[3] 在这些语境中,一些译者用"好感"(favor)这个说法来翻译"gratia"(好意,感激)这个词以及希腊语"charis"(恩惠,好意);但是这种译法没有把感激和愤怒的对称性揭示出来:这两种情感都是立足于关于外在事物之重要性的信念。

[4] 关于希腊和罗马用来表示愤怒的词汇,见斯多亚学派在 *SVF* III. 397-398 和 Cicero. *TD* 4(*SVF* 中节选了有关段落)中所做的分类。用来表示愤怒的词汇数目众多,这似乎表明希腊和罗马世界对这种激情有着强烈的兴趣;相比之下,对各种形式的恐惧或爱则没有提出类似的精细分类。

们的依据在于,有关判断是与现在相联系还是与未来相联系、有关状况是被感知为好的还是被感知为坏的;对他们来说,愤怒并不像我们可能会自然而然地假设的那样,与对当前糟糕事态的判断相联系。他们反而认为愤怒属于"善/未来"这一范畴,是对一种未来的善(要让侵犯者受到惩罚)的渴望。[5]对愤怒的伊壁鸠鲁式分析也认为,让损害者遭受痛苦的欲望就是愤怒之本质的一个基本要素。斐罗德穆斯强调说,愤怒者认为侵犯者的痛苦是件好事,甚至就其本身来说就是好的。

这些联系如何运作呢?愤怒显然并非简单地等同于一种自动的生理反应,不等于一种机械地把防卫性的反击激发起来的攻击性刺激。这些联系是在认知层面上出现的。斐罗德穆斯的论述向我们提供了如下描述。如果我相信 A 已经故意对我造成一种实质性损害,那么有这样的感受就很自然,即:让 A 受到惩罚、去遭受其行为的后果,这是好事。同样,就感激而论,两个想法会自然地相联系:其一,A 放下了手头的事情来帮助我;其二,A 会碰到好事情,这真是太好了;斐罗德穆斯似乎认为,这种意愿就是感激之本质的一部分。亚里士多德极力强调,不能形成展现出愤怒特征的意愿和计划乃是"奴性"的标志:也就是说,让别人将自己"踢来踢去",却不作任何反击,这说明他对自身的价值缺乏认识(*EN* 1126a3-8)。他把愤怒解释为某种报复性的自我肯定(self-assertion),其本身就涉及一种反击。伊壁鸠鲁(按照斐罗德穆斯的记录)似乎同意这一点,并将那个报复性的要素分析为让侵犯者遭受惩罚的意愿。

对于基督教和后基督教时代的读者来说,这些联系显得很可疑,因为我们已经如此习惯于"受到侵犯而不还手"这一想法,以至于看来一开始就会自然地假设,即使某人很愤怒,甚至是有道理地愤怒,也不必有以牙还牙的意愿。[6]但是我相信古代的分析其实与我们自己的信念相差不远,如果我们对它做进一步考察的话:如果我们所处理的实际上是愤怒,而不仅仅是

---

〔5〕 愤怒被看作一种形式的 *epithumia*(即对一种未来的善的欲求),关于这一点,见 *SVF* III.397。

〔6〕 关于一种有价值的分析以及对基督教传统的相关观察,见 Murphy and Hampton (1988)。在保留愤怒和不良愿望[ill-wishing——在这里,我们只是出于行文的方便而把这个词译为"不良愿望",正如作者马上就会明确指出的,这个词的实际含义是指"在某种意义上愿对方即愤怒的对象'不好'"——译者注]之间的概念联系这一点上,他们同意这个分析;此外,与希腊化时期的传统相一致,他们也认为真正的问题应该是"愤怒是不是对的"这一问题。他们强调说,在基督教传统中,谅解的作用恰好就在于克服愤恨以及与之相关的不良愿望,而不是在愤怒和不良愿望之间制造分裂。

"某人受到了不公正对待"这样一种认识,那么这就确实涉及一种反击侵犯者的负面愿望。不过,在能够看到这一点之前,我们需要做出一些限制。首先,重要的是要记住,为了具有我们所说的那个特点,愤怒并不需要实际上表现出来。这种分析所要求的是让对方遭受痛苦的意愿,而不是报复行为——人们可能出于很多理由而不采取报复行为。它只是主张:对某人愤怒不仅是因为他故意做了坏事而责备他,也是愿他不好。其次,被意愿的那种"不好"(ill)不一定是指死亡或身体折磨之类的极端事情,也可以指某种更加微妙的东西:法律惩罚;神在来世的惩罚;过得不好的生活,其他人从中看到此人的恶劣;因认识到自己做下坏事而遭受的痛苦;甚至可能还有那种继续当坏人的邪恶(这就是但丁对地狱的描绘的根据)。只要我们认识到不良愿望可以采取这些复杂而微妙的形式,认为某种不良愿望对愤怒来说必不可少的主张看来就更加合理了。第三,对愤怒和不良愿望的诊断,按照卢克莱修的观点,就像对死亡恐惧的诊断一样,可以是一件复杂而长期的事情。虽然卢克莱修的分析并未明确提及与愤怒有关的无意识信念(在联系死亡恐惧来分析愤怒时,这一点是例外),但是没有理由认为不可以对它加以扩展,以便更一般地将愤怒包含在内——把一种经过扩展的行为模式解释为揭示了让对方遭受痛苦的欲望,即使这个欲望对于行动者来说一开始并不是显而易见的。最终,愤怒可以出现在一场正在展开的爱的情境中,因此它的愿望可能就很难摆脱其他更加普遍的、愿对方好的愿望。

考虑到这些限制,为了评价伊壁鸠鲁学派的观念和我们自己的某些观念之间的差距并获得更好的理解,我们不妨考虑几个假定的反例,它们所针对的是伊壁鸠鲁学派的一个主张,即愤怒涉及希望损害者不好的愿望。更确切地说,我们不妨想象一下,当妮基狄昂一开始接受哲学教育、去仔细考虑伊壁鸠鲁学派的定义的时候,她会如何看待这些反例。不过,在这里,既然我们又要把她设想为生活在罗马,[7] 既然由于罗马人特有的关注,愤怒的论题似乎已经在罗马伊壁鸠鲁主义那里取得一种特殊的显著地位,[8]

---

[7] 关于卢克莱修的罗马背景以及一般而言的罗马伊壁鸠鲁主义,见 Bailey (1947) I.5 及以下,以及 Grimal (1963)。

[8] 在那不勒斯,斐罗德穆斯也是在受到罗马影响的环境中写作,尽管他的圈子迥异于卢克莱修和塞涅卡在罗马的圈子。Fillion-Lahille(1984)对于希腊化时期对愤怒的处理提出了一个全面论述。

我们现在就可以设想妮基狄昂是在用罗马的例子来衡量这个定义。

为了想象这种转变,我们就需要设想妮基狄昂是生活在这样一个世界:在那里,侵犯行为备受赞赏,军事实力和优秀指挥官的胆量就是人类的核心美德,而消极怠慢则是最可鄙的选择。在那个世界中,人之所以认为自己比野兽优越,就是因为他们努力争取胜利,在农业、航海业、军事事务等方面努力工作——总而言之,是通过那种往往具有竞争性的实业,而不是通过任何一种更加悠闲自在或具有反思性的活动。在那个世界里,卢西乌斯·喀提林(Lucius Catilina),那个毁了卢克莱修的一生而臭名昭著的人,如果说他不能被描画为英雄的话,史学家萨卢斯特(Sallust)(公元前1世纪日常道德信念的一个有价值的来源)也很难将其描绘为恶棍。喀提林的吃苦耐劳,他在"身心方面的巨大活力",他那对一切高级事物都怀有强烈攻击欲的"大胆、灵活而狡诈的心灵"(参见 Sallust Cat. 5)——他那所谓的邪恶必须具有的这些品质,对于罗马听众来说,也是把他作为一位极富魅力的人物来看待的依据。事实上,只要读读萨卢斯特的著作就会发现,他在开篇列举的日常道德观点,突然之间就被对于侵犯和军人美德的重要关切打断了。因为,在提出一个雄辩而抽象的论证来表明人应该通过寻求美德(特别是心灵的美德)以使自身有别于禽兽之后,这位史学家一刻不停地继续说道,"但是,军事事务究竟是由身体力量还是由心灵美德来加以改进,在这个问题上,人们争论已久"(1.5)。早先对美德的赞扬似乎只是为后面分析军事实力做准备。在那个世界里,英雄是将军,而不是哲学家。他们的侵犯越成功,他们就越出色。〔9〕

现在,我们想象妮基狄昂就生活在这样一个世界中,面对那个将回应性

---

〔9〕 萨卢斯特的其他英雄朱古达(Jugurtha)和马里乌斯(Marius)也是军事人物,参见 Syme(1964)。在《喀提林》(Catiline)中,萨卢斯特打算让自己与一种严格的、传统的道德判断结成同盟,以此来辩护自己的职业:见 Syme(1964)。这个目标使他成为传统价值的一个良好来源。古希腊的价值观念并非完全不同;在哲学家的圈子之外,人们也很强调公民应该成为大胆刚毅的战士:见 Winkler(1990)。不过,在哲学作者和非哲学作者那里,我们也发现了对雅典绅士的闲暇生活的强调,这表明希腊和罗马至少在着重点上有所不同。闲暇并非不活动,但是确实不会总是在参战(罗马英雄人物的一种自然状态)。卢克莱修显然认为哲学的和平价值源于希腊,而且就像后来的塞涅卡试图表明的那样,可以让对哲学的忠诚与罗马读者最深的那部分信念保持一致,即使为了实现这个目的需要修改其中很多信念。见 Glassen(1968)和 Grimal(1963)。

的愤怒情感与希望作恶者受到伤害的愿望联系起来的定义。既然她就生活在这种环境里,看来她就有可能比我们更容易接受这个定义。不过,如果她是一个聪明灵巧的哲学学生,接受这个定义也不会妨碍她去考虑反例。事实上,既然罗马人希望将愤怒作为一个军事动机来加以捍卫,他们往往也想否认愤怒具有糟糕的后果。因此,如果妮基狄昂已经对伊壁鸠鲁的观点有了足够的兴趣,因而相信伤害别人在道德上是可疑的,那么她就想知道愤怒本身是不是确实会令愤怒者希望产生某种伤害。她设想了四个案例:

案例1 她想象一个受到主人蹂躏、屈从于艰苦劳作和性服务的女奴。在她的想象中,这女人已经精神疲惫,因此不仅不会采取反抗主人的行为,甚至也不会梦想或愿望这种行为。在想到这个女人时,妮基狄昂或许会认为,其状况的一个可怕特点就在于缺乏任何自我肯定的回应。

显然,妮基狄昂在这里应该判断说,这个女奴其实并不对自己的主人感到气愤。就像亚里士多德所描述的"奴性十足"的人一样,她允许自己被"踢来踢去"。相比之下,愤怒本来就会成为自我肯定和自我防卫的一种回答。[10] 伊壁鸠鲁学派的分析认为,假若愤怒已经存在,主人会以某种方式受到惩罚的愿望也就出现了。而且,伊壁鸠鲁学派的分析也让我们看到哪里出了问题。因为看来这个女奴其实并不相信自己的身体完整性是有价值的,因此她实际上并不相信已经遭受损害的东西很有价值。正是这些信念成功地阻止了愤怒。

案例2 妮基狄昂现在设想一个在政治生活中有权有势的男人,此人习惯于夺取荣誉和财富,但他越来越苦恼,并因为自身的不安全而失去欢乐。就像柏拉图《理想国》中的僭主一样,他成为恐惧和焦虑的牺牲品,并因此而失去竞争能力,乃至最终失去行动能力。于是,在受到其他人伤害时,他不仅不再有以牙还牙的想法,反而远远躲开。最终,他憎恨自己以前赞赏有加的政治活动,憎恨自己的焦虑和恐惧,并因此而憎恨自己。如果妮基狄昂读过卢克莱修的诗作,她就会知道卢克莱修在第三卷中对这样一个人的描述:那个因不安全而心生恨意的人,最终不是去怨恨其竞争对手,而是去怨恨自己的生活。

对损害和不确定性的这种压抑反应在卢克莱修的分析中得到显著承认——不仅在我们已经提到的那些段落中,而且也在(正如我将论证的)那个关于参战野兽的奇特段落中。在这里,妮基狄昂应该说的是,这个故事中

---

[10] 也见 Murphy and Hampton (1988),特别是墨菲撰写的"谅解和怨恨"这一部分。

不仅有愤怒,也有侵犯——以一个欲望的形式表现出来,即欲求那个要负责任的人遭受痛苦——只不过这人被认为就是一个人自己,且被看作是有限的、有需求的、不安全的;侵犯也因此而转向内部。那个有政治野心的人确实意愿自己遭受痛苦——正如卢克莱修所指出的,在极端情况下,他甚至宁愿自己死去。

案例 3 妮基狄昂现在设想一个更加合乎常规的案例,在罗马人的家庭生活中肯定已经司空见惯的一个案例,正如从穆索尼乌斯·卢弗斯论述女人和哲学的著作中我们很容易看到的。[11] 这个案例可能是她的几位朋友的故事。她想象一位生活在罗马的妻子和母亲,丈夫告诉她不要去追求"高等教育"即哲学研究,因为(她丈夫说)这样做会让她分心,令她不能专心履行作为母亲和家庭管理者应承担的任务。在妮基狄昂看来,这无论如何都是一种损害,因为这个女人被剥夺了一些东西,而对于斯多亚主义者和伊壁鸠鲁主义者来说,这些东西是实现人类目的(即幸福)的必要条件。不过,我们似乎很容易设想这个女人仍爱着自己的孩子和丈夫,对他们没有形成什么不良愿望。

如果我们不去更加详尽地分析某种长期的行为和思想模式,就不能很好地理解此类案例。也许妮基狄昂会发现那个妻子并不愤怒:即便那种状况对她有所损害,她也认为这种损害无足轻重或无关紧要。实际上,尽管她可能意识到了哲学家对哲学的重要性提出的看法,她也不分享这些看法,而且始终如一地认为自己过得很好。另一方面,也许经过进一步的观察就会发现,这个女人很愤怒(也许她自己没有充分意识到这一点),并用很多方式显示了"让她不幸的人应遭报应"这一愿望。在家庭生活中,侵犯可以用很多微妙的方式表现出来,若没有一个长期的模式就很难识别,而且可以因为被爱所抵消而变得更难识别。就死亡恐惧而论,在我们能够根本上确信一个诊断之前,我们需要把行为模式、未得到说明的症状以及承认的时刻结合起来。但是,如果妮基狄昂确信那位妻子确实认识到自己受到了丈夫的有意虐待,那么去寻找这样一种侵犯(或者至少一种怀恨在心的不良意愿,而从我们的目的来说,有这种意愿就算得上侵犯)的模式就很自然了。要对如下情形提出一个说明就更不可能了:在这种情形中,我们认为那个妻子

---

[11] 见 Musonius Rufus, "That Women Too Should Do Philosophy?" ed. Hense (1905),相关讨论见本书第九章。

相信自己已经受到丈夫的自愿行动的严重损害，**而且**认为她有着与这个信念相联系的愤怒，但与此同时，我们又不认为她持有这样一个观点——要是她的丈夫因为自己的所作所为而遭受某种痛苦，那就好了。妮基狄昂很可能会推断说，愤怒的归属似乎的确取决于发现或设置某种负面愿望，尽管这种愿望可以采取很多形式，正如我们已经看到的。

案例4 妮基狄昂现在想象另一种常见的家庭愤怒：家长对行为不端的孩子生气。（她同样可以想起在相爱的配偶之间偶尔出现的局部愤怒。）在她的想象中，母亲其实爱孩子，继续爱他、希望他好，甚至在愤怒的时候也是如此。她确实心烦意乱，确实相信孩子故意冒犯了她，对这件事的确很当真。但是，她必然会用一种与她总体上希望孩子好的愿望相冲突的方式而希望孩子**受到伤害**吗？

在这里，我们必须把一些不同的可能性区分开来。首先，她希望孩子受到某种纠正性的惩罚，但实际上并不**愤怒**，这似乎完全可能；我们经常觉得，只要家长不认为孩子的不端行为对自己的重要目的构成威胁并对此做出反应，他们的气忿就不足以变成完全的愤怒。[12]这种回应往往也没有达到愤怒的地步，因为即使小孩犯了错，也不会被认为是完全故意的。[13]但是，假设真正严肃的愤怒出现了，这种愤怒涉及一种失衡感：一个人自己的目的受到了别人行动的严重威胁。在这种情况下，我们似乎就可以合理地认为，家长希望某种糟糕的事情落到孩子头上（比如说，某种受苦，约束孩子去追求自己的兴趣）。爱往往会让这个愿望变得缓和，阻止它转变为行动，或者将它转变为实施某种温和处罚的愿望，而不是一种真正的伤害。不过，在我看来，妮基狄昂似乎会认为如下想法有点道理：愤怒的愿望本身就是侵犯性的——在家长的自我认识中出现的那种真正的失衡，会产生一种本身就不平衡、可能很难控制的愿望。这就是孩子们为何会发现愤怒如此可怕：只要感知到愤怒所具有的侵犯性愿望，害怕就是对这种感知的恰当回应。这就是为什么愤怒在家庭生活中似乎总有可能成为一种危险。[14]

---

〔12〕 正如我们即将看到的，这就是塞涅卡为一般而论的处罚者推荐的态度。

〔13〕 关于小孩子在道德教育过程中的自愿行动，见 Sherman（1989）中对亚里士多德观点的研究。

〔14〕 在《尼各马可伦理学》第七卷第五章中，亚里士多德把虐待儿童视为道德缺陷的一个原因；参见 Price（1989）。

只要用这种方式来想想伊壁鸠鲁学派的定义,妮基狄昂大概就会确信:如若一个人关心侵犯性的行为在个人关系、在社会中可能采取的各种形式,那么愤怒(ira)对他来说就是一个值得忧虑的问题。罗马内战会向她提供这种关切的明显动机。愤怒完全不是一种无害的反应,而是损害的原因。在我看来,通过与妮基狄昂一道来审视这个定义,我们已经可以看到:伊壁鸠鲁学派的论述并不像我们一开始可能已经假设的那样,与我们自己对愤怒和侵犯之间的关系所具有的直观认识格格不入;对于一个十分不同、但黩武和侵略倾向比较显著的国家的公民来说,它反而适得其所。

在伊壁鸠鲁看来,治疗愤怒所造成的损害有一种方式,就是变得完全自给自足。《致希罗多德的信》告诉我们,有智慧的人会避免在他人面前陷入软弱或需要帮助的状况;这样他就可以设法避免愤怒和感激。斐罗德穆斯讲述了一个类似的故事。有智慧的人并不认为外在事物极其重要,不过有可能的是(文本并未明确指出这一点),当他(作为一位伊壁鸠鲁主义者)适当地珍视的东西(例如自己的健康或生命,或是自己的朋友)受到损害时,他偶尔会有一点短暂或轻微的愤怒。不过,大多数冒犯都会碰到一种更平静、更人道的回应。斐罗德穆斯说,有智慧的人,作为人们当中最温和、最文雅的人(*O* XLIV),会把冒犯看作冒犯者身上可以纠正的一种缺陷;而且,即使他寻求某种惩罚,他也不会认为惩罚是好的或令人愉快的,而是视之为进行纠正或改进的必要条件(*O* XLIV,参见 *DL* 10.121)。

我们可以看到,切断与外部世界的联系对于避免愤怒和侵犯来说何以可能是充分的;但我们可能也想知道这样做是否确有必要。因为,至少从以前提到的那几段描述来看,伊壁鸠鲁学派的提议好像除去了太多东西。特别是好像除去了爱护和忠诚的基本要素,而在人类生活中,那是大多数日常交往和关爱的一个主要部分,对我们来说可能格外重要。而且,在这些形式的交往和关爱中,伊壁鸠鲁自己就认为其中的一些关系极为重要——原因在于,尽管由于证据不足且表面上相互矛盾,我们很难满怀信心地把伊壁鸠鲁的观点重构出来,但是在他看来,友谊有可能不仅仅是一种主要的、工具性的善,同时也是某种目的本身。[15] 在有智慧之人的自足中,在他用来否认自己对其他人有所需求并限制自己对他们的生活有所投入的那种冷酷中,似乎有一种冷漠甚至残忍的东西。我们很难断定伊壁鸠鲁是如何解决这个问题的;不过,我们将会看到卢克莱修正视了这个问题,并就愤怒而论对属于人的目标提出了一个复杂描述。他会论述如何治疗愤怒,其目标在于获得一种以家庭和社群为基础的自足,而不是一种独居的自足,前面那种自足将培养而不是根除人与人之间相互依赖和相互需要的纽带。

三

"被赐福的不朽者自身没有烦恼,也不会让别人烦恼,因此既不会被愤怒所驱使,也不会被感激所束缚,因为这些东西都只存在于软弱中"(*KD* 1)。伊壁鸠鲁的《基本主张》第一条——学生们需要当作"四重药物"来记住和背诵的第一条格言——就这样把自足的力量与无愤怒联系起来。伊壁鸠鲁学派宗教学说的一个核心目的就是要攻击如下思想:神具有对人采取愤怒的惩罚行为的动机,或者从另一个方面来说,有感激和喜欢人的动机,民间宗教也把这些动机赋予神。神是完备的:这就是具有神性、没有限制或需要的本质所在。但是,既然神是完备的,他们对我们的世界就既没有兴趣,也无所需求。因此,我们在自己的世界中所做的一切(以及实际上在他们的世界中所发生的一切)也就不可能是狂暴的起因。愤怒是软弱的自然结果,"与得到祝福的状况不相和谐"(*LHdt* 77)。

卢克莱修继承和发展了这种描述,用神的和平来反衬我们所生活的世

---

[15] 见 Mitsis(1988a)对这些问题的广泛论述。一个特别令人烦恼的问题是文本考证问题:一些编者发现,在"每一份友谊都'因其自身而有美德(*aretē*)'"这一主张中,"因其自身而有美德"这个说法是讹误,因此就把它修订为"因其自身而值得选择(*hairetē*)"。米特西斯捍卫这种修订并很强调这句话。在我看来,这句话本身并非明显是讹误,而且,在解决一个如此重要的问题时,这种猜测也不应该占据很大分量。(此外,"因其自身"这个思想往往是用 *heneka* 加上属格来表示的,而在大多数情况下 *dia* 往往用来表示因果关系。)参见我在 Nussbaum (1991a)中的讨论,在那里我论证说,虽然这句话本身并没有解决争端,但是在西塞罗的《论目的》(*De Finibus*)中,确实有证据为米特西斯的解释提供进一步的支持。如果我们把伊壁鸠鲁所说的快乐看作未受阻碍的自然活动,支持这种解释的理由就会得到进一步加强;因为这样一来,友爱(*philia*)双方的互动本身就算得上是目的的构成要素。

界中的各种侵犯行为。在神具有的特性中,他最固执地强调的就是神不被愤怒所束缚。他要读者去反思这种自由与神的安全而充实的生活之间的关系,这些东西与他们柔和而精美的本性之间的关系。在《物性论》第一卷接近开始之处,卢克莱修祈求维纳斯让罗马在战争期间获得片刻安宁,以便允许他去撰写自己的诗作、允许墨密乌斯去关注他的诗作,此后他描述了神的本性和状况。这种并列有时被认为很刺耳,于是就有一些诗句被移除(在第二卷中被重述);[16]但是,这些诗句与罗马的困境、与诗人及其学生的处境之间的关联是很清晰的:

> 因为神必定本身就以最高的和平来享受不朽的生命,脱离我们的事务并远远离开;因为他们摆脱了一切痛苦和危险,以自身的资源而过得繁盛,对我们无所需求,因此既不受感激的束缚,亦不为愤怒所触及。(I. 44-49 = II. 646-651)

神的状况与罗马共和国的状况——因内战而贫困潦倒、濒临灭绝、四分五裂——形成了鲜明对比。于是,去追问神的和平是否有可能属于我们,哲学能否给予我们这种和平,就变得很自然了。

这部诗作对于神之本性的其他讨论强化并进一步发展了这种图景。在第二卷(第1090行及以下)中,诗人宣称伊壁鸠鲁学派的观点已经把自然从严厉苛刻、妄自尊大的主人那里解放出来。神真正地栖息于"宁静安详的和平"之中(第1093行),过着一种"平静祥和的生活"(第1094行)——他们既没有兴趣控制自然,也没有兴趣用自然来惩罚我们。完备与平静又再次发生联系,而且都与无侵犯相关。卢克莱修在其他地方告诉我们,神并非为了我们而把这个世界设计出来;这个世界的优点未必都对我们有利,其缺陷也未必都对我们有害(V.156及以下)。第六卷再次提醒对话者说,这样想象是很愚蠢的:神的"强大的力量"甚至会以这样一种方式受到攻击,以至于他们最终会"出于愤怒而寻求严厉惩罚"。他们在"平静的和平中悠闲地"生活,假设他们"把我们推向愤怒的巨浪"无异于杞人忧天(VI.71-79)。

第五卷告诉我们,神之所以安全,并不是因为他们修筑防御工事、自身坚韧或强硬:实际上,他们格外纤柔精细,以至于唯有通过心灵、而不是通过

---

[16] 见Bailey(1947)在此处的说明,在那里他批评了自己早期(Bailey [1900])删除第一卷中这几行诗的决定。也见本书第五章。

感官,我们才能认识到他们。此外,与柏拉图的理念(forms)或亚里士多德的神不同,他们是物理存在,由原子和虚空组成,是可分的,或者至少像自然界中的其他事物那样是原则上可变化的。于是,在说明他们为何不会受伤害时,就要强调让他们在自然界中得到保护的那些特点:他们那精细的物理构成(这让他们不会受到打击)及其环境所具有的安全且非侵犯性的特征。他们可能很温和,显然是因为他们并不生活在我们这个危险的世界,并不处于我们那种毫无遮挡的状况。他们的家园远离我们,实际上远离任何一种平常的世界,因为他们好像是居住在两个世界之间的空间中,那是一种与我们的环境极为不同的环境,就像他们的形体一样轻灵而精细(V. 146-155)。在那样一个世界中,他们完全摆脱了烦恼:

> 神的神性就显示出来,他们那宁静的家园,既不会受风吹雨淋,也不会被严寒所冻结而落下的茫茫大雪所损坏;反而总是被无云的天空所遮护,带着远远散开的光辉在微笑。自然还给予了一切,也没有什么东西时刻侵蚀他们那平静的心灵。(III. 18-24)

对于神的物理本性和物理环境,我们所知不多。我们不知道自然究竟把什么东西给予他们——若他们要求供给的话,又要求什么供给(在这里需要注意第一卷第48行至第二卷第650行对资源的强调);我们也不知道他们那可分的物理存在,若需要养育和维护的话,又是如何被养育和维护的。不过,我们必须理解,他们那精细的、非侵犯性的本性乃是与如下事实相联系的:他们生活在一个与他们的温和完全相宜的世界,尽管这样一个给予他们支持的精美世界仍然是物理性的,因此原则上容易受损,但是在那里,无论气候还是敌人都不会造成暴力威胁。

对于伊壁鸠鲁学派所说的神,我已经把以上论述建立在卢克莱修本人论述的基础上。在几个困难问题上,我尚未采纳自己的立场。[17] 神有自己的实体形式吗,抑或只是等同于作为我们的意识对象的幻象(simulacra)流?如果他们具有自己的实体形式,那么,在幻象不断剥落的情况下,他们如何充实自己?既然他们生活在两个世界之间的空间里,他们有什么资源来充

---

[17] 对这些问题有着全然不同的讨论,其中两个有代表性的是 Long and Sedley(1987)和 Rist(1972),后者对其他人的观点提出了广泛讨论。Pease(1955)很好地分析了西塞罗《论神性》(*De Natura Deorum*)的核心文本。

实自己？而在不费心思或者不行动的情况下，他们又如何保证这些资源？如果他们只是等同于作为我们的意识对象的幻象流，这种东西是什么样的存在，又具有怎样的自足？这种生活怎么被认为是一种平静的生活？现在产生了一个进一步的问题：按照后一种论述，我们要如何理解神实际上只是我们的心理构造？安东尼·朗(A. A. Long)和戴维·塞德利(David Sedley)最近大力捍卫这种观点，宣称神是人类为了表达自己对幸福和自足所持有的一种理想而构造出来的。人类强化或完善其自身存在的实际特点，而正是我们对于所知事物的这种想象性的强化，造就我们称之为"神"的那种庞大、美妙而自足的人的幻象。[18]

卢克莱修的诗作并不解决这些问题。一方面，就像西塞罗《论神性》(De Natura Deorum)中那位伊壁鸠鲁学派的对话者那样，卢克莱修笔下的诗人言说者似乎想要墨密乌斯相信，具有所描述的那些特征的神确实存在。第五卷对宗教起源的论述似乎把早期的人对神的美妙、自足和不朽的预想作为这种实在性的证据来加以认同，尽管要辨别诗人确认了这些想象的哪些特点也并非易事。另一方面，神在这部诗作中的职能首先是要把自足与和平示范出来，并破坏对和平造成威胁的宗教学说。不管怎样，在朗和塞德利的观点和其他更加通俗的观点之间所做的选择不会影响我在这里最感兴趣的那个要点：神的自足是一种取决于其特殊状况的条件。不管我们提出哪一个说法——我们是说，神之所以是自足的，其实是因为他们生活在一个不会造成威胁的家园，后者能够以某种方式让他们抵抗腐朽；还是说，早期的人不可能用神人同形同性论的形式来想象一个关于完全自足的理想，除非他们是在某些条件下想象它，而这些条件迥异于我们的世界中流行的条件——神的状况和人的状况之间的对比依然存在，这一对比之于愤怒的含义也依然存在。

那么，就对比一下我们的世界吧。卢克莱修论证说，这个世界不可能是为了我们的利益而创造出来的，因为从我们的观点来看，它有很大缺陷

---

[18] Long and Sedley(1987)，第139-149页。尽管这个观点有其吸引力，但我认为它是有问题的。它要求重视塞克斯都·恩披里柯的一段话，但我们大概不应该认为恩披里柯在这样一个问题上是可靠的权威。朗和塞德利的论点是：每个人按照自己的个人基准把一种神的形象构造出来；这个论点让他们的观点变得具有浓厚的主观主义色彩，而这是证据所不允许的，因为伊壁鸠鲁显然相信自己可以把很多广泛持有的关于神的观点当作错误的和不合适的而加以批评；他也认为，正是在神的某些特点上的显著共识为这些特点的有效性提供了证据。

(V.199)。这个世界中,有一半是高山、遍布野兽的森林以及纵横遍野的岩石、沼泽和大海,因此不适于居住(V.200-203)。在剩下那部分里,三分之二的地方对我们来说不是太冷就是太热,因此也毫无用处。除非人们辛勤开垦,否则连适于耕作的部分也都被灌木丛覆盖。即使我们真的开垦,洪水、风暴、霜冻和飓风也会让谷物变得颗粒无收(第204—217行)。还有,到处都是野兽,"对人类(genti)充满敌意",而"令人惊恐的野兽种族(genus)"却得到世界的养育,不是生活在陆地上就是生活在海洋中(第218—220行)。季节的变化带来疾病;过早的死亡时时逼近我们(第220—221行)。与此同时,地球自身也在衰老,失去了作为我们生计来源的生机与活力。在这个危险且不完善的世界里,野兽——就像这部诗作反复强调的那样(比如第五卷第39—40行、第998行及以下),它们无所不在,威胁着我们那更加虚弱的身体——却过得比我们好,因为它们天然就比我们得到了更多的保护,并不需要我们那么多的遮蔽:

> 人类婴孩,[19] 就像从凶猛的巨浪被抛出的水手,赤裸裸地躺在地上,说不出话来,而当大自然从母亲的子宫中将他分娩出来、抛入光明之岸时,他需要一切援助才会活下来。他悲哀的哭声响彻整个屋子,就仿佛这样做对于一个在生活中提前具有这种烦恼的人来说恰如其分。但是各种牲畜和野兽都成长起来,却不需要这喋喋不休的哭声,而人们也不需要用奶妈那种断断续续的温和话语来与它们说话,它们也不会寻找不同的衣服来适应季节的变化。最终,它们不需要用武器或高大的堡垒来保卫自己,因为大地本身就为它们提供了一切,大自然就是万物的匠师。(V.222-234)

换言之,这个世界就是这样的:野兽在其中过得舒服自在,多多少少生活在一种类似于神的状态,大自然为它们提供了所需的一切。神之所以不会受伤害,是因为他们雅致纤柔;野兽之所以不会受伤害,是因为它们强壮结实。大自然给野兽提供了对抗天气的装备,让它们用"狡诈、力量或机动性"(V.857)来猎取食物和相互争斗,从而维护自身。于是,尽管它们仍然会死,它们至少相对自足。尽管野兽在某种意义上是侵犯性的,尽管它们的

---

[19] "puer"这个词既可以表示男婴,也可以表示女婴。关于这一点,参见3.447和Bailey(1947)相关论述。

激烈和凶猛在其他地方被用来说明愤怒的大自然的一部分(III. 288及以下),但在某种意义上仍可以说它们缺乏完全愤怒的条件。因为在对它们的描绘中,它们既没有意识到对之造成实质性伤害的故意损毁,也不渴求处以惩罚。它们不仅在警觉性上很迟钝,事实上也不是极度贫困,因为大自然给予它们以精良装备,令其过得舒服自在。[20] 我们尽可以把它们的侵犯行为人格化,但是,只要进一步细看,就会发现那种行为看来更像是它们的自然装备的一部分,而不太像是一种经过学习获得的、复杂的认知/伦理倾向的表达。它们不会因为大自然给予好处就心存感激,也不会因为受到攻击就愤怒不已。当它们攻击我们时,它们不过是在寻求一顿饭而已。

伊壁鸠鲁和卢克莱修因此是在延续一个古老的传统,这个传统认为人在自然界中乃是处于野兽和神之间;卢克莱修也遵循这个传统,表明野兽和神彼此有着某种惊人的相似。二者都以各自的方式变得自足,既不需要社会美德,也不需要政治美德。伊壁鸠鲁笔下的神,既然在自足性上比神话中的神还要彻底,看来甚至就更加彻底地不合群。他们好像对身外之事不敏感,大概也不会相互回应;他们肯定不会同情我们的苦难。在这个方面,他们就像野兽;若考虑到环境上的这种变化,他们的柔和并非全然不像野兽的强硬。

其实,与该传统此前版本中的神相比,卢克莱修笔下的神甚至更接近于野兽,因为他们不仅在体质上不像我们,而且(从卢克莱修本人的描绘来看)好像也没有思想、言语和行动。对他们生活的刻画几乎完全是负面的。我们听说他们没有忧虑和需要、享有和平、没有恐惧、拥有完全的自足——却没有任何由此而来的活动,哪怕是精神活动。第五卷(第1161—1182行)中对早期人类梦想的论述补充了晚期伊壁鸠鲁传统所强调的几个特点:如同在西塞罗的论述中那样,神有着人的形体,巨大且迷人。卢克莱修报告说,人类把感知觉赋予(*tribuebant*,第1172行)神,因为他们看起来也会运动和说话;但是,不清楚他在什么程度上认同这个说法,在第五卷中,"*tribuo*"这个术语被用来表示无根据的外推。如下主张同样没有得到认可:神"好

---

[20] 这并不意味着某个特定的动物在一个特定场合中不可能觉察到某种痛苦或损失,因此而有某种骚动。斐罗德穆斯认为,动物至少具有与我们的某些情感相似的东西;见 *De Dis* 11. 19-20, 28-34; 13. 30-31, 34-35; 14. 7-8, 21-28, 29-30;对这一点的进一步说明,参见 Sorabji (1993)。动物好像只缺少两个东西:一是对"一种损害是有意为之"这一事实的觉察,而这种觉察对于正式的愤怒来说是本质的;二是"违法犯罪者应受惩罚"这一信念。

像在睡梦中毫不费力地做很多奇妙之事"(第1181—1182行)。在这里,肯定没有我们在斐罗德穆斯的《论神》(De Dis)中所发现的那种对神的饮食以及其他活动所做的详尽的正面论述的迹象。[21]

不管怎样,就算我们对这几行诗提出最有可能的正面解读,并用西塞罗对神的描述来加以补充,卢克莱修笔下的神显然也没有什么活动。正如西塞罗笔下的科塔(Cotta)所说:"神什么也不做,不介入任何事务,不作任何规划,以自己的智慧和美德为乐"(51)。卢克莱修没有用自己的声音来显著地强调这种智慧和美德,反而只是强调神没有恶习。显然他所说的神没有世俗行动(其中似乎包括大多数合乎伦理美德的行动)的寻常动机;在这方面,伊壁鸠鲁会同意一些更早的思想家,其中包括亚里士多德。[22] 但是,亚里士多德笔下的神是一种思想性的存在,而在柏拉图和亚里士多德看来,即使一个人没有觉察到任何不完备,或者没有任何需求的压力,思想活动也是他能够喜爱和选择的。在伊壁鸠鲁传统中就不是这样了。伊壁鸠鲁是按照哲学思考的实践目标来定义它的:哲学是通过推理和论证来保障幸福生活的技艺。这意味着,假若一个人的幸福永远都是完备的,他就没有动机追求哲学了(参见KD 11)。安全稳妥的生活也是没有哲学的生活。

总而言之,神是模范,却是用一种负面的方式成为模范。他们没有我们的狂怒、我们的弱点,但他们似乎也因此而缺乏我们发明来应对我们自身弱点的诸多技艺,其中就包括社会道德和哲学。他们在某种意义上的确反映了野兽所具有的那种自足,而且就像野兽一样缺乏愤怒的认知基础。不过,他们缺乏这种基础,是因为他们对这个世界及其事件缺乏某种投入,而这种投入在人类生活中或许是不可避免的,甚至可能是好的。我们已经受邀追问:人是否能够或应该让自己去追求神圣幸福的目标? 在人这里,完全没有愤怒是不是与其他欠缺(例如缺乏友谊、诗歌、论证)无关?

在自足的这两个领域之间,在一个可以说是为了野兽而营造出来的世界中,就生活着一种存在者,它那赤身裸体的柔弱状态把它与神的世界联系

---

[21] Rist(1972)认为伊壁鸠鲁对神的本性和活动提出了一个详尽的正面论述,因此对于卢克莱修没有提到他认同人类梦想的哪些部分、不认同哪些部分感到失望;里斯特也倾向于信任斐罗德穆斯的《论神》的部分证据,但是很多学者认为这些证据与伊壁鸠鲁原来的见解相去甚远。

[22] Aristotle EN X. 1178b10-16. 类似的观点出现在色诺芬尼(Xenophanes)那里,或许也出现在赫拉克利特那里。

起来。然而,"赤身裸体、毫无武装"的人类却生活在一个与其需要毫不相配、令其赤身裸体的状态遭受侵犯的世界。对于野兽来说完全是阳光雨露的东西,对于无保护的人类婴孩就是致命的打击。甚至出生过程也像一阵令人精疲力竭的暴风骤雨。一生下来,婴孩就发现大自然充满暴力。卢克莱修如此描述自然界的险恶面孔,就好像这些要素本身就是有意愿的侵犯者:山脉和树林"贪婪地拥有"大地;冷热"掠夺"我们的生计;大自然"通过她的力量(vi)用灌木丛来掩盖"可开垦的土地;雨、风和太阳"杀害"和"折磨"我们的谷物;这个世界"饲养和滋养"我们的敌人,即野兽。从人类的观点来看,大地就是一支充满敌意的侵略军,用其武器来围攻那个婴孩身体的脆弱边界。野兽和大自然相勾结,在它们的暴力侵犯下,没有武装的人不过就是一顿"生活餐"而已(V.991)。

人类发现自己陷入了危险,而在关于人类婴孩的那段话中,卢克莱修提到了对这种危险的两种反应:反击和社会。为了让自己获得野兽已经具有的那种安全,我们将武器、武装、城墙、堡垒之类的设施发明出来。正如我们稍后就会看到的,这些计谋都是双刃剑:在提供了某种安全的同时也增加了不安全,因此滋生未来的侵犯。然而,还有一种反应也被描绘出来:保姆的温柔,那种让弱者得到保护的同情。这两种反应肯定不是不相容的。二者好像都在自我保存(自身以及自身所有之物的延续)的合理欲望中有其根源。[23] 二者都有很多共同之处;因为保姆是通过向婴孩提供某种护甲——衣服、安全的卧室、监护者——来保护他。在任何人类社会中,这两种反应在某种程度上好像都是必要的。但在它们之间也有一些张力,因为如果一个人装备齐全、变得像野兽那样自足,他也就不太需要其他人了,也很少有温和地对待其他人的动机;保姆和婴孩之间的温和互动要求排除那种防御性的冷酷。

在这段话中,有三个进一步的要点凸现出来。首先,人并非天性就是残忍的或具有侵犯性的存在者。在卢克莱修的描述中,人类婴儿尽管软弱无力、有所需求、无比凄惨,却没有敌意。[24] 不管是在这里还是在其他地方,卢克莱修都没有试图把侵犯解释为一种本能欲望的产物;这一点与我们从

---

[23] 尽管伊壁鸠鲁与斯多亚主义者不同,并没有让自我保存的欲望成为人类婴孩的基本欲望,但他确实承认这样一个欲望,因为他认识到了一类"必要的欲望",其中就包括对生存必需品的欲望。

[24] Mitsis(1988a)提出了一个类似观点。

伊壁鸠鲁那里了解到的东西相一致。

但是,其次,我们也可以看到,侵犯的产生并不要求任何特定的糟糕的社会塑造。武器以及使用武器的欲望都是对自身所处的状况(自己的脆弱边界)的正确知觉的一种合情合理的回应。只需用一个人对自己的生活(作为一种有价值的东西)的依恋来补充这种知觉即可,而这种依恋在卢克莱修看来既是普遍的又是正当的。"无论什么东西,只要恰当地生出来,就想继续活着,只要甜美的快乐将它紧握不放"(V.177-178)。对生命价值的这种正确感知不仅是恐惧的来源,也是愤怒的来源。为了把有威胁的状况转变为引起恐惧的状况,确实就还需要补充一点东西:为了把恐惧产生出来,就必须认为损害是有意为之。这样,如果一个人在一个对之产生威胁的自然界中孤立生活,但是,对于这个世界如何运作,他并不持有任何迷信的或宗教的看法,而且该世界中也不存在任何有意的人类侵略者,那么他可能有恐惧而没有愤怒。正如我们即将看到的,"最初的人"甚至可以为了自卫而动用武器来对抗野兽,但他们好像没有愤怒,因为他们显然不认为自己受到的损害是故意的,或者不认为自己是在施以惩罚。但是,既然我们是生活在那种与神完全不同、充满危险和资源稀缺的状况,我们就会预料到:对资源和生存的竞争(因此也成为侵犯的根源)在任何人类群体那里都会出现。哲学不可能把愤怒全盘抹除,除非它也抹除这些危险,或是抹除对自身安全和其他人安全的合理担忧。

最终,我们应该注意,与卢克莱修设计的那种宇宙论相比较,在这两种回应之间存在着一个显著差别。用武器和反侵犯来回应就在于把自己变得类似野兽,去发明坚固的装甲,去模仿野兽本质上已经显示出来的那种残忍。我们可能也会说,这样一种回应,若足够成功,就可以让人拥有一种与神的生活相差无几的生活,而在那种生活中,没有什么会对人产生威胁,人也具有他所需的一切。然而,这种社会回应是野兽和神都得不到的;因为在它们所具有的那种自足的领域中,既没有对相互依赖的理解,也没有温柔和同情。这样一种可能性就被寄予了希望:通过温和的相互依赖,人就可以无愤怒地安全生活,相互请求而不是彼此动武,不是变得与野兽相似,而是变得更像生活在同一个共同体中的人。

这是一种真实的可能性吗?它依靠什么,又在多大程度上解决了我们的问题?保姆的同情是对战争和武器的一种取代,抑或只是对未来战士的准备?集体愤怒难道不也是一种可能——一种比个体愤怒更危险的可能?只有当我们已经研究了人类侵犯和凶猛的一些案例,理解了其心理结构,我们才能着手回答这些问题。

四

我已经说过,伊壁鸠鲁主义者认为愤怒和侵犯与其他激情紧密相连。卢克莱修在描绘文明的起源(这种描绘向墨密乌斯提供了一幅侵犯和社群逐渐发展的图景)之前,就已经向墨密乌斯展示了两个案例研究,所要研究的是在当时罗马世界中出现的侵犯行为。这些案例开始把侵犯的心理揭示出来,并展现了其自我繁殖的模式。第三卷中热情的爱和第四卷中对死亡的恐惧(我将把这种恐惧与第五卷中对宗教恐惧和宗教依赖的论述一并加以讨论)揭示了在我们最猛烈的欲望和行动中出现的一个共同模式,将侵犯的根源追溯到对自己身体界限之安全的担忧以及一套信念。这些信念关系到什么东西损害了身体界限、什么东西将足以保护身体界限,它们多半是错误的,而且有时候很详尽。

情人们彼此造成痛苦(IV. 1079-1083),因为他们发现自己对于对方的欲望就是痛苦的根源——是其自我之中的一道创伤或痛楚(IV. 1068, 1069, 1070)。他们的需求状况是作为一种无底洞、作为缺乏自足而被体验到的,其中还伴随着软弱(*tabescunt vulnere caeco* [他们因为看不见的伤害而变得虚弱],第 1120 行)。他们试图在性行为中来治愈创伤,或者用卢克莱修的话来说,试图灭绝让他们燃烧的火焰(第 1086—1087 行),以此来获得一种自足状况。一方面,他们用一种发狂的方式来追求这个目的,不确定自己要追求什么——疯狂地咬和抓,以此来显示他们对自己软弱的根源进行报复的愿望。另一方面,正如我已经论证的,他们被一个藏而不露、但也更加具体的目的所驱使,那就是要与他们已经捧得很高的情爱对象结合或融合,以此来战胜他们痛苦的根源。在想方设法与那具身体完全融合后,他们就不再因为对之痛苦欲求而备受折磨:于是融合的愿望好像就成为他们那更加一般的愿望(结束脆弱和软弱的愿望)的一个变种。他们狂乱地咬和抓,既是获得这个目的的一种企图,而只要他们逐渐认识到自己不会达到这个目的,也是对于对方的分离存在表示激愤的一种方式,因为这种分离存在妨碍他们去实现自己的愿望。对方自始至终都被看作自愿的侵犯者,因为她造就了欲望和需求的那种令人虚弱、甚至是可耻的伤口,并因此而损害他们想要获得的自足。欲望和激愤无休无止地相互竞赛,结果就导致了更加令人着迷的支配和惩罚计划。[25]

正如我们所说,这种漩涡并不必要;卢克莱修表明,情人们的这些目的是基于错误的信念,这些信念关系到什么东西会恢复自己的统治和自足。他暗示说,一种能够避免这些错误信念的"纯粹的快乐"是可得到的。这首诗也不时暗示说,甚至在当时的文化中,女性的性欲也不如男性的性欲具有侵犯性。[26] 这不会特别令人惊奇,因为在整部诗作中,与自我设防和自身不朽相联系的志向都是用男性的例子来阐明的,而女性——序诗中的维纳斯,第五卷中的保姆和母亲——往往是以不太有侵犯性、不太焦虑的姿态出现。于是,卢克莱修就让我们看到了避免情爱侵犯的可能性;不过,通过把情爱侵犯与根深蒂固的焦虑联系起来,他也向其对话者表明,要避免这种可能是多么不容易。

第三卷表明,类似的问题也出现在人与其自身死亡的关系中。之所以如此,又是因为:一旦人发现自己是不完备的和脆弱的,他们就会创造自我

---

[25] Godwin(1986)和 Brown(1987)都对这一点提出了很好的一般讨论。布朗令人信服地表明,在卢克莱修对情爱中的齿咬的描述中,其暴力与拉丁诗歌中对这种活动的其他说法形成显著对比——在拉丁诗歌中,这种活动往往是游戏性的,并不令人痛苦。

[26] 在讨论彼此给予的快乐时,卢克莱修用来描绘女人拥抱的语言与他此前描绘令人痛苦的拥抱所使用的语言形成含蓄对比。"在拥抱那个男人的身体时,她把他的身体紧贴着自己的身体,用热吻把他的嘴变湿,并吸吮着他的嘴唇"(IV.1193-1194),这个描述与如下描绘形成对比:"他们所找寻的,他们紧抱着,把对方的身体都弄疼了,还常常用他们的牙齿咬紧对方的口唇,使劲地狂吻"(第 1079—1181 行)。后面这段话中的"他们"是含糊的:往往被理解为描绘了异性情人彼此的行为,但同样也可以被理解为、甚至可以被更好地理解为描绘了男性追求者对自己的情人所做的事情。类似的复数主语也明显地出现在第 1121 行及以下和第 1153 行及以下,但这次很明确地指男性。在第 1121 行处(此后立即就是论述交欢的那段话),在爱中不辞辛劳的那些人必定是男性——不管怎样,他们就是这段话在总体上所要劝告的那些人。在论述交欢本身的那段话中,至少有两句话更容易被理解为主语都是指男性:第 1086—1087 行(在这里,情人们渴望在引起其欲望的那个人的**身体内**来灭绝其欲望的火焰)以及第 1107 行(在这里,交欢达到了"在女人的田地里播下种子"的地步)。第 1077 行提到的情人们(*amantum*)和第 1101 行提到的情人(*amantis*)可能都是男性。一个潜在的困难出现在"*membris collatis*"(肢体交缠在一起)(第 1105 行)这个说法中,它往往被认为指的是男女情人们用四肢**相互缠绕**;不过,它完全有可能是指每个男性追求者用四肢来缠绕其情人的四肢。也可以考虑第 1192 行及以下,在那里,卢克莱修的说话方式好像表明女性性欲的问题还没有被提出,而如果前面所说的那些急切的双方包括女人,这就显得很奇怪了。亦见 Brown(1987),他自始至终强调说,这段话是从男性的观点来写的。

保护的详尽计谋,而这些计谋被认为加固了自身的界限以抵御攻击。它们从未取得成功,因为死亡和有限性从来都没有被击败。这又会导致一种越加狂乱地保卫自我之界限的尝试,其中涉及行动者加剧自己对别人的侵犯:这接着又会打开脆弱的新形式和愤怒的新来源。

随着人们试图利用世界在他们自己与一切有可能会导致其终结的入侵之间设置屏障,卢克莱修也将一些不同的追求与死亡恐惧联系起来。一个主要的策略当然就是转向宗教,而从这首诗一开始,卢克莱修就用毫不含糊的说法把这种转向与侵犯行为联系起来。他细心地表明,愤怒而严厉的神的形象——起初是为了人的不完备性而创作出来的——如何增加了恐惧和依赖,同时可能又通过模仿而产生依菲琴尼亚的杀戮之类的残暴行为,而在这场杀戮中,祭司的命令胜过父母的爱和同情(I.80-101;参见 III.51-54,V.1194 行及以下)。宗教答应将有所需求且不完备的存在者转变为像神一样安全的存在者(V.1169-1185)。但是这种做法不仅毫无成效,反而会让人变得更加软弱,而软弱就成为削弱人的力气的一种"隐藏力量",让人自我蔑视,默从于祭司们(往往具有侵犯性)的计划(V.1233-1240)。

在这首诗中,作者也引人注目地鉴定出挡避死亡的其他两个策略:追求财富,以及追求权力和荣誉。它们被(错误地和无理性地)认为是牵制死亡的方式,因为贫困潦倒、地位低下被看作一种接近死亡的状态,相比之下,富裕和强大的人觉得自己差不多像神一样安全(III.59-69)。这些追求导致人们彼此竞争、互相侵犯。别人拥有财富这个事实本身就被视为一种损害,因为那会阻止寻求财富的人去获得他需要用来解救自己的东西。有些人"用同胞的血来为自己积累好运,贪婪地增殖自己的财富,他们是死尸的堆积者,在亲兄弟悲惨的葬礼上残酷地大笑"(III.70-72)。其他人则因为迫切怨恨有权位者而备受折磨,在野心的狭路上"不惜血本"地与他人斗争(V.1131-1132)。

在所有这些情形中,只要一个人对自己的不完备有了初步认识,他就会尝试采取保护自己免受威胁和伤害的行为。但是这种试图涉及竞争,因此就很容易导致对其他人采取愤怒的侵犯行为——那些人仅仅是因为出现在面前就会被看作威胁。进一步说,既然所寻求的设防从来都不足以把实际上所欲求的保护产生出来,行动者就对自己眼中的好东西形成了更加夸张且毫无节制的欲望,这些欲望已经因为他对拥有一些所欲之物的其他人心怀嫉恨而受到歪曲。只要一个人觉得某些人妨碍自己去实现一个本质上不可实现的计划,在这些欲望的驱使下,他立刻就想去危害、杀害、抢劫、羞辱那些人。只要一个人打算用财富和荣誉来保护自己,敌意必然就会随之而来:

> 人们想取得荣名和权位,以便他们的好运仍然能够处于稳固的基础上,他们在富贵中能够无烦恼地生活——这一切都是徒劳,因为在通过竞争来攫取最高荣誉的时候,他们也让这条道路对自己充满敌意,即便他们有了一切,那轻蔑地把他们抛到最阴暗的地狱的怨恨也会像雷电一样轰击他们,把他们从顶峰抛下来——怨恨就像闪电,往往会让最高的事物以及居于其他事物之上的一切事物燃烧殆尽。(V. 1120-1128)

这种敌意的根源就在于其计划的本质。因为他们想不惜一切代价获得安全,想要一无所求,于是就不满足于可以获得的东西,反而去谋划诡计,而诡计不仅对其他人来说很危险,也是来自其他人、来自自然界的新危险的根源。

在卢克莱修对战争的论述中,这些因素都发挥了作用。尽管这部诗处于内战期间一个短暂的和平时期,它也反复提醒读者去注意战争的现象,甚至在论证不要求这样做的时候,也再次讨论战争对柔弱人体的入侵。第三卷中有一段话描述肢体如何活生生地被装有钐刀的战车砍断,在它用来证明身体和灵魂的复合体是可分且必死的诸多证据中,这是其中的一个证据。严格地说,要完成这个论证,其实不必提到战争。然而,这首诗却用一种接近病态的方式来详述暴力的细节,迫使读者去看到愤怒所招致的损害。[27]卢克莱修的描述所展现的那种暴力,在这里,甚至更多地在他对交战中野兽的令人惊骇的论述中(后面会加以分析),攻破了对话者的心理防线,而且,就像伊壁鸠鲁式的治疗传统所呼吁的那样,向自己展现其疾病那令人惊骇的方面。

就像第三卷已经声明的,战争是为了荣誉和财产而战。它们显然也是由于一种侵犯性的和嫉妒性的狂怒(在对荣誉和财产的争夺中所产生的狂怒)而战。[28]第一卷之所以提到特洛伊战争,目的也是要让我们去

---

[27] 参见 Segal (1990)。

[28] 关于这首诗对待战争的态度,见 Segal (1986b, 1990)。

寻找战争和情爱嫉妒之间的联系。战争是要让被认为构成威胁的敌人遭受损害和痛苦,这种威胁有时是对生存和安全的威胁,更多的时候是对财富和权力的(虚假)安全的威胁。最早的人只担心抵御野兽的攻击,并不从事战争;然而,一旦人们发现了奢侈品,嫉妒和争吵也就随之出现。兽皮外套"在他们当中被撕裂,溅上了很多血迹"(V.1421)。[29]诗人评论说,在那个时代,兽皮,就像我们时代的黄金和紫袍一样,"用忧虑来磨损人类生活,用战争使之精疲力竭"(第1423—1424行)。战争被描绘为死亡恐惧的几乎不可避免的结果,与从这种恐惧中产生出来的其他抱负紧密相连。它没有限度地愈演愈烈,一开始是用最简单的武器——"双手、指甲、牙齿、石头、树林中折断的树枝"(V.1283-1284)——然后是用铜制武器和铁制武器,最终到了现代战争时期,则是使用精致复杂且令人恐怖的武器:

> 于是,可悲的不和就接二连三地产生在战争(armis)中令各个民族惧怕的东西,让战争的恐怖变得与日俱增。(V.1305-1307)

从这首诗一开始,读者就被告知,和平需要得到迫切关注,这些反思又提请读者在这首诗中去寻求一种限度的迹象或是某个停止点。诗人把战争与对限度的无知联系起来,这种无知"逐渐把生活推向深海,从深处把战争的巨浪搅动起来"(V.1434-1435)。[30]那么,这个停止点是什么呢?究竟是什么把合情合理的自我防卫行为引向残暴呢?在哪里我们才有可能在人类历史中去发现划定最后界限的位置,例如,说社会**在这里**应该合乎美德地停止下来,愤怒**在这里**能够稳定地、合乎美德地平息下来?我现在要论证的是,卢克莱修的诗作并未向我们提供这样一种稳定的停止点——防卫和合作的新技艺总是与侵犯的新刺激相联系,温和的倾向结果就变成了一种既不牢固也不稳定的成就。

---

[29] Segal(1986b)对这首诗中"血"和相关词语的用法做出了出色的讨论。

[30] 关于这种译法,也见Costa(1984)。Baily(1947)错误地认为"in altum"指的是"到一个高点",这种译法错失了包含在这几行诗中的冒险和暴露的含义,而且将不同的比喻模式混淆起来。科斯塔恰当地把伊壁鸠鲁在 Ep. Men. 128处提及的灵魂的骚动与第1289—1290行的 belli/miscebant fluctus(战争/纷扰的骚动)加以比较。

五

卢克莱修在第五卷中对文明起源的论述很像一部历史。但是,就像古代文献中很多此类论述一样,与其说它的主要职能是实际重建,倒不如说是伦理分析。通过展现一系列生活形式,并用准时间(quasi-temporal)的措辞来考察生活的一种"新的"技艺或计谋总体上产生的后果,卢克莱修的论述为对话者剖析其自身的复杂生活:向他表明哪些事情一并发生,何种简单的做法可能会带来什么代价,某种也带来重大危险的东西会产生什么好处。[31] 往往有人根据一套格外简单的问题来着手处理这个论述。比如说,它所讲述的是进步还是衰落?卢克莱修是革新论者还是尚古主义者?等等。幸运的是,最近的研究,其中包括戴维·弗利(David Furley)、戴维·康斯坦(David Konstan)以及查尔斯·西格尔(Charles Segal)的著作,[32] 已经开始纠正这种状况,认为这个论述讲的是一个复杂得多的故事,改进和衰落的要素都包含于其中而且往往具有紧密联系。在这个叙述中,侵犯的历史正好就具有这样一种复杂结构。

卢克莱修已经把愤怒与我们的柔弱联系起来,后者是我们具有的这样一种趋向:只要我们发现自己是防卫薄弱的堡垒,我们就倾向于对别人发起攻击。于是,如下说法就有了意味深长的含义:文明的历史肇始于一个以"结实"为其最突出特征的人类种族:

> 但陆地上从前的人类要结实得多,体内有着更大更结实的骨骼,在整个肉体中与强壮的肌肉相结合。这是合适的,因为他们本来就生于坚硬的大地。他们既不容易受寒热所侵蚀,也不容易受不习惯的食物或身体的病痛所伤害。太阳在天空中往来多次之后,他们仍像野兽那样过着游牧生活。(V. 925-932)

这些人就是人类;不过,卢克莱修用"从前的人类"(*illud genus humanum*)

---

[31] Sihvola(1989)对这些故事提出了一些很好的一般观察。

[32] Furley(1978);Konstan(1973);Segal(1990);亦见 Long and Sedley(1987)第125—139页;对尚古主义者/革新论者之争论的分析,见 Blundell(1986),其中包含有关文献。Sihvola(1989)对这种叙述提出了一个出色论述,其中特别提到赫西俄德和柏拉图的《普罗泰戈拉》(*Protagoras*)。

这个说法很清楚地表明，他们是一种与我们不同的人类。这些人就其强健而论就像第五卷前面部分所描述的野兽。赤身裸体的脆弱男孩，担心和保护的对象，在这里并没有出现；卢克莱修强调这种人类是从大地中被创造出来的（很像古希腊神话中被播种出来的人），这样我们就不能把他们想象为孩子，不能认为他们处于柔弱或依赖的状态。他们的自足生活在其他方面也像野兽的生活。他们从树上和地下获取食物，只在洞穴和森林的保护下入睡。他们完全没有对共同善的认识，完全没有道德，完全没有法律（V. 958-959）；他们每个人都是为自己而生活，在一种单身的自足中生活。性行为将他们结合起来，但这种结合也是动物性的，不以墨密乌斯对一个共同体未来的关切为中介，不以第四卷对健全心智和善良心胸的关切为中介，甚至不以第五卷中提到的那种对赤裸无助的孩子的关切（第五卷 962—965 行）为中介。对于第四卷的读者来说，以及一般地，对于关心婚姻、孩子和共同体的罗马读者来说，这种结实看来毫无吸引力。如果这种人类没有卢克莱修在人类之爱中所发现的一些问题，那是因为他们缺乏全部的人性。

在这些结实的人的生活中也有侵犯，但这种侵犯接近于野兽那毫不留心的侵犯，因为野兽也征服配偶并捕食猎物。尽管卢克莱修从未暗示在人类那里存在着一种独立的侵犯本能，但是早在第五卷中他就暗示，侵犯行为是一个人在认识到自己的有限状况时所具有的一种看似合理且审慎的回应，是对"死去是坏事"这一思想的回应（参见第 988—993 行，在这段话中，被活生生地吃掉的那个人哀叹自己丧失了"生活那甜美的光芒"）。男人的侵犯让毫不情愿的女人屈服，在获得性满足的同时也让人类幸存下来。邻近几行所描述的狩猎的侵犯，在获得食物的同时也用岩石和棍棒来征服危险的敌人。由于这些人结实而质朴，他们在这两个领域中的侵犯仍然很有限。他们没有用虐待成性的方式来做爱；他们没有发动战争，或者显然没有用武力来相互对抗。事实上，对于他们究竟具有多大力量，我们几乎无从着想，因此也不好说我们应不应该说他们具有愤怒，或是具有彼此强加痛苦的欲望；没有文本证据表明这些愿望和情感出现在他们那里。不过，即使在他们的生活中侵犯意识很有限，却也不值得赞扬，因为这种意识实际上与他们的粗野生活不可分离，与如下事实不可分离：他们的生活完全没有主要的伦理善和共同善。

"然后，人类（genus humanum）首次开始变得柔弱"（第 1014 行）。当人们不再能够轻而易举地忍受户外生活的严酷，固定住所、衣服和火苗就导致了一种身体上的软化(第1015—1016行)。但是,这种软化在带来新的身体需要和恐惧的同时,对于婚姻和家庭中的稳定团结也是必要的。只有在非游牧的室内生活中才能形成家庭单位。婚姻中的性关系现在削弱了男性的暴力侵犯意识;孩子被稳妥地看作属于一对特定配偶,因此他们就"很容易用讨人喜欢的样子来削弱父母的高傲性情"(第1017—1018行)。在这个时候,就可以形成一种更加一般的社会纽带,其基础就是保护弱者、中止侵犯的思想观念:

> 于是邻居们渴望就友爱达成约定,[33] 大家都同意既不要损害别人也不要受人伤害;当他们用口齿不清的叫声和手势指出应该对弱者施以同情[34]时,他们就彼此委托对方照顾孩子和女人。尽管和谐还不能完全得到,但他们基本上都严格地遵守信约。(第1019—1025行)

这段著名的话经常被当作伊壁鸠鲁学派的一个思想(正义本质上来自契约)的来源之一而得到研究。[35] 不过,我们需要在其语境中来研究它,即把它作为卢克莱修正在叙述的解析性"历史"中的一个阶段。它不是对社会当前的存在方式提出某种论述。它的功能是要表明,我们所看重的那些社会要素是如何与其他的方式相联系,而正是这些方式使得我们的生活不同于最早的人类那种野兽般的生活。我们应该用对那个早期种族的论述来对这段话进行严密解读,将其对比理解为显示了一种变化与其他变化之间的复杂关系。

照这样读解,这段话就讲述了一个极为复杂的故事。人类的这种软化,与此前所描绘的那种更坚强也更结实的生活形式相比,在某个方面实际上是一种弱化。我们已经注意到,正是出于对自身软弱的敏锐意识,愤怒的激情才产生。野兽并不报复,最早的人也不是虐待狂。于是,我们就受邀提出假设,认为这种软化已经为这些更复杂也更危险的态度打下了基础。如果

---

[33] *Amicitiem iungere*. Mitsis(19888a)论证说,"*amicities*"一词完全不同于"*amicitia*"这个词,在这里具有契约的含义而不是情感性的友爱关系的含义。在我看来,只要考察一下卢克莱修对第一变格名词的第五格的使用,就可以看出这样一种区分是不可靠的;在这首诗中,这种用法很常见,我们并未发现在意义上的系统区分。见Bailey(1947) I.74。当然,这里确有一种契约关系的含义,但它是由"*iungere*"来提供的,而不是由"*amicitiem*"来提供的。

[34] *Miserier*. 注意伊壁鸠鲁主义者认可怜悯或同情,而斯多亚主义者则对此予以全然谴责。

[35] 最近的一个研究是Mitsis(1988a)。

我们开始沿着这些路线来思考,我们就不可能不注意到,在这里,我们第一次听说人们彼此侵犯,也第一次听说侵犯的某些原因——衣着、住房、家庭关系、一夫一妻制;在卢克莱修对狂怒的基础所提出的其他论述中,这些原因都起着很大作用。(兽皮外套"在他们当中被撕裂,溅上了很多血迹"。)战争、谋杀、性虐待的必要条件开始登场了。

另一方面,这种软化充当了把某些生物产生出来的工具——很容易看出这些生物是人而不是兽,能够具有温和的关怀、敏感的爱和稳定的道德倾向。读者——特别是罗马读者(实际上也可以是任何一位读者),只要他抱着同情心来阅读第一卷中的罗马序诗或第四卷中对彼此给予的快乐以及婚姻的论述——不会没有发现对人的软化的论述很有吸引力。其实,第四卷的读者很可能会特别想到它对女性在性关系中为了彼此给予的快乐而采取的那种柔软易变的运动的描述。在这一点上,把男性同化到女性的柔软似乎是一种值得赞赏的发展。

卢克莱修以这种方式来表明的是一些复杂而令人不安的东西:温顺和狂怒的原始基础在灵魂中其实很接近;尽管这种软化使得共同生活和相互回应成为可能,但是它也引入了新的危险和暴力那潜在的新诱因。脆弱与警觉的结合,作为我们那种非兽性的人性标志,包含着这些相反回应的根源。

这个模式继续贯穿这一卷。因为有了语言(V. 1028 以下),亲切友善的承认之新维度也就变得可能,其中当然就包括哲学那种平静的、进行和解的技艺。不过,就我们所知,语言也让爱和宗教的虚假技艺乘虚而入,其中每一种技艺都是狂怒的新形式的来源之一。第四卷已经表明,爱的毁灭性形式在其传播和结构上都要归因于语言和技艺;祭司的统治及其造成严重后果的来世神话显然也是如此。接下来,狂怒是由法律和制度(值得赞扬、合乎美德的人类联系的新形式)来缓和的(V. 1145-1150)。[36] 但是,这些制度也加强了嫉恨并提高了对权力和地位的争斗。文明中的这种新的复杂性也滋生了对战争的欲望及其可能性。只有在更加稳定的条件下,发展武器显然才会成为人类的一项当务之急(第 1281 行以下):此前,人们只是用

---

[36] 关于语言,特别参见 Konstan (1973)。关于法律和政治制度如何包含一种其暴力正在将人耗尽的愤怒,见第 1145—1150 行,尤其是下面两个说法:*defessi vi colere aevum*("被暴力耗尽的人度过的时日",第 1145 行),*pertaesum vi colere aevum*("用暴力度过令人厌恶的时光",第 1150 行)。关于对这些转变的伦理评价,Furley(1978)提出了一个很好的一般研究。

第七章 "用言语,不用武器":卢克莱修论愤怒和侵犯　273

手边可以得到的东西来保护自己。

由此看来,若不付出代价,人类在一种更加温和、在某种意义上不太残忍的生活方向上就不会取得发展,在更加积极地回应其他人的主张、回应更加复杂的相互依赖的形式这一方面,也不会取得进展。因为每一种新的软化都会带来新的恐惧和依赖;每一种新的、复杂的防卫设施都会产生这样的依恋:它们让灵魂自身变得越来越焦虑,并时常通过这种焦虑使之陷入竞争性的和敌意的狂怒中。虚假宗教的根源就在于:人真实地感觉到自身是软弱的、而神却不会受到伤害(第1175—1182行)。那种糟糕的爱的根源也在于:人真实地感觉到自己在爱中特别软弱、特别依赖对方来实现自我。野兽的生活尽管不尽人意,却有某种稳定性和某种内在逻辑。更加温柔的生活更富于人性,但也深深地依赖于其他人、依赖于世界,因此好像是内在不稳定的。这种不稳定性的根源就在于每个个体仍然合理地关心自己的生命、身体完整以及免于痛苦。于是,在进入友谊、爱以及社会同情的纽带时,每个人在寻求自身安全的同时也对自身安全做出妥协。若不寻求安全,更加温柔的人就会被弄得四分五裂:"一切赤裸裸的、毫无武装的东西都很容易屈从于一切武装起来的东西"。对完整的个人安全的寻求,正如我们已经看到的,也带来了不断攀升的暴力漩涡。在这两个极端之间,就是生活在共同体中的人们那种相互保护且彼此依赖的生活——更精确地说,也可能是若干种这样的生活,这取决于我们决定引入的进一步的技艺和复杂性。但是,同样清楚的是,至少对于一个庞大的群体来说,我们不可能把这些形式的和平互动从毁灭性的形式中稳定地或永久地隔离出来。作为友爱力量的那种温柔,恰好也是恐惧的种子。

六

卢克莱修在第五卷和第六卷序诗中对个别灵魂[37]之激情的分析,进一步阐明并深化了防卫和不安全之间的联系。在这两首序诗中,他都强调说,

---

[37] 尽管我继续用"心灵"来翻译"animus",但在这里我将把"灵魂"用作一个内涵更加丰富的词,包括与思想和欲望有关的活动及其身体基础。伊壁鸠鲁并未完全把糟糕的欲望鉴定为思想;卢克莱修在这些段落中使用了诸如 pectus 和 vas 之类的好几个词,而不是使用 animus,这似乎具有意味深长的含义。

随着外部威胁的减少，灵魂本身反而有可能变得越加混乱和残忍。在这两个地方他都指出，哲学就是我们所具有的用来对抗这种暴力的唯一希望。

第五卷生动地描绘了赫丘利抵抗外部世界中的巨兽的功绩。实际上，诗人承认这些功绩已经以某些方式让大地变得更安全——但是，这些巨兽之所以到如今无论如何都不能严重伤害我们，是因为我们迄今已经在身体自卫的技艺上取得了进步。然而，这位英雄的壮举仍未涉及我们不得不面对的最危险的巨兽——不断攻击我们、从内部撕裂我们并导致互相侵犯的巨兽。这些巨兽就是灵魂的欲望，尤其是恐惧和性渴望：[38]

> 如果心胸（*pectus*）没有被净化，那么什么样的战争和危险是我们不能违背自己的意志[39]而去忍受的呢？在这种情况下，激情中有多少强烈的焦虑会撕裂一个人、令他痛苦不堪？又会有多少恐惧？狂妄自大、污秽的贪婪和贪欲、轻薄放肆，这些东西又如何呢？它们引起了多少杀戮！奢华和懒惰又如何？（V. 43-48）

人类灵魂现在被认为不仅是侵犯的根源，而且本身也是侵犯的战场和受害者。事实上，在这里，我们不可能去分辨"战斗"和"危险"究竟是在外部还是内部。欲望侵犯灵魂的意象暗示，周围那些词语指的是内部的暴力和危险；但是，既然我们也都很好地意识到外部的战争和杀戮的根源就在这里，我们就有理由认为这些词有一个双重指称。在这部诗的构思中，激情用以攻击灵魂的暴力是独具匠心地用"*scindunt*"（"切断"）这个词来表示的，暗示这种暴力本身也急剧地切断欲望和灵魂之间的界限（第 45 行）。灵魂一方面对世界敞开自己，另一方面又从世界中获得需求；这种双重特征在灵魂自身当中要求猛烈的毁灭性运动——不仅对抗世界，也反对自身，就好像灵魂因为自身处于暴露在外、有所需求的状况而实施自我惩罚。

卢克莱修暗示说，把这种欲望和恐惧滋生出来是一种形式的自恨：因为这些"巨兽"所依靠的是这样一个信念——若没有自己不能充分控制的外

---

[38] 在这里我译为"性渴望"的那个词原来是 *spurcitia*，它甚至在日常话语中也是一个贬义词，而 *amor* 则不是：*spurcitia* 往往被译为"猥亵的肉欲"或者我所说的"性渴望"。我们也许可以说，通过把 *amor* 分析为一种疾病，卢克莱修也赢得了用这个贬义名称来称呼"*amor*"的权利。

[39] *Ingratis*，参照第五卷第 15 行（见随后的讨论）。在这两段话中，这个词所强调的都是对真实自我进行约束的那些激情的外部起源。

部事物,人就没有用。类似地,卢克莱修已经把渴求不朽与自卑联系起来,甚至与自取灭亡的沮丧情绪和对生活的全盘憎恨联系起来(V. 1233-1240; III. 79-81;参见本书第六章)。在卢克莱修这里,爱的焦虑已经与类似的、尽管往往也更加软弱的回应相联系。一个人发现自己的处境极度危险,于是就渴望一个将会消除这种危险的世界,随后又发现这纯属徒劳,最终就只能恨自己就是这个样子。"怪不得人会恨自己、鄙视自己了"(V. 1238;亦参见 VI. 53, *depressosque premunt ad terram*[他们压制被降低的〈灵魂〉,直至地面])。自恨并非与对他人的仇恨和暴力不相容。其实,就像这段话所暗示的那样,二者是如此紧密相联,以至于我们无法轻易把它们区分开来。

第六卷序诗同样把我们的外在安全与我们的内在暴力和混乱相比较,并进一步暗示二者在某些方面具有因果联系。因为现在,那些被认为令雅典人获得了一种外表上的"安全生活"的东西,例如财富、荣誉、荣耀、对自己和孩子的名声感到骄傲(VI. 11-13),在这首诗中恰好也被鉴定为无边无际的欲望和侵犯的原因。卢克莱修不久就展现了这些糟糕的欲望:

> 每个人在家中仍有一颗焦虑的心(*corda*),不停地违背他们的意志(*ingratis*)来烦扰他们的生活,迫使他们在充满敌意的争吵中愤怒。他[伊壁鸠鲁]认识到:缺陷就在于容器本身;由于容器自身的缺陷,从外面被收进容器的所有东西,甚至包括好的东西,也都腐化了——他之所以这样认为,一方面是因为他看到容器是如此破漏,以至于无论如何都不能填满;另一方面是因为他认识到容器用恶臭的气味污染了进入其中的一切。(VI. 14-23)

灵魂再次成为侵犯的一个场景——不管是向内对自己侵犯,还是向外对他人侵犯,抑或二者都是,因为很难辨别开来。(在这段话之后不久,卢克莱修就用灵魂恐惧死亡的说法来提到其悲惨状况。)灵魂的侵略性骚动是由对其自身的不安全的焦虑意识引起的——这种不安全并没有因为文明把新的安全措施发明出来就变得更好,反而有可能变得更糟。卢克莱修再次表明灵魂内部的战争是如何毒害生活并使之变得面目可憎。

现在我想建议说,我们应该按照这些联系来解读关于参战野兽的那个著名的(同时也是声名狼藉的)段落。这段话差不多出现在第五卷末尾,作为对于发展战争和制造武器的一系列讨论的顶点。不过,这段话的恐怖特征以及诗人对于他自己的故事的古怪评论都使人想起:他向我们提供的不仅仅是对于在外部世界中所发生的事件的叙述,而且也是(也许在更加深刻的意义上)对灵魂自身那毫无节制、自我毁灭的暴力的描绘。这段话必须完整地加以引用:

> 他们甚至设法把公牛驱赶出来助战,试图鼓动凶猛的野猪冲向敌人。在某些情况下,还在它们前面放出勇猛的狮子并配备能够约束和控制它们的武装驯兽师和勇猛的教练——这一切都是徒劳,因为一旦那些动物由于混杂在一起的血而激动,它们就在队伍中变得狂暴,不分青红皂白,左右甩动它们那可怕的鬃毛。骑兵也不能让受惊的马匹镇静下来,不能勒转它们冲向敌人。发怒的母狮跳跃着四处冲撞,把首当其冲的人的面孔撕裂,或者在乘人不备之时,用有力的下颚和弯曲的爪子紧紧抓住他们,把他们撕裂,抛到为其伤口所征服的地上。公牛顶翻自己的主人,用脚加以践踏,并用它们的角扯破战马的身侧和肚腹,带着险恶的意图抓挠大地。野猪用尖牙杀死盟友,让他们的鲜血溅在自己尚未使用的武器上,在步兵和骑兵中激起混乱不堪的溃败。……即使有些动物被认为在家中已被充分驯服,一到了阵地上它们也会因为伤口、嘶喊、战斗、恐怖和骚乱而变野发狂。它们也不能被再次集合起来,因为各种野兽都跑散了,正如战争中现在经常看到的那样,受伤严重的大象伤了自己人后就在战场上四处逃窜。如果这就是实际上发生的事情,那么我几乎不敢让自己相信,在这场恶劣的大灾难发生之前,他们竟然没有料到并预见它会发生。你可能会说,它发生的地方是通过各种方式创造出来的各个世界中的某一个,而不是发生在任何一个确定的世界中。但是,他们想这样做,与其说是因为他们希望获胜,以便让敌人遭受痛苦并不惜损毁自己,倒不如说是因为他们对自己的力量或武装缺乏信心。(V.1308-1349)

这段话本质上很奇异,因此在卢克莱修的评注者中引起了很大惊恐。[40]贝利建议说,在这里我们确实看到了诗人精神错乱的证据;类似的故事在古代文学和历史中并不存在,这个事实肯定使得这段话看来就像是诗人独有的一场噩梦。在结束的那段话中,一系列古怪的想法也令人困惑:诗人首先怀疑所发生的事情之实情,然后开始分析双方的动机,就好像这些动

---

[40] Segal(1986b)对关键的意见提出了一个评论,其中包括参考文献和大量引证。

机确实存在似的。[41] 我的建议是，如果我们因为文本的模糊而不得不用双重方式来解读两篇序诗中的这些段落，并用同样的方式来解读这段话，那么我们就最好地理解了卢克莱修之构思的复杂性。这个恐怖故事不仅是一个关于人类在战争中如何对待彼此的故事，在更重要的意义上也是一个关于灵魂如何用自我毁灭的暴力来反对自身的故事。[42]

这段话自身的一些特点也要求这种解读，因为诗人不是把这个故事作为一个事实，而是作为一种可能性来介绍，将它置于某个不确定的可能世界中，而不是置于我们的世界中。当那些人的动机得到分析时，他们所做的事情是作为愿望而不是行为表现出来的："他们**想**这样做……"（这向我们展示了一种把可能之物和现实之物调和起来的方式：作为外部行动，这些事件着眼于最有可能的事情；作为愿望，它们可以被描述为现实的。）此外，这段话中所描述的事件用一些具体的方式与人类灵魂中的事件相联系。狮子是一种已经与人类侵犯相联系的野兽（III. 288 及以下）；野猪已被说成**就像**原始人（V. 970）。第五卷的序诗已经提请读者把侵犯的欲望视为灵魂中的巨兽，因此就把对内侵犯和对外侵犯联系起来。这一卷将用一个类似的相关说法来结束：心灵由于缺乏真正的知识，于是就"逐渐把生活推向深海，从深处把战争的巨浪搅动起来"（V. 1434-1435）——这样一场战争立刻就成为一种外部危险，同时又是灵魂中的一场暴风骤雨（参见 *LMen* 128）。用来描述狮子那"吓人的盔饰"的语言也是第二卷中用来描述人类祭师之盔饰的语言（第 632 行）。"由于混杂在一起的血而激动"（*permixta caede calentes*）这个说法在这里被重复使用，因为它已经出现在第三卷，那里对一场全是由人来参与的战争进行了描述（第 643 行）。狮子从背后撕裂其受害者的说法让人想起第三卷中的一个描述：死亡是如何偷偷接近毫无预料的人（第 959 行）。[43] 对这些野兽啃噬的描述令读者想到第四卷中情人们的相互啃咬。于是，我们好像不仅有了一个在一场可能的战争中使用野兽的可怕传说（这个传说本身就会显示人类的侵犯所能达到的那种自我挫败的幅度），而且也有了一个将人类愿望的真实结构、将渴望和恐惧的那种自

---

[41] Costa（1984）对这一点有很好的分析。

[42] Segal（1988b）简要地暗示了这条解释路线。参照《理想国》第九卷，在那里灵魂的愤怒和嗜好被比作狮子和多头怪兽。

[43] 参见 Segal（1990）。

我挫败的撕裂讲述出来的真实故事。在人对不受伤害的狂热追求中,他们不得不征用自取灭亡的工具:宗教恐惧、进行伤害的愤怒欲望、对彼此财产的强烈渴求以及对荣誉和权力的渴望。诗人推断说(尽管是在一种很合乎逻辑的意义上),既然这些侵略计谋是如此自我挫败,人们居然去选择它们就很令人费解了。它们至多只能成功地让别人遭受痛苦(在这种理解下,敌军就类似于外部世界);但是同时它们也对自我发起攻击并导致自我的毁灭。侵犯,若到了无休无止的地步,就是自我毁灭。整体只能由一种温和的倾向来维护。

七

但是,灵魂的巨兽有一个敌人,即伊壁鸠鲁哲学。在人类的复杂历史中,就愤怒而论,伊壁鸠鲁的生活是令我们的状况发生真实改善的唯一转折点。这首诗反复把伊壁鸠鲁与人性的遭遇比作一场战争——却是这样一场战争:其中的敌人就是侵略自身,武器则是那种温和乃至令人愉快的言语和论证。在卢克莱修对伊壁鸠鲁之成就的论述中,他向墨密乌斯和读者展示了英雄气概、战争和胜利的新形象,用它们来取代罗马社会所珍视的那种传统的侵略规范。

在第一卷中,卢克莱修描述了罗马在战争中的短暂休停,接下来描述另一种截然不同的战士。伊壁鸠鲁的名字未被提及,但被称为"一位希腊人"(第66行),这个说法已经在言语和武器、希腊人的讲理(*vivida vis animi*[灵魂的活力])和罗马人的威力之间引入一种对比。他敢于反对宗教、为我们谋取对大自然的一种理解。现在他回来了,就像一位凯旋的罗马英雄:[44]

> 他作为胜利者从那里[即宇宙]归来,告诉我们什么事情可能发生、什么事情不能发生,每个事物又是通过什么原则(ratio)而具有其有限的力量,有它那根深蒂固的界碑。这回轮到宗教被推翻,在脚下被压得粉碎,他用自己的胜利让我们与天地齐平。(第75—79行)

胜利和凯旋的意象用毫不含糊的措辞宣告:墨密乌斯和罗马,若要取得真正的胜利,就必须用希腊的(诗歌和)哲学技艺来取代罗马的军事威力。

---

[44] 关于这个凯旋的意象,参见 Sykes Davies (1931-1932)。

希腊是灵魂诸多糟糕技艺的源头,例如,雅典人的赚钱技艺和追求荣誉的技艺,让罗马人的灵魂对欲望充满了糟糕想象的情诗艺术,依菲琴尼亚的祭师杀戮技艺以及由此而来的罗马宗教的诸多技艺。不过,哲学也是源自希腊,和平的可能性也只能来自于此。第五卷强调伊壁鸠鲁就是真正的英雄,因为他征服了真正危险的巨兽即灵魂的欲望——用言语而不用武器(dictis, non armis)来征服它们。第六卷对伊壁鸠鲁提出类似的描述,说他把一门能够用来治愈灵魂的恐惧和愤怒的技艺给予我们。在第三卷中,卢克莱修将自己与伊壁鸠鲁的关系描绘为一种既非竞争亦非侵略性的爱("不是渴求竞争,而是出于敬爱",III.6),而在这样做时,他也替读者把对黄金的热爱替换为对伊壁鸠鲁哲学的"黄金般的教言"(aurea dicta)的热爱,因为伊壁鸠鲁的教言"战胜了心灵(animi)的恐怖"(III.16)。

在反抗愤怒和恐惧的战争中,哲学的首要任务就是让事物变得明确——让灵魂对自己的处境以及各种可能性获得一种理解。卢克莱修反复强调的一点是,唯有通过知识和自我认识(naturae species ratioque [自然之理]),才能战胜产生不和的焦虑。焦虑是灵魂的阴暗面,而哲学则是灵魂的光芒。卢克莱修显然相信,在让欲望变得更加健康的方向上,正视自己的欲望是漫长的一步。

在一些具体的领域中,这个思想继续把侵犯包含在内。关于爱的论证,正如我已经论证的,向爱者表明他的计划是徒劳无益的、它们所依据的信念是错误的,因此就为一种更富有成效的爱情关系和家庭关系扫清了道路,而在这种关系中,对方的分离存在就可以成为快乐的一个源泉。关于死亡的论证同样为无边无际的求生欲望设定了限制,令人信服地向学生表明试图获得完全的不死纯属徒劳。一般来说,说明这个世界的非目的论特征以及我们在其中的地位,令学生相信不应提出无法实现的过高要求,因为这些要求一旦受挫,就会产生新的愤怒和侵犯。这个论述也说服她不要把这个世界的损毁解释为来自神或自然的故意攻击,而是要把它们理解为本来就存在于世界之中,是其生活的自然条件,因此是努力和抵抗的机会,而不是愤怒的机会。总而言之,哲学的胜利不是通过政治行为取得的(这一点在这首诗中显得特别突出),而是每个人类灵魂在与其自身的关系中取得的——只要一个灵魂学会承认自己的仁慈和其他灵魂的仁慈。于是,颇有反讽意味的是,那种令人变得更加完整、更少地成为世界发怒之对象的恰当方式,并非是要不惜一切代价来保卫自己,而是要去理解和接受一个令人类生活必然变得脆弱和不完备的方式,因此愿意作为柔弱的身体、而不是作为武装的堡垒来生活。第五卷所说的"屈从于属人的生活"的命令,不管在卢克莱修对死亡和爱的论证中表现得多么模棱两可,仍然在总体上塑造了这首诗及其对治疗目标的设想。

  从方法上说,这种治疗转变不会很快就达到。我们可以假设,任何一位罗马的学生,为了击败灵魂的巨兽,都需要多年勤奋而有耐心的治疗。治疗开始于学生的坦白并继续由此入手,在此过程中,教师会倾听妮基狄昂对于她的生活、她的焦虑和目的、她的宗教态度、她的宇宙观以及她的爱的论述,以便了解她如何要求治疗、在什么程度上要求治疗。在她的学习过程中,我们假设,伊壁鸠鲁物理学和伦理学的反复教导会与个人分析交替出现,于是,她同时也会在每一天中提高自己对这些论证的把握,并且在与其他人的日常交往中令自己的症状和行为生动地面对这些论证。她会正视这部诗作中所包含的对愤怒的一般分析;她会学着看到同样的模式也出现在自己的生活中。(塞涅卡用几乎同样的方式在每一天结束之际审视自己,看看自己的行为是不是产生了愤怒的种子,从斯多亚学派伦理学的观点来实施自我批评。[45] 不过,在伊壁鸠鲁学派那里,我们可以想象教师会继续发挥核心作用。)与此同时,如果她生活在一个伊壁鸠鲁式的共同体中,她也会从该学派成员的日常行为、从他们那种非竞争性的友谊榜样中获取教益。对温和性情的寻求想必是一项毕生的事业,唯有通过耐心关注伊壁鸠鲁的教导、关注自己并关注朋友,才能最终获得成功。

  这种教导内部是存在张力的。我们从这几章中可以看出,在卢克莱修的伊壁鸠鲁主义中,有一种对神一般的自足的深刻依恋,而这与如下命令背道而驰,即:要接受一种有限生活的限度并合乎自然地生活。在对愤怒的处理中,这一张力也浮现出来。总的来说,卢克莱修的诗作好像力劝学生在这个领域要"屈从于属人的生活",因而要接受如下事实:她的界限是可以渗透的而非坚不可摧,她的生活是不稳定和不完备的,与神的生活并不相似。不过,我们已经看到,卢克莱修似乎把神的状况处理为人类也能适当地加以寻求的一种自足的标准。在其他地方,最典型地在第二卷序诗中(伊壁鸠鲁哲学在此被描绘为一座和平堡垒,人们可以从那里瞭望其他人的苦难,见第二卷第7—8行),他也表达了对于完全不受伤害的渴望。从某个方面来

---

[45] Seneca, *De Ira* 3.36,对这一点的评论,见本书第十一章。

说，寻求不受伤害和对接受自己作为人类而具有的限度，这二者是一致的。因为，如果一个人接受这种限度，他也就摆脱了让野心勃勃者遭受痛苦的诸多脆弱和焦虑。如果一个人生活在由学理(doctrina)构筑的堡垒中，他就不太需要像别人那样去修筑战争的堡垒。不过，在这几行诗中，我们也可以感觉到一种张力，因为仍不清楚的是，那种经过修筑的状况实际上**就是**接受一种有限的、与神不相似的生活状况。

同样的张力也出现在这首诗对友谊和正义的态度中。就像我们已经看到的，神缺乏彼此间的强烈依恋；他们既说不上公正，也说不上不公正，而仅仅是不受伤害地活着。这首诗向妮基狄昂提供了像神那样生活的希望。另一方面，也正如我们已经看到的，这首诗从开篇就提请读者去发展一系列更加广阔的依恋，例如深深地关心配偶和家庭，甚至深深地关心城邦和国家。在对家庭的爱、对诗人和墨密乌斯对于罗马的关切所做的描绘中，它有力地指出，这些依恋不只是个人安全的工具，而且作为目的本身也是有价值的。诗人和墨密乌斯分享着"甜美友谊的希望"；伊壁鸠鲁就像慈父，是诗人的爱的对象；诗人和墨密乌斯都获准满怀激情地关心罗马的未来。不仅如此，这首诗似乎还认可对弱者(*miserier*，参见第1019—1025行)的需求的怜悯或同情；这种激情是斯多亚主义者要坚决予以取消的，因为他们对于不受伤害有着更加彻底的承诺。

于是，这首诗似乎不仅要求读者摆脱贪婪的奋斗，也要求他对他人的福祉予以大量积极有力的关注。[46]在诗作对家庭生活的描绘中，它也暗示这种牢固的纽带对于发展正义的激情必不可少。与斯多亚学派的论述不同，卢克莱修的治疗并不试图从责任感本身之中把公正行为推导出来，而且好像也不是完全从对自身安全的关切中去寻求公正行为的动机，而是让公正行为依赖于爱和同情。就友谊和公民忠诚而论，事实表明，与他在论述死亡和情爱激情时的态度相比，他更愿意承认我们难逃一死的状况给我们带来的困窘。在他的论证中，有限论的方面好像在总体上胜过不朽论的方面。在这个领域，他把一个属于人而不是属于神的目标给予哲学治疗，并许诺人类最终会通过哲学治疗而战胜愤怒。

然而，这种凯旋实际上可以有多完备呢？诗人提醒我们，哲学会耐心地

---

〔46〕然而，把贪求更多的欲望加以排除的做法也(正如柏拉图在《理想国》中已经论证的)逐出了人们对不义所持有的大多数实际动机。

对人的灵魂发挥作用;但是大多数人在哲学面前畏缩不前(I.944-995)。不过,这意味着哲学家在很大程度上不得不依靠从事论证交流和形成友爱纽带的机遇。这首诗本身就处于战争期间偶然的休战时期,这个事实提醒我们:个别灵魂仍然很容易受到周围世界的侵扰。甚至那个闭关自守的伊壁鸠鲁共同体也并非全然安全;不过,卢克莱修为了墨密乌斯而努力争取一种罗马的伊壁鸠鲁主义,一种没有与这个城市割裂开来的哲学,这对他和对墨密乌斯来说都是引火烧身。难道我们不曾看到,甚至连一种好的友谊在这个意义上也来得很偶然?两个温和且没有侵略性的人物——其依恋和激情只是伊壁鸠鲁哲学所推荐的那种依恋和激情——会在罗马偶然碰到,或者在碰到后会避免灾祸,这件事发生的可能性究竟有多大?

进一步说,在面对巨兽的时候,甚至一个好的伊壁鸠鲁主义者的灵魂可能也不是万无一失,因为在一个人对自己的生命、安全以及免于痛苦的那种完全合理的关切中,侵犯的基础依然存在。这个基础现在扩大了,包括对家庭、朋友乃至对国家安全的担忧。"我们千万不要认为",诗人在第三卷中论及愤怒的时候写到,"邪恶的东西能被彻底根除干净"(第310行)。它们所留下的痕迹(*vestigia*),即使再微小,也依然存在——在这里,卢克莱修的伊壁鸠鲁主义不同于斯多亚主义,很可能与它给予世俗之善(例如身体的健康和完整、婚姻和友谊)的那种更大的重要性保持一致。那么,我们真的知道不会存在这样的环境,在那里一种攻击将把某种暴力反应煽动起来?〔47〕在敌人可以把你切成几大块的时候,赤身裸体看来形同愚昧(V.1291-1292)。对于这种反抗性的愤怒,伊壁鸠鲁主义者能够发现一种确实可靠的治疗或限制吗?

这首诗中有一些对温和的描绘,但往往都很简短,不久就被阴郁淹没。那位对婴孩轻声细语的保姆被野兽驱除,因为野兽不需要儿语。签订保护弱者的信约并往往加以遵守的邻居们,在语言、宗教和野心把他们那种富于同情心的简单生活变得复杂并予以腐化时,就消失不见了。在这首诗中,情人们在性爱活动中为了彼此给予快乐而进行的柔情拥抱,也活在连续不断的威胁下,而这种威胁恰好来自情爱的不牢靠以及随之而来的暴力。伊壁

---

〔47〕 诗人后来确实抱有某种希望:甚至愤怒的根源有朝一日也可以由哲学来消除。但是这个希望很含糊,而且没有正视这首诗中反复鉴定出来的问题,因此与其说是一种真实的可能性,倒不如说是一个遥不可及的愿望。

鸠鲁冷静地接受自然的限度并善待朋友,直到"他的生命之光熄灭"(III. 1042-1043),然而,就在他得到善终的时候,周围却是其他不太令人满意的死亡:国王、将帅(III. 1024及以下)以及无知而胆怯的群众在这场灾祸中的死亡,而且他们都是在生者为死者的尸体激烈地争吵不休的时候死去(VI. 1276-1286)。

不过,在温和的人类互动方面,也有一个持久不变的例子,从这个例子中,人们或许能够为人类灵魂谋取某种希望。这就是这部诗作本身,它向对话者和读者提供了治疗论证。我已经说过,这部诗作中的侵犯是其治疗的一部分,旨在通过一系列自我认识把读者和对话者激发起来,使他们逐渐步入哲学。一旦他们步入哲学,在诗人言说者和对话者(以及对话者和读者)之间的那种想象关系中,他们就会发现一种既不是嫉妒性的也不是自卫性的仁慈关怀——因为诗人为其发明颇费心机,并坚持认为他最终不会得到大众承认。他们会发现一种友谊,这种友谊一开始是不对称的,但最终会变成互惠的,而且会因为希望获得一种更大的平等而受到鼓舞。这种友谊没有受到竞争精神的毒害,于是,随着诗歌的语言和严格的辩论用一种在伊壁鸠鲁传统中前所未有的方式结合起来,[48] 它就可以把提供快乐和启发当作自己的目标。这首诗温柔地引导对话者的灵魂,让他从对自身疾病的认识过渡到对真理的清晰把握,在每一个阶段都显示出对其需要和快乐的深情关怀。通过利用所有这些方式,它尽可能让自己变得不同于它把墨密乌斯的注意力转移出去的那场战争:它作为现实的存在提供了一种视野来看待什么东西对个体灵魂(如果说不是对社会的话)来说也许是可能的。因为这首诗的写作,正如卢克莱修清楚地表明的,也是一种生活方式,一种深入灵魂、甚至将其梦想塑造出来的生活方式。

我们并不清楚这首诗究竟想如何结束它与墨密乌斯、与读者的治疗关系——这种不明也许是偶然的,也许是有意的。第六卷结束得很突兀:人们对死者的尸体愤怒地争吵不休,这就是最后的说法;没有对墨密乌斯所提出的最终总结,也没有要为读者传达的乐观主义或鼓励的讯息。于是,数个世纪以来,批评家们一直认为这首诗在其目前的样子上是未完成的。相比之

---

[48] 伊壁鸠鲁学派的其他诗作显然不太具有哲学意味:斐罗德穆斯的诗作与严密的哲学论证几乎没有关系。参见 Kenney (1970)。

下,最近以来人们反倒倾向于接受这首诗的阴冷而突兀的结尾。[49] 不管怎样,我们必须坚定地说,这首诗,作为一个治疗论证,是在一种不完备的条件下呈现给我们的;如果卢克莱修规划了这样的结局(在缺乏对立证据的情况下,这似乎是可能的),那它就是这样一个结尾:它把治疗论证展现为本身没有终结或者说没有幸福的结局,展现为总是会遭到恐惧和愤怒的突然入侵。当这些激情的根源仍在灵魂当中,就像它们实际上依然存在于任何珍惜自身并知道自身不完备的人类生活当中,在这种情况下,治疗任务就总是不完备的。哲学的作战不可能在纸上就结束了——假若它根本上有一个结束的话,它也只能结束于每个读者的日常生活中,结束于每天去构筑与朋友、孩子、配偶、社会的亲善关系的努力中,结束于每天去限制和控制自身欲望的警觉努力中——而且,所有这些努力最好不要被其他人的敌意所撕裂、所咬碎、所践踏。通过在一个争吵不休的场景中结束这首诗,卢克莱修就把一个庄重的警告留给读者,把"好好生活"这样一项既危险又脆弱的任务交给他们。

---

[49] 比如,参见 Clay (1983a) 和 Sagel (1990)。

第八章 怀疑论的泻药:困扰与无信念的生活

到目前为止,在描述妮基狄昂的教育时,我已经强调了伊壁鸠鲁和亚里士多德之间的差别:一个更具修正色彩,另一个更倾向于信任显像(appearances);一个利用实践理性来摆脱困扰,另一个则看重实践理性本身的内在价值;一个有可能剥夺学生自主的理智活动,另一个则强调那种自主性的价值。现在是时候强调如下这一点了:具有这些差别的同时,他们也有一些极为重要的共同特点,因为他们两人都相信人的健康要求具备很多确切的信念,包括伦理信念。亚里士多德对伦理信念的态度没有伊壁鸠鲁那么独断,比后者更开放;不过,他也觉得若没有信念就不可能过上好生活——人们对于某些信念的持有是如此深刻,以至于这些信念会成为他们自我理解的基础。他们两人都同意妮基狄昂必须用一些界定清楚的观点来经历人生,这些观点关系到世界如何运作、她在世上是怎样的人,也关系到她在追求什么。在亚里士多德的方案中,除了基本的逻辑原理(它们是一切连贯话语的基础)之外,在一个人的信念中,没有任何信念会被认为完全不可修改,尽管如此,在任何时候,妮基狄昂至少都必须坚定地持有一些信念,把它们作为对其他信念提问的一个基础。当然,在伊壁鸠鲁学园中,她最终会深深地承诺一个体系的全部,会把它看作开始闯荡生活的一个绝对必要的基础。借用卢克莱修的比喻(II.7-8),我们或许说,伊壁鸠鲁的信念结构具有一个无法攻取的堡垒的特征,而亚里士多德的信念结构更像一艘在海上航行时逐步重新组装的船。没有任何一块船板不可取代(除了刚才指出的那个例外);不过,为了防止船只沉没,任何时候都需要有足够的结构来支撑。于是,他们两人都相信,人需要历经由某种多少有点安全的结构来安置的自然界,而且,这个结构是由信念建立起来的,其中就包括关于伦理价值的信念。

一

然而,有人也许会说,任何一座堡垒的麻烦就在于它会招致攻击。任何一艘船只的麻烦就在于波浪会拍击船体(其拍击方式不会用来对待那些不坚硬的物体,例如一棵海草)。任何堡垒都不会永远无法攻取;看似最有可能不会下沉的船只最终往往会沉到海底。一般来说,当我们用人类发明来与自然竞争、想要战胜我们在运气面前的天然脆弱时,这种雄心本身就会让我们变得脆弱。什么生物能避免在暴风雨中失事呢?把生活作为自然本能来经历的生物促进了这种本能,它没有雄心勃勃的事业,没有与自然本能相对立的结构:水流中游动的鱼儿,或者不会为了开始一种虽有前景却仍有危险的生活形式就冒险离开陆地的陆生动物。什么人群能够摆脱被围攻和攻取呢?不是堡垒的建筑者,而是在自然需求的支配下灵活地寻求满足、四处放牧的游牧民族。

所有这一切都是比喻性的,但是它们揭示了如下事实:在宣称要向妮基狄昂提供一种合乎自然的生活时,伊壁鸠鲁,确实就像亚里士多德一样,已经鼓励她站在这样一条生活道路上:这生活有一种明确而固定的信念结构,并声称要通过信念来处理自然的偶然性,就此而论,它是一种与自然相对立的生活,一种挑战、反抗并避开自然事故的生活,一种不允许她就像冲动和显像所支配的那样四处灵活运动的生活。总而言之,一种教条式的生活;一种就对与错、真和假进行断言并要求她深深地在乎这些区分的生活。

然而,承诺的另一副面孔就是易受伤害。如果她很在乎对与错,那么,只要有一件在她看来很不对劲的事情发生了,她就会深感不安。如果她认同了一种关于事物究竟如何的观点,那么,要是一个令人难忘的论证挑战了她信以为真的观点,她就会在自己的整个存在中受到动摇。也许她会做得更好,去过一种更真实地合乎自然的生活——在这种生活中,信念的一种固定的对立结构根本就不发挥作用;这是一种与水中自由自在游动的鱼儿最接近的生活,只听从于本能和知觉的刺激。这是一种没有承诺的生活,是我们接下来要讨论的学派即古希腊怀疑论者希望向妮基狄昂提供的生活。

让我们把问题变得具体一点。妮基狄昂现在是一个有良好训练的伊壁鸠鲁主义者。她对这个哲学体系了如指掌,并通过多年的实践加以内化。她觉得自己摆脱了对死亡的大多数焦虑,也没有形成一种会带来压力的依恋。在生病的时候,一旦幸福地想起自己身处的共同体、自己的朋友,她就会从痛苦中转移出来。不过,就像怀疑论者大概会声称的那样,焦虑的两个残余根源糟蹋着她那无忧无虑的生活。首先,不妨考虑她与身体痛苦的遭遇。这种痛苦无法避免。当然,在某种程度上,她可以借助于快乐的思想和记忆而无视身体痛苦。但是,妮基狄昂已经掌握了一种伦理理论并对之有所承诺,该理论教导她,痛苦是一种内在的恶;而且还不只是一种内在的恶,就是唯一内在的恶。于是,除了具有生物特有的那种对痛苦的自然知觉外,她也不得不具有"糟糕的事情现在与我同在"这样一个思想。信念的这个额外要素事实上会让她的痛苦变得更加激烈。拿走那个信念,"她在信念问题上依然不受影响,只会在无法避免的事情上忍受适度的痛苦"(Sextus PH 3.235-236)。

我们再来假设她的朋友陷入痛苦。如果她没有一般的伦理信念,这件事就不可能令她感到非常苦恼——或者,只会引起一只动物因为动物特有的同感和同情而感觉到的那种苦恼。不过,既然她具有"痛苦是坏事"这个一般的理论,她就会再次具有"坏事此时就在眼前"的想法。有人声称,这个思想不可能在她那里出现而不产生焦虑。实际上,"有这样一个额外的信念比受苦本身更糟糕,正如正在接受外科手术或经受某种类似痛苦的人有时忍住了痛苦,而旁观者则因为相信一件可怕的事情正在发生就晕倒在旁"(PH 3.236-237)。

我们可以再考虑焦虑的另一个来源。妮基狄昂确信伊壁鸠鲁学说是正确的:她对此深信不疑,决定把自己的全部生活都押在这个学说的正确性上。她在按照伊壁鸠鲁有关事物究竟如何的理论来生活。现在,假设有某个人来到她面前,此人是某个对立观点的同样专注的追随者。(请注意,与第一个问题不同,目前的问题要求破除伊壁鸠鲁学派的孤立局面,或是要求假设伊壁鸠鲁学派无法在其内部认真维护一种关于信念的和谐氛围。)这个斯多亚主义者诉诸一些关于美德和理性的内在价值的残余直观(伊壁鸠鲁已经削弱但并未完全排除这些直观),对"快乐是唯一内在的善"这一伊壁鸠鲁式的观点发起有理有据的有力攻击。既然伊壁鸠鲁的观点是一种高度修正的观点,在每个伊壁鸠鲁主义者的盔甲中大概就会有一些裂痕:自童年时代就留下来,从对故事、剧院或历史的体验中得到的某种感受或图景,而通过利用这种东西,对手就能突破她的防卫。对手使用她在成长过程中就很熟悉的例子,令她回想起,(举例来说)忘我无私的勇气和坚定不移的忍耐,在作为理性灵魂(其思想支配着冲动和爱好)的一部分而展现出来的时候,是多么具有魅力。她对这个挑战毫无准备,特别是因为伊壁鸠鲁还没有鼓励她对斯多亚主义背后的动机采取同情性的理解,或者用一种不挑起论战的方式去仔细弄清支持斯多亚主义的论证。妮基狄昂发现这种同情性的描绘在直观上是如此富有魅力、这些论证是如此可靠且如此有力地相互联系,以至于她陷入了突如其来的不确定性中。这种偏差令人惊恐。两种观点看来都同样有力。哪一种实际上是正确的呢?既然她已受到鼓励要关心真理和正确性,她就要去追问哪一种观点实际上是真的?答案显然很重要。因为,如果斯多亚主义是正确的,那么她就是在过一种糟糕的生活,她的一切信念都是错误的,而这恰好是她最想避免的。然而,她找不到一种决定性的方式来解决争论,好像没有任何一个标准不是在这个方向或那个方向上存有偏见。伊壁鸠鲁要她去请教知觉;斯多亚主义者力劝她去倾听理性的声音。于是,甚至关于如何解决这一冲突的提议也陷入冲突;没有任何现成的判定方法。

现在,有件事情颇具讽刺意味地发生了,即:正是这个思想使得妮基狄昂无法继续用伊壁鸠鲁式的方式来过一种好生活。因为,既然她总想正确,她就无法摆脱焦虑和困扰。她知道自己并不是斯多亚主义者所描述的那种有美德的人;若没有多年的重新调理和再次学习,她大概也成不了这样一个人。但是,在心灵的这种苦恼困扰她的这一时刻,她也不是一位好的伊壁鸠鲁主义者。于是,无论如何她都不是在过一种美好而幸福的生活。

请注意,对于妮基狄昂来说,这个问题在很多领域中都可以出现——不仅仅是通过对其伦理信念系统所提出的一个挑战。因为伊壁鸠鲁主义是一个把很多东西糅在一起的复杂体系;于是,对其中任何一个部分的严肃挑战都会带来困扰。任何一个对立观点,无论是关于灵魂还是关于神,无论是关于物质还是关于自然现象,都会由于表达了对伊壁鸠鲁伦理学的威胁而可能引起惊慌。而且,妮基狄昂除了关心这些观点与其伦理信念的关系之外,也关心所有这些观点或至少其中一些观点。大多数人都会持有某些观点,它们关系到身体和灵魂、人究竟是什么、生与死的界限、宇宙的结构以及身体的连续性,他们是如此依恋这些观点,以至于只要这些观点受到挑战,他们就会焦虑不安。如果他们最终实际上确信不存在对某个信念的辩护,例如"结果必定来自原因"这一信念,或"物理对象即便在没有被观察的时候也持续存在",或者"时间上的相继关系是自然世界的一个真实性质",那么一切对他们来说都会变得令人不安,不再是一个无关痛痒的问题。妮基狄昂也不例外。只要她对任何一个主张的真实性不得不持有很多不同的承诺,在她那里也必定会有很多焦虑的来源。只要她的船只中有很多船板,水就可以从很多裂缝中一路渗透进来。〔1〕

我们也必须坚持认为,如果在妮基狄昂进入伊壁鸠鲁学园或某个其他哲学学园之前,对手就找到了她,那么困扰也不会给她找上麻烦。伊壁鸠鲁那种理论上的教条主义让她的问题变得尖锐,但是并没有产生她的问题。并非只有用一种特殊方式持有的信念,或者作为一种哲学理论之一部分的信念,才会让信念持有者感到焦虑。〔2〕因为甚至在妮基狄昂去追求哲学之前,对于如何生活,对于哲学家在理论上加以沉思的很多其他问题,她就已经有了某种确定观点。而且,如果她根本上就像我们大多数人一样,那么确信自己的这些观点是正确的对她来说就很重要。(要是她一点意见都没有,她也无须去投靠伊壁鸠鲁了。)甚至在没有哲学家来引导的情况下,大多数人自己也会坚定并教条地持有很多关于世界的信念。这就是说,他们认为获得真理、变得正确很重要;如果他们认为某种东西是对事物本质的正确论述,他们就会深深地依恋这种东西。这种依

---

〔1〕 关于怀疑论论证的范围,近年来已经有一场活跃的争论。Burnyeat(1980a,1984)和Frede(1979,1983)各自表达了两个对立的观点。伯恩耶特论证说,怀疑论者的目的是要把一切信念从学生的生活中排除;而弗雷德则争辩说,怀疑论者只是旨在消除一类特殊的信念,这种信念是由其内容(它们是关于理论实体以及/或者事物的真实本质的信念)以及人们持有这些信念的方式(人们教条地持有它们,就像一个人让自己依附于一个哲学立场)来限定的。在弗雷德看来,除了在某些领域之中,对于不去从事理论研究的普通人,怀疑论者几乎无话可说;伦理和宗教就是这样的领域,而按照弗雷德的说法,在这些领域中,普通人的确教条地持有自己的信念。相比较而论,伯恩耶特认为,怀疑论者用一种激进的方式来挑战普通人的生活方式,要求普通人不要对事物自身的存在方式有任何承诺。Barnes(1982b)试图调解这个争论。不过,在我看来,伯恩耶特已经成功地表明,怀疑论者是在攻击学生对一个主张的真实性的所有依恋,普通人深深地依恋很多关于事物自身之存在方式的观点——不仅在伦理和宗教中,也在很多其他领域中。

〔2〕 就人们持有日常信念的方式而论,我再次同意Burnyeat(1980a)的看法:只要一个挑战表明自身是令人信服的,大多数人就会用一种将会导致扰乱(*tarachē*)的方式来坚持自己的信念。为了使得这些信念成为怀疑论论证的目标,有这一点就足够了。Glidden(1983)第239页评论说,在这个意义上,塞克斯都的"怀疑论遵循并捍卫日常生活"的主张就变得有点不诚实:"农夫并非仅仅是出于习惯,才把收割的小麦放进屋中以免被即将来临的暴风雨淋湿,他这样做是因为天要下雨了。"

恋无须是明确的；妮基狄昂可能无法在理论上将它们明确地表达出来，甚至也许无法把它们说出来。但是，这些依恋仍会成为她的行动、选择和思想的基础；若没有它们，她就会觉得自己是在漂浮着，并在它们受到挑战的时候焦虑不安。

总而言之，怀疑论者说，伊壁鸠鲁正确地认为人类的主要疾病是一种信念方面的疾病，但他错误地认为解决方案就在于取消某些信念并更加坚定地依靠其他信念。这种疾病不是*错误*信念的疾病；信念本身就是有病的——因为信念是一种承诺，是关切、忧虑和脆弱的一种来源。

在本章中，我们将会看到，当希腊怀疑论与医学类比发生联系时，它是如何推荐这种诊断并提出一种极端疗法的：把一切认知承诺和一切信念从人类生活中予以清除。怀疑论者"既然爱自己的人类同胞，就想竭尽全力治愈教条的人们的妄想和轻率"（*PH* 3.280）。他为何想这样做、又打算如何这样做？我将首先概述塞克斯都·恩披里柯所描述的希腊怀疑论的一般本质和方法。然后我会更加详细地考察它对自己的动机和目的的设想，并论证说，不管塞克斯都如何反复否认，在怀疑论内部都存在着一个准教条的因素，即学生不能忽视、更不能质疑的一个承诺。我将追问这个事实如何影响塞克斯都对治疗伦理信念的态度。最终，我将研究妮基狄昂的治疗，将其医学属性与伊壁鸠鲁主义的属性相比较。我将讨论这样一些问题：得到这种治疗的人会如何生活？会有什么感受和欲望？会对自己和他人持有什么态度？

尽管怀疑论是一场历史悠久且复杂的哲学运动，但出于上述目的，我将把焦点放在塞克斯都对怀疑论提出的论述上。[3] 他的论述似乎代表了晚期怀疑论的一种尝试——返回其皮浪主义根源，或者至少返回它认为皮浪的生活和实践所代表的东西。[4] 在此我不会追问，阿尔凯西劳斯（Arcesilaus）和卡尔尼亚德斯（Carneades）领导的中期学园派是否在某种程度上背离了这些思想。[5]

---

〔3〕 我们对塞克斯都的生活所知甚少，见 House（1980）；关于这个学派的历史，见 Sedley（1980）以及（1983a）。关于相关的历史背景，见 De Lacy（1958），Long（1981）。

〔4〕 参见 Sedley（1983a）。他通过指出晚期怀疑论对论证的方法和结构的兴趣（一种很难追溯到皮浪的实践的兴趣）来限定这个观察。关于皮浪，参见 Flintoff（1980）。

〔5〕 关于这一点，参见 Sedley（1980），Striker（1980）以及 Burnyeat（forthcoming b）。

二

按照塞克斯都记载的怀疑论的自我定义,怀疑论是"一种用任何方式来确立显像和思想的对立的能力(dunamis),即:通过对立的陈述和事态的同等力量(isostheneia),我们由此而首先进入悬搁(epochē)、然后摆脱困扰(ataraxia)"(PH 1.8)。这个论述很有启示,其中每一个术语都需要加以审查。怀疑论的治疗首先是一种能力或才能(dunamis)。这个主张意味深长,因为它隐含地否认了后来会被明确否认的东西:怀疑论是一门技艺或科学(technē),是一种有组织的知识体系。人们可能会问,如果怀疑论者没有信念,怀疑论怎么可能是任何东西呢?当一个人学着成为怀疑论者时,他是在学习什么?塞克斯都强有力的回答是:他正在学会一种能力,一种实践知识;一个人学会如何做某件事情,也就是说,在印象和信念中把某些对立确立起来。塞克斯都说,"用任何方式"这个说法可以用几种方式来理解。它告诉我们,那种能力不是一种深奥的特殊才能,而只是一种日常的或自然的能力。它也可以指怀疑论者所从事的各种类型的对立活动,例如把印象和思想对立起来、把各个印象对立起来、把各个思想对立起来。最终,它也告诉我们,并不存在任何一种把对立确立起来的特别的首选方法,用任何方式都可以做这件事;于是,怀疑论者在方法上就不是教条的,一如她在内容上不是独断的。稍后我们会回到这个主张。"同等力量"这个说法指的是:"在任何一个竞争话语都不比任何其他话语表现得更有说服力"的情况下,各个对立主张都具有看似同样的说服力或者说都同样貌似可信。"悬搁"是"理性的一种停顿,通过这种停顿,我们既不否认任何东西,也不断言任何东西"。"摆脱困扰"(ataraxia)指的是"灵魂的无牵挂的、安宁的状况"。

现在我们必须指出这个定义中存在的一个模糊之处。如何理解从"from"开始的那个子句("from which we come, through the equal force ... first into suspension, and after that into ataraxia")与其前半部分的联系?好像有两种可能性。第一,我们可以把这个子句处理为非限定性修饰语。对怀疑论的完整定义是"怀疑论是把印象和思想的对立确立起来的能力"——然后补充说,如此来定义的怀疑论碰巧导致了均势、悬搁和摆脱困扰。在这种理解下,怀疑论显然就是任何古老的对立能力(antithetikē dunamis),只是碰巧导致了那些结果。第二种可能性是,那个修饰语是限定性的,那些结果是该定义的一部分。怀疑论是一种特殊的对立能力,即我们由此而进入悬搁、均势和摆脱困扰这样一种状态的能力。如果怀疑论者不是旨在运用其实践知识来获得这些结果,或者至少不是在用将会产生这些结果的特定方式来利用其实践知识,那么他就不是在作为一位怀疑论者而正确地发挥作用。后面我们会看到这种模糊性并不是偶然出现的:塞克斯都想要主张和需要主张的是第一种理解,但他不断地被迫走向第二种理解,于是就有了我们不久就会观察到的结果。

对立方法如何产生其结果呢?在塞克斯都讨论怀疑论探究的起点(archē)(PH 1.12)及其目的或目标(telos)(PH 1.25-30)的那些章节,他向我们讲述了下面这个故事。他说,怀疑论探究的说明起点(archē aitiōdes)就在于希望摆脱困扰。因为,他继续说道,"天性伟大的人们",大概就是在精力和能力方面都很充沛的人们,为他们所碰到的偏差和矛盾所困扰,在究竟要采取什么观点上困惑不解,于是就着手研究事情的真相——因为他们认为,如果他们解决了谁真谁假的问题,他们就会摆脱困扰。他们在研究中发现,每一个论证都有另一个同样强的论证与之对立,在这个时候,怀疑论转向就开始了。于是,怀疑论就与对真理的教条寻求有着同样的原始动机;它是这种寻求失败的一个结果(1.12)。

几章之后,在讨论怀疑论的目的时,塞克斯都再次讲述这个有趣的故事:

> 到目前为止我们说,[6] 怀疑论者的目的是在信念问题上摆脱困扰(ataraxia)、在必要的事情上保持适度的感受(metriopatheia)。因为在用"澄清印象、并弄清谁真谁假"这一思想来开展哲学研究以便摆脱困扰(hōste ataraktēsai)时,他发现自己陷入了矛盾,因为两方面都具有同样有效的分量。他无法确定谁真谁假,于是就只好悬搁判断;而就在他悬搁判断的时候,信念领域中困扰的摆脱好像突然间(tuchikōs)就随之而来。……怀疑论者的体验事实上就相当于人们所说的画家阿佩莱斯(Apelles)的体验。他们说,有一次在画马的时候,他试图把马毛上的汗气表现出来,但很不成功,于是就决定放弃,并气愤地把他一直用来擦洗画笔油彩的海绵扔向画面。海绵留下的痕迹产生了马的汗气的

---

[6] 塞克斯都特意选择这种说话方式,其目的在于指出:甚至他自己在哲学上的核心主张也不是教条式的断言,而仅仅是如实汇报事物对他产生影响的方式。

效果。同样,怀疑论者曾希望通过澄清印象和思想中的种种不符来摆脱困扰;但结果表明他们做不到,于是他们就悬搁判断;就在他们悬搁判断的时候,困扰的摆脱好像偶然间(hoion tuchikōs)就随着他们出现了,就像影子随着身体出现一样。(PH 1.25-29)

我们现在来看看妮基狄昂的体验。塞克斯都的主张是,她原来之所以决定从事哲学,是为了通过化解捣乱的矛盾和不符来摆脱困扰;她认为,只要抓住了关于世界的某个确切真理,她就能让自己的心灵获得安宁。至少就这位伊壁鸠鲁学派的学生的动机而论,塞克斯都的说法好像是正确的,尽管他也忽视了伊壁鸠鲁教义的具体内容在获得那种安宁上可能发挥的作用。他声称,我们从事哲学,是为了在世界中变得自在和安全。但是,正如妮基狄昂的故事(这个故事预示了他的论证)所暗示的,这个目的不总是得到实现。信念不仅带来了选择的焦虑,也产生了我们已经提到的所有其他麻烦。承诺使得一个相反的结果变得更难忍受,并引发了对于一个不确定的未来的种种焦虑。哲学扩展了妮基狄昂坚持自己信念的日常倾向,并且加剧了这种倾向所引起的问题。

妮基狄昂不会得到她曾经想从哲学中得到的东西。不过,塞克斯都声称,正是在这种失败中,在理性以其自身的反对活动对自己的麻痹中,妮基狄昂得到了她一直想要的东西。简而言之,怀疑论悬搁反倒成为一条更有效的途径,能达到教条主义者所追求的同一个目的,符合一开始导致妮基狄昂去从事哲学的那种需要,并且在这方面比教条主义者自己原来的方法和程序都做得更好。

这段话描述了一个怀疑论者的初步体验。这种体验第一次是偶然发生的。不过,怀疑论能力好像就是这样一种能力:对于妮基狄昂认为获得真相很重要的每一个主题(伦理的和非伦理的,日常的和哲学的),在她具有或寻求认知承诺的每一个领域中,它开始有意把这种对立确立起来,以便让那种幸运的机会有规律地发生。〔7〕这种能力把理性从这些负担和脆弱中解脱出来。这既然是理性的一种疾病,也要通过理性和论证来治愈,而治疗方法就来自一个在历史上可以追溯到苏格拉底、在很多方面好像都提供了一

---

〔7〕 在这里我同意 Barnes(1982b);不过,参见我在本书第229页[本书英文版页码——译者注]提出的限定。需要注意,在塞克斯都对怀疑论的描述中,悬搁判断的样式并没有对题材进行限制,而是适用于很多广泛的领域(在这些领域中,学生可以被指望具有信念)。

种系统的理性教育的哲学学派。然而,与其说这种疾病是理性和信念的疾病,倒不如说就是理性和信念本身,而治疗方法本身也是理性的一种操作并至少暂时涉及信念,因此可能就会与自身具有一种奇特关系。它会希望把自身连同它所要清除的承诺从学生的生活中一并取出。

伊壁鸠鲁主义者把完全摆脱身心痛苦设立为自然的人类生活之目标。他选择这个目标,把自然的生物(natural creature)作为生活的一个向导来加以依靠。自然的生物似乎追求这个目标。但是这意味着自然本身在某种意义上就有病。因为,尽管自然的生物没有被信念所腐化,它也并不总是获得它想要的东西,甚至不是有规律地获得它想要的东西。因此,即便自然就是标准,理性——乃至对理性的一种特殊的哲学运用——也证明,治疗在自然自身当中出现的种种疾病是必要的。唯有伊壁鸠鲁学派的思想才能把一个未受腐化的生物从自然状况带向它自己特有的目的。我们可以料到怀疑论者会改变路子,因为伊壁鸠鲁学派对这目的的分析要求学生去过一种有信念的生活,而怀疑论者却论证说这样一种生活不仅是病态的和焦虑的,也是自我挫败的。于是,怀疑论者觉得最好是去获得一个无须信念就能获得的目标。这意味着宣布放弃伊壁鸠鲁学派抱有的一个希望:通过哲学反思来对抗身体疾苦。因此,对于自然且必要的身体痛苦,怀疑论者并不表示反对。反对我们无能为力的事情,这种做法究竟意义何在?(回想一下,我们实际上并不用信念来促进这些事情,因为有人已经宣称信念带来的问题比它所解决的还要多。)痛苦是自然的一部分;真正的疾病是把自己与自然对立起来,并对痛苦进行理论思考,这种做法迟早会掺和痛苦。所以,怀疑论者并不寻求完全摆脱痛苦,而是在不借助于教条的情况下,把在自然中容易取得的一个目标采纳为其目的,这个目标就是在信念问题上完全摆脱困扰、在必要的身体疾苦上保持适度的感受(metriopatheia)。"因为只要他是一个人,他就会通过自己的感官(aisthetikōs)而受苦;但是,如果他并不另外持有'他所遭受的事情本质上很糟糕'这一看法,他就会适度地忍受痛苦"(*PH* 3.235-236;参见 *PH* 1.25 和 30 以及 *M* 11.118 和 141)。塞克斯都又论证说,"因为只要他没有另外的信念、相信痛苦很糟糕,那么痛苦的必然运动就会把他攫住;但是,如果除此之外他还想象痛苦是唯一的恶,是与我们的本性唯一不相一致的东西,那么他就会加重这个看法产生的负担"(*M* 11.

158-159)。[8] 伊壁鸠鲁宣称信念在我们与痛苦的斗争中助我们一臂之力，面对这个主张，塞克斯都则声称，"在因为饥饿或饥渴而背上负担的人那里，是不可能通过怀疑论论证把'他没有如此背上负担'这个坚定信念产生出来的"(*M* 11.149)——因此我们最多只能把消除信念问题上的一切困扰当作目的。时刻保持警觉的怀疑论者(参见 *PH* 1.1-4)总是在提防滑入教条，因此就可以生活在顶峰或终点。

伊壁鸠鲁主义者会把怀疑论者所说的"终点"(end)称为"对完美目的的背弃"。在我看来，这个差别不仅是言语上的差别。把这种中间状况说成终极目的是有一个要点的，即(正如我们已经暗示的)：如果我们让事物实际上发生的方式成为目的(我们的意图的焦点——参见 *PH* 1.25)，并让我们的欲望流向它，那么我们就能继续生活，宛如自然在引领我们，但是并不要求我们对事物应当如何发生持有一个确切观点，也不需要我们为了强迫自然来迎合自己的要求而不断努力，因此也就不会有这种努力带来的焦虑和痛苦。并不是任何超越那种中间状况的东西都是终点，不是这样；只有这个，即生活在自然中实际上展现的方式，才是终点。怀疑论者抛弃了一切承诺，这些承诺使他超越生活实际上展现的方式；他不具有令自身得以与日常事物相对抗的理论，也不因为承诺要反对日常事物而去建立某种理论。[9] 他可以放松下来，在生活中随遇而安。塞克斯都强调说，只有他自己不去教授某种技艺(*technē*)、某种系统的生活技艺，因为这样一门技艺会让人们对某个目的变得如此紧张，以至于只要不能达到目的，他们就会心烦意

---

[8] 这个特定的例子(看来提到了伊壁鸠鲁学派关于善的学说)可能暗示了：学生之所以有这样的问题，是因为她接受了一个关于善的**哲学**理论。不过，其他很多例子以及塞克斯都讨论伦理承诺的主旨明确表明：他的关注没有受到这样的限制。我们很容易设想，对于"痛苦是件坏事"这个信念，也可以提出同样的说法；而这个信念是普通人都会分享的，就像塞克斯都的听众一样，不管属于哪一派哲学，他们都会同意这个信念。伊壁鸠鲁主义者指出痛苦在日常信念和行为中有其根源，以此来捍卫他们对痛苦的看法。参见 Mitsis (1988a)。

[9] 对"日常的"这个词的使用是单方面的并有点倾向性——见随后的讨论以及注释[2]；但怀疑论者会回答说，这是因为普通人过于关注某些教条承诺，而正是这些承诺排除了生活日常展现出来的方式。即便如此，我们依然可以——尤其是从我们与动物和儿童的交往中——认识到"日常"(ordinariness)和"自然"(naturalness)的一种含义，这种含义确实对应于怀疑论者正在谈论的东西。怀疑论者用一些表达式来描述他对日常生活的忠诚，Barnes (1982)对这些表达式进行了研究。

乱。塞克斯都在伦理学中把怀疑论的生活方式与其竞争对手区分开来,而上述强调就是这个区分的一个重要部分。紧张的追求和规避是一种恶,即便是伊壁鸠鲁主义者(他们使用了同一个词:suntonos)也会同意这一点。[10] 对某件事情紧张(suntonos)就是向着它伸展开去或者对着它拉紧。(这个词用在拉紧乐器的弦、肌肉紧张、一种无闲暇的生活的持久压力方面。)[11] 但是,怀疑论者声称,这种在追求和规避方面的紧张就是一切困扰的根源(*M* 11.112)。通常我们持有一个目的(telos)或目标方式——拉紧自己的生活之弓,把它作为靶子来对准[12]——就是困扰的根源。怀疑论者所做的并不在于引入对目的的一个竞争论述,以此破坏整个"伸出手去抓取一个目的"的概念。人类生活的目的是什么呢?当然就是生活,就是生活实际上展现的方式——要是你还没有通过引入信念把生活之流搞得乱七八糟的话。这不是对那个问题的回答,而仅仅是用一种方式告诉提问者不要继续打破砂锅问到底、不要关心答案。

当妮基狄昂让自己放松下来的时候,她也不会全然不活动,因为在取消一切信念、不再承诺去弄明白事物的本来面目时,她还没有排除行动的动机。紧张要求信念和承诺,但单纯的行动并不要求这些——只要看看动物的生活,就很容易明白这一点。正如我们在本书第三章中看到的,自亚里士多德以来,古希腊思想中就对行动有了一个一致看法:即使没有信念,动物事实上也可以被激发起来运动和行动——只要它们把事物究竟如何的印象(phantasiai)与欲望结合起来。印象或现象(phainomena)是世界对我们显现出来的方式,是它在我们感官中表现出来的样子,是它对我们产生影响的

---

[10] 关于伊壁鸠鲁主义者对"suntonos"这个词的使用,见 *KD* 30、Us. 483 对爱欲(erōs)的定义以及斐罗德穆斯的《论愤怒》(*Peri Orgēs*)中的诸多用法。

[11] 一些有代表性的例子,见 Aristotle *Pol.* 1337b40, 1370a1; *GA* 787b12。最后一段特别有意思。亚里士多德解释说,某些动物是因为其肌肉中的紧张(suntonia)而适于运动。年轻者还不具有这种身体素质,而年长者已经丧失了它。然后他补充说,阉割让动物普遍丧失紧张,这就说明了在声音等方面的变化。认为怀疑论者在这一点上利用了阉割比喻是有益的。

[12] 靶子比喻,作为一个用来表示目的的比喻,显著地出现在亚里士多德(*EN* 1094a22-25, *EE* 1214b7 及以下)和斯多亚主义者(例如 Cicero, *Fin.* 3.22, Plutarch, *Comm. Not.* 1071A-E)那里,后者反对亚里士多德的观点,认为幸福就在于拉紧其目标,而不在于击中其目标。参见 Striker(1986), C. C. W. Taylor(1987), Irwin(1986)以及 Inwood(1987)。

方式。[13] 为了具有印象或现象,一个人并不需要去承诺事物实际上是什么样子,因此印象或现象不同于信念;于是,即便它们有时候彼此对立,也说不上有什么矛盾。[14] 一个对象此时是一个样子,彼时又是另一个样子;如果我并不开始担心它实际上是什么样子,在这当中就没有什么问题。印象涉及认知官能(感官和理智)的操作,但并不涉及任何这样的尝试:为了达到一个一般的观点而去清理和调整不同的印象。[15] 甚至在一个特定时刻,把一个印象报告出来的人也可以完全一致地说,"当然,我不知道事情究竟如何,但是我并不在乎。"因此,具有印象、但是既没有记忆亦没有信念的动物只是随着事物对其产生的冲击而运动;它们可能没有任何类型的一般观点,包括伦理观点。如果我们在印象上面添加记忆,但仍未达到具有信念的地步,那么我们就会得到更丰富的时间联系以及由习惯、传统、实践知识乃至充当行动原因的原则来驱动的可能性,但仍不足以去同意一个观点,大概是说,如此这般的东西确实就是这样。在这个基础上运行的动物有大量行动的原因,它们所不具有的是行动的理由,即它们认为正确并因此而加以承诺的观点。

怀疑论者说,这就是人何以没有信念也能运动和行动。[16] 人继续使用自己的才能。世界此时对人产生这种影响,彼时又产生那种影响。他们受到了自己的欲望、认知活动乃至自己的记忆的影响。不过,他们不会去费心探究真理或弄清事物。对于在他们身上产生影响的显像,他们既不会同意

---

[13] 见 Nussbaum(1978)第五篇论文,在那里我据理反对把 phantasia 翻译为"心理意象"(mental image)的流行做法。对于有些人对塞克斯都及其斯多亚学派对手的某些术语提出的翻译,也可以提出同样的批评:关于塞克斯都,见 Frede(1979)和 Striker(1980),关于斯多亚学派的印象概念,见 Annas(1980)。弗雷德论证说,对塞克斯都来说,在 phantasia 和 phainomenon 之间并没有显著区别。在斯多亚学派的"同意一个印象"的思想和亚里士多德的信念概念之间可能存在着微妙的差别,不过,出于我们的目的,可以将二者一并处理。

[14] 因此这是一种非认知的显现——见本书第三章以及 Nussbaum(1978),Burnyeat(1980a);这种显现并不蕴含判断,甚至也不蕴含一种相信的倾向。

[15] 在 EN 1147b4-5 中,亚里士多德明确地把显像(phantasiai)与一般原则进行对比。Metaph. 980b26 把显像与经验和记忆相对比。也见 Sorabji(1993)第2—4章。

[16] 反对者会挑战说,怀疑论让行动变得不可能(这就是所谓的"不能进行有目的的运动[apraxia]论证")。关于这个挑战,见 Striker(1980),Burnyeat(1980a)以及 McPherran(1987)。

也不会拒绝。[17] 他们只是让自己接受影响:

> 于是,通过依附显像(phantasiai),我们就可以按照生活惯例(tēn biōtikēn tērēsin)来生活而不持有信念,因为我们不可能完全不活动。这些惯例看来有四种。第一在于自然的引导,第二在于感觉的驱使,第三在于法律和习俗的传习,第四在于技艺的教导。所谓自然的引导,我指的是让我们得以自然地感知和思考的那个东西;所谓感觉的驱使,我指的是让我们在饥渴的驱使下去寻求饮食的那个东西;所谓法律和习俗的传习,我指的是让我们得以用一种实践的方式[biōtikōs,也就是说,就我们在生活而论]去承认下面这件事情的那个东西:遵守传统的宗教仪式是善,无视它们是恶;所谓技艺的教导,我指的是我们因之就不会闲置我们所从事的技艺的那个东西。但是,我们表达上述观点时并不持有任何信念。(PH 1.23-24;也见 1.17,22,229,231 以及 2.244 等)

在这里我们有了四种驱动力,即生活可以对我们产生影响或留下印象的四种方式,它们足以(无论是独自还是组合起来)产生运动。[18] 我们运用自己天然而具有的感官和推理能力,就像思想印象或感觉印象对我们产生冲击的时候那样行事,而不做出任何承诺。[19] 闭上眼睛,切断对一棵树的知觉、对饮食的思想,这样做就虚伪了;因此我们用最自然的方式行事。我

---

[17] 这个怀疑论论证总的来说是用斯多亚学派的行动心理学的语言来表达的(参见本书第十章以及 Inwood [1985]);但人们在这里的回答遵循亚里士多德在论述动物运动时所勾画的路线:见 Nussbaum(1978)。参见 Cicero, Acad. 1.104 以及 Striker(1980)。

[18] 关于这四种生活惯例(biōtikē tērēsis),见 Burnyeat(1980a)和 Barnes(1982b),后者强调说这些惯例都没有涉及"相信"这种思想活动。应该强调的是,塞克斯都在此处包含的是对传统宗教仪式的遵守,而不是宗教信念(就像伯里的翻译所暗示的那样)。关于"感觉的驱使",见 Stough(1984),她强调说塞克斯都在这里和其他地方所举的例子都是感觉方面的例子;她暗示说在这里有一种与信念和判断的隐含对比,后者被认为不是必然的,或者说没有必然化的效应(M 11.156-157)。参见 M 11.143, 157, 148, 152;PH 3.123, 238;感觉回应被描述为 alogon(非理性的)、aboulēton(无意愿的)或 akousion(不情愿的)(M. 11.143, 148, 152-153, 156, 161)。

[19] 关于这个联想迹象,参见 Burnyeat(1982),Stough(1984)以及 Glidden(1983),后者暗示说(在我看来并不令人信服),怀疑论者对这个联想迹象的忠诚是在一个从个人偏好出发的论证内所使用的一个不诚实的策略。当然,怀疑论者的任何说话方式的"诚实"都是有限度的,因为怀疑论者就像他自己所说的那样没有信念承诺;但是,这个联想迹象是怀疑论者借以自然地行事的一个心理步骤,而不是他所断言的一个信念。

们再次凭借自然的身体感觉和欲望来行事,我们倾听饥饿的声音,但不是把它作为"坏事情"的信号,而是作为一种出自本能的推动。也许塞克斯都的主张中最有趣的部分——我们已经形成的习惯、已经获得的技艺引导着我们——认可这一切,只要对我们的推动和影响已经内在于我们(在我们的记忆和习惯之中)。当习惯推动我们时,我们并不加以抵制;但是,这一切都是在不担心正确性和真实性的情况下来做的,而正是这种担心让普通人对行动变得如此紧张和焦虑。[20] 妮基狄昂不会获得新的伦理信念,但是也不会去和她已经具有的伦理信念做斗争。她只会停止担心这些信念是不是真的,把它们当作没有确定真值的印象——当作就在那里、作为自然化的生活的一部分而存在的动机。但是,以这种方式来看,它们就不再是信念了。[21]

我们现在发现,同样的说法也适用于妮基狄昂的言语行为。塞克斯都强调说,尽管怀疑论者根本不会在完整的意义上断言任何东西,对事物究竟如何(明确地或隐含地)提出一个主张,但她可以把很多对她产生影响的东西(包括怀疑论的观念本身)说出来。[22] 她的很多说法都会具有断言所具有的语法形式。不过,塞克斯都告诉我们,每当她说出一些东西(包括怀疑论自身特有的任何准则),"在提出这些说法时,她是在无信念的情况下把对她施以影响的东西(*to heautōi phainomenon*)说出来,把她的经验报告出来,而不是对任何超出这个范围的东西提出任何坚定的主张"(*PH* 1.15)。而且,"她是仿照报告者的样子来做这一切,把直接对她产生影响的事情说出来——不是用信念和确信,而是在经历她正在体验到的事情"(1.197)。第欧根尼说怀疑论的说话方式是"坦白"或"声明"(*exomologēseis*, 9.104)。塞克斯都再三重述这种评论,[23] 因为他很警觉,唯恐让人觉得他是在提出武断的说法,而且好像意识到日常语言在平时被使用的时候是一种有立场

---

〔20〕 因此,在我看来,在把好的怀疑论者尽其所能地比作对行动具有引导作用的日常实践理性时,Stough(1984)是错误的。

〔21〕 关于信念以及各种形式的同意,见 Sedley(1983a)。

〔22〕 关于"不做断言",见 Stough(1984)、McPherran(1987)以及 Barnes(1982b)。巴恩斯把"不做断言"有益地比作维特根斯坦在 *Philosophical Investigations*(《哲学研究》) I 244 和 *Zettel*(《纸条集》) 549 对疼痛行为所做的观察。

〔23〕 见 *PH* 1.4, 15, 187-191, 197, 200, 203;类似的段落也出现在普罗提诺那里,参见 Barnes(1982b)第 22 页注释 24。

的、教条的工具。这向我们表明,妮基狄昂在接受治疗的时候可能会期望说点什么,又可以指望从医生那里听到什么。

三

妮基狄昂于是就来到怀疑论者学派。很不幸,对于晚期皮浪派怀疑者如何生活、创立了怎样的哲学共同体,其学生是谁、他们又如何与学生互动,我们几乎一无所知。[24] 他们对习惯的态度使他们不如伊壁鸠鲁主义者那么依靠孤立;他们喜欢强调说,好的怀疑论者可以看上去与其他人无异,能够成功地生活在非怀疑论者当中;因此,看来有可能的是,他们并不像伊壁鸠鲁主义者那样认为创立一种全面的对立文化(一种将用正确的哲学思考来填满日常生活的每个角落的文化)很重要。这个学派的运作可能更像一所常规学校:用自己特定的方式提供指导和论证,但是在不进行指导的时候就不去约束学生的活动。在学生的选择范围上,怀疑论者既不要求也不拒斥教育(paideia):不管你是有身份、有教养的年轻人,还是交际花,你都可以在那里发现一些适合你的东西。塞克斯都有时明确强调,怀疑论者可以应对在智识能力和背景上都颇为不同的学生,只要他不试图把他们聚集起来进行教导就行了。甚至在柏拉图的时代,他的学园也有可能会招收女生;因此我们没有理由认为,以本来面目示人的妮基狄昂不会被怀疑论学派接纳。

妮基狄昂因自己在信念和情感上的不断挣扎而受累,在这种情况下抵达怀疑论学派。她发现,在那里,就像她所追随的其他学派一样,就医的比喻被显著地用来说明哲学的实践贡献并辩护具体实践。此外,她大概也会在教师中间发现一种联系,即与实际的医疗实践和理论的联系,这在伊壁鸠鲁学园中还未曾见过。塞克斯都本人大概就是一位医生,[25] 在他所生活的时代,有三个主要的医学学派,在其中两个学派即经验派(empirical)和方

---

〔24〕 在细究可得到的证据后,House(1980)力劝我们在这件事情上悬搁判断;这个学派活动的时间和地点都很不确定,而且,与个别人开班上课的情形相比,在皮浪主义晚期,是否存在着一个有组织的学派也是不清楚的。

〔25〕 关于这个证据及其不确定性,见 House(1980);关于塞克斯都对医学类比的运用,见 Barnes(1982b)。

法派（methodical）那里，怀疑论学说都很突出。盖伦（Galen）为我们保留了重理派（dogmatic）的医生和怀疑论的医生之间的一段争论，这段争论显然在未来的学生面前上演过；[26] 尽管塞克斯都名义上属于经验派，但他还是很小心地告诉我们，真正的怀疑论学派是方法派而不是经验派。[27] 因为经验论者明确断言我们无法知道对于感官来说并不显明的东西，因此就在知识论中采取了一种教条态度。相比之下，方法派遵循"共同的生活实践"（ho bios ho koinos），因此就允许用自己的经验来引导自己，不对任何特定的方式方法或知识观点做出承诺。他们以自己的职业训练为中介，自然而然地用治疗来反击他们所观察到的陌生病症，但在这样做的时候对他们的职业训练并未做出深厚的承诺，或者也不相信它就是正确的。"显然，与我们天然不睦的状况驱使我们采取办法来加以消除——因为甚至一条狗在被荆棘刺中的时候也会着手把它移除"（PH 1.238-239）。方法派的医生就是这样来从事身体医学，采用他们已经学到的技术，但不是因为他们认为那些技术是正确的，而是因为那是他们自然想到的。哲学医生也会着手用这种方式来治疗妮基狄昂。

有可能的是，妮基狄昂是通过向教师描述那些不能令她安心的教条信念而开始接受治疗。通过尽量揭露她所关心的认知承诺，表明她究竟多么精细和精致地把握了支持和反对那些承诺的论证，她就会把自己的处境展现出来。教师现在会从她的信念入手来进行治疗，提出某些反论证，而这些论证就类似于在悬搁判断的现存样式和附释中被组织起来的论证。[28] 在每一种情况下，教师都尝试把她领入均势状况。妮基狄昂会发现，对于她的每一个论证，都有一个特意设想出来、对她来说好像具有同样说服力且与那个论证相对立的反论证。就这样，通过反复审视她的一切信念，她就被领入悬搁判断的状态——直到并不存在任何一个她想要捍卫的论点，也不存在任何一个这样的信念，其答案（正如塞克斯都所说）对她来说并不比"行星

---

[26] 关于这样一种争论的例子，见 Barnes(1982a)。

[27] PH 1.238-239；关于方法派，见 Frede(1982)。在塞克斯都在医学方面究竟是属于经验派还是方法派这个问题上，有关证据是有冲突的，参见 House(1980) 对冲突证据的评论。Hossenfelder(1968) 论证说，如果塞克斯都在变成一个怀疑论者的时候已经是一位经验派的医生，那么他可能就觉得自己没有理由转变了：他可能会继续从事自己的职业，但是秉持一种新精神。也见 Edelstein(1967)。

[28] 关于这些样式和附释，见 Annas and Barnes(1985) 以及 Striker(1980)。

的数目是奇数还是偶数"这个问题的答案更有意义。[29] 它们看来都如此琐碎、如此遥远。

现在我们需要更详尽地考察教师的论证,并再次使用前面提到的那十个要点作为指南。因为在这样做的时候,我们就会开始看到,怀疑论者的论证实践与伊壁鸠鲁的论证实践有一些明显的相似,尽管也有一些同样明显的差别。

1. 怀疑论者的论证,就像伊壁鸠鲁所使用的论证一样,只有在恰当地指向其**实践目标**的时候才是好的治疗论证。[30] 我们已经看到怀疑论者提出的如下主张:通过把每一个论证与一个同样有力的论证对立起来,就可以让自己或其他人进入均势状态并因此而悬搁判断;摆脱困扰(ataraxia)是随着悬搁判断而出现的。我们已经看到,怀疑论者宣称发现了比教条主义者为了获得自己的目的(即摆脱困扰)而使用的手段更有效的策略。在塞克斯都的整个著作中,他不断重述这些因果有效性主张。在我们即将考察的一段话中,他把好的怀疑论教师描述为医生,后者依靠自己眼前的证据,准确地挑出治疗某个病人的疾病的正确方案(PH 3.280)。他又告诉我们,在伦理学中遵循怀疑论途径的人"会生活得很幸福(eudaimonōs)、会摆脱困扰,既不会因为好事而欢欣鼓舞,也不会因为坏事而沉重压抑"(M 11.118)。特别是在论述伦理学的那些章节(但是也在其他地方,例如在早先讨论怀疑论目的的那一节),他向我们详细论述了这种改进在妮基狄昂的生活中如何发生以及为何发生。悬搁首先将她从担忧何为真何为假的负担中解放出来,然后将她从一个信念(对一种关于"什么是善"的观点所持有的信念)中解放出来,而当被认为很糟糕的事情出现的时候,这个信念就会给她添加苦恼。悬搁也会让她免除所有这样的危害(evils),它们来自"怀着热切的坚定信念"(meta sphodroud peismatos, M 11.121)对任何实践目标的紧张追求。

这些危害显著地包含情感:狂妄自大,以及当好东西出现时而产生的一种无休止的极度喜悦(PH 3.235 及以下, M 11.115 及以下);因唯恐好东西消失而具有的一种令人痛苦的担心和警觉;在好东西出现之前对它持有的

---

[29] Epictetus, Disc. 1.28.3;也见 Cicero, Acad. 2.32, PH 2.97, M 7.393, 8.147, 317;参见 Burnyeat(1980a)第 40 页注释 35。

[30] 参见 PH 2.90, 97; M 7.393, 8.147, 317;也见 Burnyeat(1980a)和 Barnes(1982b)。

一种令人苦恼的紧张欲望(M 11.116);在好东西不会出现时由一个评价性的信念带来的一种强烈悲伤,乃至一种想象的内疚感,即这样一种感受:她情况不妙,因为复仇女神正为了她本来必须做的某件事情而惩罚她(PH 3.235及以下)。[31] 怀疑论者与当时的其他学派[32]共同持有(至少为了进行论证而共有)如下观点:所有这些情感状态,包括那种以不稳定的外部事物的出现为基础的不确定的喜悦,都具有令人不安的特征,因此在生活中具有这些情感就不是好事。这样,他的因果有效性主张的一个主要部分就在于断言:他的论证除去了这些情感,而对手们的论证则没有,即使他们相信自己的论证也做到了这一点。这些情感都建立在伦理信念的基础上;塞克斯都暗示,唯有完全根除伦理信念,才能去除这些情感。教条主义者都有一个共同特点:他们都敦促人们用一种强烈且坚定不移的方式去追求某个目的。但这意味着他们实际上无法治愈我们的疾病:

> 说一个人应该规避他认为卑鄙的东西,应该追求他认为更加高贵的东西,这是那些不是在解除困扰、而只是在改变其位置的人们所采取的做法。……结果,哲学家的话语就把新的疾病创造出来以取代旧有的疾病,……不是把学生从追求中解放出来,而只是令她转向另一种追求。于是,就像在消除胸膜炎的时候引起肺炎或者在治疗脑热病的时候引起昏热病的医生并未消除危险,而仅仅是将危险转移到附近某个地方一样,如果哲学家引进另一个困扰来取代前一个困扰,那么他就说不上对受到扰乱的人有什么帮助。(M 11.134-137)

只有怀疑论完全摆脱了这个负担:"因此,怀疑论就把为一个繁盛生活提供保障(to eudaimonia bion peripoiein)视为己任。"[33]

这些主张不断得到重复,但是我们也需要谨慎,因为怀疑论途径有一个

---

[31] 在希腊化时期的各个学派中,怀疑论者不同寻常地认识到这种回顾性的情感及其重要性。在斯多亚主义者的分类框架中,他们把情感划分为指向当下的和指向未来的两种——见本书第十章。

[32] 关于伊壁鸠鲁,见本书第四章到第七章;关于斯多亚学派,见本书第十章。

[33] 为了避免把 eudaimonia 翻译为 happiness 而引起令人误解的含义,我将尽可能采取直译的做法;在不得不把它翻译出来的地方,我将翻译为"繁盛生活"。[不过,中文的"幸福"概念并不具有 happiness 在英文中所具有的那种联想(例如在近代逐渐与快乐主义的幸福观相联系)。因此,很多时候我们仍然把 eudaimonia 译为"幸福"。——译者注]

被反复强调的正式要素:怀疑论者的主张要接受自我审查。怀疑论者不可能恰好断言伊壁鸠鲁所断言的东西;他的途径会带来幸福。因为,严格地说,怀疑论者既不能对"幸福是什么"持有一个有所承诺的观点,也不能对"什么东西促成或是不促成幸福"持有一个有所承诺的因果信念。他可以用这种从个人偏好出发的语言去反对自己的对手——但是,假若他自己陷入这种语言,他就像他们一样有病。因此,对于自己的哲学实践,他必须持有从方法派医生那里发现的那种态度,并向妮基狄昂加以显示。他可以说,这就是我继续下去的方式,这就是我的经验令我自然而然去做的事情;这就是我目前观察到来自于那些做法的东西。去看看在你自己身上发生了什么吧。看看你是否也像那只脚上有了荆棘的狗一样,也是被自然地激发起来用这种方式行事,用论证来对抗论证。对于一个还不习惯怀疑论途径的人,这样说就够了吗? 难道怀疑论者不曾在核心位置不正当地利用一套更加教条的态度? 在讨论目的相对性的时候,我再来考虑这个忧虑。现在我要转到第三个医学特征。

3. *对妮基狄昂提出的论证将会**回应**为她特意选择的**具体情况**。就像其他两个学派一样,这一点又是用医学类比来强调的,而且是用亚里士多德式的方式而不是伊壁鸠鲁式的方式提出来:也就是说,要对特殊性予以关注的强调是出现在对学生的具体病状进行关注的情境中,而不是出现在详细论述一种实践智慧规范或健康规范的情境中。塞克斯都声称,怀疑论者会用与学生的病症相适应的方式来进行论证。《皮浪主义纲要》有一节很迷人,其标题是"为什么怀疑论者有时故意提出说服力较弱的论证?"(PH 3. 280),在这一节中,塞克斯都论证说,一位好医生不会给病人开过量药剂,而是会按照病情来仔细调整用药剂量。即便如此,怀疑论者还是会细心估量学生受到信念疾病感染的程度,选择最微弱也最温和的方案来清除那些妨碍学生摆脱困扰的障碍。于是,他的论证有时候就"分量很重";但是有时候他也"不免会说出一些显然不太有力的东西"。简而言之,论证必须均衡考虑妮基狄昂的承诺的程度和位置,以便在每种情况下都可以把她领入均势状态。[34] 假如她很容易被说服、很容易做出承诺,那么一个又好又强

---

* 此处的论证排序对应于本书第一章所列举的议题清单的排序。因而此处是在讨论清单上的第三项,故按原书标为第3条。类似情况均按此处理。——译者注

〔34〕 Barnes(1982b)利用这一观察来解决怀疑论论证的范围问题。

的论证可能就会对她产生过度影响,使她确信论证的结论是真的,从而导致她失去平衡,从(比如说)伊壁鸠鲁主义滑入斯多亚主义。怀疑论者的目标是要让她恰好在中间停下来。我们或许补充说,随着妮基狄昂变得越来越习惯于怀疑论途径,她很可能就会越来越轻松地持有一切坚定信念;于是她渐渐就只需要越来越弱的论证,而论证就会逐渐达到从其生活中最终消除论证的目的。最终,我猜想仅仅是摆个提问的姿态就已经让人不以为然,进一步的论证会被证明是不必要的。[35]

在某些领域,妮基狄昂可能已经感觉到由坚定信念所引起的困扰。乔纳森·巴恩斯(Jonathan Barnes)提议说,只是在这些领域,教师才会给她对立论证。[36] 我认为这一点并不是很清楚,因为在论述"每一个论证都有一个同等的论证与之对立"这个怀疑论习语的那一节,塞克斯都评论说,一些怀疑论者是采取"让我们用……来反对"这样一种劝告性的说话方式来谈论这个习语。"他们对怀疑论者提出这个劝告",他继续说道,"唯恐他会在教条主义者的误导下放弃对论证的寻求,因此由于草率而错失对怀疑论者表现为心神安宁的东西,而在怀疑论者看来,心神安宁是随着在一切事情上悬搁判断而出现的[37]"(*PH* 1.204-205)。后来的一段话说道,我们不仅要让相反的主张得以存在的伦理信念服从于对立论证,也要让使得某个反论证有朝一日可能出现的所有伦理信念服从于对立论证。因为,即使我们从未听说过埃及风俗,我们可能已经假设所有人都会一致地断定乱伦是件坏事,这样,当我们真正听到这些风俗的时候,我们可能就会陷入焦虑。"即便如此,关于那些就我们所知并不存在矛盾的实践,我们也不应该断言并不存在分歧——因为正如我所说,在我们不知道的某个国家,有可能会存在一个冲突的观点"(*PH* 3.234)。我认为这段话意味着,怀疑论者并不只是处理在妮基狄昂的信念结构中出现的实际干扰;只要有可能出现一个产生焦虑的冲突观点,在这样的地方,他也会着手全面地处理妮基狄昂的一切坚定信念。(塞克斯都的一些论

---

[35] 也见 Burnyeat(1980a)。

[36] Barnes(1982b)第 18—19 页。

[37] 我翻译为"随着……而出现"的这个古希腊语动词是 *paruphistēmi*,它有一种与怀疑论目的很相称的模糊性。在娄布古典文库(Cambridge, Mass., 1936)中,R. G. Bury 把它翻译为"相信要依赖于",这个译法产生了一种明显的因果含义,但不是这个词原有的含义。关于这个动词及其在斯多亚学派对思想和语言的论述中的运用,见 Caston (forthcoming)。

证也会提出这个要求,这些论证关系到信念在甚至没有冲突的情况下产生困扰的方式——不论是在顺遂的时期还是在艰难的时期。)塞克斯都所从事的是预防医疗,为此他就必须无一例外地攻击妮基狄昂的一切坚定信念。特殊性依然存在:针对每一种情况都要提出恰如其分的论证。但是,每个学生都必须倾听在他们持有信念的一切主题上所做的论证;于是,在教学上就会有大量重叠。(怀疑论者的这一见解,在我看来,说明了他为何确实可以把持续的警觉和搜索[38]与持久的镇静联系起来:因为事实上唯有警觉才能保证镇静。)

2. 现在,我们不能再回避我们在理解怀疑论的治疗实践时碰到的那个最艰深的问题——对其**价值相对性或目的相对性**的程度和本质做出评价。怀疑论者断言,不管是自己还是学生都不会对任何事情做出承诺,因此也不会对任何伦理目的做出承诺,甚至也不会对"他们的互动方法能把任何好目的产生出来"这一信念做出承诺。不过,怀疑论者指出他的治疗可以有效地获得一个很特殊的目的,即摆脱困扰或者说获得心神安宁,并以此来宣扬其治疗方法。他说他根本就没有承诺——他只是就那样一直活下去。但是,在这里他能够真正避免一切承诺吗?[39]

怀疑论者的正式回答如下所述。心神安宁恰好是偶然(*tuchikōs*)出现的,是他出自某个非教条的动机而遵循某个过程的结果,比如说,因为那就是他的本行。他无心获得心神安宁,也不对其持有任何信念:心神安宁只是碰巧在他那里出现。既然心神安宁是作为一个意外结果偶然出现的,我们就无须为了说明他的行为而把任何承诺赋予他。阿佩莱斯并非要有一个把海绵抛向画面以获得某种效果的欲望。他只是出于沮丧而把海绵抛向画面,那个效果碰巧就幸运地产生出来。心神安宁就这样来到了怀疑论者这里,就像是随着悬搁信念而来的影子(DL 9.107, PH 1.29)。他被动地处于

---

[38] "skeptikos"("探寻")这个名称指明了该学派对这一点的强调;见 Sedley(1983a)。怀疑论者也将自己称为"搜寻者"(*zētetikoi*)——这个说法再次强调如下事实:他们的学派总是在探寻论证、从不停留在教条上。

[39] 关于这个问题在怀疑论学派中的历史,见 Sedley(1983a),也见 Burnyeat(1980a)。伯恩耶特认为对目的的教条承诺只出现在早期怀疑论者特别是蒂蒙那里。但也参见 Cicero, *Acad.* 2.77,此处把如下观点赋予阿尔凯西劳斯:没有信念的生活是"可敬的、配得上有智慧的人";晚期怀疑论者对皮浪的依赖(把他当作一个实践榜样)从另一个方面指出了摆脱困扰在怀疑论实践中所起的核心作用。

这样一种状态。至于他对妮基狄昂的治疗,他大概会说,他会像方法派的医生那样行事,因为经验以及他对妮基狄昂状况的感知都向他暗示这样来行事的想法。他既没有"这样或那样是健康的"这一信念,也没有"某种做法会把某个目的产生出来"这一信念;他只是这样行事。如若这样做在妮基狄昂那里导致了心神安宁,而她喜欢这个结果,那就好极了。不过,他不可能、也不会为了获得心神安宁(不论是针对自己还是针对他人)而选择这样做或那样做,因为这无异于做出承诺,而只要做出承诺,就很容易招致困扰了。[40]

然而,请注意对心神安宁之价值的强调是如何不断重复出现的。为了看到这一点,我们不妨首先问:怀疑论者为何对心神安宁持有一种怀疑论态度?怀疑论者的回答是,若要避免困扰、获得心神安宁,就必须持有这种态度。于是我们就被邀请进一步推进我们的猜疑,去追问:即使怀疑论者的正式回答就是这样,但是对于这一个目的,以及也许对于他自己的方法(就它们与那个目的具有因果联系而论),他是否不得不持有一个并不仅仅是怀疑论的态度?当我们追问下去的时候,我们首先注意到,怀疑论者经常说出一些具有教条意味的东西。我们已经看到,对怀疑论的定义本身就有点含糊其辞:产生心神安宁的东西到底是不是这个过程的定义的一部分?在对那个尚未持有怀疑论态度的教条主义者的描述(论述目的的那一章)中,也有一个类似的模糊性,因为在那里塞克斯都说他是在寻求真理"以便/为了(so as to)摆脱困扰"(*PH* 1.26)。为了产生一个印象,即我们无须把任何与心神安宁相联系的目的赋予那个人,也就是说,心神安宁是作为一个结果出现的,就需要认为这段希腊文包含的是一个结果从句,而不是目的从句。不过,我们刚刚看到,为了把这句话清晰地翻译出来,我们多少都得使用目的性的语言(因为其中所涉及的动词是一个搜寻动词)。在其他地方,塞克斯都自己毫不含糊地使用了这样的语言。怀疑论的起点是"希望获得心神安宁"(1.12)。在首先把目的(*telos*)定义为"一切东西都是为之而被做或被考虑,其自身却不是为了任何其他东西而被做或被考虑"(*PH* 1.25)之后,他接下来说,怀疑论的目的就是在信念问题上摆脱困扰并对必要的痛苦保持适度的感受。当然,他用"迄今为止我们说……"这一说法来限定自己的表述——但是,甚至"迄今为止"这个说法也会让人觉得一个人事实上具有

---

[40] 见 Burnyeat(1980a)。

他的一切活动所指向的某个目的或目标,因此看起来就超出了怀疑论者应该接受的东西的范围。[41]

这个具有教条含义的要素一再返回——无论在何处,只要塞克斯都需要控诉一位许诺了某种实际好处的对手;无论在何时,只要他需要说明自己的路径为何会击败所有竞争对手。正如我们此前所说,这个要素是在两个部分出现的:首先出现在"幸福就等于心神安宁"(或与适度的感受[metriopatheia]一道出现的心神安宁)这一主张之中;然后出现在"这个目的是通过怀疑论途径而可靠地获得的"这样一个因果主张中。以下是前者的一些例子:

> 一切不幸(kakodaimonia)都来自某种困扰。但是一切困扰(tarachē)要么都是通过紧张地(suntonōs)追求某个东西而产生的,要么都是通过紧张地避免某个东西而产生的。(M 11.112)

> 摆脱一切困扰去过自己生活的人是幸福的,就像蒂蒙(Timon)所说,他处于一种镇静而休憩的状态。(M 11.141)

后者(或者实际上是前者加上后者)的一些例子是:

> 从怀疑论途径来生活的人们不会鲁莽地确认或否认任何东西,而是让一切东西都接受怀疑论的审视。他们教导说,对于那些相信存在着某些本来就好的东西、也存在着某些本来就糟的东西的人来说,不幸的生活就会接踵而来(to kakodaimonōs bioun);而对于那些拒绝做出规定并悬搁判断的人来说,"最无忧无虑的人类生活就属于他们"。(M 11.111)

> 如果某人打算拒绝说任何东西更值得选择而不是要加以回避,……那么他就会用一种繁盛的方式无困扰地(eudaimonōs kai ataraxōs)生活。(M 11.118)

> 教导这一点[即,不要对任何东西断言它本质上就是好的]是怀疑论途径所特有的。因此,获得繁盛的生活(to eudaimona bion peripoiein)

---

[41] Sedley(1983a)准确地抓住了目的的概念:他说目的是"他[即怀疑论者]的所有欲望和意图的根本焦点"。

就属于这条途径。(*M* 11.140)

因此,在信念领域中、在一切事情上悬搁判断的人获得了最完整的幸福;他是在不自愿和无理性的运动中受到打扰——"因为他不是由古老的橡树构成,也不是从岩石中生长出来,而是来自人类种族"——但他只是适度地受到影响。(*M* 11.161)

读者会发现,这些具有说教意味的段落都集中在论述伦理学的章节。但是这并不令人惊奇,因为我们会看到,正是在伦理生活的领域,怀疑论必须为了学生的灵魂而奋战——因为在这里,它所要反抗的是那些宣称要给人们带来实际好处的对手。在其他地方,例如在对怀疑论的起源和目的的一般评论中,我们也曾发现这种教条主义;后面那些段落,尽管仍以伦理为关注焦点,本身完全是一般性的。它们声明怀疑论姿态要求悬搁一切信念,而且它们正是把这种全盘的悬搁与实际好处联系起来。

不过,假若塞克斯都时不时地疏忽大意,在自己用来反对对手的修辞上失去自制,甚至刻意用他们的修辞来反对他们,那么我们是否有理由认为,怀疑论的姿态所要求的东西要多于它对心神安宁的依恋?我认为我们确实可以这样认为。首先,对塞克斯都来说,为了将其治疗方法的要点和价值展现出来,也就是说,为了把他赋予其治疗方法的价值展现出来,他就不得不说出诸如此类的话。与教条的途径相比,怀疑论者更喜欢自己的途径;他推荐自己的途径。他可以用很多方式来限定自己的推荐;但是,如果他限定的是他对心神安宁这一目的的兴趣,或者未能表明这个目的比困扰更好,或者未能把某种自信(相信他的方法和心神安宁之间确实存在因果联系)展现出来,那么他的全部事业看来就空洞无望。如果他的写作并不包含教条主义的因素,那么妮基狄昂就只会了解到:在某个人看来,一种非教条的做法在某个场合产生了心神安宁,这对他来说似乎是一件好事。但是,如果她和她的老师都不依恋那种超出悬搁的心神安宁,那么,在得到这个信息后,她大概会继续用教条的方式来生活——因为做一个教条主义者要比做一个怀疑论者来得更简单、也更合乎习惯。还有,如果除了我想象的那个非教条的主张外,怀疑论的做法不能得到进一步的支持,那么妮基狄昂就没有理由努力摆脱她已经习惯的教条方式,转向怀疑论的做法。怀疑论者说他只想把生活继续下去;但他却在做让人们改变信仰、把人们从他们所珍惜的习惯中转移出去的事情。当然,他把这件事情做得很聪明:他宣扬自己的治疗方法获得了竞争各方都努力获取的同一个目的,但更加有效。这种教导对于他的职能必不可少,而为了履行其作用,就必须用教条的方式把它提出来。

也请考虑"心神安宁"在安置怀疑论的全部事业上所发挥的作用。假设均势和心神安宁之间的联系,就像塞克斯都所说的那样,一开始是偶然发现的。(不过,甚至在这个地方,塞克斯都的故事告诉我们,它是学生已经在坚定地寻求心神安宁的时候偶然发现的。既然如此,这个结果即刻就会被认为是他们想要获得的。同样,阿佩莱斯喜欢海绵碰到画面上产生的效果,因为他认识到这个效果就是他一直努力追求的。)好吧,接下来呢?怀疑论者现在是不是还会像以前那样进行论证、等待着心神安宁在他那里随机出现——如果确实出现的话?阿佩莱斯是不是还会回到他的绘画工作,等到下一次挫折让他再扔一次海绵?当然不会。我们可以假设,从那时起,每当阿佩莱斯想要获得这种效果,他就会用他的海绵。怀疑论者细心而精巧地设计某些论证模式——怀疑论论证的样式和附释;通过利用这些模式,他(或别人)就可以让任何人在任何事情上都处于均势状态。我们知道,为了每一次都能准确地获得同样的结果,针对每个特定的学生,怀疑论者都会细心地调整自己的论证。这当中没有什么东西是偶然的——不管怀疑论者用什么说法来暗示有些东西纯属意外。若要让整体的结构变得可理解,我们就必须假设:实践者相信心神安宁是一个值得刻意追求的目的,相信这些做法与心神安宁之间具有一定联系,而其他可利用的做法则没有这种联系。回想一下,怀疑论是一种 *dunamis antithetikē*,即一种旨在把对立确立起来的能力,而不是在对立有可能发生的时候简单地让它们发生的能力。

最终,我们注意到,有一个主要的伦理论点从来都不是通过怀疑论者的对立步骤提出来的,而在妮基狄昂的信念中,也有一个信念在均势出现之前不会受到反对。这个信念当然就是:摆脱困扰是一个重要目的(甚至就是终极目的)。为了看到这一点,我们不妨设想怀疑论疗法的如下应用。教师说,一些人把摆脱困扰视为最高的目的或最高的善,并发现由紧张所产生的困扰是最大的恶。但是,你知道(他对一个急切点头的妮基狄昂说),也有很多其他人,他们喜欢紧张,不太介意紧张给他们带来的困扰。这是一个貌似有理的见解,在妮基狄昂的文化中一度很流行。若对它加以限定、使之具有更多的正面内容,它也是亚里士多德的见解。[42] 怀疑论者完全可以提出这样一个教训;其实,按照他对自己方法的论述,他好像有责任这样做。而他没有这样做;我们在任何地方都没发现提及这个极为明显的思想。只要想象一下这样一个教训会产生什么结果,我们就会明白何以如此。理由在于:既然心神安宁(就像怀疑论者所声称的那样)得到了怀疑论方法的支持,而对于价值的紧张追求,作为一种生活方式,得到了其他更教条的做法(或者至少是亚里士多德式的做法)的支持,那么,连同各个目的之间的对立一起,教师也必须为妮基狄昂安排一种在方法和做法上的全面对立。假若她确实想对"心神安宁"保持中立,教师就必须为她安排一种转变,从第八章里面的学生转变为第二章中的听众,这样似乎她最终就可以在第八章和第二章之间悬搁判断。甚至这也说不上公正,因为悬搁最终是与第八章的价值观念相联系,而不是与第二章的价值观念相联系。唯一真正公正的做法是让她(轮流地?)处于既被悬搁又没有被悬搁的状态。在怀疑论那里还没有这样的想法,也没有尝试这样的对立,原因只能是:一个目标被锁定了,因此我们就有权使用只是与这个目标相联系的方法。在本书中我一直想通过论证来传达这样一个讯息:伦理学中并不存在价值中立的做法。若不首先持有某种价值,塞克斯都也不可能获得一个明确的做法。唯有通过隐瞒对作为一个目的的心神安宁的各种取舍、拒绝允许其竞争对手(以及与之相关的方法)出现在舞台上,他才能隐瞒他自己的方法的价值承诺。

怀疑论者能够用什么来回答我们的指责呢?我认为他现在会回答说:不错,对心神安宁的喜好在他的方法中极为根本;但是这种喜好不是信念或

---

[42] 在亚里士多德的道德心理学中,"*suntonos*"这个词本身似乎不是一个正面词语;不过,他对一种好生活竭力达到其目的之方式的论述表达了一种完全不是怀疑论的、与关注和承诺相联系的紧张;"*spoudaios*"(高贵的)这个词有着"深刻而严肃地对自己的信念做出承诺"的含义。亚里士多德主义者觉得不可解决或未经解决的理智挑战就像被锁链束缚(*Metaph.* 995a30 以下);他有这样的感受是恰当的,因为亚里士多德主义鼓励他去深深地关心真理。在伦理学中,对亚里士多德来说,正如对柏拉图一样,正确回答"应该如何生活"这一问题"绝不是一件随随便便的事情"(*Rep.* 352D),而是一件高度重要的事情,因此,在这件事情上感到紧张是恰当的。一般来说,亚里士多德主义鼓励行动者与朋友、城邦以及某些行动条件形成紧密联系,而这些条件处于格外紧张的状态,于是在事情出错的时候就会成为极度悲伤的起因;为了追求这些目的,好人不仅会冒着失去舒适的危险,也会冒着失去生命本身的危险,而这是令人痛苦的(*EN* 1117b10-16, 1169a18-26)。

价值承诺，而是具有一种自然倾向的地位。即便我们没有信念或者没有受到教导，我们也会很自然地着手让自己摆脱累赘和困扰。心神安宁无须成为一个教条承诺，因为它已经是一种自然的动物性冲动，与作为"生活惯例"之一部分的其他冲动——例如饥渴，它会把我们领上自我维护的道路——具有密切联系。正如狗会把荆棘从爪子上摘掉，我们自然也会着手摆脱痛苦和累赘：不是紧张地或怀着坚定的情感承诺来这样做，而是因为这样做恰好是我们继续生活下去的方式。在怀疑论那里，动物的例子有一个很重要的作用，阐明了自然生物对摆脱困扰的喜好以及它们在获得这个目标上所表现出来的悠闲自在；这种悠闲自在是我们无法得到的，除非我们能够(用皮浪的话说)"完全剥夺我们作为人的存在状况"(DL 9.66)。猪在一场令人类忧虑不堪的暴风雨期间安宁地消除了饥饿，对于怀疑论者来说，猪的本能行为示范了我们都具有的那种让自己摆脱当下痛苦的自然喜好，并且表明：只要我们让自己摆脱那些将其他复杂的痛苦和忧虑产生出来的信念和承诺，我们也就不难摆脱当下的痛苦。皮浪指着那头猪说道，"有智慧的人就应该只是生活在这种未被扰乱的状况之中"(DL 9.66)。因此，摆脱困扰不同于我们借助信念所寻求的其他目的；对我们来说，随着事物自然地展现出来，心神安宁也就出现了。若把一切东西都拿走而只余自然，那你就会得到对心神安宁的喜好而没有其他。有人曾问塞克斯都，怀疑派的有智慧的人，是否就像重理派的有智慧的人那样，是通过蓄意控制坏欲望来避免坏事；他回答说，有智慧的人无须控制自己相信某件事情的倾向，因为这种倾向在他那里并不是自然而然地具有的：

> 正如你不会在交欢这个问题上把阉人说成是自我控制的，也不会在饮食问题上把一个肠胃不适的人说成是自我控制的(因为在他们那里，根本就没有他们需要加以控制的、对这些东西的倾向)，也不应该把有智慧的人称为自我控制的，因为他需要加以控制的东西并没有在他那里出现。(*M* 11.212)

形成信念的渴望可以被切断，摆脱困扰的倾向仍然留了下来，因为这种倾向具有一种不同的、更根本的本性。在妮基狄昂的哲学教育中，她第二次碰到了阉人比喻；我会转向这个比喻以及上述怀疑论答复。但我们首先需要继续考察妮基狄昂的治疗的其他医疗方面。

4. 塞克斯都的论证，就像伊壁鸠鲁的论证，关注的是妮基狄昂的**个人**

健康。而且,在这个方面,前者比后者更显著,因为在塞克斯都看来,论证的目标就是妮基狄昂自己的个人健康——没有理由把友爱(philia)看作这个目的的一部分。这种治疗本身似乎也没有显著的公共维度。假若妮基狄昂学到了本领,她就可以治愈自己了。(第欧根尼说,有人曾发现皮浪"对自己谈话;在被问到为何这样做时,他回答说他正在把自己训练成好人"[9.64]。)教师也许声称自己仁慈(philanthropos)、而且是因为仁慈才去治病救人;不过,这种主张不是妮基狄昂能够放心去依赖的,因为教师只是按照事物给他留下的印象继续下去;若有一个他要加以承诺的目的,那就是他自己的心神安宁,而不是妮基狄昂的心神安宁。在帮助他人和自己摆脱困扰之间还不存在可辨别的联系。而且,即便是在妮基狄昂的确保留了其共同体特有的一些习惯和做法的地方,她保留这些东西,也不是用一种以此来证明它们是共同体的有效纽带的方式,因为她其实并不以周围的人们相信或承诺这些东西的方式来相信或承诺它们。

5 和 6. **理性和理性的美德是纯粹工具性的**——这一点在怀疑论学派这里比在伊壁鸠鲁主义那里表现得更加明目张胆,在后者那里,整个体系的融贯性和明晰性要求在工具上产生了高度精细的论证。在此处我们被告知,怀疑论的目的就在于用理性本身来完全麻痹理性承诺,[43] 论证过程是(我们很快就会看到)一种必须将其自身与坏的体液一道排出的药物。伊壁鸠鲁主义者最终必须保留她用思想来反击痛苦的理性能力;但是怀疑论者是要无论证地结束,只留下对理性的不作承诺的自然运用,而这种运用本身就是"生活惯例"的一部分。[44] 因此她就不需要在逻辑上做到谨小慎微。至于理性的美德,它们是被公开地用一种特设性和工具性的方式来处理的。一个论证只应该像它所需要的那样可靠和干净利索,也就是说,只要能够反驳在学生的灵魂中存在或可能存在的东西就行了。

怀疑论者的观点在这里有几个含义。从塞克斯都的实践中无论如何都可以看到其中的一个含义,那就是,对立论证的前提之所以应该被选择出来,不是因为它们是真的,而是因为它们是对话者可以接受的。于是,在一个论证中,怀疑论者就必须依靠他自己在另一个论证中所要损毁的前提,而这种做法对他来说完全说得过去。既然他自己对任何前提都不作承诺,这

---

[43] 见 Burnyeat(1980a)。

[44] 亦见 Annas and Barnes(1985)以及 Annas(1986)。

些前提总体上是否一致也不是他应该关心的,只要每个论证都做好自己的工作就行了。能够立刻说服学生就是当务之急,说服力于是就取代了逻辑上的有效性和可靠性。而且,只要模棱两可的说法、循环论证以及其他逻辑弊病在某个特定场合看似有用,也没有什么东西会让教师止步不前,不去利用那些工具。(回想一下,塞克斯都在坦率地讨论其做法的这一方面时,甚至并未使用"含糊其辞"和"不可靠"之类的贬义词;他所说的是"在说服力上比较薄弱"。)怀疑论者把嘲笑和颠覆推理和证明的整个思想视为他的一项核心任务(见 *PH* 2.134-203,*M* 8.300-481)。[45] 有人会指责说,当怀疑论者用证明来反驳证明时,他就承认了他所要攻击的东西;对于这个指责,怀疑论者有一个最有趣的回答,我们在达到第十点后再来加以考察,目前只需指出:怀疑论者并不承认这个指责。

然而,在一个领域中,怀疑论者对逻辑的依恋可能就不得不比其正式策略所说的要深厚得多。这就是矛盾领域,因为怀疑论者从未反对矛盾原则——矛盾的主张不可能都是真的。事实上,在很多段落中怀疑论者似乎都认同这个原则(例如 *PH* 1.88 和 3.182;*M* 11.74 和 115)。他怎能不去这样做呢?他的全部事业都依赖于如下思想:矛盾是一个问题;如果真理就是我们所要寻求的,那就必须消除矛盾。事实上,正是因为矛盾似乎不易得到解决,怀疑论者才放弃了去发现真理的企图。在面对一个对立时,他不能说,"让我们同时持有二者。二者实际上都是真的。"这样说会挫败他的计划,因为这无异于否认偏差(*anōmalia*),而处理偏差就是怀疑论的工作。因此,甚至怀疑论者也必须在这个程度上接受普通人的认知承诺。即便是他也不会把亚里士多德所说的"所有原则中最基本的原则"悬搁起来。他显然允许我们保留人性的这个认知方面的特点——要是没有这个特点,我们的麻烦也就不复存在,而怀疑论者也就变得不必要了。

不过,甚至在这个地方,怀疑论者也有一个部分的回答。他必须承认,不矛盾原则是一个根本的心理原则,不仅对怀疑论的全部事业具有调节作用,在人类生活的其余部分也有调节作用。我们的认知结构的一个特征就是:我们用这种方式继续生活下去,而且我们无法用一种在其他领域中无与

---

[45] 也见 *M* 8.2-140 和 *PH* 2.80-96 对真理的攻击。关于真理的标准,见 *M* 7.1-446 和 *PH* 2.14-79;关于定义,见 *PH* 2.205-212;关于从迹象进行推断,见 *M* 8.141-299 和 *PH* 2.97-133;关于划分方法,见 *PH* 2.212-213。

伦比的方式来处理与这种生活方式的对立。可是，按照这个原则继续下去并不等于相信它是真的，也不等于相信它呈现了事物存在的方式。因此，怀疑论者可以用一种非认知的方式同意接受这个原则的权威，但不是同意接受如下论点：这样一种权威是由事物存在的方式来辩护的。用这种方式来接受这个原则可谓深刻，也许深刻得出奇，但是并不构成对怀疑论的威胁。[46]

7. 我们曾在伊壁鸠鲁主义那里注意到**角色上的不对称**，似乎最初也出现在怀疑论学派这里，当时塞克斯都把自己描述为一位医生，正在明智地诊断和治疗看似被动的病人。然而，即使这种不对称出现在怀疑论这里，它也不具有令伊壁鸠鲁社团得以成形的那种教条含义，即对正确性和权威性的强调。既然我们的目的就在于在生活之流中继续下去并摆脱信念的重负，那么我们当中也就没有谁比其他人更高明或更优越；也没有什么是一个人知道或具有、而另一个人不知道或没有的。当然，有些人比其他人负担更重，有些人更加自由；有些人持有自以为是的错误信念，有些人仅仅按照日常惯例来行事；有些人有摆脱负担的诀窍，其他人仍需学会这种诀窍。然而，这个事实并没有把无拘束的人们转变为权威或救世主；成为权威或救世主是这样一个人想要做的最后一件事。此外，与学生相比，教师甚至更不可能宣称自己有知识或者是专家。如果怀疑论者决定去当医生，那是因为对他们来说，这样做是一件再自然不过的事情；不过，怀疑论是一种人人都可以学会的诀窍。妮基狄昂也许长期与一位怀疑论学派的教师保持密切关系；更有可能的是，她很快就会熟悉这种秘诀并亲自加以实践。塞克斯都的意思是说，怀疑论提供了一项最大的好处，即：我们不再受制于自以为是、夸夸其谈的主张，不管是我们自己的主张还是他人的主张。废除真理也就废除了对权威的依赖。

8. 在怀疑论这里，对各种观点的处理几乎就像我们可以从亚里士多德辩证法中所得到的处理一样广泛（尽管这种处理源自对于伪辩证推理的一种"诡辩式的"、强词夺理的利用，而亚里士多德很关心避免这种利用）。在怀疑论者这里，不存在把其他人的观点当作真理或部分真理来尊重的做法；这些观点从一开始就被当作疾病，是容易遭受困扰的根源；

---

[46] 关于这个原则在怀疑论中的作用，见 Burnyeat(1980a) 和 McPherran(1987)。关于在两种类型的同意之间的区分，见 Frede(1984) 和 Stough(1984)。

从一开始,怀疑论者就旨在推翻和驳倒这些观点。之所以如此,不是因为(就像在伊壁鸠鲁主义那里)教师已经声称拥有真理,而是因为已经不再去寻求真理——不管是从什么来源去寻求。当一个观点涌现出来的时候,是不会针对这样的因素对它进行研究的:它在人类经验中的动机,它的分量,它实际上为真的可能性,它与得到确认的信念和直观的关系。当然,它会被扫描,但只是为了查找它对学生所具有的影响力的性质和程度;然后,就像其他一切东西一样,它会被抛入矛盾挤压机中。这种方法看起来很令人反感。但是,怀疑论者说,之所以如此,只是因为我们仍然执迷于"真理是一个目标"的古老观念。对替代性的观点缺乏尊重,这不仅是废除真理的自然结果,也是把学生从她对研究目标的陈旧描绘中拽出去的工具。在妮基狄昂准备抛弃她的那些陈旧的教条方式之前,她必须学会看到信念是无用的和无效的。通过怀疑论者的那种不带同情而且反辩证的做法,她学会了这一点。

9 和 10. 亚里士多德的论证表达了对论证的尊重,不过,出于对具体事情和每个人的判断的尊重,这种论证也会把自身的不完备示意出来。伊壁鸠鲁的论证褒扬自身的完备及其对于人类好生活的充分性。妮基狄昂对自己的怀疑论方法将会采取什么态度呢?我们已经知道答案:她将不得不让这个方法也服从于对其自身的批评。她不可能对它持有信仰,也不可能认为它是真的,因为这样做本身就会与它所说的东西相矛盾,更重要的是会使她在未来成为困扰的牺牲品。不过,她也不会拒斥这个方法或者认为它是假的,因为这样做也会成为独断论。怀疑论者指责说,其他哲学只是把疾病从一个地方转移到另一个地方;怀疑论则把疾病一扫而光。正是在这个地方,怀疑论对医学类比做出了最为著名和生动的利用。怀疑论描述了它自己的途径及其特有的论证。但是,塞克斯都说,"我们必须理解,至于它们[怀疑论的用语]是不是真的,我们根本就不做任何断言(*pantōs ou diabebaioumetha*),因为只要我们认识到它们将自身与所应用的东西一道包含在内,我们就可以说它们可以被自己驳倒——正如泻药不仅从身体中驱除体液,也连同体液一道把自身排出"(*PH* 1.206;参见 *DL* 9.76 和 *PH* 2.188)。反对者会指责说,在利用论证来攻击论证时,怀疑论者暗中承认了他明确攻击的东西,即论证的证明价值。塞克斯都对这样一位反对者重述如下要点:

有很多东西,它们对自身产生的影响就如同它们对其他东西产生的影响。因为,正如火在摧毁燃料之后也摧毁自身、泻药将体液从身体中排除之后也排除自身,用来反对证明的论证既废除了每一个证明,又将自身包含在它们之中(sumperigraphein)。此外,一个从梯子上爬到高处的人,不是不可能在爬到那个地方后就用脚把梯子踢翻,与此相似,在通过一个论证来表明并不存在任何证明后,怀疑论者不是不可能转而废除那个论证本身。(M 8.480-481)

这段话用著名的梯子比喻来补充泻药比喻。不过,怀疑论者好像更喜欢泻药比喻,因为它更频繁地出现在更多的文献来源中。也许它更精确地描绘了怀疑论者的目的,因为它表明怀疑论的那种"自我包含"——怀疑论论证把自身也包含在它们所要反对的论证中——差不多是同时发生的。[47] 怀疑论论证从攻击其他论证的主张入手,正如泻药开始于对身体的前期内容发挥作用。但是,到了治疗过程完成的时候,泻药本身就不见了,与它所要抵抗的妨害物一道从身体中排出。同样,为了消除自身,怀疑论论证实际上并不需要补充一个用来反对自身的论证步骤。怀疑论论证,在消除学生对其信念的承诺的同时,就在放松她对论证的依靠,因此也在放松她对怀疑论论证本身的依靠。在怀疑论过程结束之际(若它最终有可能终止的话,怀疑论者对此表示怀疑),怀疑论本身就消失了。

严格地说,怀疑论论证仅仅是反对已经断言和相信的东西;而且怀疑论者还告诉我们说他不断言什么。因此,怀疑论论证并非恰好是以它们用来反对教条论证的那种方式来反对自身,正如泻药在疏通消化系统中的其他东西时并不需要疏通自身。既然学生是人,一开始他往往会依靠怀疑论论证,只是就此而论,怀疑论论证才需要反对自身。随着学生在总体上变得更加超然,这种程度的依赖也会随着时间而变弱。怀疑论论证,若恰当地加以接受,就无须与自身做斗争;它们只需从心灵中慢慢滑出,而不是停留在那

---

[47] 在谈论泻药的时候,塞克斯都仍然使用时间性的语言:时态和"meta"(在……后)的使用都表明他仍在设想某种时间顺序。不过,与梯子比喻相比,泻药比喻意味着各个阶段之间更加紧密、甚至有点重叠。"sumperigraphein"这个说法肯定是指这样一个事实:怀疑论论证,除了作用于它所要反对的论证之外,也作用于自身。因此它大概指出了这个论证的自我指称的性质:除了它所"圈定出来"的其他东西之外(这些东西被圈定出来,是因为它们"没有根据"或"得不到支持"),它也"在自己周围划上一个圈子"。人们或许有益地比较了雅克·德里达(Jacques Derrida)的做法:他用自己必须继续使用的一个措辞来对某个东西做个记号——即使他的论证已经使得那个措辞失去了根据。

里寄宿下来。[48]

四

妮基狄昂可以这样生活吗?[49]在我看来,没有理由认为她不能,只要她允许自己用不矛盾原则来组织思想,只要她承认自己对"摆脱困扰"的承诺足以规划她对怀疑论方法的参与。首先,我认为,为了克服教条的控制,为了把妮基狄昂从伊壁鸠鲁学派那里推入怀疑论教师手中,可能就需要对平静具有某种相当紧张的渴望。但是,对"摆脱紧张"有一种紧张的依恋是一种很可笑的欲望,一种生来就惹麻烦的欲望。一旦困扰开始消除,我们就可以指望她生活的平静会逐渐减少一切紧张,甚至减少那种渴望平静的紧张。然后,通过让自己放松下来,进入生活之流,进入显像的作用以及本能和习惯的推动中,她就会在怀疑论途径上继续前行:一开始也许是出于感激和害怕,感激这一途径已经给予她的东西,害怕再次陷入困扰;但后来(由于感激和害怕都依靠信念)她就会采取一种更加放松的方式,因为那就是她的习惯和自然倾向。随着时间的延续,她会变得越来越不需要推动力,越来越多地把强烈的情感和紧张的承诺清理出去;于是她就越来越不需要面对这些东西来组织自己的生活。随着她的各种依恋变弱,她对怀疑论的依恋或承诺也会变弱。不过,这不会有什么重要性了,因为到了此时,一切都会变成习惯,她只是继续下去而已。

在我看来,我们没有理由认为一个人不可能这样生活。怀疑论者提出一个强有力的理由来表明这样生活不仅是可能的,也是实践上一致的。从经验上说,我们并不需要用充满幻想色彩的《皮浪的生活》来为我们提供支持,因为怀疑论实践与东方的治疗哲学有诸多共同之处(而且可能受到了后者的影响),而后者向我们提供了一种超然的存在方式(很像塞克斯都所

---

[48] 关于自我包含,见 McPherran(1987),他论证说,只要怀疑论的主张是用一种非断言的方式提出的,怀疑论就不会反驳自身。麦克弗兰也支持对怀疑论的"循环"(peritropē)提出一种两阶段的解释,并指出 Cicero. *Acad.* 2.95(怀疑论者就像佩内洛普[Penelope]那样编织和拆开自己的织品)、Stobaeus, *Florileg.* 82.13 以及 Plutarch, *Comm. Not.* 1059E(怀疑论就像一只在触须长出来后就把它们吃掉的珊瑚虫)为这一解释提供了额外证据。需要注意,这些额外对比不是皮浪的,而且删除了学园派怀疑论者和皮浪派怀疑论者之间的差别。

[49] 见 Burnyeat(1980a)。

推荐的那种方式)的很多经验例子。[50] 怀疑论者提出的理由的可信性取决于一个心理主张,即消除困扰是我们的自然倾向。不过,很多人都已经发现这个主张是可信的;只要看看动物以及那些并不教条的人们的行为,就可以发现它很有道理,甚至有可能是真的。既然如此,在我看来,怀疑论者就对伊壁鸠鲁式的教条提供了一个切实可行的取舍,而这个取舍,就像他所说的,在达到一个类似的目的方面被证明更有成效。

但是,怀疑论的做法看起来之所以如此合理,一个理由就在于:当它要求激进地修改生活方式[51]时,它对这种修改非常坦然。皮浪谈到"完全剥夺我们作为人的存在状况";塞克斯都把怀疑论者描述为理性欲望方面的阉人。这是很有启示的说法,因为它也许承认:即使我们已经留下的东西是我们自然构造的一部分,我们已经切断或清除的东西也是所谓"自然人"的一部分。我们的选择就在于通过让自己摆脱自然的一部分来遵循它的另一部分。阉人比喻,就像对伊壁鸠鲁使用的类似比喻一样,意味着一旦做出这个选择,就回不来了。因此,我们有资格追问更多的问题,这些问题关系到妮基狄昂在这个变化发生之后的生活方式,关系到她可能会对自己和他人采取什么态度。怀疑论者用不同寻常的诚实和无与伦比的想象力为我们回答了这样的问题。

当一个人将自身看作显像的把戏,当他放弃亚里士多德式的、通过积极运用理性来统一显像的思想,一种奇怪的自我认识(或这种认识的缺失)也就产生了,而对于怀疑论者的消极性,对于这种认识(或者它的缺失),人们已经提出很多说法。[52] 我认为其中一些要点言之有理;但是我觉得没有理由认为,妮基狄昂作为一位即将入学的学生,竟然会因为它们而困惑不已。实践理性对某些人来说是令人痛苦的脆弱性的一个来源,因此,对于这样一个人来说,在自我当中有点不统一、有点消极(我们在一些高等生物那里看到的对理性的动物式运用)反而很受欢迎。如果她正在过一种与玩耍中的儿童(或者狗或蜜蜂)的生活很接近的生活,那就更好了。因

---

[50] 关于皮浪与他那个时代的印度哲学方法之间的可能联系,见 Flintoff(1980)和 Sedley(1983a)。

[51] Annas and Barnes(1985)用"生活方式"这个说法来翻译 agōgē,我认为这很有道理。

[52] 特别见 Burnyeat(1980a);Collins(1982)对印度思想中的自我概念提出了类似的批评。

此,在结束本章时,我希望把注意力集中到她所能得到的意愿态度和情感态度,看看我们能否用这种方式让她对自己正在放弃什么有一个更加生动的想法。

妮基狄昂最终会缺乏一切按照标准说法来说的情感,也就是说,所有基于信念的意愿态度,所有诸如愤怒、恐惧、妒忌、悲伤、羡慕、热烈的爱之类的态度。之所以如此,是因为它们都立足于信念(怀疑论者及其对手似乎都同意这一点);她将没有任何信念。很多文本都把排除情感作为怀疑论的生活方式的一个优点来加以强调;关于皮浪的传说故事就确认了这一点。

还会有其他令人惊异的好处。怀疑论者强调说,只要排除了信念,也就排除了狂妄自大和脾气暴躁,而正是这两种情感造就了人与人之间的隔阂。怀疑论者坚持认为教条主义者自怜自艾、轻率鲁莽且骄傲自大(例如 PH 1.90,1.20,1.177;2.258),而他们自己则安宁温和。第欧根尼说(9.63)年轻的皮浪鲁莽而易怒;怀疑论教会了他沉着与随和。事实上,第欧根尼颇富启发性地告诉我们,一些怀疑论者其实说道,他们的目的——摆脱困扰(ataraxia)——也可以被称为温和(praotēs)(9.108)。[53]还有,人们想象教条主义者总是在干涉他人,将自己的做法强加于他人;相比之下,怀疑论者则很宽厚。怀疑论者洁身自好(9.68),让其他人自行其是。在谁应该做什么之类的问题上,怀疑论者也不是社会偏见的奴隶。皮浪与姐姐一道生活,并不介意有人看见他正在打扫房屋,[54]把猪赶到集市上去卖;"他们说,他甚至给猪洗澡,以此来显示自己的无动于衷"(65-66)。在性角色和阶级意识方面的这种欠缺在当时显然很令人震惊;不过,对妮基狄昂(也是对我们)来说,这种欠缺可以成为一个很有吸引力的结果。

但是,这种"无动于衷"的另一面更加令人不安。有些人可能会接受一种没有情感的生活,不过,即便是这些人也有可能会因为自己的生活在某种程度上缺乏对他人和对社会的承诺而感到不安。怀疑论者试图坚持认为,

---

[53] 关于温和(praotēs)在怀疑论中的作用,见 Morrison(1990);Laursen(1992)讨论了怀疑论者所说的"温和"在晚期政治思想史中的地位。

[54] 古希腊社会认为,一切室内家务活对于男人来说都是可耻的。去市场上做交易不是一个性别问题,而是一个阶级问题;甚至在一个一般富有的家庭中,去市场上做交易也是一件要由奴隶来做的事情。

在外面，妮基狄昂会像她所生活的世界中的任何人那样生活，允许自己把合乎美德的行动与合乎社会惯例的习惯（她本来就是在这些东西中成长起来的）当作行动的动机。不过，他们也知道，他们已经消除了在对美德的承诺中显示出来的那种紧张——这种紧张会让人们为了正义而拿自己的生命冒险，或者会为了他们所爱的人而忍受艰难险阻。在这里，我们不妨考虑一下塞克斯都对一项指责提出的格外含糊的回答，这项指责说的是，要是一个暴君命令怀疑论者去做某件"坏透了的"事情，他就无法做出选择。塞克斯都回答说：

> 当他们这样说的时候，他们并不理解：尽管怀疑论者并不按照某个哲学论述来生活（因为他在这个方面并不活跃），但他完全能够按照非哲学的生活实践来选择某些东西、避免其他东西。因此，如果一个暴君强迫他去做某件坏透了的事情，那么，通过按照祖先的法律和习惯来进行一番思考，他可能就会选择某件事情而避免其他事情。（M 11.165-166，参见 DL 9.108）

"可能"（tuchon）对我们来说就够了吗？对妮基狄昂来说就够了吗？就"哪一个取舍'可能'会被选择？"而论，"可能"这个说法在古希腊语中并不比在英语中更清楚。不过，怀疑论者就只能这样了，因为她会与各方力量对她的作用保持一致，但无法提前保证哪一方力量会用一种更有力的方式将她向前推进。

同样的随意也会出现在她与其他人的关系中。（在这里，我认为考虑一个相关的理想是有益的，那就是在最近的文化中出现的"轻松"而非"拘谨"的理想，这个理想有一些同样的后果，其中有好有坏。）作为一个怀疑论者，只要她想得起来，她有时就会去做有益的好事情；她可能会把怀疑论论证提供给其他人；会帮朋友做家务，甚至会帮朋友打扫猪圈。不过，她不可能是出于任何严肃的承诺、甚至也不是出于情感来做这样的事情；因此，很有可能的是，在做这样一件事情时，她不会把自己置于为了另一个人而甘愿冒险或忍受艰难的地步。[55] 在友谊和婚姻方面保持忠诚的习惯，只要更容

---

[55] 当然，这个说法在很大程度上取决于人们如何估计未受教育的本能在动物和人那里的强度：因为斯多亚主义者会允许学生保持任何以本能和"自然"为基础、而不是以信念为基础的行为方式。

易做到,就会得到遵守;但是,保证服从这些习惯的承诺会被看作一种不合时宜的拘谨,因此得不到理睬。"有一次,当阿那克萨库斯(Anaxarchus)掉进泥潭中去的时候,皮浪从旁边路过,但没有去帮他一把;当其他人责备皮浪时,阿那克萨库斯却赞扬他无动于衷,赞扬他不为情感所动"(DL 9.63)。

妮基狄昂想要这种生活吗?在20世纪六七十年代,我们知道有很多人因为憎恨侵略,憎恨那种导致战争、个人嫉妒以及各种刻板行为的坚定承诺而追求这种无动于衷。但是,甚至皮浪也有自己的底线。在他最富有启示、最值得注意的一段轶事中,第欧根尼告诉我们:有一次,一个男人辱骂皮浪的姐姐斐利斯塔(Philista);皮浪允许自己为了姐姐而发怒,说"一个人不应该对一个无助的女人[56]显示自己的冷漠"(DL 9.66)。某种尚未被完全切除的爱阻止了哲学的全盘胜利。皮浪可能已经回答说,这就是在自然的、本能的层次上表现出来的对他人的关心,因此与其怀疑论是一致的;不过,他的回答反过来也表明:他把自己的行动视为怀疑论的一个例外,因为这样一个行动要求把这方面的情感和关心表现出来。

在这里,我们最终看到怀疑论是多么深入地侵犯自然,即便是在它声称要让我们回到日常事物的时候。看来它甚至与动物的本性相对立,因为动物并不总是平静的,动物会护卫配偶和孩子。不过,怀疑论更多地是与人类本性相对立,而人类本性的一个显著特征就是要成为一个社会存在者,成为其他人当中的一员,能够形成对其他人的稳固承诺(不管是作为个体还是作为一个群体)。第欧根尼报告说,蒂蒙"不好交际,喜欢栽花弄草"(DL 9.112)。花园的形象——伏尔泰(Voltaire)可能是从这个来源以及从伊壁鸠鲁那里获得了这个形象——不禁让我们想起:只要我们所具有的信念被清除了,侵犯、不宽容、残忍和贪婪的根基也就被清除了。但是,培育自己花园的怀疑论者并不像坎第德(Candide)那样与挚爱的朋友和家人一道来做

---

[56] 他使用的词语"*gunaion*"可以是一个用来表示"亲爱"的词语(比如在美国俚语"the little woman"[妻子,老婆]中),也可以指软弱或无助。不过,斐利斯塔的故事很含糊,因为它是在两个截然不同的版本中流传下来的——见Brunschwig(1992)。第欧根尼·拉尔修的版本和亚里斯托克勒斯(Aristocles)的更长的版本都是从安提柯乌斯(Antigonus)那里传下来的。亚里斯托克勒斯的版本没有使用否定谓词:人**应该**在这样一件事情上表现得无动于衷;但这件事情却得到了一个相当不同的解释:皮浪所避免的是对他姐姐发脾气——因为她没有把献祭用的东西准备好,害得他不得不自己去买这些东西。按照这个版本,皮浪是在向他姐姐显示出温和(*praotēs*),并认为这就是人们对待一个女人应该采取的方式。

这件事情；他不像伊壁鸠鲁那样与自己决定要关心的朋友一道生活；他不像卢克莱修所设想的学生那样爱着自己的配偶和孩子；他孑然一身。一个人应该把他的无动于衷显示出来，但是，也许不是在他所爱的那个人身上也不在那座城邦之中。

第九章 斯多亚学派的滋补品：哲学与灵魂的自我管理

一

"我向你保证，有一门医治灵魂的技艺。那就是哲学，我们无须像在身体疾病的情形中那样从外面去寻求它所提供的帮助。我们必须努力用自己的一切资源、一切力量变得有能力医治自己"（Cicero, *TD* 3.6）。"我在写下一些有益于健康的实践论证，有用的药物的处方；我已经发现，它们对于治愈我自己的溃疡很有效——尽管尚未完全治愈，至少已经停止扩散了"（Seneca, *Ep.* 8.2）。于是，首先是西塞罗，然后是塞涅卡，都显示了斯多亚学派对医学类比的运用，而在斯多亚学派的文本中，较之希腊化时期任何其他学派的文本，这个类比更普遍，发展程度也更高——事实上，它是如此普遍，以至于西塞罗声称自己很"厌倦"这些文本对这一类比的"过度关注"（*TD* 4.23）。这个类比可以追溯到斯多亚学派最伟大的哲学家克里西普斯（Chrysippus），在那本论述激情的治疗的书中，他写道：

> 如果认为存在着一门我们称为医学并以患病的身体作为研究对象的技艺（*technē*）、而不存在以不健全的灵魂作为研究对象的相应技艺，那这就不是真的。认为后者在对个别案例的理论把握和治疗上不如前者，这也不是真的。（*PHP* 5.2.22, 289D-*SVF* 3.471）

克里西普斯继续说道，这个类比对于引导我们去寻求哲学治疗很有价值："因为二者的亲密关系，在我看来，会向我们揭示这两种医治模式在治疗上的相似性和类比关系。"（*PHP* 5.2.24）不管怎样，对医学类比的研究将有助于斯多亚哲学达成其实践目标。[1]

医学类比对斯多亚主义者来说如同对伊壁鸠鲁主义者和怀疑论者一样重要——既阐明了哲学的恰当职能,在发现和辩护对哲学的内容、方法和步骤的某个具体论述上又具有价值。显然,就像其他两个学派一样,斯多亚主义者希望提出这样一个主张:一门关于灵魂治疗的哲学技艺,若正确地发展和适当地应用,对于获得人类生活的最高目的既是必要的又是充分的。"至少要确信",西塞罗笔下的谈话者宣称,"除非灵魂(*animus*)[2]得到治疗,否则我们的苦难就不会有尽头,而假若没有哲学,灵魂也就得不到治疗。因此,既然我们现在已经开始,就让我们为了治疗而把自己交给哲学吧;如果我们希望得到治愈,我们就会得到治愈"(*TD* 3.13)。这些哲学治疗是什么,又会使用什么论证和技术?它们宣称要治愈的是什么人类疾病呢?

斯多亚主义者与伊壁鸠鲁主义者以及怀疑论者一道分享了一种深厚的兴趣,即对于人的自足和安宁、对于利用哲学来促成这种幸福状况的兴趣。但是我相信,对于本书第四章和第八章提出来反对这项计划的一些批评,他们拥有比其他两个学派更为恰当的回答。首先,就像开篇西塞罗的引文已经指出的,斯多亚主义者格外尊重每个人的积极的实践推理,并赋予这项活动以重大价值——实际上,他们把工具价值和内在价值都赋予它。他们为哲学治疗构造了一个公正地对待这个思想的论述。

按照这个论述,哲学仍然是一位富有同情心的医生,照顾着人类最迫切的需要。"没有时间玩耍",在攻击那些把研究逻辑难题当作职业的哲学家时,塞涅卡这样说道。"……你已经许诺要帮助遭遇海难的人、被囚禁的

---

[1] 整个这段话,正如盖伦所引用的,既显示了克里西普斯对这个类比的具体兴趣,又表明他希望揭示这个类比在日常用法中的根源(*PHP* 5.2.22-28, 298-300D)。盖伦跟随波西多尼乌斯,接受这个类比的启发性和辩护性的价值,但是声称它实际上辩护的是一种柏拉图式的健康概念,即把健康理解为各个分离部分之间的某种平衡。穆索尼乌斯·卢弗斯在名为《女人也应当做哲学吗?》("That Women Too Should Do Philosophy?")的文章中也显著地利用这个类比——见本书随后的讨论。

[2] 在处理斯多亚主义思想的这几章中,我将把"*animus*"翻译为"灵魂"而不是(就像在论述伊壁鸠鲁的那些章节)译为"心灵"。我这样做,是因为 *animus* 无疑就是"*psuchē*"这个希腊语的拉丁译文,包括了人们用 *psuchē* 来涵盖的一切,而卢克莱修在 *animus* 和 *anima* 之间所做的区分把 *psuchē* 分解为两个东西。卢克莱修的 *animus* 可以与 *mens* 交互使用,但情感状态往往涉及 *pectus*,或者是用情感措辞本身来描述的。对斯多亚主义者来说,所有的情感和欲望都属于 *animus*。

人、生病的人、贫困的人以及即将被砍头的人。你在什么地方把你的注意力转移出去了呢?你究竟在做什么呀?"(*Ep.* 48.8)不过,这种同情与一种根本的尊重相结合,即尊重每个人的推理能力的完整。病人不能只是病人,充满依赖并等待接受;她必须变成自己的医生。哲学的医疗功能首先被理解为**增强灵魂**——发展灵魂的力量,帮助它更有效地使用自身的能力(Seneca, *Ep.* 15)。[3]斯多亚主义者就是用这种方式来公正地对待一些关于理性的强有力的信念,它们曾在亚里士多德的理论中得到维持,却在伊壁鸠鲁主义和怀疑论那里被(多多少少地)撤换了。不过,与亚里士多德不同,斯多亚主义者把这种对理性的尊重与一个承诺结合起来,即承诺要激烈地批评传统信念,要把一切合乎理性的人性都包含在哲学中,不管它出现在什么地方(出现在世界上什么阶级、什么身份、什么性别、什么地方的人那里)。我们将会看到这些要素如何产生了一门与众不同的哲学课程,一门以理性的自我管理和普遍公民身份的思想为基础的课程。

其次,斯多亚主义论述情感之本质和结构的著作,不论是在系统的综合性上,还是在具体分析的精确性上,都远远超出怀疑论,在某些方面也超出伊壁鸠鲁。斯多亚主义者对情感的论述于是就成为一种强有力的论述。即使我们反对他们得出的结论,即应该从人类生活中消除激情,我们也可以接受这一论述。但是,他们的分析也得出一些深刻的、没有循环论证嫌疑的论证,这些论证可以用于反对这样一些人:他们看重情感以及对外部事物的依恋,而这种依恋就要求情感投资。在斯多亚主义者对激情的谴责中存在很多要素,它们就像我们研究过的希腊化时期的其他论证一样,预设了真正的善的自足性和外部事物的价值,但是,在他们的道德心理学中,我们也会发现一些论证,而只要一个人确信与外部事物相关的善(例如个人之爱和政治活动)具有真正的价值,这些论证就会给他带来严重困难。克里西普斯很明确地指出这就是他的构思。他说,对于学生可能持有的任何主要的善观念,斯多亚主义都有与之相关的论证,因此,即使学生不准备接受斯多亚主义的观念,他也可以按照自己的观念而确信自己有理由摆脱激情(*SVF* III. 474 = Origen *Contra Celsum* 1.64,7.51)。此外,我们将会看到,克里西普斯的构思得到了令人赞叹的落实。尤其是,我们会发现一个论证,大意是

---

〔3〕 这不只是隐喻,也是一个地地道道的物理观念。斯多亚主义者对心灵提出了一种物理论述,对这种论述的一般讨论,见 Long and Sedley(1987)第 313—323 页。

说,普通人的外在依恋,若用很多日常的伦理观点(亚里士多德的观点也与之一道)所推荐的方式来认真看待,就会把行动者置于本质上既无法与理性的要求相缓和,也不能与之相适应的情感状况;实际上,若无法可靠地加以阻止,这种状况就会把行动者直接领入大多数普通人(以及亚里士多德主义者)本身都要谴责和逃离的一种过度、残忍和怪异。

最终,不同于其他两个学派,斯多亚主义者发展出一个政治理论,该理论既支持他们对哲学治疗提出的一般论述,同时也得到了后者的支持。他们不像其他两个学派那样厌恶政治,反而试图在不改变社会的情况下通过缓和个别学生(或朋友群体)的个别欲望来为他们谋求幸福。他们把创造一个公正且人道的社会视为己任。而且,他们论证说,这项任务,就像那项私人任务一样(以及作为它的一部分),离开了哲学治疗是无法获得的。他们对激情疾病的诊断成为对政治动荡的一种诊断的基础;一旦根除了激情,政治美德据说就有望获得一个新基础。

我会依次研究斯多亚主义者做出的每一项贡献。本章将把焦点放在治疗技术和策略,表明他们对医学类比的解释如何不同于其他学派的解释,并想象这一切对妮基狄昂的教育所产生的影响。然后我将转向他们对情感或激情[4]所做的论述,以及他们提出的如下论证:应该将激情从人类生活之中完全予以根除。在本章和下一章中,通过利用希腊和罗马的原始资料,我将试图对斯多亚学派的主流信念提出一个融贯的、综合性的论述。[5]随后

---

〔4〕 以下我将用一种多少可以互换的方式来使用这两个词,而不是把它们显著地区分开来。"情感"这个说法现在是一个更常见的表示"属"的(generic)术语,而"激情"这个说法不仅在词源上更接近最常见的希腊和拉丁术语,而且在西方哲学传统中也更加根深蒂固。不管怎样,我想用这两个术语来标出一个属(genus),而恐惧、爱、悲伤、愤怒、羡慕、嫉妒之类的经验以及其他类似的感受——但不包括饥渴之类的身体欲望——都是它的种(species)。(这种做法对应于斯多亚主义者对"pathē"这个希腊语的使用,虽然其他希腊作家有时更广泛地使用 pathē,把它应用于生物的任何一种感受,而这一做法维护了这个词与"paschein"这个动词的一般联系。)很多希腊思想家都把我们称为"情感"(作为与身体欲望相对的东西)的那些经验归为一类,这种做法至少始于柏拉图,始于他对灵魂的中间部分的论述。斯多亚主义者和柏拉图都认识到了同样的家族相似性,尽管在如何恰当地分析和定义这个家族,这些经验是否可以被恰当地赋予动物和儿童等问题上,柏拉图和克里西普斯有不同的想法;波西多尼乌斯复兴了柏拉图的分析。

〔5〕 关于塞涅卡就激情的分析所持有的克里西普斯式的正统观点,见本书第十一章和 Inwood(1993)。爱比克泰德无疑信奉克里西普斯的观点。对这一点的一个全面分析,见 Bonhöffer(1894)。

两章将更紧密地关注塞涅卡和罗马斯多亚主义。在第十一章,通过研究塞涅卡的《论愤怒》(*De Ira*)及其对于情感在公共生活中的作用的论述,我会探究斯多亚学派激情学说的动机和后果。[6]最终,在第十二章,我会转到斯多亚学派的诗作,即塞涅卡的《美狄亚》,在这里我们会发现斯多亚主义者反对激情的最强有力的论证,一方面详细阐明这些论证,另一方面又对它们进行质疑。

二

妮基狄昂于是就来到廊下学园(the Stoa)。她以前的经验并未完全说服她,她的理性的和批判性的才能也仍未被怀疑论的攻击所平息,因此她就决定去寻求一条不同的推理路径。她依然觉得困惑和脆弱。她渴望自己无法控制的东西,不满足于自己有所控制的东西。她希望对自己的生活负责,也很想恋爱。她似乎仍然觉得死亡是件坏事——当她在其他方面觉得最幸福也最有活力的时候,就更是如此了。

她想从哲学中得到什么呢?理解这一切,理解自己。因为她认为她必须为自己并在自己当中来发现和决定哪些东西值得看重、哪些不值得,哪些冒险值得承受与之相伴随的痛苦、哪些不值得。她觉得,甚至生活中最令人痛苦和困惑的方面也会变得更可忍受,只要她有了理解,有了选择,有了这样一种感受——她既在这里又不在这里划定了自身的界限,既用这种方式又不用这种方式形成了自己的欲望和评价。然后,审视自己并管理自己。

但是她还想要更多。她希望感到自己是一个共同体的成员,想关心其中所有人的善。(对于这样一个共同体的适当界限会是什么样子,她的想法依然很朦胧;我们将会看到斯多亚主义如何塑造了这些设想。)伊壁鸠鲁共同体对友爱的强调,她在亚里士多德学说和卢克莱修诗作中所发现的对城邦之善的强调,都已经让她觉得:若不去拥抱**某个**更为宽广的关爱之网,生活就不完备;实际上,她本人从根本上说就是一个社会存在者,一方面与

---

[6] 因此,我不再另外论述斯多亚学派的政治思想,这项任务要求另外撰写一部著作。但是,对于如何治疗对金钱、权力和荣耀的过度依恋,相关地,如何治疗愤怒以及其他导致社会不睦的激情,斯多亚主义者都有所论述,我相信我们可以从中发现他们对政治思想做出的最重要的贡献,因此,我也相信他们的核心贡献事实上会得到讨论。

那张网相似，另一方面又依恋它，这些东西都对她施加了约束，而且，若没有那张网，她自己就不完整。

不仅如此。妮基狄昂实在想要从事哲学，也就是说，想要从事艰苦而积极的智力工作，想用自己的心灵、通过推理和做出区分来掌控事物。她想要无偏见的思想和持久不变的努力所带来的愉悦。这个欲望曾在亚里士多德学派内部得到鼓励，而在伊壁鸠鲁主义那里则以其错综复杂的论证结构得到满足——然而只是用一种限制性的方式。因为伊壁鸠鲁学派似乎并未回应她的一个直观，即积极的实践推理是一种具有内在价值和尊严的东西，是她的人性的一个本质要素。或者说，即便伊壁鸠鲁学派的确有所回应，也不过是用一种泛泛而论、模棱两可的方式。这个学派在推理的权威上有着不对称的结构，而既然她是学生，这种结构就鼓励她用消极的信任去接受导师的教条学说、将它们保留在自己内部，而不是自己积极地从事推理。不过，我们在某种意义上仍然可以认为，伊壁鸠鲁学派确实力劝她用理性来保护自己，以免在生活中陷入混乱、对事情消极应对。正如我们已看到的，怀疑论甚至抛弃了对理性的这种承诺，力劝她抛弃用思想来掌控生活的强烈愿望。

妮基狄昂现在来到了廊下学园，她觉得，放弃通过自己的思考来掌管自己的生活这一目的，无异于放弃一种极为深厚和根本的东西；她觉得没有这种东西自己就活不下去。她想用好的推理给予她的坚韧和活力来战胜自己的懒散和困惑。她想更多地而不是更少地成为一个独特的自我，变得更健康、更强壮，只为自己思考，积极地思考，而不是消极地充当其他人的教条的容器。总而言之，她想加强自己心灵的力量。她把塞涅卡的劝告牢记在心：

> 没有哲学，心灵就会变得苍白。身体也是如此：即使它可能很强大，也只是像疯子或狂人的身体那样强壮。因此，首先去关心这种健康吧。在此之后，假如你想要良好的身体健康，也去思考心灵的健康吧，这样做不会要你付出多大努力。(*Ep.* 15.1-2)

按照我目前的描述，妮基狄昂的动机有两个方面，可以称之为治疗的方面和哲学的方面。在她的思想中，这两个方面几乎不可分离，但是原则上仍可分开。妮基狄昂希望哲学改善自己的生活。她觉得自己的生活不太对劲，这种感受是把她引向哲学的部分原因。但是，她也因为哲学自身而向往哲学,她认为哲学方法本身就有价值。她希望哲学成为自己健康的一部分,而不仅仅是一副药剂。在她看来,她的哲学兴趣的这两个方面是互补的,因为她希望用理解和推理提供的控制来改善自己生活,她很重视的那种哲学训练也会让她变得更加健康。另一方面,我们也可以看到,这两种兴趣之间想必存在着某种张力。她对批判性独立的依恋有可能将她引向一种用斯多亚主义特有的方式来理解的治疗方向,也有可能不把她引向那个方向。在本章中,我将集中于哲学方法(尽管我将不否认这些方法本身就有一个规范内容)。接下来我们会看到斯多亚主义者如何利用这些方法来推荐他们激进的治疗目标。如前所述,他们并不假设,任何一位学生,只要同意遵循他们的方法,也会同意他们特有的目标,例如根除激情。他们尊重学生的理性独立,急于表明这种参与完全不会导致顺从。妮基狄昂可以按照他们所推荐的方式去论辩,与此同时也可以拒斥他们提出的每一个结论——只要她提出自己充分有力的论证。另一方面,斯多亚主义者必须让她确信,他们那种激进的批判性论证是好的和令人信服的。

斯多亚主义者可能开始鼓励她去认真看待他们对日常信念提出的激进批评的结果,方式之一就在于提醒她:她是作为一位受到尊重的学生呆在那里;在亚里士多德学园中就不可能一直都是这样了,尽管在对实践推理的承诺上,亚里士多德学派还是有点像他们的学派。亚里士多德式辩证法对根深蒂固的习俗和日常信念毕恭毕敬。亚里士多德学园遵循当时的习俗,显然不允许女性从事哲学研究。这两件事情只是偶然发生联系吗?斯多亚主义激烈地批评习俗和日常信念,论证说人们深深地持有的很多日常信念通不过合理性的合适检验。在通不过检验的信念中,就包括女性不能也不应当做哲学这一信念。妮基狄昂正在这里研究哲学(没有经过乔装打扮),因为那种批评得到落实,其结果也被认真对待。以下我把她设想为一位罗马斯多亚学派的学生,因为对于芝诺和克里西普斯领导下的斯多亚学派的教育结构,我们所知甚少,此外,对于斯多亚学派的治疗论证,我们现有的很多材料都是来自罗马的原始资料,尤其是来自塞涅卡和爱比克泰德。但是,我不相信我将描述的那个关于女性教育的见解完全不符合希腊斯多亚主义者的观点,后者强调说,在理想的城邦中,一切有美德的人都有平等的公民身份,甚至性别的区分也会被消除,因为那是由穿着上的差异产生的。[7]

于是，让我们想象妮基狄昂在准备成为斯多亚派的学生时所遇到的激进批评的第一个例子。不妨想象一下，她认识的大多数罗马男性（尤其是她丈夫，假如她结了婚的话）都反对她的选择，她听到了这些非议。他们说，哲学是女性天生就不适合于追求的，哲学会把女人转变为坏妻子：多嘴多舌、争强好胜、疏于家务、不守贞操。大多数罗马男性大概都在不同程度上相信这些说法，妮基狄昂自己可能在某种程度上也是如此。在一部富有魅力的短篇著作中，穆索尼乌斯·卢弗斯（Musonius Rufus，爱比克泰德的老师，生活在公元1世纪）回答了这些"论证"。这部题为《女人也应当做哲学吗？》的作品试图向一位假想的男性对话者表明，只要他反思一下自己所相信、所说、所愿望的一切，他反对女性接受高等教育的偏见就站不住脚。简要地说，卢弗斯的论证是这样的。首先，"女人有不同的本性"这一信念经不住经验的理性审查，因为只要我们不带偏见地逐一考察与做哲学有关的才能，我们就会发现女性也有这些才能：五种感官（他一一加以列举）、推理能力（通过与女性交谈，我们知道她们有这种能力），对伦理区别的敏感，欲望，一种关心自身之善（*oikeiōsis*）的自然倾向。她们需要的是进一步的探究和探寻。不过，这个需要是所有人都应有机会满足的。这位斯多亚主义者于是就强调说，向来就没有可靠的理由不将哲学的心灵看成是"无性别的"。只要对话者无偏见地审查他自己与女性交往的经验，就可以期待他会在其中发现这些判断的根据。

接下来我们转向美德。对话者反驳说，也许只有男性才需要美德。穆索尼乌斯雄辩地捍卫了如下思想：同一份美德清单对男性和女性来说都是标准——而且，只要对话者超越了偏见，他就会承认这一点；哲学既会在男性这里也会在女性那里促进这些美德。女性也需要实践智慧，以便审慎地管理家务。用节制的美德来控制身体欲望，这对于男性和女性来说的确同样重要；这种美德会得到迅速发展，因为丈夫们被认为对此都已经很关心。在对一家人的恰当管理中，在与孩子、丈夫、朋友、家人的良好交往中，公正也是一种很重要的美德。最终，女性也面临冒险和危险，尽管她们面临这些东西的生活领域不同于男性的军事领域。难道男人不想有一位以适当的勇

---

[7] 尤其见 DL 7.32-33。有关文本的译文出现在 Long and Sedley(1987)第429—437页。现在亦可参见 Schofield(1991)。

敢来面对分娩、养育之类的事情的妻子？谁会知道不要对暴君卑躬屈膝，不要在恐惧中为了保全自己的性命而出卖家庭？好吧，那么如何最好地获得这些美德呢？最好是通过在哲学上发展积极的实践推理，而这种发展也会让女性对自己的直观提出批评和自我批评。

于是，面对对话者的最终抗议，穆索尼乌斯就用对医学类比的一种显著利用来作答：

> 但是，有些人说，天啦，那些去跟哲学家做研究的女人会变得异常顽固和大胆。她们会留下家务事不干，混迹于男人当中去参加争辩，做出强词夺理的区分，参与三段论推理，而这些时间她们本应呆在家里纺羊毛。但是我要说，不仅从事哲学研究的女人，也包括从事哲学研究的男人，都不应该抛弃自己的恰当任务而仅仅去从事论证。不管她们/他们忙于什么论证，我要说的是，一切论证工作都是为了行动。正如一个医学论证若不让人体变得健康就毫无用处一样，如果某人作为一位哲学家掌握或教会了一个论证，而这个论证不会促进人类灵魂的卓越，那么它就毫无用处。(12.5-19, Hense 的版本)

总而言之，如果你抛开偏见，合理地审查这件事情，认识到有关的相似和差别，那么，对于女性的才能、教育以及如何打发闲暇时间的问题，你就会得出一个激进的结论。如果你批评说女人过于沉溺理智活动，那么也没有任何这样的批评是你不应该在类似情况下应用于自己的。

这部非凡的作品向我们显示了妮基狄昂在开始新的教育时可能会期望的一些东西。下面我们会转向这部著作的论证，把它们作为斯多亚学派治疗的范例来分析。然而，目前我们应该强调这部文本的一个显著特点：它对对话者的积极推理和参与的尊重。穆索尼乌斯用论证来支持一个激进的结论，朝气蓬勃地进行论辩。但是他并未简单地断言结论，也没有要求对话者干脆寂寞不语。相反，论证结构被格外清晰地展现出来，对话者受邀成为积极的参与者。着重点并不在于斯多亚主义者在这个观点上的正统说法（实际上，斯多亚主义未被提及），而是在于：只要一个对话者真诚地尝试对自己的一切信念做出连贯的排列，他就会发现那个激进的结论是唯一合理且一致的结论。

三

　　理性的尊严在每个人身上都应得到尊重，这是斯多亚式治疗之核心的、引导性的态度。斯多亚主义把人和动物鲜明地区分开来。[8]（实际上，人们或许会把斯多亚主义者对动物所采取的那种有点轻蔑的态度、对在其他物种那里显示出来的合理性迹象缺乏关注，视为他们深刻关注人类合理性的反面。）据说，理性标志着人达到了无可比拟的高度，值得无限的尊重和自我尊重。"推理的要素把我们与什么东西分离开来呢？"爱比克泰德自问自答，"与野兽分离开来。还与什么别的东西分离开来呢？与羊和类似的动物分离开来。因此，当心，我们千万不要像野兽那样行动"（Disc. 2.9.2-3）。只要理性在任何一个生物身上出现，它就有资格要求其他生物的尊重，也要求自己的尊重。妮基狄昂得到的第一个也是最基本的命令，就是要在自身当中尊重和培养那个十分重要的要素——理性，即她的人性的基础。只要她认识到了这种能力，她就应该加以尊敬；在关于人的东西中，没有什么其他东西更值得尊敬了。在一封动人的信函中，塞涅卡对卢西利乌斯（Lucilius）说，在我们形成对人的看法时，去关注无关的外部特征例如财富和地位纯属愚蠢：

　　　　还有什么比在一个人那里去赞扬并不真正属于他的东西更愚蠢呢？如果一个人对各种东西都很好奇，而这些东西下一刻就可以被转移给别人，那么还有什么比这个人更神智不全呢？……谁都不应该对不属于自己的东西感到自豪。……假设他有一群吸引人的奴隶、一幢漂亮的屋子、一片很大的农场、一份丰厚的收入，但这些东西无一在他之内，而只是在他周围。那么，就去赞扬在他当中既不能被给予也不能被拿走、属于这个人自己的东西吧。你问那是什么？那是灵魂和在灵魂中得到实现的理性。因为人是一种推理的动物。（Ep. 41.6-8）[9]

---

[8] Sorabji（1993）对这一点提出了一个很好的批判性讨论。"理性"这个措辞被用来辩护在人和动物之间做出的鲜明区分，Rachels（1990）对这种用法的历史以及相关的伦理后果提出了一个一般的批判性讨论。

[9] 在这里，斯多亚主义者所说的推理首先是实践推理，即关于生活和选择的推理。此外，请注意，对于斯多亚主义者来说，推理并没有**在原则上**排除情感：情感居于灵魂的理性部分，因此，如果它们受到批评，那并非因为它们是非认知的，而是因为它们是错误的（见本书第十章）。

妮基狄昂会学着看到,这个才能应该得到发展和恰当利用,这是她的人性对她提出的要求,正如应该保持身体健康一样(参见 Ep. 15)。凡是有理性的人都值得她的尊重,无论男人还是女人,无论奴隶还是自由人——因为她要努力成为"仅仅用人之为人的那个部分来评估一个人"(45.9)的那种人。

理性不仅是关于人的最重要东西,也是一种完全属于人、人也有能力加以培养和控制的东西。因此,在妮基狄昂的教育中,另一个基本要素就是拒斥传统祷告以及对待重要事物的传统宗教态度。[10] 真正重要的东西已经处在我们内部,是我们有能力支配的,因此就无须祷告。正如塞涅卡在同一封信的一开始所说:

> 假若在进行写作时你不断向着好的理解迈进,你就做了很好的、有益于自身健康的事情。为此而祈祷是很愚蠢的,因为那本来就是你自己能得到的。没有必要把手举到天上或者恳求神殿的看门人让我们接近神像的耳朵,就好像这样我们就可以被更好地听到。神就在你身边、与你同在、在你内部。这就是我要对你说的。卢西利乌斯:一个神圣的灵魂就坐落在我们内部,是我们的好行为和坏行为的看守者和守护者。我们怎样对待它,它就怎样对待我们。(41.1-2)

按照斯多亚主义的观点,推理不仅内在地就是神圣的,也是占据整个宇宙架构的神性在我们身上的体现。[11] 因此,这无论如何都说不上是一种无神论观点,但却是一种理性主义观点——它抛弃了对外部那些与人同形、反复无常的神明的顺从,这种顺从恰是传统罗马宗教的一个核心特点。[12]

理性能力的运用有很多方面,其中一些稍后将予以考察。但是,妮基狄昂会学着认识到,理性在根本上说是与实践意义上的选择和规避相联系,与在行动领域中对好坏的区别相联系。理性的这种神圣能力往往也被称为"**选择**能力",爱比克泰德想象神这样说道:"我们已经把自己的一部分赐予你,这就是追求和规避、欲望和厌恶的能力,简而言之,利用显像(phantasiai)的能力。"(1.1.12)在后来的一篇论说中,他对学生说道:"想想你到底

---

[10] 关于斯多亚学派哲学与一般而论的希腊化时期文化的关系,见 Sedley(1980)。

[11] 在这里,我们可以在塞涅卡以及一般地在斯多亚主义那里看到柏拉图式的影响。

[12] 在这一点上,Pangle(1990)有一个严重的误解。潘戈好像认为,一切古代宗教观点都严重地依赖对于神的**恐惧**,一种让人们循规蹈矩、阻止他们为自己思考的非理性动机。参见我在这个问题上对其文章的评论。

是谁。首先,你是人,也就是说,在你身上没有什么东西比选择具有更高的统治地位,所有其他东西都要服从选择,但是选择本身不受任何奴役或束缚。"(2.10.1-2)我们可以想象妮基狄昂每天都在倾听这种说辞。在她看来,她的教育是由自己来决定的,是其道德自由的表现。

利用爱比克泰德对"显像"的提及,我们就达到了斯多亚式治疗的最一般的策略:学生必须对她看待世界的方式保持警觉和批评。她所控制的是"所有事物中最强有力、最具支配地位的,即对显像的正确运用"(Epictetus. 1.1.7)。世界通过我们进行感知和形成信念的习惯,用多种方式令我们产生印象。当妮基狄昂进入生活中的时候,她对周围事物存在方式的看法是一种复杂的混合物:教化(习俗、记录、故事等)与个人经验的混合。二者实际上也不是完全分开的:个人经验在很大程度上由从前的教化来塑造。这些看待事物的方式往往是价值负载的,它们对她来说是如此习以为常,如此深刻地作为她的整个存在和行为方式的一部分,以至于当一个显像向她呈现出来的时候,她就会情不自禁地把它当作真理、当作事物存在的方式来同意。按照斯多亚学派的观点,*phantasiai*(显像)往往具有命题内容,[13] 是同意以及接着发生的行动的一个必要条件,但不是一个充分条件。但是,对于一个已经习惯于这些方式且没有其他图景来依靠的人来说,就很难抵制这些方式了。如果事物看来只能是这样,而一个人又不得不按照他对事物存在方式的某个承诺来行动,在这个时候,他怎么能够有别的作为呢?"因此,当某个人同意一件错误的事情时",爱比克泰德写道,"要让他明白他其实不想同意错误的事情,因为每一个灵魂都是被不自愿地剥夺了真理,……但是,实际上是假的东西在他看来反倒是真的"(1.28.4-5)。

这种错误可以发生在简单的感知觉领域,也可以发生在引导行动的价值领域。爱比克泰德坚持认为,它可以说明最可怕的道德错误究竟是如何发生的。美狄亚错误地寻求报复伊阿宋,错误地杀害自己孩子。但我们很

---

〔13〕 见 Striker(1980)。这个事实在译文中往往被掩盖了,因为译文倾向于用"心理意象"之类的词语来翻译 *phantasia*。在 Nussbaum(1978)第五篇论文中,我对用这种方式来翻译亚里士多德提出了批评;但我现在相信,希腊化时期的材料在这一点上是毫不含糊的,进一步支持我对"心理意象"读解的批评,并为如下这一点提供了证据:这些彼此联系的词语仍然很接近"显现"的根本含义。亚里士多德所说的 *phantasiai* 并非严格地类似于斯多亚主义者所说的 *phantasiai*,因为它们无须具有命题内容,而且是动物和小孩子都能具有的;关于这一点,参见 Sorabji(1993)以及本书第十章。

难去责备她,因为她没有机会用其他方式来看待事物。爱比克泰德说,她恰恰是在以自己的文化所给予的唯一方式来遵循某种引导:

> "是的,但是她错了。"那就强烈地向她表明她错了,她不会再犯错了;假若你没有向她表明,那么除了遵循显像外,她还能有什么其他法子呢?没有其他法子了。既然如此,为什么还要对她表示愤怒呢,是因为这可怜的女人已经在最重要的事情上误入歧途,已经从人变为毒蛇吗?若是这样,为什么不对她感到遗憾呢,就像我们对盲人和瘸子感到遗憾那样?为什么就不能同样同情那些在最关键的方面盲目和跛足的人呢?(1.28.8-9)

哲学的任务是要促进对文化和信念做一番彻底的自我审视,而有了这种审视,妮基狄昂就可以——美狄亚本来就可以——掌控自己的思考,充分考虑可得到的选项并从中选出最好的。如果这个世界图景充斥着引向报复的文化价值,而这就是妮基狄昂所知道的唯一图景,那么我们就不能指望她不会糟糕地行动。她必须有机会看到其他方式,必须设法用理性对它们做出批判性评价。但是,如果她立即且习惯性地认可传统观点,她就永远都无法做出这种评价。因此,哲学教师的首要任务就是要创造一个论证空间——通过要求妮基狄昂悬搁她习惯做出的回应,把注意力转向自己,对她倾向于接受的每个印象保持警觉和批评:

> 从一开始,就要习惯于对每一个刺耳的显像说,"你不过是个显像而已,而不是看待显现出来的事物的唯一方式。"然后用你所有的标尺来考察和检验这个显像。(Epictetus, *Ench*. 1.5)

于是,妮基狄昂将被要求去审视和审查自己,去提防自己的第一冲动。积极地按照自己的理性来生活,而不是在习惯和习俗的控制下消极地生活,这项工作要求警觉和探索。教师的工作是唤醒和促进这项复杂的活动。

哲学教学的工作,如此加以设想,是多重的、复杂的和个人的。在某个深刻的层次上,教师的工作要求微妙的心理互动,努力抓住对学生产生影响的一切记忆、愿望、恐惧和习惯,由此去构造她看待世界的方式。如果教师要向她展示看待事物的新方式、被看待的东西的新方面,他就必须与她一起深入她的日常生活的每个角落、她的每一个视角,并认为没有什么东西过于隐秘而无法用理性的眼睛来观看。教师就是一位医生——却是一位引导病人对自身内部进行一场激动人心的探索的医生。克里西普斯对这种医疗上

的亲密关系提出了一个古怪而又有力的描述,其中写道:

> 对于医治身体的[医师]来说,就像他们所说的那样进入"内部",进入身体所受到的感染(*pathōn*)以及每个感染特有的治疗,是合适的,同样,用最可行的办法进入身体和灵魂的"内部",也是灵魂的医师的任务。(*PHP* 5.2.23-24,298D = *SVF* III.471)

在这种内部考察过程中,灵魂不是慵懒的对象而是主体。通过与医生一道考察自身,它也"塑造和构造"了自身(Seneca. *Ep.* 16.3)。

四

现在,与前面提出的那份医疗特征清单相联系,我们可以来考察这种亲密的医疗教育的特征。这一考察会得出一些有趣的结果。因为,当斯多亚主义者和亚里士多德一样认同医学模型、同时更强调好的教学的个人特征和语境相对性的时候,他们也像亚里士多德那样拒斥了这个类比的其他特点,反倒把注意力集中到公共健康而非孤立个体的健康,并构想了对师生关系的一种对称的、反独裁的论述。(斯多亚主义者想把哲学推荐为真正具有治疗作用的"生活技艺",与这个愿望相一致,他们并未丢弃这个类比,而是对它加以修改,使之符合这种新的医治。)斯多亚主义者在教学上与伊壁鸠鲁学派的这些差别,对于书籍和哲学传统在斯多亚式核心课程中的作用来说,具有一些有趣的暗示。

1. **实践目标**。从我们已经讨论的段落中,可以很清楚地看出,对斯多亚主义者来说,伦理论证在学生的生活中具有实践价值,可以联系论证的因果效力来恰当地评价论证。从希腊斯多亚主义以来就是如此,但是在罗马,这一点变得特别突出。对于塞涅卡来说,哲学研究的要点在于"让自己每天都变得更好"(5.1);正如我们已经看到的,他认为哲学是为了缓解人类苦难而被召唤出来的(*Ep.* 48;参见先前的讨论)。甚至开始这样一种研究过程就已经让人类生活变得可以容忍;实际上,没有哲学,也不可能有一种可以容忍的生活(*Ep.* 16.1)。哲学"塑造和构造灵魂,指挥生活,引导行为,表明要做什么和不要做什么,当我们在各种不确定性中犹豫不决时掌握全局,引导我们一路向前"(16.3)。爱比克泰德提出了同样的描述。哲学的起点是"在最重要的事情上对我们自己的软弱无能的意识"(2.1.1)。"从事哲学研究的人的职能"是一种实践职能,按照选择能力的发展来加以界定。没有必要在这一点上增加更多例子,因为在斯多亚学派所有主要思想家的著述中,没有什么东西得到了同样有力和反复的强调。

对于斯多亚主义者来说,这意味着一个论证的修辞和文学维度并非纯粹偶然的装饰,反而属于论证工作所要关注的。于是,当西塞罗批评说斯多亚主义者提出的一些悖论过于精简且枯燥无味时,他的批评(若是正确的)就是一个应该令他们烦恼的批评。用斯多亚主义者自己的措辞来说,假若他们的论证实际上没有成功地打动和改变灵魂,他们就失败了。[14](然而,相较于西塞罗的拉丁散文风格,即便是最杰出的希腊散文风格也过于精简,因此他的批评可能有点党派偏见。)塞涅卡一贯煞费苦心地强调,他的论证认识到了其实际治疗环境,因此是用一种与之相宜的风格来写就的(尤其见 *Ep.* 40)。阿里安(Arrian)在陈述爱比克泰德的话语时,甚至觉得自己需要道歉,因为他只能拿质朴的语言来说话,其中既没有爱比克泰德本人也没有其声音,因此就失去了其话语本来具有的实践力量:

> 当他说出自己的论述时,他的目的显然不是别的,就是要打动听众,让他们去思考最好的东西。如果此时在这里写下的言语有可能取得这个目的,我认为它们就具有了哲学家的言语应当具有的属性。若没有获得这个目的,那就让碰到它们的那些人确信,在他把这些言语说出来时,就有必要让听众体验到他想要他们体验到的一切。但是,如果这些言语本身没有实现这个目的,我可能就要承担过错,或者,也许有必要让事情就是这个样子。(Pref. 5-8)

只有当言语打动了听众,让他们去履行有价值的精神活动和心理活动时,它们本身才有价值。但是这意味着,言语的任何具有因果重要性的方面,对于它们**在哲学上**的成功也很重要。斯多亚主义不断地让哲学家认识到这样一个讯息:如果滑入自我满足的职业行话,无视哲学为此而存在、而

---

[14] 对于希腊早期斯多亚主义者的写作风格,我们所知不多。在古代资料中,克里西普斯往往因为枯燥无味的写作风格而受到批评——但他也被描绘为一位生动活泼的哲学家,一位对日常语言具有敏锐兴趣的哲学家。关于风格的这一说法仍然是不清楚的,但是,对日常语言和文学的兴趣则很明显。有关的证据,见本书第十章和第十二章参考文献以及 Nussbaum(1992)。关于斯多亚主义者支持诗歌的论证,见本书第十二章、塞涅卡的第 108 封信以及 Nussbaum(1993a)。

一个人作为哲学家也应加以承诺的人的世界,这样就是坏的哲学。应该用细心、专一以及心理见识来挑选哲学语言。我们或许说,哲学家应该"塑造和构造"自己的灵魂,培养同情、感知、文学技能以及对个别学生的回应。

　　承认这项任务的分量是很重要的。因为斯多亚主义的主导原则就是尊重人性——不管它在何处被发现。对人性的承认产生了把哲学教育的益处扩展到所有人的义务。"若不研究智慧,谁都无法幸福地生活,或者哪怕只是以可容忍的方式来生活"(Seneca, *Ep.* 16.1)。但是,这样一来,如果一个存在者能够进行哲学研究,那么把从事哲学研究的动机给予这个存在者就具有根本的迫切性和重要性了。就是这样,不管这个存在者是否来自社会的某个特权阶层、是男性还是女性、是奴隶还是自由人。穆索尼乌斯毫不犹豫地断言,不管什么人,只要拥有五种感官以及进行推理和道德回应的能力,都应当研究哲学。他显然认为,甚至那个传统的男性对话者也很难回避这个结论,因为在让他的妻子掌管家务、抚养他的孩子,在把她当作一个有才智、有回应能力的存在者来交流时,他已经不言而喻地承认她身上的理性以及(由此而来的)人性。爱比克泰德本人就曾是奴隶,他也同样承诺了一种包容性的教学方法。塞涅卡强调说,哲学家已经对病人、对贫困者——总而言之,对所有人——做出一个不言而喻的许诺。但是,这意味着哲学家的任务是一项巨大而高度复杂的任务。如果哲学的听众是全人类,而不仅仅是少数精英,那么哲学教学和写作就需要把很多不同的形态和形式发展出来,以便触及它应当触及的每一个人。口头和书写表达方式都需要,不同层次、不同风格的写作也都需要。爱比克泰德的论说充满活力、短小精悍、通俗易懂、直截了当,适合于背景各不相同的普通听众,不要求在文学或哲学上有多少准备——尽管其中一些论说也关心学生的需要,而学生已经有了高级的哲学阅读能力。[15] 尽管塞涅卡在写作上独具匠心,他的著作也可以在一些不同的层次上来阅读;他之所以选择用拉丁文写作,主要是为了吸引相对来说更加广泛的听众,尽管他的写作风格比爱比克泰德和穆索尼乌斯的大众风格更具文学色彩、更加精巧。为了尽可能完整地理解他的论证,在

---

　　[15] 爱比克泰德和穆索尼乌斯都使用希腊语这门有教养的世界性话语的语言,而塞涅卡,就像他之前的西塞罗和卢克莱修一样,却从事用拉丁语来重铸希腊哲学思想这一艰巨任务。另一方面,爱比克泰德和穆索尼乌斯在风格上比塞涅卡更流行;因此我们很难对语言选择的社会含义做出评估。

历史和文学方面就需要有很高的修养(尽管他的同时代人不用费力就差不多有了这种修养)。不过,即便没有这种修养,人们还是能感觉到他的论证的效果,我们在把它们教授给现在的本科生时就可以看到这一点。

2. **价值相对性**。在下一章中,在考察斯多亚主义者如何试图让其他人确信应该从人类生活中完全根除激情时,我会更详细地论述其论证的价值相对性。我们会看到,他们对这个结论的论证乃是立足于对人的完整性和理性尊严的直观认识,这些认识被认为是斯多亚主义者和非斯多亚主义者的共同基础,是任何进行反思的对话者都不可能拒斥的信念。这些论证试图向对话者表明,假若他们足够彻底地反思,他们就会发现自己的见解中有一种不一致性,关于激情对象的更为肤浅的信念与关于理性的更加深刻、更为本质的信念相冲突。

一般来说,自克里西普斯以来,斯多亚主义都承诺要从"共同观念"进行论证,要把它们作为自身的检验标准和基本准则来利用。然而,之所以如此,并不是因为取自社会的信念本身就有价值,而是因为人据说是怀着一种天赋的倾向(指向真正好的和合情合理的东西的倾向)进入世界,他们最深的道德直观因此就可以成为宇宙中真正好事物的良好指南。正如爱比克泰德所说:

> 我们进入这个世界,并非天生就有了直角三角形或小二度音程(half-tone interval)的观念,而是从某种专业化的教导中学会认识到这些东西。……但是,至于好和坏、高贵和可耻、适宜和不适宜、繁盛的生活(eudaimonia)、适当的和负有责任的、应当做的和不应当做的,对于这些事情,谁不是生来就持有一个天赋观念呢?(2.11.2-4)

他继续道,我们的工作就是要发展和改善我们天性具有的东西,让它们适应我们发现自己所处的环境;在这些事情上,犯错误的可能性很大。不过,本性为起点提供了一个可靠的基础。

这是一个复杂论题。在本书第十章和第十一章中我会去讨论错误的根源;我不会去试着分析与斯多亚学派的一个重要思想有关的诸多文本,这个思想就是人有趋向亲善(oikeiōsis)的天赋倾向,能够用错综复杂的方式来适应宇宙的设计。[16] 爱比克泰德在这里提出的论述实际上相当粗糙。因为斯多亚

---

[16] 关于"亲善"(oikeiōsis),见 Long and Sedley(1987),Striker(1983),White(1979)以及 Lasses(1989)。怀特的文章对西塞罗《论目的》(De Finibus)中的一个核心段落提出了合理的分析。

学派的正统观点(假若我们可以从诸如西塞罗的《论目的》第三卷和塞涅卡的第 121 封信之类的论述中将它重构出来的话)是:对什么东西合乎一个人作为理性存在者的本性这一问题的认识是逐渐形成的,从小孩子的自我维护的倾向开始,以成熟的成年人对道德秩序的把握而告终。对自身的构造(constitution)及其要求的意识是随着这一构造自身的成熟而成熟的,而且,"生命的每个阶段都有自己的构造,婴儿有一种体质,孩童有另一种体质,老人也有一种体质。它们都与它们存在于其中的那种构造恰当地联系"(Seneca. *Ep.* 121.15)。既然妮基狄昂是成年人,教师就可以用一种极为基本的方式来依靠她的道德直观,尽管为了把这些直观与社会上传授的、关于道德如何应用于生活的意见分离开来,还需要做大量工作。

斯多亚学派的价值相对性在某些重要方面与亚里士多德式的相对性不同。一方面,在斯多亚学派这里,实际情况仍然是,对病人的实际体质负责就是医生的职责,好的治疗之所以是好的,就是因为它与病人的体质具有某种关系。用伦理措辞来说,教师的目标是要除去把学生与善的关系遮掩起来的错误信念,而善是学生自己的构造和倾向要最深地加以回应的。到此为止,斯多亚主义者在这一点上与亚里士多德并非没有相似之处。就像亚里士多德一样,他们强烈否认在人身上存在着任何天生的或原始的恶:人是因为错误信念而出错,这就是为什么正确的教导可以发挥有价值的伦理作用的原因。[17] 不过,亚里士多德坚持认为,社会卓越和伦理卓越是一种完全属于人的东西,是内在于人类生活形式的,是这种生活形式所特有的需要和资源相结合的产物。无论神还是野兽都没有伦理美德。对于斯多亚主义者来说,事情就不同了,因为宇宙是由一位**有美德**的神来统治的,其自足性是真正合乎美德的生活要试图仿效的。伦理既在大地上又在天堂中。我们适应美德的倾向不是对我们的贫困环境的一种纯粹人类的回应,而是神的天意设计在我们当中嵌入的那种神圣完美的一个方面。我们与真理和美德的联系,正如本书第一章所描述的那个柏拉图式的见解所说,并不是偶然的:因为与美德具有这种关系就是人的本质所在;把这种关系给予我们正是普遍天意的本质。在这个意义上,对人性的奥妙进行探究确实是达到真正

---

〔17〕 关于亚里士多德的观点,见 *EN* VI.13, 1144b 及以下。然而,亚里士多德的确承认身体欲望很难管理,可能会妨碍美德的发展。另一个重要的先例显然是苏格拉底的诘问(*elenchos*)——Vlastos(1991)很好地表明这种诘问很接近这里对自我审查所做的论述。

的善的一种充分方式,尽管这个说法对于柏拉图来说未必成立。但是,这个伦理的善不像在亚里士多德那里是用完全属于人的措辞来规定的;医生的任务就在于发现一个不仅位于我们内部,而且也居于整个事物的本质之中的真理。

既然学生的本性中就有这样一个起点,斯多亚学派的论证需要做的,就是要尽可能抓住最深、最必不可少的道德直观,并将它们从可能与之不一致的错误信念中分离出来。斯多亚主义者往往在一些信念中发现这种深度,这些信念关系到理性的尊严以及人作为理性存在者的完整性。但是他们也有很多其他途径来寻找不一致性并把学生引向一个更加融贯的观点。学生对理性的依恋被认为要包括对逻辑一致性的依恋,而且也要得出一个"类似情形类似处理"的承诺——除非可以表明在类似情形之间存在着道德上相关的区别。显像经常会让学生觉得有些情形非常不同,但是,经过反思就会看到,这些差别并不是作为道德上显著的差别而经受考验。斯多亚主义者往往利用这个思想来批评一种做法:以资格、阶级、来源、性别、财富之类的肤浅区分为基础对人实施差别处理。他们就像穆索尼乌斯那样争辩说:我们把一个存在者判断为人的根据是什么呢?什么东西把这样一个存在者与野兽区分开来呢?理性。我们面前的这个生物拥有理性吗?是的。(因为对话者通过与他或她交谈和互动而承认了这一点,而且不可能一致地否认这一点。)好吧,那有什么理由不把所有人都应有的那种尊重赋予这个人、"仅仅用人之为人的那种东西来评估一个人"(*Ep.* 45.9)呢?没有理由。如果对话者冥顽不化,指出在财产、地位或面貌方面存在差别,那么哲学家也会坚持不懈地表明这些差别与人格完全无关。(回想一下,在芝诺的理想城邦中,为了避免这样一些问题发生,男人和女人都穿着类似。)[18]对话者最终会被迫承认这一点,因为对方已向他表明(比如说),在自己的情形中,他也会做出类似判断——即使他丧失了自己的财富,他仍会把自己视为同一个人、具有人所具有的同样价值。这有时候可能需要花费很长时间:在塞涅卡的一封信中,对话者六次做出了同一个回答"但是他们是奴隶",也做出了大量言辞刻毒的回答(*Ep.* 47)。不过,只要哲学家坚持不懈,理性迟早就会出头。

就这样,斯多亚主义者旨在通过把好的初始冲动和严格的理性审视结

---

[18] 见 DL 7.32-33,在 Long and Sedley(1987)那里被引用。参见 Schofield(1991)。

合起来而获得真理。当然,他们知道,一次性的论证不会说服妮基狄昂的丈夫或情人,让她有机会接受一次哲学教育,正如它不会说服塞涅卡第77封信中的奴隶拥有者,让他认识到自己和奴隶之间的自然平等。就像我们即将看到的,为了给论证工作提供援助、应对灵魂的顽固抵抗,他们逐渐发展出沉思和自我审查的复杂技术。不过,他们极为尊重在每个人身上体现出来的理性之善。这个承诺不仅是其教学内容的一部分,在最深的层次上也是将它组织起来的东西。他们的一切治疗都是认知的,而认知治疗被认为足以消除人的疾病。他们确实相信,偏见、错误和糟糕行为都来自不正确的推理,而非来自原始的恶,甚至也不是来自原始的攻击性、贪婪或任性。因此他们相信,如果哲学发展出与顽固不化的人们打交道的正确方式,那么它实际上就能改变世界的面貌,改变这些人所看到的显像,消除道德上无关的特点的突出地位,强调好的和一致的推理将会认可的那些特点。最为重要的是,理性要信任自己、接管自己,要去审查一个松懈而腐败的社会借以对理性产生影响的草率或不相一致的显像。与其说日常生活是堕落的,倒不如说它松弛而懒散。我们是通过增强心灵的力量而获得真理。

3. 对具体案例的回应。治疗论证可以采取很多形式。它可以提出笼统的理论论述,也可以给出更加具体的准则;可以逐一讨论每个情感,也可以将它们集中加以讨论。而且,既然有待审查的信念形成一个复杂系统,例如就像一团乱麻,哲学考察几乎就可以从任何地方入手,开始于在任何论题上的信念(不管是一般的还是具体的)。在这一点上,斯多亚主义者与其他学派有着深深的一致:他们都劝告说,应该按照教师对学生具体情况的觉察来选择起点和方向。克里西普斯说,医生必须"用最可行的办法""进入"学生的激情和信念的内部。这显然意味着医生必须敏锐地觉察学生的具体经历、经验和当下处境。因为不同体质有不同疗法,正如塞涅卡所观察到的(*Ir.* 1.6.2);"一个人往这边走,另一个人往那边走"(Cicero, *TD* 3.76)。塞涅卡强调说,好医生不会没有亲自检查病人就开出处方:他必须号脉(*Ep.* 22.1)。西塞罗(就像我们所引用的伊壁鸠鲁学派文本那样)提到了"好时机"(*kairos*)这一概念。医生必须选择恰当时机、在具体情况下来治疗身体疾病,灵魂的疾病也是如此。"如何治疗事关重大"(*TD* 3.79);我们必须考虑什么说法、什么例子最适合我们正在应对的对话者,因为并非每一种错误和困苦都是用单一的方法来处理(*TD* 4.59)。我们必须思考这样一些问题:这种类型的人是用一般论证来对付最好呢,还是用具体论证来对付最好?他的具体困苦可能会在什么地方?什么样的言语不仅会略过表面、也会占据他的全部生活和思想?"用来治疗心灵的一切言语都必须落实到我们心中。治疗方法,若不以整个系统为停靠点,就是白搭"(Seneca. *Ep.* 40.4)。

医生是医学传统的一部分,因此最好明白这个传统提供了什么。斯多亚主义者坚持认为,对哲学传统(不仅仅是斯多亚主义传统,正如我们将看到的)的深入认识对于成为一个好哲学家来说必不可少。塞涅卡强调说,他把一生大部分时间都花在阅读前辈著作上。这种阅读对他来说是一种喜悦、丰富与激励(参见第5点和第8点),对他作为教师而需要做的工作也很有益。"我深深地尊重智慧的发现以及发现者;可以说,走近很多前辈的遗产是一种喜悦"(64.7)。不过,出于两个理由,掌握前人的材料对于好的医治来说仍不充分。首先(不管怎样,按照塞涅卡的观点),迄今为止尚未完全发现真理:更多的东西总是有待于探究(64.7-8)。但是,其次,即便真理都被发现,前辈的智慧也不可能告诉我们如何把真理应用于特定病人:

> 想象一下治疗眼疾的药方都交给了我们:我无须寻求其他药方了。不过,需要让这些药方适合于具体病症和特定时刻。这个药方缓解眼睛刺激,这个降低眼睑肿胀,这个防止突然的疼痛和流泪,这个增强视力。于是,你不得不"研磨"这些药方,选择恰当时机对症下药。古人已经发明医治灵魂的药方——但是,发现如何以及何时应用它们乃是我们的任务。我们的前辈取得了很多成就,但是并非取得了一切。(64.8-9)

在对医学类比的这种周密利用中,我们看到塞涅卡超越了伊壁鸠鲁,后者坚持认为一般教条绝对是真的,仅仅是简单地指出必须用正确的方式来加以利用。相比较而言,除了声称哲学的总体智慧并不完备且仍在发展外(7-8),塞涅卡也强调说,这种应用本身就是医疗专长和医学发现的一部分。医生的工作之所以有尊严,原因就在于:不管此前人们做了多少工作,正是在他那双灵活的手中,治疗和疾病才有了真正分别。

这对于哲学教学来说意味着什么呢?意味着在一部意在供公共使用的论著中,是不可能完整地或完备地提出治疗论证的。熟知彼此性格和处境的朋友之间的安静交谈才是哲学互动的典范。塞涅卡说,交谈比写作(甚至比密切的书信写作)"更有用,因为交谈一点点地渗入灵魂"(38.1)。与个人交谈相比,"需要提前做准备的并要对一群听众倾吐的演讲,尽管可以更加宏大,却少了点亲密感。哲学是好的实践劝告;没有谁用洪亮的声音来提出劝告"(38.1)。

这意味着,对斯多亚主义者来说,一如对柏拉图《斐德罗》中的苏格拉底来说,书面文本总是比不上个人交流。爱比克泰德显然用口头方式来做哲学,此时对一群人说话,彼时又更具体地对一个个体说话。穆索尼乌斯基本上也是如此。阿里安很正确地担忧:在把爱比克泰德的论说记录下来发表时,他会丢失某些在其因果效力中发挥重要作用的东西。另一方面,有很好的理由让一位斯多亚学派的思想家去写作。任何教师都不可能逐一接近很多学生。(希腊化时期的一些思想家相信哲学家也应该积极投入公共生活,[19] 并按照这个信念来行动,对于他们来说,显然更是如此。)重要的是要努力影响更多的听众(哪怕不可能完美地做到这一点),并把某些东西留下来,以此为教育未来的哲学家做出贡献。

对于斯多亚式的治疗究竟是什么样子,一部书面著作可以提出一个一般论述,可以向读者显示要在治疗中加以运用的一般的伦理理论。但是,它如何能够把斯多亚式治疗的那种彻底深入个人"内部"的本质本身显示出来呢?塞涅卡为这个问题找到了一个深刻而又机灵的解决方案。因为在残存的斯多亚学派治疗著作的最主要部分,即塞涅卡的《伦理书信集》(*Epistulae Morales*)这部文本中,他在教师和学生之间创立了一种亲密的个人对话。塞涅卡把他为自己及其对话者卢西利乌斯所虚构的角色置于非常具体的情景中,让他们与其年纪、与一年四季、与各种各样的事件相联系,并展示了教师对学生的思想和感受的亲密回应,以此向读者表明哲学究竟如何成了一种"内部"事务。[20] 两人都觉得交谈甚至比写信还要好;但是,通过更频繁、更率直地写信,他们获得了真正的治疗所需要的那种亲密:"你用你所能得到的这种独一无二的方式向我呈现你自己。若不是直接和你在一起,我就得不到你的信"(40.1)。通过让卢西利乌斯用某些方式来表达读者自己可能具有的怀疑和恐惧,塞涅卡也就可以开始对读者进行治疗,正如卢西利乌斯在很多主题上都要求忠告——从死亡恐惧到文学风格、从说谎

---

[19] 关于哲学家的政治参与,见 M. Griffin(1989)。早期斯多亚主义者并未遵循他们自己对政治参与的规定;罗马斯多亚主义者则更为一致。

[20] 关于对卢西利乌斯的这种描绘在历史上的不一致以及把他视为本质上是一位虚构角色的重要意义,见 M. Griffin(1976)。

者悖论到政治生涯的变迁兴衰。塞涅卡的回答完全是个人的、非专制性的,对卢西利乌斯的全部生活充满着爱的关切(参见第 7 点)。他把自己描绘为一位不断挣扎的不完备的存在者,而不是一位完美无缺的权威。这是哲学同情的一个长期榜样,它向我们详细表明妮基狄昂可以从斯多亚学派的那种鲜活生动的教学中期待什么。而对于那些不是很幸运地拥有一位教师和朋友的人,它也用自己的方式向其提供教导。

尽管斯多亚学派的教学在这个方面高度个性化,教师仍会推荐学生使用某些程序性的指导方针(除了在最不同寻常的情形中)。这些方针实际上就是很可能会帮助教师了解学生的具体状况(不管是什么样子)的方法。其中两个方针特别有趣:关注具体事物和运用例证。我们已经说过,教学旨在激发学生去理性地评估他们看待事物的方式,因为实际上正是这些方式引导着他们行动。在这些方式中,最强有力的往往就是高度具体的 phantasiai(显像);对它们的接受预设了一种更加一般的背景信念,而只要消除了这些信念,显像的地位也会发生变化。但是,作为一个一般规则,斯多亚学派的治疗认为,除非借助于具体事例,否则你不可能促使学生去批评更加抽象或一般的信念。西塞罗说,假如你碰到一个因贫困而烦恼的人,最省事的办法当然就是立刻让他确信:从来就没有什么好的理由为任何事情烦恼,没有什么我们不能控制的东西是重要的,而除了恶习外,也没有什么东西是糟糕的(*TD* 4.59, 3.77)。但是,既然这人正处于心烦意乱的状态,他大概就无法把注意力集中于这个抽象的一般论证(3.77)。更有效的办法是去关注具体事物,例如与他在此时此地的首要关注相称的事情,即便这意味着(对于卢西利乌斯来说,显然就是这样)教学将不得不无定期地持续很长时间,将包含很多说不清楚的领域,而一个实在太关心外部事物的人可能会在这些领域中选择和行动。(因为,正如西塞罗所说,"困苦的根源究竟有多深、有多少、有多难熬"[*TD* 3.83]。)塞涅卡的做法(见以下第七节)是从具体情境转移到一般反思,然后又反过来,让它们相互阐明。当一般命题越来越好地嵌入具体情境的时候,它们就暗示了一种看待新的具体案例的方式;另一方面,当新的具体案例被合适地看待的时候,它们就会让一般命题变得生动有力。[21]

这些关于教学的观点有一个进一步的结果:在斯多亚学派的教学中,叙

---

[21] 参见 Epictetus, *Dis.* 2.16.3 以及 Seneca, *Ep.* 95.12。

事和例证会发挥一个核心作用。在西方传统中,任何其他的道德哲学都不如斯多亚学派在这一点上更明显;这种做法不仅是一种常规做法,也是斯多亚学派的正式学说的一部分(见 TD 3.79)。既然教学旨在让妮基狄昂用一种更加适当的方式来看待一个事件、一个人,一种关键的手法就是去讲述一个关于类似案例的生动故事,并指出尚未进入她的想象力的那些方面。如果用范例(exemplum)来讲述的故事给她留下了印象,其生动的语言打动了她,那么她的想象力就会得到促进,在她那里就会有一个相应的印象。对她来说,范例通常比她对自身状况的正确知觉来得容易,因为她对范例没有偏见,也没有混乱不清的情绪。范例好于抽象原则,因为它很具体,足以向她表明要如何想象。范例在某个方面也好于她的生活,因为她可以更好地如实理解范例。正如我们将要看到的,文学提供了这种范例的一个来源;但是我们必须仔细注意文献。

　　这样,范例和叙事在斯多亚主义者的教学中所具有的重要性就与他们归于具体性的那种重要性发生了密切联系。这个联系本身好像有不止一个来源。正如我们已经看到的,一个来源是动机上的:若不用一种高度个人的、生动而具体的方式来吸引一个特定灵魂,我们实际上就无法改变它。不过,好像也有一件更深刻的事情在发生。对于斯多亚主义者来说,把事情做对并非仅仅在于清楚无误地了解一个行为的一般内容。正确的内容本身只会造就一个可接受的行为(kathēkon)。一个行动,为了变成一个完全合乎美德的行为(katorthōma),就必须以一个具有实践智慧的人将会采取的那种方式来加以完成,必须具有与美德相称的思想和情感。[22] 斯多亚主义者认为,这是一件与环境高度相关的具体事情。用来阐述一般内容的规则不可能为正确的结果提供保障,因为正如塞涅卡所说,它们包含了"应当做什么",但不包含"如何做"(quemadmodum, Ep. 94.5)。根本上需要的是一个理性评价策略(ratio),这样一个策略会在具体情形中告诉妮基狄昂"应当何时行动、在什么程度上行动、与谁一道行动、如何行动以及为何行动"(Ep. 95.5),它是"无论在什么具体情况下人们都可以用来履行所有合适行为"(95.12)的方法。范例本身并不包含这种方法,因此就需要用哲学阐释来加以补充。但是,范例向妮基狄昂表明,所谓"像有实践智慧的人那样行动",不过就是在动机、格调和回应上都要做得对,而这些东西既超越了

---

[22] 关于这个区分,见 Long and Sedley(1987), Mitsis(1993)以及 Kidd(1971a)。

一般规则,又是后者之正当性的来源。

因此,斯多亚学派的范例既常见又生动。它们主要嵌在一种哲学论证中,这种论证旨在描述可以用来评估一切案例的方法。不过,在塞涅卡那里,范例的作用经历了一场微妙的转变,因为在写给卢西利乌斯的信中,不论是寻求一般的方法还是对范例进行哲学评注,其过程都是在范例内部发生的。对我们来说,《书信集》所给予我们的事实上是一个悠长而丰富的范例,即对两个具体生命的一种开放的、高度复杂的叙述。哲学就在这两个生命的心中;于是,不论他们看到什么、体验到什么、交流什么,所有这一切都受制于哲学评注;但这仍然是这种生活的一部分,因此也是范例的一部分。我认为,这些书信比任何一个关于美德的故事都更生动地向我们表明,任何行为、任何生活的正确性都可以在很大程度上取决于对理性的忠诚,正是这种忠诚激励了这一行为、这一生活并使之充满活力——我们并不是具有两种互不相干的活动(即合乎美德的行动和哲学的理性);好的行动之所以合乎美德,主要就是因为那种把它产生出来的对于理性的奉献。在这个意义上说,若不在一个实际上正确的范例内部来展现哲学论证的工作,我们也就不可能给出这样一个范例。

最终,哲学教学的"内部"本质达到了更深入的层次。因为,就像伊壁鸠鲁主义一样,斯多亚主义也把灵魂看作一个既宽广又深邃的场所,一个既有很多崇高抱负又有很多秘密的场所,一个交织着努力和逃避的场所。在它里面发生的很多事情不仅逃避了整个世界的注意,甚至不仅逃避了教师的注意,也逃避了本人的注意。正常度过的日常生活有一种懒怠和草率,这部分地体现在它未能去把握自身的经验和行为,未能认识和估量自身。斯多亚学派的学习观念就是这样一个观念:当心灵变得越来越敏捷和活泼,学会从习惯、习俗和健忘的迷雾中收回自己的经验时,它也要变得越来越警觉和警惕。在一封把理性比作内在神性的信件中,塞涅卡不言而喻地把灵魂的宽广比作一片由拱形树枝形成的阴暗树林;比作一个被坠落的岩石阻塞的洞穴,背上负着一座山;比作因为黑暗或因为深不可测而显得神圣的水塘(41.3-4)。探究和驾驭这些深度就是灵魂所面临的挑战。根本上说,这是灵魂必须通过日常的自我审查实践来做的事情。在本书第十一章中我会考察这些问题。

这种实践在今天对我们来说毫不起眼,因为我们是数个世纪以来(从中世纪的自我忏悔到现在的心理分析)自我面对和自我审查实践的继承者。然而,在古代世界,这种实践非常引人瞩目。亚里士多德式的辩证法把自我想象为一直都是自身可利用的,就像(比如说)一个平面,或者一个清澈而浅显的水塘,一个人总是可以从那里把有关的直观挑选出来。斯多亚主义,就像伊壁鸠鲁主义一样,有不同的想法。自我必须承认自己,唯有如此才能带来和平与自由。但是,这就要求一个人每天在阴暗的屋子里勤谨地控诉自己,就像灵魂在没有外部光芒的时候就把视力转向自身(Seneca, *Ir.* 3.36.1-3,本书第十一章会加以讨论)。

总之,在斯多亚主义这里,正如在伊壁鸠鲁主义那里,我们看到了对好的哲学教学所具有的个人深度的一种生动认识。我们也看到了一些不同的东西,这些东西应该让我们觉得斯多亚学派的实践迥异于伊壁鸠鲁学派的实践。因为塞涅卡的确谈到了医治和教学。他本人就是一位教师。但是,在自我认识的最亲密的活动中,他碰到的只是自己,而不是任何一位教师。这种哲学教导因此就会产生这样一个结果:心灵本身就能将自身带到自己的法庭面前(*Ir.* 3.36.1-3),去接受自主的、秘密的、自由的审判。

五

我现在转向第二组医疗特征(或者说反医疗的特征),即总体上把亚里士多德与伊壁鸠鲁主义者和斯多亚主义者分开的那些特征。我们发现这些特征呈现出一种复杂状况。一方面,斯多亚主义者好像在很多方面都站在亚里士多德一边来反对其他学派,例如他们对于人的社会本性的强调,他们对实践理性的内在价值的捍卫,以及他们对一种更加对称而不是更为专制的师生关系的构想。另一方面,斯多亚主义者对这些特点的**解释**在某些关键的方面又不同于亚里士多德的解释,于是他们就可以对现存的社会制度做出更透彻也更激进的批评。

4.斯多亚主义者的论证确实在于寻求人类个体的健康。但是,在这样做的时候,他们从未让学生忘记:对这个目的的追求与对他人之善的寻求不可分离。因为正如我们已经看到的,哲学的使命不是针对一两个人,也不是针对富裕的人、受过良好教育的人或者显赫的人,而是针对全人类。所有人,在追求哲学的时候,都应该明白自己是通过这样一种方式与其他所有人相联系,以至于所有个体的目的都缠绕在一起,若不同时关心和培养其他人的善,也就无法追求自己最完整的善。塞涅卡对卢西利乌斯写道:

若不去关心一切与你有关的重要事情,我就说不上是你的朋友。友谊让我们在一切事情上都有了一种伙伴关系。从我们各自来看,没有什么东西说得上有利或不利:我们在一起共同生活。谁仅仅考虑自己、把一切东西都变成对自己是否有利的问题,谁就不能幸福地生活。如果你希望为自己生活,你就必须为另一个人生活。这种被小心翼翼、毕恭毕敬地维护的同伴关系,在使得我们作为人与其他人交往、并断定有一个为人类设立的共同律法的同时,也为培养我刚才提到的那种更加亲密的友爱关系做出了重大贡献。因为与人类同胞共同享有很多东西的人,也就与自己的朋友共同分享了一切。(48.2-3)

简言之,一种以狭隘的自我利益为基础的生活,甚至就其本身来说也不可能取得成功。既然自我是人类共同体的一员,促进其最完整的成功就包括促进其他人的目的。

人以复杂的方式置身于亲密程度有所不同的关系中,这些关系对人的目的做出了不同贡献,而在从希洛克勒斯(Hierocles,公元1、2世纪的一位斯多亚主义者[23])那里保留下来的一个著名段落中,这种安排得到了一个生动表述。他写道,我们每个人都好像被一系列同心圆所围绕。第一个圆是围绕自己的自我画出的;[24] 接下来是直系亲属;然后是比较疏远一点的亲属;接着是邻居、同一个城邦的同伴和同胞;最后是全人类。"以某种方式画出围绕中心的圆圈"、将外围圆圈的成员移到内部圆圈,就是合情合理的人要做的事情。"如果我们通过自己的倡议缩短了与每个人的关系的距离,那么我们就会达到正确位置。"(希洛克勒斯提出了培养这种习惯的一些方法,例如把堂兄弟称为兄弟、把叔伯和姑妈称为父母。)[25]

特别重要的是要考虑希洛克勒斯所说的最外围的那个圆圈:因为在这里我们达到了斯多亚主义者和亚里士多德之间最深刻的差别。亚里士多德把城邦看作基本单位。他确实相信对好的人类生活的一种论述对所有人都有效,但是这种论述并不包括促进全人类的善的义务。在他的设想中,好人

---

[23] 对这一点的讨论,见 Long and Sedley(1987)第 349 页。

[24] 值得指出,对于希洛克勒斯来说,正中心的那个圆圈不仅包括灵魂,也包括整个身体以及"为了身体而接受的任何东西"。

[25] 比较一个类似的想法在柏拉图《理想国》中的发展,在斯多亚学派的政治思想的发展中,这个想法显然很有影响。

"与父母、妻儿以及一般地与朋友和同胞一道"获得自足（*EN* 1097b9-11）。他论证说，城邦是人的自足和好生活在其中得以实现的单位。论友爱的那一卷的确顺便提到了一种更广阔意义上的承认与交往，它把每个人与其他人联系起来，并把这一点与在异乡旅行的经验联系起来（*oikeion kai philon*, *EN* 1125a21-22）。但是，这种承认好像并没有产生任何重要的道德义务，而且肯定没有产生这样一个思想：一个人的目的包括所有人的善。

要不是因为这一点，亚里士多德就与斯多亚主义者相一致了。斯多亚主义者牢固地把人和动物区分开来，强有力地强调理性在每个人那里的尊严，与此一致，他们也认为，我们对理性的敬畏是且应该是对全人类的敬畏，是对出现在无论何处的人性的敬畏。在这个意义上，我们要把自己看作由理性存在者构成的一个全世界共同体的成员，"因为分享了理性而进入的一个共同体的成员"（Arius Didymus. *SVF* II. 528 = Eusebius. *Prep. Ev.* 15. 15. 3-5）。我们要把我们所处的那个政治共同体视为一种次要的、有点人为的东西，我们的首要忠诚和依恋是对全人类的忠诚和依恋。塞涅卡写道：

> 让我们抓住这一事实：存在着两个共同体——其中一个是真正伟大、真正共同的，把神和人都包含在内，在它当中，我们不是去照看这个或那个角落，而是用阳光来测量我们国家的界限；另一个是我们生来就被给予的共同体。（*De Otio* 4.1）[26]

斯多亚主义者认为人是"世界公民"（*politēs tou kosmou*, Epictetus. 2.10.3以及各处），这个观念有时被认为要求废除民族、建立一个世界国家。普鲁塔克对芝诺的理想城邦的论述表明，他可能提出了这样一种理解：

> 芝诺那备受赞誉的《理想国》旨在表明，我们不应当围绕城邦或乡镇来组织我们的日常生活，因每个地方的正义体制而互相隔绝开来，而应当把所有人都视为我们的同乡和同胞，而且，只应存在一种生活方式和一种秩序，就像一群牲畜享有共同的养育和共同的准则一样。在芝诺的著述中，他好像把这作为一个秩序良好的哲学共同体的梦想或形象。[27]

但是，不清楚芝诺是不是确实希望建立一个单一的国家；到目前为止，

---

[26] 见 Long and Sedley（1987）第 431 页。我使用他们的译文。

[27] 见 Long and Sedley（1987）第 431 页以下。

更为重要的是这样一种强调:人应当把自己视为与全人类相联系,应该惦念整个人类的善。[28] 这个想法本身有着明显的政治含义;但是,它可以符合在地方和国家的层面上来维护政治统治的做法,斯多亚主义者的大多数政治思想承认这一点。

于是,妮基狄昂就学会认识到:她**作为一个个体**而存在的本质就在于她是一个整体的成员,这个整体向外延伸,把全人类都包含在内。无论她在什么地方、以什么方式碰到人性,她都要加以尊重;在她自己的个人慎思中,她必须顾忌全人类的善。用教育方面的措辞来说,这意味着,为了承认从地理或社会阶级的观点来看待很遥远的那些人的人性,学会同情性地理解他们的关切,并逐渐把他们看作自己的兄弟姐妹,她会做一切所需的事情,阅读一切所需的文本。穆索尼乌斯在那部论述女性的著作中认为,这要求生动地想象一种不同的生活方式,以便能够看到理性在那种生活方式中是如何得以实现的。文学和历史文本都会为这项任务提供帮助。她对自己的个人健康的医疗关注,教师对她的个人健康的医疗关注,自始至终也同时是对理性存在者的世界的一种关注,而她就是那个世界的一个"主要部分"(Epictetus. 2.10.3)。[29]

我现在转向实践理性在斯多亚学派的教育中的作用:因为在这里我们达到了斯多亚主义者的实践理性概念最与众不同的部分,最深刻地塑造了他们的哲学教学观念的那个部分。我将把第五个和第七个特点一并处理,然后转到第六个和第八个特点。

5 和 7. 因为**实践理性具有内在价值**,斯多亚主义者于是就构建了一种具有强有力的**对称性**和**反专制**色彩的师生关系模型。此前我说过,斯多亚主义的核心承诺就是对每个人身上的理性之尊严的承诺。(在下一章我们会看到,斯多亚主义者甚至把幸福[*eudaimonia*]定义为等同于正确的理性活动。)我们可以料到这个承诺塑造了他们的教育理念并在其中得到表达。斯多亚主义者遵循苏格拉底的"未经审视的生活不值得过"的思想,于是就认为教育在于唤醒灵魂、促使它掌控自己的活动。在斯多亚主义者看来,怀疑论学派学生的消极被动(参见本书第八章)是对人的本质身份的一种放弃。(我们注意到,在怀疑论者的阉割和剥夺的比喻中,他们实际上承认这

---

[28] 这个"共同的律法"是一个有权威的道德法则,对特定的政治共同体具有规范作用。

[29] 这里是与动物相对比。

些直观是有深度的。)伊壁鸠鲁学派学生的恭顺,即便得到了一个熟记于心的学说、一位就像神一样至高无上的教师的权威的加强,也不会体现出对学生的充分尊重。斯多亚主义者知道学生习惯于权威:服从权威总是比坚持自己立场来得更容易。于是,尽管他们也努力提供指导,但其努力的一个核心部分就在于抛弃顺从,让学生学会教育自身。"成为你自己,既要成为自己的学生,又要成为自己的老师",爱比克泰德如此强调。他用粗鲁刺耳的语言来嘲弄贫困学生的消极被动:

"是的,可是我在流鼻涕呢。""奴才,你的手是干什么用的?难道不就是让你可以用它来擦鼻子吗?"(1.6.30)

塞涅卡也想阻止卢西利乌斯对自己的依靠,但是他做得更加温和——一方面把自己描绘为不完备的,仍然在不断挣扎,另一方面鼓励卢西利乌斯去获得一种更大的思想独立。在一封重要信件中,他明确地把他在教学上所采取的斯多亚主义态度与伊壁鸠鲁主义者的态度加以比较:

我们不是生活在国王治下:每个人都可以宣称自己的自由。而对他们来说,不管赫尔马库斯(Hermarchus)说什么,不管梅特罗多洛斯(Metrodorus)说什么,他们所说的一切都被归结到一个单一的来源。在那群人中,任何人说任何事都会受到一个人的领导和命令。(33.4)

作为对伊壁鸠鲁,尤其是对卢克莱修的批评(参见本书第五章、第七章以及第十三章),这段话显得有点夸张,但是它十分清楚地向我们表明了斯多亚学派的方法所蕴含的价值。

这段话对于理解过去的"经典著作"在哲学教育中的作用也有重要含义。对斯多亚主义者来说,苏格拉底的榜样一直都具有如此深远的重要性,而在这里已经有了指导作用:因为在《斐德罗》中,(柏拉图笔下的)苏格拉底论证说,书本从最好的方面来说也不过是活生生的哲学教学的**暗示**。书本本身并不做哲学,从来就不能取代学生灵魂深处活生生的批评活动,后者**才是**哲学。从最坏的方面来说,书本实际上有可能妨碍这种活动,因为在崇敬书本的人那里,书本可能诱导消极被动和"对智慧的错误幻想"。

斯多亚学派的教学遵循并发展了这些论证。在斯多亚主义那里,"经典著作"担当了一个主角,而且,数个世纪以来,该学派的三位伟大创始教师芝诺、克里安特斯和克里西普斯的思想就深受关注。既然如此,对于塞涅卡和爱比克泰德这样的作者来说,仔细规定学生应该如何利用具有哲学权威的资源就特别重要。这是他们反复从事的一项工作。爱比克泰德讲述了一个故事:一个年轻人过来对他(即爱比克泰德)说,他已经取得进步,因为他已经内化了克里西普斯论述选择的那部著作的内容。爱比克泰德告诉他说,他就像一个因为自己有了一套新的练臂器就吹嘘自己正取得进步的运动员。别人不会祝贺他,反而会对他说,"用你的练臂器来展示你能够**做**的事情吧"(1.4.13-17)。对书本来说也是这样:不要只是说你读了书,而是要表明你已经通过读书而学会更好地思考,学会成为一个更有辨别能力和反思能力的人。书本就像心灵的练臂器,它们是有益的,但是,假设一个人只是因为内化了书本的内容就取得进步,那就大错特错了。

在两封值得注意的信件中,塞涅卡进一步发展了这个思想。在我前面提到的第33封信中,他警告学生要提防消极被动和盲目尊崇的危险,这种危险之所以产生,是因为学生在吸收伟大人物的思想时,把他所能回想的只言片语当作权威来依靠:

> "这就是芝诺所说。"但是什么是你说的呢?"这是克里安特斯的观点。"那什么是你的观点呢?你还要在另一个人的命令下前进多远?自己作主,说出一些令自己难忘的东西吧。从你自己的知识储备中拿出一些东西吧。……记住是一回事,知道又是另一回事。记住是要保护托付给记忆的东西,知道却是要让每个东西都成为自己的,而不是去依靠文本并总是去回顾教师的话。"芝诺是这样说的,克里安特斯是这样说的。"在你自己和书本之间留下一点空间吧。你还要当学生多久啊?从现在起也成为一位教师吧。(33.7-9)

这段话很接近《斐德罗》中的观点,并未否定写作文本。实际上,它暗示了对写作文本的一种积极利用(正如我们一会儿就会看到的)。不过,它也强调说,写作文本含有一种危险——顺从权威的危险。当某些书籍已被授予一种特殊的重要性时,比如说在斯多亚主义的创始文本的情形中,这种危险显然是最大的。塞涅卡无疑崇敬这些文本,但是他也特别强调需要保持距离、需要批判的自主性。

塞涅卡对书本和崇敬所持有的复杂立场最完整地表现在第88封信(关于自由教育的那封著名信件)中。在这封信中,他攻击了罗马对有身份的年轻人进行教育的传统方法,这些方法所关注的是对某些权威文本所做的严密而虔诚的研究。[30]如果自由教育(studia liberalia)的传统概念是在其常见意义上来解释的,即被理解为"与生来自由的有身份的人相称的学习"(88.1-2),那么塞涅卡就会对这个概念深表怀疑。他说,假如这种学习只是为了增加自己收入,它们根本就说不上是好的。即便是在它们确实有点用处的地方,其用处也仅仅在于它们是心灵的一个基础,而不是心灵的高贵活动本身。哲学才是唯一与"自由的公民"(liberalis)这个名称真正相称的研究,因为它把心灵解放出来。**具备了**在传统自由教育中体现出来的基础教育当然是件好事,但哲学是唯一这样的研究:它的活动本身就是对人类自由的一种运用。

与第33封信相比,塞涅卡在这封信中提出了一系列更加复杂的对比。消极接受与一个人自己的活动性之间的对比对他来说仍很重要;本着这一精神,他把有益于身体的食物与真正地属于身体本身及其功能的东西相对比(25)。不过,他也对一个不同的对比很感兴趣:在各种技艺和哲学之间的对比——前者的活动仅仅是预备性的和工具性的,后者则是与美德和选择有关的技艺,因此其活动本来就是高贵的。在纯粹预备性和辅助性的研究(例如对伟大的文学作品的研究,以及对数学和工程的研究)上徘徊太久、过于执着,可能会诱使一个人错误地认为它们具有内在的重要性;这个错误让人们变得"无聊、唠叨、麻木、自满"(37)。[31]生命太短暂,因此我们不可能把大部分时间投入那些与人的核心本质无关的活动。塞涅卡评论说,这也包括我们所说的哲学的很大一部分,因为形而上学的和语言的分析与人类生活的伦理问题和社会问题无关(43-45),就此而论,这种分析本身只是预备性的,没有内在价值。

总的来说,掌管自己的教育不仅意味着用一种警惕的、批判性的方式来做一切,也意味着绝不忽视最重要的事情,那些令人类生活真正得到引导的事情。

那么,学生应该如何开始这项自学任务呢?传统自由教育的**始基**(rudimenta),塞涅卡承认,就像食物一样对发展中的灵魂很有益处。接下来,

---

[30] 关于古代的教育观念和实践,见 Marrou(1965)。

[31] 理由大概在于:这些研究可能会鼓舞"对智慧的错误幻想",而《斐德罗》已经把这种幻想鉴定为一种危险(275AB)。在当代,有人提议要回到"经典著作",把它们作为大学核心课程来加以捍卫,对于这些倡议,也可以提出同样说法。

他和爱比克泰德都一致认为,研究道德哲学主流传统中最重要的著作具有重大的正面价值。练臂器不是训练,但是,若没有练臂器,就算有肌肉也很难得到训练。塞涅卡强调(在我于第三点下考察过的一段话中)古人的书籍就像医学文本:年轻的从业者不去研究它们就太愚蠢了。即使它们的"处方"不完备,即使它们并不支配自身的运用,它们也很值得尊重和认真研究(64.8-9)。但是,应该将其作为整体、有深度地加以研究:

> 要摆脱这样一个思想:通过摘要你就立刻可以领会伟大人物的思想。你必须把他们的思想作为一个整体来观察和重温。……我不反对你去考察四肢,只要你把它们作为完整身体的各部分来考察就行。(33.5)

与前面所说的相一致,对书本的这种积极利用总是应该被看作对自己独立思考的训练;对于妮基狄昂来说,有一位像塞涅卡这样的老师和朋友去推进这个过程,去提醒她注意到恰当的目标以及经典著作的不完备,真是再好不过了。不应该阻止她去提到书本——只要她是通过自己的理解、从自己的理解来这样做,只要她去确认能用自己的理由来捍卫的东西。在向卢西利乌斯引用伊壁鸠鲁的一个说法(他认可这个说法但想略加修改)时,塞涅卡提出如下评论:

> 你竟然断言这些著作只属于伊壁鸠鲁,这一点道理都没有;它们是公共财产。我认为,在哲学中我们就应当像他们在元老院中那样做;当某人提出一个部分地让我感到高兴的请求时,我要求他把请求划分为两部分,我投票赞成我认可的那个部分。(21.9-10,参见8.8)

但是我们必须记得,妮基狄昂不会把所有时间都花费在阅读、写作和交谈上。在她的每一天中,有些时间必定是她自己度过的,用于反思人类生活本身,用于批判性地审查自己的生活,而这些活动都是斯多亚主义者为人类健康开出的药方中一个如此深刻的部分。对于身体来说,只要花费一点时间简单而适度地进行锻炼,健康就足以得到保证。但是,"灵魂需要夜以继日地训练,因为它要由适度的劳动来滋养。这种训练不会因冷暖或年老而受到妨碍"(15.5)。在决定对自己负责时,妮基狄昂也开始具有一种总体性的生活方式,后者会影响她的日常行为、友谊的性情、甚至其梦想的内容。

6. 逻辑的价值。至此,我们达到了斯多亚学派教育思想中一个格外复杂的领域。一方面,斯多亚主义者深为尊重实践推理的价值,因此也附带着尊重它所表现出来的一些卓越。卓越的思想是一致的、清晰的、精确的;掌管一个人自己的思想在很大程度上就是要争取这些卓越,根除混乱、晦涩和矛盾。斯多亚主义者相信,既然人类思想的导向基本上就是这样,对一致性的真诚寻求就会把学生引向真理。于是,逻辑推理方面的美德就成为理性所具有的内在价值的一个极为重要的部分。

这些美德也有工具用途。爱比克泰德论证说,在进入一个复杂论证的时候,一个好人"不应该用一种随机的或混乱的方式"(sunkechumens,参见本书第二章)来引导自己,而应该能够检验这个论证、不为其所误导(1.7),为此,在逻辑方面获得一种相当精致的训练就很重要,其中包括掌握逻辑难题、仔细剖析各种形式的歧义和诡辩。但是,在他看来,为了达到这个目的,就需要形式逻辑的训练,即一种有纪律的思想训练,而经过训练的哲学家就是传授这种东西的最佳人选(1.8)。"你看到",他推断说,"如果你真想对自己的信念进行一番批判考察,你就不得不成为这些学派的学生,成为人人都会嘲笑的那个动物。你和我都很明白,这不是一朝一夕的工作"(1.11.39-40)。

这种逻辑教育将包括研究词语的意义(1.17.12,2.14);包括研究三段论(2.13.21),以便可以稳当而自信地进行论证;也包括研究难题和悖论(2.17.27)。在爱比克泰德看来,在进行道德哲学中的实质性教育之前,必须先做这些研究(1.17.4-12)。对话者会认为"治疗"是更紧迫的事情,并以此为由来表示反对,但是爱比克泰德回答说,除非我们已经首先考察了衡量标准本身,看到它是有条不紊的,否则就无法**使用**衡量推理的标准来考察任何其他东西。逻辑就是这种衡量标准(1.17.4-12)。塞涅卡更加谨慎:不过,既然逻辑在希腊斯多亚学派那里占据显著地位,[32] 对于任何正统的斯多亚主义思想家来说,不去认同这个有限的正面结论都很困难。

另一方面,塞涅卡和爱比克泰德都充分认识到,对逻辑的兴趣也可以让学生偏离真正的哲学思考,把对书本的错位顺从所产生的一些同样的困难产生出来:缺乏诚实的伦理反思,对自己的知识和技能夸夸其谈。因此,即

---

[32] 由于我们所能得到的证据很零散,斯多亚学派的逻辑所具有的卓越地位很长时间以来被低估了;但是克里西普斯显然是逻辑史上最伟大的逻辑学家之一,处于与亚里士多德完全相当的地位。关于斯多亚学派的逻辑残篇,见 Long and Sedley(1987)第 183—236 页;更加完整的论述,见 Frede(1974);亦见 Brunschwig(1980)。

使斯多亚学派的传统强调逻辑训练,爱比克泰德和塞涅卡也都费尽心机向学生表明,仅仅是为了精通逻辑而去追求逻辑,而不提到给予逻辑训练以要旨的伦理内容,完全是徒劳无益。爱比克泰德想象一个学生走过来对他说:他之所以研究哲学,主要是为了理解说谎者悖论。爱比克泰德回答说,"如果那就是你的计划,你还是算了吧"(2.17.34)。逻辑总是应该指向自身之外的某个有价值的伦理目的(当然,既然这个目的是一种思考,逻辑就可以是它的一个构成要素)。

塞涅卡在这个问题上花费了很多时间,相应地对逻辑训练的积极价值着墨不多。之所以在着重点上有这种差别,部分原因可能在于学生们具有不同的潜在恶习:卢西利乌斯不可能在理智上懈怠。这一方面可能与他的气质有关,另一方面可能是其生活的戏剧化状况的一个特点:年事已高和时间不足都是其中的核心关切。因为在塞涅卡对逻辑游戏的攻击中,他经常提到时间不够(117.30;111.5;45.5)。可能也有一些真正的差别:因为塞涅卡好像根本就没有在著名的悖论之类的逻辑花招中看到任何有价值的东西(45.8-10等);对于剖析词语的意义之类的事情,他的态度似乎也比爱比克泰德的更消极。既然塞涅卡用如此长的篇幅三番五次地谈论逻辑的限度,在这里我就不能对他的陈述给出一个完备的论述。在很多地方,例如在第45、第48、第111和第117封信中,他都详细探究自己的见解;从这些文本中我们可以抽出一些有代表性的段落集中加以考察,以便对他的观点提出一个梗概。

塞涅卡认为,哲学家们用来打发时间的很多逻辑研究和语言研究没有实践效益。关于词语意义和言语悖论的争论固然是好玩的游戏,但并不总是能够为生活添砖加瓦,也不能改进一个人对自己选择的控制(111.1;48.1;45.5)。这些哲学难题往往并不对应于现实生活中的任何问题或难题(45.8)。它们就像玩杂耍者的把戏——只要你识破把戏,就不会有兴趣去玩(45)。因此,只有当哲学难题具有"减轻我们的苦痛"的作用时,哲学家才应予以关注(48.8-9)。

为什么会得出这个结论呢?除了关心重大的伦理问题外,哲学家为何不应该为了逻辑研究本身而去关注它们呢?对这个问题,塞涅卡提出了四个回答。首先,我们的生命太短暂。我们还没有解决真正重要的伦理问题,甚至连思考它们的时间也不多了。他说,"在你不想做任何事情的时候,就去思考这些问题吧"(111.5)——但是,对于一个想要自己把握重要问题的好人来说,这样的时间真是不多了。"我们果真有那么多闲暇时间吗?我们已经知道如何生活,如何去死吗?"(45.5;参见48.12等)。其次,人需要一点来自哲学的东西:哲学已经许诺要帮助人类(48.7;参见前面的讨论);哲学不是通过"玩闹"来帮助人类。第三,逻辑研究是诱人的:若深陷其中,就很难返回,或者很难转到其他事情上来(111.5;45.4-5)。最终,逻辑研究实际上会消磨心灵,使之变得不太有能力追求自身最关心的事情(48.9-10;117.19-20);因为它们让心灵相信生活的重要问题只不过是技术性问题,因此实际上就会在心灵对这些问题的探究中削弱心灵。

简言之,要把逻辑作为理性的自我管理的一个要素来研究和利用,并在这样做的时候尊重自己和他人的实践选择。要强烈抵制因为爱聪明而把这种爱当作职业的做法——要抵制这种做法,但不是因为职业哲学不重要,而是因为它实在太重要了。

8. 妮基狄昂会发现,作为一位斯多亚学派的学生,她的自我管理的一部分就在于批判性地评价各个不同传统的哲学论著。亚里士多德认为真理是从对"普通人和聪明人"的观点的批判性调整中凸现出来的,与亚里士多德不同,斯多亚主义者看来并没有在这个思想的方向上走那么远。在我对价值相对性的讨论中,我已经提出一些理由来说明这个差别。但是,就像亚里士多德那样,他们确实强调阅读前辈哲学家(不限于斯多亚学派哲学家)著作的重要性(参见早先的讨论)。他们曾论及学生身上独立的、自我管理的品格,与此相关,他们特别强调说,学生**同样要用**自己在阅读任何作品时所使用的警觉而具有批判性的目光来阅读非斯多亚学派的作品:"我并未把自己作为他人的奴隶来出卖;我身上没有烙上主人的名字。我很信任伟人的判断,但是我也为自己的判断提出一点主张。"(45.4)塞涅卡对伊壁鸠鲁的利用就是对这一点的具体论证(*exemplum*);因为他那恭敬而紧密的关注驱散了学生不去学习外来资源的偏见。与此同时,他那慎重的、批判性的态度则表明:任何文本,不管多么优秀,都要谨慎地加以探究。他总是强调说,好思想是公共财产,但也只应该按照自己的反思和判断来加以主张。"真理对所有人都开放,尚未被偷偷挪用"(33.11)。

斯多亚主义者显著地利用这些思想来探究诗歌在核心课程中的作用,因为与伊壁鸠鲁主义者和怀疑论者不同,也与柏拉图不同,他们很重视诗歌,认为诗歌在促进自我认识,尤其是让观众正视生活的悲欢离合和变化无常方面能够发挥有价值的作用。不过,诗歌往往用一种与斯多亚学派哲学

352 相异的精神来处理生活的悲欢离合。因此,尽管学生没有被禁止去面对这种作品,但也必须加倍警惕。在一部来源上似乎主要属于斯多亚主义的著作中,[33] 对于斯多亚主义者在这里所面临的问题之本质及其提出的解决方案,普鲁塔克有如下简明表述:

> 那么,我们要用一块致密结实的蜂蜡堵住年轻人的耳朵,就像堵住伊萨卡人(Ithacans)的耳朵那样,强迫他们在伊壁鸠鲁主义者的船上离港出海、回避诗歌、在清除诗歌的路上一路前行吗?或者,为了不让这艘船神魂颠倒地偏离航程、奔向将对他们造成伤害的东西,我们就要用某个合乎正道的理性标准来反对他们,把他们绑紧,去整顿和监视他们的判断吗?(《年轻人应如何倾听诗歌》,15D)

爱比克泰德和塞涅卡在其对戏剧的评论中都鼓励具有批判意识的观众(参见本书第十二章)。只要有了这种批判意识,学生就可以从诗歌中吸取一切真正有价值的东西,避免成为诗人个人目之被动工具。学生自己那经过训练的理性标准阻止了被动和诱惑。

9 和 10. 斯多亚主义的论证对其自身力量持有一种谨慎的乐观态度。这些论证并不许诺把学生一路引向智慧,不过,只要学生在论证上足够努力,它们确实有望带来进步。"谁会怀疑这是一项艰巨的任务?但是什么杰出的成就不是艰难的呢?不过,只要我们接受哲学的照料,哲学就有望取得这项成就"(Cicero, *TD* 3.84,西塞罗在这里说的是激情的治疗,参见本书第十章)。甚至哲学的开端,正如我们所看到的,也会让生活变得更好;一个人在这方面越努力,其生活就会越好。在这里我们必须记住,斯多亚主义坚决要求把这个目标与其他人的善联系起来:对这项艰难任务的良好完成不限于一个人自己及其幸福。塞涅卡说,他熬夜研习哲学,"以便帮助尽可能多的人"(8.8)。他已经发现他的劝告对自己有用,而现在则是为了其他人的善而宣扬他的劝告。

我们应该提醒自己,斯多亚主义中的这种乐观主义乃是与如下事实相联系:斯多亚主义者拒绝把人类痛苦的根源追溯到任何自然的或固有的恶(evils),反而认为它是由无知、困惑和思想的软弱产生出来的。"每一个灵魂都是不自愿地被剥夺了真理。"理性,在管理自身和努力工作的时候,应

---

[33] 见 Nussbaum(1993a)。

该能够从社会所产生的一切困惑中令灵魂得到解脱。错误信念的根源深入到了灵魂之中；因此那种乐观主义就不可能是一种**无忧无虑**的乐观主义。但它依然是一种乐观主义，其根据就在于这样一个深刻信念：人在本质上是合情合理的，理性基本上是公正和良善的。

妮基狄昂所接受的论证加强了她进一步追求这些论证的欲望，也提高了她的能力。哲学研究的初级阶段是"艰苦的，欲望害怕不熟悉的东西，此乃一个软弱有病的灵魂的特征"(50.9)。不过，只要已经开始研究哲学，"药物就不再苦涩了：因为只要药物在治疗我们，它们就开始变得令人愉快。在其他治疗那里，快乐只有在健康恢复之后才会到来，而哲学在把健康给予我们的同时也令人愉快"(50.9)。

六

总的来说，妮基狄昂在斯多亚学派这里接受的训练，正如她在希腊化时期其他学派那里得到的训练一样，并不仅仅是学术教导，同时也是一种用推理来管理的生活方式。与民间宗教所提供的生活相比，这是一种决心从事论证的生活，其神灵是内心之中的神灵。与怀疑论的生活相比，这种生活是积极的、警觉的、批判性的，并对真理有所承诺。与伊壁鸠鲁主义的生活相比，这种生活对任何外在权威都有所怀疑，只敬畏推理本身；它在理性方面是平等主义的和普遍主义的，致力于在自我当中、在整个世界中培养合理性。

就像米歇尔·福柯以及与其思想具有某种联系的其他作者近来强调的那样，[34]斯多亚主义实际上是一套形成和塑造自我的技术。但是，他们对习惯和所谓"自我的技术"(*techniques du soi*)的强调往往遮掩了理性的尊严。正是哲学对理性论证的承诺，把它与民间宗教、梦的解释和占星术区分开来。斯多亚主义要求学生自己积极运用论证，正是对这个要求的承诺将它与其他形式的哲学治疗分离开来。因为，如果所有这些习惯和惯例都不合乎理性，它们就毫无用处。整个事情背后的基本动机是要显示出尊重一个人身上最有价值的东西、尊重最真实地属于自己的东西。只有通过好的

---

[34] Foucault (1984), vol. III；关于这个不同的论述，亦见 Hadot(1981, 1990)以及 Davidson(1990)的编者 Arnold Davidson 在其导论中提出的肯定说法。

论证,才能把这些东西展现出来。最终,在斯多亚主义这里,我们看不到在福柯的著作中如此显著地表现出来的那种习惯化和约束的意象,看到的只是难以置信的自由与轻快的意象,这种自由源于这样一种认识:最重要的东西是由一个人自己的能力来掌管的,而不是由社会地位或者诸如财富、谣言、运气之类的东西来掌管的。斯多亚学派的论证方法把一个自由存在者的王国当作模型——这样一个王国,不管是从内容上来看还是从因果影响上来看,都是康德目的王国的先驱,而康德的目的王国是由这样的存在者构成的:他们彼此结为一体,并不是由于等级制度和社会习俗的外在环节,而是由于最深刻的尊重和自我尊重,由于他们认识到自己的目的在根本上有共同之处。福柯的全部作品所包含的那种世界观,能否允许这样一个王国(或者它的自由)的可能性,是值得怀疑的。对于福柯来说,理性本身只是政治权力所采取的诸多面具当中的一个。而对于斯多亚主义者来说,理性是独立的,抵制一切支配,是一个人作为一个个体和一个社会存在者而生活的本真且自由的内核。论证塑造了一个自我,而且最终**就是**一个自我,是这个自我实现自己作为世界公民的角色的方式。

七

只要详细考察塞涅卡式治疗的一个案例,我们就会更清楚地看到这个图景的各个部分。我所选择的案例并没有提前使用斯多亚学派的规范理论(以及哲学方法)的具体要素,而后者是本书接下来的三章所要关注的。第44封信是一封很普通的信函,塞涅卡就社会地位和有关的外在善写给卢西利乌斯的众多信函中的一封。为了理解这封信,重要的是要注意,其论证被重述且必须被重述。卢西利乌斯的教育要求塑造灵魂,而这需要花费时间;在缺乏"一步步地触及灵魂"(38.1)的对话时,频繁通信就很重要——不只是为了涵盖一切要点,也是为了用恰如其分的自我启示(40.1)和富有成效的交流来充分触及每一个要点。于是,第44封信就成为对卢西利乌斯长期治疗的一部分,所针对的是罗马社会关于家庭和社会等级的信念。

在他们通信的这个时期,卢西利乌斯是西西里的帝国行政长官。他频繁地写信给塞涅卡(38.1;40.1),偶尔也会去听其他哲学家的演讲(40.2)。他正取得良好进步(37.1),但仍需获得激励,以便勤奋学习。他所居住的地方书籍不多,于是就要求塞涅卡给他寄送书籍和其他笔记(39.1)。不过,最近由于身居要职,他成为流言和嫉妒的对象(43.1-3)。尽管他有了新的名望,或者可能也是因为有了新的名望,他焦虑不安,少了点自尊(*contemnas ipse te*[你会看低你自己],43.3)。

第 44 封信,就像大多数信件,开始于卢西利乌斯日常生活的结构及其处境。塞涅卡特别把卢西利乌斯的自我思考作为起点,而这种思考,就像我们可以设想的,可能已经在他的前一封信中表达出来:他觉得自己卑贱、无关紧要,责备天性(出生)和财富妨碍他把自己与乌合之众分开,阻止他上升到"人所能获得的最大幸福"(塞涅卡说,只要努力,这实际上是他所能获得的一项成就)。这是他反复抱怨的事情:"你再次……把自己称为无关紧要的无名小卒",这封信一开始就这样说。卢西利乌斯,一位罗马骑士,用政治和社会地位来设想人的幸福;他责备出生和财富阻挡他去实现这个目的。这当然不是卢西利乌斯特有的问题:大多数受过教育、相对富裕的罗马人也会有类似感受;塞涅卡就如何治疗这些感受写信给卢西利乌斯本人,在这个时候,他可以期待自己也是在治疗大多数读者。

塞涅卡通过引入哲学而开始其论证,在这里,哲学被人格化,她对卢西利乌斯的态度与他对自己的态度形成显著对比:"如果说哲学中有什么好东西的话,那就是:哲学不会去窥视血统。"所有人,"若追溯其最初起源,都来自于神"(2)。塞涅卡就用这种方式提醒卢西利乌斯:尽管人们认为出生很重要,但它其实是相对肤浅的东西;根本上说我们有着类似的起源;在人和神之间有一种由理性淬炼出来的亲密关系(这是第 41 封信的主题)。于是,卢西利乌斯就回想起他的观点:既然所有人都有神性,他们都是平等的。

塞涅卡现在详细提及罗马社会的身份意识的一些特点:骑士制度(由于卢西利乌斯自己的艰苦努力,他已经得以进入这一行列)是很排外的;元老院和军队也是如此。他现在把整个罗马社会与理性创造出来的社会加以对比:"一个良善的心灵(*bona mens*)对所有人都开放;就此而论,我们都是高贵者。哲学既不拒斥也不遴选任何人;它为所有人闪耀光芒。"(2-3)于是我们就有了一个凌驾于罗马社会之上的对立社会。塞涅卡让卢西利乌斯回想起他对另外这个社会的存在所持有的信念,他对它的忠诚以及它对其成员所提供的好处——平等、开放、完整的人的尊严。

现在,塞涅卡提出了一些例子来说明哲学对社会阶级的漠视:苏格拉底不是贵族,克里安特斯是一位受雇园丁和挑水工,"柏拉图并非作为高贵者而被哲学**接受**,而是靠哲学变得高贵"(3)。前两个例子很直截了当,第三个例子很复杂。既然塞涅卡必定已经知道柏拉图其实出生于雅典贵族家庭,他就是在用一种复杂的方式来把玩"高贵的/贵族的"(noble)这个词。柏拉图其实**在过去**并不高贵,在最真实的意义上并不高贵——直到哲学把她那真正的高贵赠予他。哲学的世界及其排行榜现在不仅与雅典和罗马的排行榜形成对比,而且取代了后者。这个世界现在向卢西利乌斯提供了一种族谱:这些伟大的哲学家都可以成为他的祖先(maiores),而只要他用配得上他们的方式来行动,他也可以成为**那种**(真正的)高贵的一部分。而且,他会这样行动,只要他一开始就让自己确信,就这种真正的高贵而论,他本来就像任何其他人一样高贵(3-4)。换言之,为了获得这种最重要的价值,就必须放弃罗马的价值观念、阶级意识和地位意识。现在,有一种深刻的冲突展现在卢西利乌斯面前:他对罗马社会习俗的依恋和他对理性价值的深刻依恋之间的冲突。他被要求看到,只有当他抛弃前者、坚持后者的时候,他为自己设定的一个很一般的目的才能得到实现,而这个目的就是达到人类生活的顶峰。

接下来的那段话提到了各种起源在漫长的人类历史中的融合,从而深化了这些反思:每个人最终都可以追溯到一个此前一无所有的时代,整个世界历史显示了辉煌和耻辱的漫长交替(4-5)。塞涅卡又回到了**真正的**高贵这一论题:在我们出生前所发生的一切并不属于**我们**(5)。"灵魂赠予高贵,它获准把出类拔萃的人提升到繁荣的位置,不管他们原来处于什么状况"(5)。

这个思想现在得到了一个思想实验的确认。塞涅卡说,想象你不是一位罗马骑士,却是一位自由人(6)。你仍然能够成为一群有身份的人当中唯一真正自由的人。现在想象卢西利乌斯抗议说:"怎么做到呢?"答案是:通过摆脱习俗的暴政——"假若你不是依赖于流行意见的权威把好和坏区分开来的话"(6)。

塞涅卡现在向卢西利乌斯介绍一个区分:把本身就好的东西与只是幸福生活之工具的东西区分开来。这个区分不仅对于良好的自我管理来说是基本的,而且也是卢西利乌斯自己困惑的根源。这个一般和基本的哲学区分,在被具体情境激发起来时就进入论证中,并反过来阐明具体情境。塞涅卡继续说道,所有人都寻求幸福生活,但是很多人把幸福生活之工具(instrumenta)例如财富和地位混同于这种生活本身。对工具性的善的这种关注使得人们离幸福生活越来越远,而不是更加接近它,因为财产和财富会引起连续不断的不安和焦虑,因此就像人们在生活中不得不拖着的一副辎重(7)。

这个论证又要求卢西利乌斯认识到内心深处两套信念之间的冲突,其中一套信念被认为比另一套信念更深刻、更根本。一方面,卢西利乌斯被指望同意如下说法:真正有价值的东西是那些**构成**幸福生活的活动(例如合乎美德的活动),而不是把幸福生活产生出来的外在工具。另一方面,卢西利乌斯本人已经深深地迷恋社会地位。塞涅卡要他看到,这种迷恋不仅不符合他自认为更加深刻的信念,而且也是一种沉重的负担和障碍。实际上,塞涅卡现在进一步断言,一个人越是追求那些东西,他离自己真正想要的东西也就越远。他用一个意象来结束这封信,这个意象阐明了那个更极端的判断:"当人们匆匆忙忙地穿过迷宫,他们的匆忙就让他们变得越加混乱"(44.7)。这个意象显然也代表了某个生活的总体——代表了选择得好的困难以及我们所面对的选择的复杂性。如何真正发现穿过迷宫的途径呢?通过慢慢地、审慎地走——好的哲学的步法,正如塞涅卡在第40封信中写道。("哲学应该小心谨慎地安置她的言语,不是冲口而出,而是一步步入手"[40.7]。)此外还要通过遵循一种指引——当我们经历生活时理性向我们提供的指引。

于是,在结束这封信之际,塞涅卡向卢西利乌斯指出:唯有通过遵循理性而且用耐心的关怀来照料它的指引,他才有望为自己发现一条途径,去穿越一座人类生活的紊乱迷宫。这封信提出了一个反对阶级和地位、支持一个人加入理性王国的有力论证。它的贡献还不止于此:通过它对卢西利乌斯的耐心的个人照料,通过它对语言和意象的细心选择,它**与他一道**参与了灵魂的塑造。

八

通过把焦点集中于斯多亚哲学的方法而非全部内容,我显然已经引入一个重要的核心部分,即对理性之尊严的强调。不过,看来一个人可以认可我在本章中就一些论题提出的说法而无须成为一位斯多亚主义者,那些论题包括:自由和自我塑造的重要性,所有人的平等尊严,书本和自我依靠,以及性别、阶级和地位在道德上的不相关。因为,正如我们在下一章中将会看到的,斯多亚主义者认为,与外在于自己的东西保持联系并不具有内在价值;不过,即便一个人相信理性的自我决定,看来他也不一定要相信这一点。而且,斯多亚主义者认为,应把一切激情从人类生活中彻底根除。本章所描述的妮基狄昂似乎也没有必要相信这一点。实际上,我们可以设想进一步解除实践合理性概念本身的负担,在这样做之后,它就允许爱、同情、悲伤之类的情感发挥一种引导作用。

这些承诺在某种程度上其实是相互独立的:一个人可以继续追求本章中所分析的斯多亚学派的很多目标(至少在某种描述下),而不接受我在下一章中将要描述的斯多亚主义的反激情方面。实际上,斯多亚学派的某些论证——从学生先前对理性完整性的承诺入手,进而试图表明根除激情是可取的——就取决于这一点。但是我们也需要谨慎,因为斯多亚主义者会在其论证中指责说,如此一来,这个人的生活实际上就是不一致的。他们会指责说,很多人都宣称他们对自己的完整性和实践理性有所承诺,与此同时却是在过着一种屈从于激情的生活,而这种屈从不仅与那个承诺相冲突,还会将它拦腰切断。换言之,斯多亚主义者宣称(不管成功与否),对理性的自我决定的承诺,若恰当地理解,实际上要求根除激情。在我刚刚对自我依赖提出的论述中,已经可以看到对这种反对情感之观点的某些强烈暗示。

除了自己之外,妮基狄昂不会去信任任何东西或任何人。然而这样一来,她对其他人的信任和关心究竟能有多深?她要不停地监视自己,监视自己的印象和冲动。但是,这难道不会摧毁对于富有激情的生活来说如此重要的好奇心和自发性吗?她要重视自己的理性,把它看作自己的人性和完整性的**唯一**源泉,自己生活中**唯一**具有真正的内在价值的东西。只要理性与她同在,她就能让自己的生活获得圆满。只要她能自由地这样做,她就有了自己的尊严,不管这个世界如何对待她。但是,这样一来,她能把什么东西前后一致地视为自己与其他人之间最深的联系呢?失去他们或者被他们背叛的可能性?于是,理性的热心统治,尽管看似合理而迷人,却超越了自身而指向斯多亚主义中某些更加令人不安、更有争议的要素。一个人能够生活在斯多亚主义者用这种方式来理解的理性王国中,同时又是一个有着好奇、悲伤和爱的存在者吗?

第十章　斯多亚主义者论根除激情

一

为了更深入地理解斯多亚学派的治疗观念,我们现在必须转向他们对情感(emotions)或激情(passions)[1]的论述,以及这一论述在他们对"经过治愈"人生描绘中所具有的含义。在斯多亚主义者的诊断和治疗中,他们对人类目的或属人的善的理解将发挥一定作用,[2]因此我将确定这种设想的一些特点并由此入手,尽管是用有点教条、没有经过详细的文本论证的方式。(这不会妨碍我们后面去追问诊断如何与这个健康观念相联系。)于是,按照斯多亚主义,唯有美德才因其自身而值得选择;美德本身就足以满足一个完全好的人类生活即幸福(eudaimonia)的需要。美德是一种不会受到外在偶然性影响的东西——不论是美德的获得还是获得之后的维护,(好像)都是如此。[3]行动者无法充分控制的东西,例如健康、财富、免于痛

---

〔1〕 关于这两个术语及其可互换性,见本书第九章注释4。

〔2〕 很多有关的古代文本要在 SVF,尤其是其第三卷中去寻找。对斯多亚学派道德理论的一般论述,首要的是 DL 7 和 Cicero,Fin. 3-4。关于激情(pathē),见 SVF III. 377-490、DL 7. 110-118、Cicero,TD 3-4 以及 Galen,PHP 4-5。在塞涅卡的《道德书信集》(Moral Epistles)和《道德论文集》(Moral Essays)中有很多相关材料(关于激情的论述,首要的是《论愤怒》[De Ira])。关于塞涅卡与早期斯多亚主义的关系,见本书第十一章和 Inwood(1993)。对斯多亚学派伦理学的出色综述包括 Rist(1969)、Long(1974)以及 Inwood(1985),读者可以通过参考这些著作来补充我在这里提出的总结;关于斯多亚学派伦理学与物理学和逻辑的联系,亦见 Christensen(1962)。处理相关问题的有用文集是 Long(1971),Rist(1978),Schofield and Striker(1986)以及 Brunschwig and Nussbaum(1993)。

〔3〕 实际上,围绕这两个主张存在着一些困难,因为至少从克里西普斯开始,斯多亚主义者就不再宣称要成为有智慧的人,而且明确认为有智慧的人太罕见了,不是单靠勤奋努力就能造就的,因此,他们好像是在认为这件最重要的事情不是行动者所能掌控的。他们肯定(转下页)

苦、身体机能的良好运作,都没有内在价值,它们甚至也不是作为一种工具上必要的条件而与幸福发生因果关系。总而言之,假若我们把这一切都拿走,假若我们想象一位有智慧的人生活在可能是最糟糕的自然环境中,但是,只要她[4]仍然是良善的,而且一旦如此就不可能腐败,她的幸福就仍然是完备的。[5]她将过着人类有可能过上的一种具有价值、值得选择且令人羡慕的生活。

此时我们进入了一个很有争议、很不分明的领域。因为斯多亚主义者(显然是为了说明有智慧的人为何及如何仍会在外部世界中做出实际行动)[6]也坚持认为,在很多情况下,这些外在善仍较其对立面更为恰当可取。在很多情形中,有智慧的人都会正确地(因为他们从来不会犯错误)[7]追求健康而非生病、追求摆脱痛苦而非承受痛苦,等等。[8]一些文本似乎暗示,这些东西因此就可以被认为有点价值,即便只有一种派生的或次要的价值。[9]很难确切地断言价值(*axia*)是什么,又如何与善(*to agathon*)相联系,

---

(接上页)会抵制这种推断;但是也完全不清楚他们在回答中会提出什么论述。就美德的丧失而论,很多文本都强调说,斯多亚学派的立场(与漫步学派的立场相比)是:美德一经获得就不会失去;参见 *SVF* III. 238 = Simplicius, *In Aristotle. Categ.* f. 102A, 102B; III. 240 = Clement, *Strom.* 4. 22; III. 241 (Theognetus comicus), 242 = Alexander of Aphrodisias. *De Fato* 199. 27。不过,按照 DL 7. 127(*SVF* III. 237)的说法,克里安特斯和克里西普斯在这个问题上是有分歧的:前者认为美德绝不可能丢失,后者认为在喝醉酒和患精神病的时候,换句话说,在认知系统的全部功能受到损坏的时候,美德会丢失。尽管这个区分本身很有趣,但它不会影响我们在这里的论证,因为克里西普斯明确否认美德在转变为恶习的意义上可以变得腐化堕落。

〔4〕 斯多亚主义者坚信男人和女人都有潜力获得美德——实际上,道德的和理性的灵魂是无性别的;见本书第九章。他们往往用无标记的男性性别来指称有智慧的人,不过,既然我是在跟踪妮基狄昂的教育,既然他们的理论明确允许女人有可能具有美德,我将一直使用女性称谓,并在引用的时候用括号把它标记出来。

〔5〕 关于美德对幸福的充分性,比如参见 DL 7. 127。

〔6〕 对比希俄斯岛的亚里斯托(Aristo of Chios)的异端见解,这位思想家认为,除了美德之外,其他一切东西都无关紧要;这种观点让有智慧的人不具备自己行动的理由。如果他完全地运动和行动,那他也仅仅是像舞台上的演员那样运动和行动(DL 7. 160-164, *SVF* 1. 333-403, 对所有这些证据的深入讨论,见 Ioppolo [1980])。

〔7〕 参见 DL 7. 121-122 = *SVF* III. 549, 556; Stobaeus, *Ecl.* 2. 111, 18 = *SVF* III. 554, 548。有智慧的人把这些事情都做得很好——参见 *SVF* III. 557-566,尤其是 561 = DL 7. 125。

〔8〕 关于这些"无关善恶"之事物的清单以及"它们不是善"这一主张,见 DL 7. 102 = *SVF* III. 117, Stobaeus, *Ecl.* 2. 79 = *SVF* III. 118-123。

〔9〕 关于价值(*axia*)的概念以及价值与优先选取的无关善恶的事物、无价值(*apaxia*)与不被优先选取的无关善恶的事物之间的联系,特别参见 DL 7. 105-6 = *SVF* III. 126-27;Stobaeus,*Ecl.* 2. 83. 10, 2. 84. 4, 2. 84. 18 = *SVF* III. 124, 125, 128; Cicero, *Fin.* 3. 50-53 以及一般参考 *SVF* III. 124-139。

而斯多亚主义者一向拒绝把善给予一切无关善恶的事物。在这里我不想陷入这个困难的解释问题。[10] 我将仅仅记录某些在我看来无可争议的事实，概述几条能够摆脱这个解释困境的有效路线，然后揭示这些观察对我们最关心的问题所具有的意义。

于是，很清楚，对斯多亚主义者来说，美德不允许用任何其他的善来做交易；实际上，美德与任何其他的善甚至都不可通约。西塞罗强调说，这个终极的善有一个性质是不可以用任何其他东西来度量的（*Fin*. 3.33-34）。因为这个缘故，我们就不能说把其他的善添加到美德上，以便获得一个更大的总体："并非智慧加上健康就比单独来看的智慧更有价值。"（*Fin*.3.44）[11] 不过，既然其他的善和美德彼此不可通约，而美德本身具有最高的价值，那么我们就不能谈论用美德的一部分（不管多么"小"）来交换任何其他的善的最大可能数量。任何这样的交换都不会得到辩护。此外，同样清楚的是，对于斯多亚主义者来说，外在善既不是幸福的构成要素，也不是其必要条件。它们是"对于过得幸福或不幸没有威力"（*Fin*. 3.50）的东西。美德本身就是自足的，对于幸福来说是充分的。[12] 不过，就像亚里士多德一样，斯多亚主义者也认为，幸福就其定义而言包含了一切具有内在价值的东西，一切因其自身而值得选择的东西。如果我们把这些主张结合起来，我们就不得不推断说（事实上，众多的文本都如此断言），外在善，即除了美德之外的所有善，根本就没有内在价值。

在此我们或许可以尝试各种解释策略。我们或许可以说，这些无关善恶但可取的东西有一种次要的价值，在当代哲学称为"词序排列"的那种等级结构中被排列在美德之下：我们首先满足美德的一切主张，但是，每当这些主张已经得到满足的时候，就可以继续考虑无关善恶的事物提出的主张。或者我们可以声称，无关善恶的事物所具有的价值，来自它们在儿童成长时期与美德之间的那种生产性关系——在这个发展过程中，儿童对外在事物的

---

〔10〕 近来对这个问题有各种各样的处理，例如，参见 Irwin(1986)、Rist(1969)、Long and Sedley(1987)、Inwood(1985)、C. C. W. Taylor(1987)以及 Lesses(1989)。

〔11〕 亦见 *Fin*. 4.29, 5.7; Seneca, *Ep*. 92.17; *SVF* III.29 = Plutarch, *St. Repugn*. 1039C; *SVF* III.30 = DL 7.101。其他段落收集在 Irwin(1986)中并得到了很好的讨论。

〔12〕 例如，参见 DL 7.127-128 = *SVF* III.49；亦见 *SVF* III.50-67。按照第欧根尼的记录，芝诺和克里西普斯都捍卫这个观点；他还补充说，后来的斯多亚主义者帕奈提乌斯（Panaetius）和波西多尼乌斯都否认这个观点，主张健康、力量和某些谋生手段是幸福的必要条件。

362　自然倾向发挥了一个关键且积极的作用。当儿童在理性上变得成熟并将美德显露出来的时候,她并非就不再是一个自然的存在者了,在美德许可的情况下,她仍会适当地遵循其自然禀赋的动物性方面。评论者们已经暗示了各种其他类似的解决方案。[13] 但是,我认为清楚的是,假若我们要忠实于斯多亚学派的思想精神,我们就必须绝对避免去做一件事,即给予无关善恶的事物、给予外在善一种价值——我们看到大多数普通人给予它们、而亚里士多德明确地赋予它们的那种价值。这就是说,我们绝不要认为它们是行动者的幸福(eudaimonia)的构成要素并因此具有内在价值,我们也绝不要认为它们对于幸福生活是绝对必要的。然而,大多数普通人以及站在他们一边的亚里士多德,确实把内在价值归于爱和友爱,而后者本质上是与不稳定且不受控制的外在事物之间的关系。大多数人也把自己视为社会存在者,因此对他们来说,国家或政治特权的丧失也是一种内在价值的丧失。大多数人相信,若没有适量的食物、住所和身体健康,就不可能去追求和实现好的人类生活;因此他们就把这些东西变成幸福生活的必要条件——即便不是其构成要素。这是斯多亚主义者要坚决否定的。

　　特别重要的是要理解,当斯多亚主义者否认除了美德之外的任何其他东西具有价值时,他们在这里是将那些出现与否会受到外部世界中的偶然性所影响的事物都包含在内。这意味着他们决定否认外部的世俗行动具有内在价值,甚至就像他们明确断言的那样(DL 7. 102),否认生命本身具有内在价值。[14] 严格地说,不仅财富和荣誉之类的传统"外在善",以及有孩子、有朋友、有政治权利和特权之类"关系性的善"被认为没有价值,而且个别形式的有美德的活动(例如勇敢的、公正的、有节制的行动)也被认为没有价值。其根据在于,就像亚里士多德已经论证且人人皆知的那样,这些东西可以被我们无法控制的偶然事件所切断或妨碍。不过,有智慧的人必定

---

　　[13] 第一个取舍由几个文本所暗示;第二个取舍是 Lesses(1989) 在特别论述 Cicero, *Fin.* 3. 19 及以下几段话时提出来的。Kidd(1971a) 和 Irwin(1986) 暗示了其他的解决方案。

　　[14] 否认生命对于美德来说是必要的当然很怪异——尤其是在人们不相信有一个来世生活(有美德的活动在这种生活中仍是可能的)的情况下。斯多亚主义者认为,死者的灵魂在下一场大火爆发之前得以保存,其美德大概也会保留下来,而仅仅是没有机会得到运用而已。一个明确的要点是,斯多亚学主义者,就像伊壁鸠鲁主义者一样,认为生命的延续对美德来说并不重要;并非活得越长就越好,活得越长有时反而越糟糕(见本书第十一章)。

是自足的；不管发生什么，其生活总是幸福的(eudaimōn)(TD 5.83)。[15]美德被认为是灵魂的状态(diathesis——参见 DL 7.89, 98)。[16]西塞罗笔下的对话者告诉我们：那就好像我们说，在扔标枪的时候，根本目的是要"做一切能够直接获得目标的事情"——而且，对目标的实际命中，甚至想必扔标枪的实际行动，都不会成为受尊敬的东西。[17]因此，美德不是一种没有活动性的内部状况：它被想象为一种努力或竭尽全力，其实就像第欧根尼·拉尔修告诉我们的，"好人总是在使用他那已经处于完满状态的灵魂"(7.128)。但是，这些内在活动被明确地说成不受世上偶然性的影响(DL 7.128)；它们被认为自身就是完备的，在它们开始的那个时刻就已经完备，且不说它们在世上出现的时候了。它们在世上的表现因此被称为单纯的"胞衣"(epigennēmatikon, Cicero, Fin. 3.32)。[18]有智慧的人根本就不需要跨入世界、向世界敞开其灵魂并将其迫切需要强加给世界。她可以像塞涅卡通常所说的那样干脆待在家中；因为在家中、在她的内部，她有了所需要的一切。就这样，斯多亚主义者断然否认人们通常列举的那组"外在善"具有价值，甚至亚里士多德也不认为它们(除了友爱之外)具有内在价值。不仅如此，他们还更进一步，彻底摒弃一个关于人类善的主张，而这个主张就像亚里士多德告诉我们的那样，是普通人最乐于同意的，即：好的生活就在于活动，这种活动是在世上发生的。

我们开始得到一幅图景，它所描绘的是斯多亚式圣人的彻底超然——那种用平静来迎接奴役甚至折磨的超然，用"我已经意识到我当过一个凡

---

[15] 亦参见 Fin. 3.26, 42；Stobaeus, Ecl. 2.98.17 = SVF III.54。

[16] 亦参见 TD 4.34 = SVF III.198(adfectio animi)以及安德罗尼库斯(Andronicus)对特定美德提出的定义(SVF III.266 及以下)，这些定义往往使用"习惯"(hexis)和"认识"(epistēmē)这两个词，尽管 DL 7.98 在状态(diatheseis)和习惯(hexeis)之间做出了一个明确的区分，把美德作为前者的一个例子提出来。也见 Plutarch, Mor. 441C, 此处"状态"(diatheseis)和"潜能"(dunamis)这两个词都被使用。

[17] 关于这个比喻，参见 Striker (1986)，Irwin (1986)，Inwood (1985)以及 C. C. W. Taylor (1987)。

[18] 这个词看来指的是在某个东西之后作为其因果产物而生成的东西；它的使用并未被限制到出生的语境。例如，参见 Plutarch, Mor. 637E，在这里，卵子被说成是生物的营养和消化的胞衣(epigennēma)。

人的父亲"(Cicero, TD 3.30)[19]之类的非凡说法来接受孩子死亡的消息的超然。对于这种超然及其所蕴含的对自我的看法,后面我会做更详细的讨论。但是,这种超然有一个我现在就必须加以介绍的必然结果。如果宣称世间的活动是外在的和不必要的活动这一做法以某种方式缓解了行动者的伦理负担,让她不太依赖无法驾驭的条件,那么,通过把伦理上的注意力都集中到内在的精神活动,那种做法就用另一种方式增加了她的伦理负担。

亚里士多德式的伦理学已经论证说,我们之所以成为道德上可评价的行动者,不仅是因为我们的公开行为,也是因为与之相伴随的感受和想象的品质。如果一个人是从错误的动机来做正确的事情,或者怀着反抗性的、不相一致的反应态度来做正确的事情,那么他就没有履行一个合乎美德的行动。一个行为,若要成为合乎美德的行为,就必须用一个具有实践智慧的人做它的那种方式来做。然而,公开的行为尽管不是唯一重要的东西却依然很重要。自制(enkrateia),即与对抗性的、但临时被挫败的情感相伴随的正确行为,在道德上远远好于不能自制(akrasia),即这样的情形:即便行动者具有好的行动原则和某些好的感受,他仍然去做不正确的事情。(自制当然比用和谐一致的不良感受去做坏事要好得多。)自制和不能自制之间的差别是一个很重大的道德差别;但是我们可以想象内在的差别往往很小,只是在思想和感受上产生了一点偏离平衡的微小倾斜。而且在某些情形中,这一差别可能根本就不会因为道德力量有了一点点加强就扩大,反而有可能会因为行动者没有充分控制的某个环境特点而扩大,例如缺乏一个特别有吸引力的对象,或是出现了某种不同寻常的压力或诱惑。亚里士多德的确要求我们在评估这种情形时,要去考虑行动者的性情如何与这种常见的情形相联系。假若她屈从于大多数好人都抵挡得住的压力,我们就要对她做出严厉评判。假若她屈从于极端的环境压力,我们就被要求怀有宽仁之心、不要随便做出判断(EN III.1)。不过,亚里士多德并不要求我们把一个人事实上所做的事情忘得一干二净。行动就在那里,它让事情在道德上变得不同。如果被逼得太狠,我们很多人都会做出些许可耻之事;但是,很少

---

[19] 这个故事所讲述的是阿纳克萨哥拉(参见 Diels-Kranz, Anaxagoras, A33);斯多亚主义者把他视为做出正确回应的一个榜样。这个故事也出现在 DL 2.13 中,并被波西多尼乌斯所引用,见 Galen, PHP 4.7.9-10, 282D。波西多尼乌斯把这个故事作为例子来说明"预想"(praemeditatio)的道德价值。

有被厄运胁迫的人会因为其行为而受到审判,我们其他人也不会去审判他。另一方面,如果一个人形成了坏的思想和愿望,却因为缺乏行动的机会而没有将之付诸实践,那么他确实就会受到严厉评判,不过,对他的评判也不会像对实际上做了这些行为的人的评判那么严厉。

我们已经可以看到,斯多亚主义者不会满足于对外部事物的这种强调。首先,他们决心否认运气和外部环境是道德上相关的;因此他们就会执意按照人们的意图、动机和思想来判断他们,而不管外面发生了什么、不管行动者对世上的一切状况有没有充分的控制。这意味着,在从来就没有机会犯罪的罪犯和确实犯了罪的罪犯之间,根本就没有道德差别;以下两种人之间也没有道德差别:一种是在极端的环境压力下做了卑鄙之事的普通人,另一种人则像你我这样,过去从未碰到这种诱惑,而此时却不去抵制任何一个诱惑。[20] 我们可以万无一失地称赞的唯一美德是一种纯粹的"防错"美德,即其中并不包含任何相互抵消的内在力量的那种美德。(我们开始明白为什么斯多亚主义者想说,唯一有智慧的人是从来不会出错的人,其他人都是傻瓜。) 同样,斯多亚主义者可以承认,自制和不能自制之间的唯一差别是实际上出现在内心深处的差别:也就是说,往往是在内在的心理状况、在其感受和思想平衡上的一种很小的微妙差别。[21] 我们是针对行动者的思想和激情而对她进行评价,但不允许自己为了在道德上获得安慰就坚持认为一切最终都会好起来。于是就很难把这样两个人区分开来:其中一个人具有谋杀欲望但控制了这个欲望,另一个人是内心纠结、不情不愿的谋杀者。行动者和世界之间的界限,对我们来说现在把二者隔离开来的那道具有决定性的围墙,就被拆除了:它获准不再具有任何道德相关性。

我们还可以更进一步。按照斯多亚主义者的描述,内在地发生的事

---

[20] 然而,这两种人之间存在一个道德差别:一种人用好的动机来检查坏的动机,另一种人缺乏抑制性的动机。参见本书第十二章。

[21] 在这一点上,一个问题很自然地出现了:环境对我们的欲望和思想造成的差别又如何呢?不论是欲望在行动中的表达,还是欲望和意图本身的形成,好像都在某种程度上受到了我们没有控制的因素的影响。有些人从来就不想伤害他人,但其防错能力很有限,因此在某些情况下就不可能不被那些欲望所牵引,而另一些具有类似力量的人确实形成了伤害他人的欲望,难道前者在道德上就比后者更好吗?这个思想让我们进一步明白为什么斯多亚主义者想强调说,所有没有绝对地防止错误的人都是傻瓜。

情恰好是行动,因此本身是可评价的。让我们回想一下,一个有美德的或邪恶的行动在任何时刻都是完备的,甚至在内部加以酝酿的时候就已经完备了。于是,面对愤怒的杀人欲望的压力而吃力地完成的行动,尽管对亚里士多德来说将被描述为正确的行动,但在斯多亚学派那里就会被描述为一个好的内在行动,由一个极端邪恶的内在行动相伴随。西塞罗说得很明白:

> 因为正如背叛祖国、虐待父母、抢劫神庙各自都是道德过错(*peccatum*)、因此结果(*in effectu*)都是罪恶一样,恐惧、悲痛、好色各自也都是道德过错,即使没有任何结果(*sine effectu*)。不错,后面这些东西并非是因其后来产生的结果而是过错,而是从一开始就是过错。因此,对于来自美德的东西来说,要按照它们一开始的酝酿,而不是按照它们的完成,将它们判断为道德上正确的。(*Fin.* 3.32)

而且,既然美德不是程度问题,而是绝对的,我们就会发现,很难把自我控制的谋杀者那种坏的内在行为与实际上获得认可而进入世界的坏行为区分开来。在思想和激情上的任何失败,都可能直接对行动者的整个道德状况产生最可怕的后果。如果哲学必须让自己成为对激情的一种治疗,那么我们就可以开始明白为什么应当如此:在斯多亚学派这里,因为激情上的失败而付出的代价比在其他任何学派那里都要高。

在考察斯多亚学派所说的激情之前,我们还需要做出一个观察。斯多亚学派所说的美德是所有形式的知识;这些倾向的内在活动是某种形式的实践推理或明智思考。若是这样,就可以得出一个结论,即追求智慧的技艺在结构上就类似于一门将其活动当作(一旦我们达到了某个足够高的水平)目的本身的技艺。西塞罗提醒我们,某些技艺(例如航海和行医)旨在获得某种目的,后者与匠人的活动相分离、不用提到该活动就可以得到充分描述。而在其他技艺那里(比如说跳舞和演戏),技艺活动本身就是目的(*Fin.* III.24)。智慧就属于后一种技艺。不过,西塞罗又马上提醒我们:智慧的技艺在一个方面不同于所有其他技艺——它的表演完全是统一的和自足的:智慧的每一项运用都是对一切美德的运用。因此,哲学并不仅仅是一条通向幸福(*eudaimonia*)之路:当它发挥到了极致的时候,它就是我们人类的目的,是这个目的的整体,而不只是其中的一部分。*Phronēsis*,即有智慧的、合乎美德的思想活动,恰好就是幸福(eudaimonia)。[22]

二

在哲学史上最声名狼藉、似是而非的论点中,就有克里西普斯的这一论点:激情是各种形式的错误判断或错误信念。[23] 这个主张表面上看来确实很怪异,因为恐惧、悲痛、愤怒以及情爱之类的情感,对我们来说(以及对斯多亚主义者来说——当他们具体谈论这些情感的时候)好像是灵魂中强烈的运动或剧变(正如其名称所暗示的那样),完全不像理性冷静的把握和铺设。而且,把激情等同于信念或判断似乎忽视了消极性的要素,而正是这个要素设置了作为另一个种类名称的"激情"这个词。因为判断好像是我们积极地制作或做出的东西,而不是我们所遭受的东西。总而言之,感受到爱、恐惧、悲痛、愤怒就是处于一种骚乱、猛烈运动和脆弱的状况。妮基狄昂会问:这种状况怎么可能等同于做出"某件事情就是如此这般"这样一个判断呢?

我们可以轻而易举地看到为什么斯多亚主义者本来就可能打算捍卫这个古怪的主张。因为它会极大地帮助他们表明哲学作为生活的技艺既是必要的又是有效的。如果激情不是居于理性层面下、来自我们的动物本性的骚动,而是对理性能力的修改,那么,为了缓解并最终治愈激情,在着手处理它们的时候,就必须采用一种运用理性的各项技艺的治疗技术。如果判断就是激情的本质所在,如果在判断中没有什么东西位于理性才能之外,那么,一门对判断进行充分修改的理性技艺,在寻求正确判断并用它们来更换

---

[22] Plutarch, *St. Rep.* 26, 1046D = *SVF* III. 54;克里西普斯认为,"有智慧的、合乎美德的思想活动(*phronēsis*)不是任何有别于幸福(*eudaimonia*)本身的东西,它就是幸福"。

[23] 克里西普斯好像已经同时使用 doxa 和 krisis 这两个词,前者往往被译为"信念"(belief)或"意见"(opinion),后者往往被译为"判断"(judgement)——后者更经常地出现在一般断言中(例如"激情[*pathē*]就是判断[*kriseis*]"),而前者更经常地出现在具体定义中(例如"悲伤是一个新鲜的信念[*doxa*],即相信某件坏事出现了")。"推测"(*hupolēpsis*)这个说法有时也被使用。(例如见 DL 7.111,在这里,在报告克里西普斯的观点时,第欧根尼从对一般观点的陈述中的判断[*krisis*]转到具体例子中的推测[*hupolēpsis*]。)大多数标准定义都使用 doxa。拉丁文原始文献也表明了同样多样的用法:*iudicium*(意见,审判,决定)与 *opinio*(意见,看法)和 *opinatio*(推测,假定)一道出现。(Cicero, *TD* 3.61 在定义"悲伤"的时候使用了"*opinio et iudicium*"[意见和判断]这个说法。)斯多亚主义者格外小心,总是精确地说出他们所讨论的是什么类型的认知活动,因此词语的用法不会对他们的论证造成麻烦。

错误判断的时候,对于治疗妮基狄昂那些由激情所引起的疾病实际上也将是充分的。[24]错误信念完全可以被消除,且不会留下任何令人苦恼的痕迹。此外,如果治疗激情(这意味着完全根除激情,正如我们将看到的)就是导致妮基狄昂去要求一门生活技艺的核心任务,那么,当哲学表明它能治愈激情时,它就会确立自己的实际威望。于是,对激情的分析和对一种哲学治疗的描述就携手共进。我们得知克里西普斯写了四卷关于激情的论著。在前三卷中,他提出论证来支持自己对激情的分析,并对特定激情提出自己的论述和定义。第四卷从这一理论基础转向治疗实践,被称为"治疗论著"(*therapeutikon*),也被称为"关于伦理实践的论著"(*ēthikon*)。显然,这卷论著要求而且依赖于前三卷论著已经论证的分析。[25]

不过,说某个论点对一位哲学家而言为何重要是一回事,断言它是真的

---

[24] 晚期斯多亚主义者拒斥了克里西普斯的观点,为灵魂设置了一个自然的无理性部分,因此他们就采取了以下观点:必须用音乐(用一种极端非认知的方式来加以理解)来补充哲学,因为唯有音乐才能驯服那个无理性的部分。特别参见巴比伦的第欧根尼(Diogenes of Babylon)的《论音乐》(*On Music*)的残篇,载 *SVF* III,第221—235页。早期斯多亚主义者看重诗歌,却是出于认知的理由。塞涅卡遵循克里西普斯的斯多亚主义进路;见本书第十二章。所有这些观点,参见 Nussbaum(1993a)。

[25] 关于克里西普斯的《论激情》(*Peri Pathōn*)的四卷本结构,见 *PHP* 5.6.45-46,336D = *SVF* III.458 以及 5.7.52,348D = *SVF* III.460。在引用第四卷时,盖伦有时称之为 *therapeutikon*,有时称之为 *ēthikon*(有一次称之为 *therapeutikon kai ēthikon*,5.7.52)。在这里,盖伦说,第四卷是与其他三卷"分开"撰写的,"本身"(*idia*)是被"附加上去的"(*epigraphomenon*);但是,他前后一致地把这部著作说成是一部四卷本的完整著作,或者说是 *pragmateia*(讲求实践的)(例如见 272D);他对这卷治疗著作的引用清楚地显示了这一卷与处理论证和目的的其他三卷之间的紧密关系。实际上,从保存下来的残篇来看,很难看到它们有任何明显差别——尽管第四卷大概会包含关于如何治疗激情的详细材料,而盖伦对这个材料不感兴趣,因此它就未能得以保存下来。盖伦把第四卷的目的描述为"了解[无理性行为]的一切原因"(272D);他后来说,第四卷打算描述用来判断灵魂据说得以变得健康抑或生病的均衡或和谐(304D)。盖伦所做的另一个评论大概是令人误解的。在另一部著作中(*De Loc. Affect.* 3.1 = *SVF* III.457),他用克里西普斯的著作来阐明他自己在两种著作之间所做的区分:一种是 *logikōtera*,即"超越用处来考察事物自身存在的本质"的著作,另一种是本来就打算具有用处的著作。但是,一位克里西普斯式的斯多亚主义者不可能在这个领域中做出这一区分(参见本书第九章)。不管怎样,保存下来的引文向我们表明,第四卷包含了大量理论,前三卷用一种与实践高度相关的方式来讨论情感。从盖伦对克里西普斯的这几卷论著和他自己论著的相应篇幅的评论来判断,《论激情》肯定很长:若用标准字体印刷出来的话,大概有250页。

又是另一回事。然而，更加细致的分析会表明，那个看似古怪的论点并不只是一个强加于生活经验的便利的理论工具。在这个领域，它是真理的一个最有力的候选者，而且也不像我们一开始可能认为的那样如此有悖于直观。

在当代最新的伦理思想中，直观上可接受和真理这两个问题是密切相关的。在克里西普斯的思想中也是如此。就日常信念和经验而言，要是克里西普斯全然失败，那就很令人吃惊了。因为，大概除了亚里士多德外，他比任何其他古代哲学家都更持久、更深入地关心对日常的思想和语言进行严密分析，差不多到了痴迷的地步。他论述情感的论著显然不是这个总方针的例外。在开始一项研究时，亚里士多德有一种独具特色的做法，即首先对人们在一个论题上持有的日常信念和说法做一个简要的辩证总结。克里西普斯在其四卷本的著作中走得更远，[26]在很多地方都有对于日常用法、通常的表达方式、文学片段（用来作为日常信念的证据）、甚至我们的日常姿态（用来作为我们的共同观念的证据）的大量观察。他无疑认为我们的语言和日常实践揭示了真理，而哲学理论有忽视这些资料的危险。盖伦记录下来的一些例子好像是有偏见的或者说是幼稚的；不过，至少在我看来，克里西普斯提出的更多例子是要揭示一种细致入微的关注——对我们所说事情的细节以及其中得以显示出来的概念结构的关注。实际上，很清楚，克里西普斯认为自己的激情理论得到了日常直观的最有力的支持。盖伦有时认为经验反驳了日常直观，并以此为由反对克里西普斯的论证。不过，他更经常且富有启示地嘲笑克里西普斯把过多的时间浪费在外行和诗人所说的东西上，不甚关心哲学专家的理论。[27]这一切都表明，我们不能声称自己

---

[26] 在这一点上，克里西普斯和亚里士多德好像很接近。但是我认为他们对日常用法产生兴趣的理由有着微妙差别。对克里西普斯来说，语言揭示了一种存在于宇宙中的理性结构，其重要性就在于它是那个独立存在的实在的一个标志。对亚里士多德来说，日常用法本身就与真理有着更紧密的联系，因为（或者我认为就是这样）日常用法揭示出来的那种实在并不是作为自然界中一组不同的东西、不依赖于心灵的划界活动而存在的。然而，只要我们记住斯多亚主义者所说的宇宙本身就是一种理性精神，逻各斯揭示出来的结构本身也同样是一种同质的概念结构或逻各斯（而且，不仅在结构上相似，也是把这个逻各斯作为一个部分包含在内的更大整体），那么上述差别就会变得更加微妙。这两位思想家都不相信，除了逻各斯和理性的概念化活动外，宇宙本身还有一个结构；他们之所以认为对话语的概念结构的研究具有最高的重要性，其理由就在于此。

[27] 比如，见 *PHP* 3.5.23, 204D：盖伦到此为止仅仅是批评"所有这样的论证：它们看似有点道理，并不诉求女人、外行、词源学、挥手、点头以及诗人的证言"。

已经理解克里西普斯的激情学说,除非我们不仅看到了这个学说如何与他的其他理论保持一致,也看到了它如何可能得到捍卫,如何立足于直观和经验,把自己推荐给一位不属于斯多亚学派的妮基狄昂。

正如我们已经看到的,在古希腊关于情感的思想中,自柏拉图和亚里士多德以来,直到伊壁鸠鲁,都有一个一致看法:情感并非只是心中盲目的骚动、激动或感动,仅仅通过其感受性就可以把它们鉴定出来并加以区分。与饥渴之类的本能欲望不同,情感具有一个重要的认知要素:它们体现了我们解释世界的方式。与情感经验相伴的感受不仅与作为其基础或根据的信念或判断发生联系,而且也依靠后者,因此情感总的来说就可以被恰当地评价为真实的或错误的,也可以被评价为理性的或非理性的——取决于我们对作为其根据的信念的评价。既然信念就是这种感受的根据,这种感受以及因此总体上而论的情感都可以随着信念的修正而被修正。我们已经看到这些想法如何向亚里士多德提供了对情感(例如愤怒和怜悯)的论述,这些论述在伊壁鸠鲁学派的治疗中又如何得到利用。

在这个传统中,还有两个具有连续性的要素为克里西普斯的转变做好了准备。第一,情感所依据的信念显著地包含评价性信念,即关于好与坏、有价值和无价值、有益和有害的信念。珍惜某个东西、赋予它很高的价值,就是给予自己一个基础,而有了这个基础,当那个东西出现的时候,就会有极度喜悦的反应;当它受到威胁的时候,就会有恐惧的反应;当它失去的时候,就会有悲伤的反应;当别人损毁它的时候,就会有愤怒的反应,当别人有了它、而你自己却没有的时候,就会有嫉妒的反应;当别人并非因为自己的过错而失去它的时候,就会有怜悯的反应。第二,正如本书第三章所论证的,主要情感所依据的评价性信念都有某些共同之处。这些信念都涉及将很高的价值赋予易受损毁的"外在善"——在某种程度上不是行动者能够完全控制的东西,而是可以被世上发生的事情影响的东西。于是,情感就预设了这样一个思想:大多数(或者很多)有价值的东西都不是自足的。情感也都体现了对行动者的善的一种理解,按照这种理解,善不是简单地在他内部,就像"在家"那样稳妥而安全,而是存在于一张复杂的关系网中,这些关系一方面涉及行动者,另一方面涉及不稳定的世俗事物,例如挚爱的朋友、城邦、财产以及行动的条件。情感预设了我们时刻都会受到运气的威胁。在这个意义上,我们注意到在情感中有一种显著的统一性。所有情感都享有一个共同基础;看来,与其说它们是由作为其根据的信念区分开来,倒不如说它们是由环境和观点方面的考虑区分开来。我们自己感到害怕的事情,落到别人头上时就会令我们表示同情;只要想到我们今天热爱和喜欢的东西明天就可能被厄运夺走,我们就会心生恐惧;当我们害怕的事情最终发生,我们就会感到悲伤。当其他人改进了我们的善的脆弱要素的时候,我们就会心怀感激;假若结果表明其他人的行动是有害的,与一种外在善的这同一种关系就会产生愤怒。

亚里士多德强调说,在所有这些情形中,情感不会发挥作用,除非一个评价性的信念不仅把价值归于那个不受控制的外在事物,而且也把重大的价值归于它。恐惧要求这样一个思想:严重的损害可以落到我们头上,但不是因为我们自己的过错;愤怒又要求这样一个思想:别人所轻视的东西很有价值。我不会因为害怕我的咖啡杯会破碎而坐立不安;我不会因为某人拿走了我的裁纸刀而愤怒。我不会因为某人失去了一把牙刷而表示怜悯。我的粗粮早餐不会让我充满喜悦和快乐;甚至我的早间咖啡也不会是爱的一个对象。

这些例子暗示了一个进一步的思想,它将被斯多亚学派的治疗所利用。当运气造成的损害被认为无足轻重,因此不足以成为一个情感的根据时,这种损害之所以被这样看待,是因为受到损害或得到改进的对象就其价值而论被认为本身是可取代的。咖啡杯和裁纸刀几乎不能成为悲伤的理由,因为我们不在乎用哪个杯子喝咖啡、用哪把刀子裁纸。很容易找到它们的替代品,后者同样具有我们因此而看重这样一个物件的功能。如果我们试着去想象丢失一个咖啡杯竟然成为悲伤的一个原因,那么我们就会发现我们是在想象这样一种情形:那个东西的拥有者把一种历史的或情感的价值归于它,并由此使它变得独特。这就表明,不管是意义非凡的东西还是微不足道的东西,只要消除了对其特殊性和独特性的意识,可能也就有助于根除恐惧、愤怒乃至爱——如果我们确实想要实现这种根除的话。[28]

由此来看,这个关于情感的希腊思想传统似乎并不怪异,反而在直观上很有道理。如果克里西普斯的确以一个有悖于直观的见解而告终,那么他的起点就是这样一个基础:这个基础看来不仅明确地表达了我们对情感的直观认识,也明确地表达了人们曾经在这个论题上所做的一切哲学反思。

---

〔28〕斯多亚主义者的一种治疗训练就集中于这个思想,在这方面的一个典型例子,见 Epictetus, *Ench.* 3,亦见稍后会引用的 Seneca, *Ep.* 63.11。这种治疗可能在柏拉图的《会饮》中有其先例:见 Nussbaum(1986a)第六章。

克里西普斯将自己置于这个传统中;不过,在他那里也发生了一个根本转折。为了看到他已经做了什么,我们就需要区分四个论点,它们关系到信念或判断与激情之间的关系,并在这个传统中得到捍卫。

1. **必要性**。相关的信念[29]对激情来说是必要的。
2. **构成要素**。信念是激情中的一个(必要的)构成要素。
3. **充分性**。信念对于激情来说是充分的。
4. **同一性**。信念等同于激情。

为了令这个分类足够精确,就需要做出几个改进。第一,我们需要把当下发生的激情和根深蒂固的倾向状态区分开来。正如我们将看到的,斯多亚学派的理论在这方面做得很好。第二,在每一种情况下,需要弄清我们是与什么层次的信念打交道、不同层次的信念又如何相互作用。例如,一般信念所说的是,至少某些不受控制的外部事物有很高的价值;更具体的信念所说的是,我可能会因另一个人的活动而受到严重损害,但不是出于自己的过错;极为具体的信念所说的是,某人刚才对我如此不公。这些信念在愤怒的激情中都发挥了作用;在所要评估的那个激情中,需要把它们与其所发挥的作用区分开来。斯多亚主义者在这一点上又有细致的思考。不过,现在我要思考的是一个在当下发生的、具体的评价性信念(例如,"某个特定的人此时严重地损害了我的好生活的某个关键要素"),它是某个激情的具体表现的基础;这个具体信念当然预设了更一般的信念,会随着后者的消除而被消除。

大致说来,柏拉图和伊壁鸠鲁都持有第一个论点,可能都不持有其他三个论点——尽管不甚清楚他们对第二个论点持有什么立场,但是伊壁鸠鲁也许准备承认第三个论点。[30] 我已经表明亚里士多德持有前两个论点,他对第三个论点的立场也不清楚,不过,他的修辞策略依靠如下思想:信念对于激情来说*往往*是充分的。芝诺,克里西普斯的前任,好像在一种与第二个论点和第三个论点都不相容的因果形式上持有第一个论点。他说,信念可靠地引起一种焦虑不安的感受,激情本质上就在于这种感受,而不是那个信念。他好像否定第二个论点;但是,在这里有必要采取一种谨慎态度,因为看来他至少是部

---

[29] 当然,相关的信念也可以是一系列复杂的信念。
[30] 也见 Galen, *PHP*, 240D,他把伊壁鸠鲁的见解鉴定为第三个论点,并将它与芝诺的见解联系起来。

分地按照激情的原因即信念来区别和定义激情,此外,如下观点好像也是他主张的:同一种感受不仅不可能以另一种方式发生,而且,假若它是以那种方式被引起的,它就说不上是那种情感。[31] 因此,所有这些思想家都捍卫激情和信念之间的一种紧密联系;但是这种联系仍不足以构成同一性。

三

现在我们想知道:究竟是什么导致克里西普斯迈出了最终的一步?[32] 我们很可能已经认为,芝诺式的与(或者)亚里士多德式的立场已足以捍卫斯多亚主义者想要捍卫的那种哲学治疗图景(不管它是什么)。现在,显然克里西普斯并未忽视或否认激情的情感性和运动性的方面——因为他说,与激情相同一的判断本身就是一种过度倾向(*pleonazousa hormē*)。[33] 但是他想要说的是,那种骚乱运动本质上就在于一个判断,理性灵魂就是其所在地。他为何想这样说呢?

---

〔31〕 关于芝诺的见解,见 *SVF* 1.205-215;盖伦的相关段落是 I.209,210。亦见 Galen,*PHP* 4.3.1-2, 246D; 5.1.4, 292D; 4.3.6-7, 240D。盖伦一贯强调芝诺和克里西普斯之间的差别。另一方面,也有一些证据表明,芝诺有时确实把激情和判断等同起来,例如见 Cicero,*TD* 3.74-75 = *SVF* 1.212,在这里芝诺据说已经把"新鲜的"这个词(参见随后的讨论)添加到他对困苦的定义上——困苦是对存在着的恶的意见(*opinio praesentis mali*)。在 DL 7.110-111 中,第欧根尼认为对激情的这个一般分类(也许连同那些标准定义)是由芝诺(以及赫卡托[Hecato])提出来的。在此之后,他写道:"他们相信激情就如克里西普斯在《论激情》中所说的那样就是判断。""他们"大概指的是"斯多亚主义者",不过,值得注意的是,第欧根尼·拉尔修并未看到这里在根据上发生的重要转变。不管怎样,清楚的是,芝诺和克里西普斯都对激情持有"一个部分"观点:二者都不承认灵魂中有一个独立的情感部分。我不同意 Inwood(1985)的观点,即这个差别有没有都一样,因为确实存在着重要的直观差别,正如我们将看到的;我们应该强调说,维护直观就是克里西普斯的目标和成就之一。
关于芝诺和克里西普斯之间可能存在的差别,对实质性的文献的总结见 Inwood(1985)。一些主要贡献参见 Pohlenz(1938, 1970),Voelke(1965),Gilbert-Thirry(1977),Rist(1969) 以及 Lloyd(1978)。

〔32〕 对克里西普斯学说的主要讨论包括 Frede(1986),Lloyd(1978) 以及 Inwood(1985);亦见 Pigeaud(1981) 以及前一个注释中所引用的著作。关于波西多尼乌斯对克里西普斯的批评,见 Kidd(1971b)。

〔33〕 参见 Plutarch,*Virt. Mor.* 449C = *SVF* III. 384,以及特别是 Galen,*PHP* 4.8.2-18,240-242D = *SVF* III 462。克里西普斯的写作让人觉得他好像是在阐述传统的芝诺式解说。

在这个问题上我们往往得到一个肤浅的答案。回想一下，斯多亚主义者认为灵魂只有一个部分，即理性的部分。他们拒斥柏拉图的灵魂三分说，因此就不得不把所有的心理状况都看作是那个单一要素的状况，不管这种做法看起来多么古怪或多么不合常理。[34] 在我看来这个想法作为答案很不恰当。对斯多亚主义者来说，"灵魂只有一个部分"这一观点不是一个未经论证的教条，而是从道德心理学论证得出的一个结论，其中就显著地包含关于激情的论证。盖伦告诉我们，克里西普斯首先论证说，灵魂中存在着某种非理性的能力（alogos dunamis）；然后他进一步考虑两种观点的相对优势，一种观点把激情和判断分离开来，另一种是他在反驳一种多元论的心理学、支持自己按照"灵魂只有一个部分"这一说法对激情提出论述时最终采纳的观点，他认为这种观点对人的无理性提供了最佳说明。[35] 波西多尼乌斯，一位完美无缺的斯多亚主义者，则采取了对立的路线，恢复灵魂三分说并把情感置于无理性的部分，因为他觉得，通过采取这种做法，斯多亚主义者就可以最好地说明人的无理性行为。[36] 因此，需要说明的恰好就是被用来作为一个说明的那个事实：为什么克里西普斯决定把所有激情都看作一个单一的部分或官能的状态，而那个官能也是运用实践推理的官能。为什么他认为这是对人的无理性行为的最佳、最合理的说明？

现在，为了继续讨论，我们必须指出：对于斯多亚主义者来说，一个判断被定义为对一个显像的认可。[37] 换言之，判断是一个两阶段的过程。首先，妮基狄昂有了某个东西是如此这般的印象。（斯多亚主义者所说的显

---

[34] 这个答案首先是由盖伦给出的（也许借助于波西多尼乌斯），他认为所有关于激情的直观证据都指向三分说的方向。这个答案在很多论述中反复出现。Lloyd(1978)推断说，克里西普斯实际上不可能持有情感就是判断的观点，因为他所理解的判断必定是"导致无理性的感受的判断"。不过，这个结论似乎违背了盖伦提出的证据，后者所说的是，克里西普斯反对"激情是随附在判断之上的东西"这一观点，支持"激情就是判断"这一观点。

[35] Galen, PHP 4.1.14 及以下, 4.3.1 及以下。盖伦谴责克里西普斯没有考虑柏拉图的观点，反而只去反对如下观点：激情是随附在判断之上或者随着判断而来的无理性的东西。但是，不清楚我们是不是应该相信这个说法。克里西普斯可能还没有花时间去引用柏拉图；不过，按照盖伦自己的论述，克里西普斯显然提出了很多直观的和文学的证据来支持他的观点、反对如下观点：激情居住在一个分离的无理性部分。Gill(1983)精细地讨论了克里西普斯对文学例子的利用。

[36] 见 Kidd(1971b)，不过，这位作者坚持认为，我们不能完全信任盖伦把波西多尼乌斯同化为柏拉图的做法；他进一步表明波西多尼乌斯保留了克里西普斯的很多本质要点。

[37] 也见 Frede(1986)。

像往往具有命题内容。)那个东西在她看来就是那个样子,她用那种方式来看事物——但是到此为止她实际上还没有接受那个显像。她现在可以进一步去接受或采纳它,对它加以承诺;在这种情况下,那个显像就变成了她的判断。她也可以否认或抛弃那个显像:在这种情况下,她就是在做出对立的判断。或者,她也可以像本书第八章中所描述的怀疑论者,在设法不做承诺的情况下继续生活。回想一下亚里士多德提出的类似分析。对妮基狄昂来说,太阳看起来只有一英尺大小。[38]（那就是太阳对她显现出来的样子,就是太阳在她眼中的样子。）但是,假如她已经获得"太阳比我们所居住的世界都要大"这一信念并对之加以承诺,她就会拒斥那个显像。她与之保持距离,不接受或不信奉它——尽管太阳对她来说看起来仍是那样。她会对自己说,"太阳对我来说看起来就是那样,不过,那当然不是事物实际上存在的方式"。在这个简单的知觉例子中,同时持有两个说法似乎并没有什么古怪的:其一,那个显像呈现于她的认知官能;其二,对它的接受或拒斥也是那些认知官能所做的工作。采纳或承认一个显像,对"它是真的"做出承诺,这项任务好像要求辨别性的认知能力。假若我们并不持有一种后来才有的休谟式的认知图景,即把认知看作一种没有承诺的静态演算,那么这样说好像也没什么奇怪的:正是理性本身伸出手去把显像抓向自己,说道（打个比方说）"不错,那就是我所具有的显像。那就是事物本来的样子"。自亚里士多德以来,把人和动物区分开来的传统方式事实上就是指出:动物正好就是按照显像引起它们的方式来运动,而不做出任何判断。[39] 它们是按照事物冲击它们的方式来运动,而不做出承诺。挑选、识别和承诺是一个额外的要素,它把我们与其他动物区别开来,并被认为是理性所做出的贡献。事实上我们可以认为,这往往就是理性的本质特征——正是因为有了这种才能,我们才决定去采纳一种关于事物的本来面目的观点。

现在让我考察一种不同的情形。[40] 妮基狄昂深爱的一个人死了。这对她产生冲击,让她有了这样一个印象:某种具有不可取代的重大价值的东

---

[38] *Insomn*, 460b19. 关于显像和信念以及亚里士多德对动物情感的论述,见本书第三章和第八章,亦见 Sorabji(1993)。

[39] 参见 Aristotle, *EN* 1147b3-5, *Metaph*. 980b25-28. 对理性和信念的这种看法,亦见 Burnyeat(1980a)。

[40] 悲伤和哀伤是克里西普斯的核心例子。参见 *PHP* 4.7。

西,片刻之前还在那里,但此时此刻在自己的生活中已不复存在。如果我们想用图画来展示这个显像(斯多亚学派的一些文本不时暗示了对"显现"的这种理解),我们就可以设想日常生活中出现了一大片空白,本来要由她所爱的那个人的出现来填充的空白。事实上,若要把这个评价性命题恰当地表达出来,可能就需要一系列图像式的描绘,宛如在她存在的每一个角落,她都会注意到那人不在了。[41] 一条千丝万缕的联系就这样被切断了。另一种描绘也是可能的:她可以看到那个奇妙而可爱的面孔,一方面是如此可爱,另一方面却不可挽回地永远离开了她。然而,必须强调的是,这个显像不仅具有"这是如此这般"的命题内容,而且也是评价性的。不管是不是用图像来展现,它把逝去的那个人呈现得极为重要,在世上独一无二、不可取代。[42]

到此为止我们仍处于显现阶段。现在,有几件事情可能会发生。她可能会拒斥或抛弃那个显像,把它推离自己,比如说,假若她决定认为那是一场梦幻,或是一种病态的想象的话。如果她仍然是一位怀疑论者,她可能就会让自己对这件事保持一种完全中立的态度,既不会有所承诺,也不会加以拒斥。不过,假设她抓住这件事,实际上接受或认可它,对它当作事物存在的方式来加以承诺。那么,对这个想法——她永远失去了她深深爱着的那个人——的充分认可与她在情感上的平静是相容的吗?克里西普斯声称二者并不相容。若不经历情感上的深刻剧变,她实际上就不可能履行那个承认活动。如果她正在承认的就是那个自身具备所有评价性要素的命题,那么二者也不相容。假设她相当平静地说,"是的,我知道我最爱的那个人死了,我再也看不到他。但是我没什么感觉;这件事根本就不会打扰我"。(记住西塞罗讲述的故事,那位父亲在听到自己儿子死去的消息时说,"我已经意识到我当过一位凡人的父亲"。)克里西普斯会说,这个人现在处于一种否定状态。她其实并不认可那个命题。她可能是在把一些言语说出

---

[41] 我已经把悲伤描绘为自我指称的;严格地说,在这里好像有两个方面。一方面,我哀悼逝者,把他作为我的存在和经验的一部分,另一方面,我也从他的角度来哀悼生命和活动在他那里的丧失。我们不清楚斯多亚主义者是否做出了这个区分。

[42] 严格地说,承认这种性质上的独特性似乎并不必要——因为我可能相信每一个人的生命都具有极大的重要性和价值,不管人们在内在特征和历史的/关系的特征上是否彼此相像。不过,把一种很高的价值赋予一个特定对象的做法往往与"这个对象不可取代"的想法相联系,而且也是由这个想法培育起来的。

来,但是在她那里有些东西在抵制她的说法。[43] 或者,即便她是在认可某些东西,那些东西也不是那个命题。她可能是在认可"一个凡人已经死去"这一命题,甚至(当然,仅仅是一种可能性)是在认可"某人(她所爱的那个人)已经死去"这一命题;她还没有认可的是这样一个命题:她最爱、最看重的那个人[44]已经死去。因为承认这一点确实令人极为不安。

请注意,弄清我们在这里所想到的是哪一个命题至关重要。在关于克里西普斯观点的文献中,有些文献把不包含任何评价性要素的命题(例如"苏格拉底死了")当作显著命题。我们已经看到,在前斯多亚主义传统中,与情感相联系的信念或判断是关于价值的判断:对不受控制的外在事物的珍惜或轻视。现在,我们应该强调说,在斯多亚主义者看来,行动者承认或不承认的显像同样是具有一个明显的评价性要素的显像。更精确地说,为了与激情相等同,显像就必须具有三个特点。第一,它们必须就如下问题提出一个主张:从行动者自己的观点来看,什么东西是有价值的和高贵的,或是无价值的和卑贱的。斯多亚学派的文本,在提出一般的理论和界定具体激情的时候,总是谈到"对好坏的看法","关于好坏的假设"(例如,SVF III. 385、386、387、391、393、394)。[45] 在这里我们应该强调,这些命题并非仅仅表示行动者的欲望和偏好,也表达其价值观念:那种目的方案被认为是值

---

[43] 参见亚里士多德对不能自制者的论述:这个人嘴里说出表达正确命题的言语,但是在自己的生活中实际上并不激活那个命题。他就像一位演员,或者就像一位背诵恩培多克勒的句子的醉汉。亚里士多德补充说,这就像背诵课文的学生,但是他实际上还不具有相关的知识;相关的知识必须"逐渐成为他的一部分,而这需要时间"(EN 1147a10-24)。

[44] 我不想暗示说,爱一个人意味着给予他高度的**道德**评价;我只想说,爱一个人意味着把他视为一个极其重要的对象,不管我们要如何理解这种重要性。

[45] 我们有几种大致等价的方式可以用来表示这个命题及其评价要素。"lupē"(悲伤或困苦)的定义是"'一件坏事出现了'这样一个新鲜信念"。这个说法表明,在我的例子中,关于爱人之死的那个命题应该是"一件很可怕的事情现在发生了"。这个评价性的要素就是那个事件的强有力的负面价值。我反而把评价性的要素放在另外一边,比如说,通过把一种很高的正面价值赋予该命题中据说不可挽回地失去了的那位爱人。文本强调说(参见本章第四节),我们采纳哪一种想法应该关系不大。因为,如果某个东西对我们来说有一种很高的正面价值,我们就会把它的毁灭或丧失看作一件坏事。有人可能会用某些方式来阻止这个联系。例如,伊壁鸠鲁会说,在理性的人这里,重视一位朋友的生命不会导致"他的死亡是一件坏事"这一判断——不管怎样,对他来说不是一件坏事,可能对你来说也不是一件坏事。但是,斯多亚主义者认为二者是等价的,而这一观点看来确实很好地把握了大多数人的欲望结构。

得选择的,她也决定据此来生活。于是,几个文本都强调说,行动者不仅相信一件坏事即将到来,也相信那是这样一种坏事:因为它而心烦意乱是正确的。[46] 这是确认的一个附加要素,它向我们表明,我们不是在谈论愿望方面的纯粹突发奇想和反复无常。

第二,这些命题不仅把某个价值归于那个东西,也把一种重大的或很高的价值(或负面价值)归于它。[47] 克里西普斯明确地告诉我们,错误和激情不是在我们认为那些东西是好的时候出现,而是在我们认为它们比其本来的样子要好(实际上,认为它们是最重要的东西)的时候出现的(参见 *PHP* 5.5.20-22,262D = *SVF* III.480;对比盖伦的改述,他补充了"最重大的"[*megista*]这个词——264D)。倾向性条件被认为是具体激情发作的基础,对这种条件的论述同样将它们等同于某种信念,即相信某个东西很值得追求(*valde expetenda*,Cicero. *TD* 4.26 = *SVF* III.427,Seneca. *Ep.* 75.11 = *SVF* III.428;希腊人有"*sphodra*"这个词,参见 *SVF* III.421),尽管那个东西事实上只是有点值得选择,或者根本就不值得选择。还有,波西多尼乌斯的一段话是对克里西普斯的记录,其中提到一个东西"很有好处"(残篇164E-K)这样一个坚定信念。人们固然可以相信钱财是好东西,但是,只有"当他们认为钱财是最重大的好东西,甚至于假设失去了钱财的生活不值得过"(*PHP* 4.5.25,264D),在这个时候,那个信念据说才转变为一种慢性病。[48]

最终,这种信念必须具有某个内容:它必定关系到脆弱的外在事物,例如有可能不出现的事物,不期而遇的事物,我们无法完全控制的事物。这是克里西普斯和前斯多亚主义传统之间的一致之处。斯多亚主义者并未明确地将这一点包含在其定义中,尽管他们反复强调激情和关注外在善之间的联系,并坚持认为不再关心外在事物的人不会有激情。斯多亚主义者未能明确指出这个联系,于是他们就受到了波西多尼乌斯的谴责——后者指出,

---

〔46〕 参见 *SVF* III.391。

〔47〕 Frede(1986)似乎认为,重要性或强度这一要素不是命题自身内容的一部分,而是它所具有的、对某个行动者显现出来的一种方式。尽管显像确实包含比命题内容更多的东西,但就我所知,文本证据有力地、无例外地支持这一观点;对一个对象进行关注的强度是命题内容的一部分。

〔48〕 这实际上是盖伦的观点,想象一下克里西普斯为了回答这些异议会如何进一步发展他的观点。他很靠近波西多尼乌斯对斯多亚学派正统观点的论述。

有智慧的人认为自己的智慧所具有的价值可能是最高的,但是他也不会因为失去了智慧或渴望智慧出现而感到害怕(残篇164E-K,266D)。[49] 此外,有关文本有时给人这样一个印象,就好像那套相关的判断是被这样鉴定出来的——相对于斯多亚学派的道德理论来说,这些判断都是错误的。这好像也是一个策略上的失误,因为斯多亚主义者宣称自己能够说服妮基狄昂这样的学生,他们是从另一种善观念来入手的。正如更加具体的定义所表明的,激情-信念都分享一个题材,都可以参照而且应该参照那个题材来加以鉴定和定义。这就回答了波西多尼乌斯的忧虑,并让这个学说背后的动机以及根除激情的呼声变得更加清晰明白。

到目前为止我们只是达到了上述清单中的第三个论点。我们已经表明,做出一个判断就在于信奉一个关于显现的命题;只要真正地信奉或认可某种评价性命题,一个人就可以在情感上受到激发。这就是情感所需要的;假若情感没出现,我们就有权说相应的命题并未(或尚未)真正得到承认。然而,所有这一切,尽管违反了亚里士多德的主张,即情感的信念成分不依赖于感受,但显然可以由一个因果图景(例如芝诺的图景)来满足,按照这个图景,信念必然产生激情,而激情仍被视为一种不同的东西。于是,我们仍旧需要知道,究竟是什么导致克里西普斯认为情感本身取决于理性,并把情感等同于那种作为判断的认可。

首先,这种剧变为什么应该被看作理性的一种状态呢?好吧,是什么东西受到悲伤的可怕冲击呢?妮基狄昂想起她所爱的那个人——她确信那个与众不同的人不会再与她同在了——她感到震惊。在哪里呢,她问自己?这种悲伤是她耳中的震动或是她胃部的颤抖吗?是在她与兔子和鸟儿所共有的某种动物性的欲望本性中的一种运动吗?[50] 不,这些答案好像都错了。看来清楚的是,我们不想把悲伤本身归入这样一些如此微不足道、没尊严的处所。我们想把它归入这样一个处所:这个处所不仅是人所特有的,

---

[49] 波西多尼乌斯也考虑了在寻求智慧之路上取得进步的那个人的态度。在这里,既然智慧本质上有点不可捉摸,获得智慧的充分条件也有可能得不到实现,因此就不甚清楚这个态度是否有可能是一种激情。不过,清楚的是,斯多亚主义者坚决认为这种态度不是激情。

[50] 盖伦和波西多尼乌斯都明确认为动物和儿童和我们具有同样的激情,他们以此来反对克里西普斯。我相信他们只有在如下意义上才是正确的:把复杂的认知态度赋予儿童和某些动物的做法也是正确的。塞涅卡以及其他信奉克里西普斯的观点的人认为,动物没有完整意义上的激情这一点是明显的:比如,见 *Ir.* 1.3.6-8。

而且足够有辨别力、足够复杂,因而可以容纳这样一种复杂的、在评价上区别对待的回应。她问道,我的哪一个部分配得上为我所爱的人悲伤?也许我们可以发明灵魂的一个专门的情感部分来容纳悲伤。但是,为了能够容纳悲伤,这个部分就得有能力用那个心爱的人所具有的一切美妙和独特去设想他,去把握和回应悲伤所依据的评价性命题,甚至去接受这个命题。这个部分必须有能力去了解和恰当地估计他们之间丰富的爱,甚至在面对斯多亚主义者用来贬低这场爱的论证的时候,去坚持认为它极其重要;等等。[51]但是,这样一来,这个部分就需要很像理性:能够具有同样的选择、评价和想象活动,而这些活动往往被认为是理性的工作。于是,大量增加我们的才能看来就很奇怪。如果我们已经有了一种能够履行这项工作的才能,那么我们最好就让悲伤成为它的一种状态。要点在于:一旦我们就像克里西普斯那样认为情感是认知的且具有选择性,并根据他的传统来表明情感必定如此,那么理性看来就像是容纳情感的场所。

不过,有人或许反驳说,这仍不清楚。因为如果情感的所在地必须能够具有很多认知操作,那么情感好像也得有表达情感的方面,而这个方面却是我们很难用灵魂的理性部分来容纳的。我们已经强调,斯多亚主义者所说的理性是动态的而非静态的,也已经开始用这一点来回应上述批评。斯多亚主义者所说的理性能够从事运动以及接受和拒绝之类的活动,能够迅速或缓慢、即刻或犹豫地运动。我们已经想象它持有所珍爱的人死去了这件事情的显像,然后(打个比方说)奔赴这个显像,敞开胸怀去接受它。那么,一种如此动态、如此多才多艺的才能为何不能把接着发生的悲伤所具有的那种骚乱运动也容纳进来呢?索福克勒斯笔下的克瑞翁(Creon),在面对自己独生子死去的时候说道,"我接受这个认识,在我的理性中感到震惊"(*Antigone* 1095)。克里西普斯想要我们看到,这种事情是可以发生的;理性能够做这样的事情。不过若是这样,为何还要把这种感受推入灵魂的某个更原始、不太有辨别力、与悲伤所涉及的认知和感受过程联系不太紧密的角

---

〔51〕 在把激情(*pathē*)和理性的其他错误区分开来的时候,克里西普斯强调这样一个要素:深思熟虑的评价乃至对于对立论证的深思熟虑的拒斥。充满激情的人们有认知承诺;当他们故意违反斯多亚学派的正确路线时,他们这样做,并不是因为一阵风把他们吹离了方向。他们是受到了一种关于事物的对立观点的引导,他们(经常有意识地)不服从理性——接受灵魂三分说的人们经常这样说,但这是他们的观点无法说明的,因为按照他们的观点,"不服从"的那个部分过于原始,甚至无法理解对立的论证。参见 *PHP* 4.2 和 4.6。

落中呢？"我承认这件事情，（与此同时）我的肠子感到震惊"。这样的说法让我们失去了承认和感到震惊之间的密切联系，而克里西普斯的分析和克瑞翁的言语却向我们提供了这种联系。不，我们想说，这种承认和情感剧变都属于她的同一个部分——她用来理解世界的那个部分。

我谈到了这种承认以及"由此而来"的剧变。在克里西普斯的论证中，最后一个阶段是要告诉我们，这个区分是错误的和令人误解的。当妮基狄昂悲伤的时候，她并非是首先冷漠无情地接受"我那完美的爱人死了"这个命题，然后才开始悲伤。并非如此，而是，对那个可怕事件的真实而完整的承认就是这种剧变。那就像把针尖用力刺入手心。毁灭性的显像就在那里，要求她立即做出反应。如果她继续保有这个显像，领会了它，然后敞开胸怀去接受它，那么在那个时刻她就是在把世界的尖刀插入自己胸膛。[52] 这不是剧变的准备，而是剧变本身。那个认可活动本身就是对她的自足性、她那未受打扰的状况的一种扭曲性和撕裂性的侵害。激情是一种席卷我们的"极为强烈的运动"，"把我们强烈地推向"行动（*SVF* III. 390）。不过，这并不意味着激情不是一种形式的承认，因为正如克里西普斯所强调的，"正是信念本身包含了无序的动态要素"（*SVF* III. 394）。认知本身就可以是一种强烈的活动。

塞涅卡补充了一个有用的区分。他有时候说，甚至当一个显像本身没有被接受或吸收、而只是（打个比方说）撞在你面上时，它的出现可能也会唤起反应。突然间脸色苍白、心跳加速、发生性兴奋——所有这些身体运动都可能是在没有认可或判断的情况下由显像本身所引起。[53] 但这些东西不是激情，而只是身体运动。[54] 只有当显像已获准进入时，在承认活动本身当中，我们才有了心灵的骚动，这种骚动就是激情（*Ir.* 2.3）。

总而言之，在这里，我们对实践意义上的认知或判断有了一种动态理解。按照这种理解，判断不是理智置于命题之上的一种冷静且呆滞的活动，而是在自己内心深处的一种承认，即承认某件事情就是这样。承认一个命题是要在自己的存在中认识到其完整含义，吸收它并因之改变。按照这种

---

[52] 塞涅卡那里有相关的意象，见本书第十二章。

[53] 参见本书第三章对亚里士多德《论动物的运动》第十一章的论述。

[54] 有人认为，在这一点上，塞涅卡是一位正统的克里西普斯主义者；Inwood（1993）对这个观点提出了有说服力的捍卫。

理解（我认为这是一种很有力的理解），我们完全有理由坚持认为激情和判断并不是分离的；相反，激情本身就是某种认可或承认，即承认我无法控制的某个东西具有无与伦比的重要性，而这种承认可以被恰当地称为"极度的"，因为它僭越了正确的理性为我们与外在事物的关系所规定的限度。[55]

　　克里西普斯在其论述中补充了另一个重要因素。为了与一个激情等价，[56]判断就必须是 prosphaton：未腐坏或未被消化，"新鲜的"（fresh）。这个词往往用于食物，也用于刚刚死去的尸体，[57]不过，在这里，它意味着腐烂尚未开始——所说的那个东西仍然有其原始特性。这样一个说法似乎旨在允许某些类型的情感疏离，特别是在随着时间流逝、仍然和谐地保留相同信念或判断的情况下。在妮基狄昂所哀伤的那个人已经死去很久后，她就不会再有那种与悲伤相同的、对其死亡的强烈意识了。若不补充这一点，克里西普斯大概就不得不说她不再相信或判断他死了，或者不得不说那种冷静而疏远的承认活动本身就等于悲伤，而这同样不合情理。不过，他不想这样说，因为有很多方式认识到一种不可挽回的丧失，而且，随着时间的流逝，这些方式也会自然而然地改变自身。当这种丧失就像食物一样已被吸收或消化的时候，她仍然会有同样的判断和认识，但是，说她仍然有那个激情似乎就错了。在这些文本中，"新鲜感"的丧失往往被描绘为时间问题；然而，我们或许也能想象其他因素，它们可能会让她把激情甩在后面，同时又不要求拒绝去承认或允许那个命题。

　　看来，克里西普斯在这里放弃了这场游戏。难道他终究不是在承认，相较于相信某个命题，悲伤含有更多的东西吗？难道那个东西，那种"新鲜

---

〔55〕　关于把"极度的"解释为"僭越了正确的理性所设定的限度"的做法，亦见 Inwood（1985），其中颇具说服力地讨论了克里西普斯对"logou summetria"（理性的均衡或相称）这个短语的使用。

〔56〕　严格地说，只有在定义与目前而不是与未来相联系的激情时，才需要"新鲜"这个说法：SVF III. 391。

〔57〕　代表性的例子：关于尸体，参见 Homer. Il. 24. 757, Herodotus. 2. 89, 2. 121-124；关于饮食，参见 Aristotle. HA 520b31, PA 675b32；Pseudo-Aristotle. Probl. 924b28；关于行动和事件，参见 Aeschylus. Cho. 804, Sophocles. Fr. 130, Aristotle. HA 509b31, GA 764a6, Rhet. 1375b27, 1376a6, Pseudo-Aristotle. Probl. 907b25；关于情感和思想，参见 Lysias. 18. 19, Aristotle. EE 1237a24, MM 1203b4；以及参见 LSJ s.v.。

感",不是一个本身与悲伤毫无关系的无理性要素吗?答案既是肯定的又是否定的。之所以是肯定的,是因为我们现在看到,具有某一信念对于悲伤来说是充分的(尽管我们应该记住,当克里西普斯发展这一点的时候,他略显迟疑,说这种现象"难以理解"[asullogiston])。之所以是否定的,是因为这个差别本身就是一种认知上的差别——是命题在自我这里变得活跃并被自我所接受的方式上的差别,而且首先是在这个命题与其他命题的关系上的差别。这种"新鲜的"接受是一件令人痛苦不堪的事情。既然它关系到她最深的价值和计划,它就会扰乱她的一切,扰乱她已经围绕那些价值观念而建立的一切关于希望、珍惜和期望的认知结构。[58] 不过,当这个命题已经保留了很长一段时间,在惊讶和痛心的要素消失之后,它也就失去了它那极端的锐利、它那直入人心的锋利,因为到了那个时候,她已经对自己的生活以及其余信念加以调整以适应那个命题。那个命题并不攻击其他信念,而是与它们和谐共处。例如,她不再期待将与爱人共享的幸福时光,不再相信他今晚会与自己共度良宵,或是期待着在开门时就会看到他的面孔。然而,这些变化是认知上的变化。正是那个关于死亡的命题与如此之多的其他命题的偏差让悲伤刺痛了她,而时间消除了这种偏差——不是因为那个关于悲伤的命题发生了变化,而是因为其他相关的命题发生了变化。正如克里西普斯在同一段话中所说,"事物并不展现出同样的显像"。[59]

---

[58] 这提供了一个进一步的理由,向我们表明一位斯多亚主义者为何不会悲伤:通过"预想"(*praemeditatio*)这样一种做法,她在坏事情发生之前就会接受那些事情,就会调整她的希望和期望来适应生活充满着巨大的不确定性这一认识。在斯多亚学派的文本中,很多地方都提到了这种技术,例如,见 Cicero. *TD* 3.29-34, 4.57;Epictetus. *Disc.* 1.4.20;*Ench.* 21;Seneca. *Ep.* 4.6, 14.3;等等。

[59] *SVF* III. 466 = Galen,*PHP* 4.7.12 及以下。克里西普斯说,仍然保留下来的那个意见是"一件坏事出现了"——也就是说,我仍然判断死亡是一件坏事,而不仅仅是在某个时刻持有这样一个判断(也见西塞罗在 *TD* 3.74 及以下对"*recens*"[新鲜的]这个词的说明)。"新鲜"只出现在目前对激情的定义中。因伍德把这种感受的丧失与不再接受"心烦意乱是适当的"这一命题的做法联系起来。但是,似乎没有证据支持这一点;我们已经看到,那个意见实际上是主要命题的评价性内容的一部分。

Duncan(1991)现在提出了两个进一步的建议,这篇文献很精细地处理了我们正在讨论的整个论题。首先,他指出,当一个糟糕的事件(例如某个人的死)是最近发生的事情时,在我生活的环境中,就有很多线索会让我想起那个相关的印象;随着时间的流逝,我考虑那个印象的机会变得越来越少。好像是这样,但是,这不可能是对斯多亚主义者所说的"新鲜"(转下页)

383 　　克里西普斯的描述对于分析伦理冲突具有一些有趣的含义。按照灵魂具有两个部分的观点，冲突被认为是在两种力量之间的斗争，这两种力量不仅具有不同特征，而且在灵魂内部同时活跃。理性向这个方向引导，欲望则推向那个方向。结果可能取决于、也可能不取决于绝对的强度；关键是这两种力量都同时活跃，直到其中一个取胜。假设妮基狄昂正为她所爱的人而悲伤；假设她同时也在努力成为一个好的斯多亚主义者，试图用"美德对幸福来说是充分的"这一想法来让自己疏离悲伤。认为灵魂有两个部分的观点就会说，她身上无理性的要素正在做悲伤之事，而理性的部分正在从事哲学思考、努力克制她的悲伤。然而，克里西普斯会力劝我们把这种冲突视为整个灵魂在承认和否认之间的飘摆。他谈到灵魂"作为一个整体来回转动"，"不是两个部分的冲突和内战，而是一个单一的理性在两个不同方向上的转动，由于那种变化的疾速和迅猛而逃避了我们的注意"（*SVF* III. 459

384 ＝ Plutarch. *Virt. Mor.* 441C, 441F）。[60] 在一个时刻，她承认（她的整个存在状况承认）一位不可取代的美妙人儿已经从她的生活中离去，在另一个时刻，她把这项知识抛在身后，说道"不，你会找到另一个人"，或者"那只是很多相差无几的人当中的一个"。或者用塞涅卡的话说："你已经埋葬了你所爱的人；去寻找某个人来爱吧。最好是取代你的爱，而不是为他哭泣。"

（接上页）的一个说明，因为这样一个说明必须考虑一个命题是如何对我们产生印象的，而不只是考虑它对我们产生影响的次数。不过，邓肯的第二个建议是对我的解释的一个有价值的取舍。他指出，随着时间的流逝和记忆的衰退，我的爱人（举例来说）对我所具有的特定价值就会变得模糊，相应的命题对我来说也是同样的表现。"我们声称，特定的经验产生了特定类型的价值。若没有这种经验的连续不断的供给来滋养这个价值，评价的真实特征也许就会因为缺乏支持而消失"。他补充说，当记忆把这种完整的特殊性带回来时，我们往往又会陷入"把我们起初的悲伤讲述出来的混乱中"。

　　最终，在我1993年发表的吉福德讲座中（Nussbaum, forthcoming a），我用自己的方式发展了一种准斯多亚主义的理论，我的论证是，在我重新塑造我的生活和目标的时候，这样一个命题就会随着其幸福论的内容而在时间上发生变化。"我生活中最为重要的一个人死了"这个命题一度是真的。而随着时间的流逝，当我发现自己没有那个人也能继续生活下去并且有其他依恋时，那种核心地位就转变为过去时。对失去控制的悲伤的研究（例如在Bowlby[1980]中）表明，如果一个人的悲伤不能随着时间的流逝而消退，那往往是因为她不能对什么是自己生活中最重要的事情重新获得一个理解：她仍然把全部心思都放在那个失去了的对象上，认为那个对象对于她的整个生活具有核心的乃至至高无上的重要性。

　　[60] 对克里西普斯的这部分观点的一个出色处理，其中提到了他对欧里庇得斯的《美狄亚》（*Medea*）的解释，见Gill（1983），亦见Campbell（1985）。对美狄亚的冲突的这种解释，亦见Epictetus, *Disc*, 1.28.7。

(*Ep.* 63.11)于是,她对爱人的想念,连同他那特殊的眼睛,他说话走路的方式,都淹没了她,她再次承认对她来说不可取代的某个东西已离她而去。克里西普斯主张说,相较于那个关于战斗和斗争的故事,这个关于摇摆和变换视角的故事是对哀伤的更加精确的描述。摇摆当然可能无比迅速;他的要点是说,在深信和否认的这种韵律中,在视线的这种不平复的间歇中,对于一个人在哀伤中的挣扎,我们就有了一个比两部分模型所提供的分析更加精确的分析。当她否认那个关于爱人的特殊性的评价性命题时,在那个时刻她其实就不是在悲伤。当她充分承认那种特殊性无可取代时,她同时就不是在承诺一种斯多亚主义的善观念。如果我们轻视这些冲突的认知内容,仅仅是按照竞争的力量来思考,那么我们就不能充分把握这些冲突所带来的复杂苦恼。这些冲突必须被看作理性与其自身的迫切斗争,而这种斗争就关系到宇宙中什么是有价值的和高贵的,关系到如何想象这个世界。与悲伤做斗争就是要努力获得对宇宙的一种不同看法,在如此理解的宇宙中,明亮而奇妙的面孔并不出现在每一条路上,各个地方都变平并失去了它们那令人痛苦难忍的锐利,不再被视为那种特殊形式的居所。

对摇摆的这种描述还可以说明悲伤经验的另一个特点,而这是两部分模型无法说明的。在我的例子中,思考斯多亚主义者对待丧失的态度的思考并非偶然地与悲伤的复发相联系;其中一个可以被认为已经用一种奇怪的方式成为另一个的原因。妮基狄昂曾意识到自己正在寻求另一个人来爱,也就是说,她曾发现自己正在说出塞涅卡所说的那些关于取代的冷静话语,而正是这个事实又把她(打个比方说)抛回悲伤的怀抱。正是一个图景的认知内容迫使她回想起对立的图景:用其他人来加以替代的建议本身就促使她回想起那个人的面孔——宛如退潮被惊涛骇浪无情地跟随。两部分模型,除了说有时一个力量占上风、有时另一个力量占上风外,无法说明这种韵律。克里西普斯的观点,在暗示这些说明上的联系更加紧密而且是通过两个对立图景的认知内容来发挥作用的时候,就引人注目地预料到了普鲁斯特(Marcel Proust)对于悲哀的论述。正是与其他女人做爱的想法唤醒了马塞尔的忧伤及其对艾伯丁(Albertine)的爱,直到这种爱,就像一头狂暴的狮子那样,用它自身对世界的暴烈看法占据了心胸。同样,在这里,正是那种无差别的平复景象召唤出那个单点视野,而当她在痛苦之中拥抱前者时,后者就会洋洋得意地返回。

请注意,在这里我们有了两个精细界定的忧伤概念:时间上的忧伤可以与对承认和确认的保留共存,因背弃而生的忧伤则通过转向一个不同的世界观而打断了消化悲伤的自然过程。如果妮基狄昂以第一种方式(大多数人感到忧伤的方式)忧伤,那么随着她的判断丧失了其"新鲜",她就会发现自己的悲伤逐渐衰弱。她最终会完全停止悲伤,但是会继续保留同一个判断。[61] 她绝不会告诉自己:死去的那个人不是独一无二的心爱之人。她绝不会改变自己对这场爱的根本承诺。她可能会及时发现另一场爱,但是不会因此而放弃自己的想法:她的第一位爱人独一无二、不可取代;她不会走向塞涅卡所说的"平复",反而可能会继续发现这种观点令人震惊。这意味着,她可能也会把自己的新欢看作一个独一无二、不可取代的个体,在性质上不同于其他人,实际上不同于世界上其他所有人。于是她仍然会用一种让她在未来很容易受到伤害的方式去爱。既然她尚未改变自己的判断,她就仍然是这样一种人:悲伤对她来说既是可能的又是自然的。如果她以第二种方式(即我的例子中所描述的那种方式)哀伤,那么消除悲伤就是她在根本上重构自己的认知承诺的结果。悲伤是通过拒斥相关的评价性命题、接受一个对立命题来熄灭的。到了悲伤消除的时候,她本来就会否认她曾经最看重的那个东西的价值;她对一位新情人的态度因此就几乎不得不有所不同。(普鲁斯特,在以第二种方式忧伤时,最终认识到每一位心爱的女人都只是自己的需求和欲望和"一般形式"的一种例示,爱实际上与被爱者的个人特质无关。)她会用一种全面的方式来消除未来悲伤的可能。正如克里西普斯(在推荐第二种方式时)将会说的那样,[62] 她更加接近实际上被治愈的状态。我们立刻就会看到克里西普斯如何支持第二种方式。

四

就像我们此时可以预料到的,斯多亚主义者所说的激情彼此都很接近,

---

[61] 然而,如果我们接受邓肯的提议(参见注释59),那么这个判断就只是在其大概的样子上保持相同,在具体程度上则会发生变化。假若我们接受我在吉福德演讲中提出的提议,那么这个判断的某一个部分的时态就会发生变化。

[62] 然而,克里西普斯暗示说,这两种悲伤之间可能是有联系的:因为在悲伤已经失去新鲜感后,一个人可能也希望"理性会自己向前推进,占据自己的地盘,揭露情感的不合理性"(*PHP* 4.7.26-28, 286D = *SVF* III. 467)。

因为它们都依赖于对外在事物的某种高度评价。因此，它们都是按照在斯多亚学派那里已经成为标准做法的那种正规的定义说明来分类的，也就是说，是通过参照两对区分（好与坏，现在和未来）来分类的。当这些对立的东西出现在一个命题中的时候，激情就是对其内容的一种回应，因而就可以把一种特定的情感鉴定出来。[63] 于是就有了四种基本情感：(1)"目前出现在眼前的东西是好的"这一判断，称之为"愉快"(*hēdonē*)；(2)"某个仍处于未来的东西是好的或有价值的"这一判断，称之为"渴望"或"欲求"(*epithumia*)；(3)"目前出现在眼前的东西是坏的"这一判断，称之为"苦痛"(*lupē*)；(4)"某个尚处于未来的东西是坏的"这一判断，称之为"恐惧"(*phobos*)。[64]（请注意，承认一个可能的或未来的东西是好的或有价值的，事实上就是要去渴求它，而这其实就是这种承认活动的本质所在。）按照有关命题的具体内容，我们又可以在每个情形中分出很多子类。怜悯是对另一个人不应遭受的苦难感到苦痛；若另一个人的好运被认为对我来说是件

---

[63] 有一些证据表明，斯多亚主义者（或他们当中的一些人）认为两种未来的情感以某种方式在先：它们是"带头的"(*prohēgeisthai*)；目前的情感是对我们的渴望和恐惧所产生的结果的"随后"回应，"当我们得到我们渴望的东西或者逃避我们试图避免的东西时，快乐就产生了；当我们失去我们欲求的东西或者陷入我们所恐惧的东西时，痛苦就产生了"（见 Arius Didymus in Stobaeus, *Ecl.* 2.88-89，译文和讨论，见 Inwood [1985]第146页）。爱比克泰德对这四种情感之间的关系提出了类似评论，尽管他没有提出任何优先性主张。这个主张好像（按照因伍德的说法）只是对时间顺序的一个直截了当的评论：对于任何一件（相对于我的价值框架而）被想象出来的好事或坏事，它对我来说处于未来，因此，在它对我来说处于现在之前，它是恐惧或渴望的对象。

[64] 我已经用"愉快"(delight)和"苦痛"(distress)、而不是用更加平淡无奇的"快乐"(pleasure)和"痛苦"(pain)来翻译 *hēdonē* 和 *lupē*。我这样做，是因为它们是这样的表示类属的词语(genera)：它们只把人所特有的情感作为种(species)，而不是把我们与动物分享的身体感受和反应作为种。我相信斯多亚主义者不是在对身体感受提出一种令人惊讶的分析，也不是在否认动物能够感觉到身体快乐和痛苦，例如饥渴。由于缺乏更好的类属词语，他们是在一种很特殊的意义上来使用这些词语的。西塞罗在 *Fin.* 3.35 中对这种双重用法提出了如下评论："他们把一个单一的名字赋予一种身体现象和一种心理现象，即他们所说的'*hēdonē*'。"在 *lupē* 的情形中，西塞罗自己使用 *aegritudo*（忧伤，烦恼）而不是 *dolor*（疼，痛）来消除这种模糊性。而在 *hēdonē* 的情形中，他又煞费苦心地指出，他不是在 *voluptas*（快乐）这个词的日常意义上来理解它：他所谈论的是 *voluptas gestiens, id es praeter elata laetitia*（狂喜，即被过度推行的欢乐）(*TD* 3.24)。在其他时候他简单地使用 *laetitia*（欢乐）(4.14)。关于 *voluptas* 的这种双重用法，亦见 Seneca, *Ep.* 59.1。

坏事,嫉妒就是对他的好运感觉苦痛;哀伤被定义为对心爱之人的过早死亡感到苦痛;等等。[65]

在某些情形中我们也发现一个定义,它提到了承认或判断的特定的动态特征:沮丧(achthos)是一种"把我们压垮"的苦痛;恼怒(enochlēsis)是"一种囚禁我们、让我们觉得自己尚未得到足够空间"的苦痛;困惑(sunchusis)是"一种不停地刮削我们、阻止我们看到眼前事物的无理性的分心"(DL 7.112 = SVF III.412;参见 Andronicus. in SVF III.414)。这些奇妙的现象学描述向我们表明,斯多亚主义者并非忽视了激情把感受表现出来的方式。他们所强调的是,在每种情形中,似乎如此的那种东西就是一种认可或承认活动。一些认识就像是觉得握住一个钉子;其他的认识就像是觉得在一个粗糙不平的面上摩擦自己;其他的命题用不同的方式"刺痛",因此其他的接受就有了一种不同的现象学内容。

这些情感,正如我们所说,是激情的具体发作,要被鉴定为关于一个人的状况的高度明确的评价性信念。不过,我们也说过,斯多亚主义者承认更一般的信念在激情的产生中具有重要作用:这些信念根深蒂固,关系到某些类型的外在事物的价值,而一旦这些事物在一个人对价值的持久设想中得到内化,它们就会成为激情具体爆发的稳固基础。这个层次的信念也出现在斯多亚主义的正式理论中,而这个理论在这里明确地依靠医学类比。克里西普斯说,普通人的灵魂就像一具容易遭受各种疾病的身体,其中一些疾病很严重,一些不甚严重,而且可能都是来自偶然的原因(PHP 5.23, 294D)。它们是信念的病态条件。灵魂的一种长期疾病(nosēma)是个性的一种稳定状况,这种状况就在于接受一个价值判断,而只要有了这样一个判断,一个人就很容易受到激情的影响。这种慢性病被定义为"对某个东西的可取性所持有的信念,这样一个信念被逐渐强化为一种倾向(hexis)并变得坚固,而在这种倾向的驱使下,人们就把不值得选择的事物看作格外值得选择"(Stobaeus. Ecl. 2.93.1 =

---

[65] 关于这些标准定义,见 DL 7.110-114; Cicero, TD 4.14-22; Andronicus Peri Pathōn 2-5 = SVF III.397, 401, 409, 414。在这些清单中,用来表示愤怒和敌意情感的词语很流行,读者会对此留下深刻印象。在困苦(lupē)下面,我们发现嫉妒、妒忌、怨恨、厌烦;在渴望下面,我们发现仇恨、爱挑剔、愤怒(orgē)、气愤(mēnis)、愤恨——而且只有两个其他的种类。甚至在愉快下面,我们也会发现敌意:在所提到的四种情感当中,其中一种是对别人的苦痛幸灾乐祸(epichairekakia)。如果有人只想根据这些清单来探究斯多亚主义者谴责这种激情背后的动机,那么他就不得不断言:对恶意和愤怒的忧虑是主要的。其余的证据证实了这一点。

SVF III. 421；参见 DL 7.122）。"钱财极为重要"，"充满激情的爱极为重要"，诸如此类的信念都会成为长期疾病（*nosēmata*）。[66] 更加具体的信念，例如相信某个特定的东西极为重要，大概也是如此——这样一个根深蒂固的信念可以成为爱、恐惧、悲伤之类的情感具体发作的基础。克里西普斯补充说，当这样一种疾病足够根深蒂固并导致心理虚弱时，我们就会把长期疾病的状况加上虚弱称为一种"衰弱"（*rhostēma*）。[67]

这个模式有很多含义，其中一个含义是：(如果我们仅限于考虑大的"属"范畴和一些特别突出的亚类)若不让自己同时拥有很多其他的情感(在时间充足的情况下，甚至拥有所有其他的情感)，妮基狄昂也不可能具有某个情感。一旦她成为运气的抵押品，生活历程本身就会让她在此时悲伤，在此时陷入恐惧，在此时满心欢喜。"一些东西在出现的时候会让我们感到苦痛，同样的东西在即将来临的时候就会成为恐惧的对象"（Cicero. *TD* 3.14；参见 4.8）。"有智慧的人，若有可能感到苦痛，那他也会有恐惧，……也会有怜悯和妒忌"（3.19-20）。"在获得最大喜悦的地方，也会有最大的恐惧"。在各个美德中存在着一种统一性，因为它们都是对自足之善的正确把握的不同形式，同样，激情也(在作为其基础的倾向状态中)具有某种统一性。但是这也意味着激情的治疗有某种统一性。"只要不再抱有希望，也就不再有恐惧。……二者都属于一个悬挂在焦虑中的灵魂，一个因为关心未来而变得焦虑不安的灵魂"（Seneca. *Ep.* 5.7-8）。这个世界给予我们的脆弱礼物，在得到珍惜的时候就会产生充满激情的生活，在受到轻视的时候就会产生一种平静的生活。"命运并不给予的，她也不会拿走"（Seneca. *Ep.* 59.18）。

五

斯多亚主义者教导妮基狄昂，声言激情不应被缓解而应被根除。实际

---

[66] 第欧根尼·拉尔修使用的例子是爱名声和爱快乐。斯托拜乌斯补充了爱女人、爱美酒、爱金钱，其中每一种也有相应的怨恨。

[67] 还有一个范畴是 *euemptōsia*，即容易受到一种特定激情的伤害。这方面的例子包括暴怒、嫉妒、害怕。不是很清楚这些心理倾向应如何与作为长期疾病的那些信念相联系。在这里我将不讨论西塞罗在 *TD* 4.23 及以下对这些范畴的含混而粗心的论述所带来的问题。西塞罗对克里西普斯深入探究医学类比的做法表示恼怒（*nimium operae consumitur*［研究过分了］, 4.23），并断言我们可以忽视医学类比的细节，只关注论证大纲。这个想法让他陷入混乱。

上，他们把这个教导视为他们的治疗教学与其竞争对手亚里士多德学派/漫步学派的治疗教学之间的一个最大差别。"有人经常问"，塞涅卡写道，"是具有适度的激情更好还是根本就没有激情更好。我们这一派人把激情完全驱赶出去（expellunt），而漫步学派的人则试图缓和激情"（*Ep.* 116.1 = *SVF* III.443）。激情必须连根带叶地加以拔除（Lactantius, *SVF* III.444, 447）。也就是说，不仅要铲除激情的外在表现，也要拔出激情那深入灵魂的根源（Cicero. *TD* 3.13 及以下；参见 61-63）。既然它们都是信念，而不是我们的天然禀赋的有机部分，它们就可以这样被根除（3.13 等等）。其实，自然本身就要求消除激情，它说道，"这一切究竟是怎么啦？我把你领入世界，但是没有给予你渴望、恐惧、宗教焦虑、背叛以及其他这些烦恼；离开你进来的那条路吧"（Seneca. *Ep.* 22.15）。[68]

于是，斯多亚主义者就毫不犹豫地把有智慧的人描述为完全摆脱激情

---

[68] 激情几乎在所有人那里都出现。斯多亚主义者必须对此提出一个合理的说明，因为他们否认激情的自然起源，否认动物和儿童具有激情。对于这个流行错误，克里西普斯表面上提出了两个说明（DL 7.89 = *SVF* III.228；*PHP* 5.5.12-20, 320D = *SVF* III.229a）。他好像已经承认，即使孩子是由哲学家抚养起来的，从未看到或听到恶习的榜样，他们最终也未必成为哲学家。其中一个理由就在于"普通人的交谈"（*PHP*；参见 DL，"他们周围的人的交谈"）。在这里，克里西普斯大概是在设想这样一种状况：就算没有恶习的榜样，小孩子仍与周围的文化混杂在一起，因此很可能就会碰到作为激情之根据的价值系统。假若一个小孩只与哲学家交谈，在他那里没有排外性的爱和关心之类的恶习榜样（这两个要求很难被组合起来），他可能就会摆脱那种价值系统。（关于这个说明，亦见 Seneca, *Ep.* 115.11-12 = *SVF* III.231；Seneca, *Ep.* 94.53 = *SVF* III.232；以及 *SVF* III.233-235。）第二个说明在原始文献中的阐述是模糊的。第欧根尼·拉尔修谈到"通过外部事物的说服力"；盖伦谈到"通过显像的说服力"，并进一步指出"快乐向着令人确信是好的显像而去，痛苦则向令人相信是坏的显像而去"。在解释这个说法的时候，我们千万不要利用天赋的或天然的喜好或厌恶的概念。那么，如何理解那种显像的原因呢？（波西多尼乌斯大概会认为克里西普斯在这个问题上不清楚。）在卡尔西迪乌斯（Chalcidius）对《蒂迈欧》的评注中，有很长一段话提供了一个有趣的、可能是正确的说明（*SVF* III.229）。其大致思想看来是：新生婴儿发现出生的经历很痛苦，因为突然之间他就从一个温暖湿润的环境被转移到了一个寒冷干燥的环境。但是，只要他一哭叫，医生就会赶紧过来平息，用温水给他洗澡，模仿子宫中令人愉快的环境。于是他就得到了这样一个想法：在这个世界中，痛苦是一种要加以避免的东西，快乐是一种要予以追求的东西。这个想法在这么早的阶段就可以获得（在孩子理解命题判断很久以前），因此似乎是天然的：事情看来就是这样。不过这个显像是经过学习获得的，而一旦获得，它就会塑造孩子将会形成的命题。关于这个论题，亦见 Kerferd（1978）。塞涅卡提出了一个不同的、看来更有道理的论证，见本书第十一章。

的人(*apathēs*;参见 DL 7.117)。也就是说,摆脱恐惧、苦痛、怜悯、希望、愤怒、嫉妒、热烈的爱、满心喜悦以及这些情感的诸多亲属和亚类。[69]正如塞涅卡在探溯词源时所说,要摆脱面向世界的一切脆弱性和被动性(*Ep.* 9.2-4)。有智慧的人完全是自足的。"困苦绝不会降临到[她头上]:[她的]灵魂是安详的,不可能有什么遮蔽其灵魂的事情发生"(*Clem.* 2.5.4;参见 DL 7.118, Cicero, *TD* 4.10 及以下)。外部事件只是轻轻地擦过她心灵的表面(Seneca, *Ep.* 72)。实际上,她的灵魂"就像月亮背面的那个国度,一向很平静"(*Ep.* 59.16)。我们此时的任务就是要去理解对治疗目标的这种极端看法背后的缘由。那么,究竟是什么说服了妮基狄昂,让她不顾一切地采取对激情宣战的姿态?为了探究这个问题,我们不妨把她设想为一位亚里士多德主义者,因为在这里,正是亚里士多德式的观点成了斯多亚主义者的主要攻击目标,对他们来说,这样的观点充当了与具有紧密联系的日常信念的代理。

  我们首先要告诉妮基狄昂:用斯多亚学派的措辞来说,与激情同一的判断是**错误的**。外在事物并没有如此重大的价值,实际上根本就没有内在的伦理价值。只要一个人有了正确的评价性判断(包括一般判断和特殊判断),她就绝不会有任何激情。从我们对斯多亚学派的价值理论所提出的论述来看,这一点是明显的。不过,在某种意义上说,这样说仍然不够。因为从斯多亚学派的价值理论来看是错误的判断,在亚里士多德学派的理论内部恰好是正确的,而这种理论看来更接近我们的直观。于是,到目前为止,我们就弄不明白,如果一个人没有独立地确信斯多亚学派的理论是真的,那么他为何想要去根除激情。此外,很明显,尽管斯多亚主义者肯定是用一些论证(包括对宇宙的一种完整看法)来捍卫自己对价值的论述,而这些论证在很多方面不依赖于他们对激情的分析,但是他们也认为自己对激情的论述为其价值理论提供了严肃支持。他们不断地提出一些主要的理由来表明要放弃亚里士多德学派的理论,接受他们的理论,其中的一个理由是:只要这样做,我们就会从激情的支配中解放出来。[70]回想一下,克里西普斯煞费苦心地强调自己的论证可以治疗那些继续坚持错误的善观念的人

---

[69] 关于爱和夫妻情感,进一步参见本书第十二章。

[70] Cicero, *TD* 3 是这条论证路线的一个特别清楚的例子。在塞涅卡的《道德论文集》中,这种例子也很多。

们;西塞罗关于治疗的陈述也表达了同样的说法。实际上,爱比克泰德甚至进一步说道,即使他发现"外在事物对我们来说无足轻重"这一信念是错误的,支持它的论证都是欺骗,他也仍会固守这种骗术,因为由此他就可以生活得安宁平稳(*Disc.* 1.4.27)。因此,我们就需要弄清斯多亚主义者是否确实拥有他们声称自己拥有的东西——对根除激情的独立论证,甚至对于作为亚里士多德主义者的妮基狄昂来说也很有说服力的那些论证。[71]

斯多亚学派的第二个主张让我们更进一步。它所说的是,激情在激发合乎美德的行为方面并非像亚里士多德主义者所认为的那么重要。有些人以下面这一点为由来辩护愤怒:若没有愤怒,爱国行动或保卫他人的行动要么就不会存在,要么就会很薄弱。对此,斯多亚主义者可以回答说,仅凭关于美德和职责的思想,健康的心灵就可以具有采取正确行动的动机——实际上,这种动机远比来自激情的动机稳妥和可靠。亚里士多德把无愤怒的人描述为这样一个人:他会允许自己像奴隶那样被践踏,不会奋起捍卫自己的祖国和自己所爱之人。塞涅卡的《论愤怒》(*De Ira*)生动地反驳了这一论点:

> "那又如何?"他说。"如果好人看到自己父亲被屠杀、母亲被强暴,他难道不会愤怒吗?"不,他不会愤怒;但是他会复仇、会保卫他们。此外,为什么你担心若没有愤怒,虔敬(*pietas*)就会成为一种过于脆弱的动机呢?……好人会泰然自若、毫无畏惧地履行自己职责;他会以这样一种方式去做与好人相称的事情,以至于不会去做与人不相称的事情。……我的父亲正遭受屠杀:我将站起来保卫他。他被屠杀了:我将对谋杀者紧追不放——因为这样做是合适的,而不是因为我痛苦。(*Ir.* 1.12.1-2)

塞涅卡后来说,好人的行动就像法律的实施:稳妥、持久、可靠、冷静——而且是因为冷静而可靠,因此就能最大限度地具有理性的自我决定(1.16.6)。

在追随亚里士多德的时候,只要妮基狄昂同意激情作为激发正确行动的力量是重要的,并以此为由来支持激情,那么上述论证对她来说就有意义。然

---

[71] 我在后文中之所以选择亚里士多德式的见解,是因为:与哲学上的主要竞争对手相比,对于我们没有充分控制的东西所具有的积极价值,它做出了最坚定的承诺;这种见解似乎也最接近人们(不论是古人还是今人)对这些价值的日常直观。

而,在这一点上,一个亚里士多德主义者肯定会觉得重点被遗漏了。[72] 妮基狄昂首先会抗拒斯多亚主义者的一个主张,即情感动机既不稳定也不可靠,而且她会正确地要求在这里提出更多更好的论证。不过,更重要的是,她会坚持认为,一个行动的道德价值部分地取决于它的动机以及随之而来的其他情感反应;在很多情况下,激情的动机比责任的动机更有价值,因为它们显示了那些本身就具有伦理价值的关切和承诺,揭示了一种承认,即承认某些外在事物具有恰当的和高度的重要性。她会坚持认为,一个行动,为了成为真正合乎美德的行动,不仅要与有美德的行动者所做出的行动具有同样内容,而且要以具有实践智慧的人做它的那种方式来做,也就是说,要具有同样的动机和同样的情感反应。塞涅卡所描绘的那个人不仅不如因父亲遭受屠杀、母亲受到强暴而愤怒的那个人那么值得赞扬,而且实际上未能履行一个合乎美德的行动。在这种情况下,愤怒就是正确的动机,悲伤和怜悯就是与之相伴随的正确反应。这种反应之所以正确,是因为具有这些激情就等于承认:在对于好的人类生活的一种正确看法中,亲情是重要的。于是,就像第一个论证一样,斯多亚主义者的这一论证最终似乎仍然取决于预先接受一种斯多亚主义的价值观,离开这种价值观就发挥不了多大作用。在本书第十一章中,我会进一步讨论这个论证。

  第三个论证只有一部分是循环的。这个论证关系到激情的经验中所包含的那种强烈的痛苦感受。在促使人们把激情看作人格的病态状况、把作为其基础的倾向状态看作慢性病的表现形式时,斯多亚主义者希望指出:归根到底,激情往往是作为有机体的强烈痛苦和剧变而被感受到的;而且,为激情所累的人觉得自己处于一种长期虚弱而疲乏的状态。斯多亚学派的著作不断地在我们面前展现焦虑所产生的不安和愤怒所导致的狂暴无序,展现恐惧带来的苦恼以及爱所造成的折磨。处理具体激情的论著往往从描述其痛苦表现入手,旨在让那些甚至有可能把激情视为一种恰当回应的人深信:激情在痛苦和剧变方面所付出的代价已经到了无法忍受的地步。例如,考虑塞涅卡的《论愤怒》开篇那段话对于一个愤怒之人所做的描述:

> 他的眼中怒火四射;他满脸通红,宛如血液从内心深处澎湃而出;他嘴唇颤抖、咬紧牙关、怒发冲冠,他急促的呼吸发出咯吱咯吱的声音,

---

[72] 某些康德式的见解在这方面就类似于斯多亚主义,关于反对这些见解的相关论证,见 Blum(1980)。

> 他把手关节扳得嘎嘎作响;他悲叹不已、大喊大叫、口中爆发出几乎不可理喻的言辞;他击掌蹬脚;他全身都被唤醒了,"把愤怒的巨大威胁表达出来"。这是膨胀和扭曲的令人厌恶、令人恐惧的一幕——我不知道这个恶习是不是更加可憎、更为可怕。(1.1.3-5)

这些著作强调说,甚至所谓的正面情感也有一种剧变和毁灭的现象学。强烈的喜悦被体验为一种令人眼花缭乱的膨胀,一种危险的精神高涨,从来就不缺乏我们在任何时候都可能会撞到地面的那种晕眩感。这种喜悦感轻飘飘的、无根无由、无遮无挡、极度脆弱。满怀激情的爱(与斯多亚主义者赞成和培养的那种以友谊为目标的情感相对——参见本书第十二章)让人觉得靠不住、提心吊胆、不可捉摸。克里西普斯敏锐地强调说,情人们要求这个令人惊奇且不可捉摸的要素,拒斥一种更加稳固的关系(*SVF* III. 475 = *PHP* 4.6.29, 276D)。但是,自发性随之也使得心烦意乱变得可能,并因此而产生一种连续不断、令人萎靡不振的焦虑。一般来说,只要一个人易于具有强烈的激情,他就倾向于处于一种觉得虚弱、疲惫、缺乏稳固的状态。这是一种与体格虚弱、衰老不堪、神经衰弱的人的身体状态相似的心理状态。(当然,假若我们接受了斯多亚学派的心理学理论,这种状态也是一种身体状态。)爱比克泰德告诉我们,甚至对于那些尚未从哲学中认识到他们关于外在事物的信念是错误信念的人来说,这种对于心理虚弱的感受也是作为疾病而被感受到。于是,首先通过在他们认为是最重要的事情上"意识到[自己]软弱无能"(*Disc.* 2.1.1),他们就被引导去寻求哲学。

我认为,在这里,斯多亚主义者开始有了一个理由,用来反对妮基狄昂眼中的亚里士多德。这个理由在某种程度上就是我们从本书第八章的怀疑论者那里已经熟知的循环论辩。因为,除非妮基狄昂已经深信摆脱烦恼和焦虑具有伦理价值,否则她就不太会被一个明显的事实所淹没,即激情是令人不安的。然而,斯多亚主义者对于强烈的具体激情的现象学所做的详尽而细致的研究工作,确实有力地提醒亚里士多德主义者:对品格的这些干扰不仅很重大,而且很可怕。这项工作向亚里士多德主义者提问:让这些力量降临,用其能耐去破坏反思,去侵犯和动摇生活的其他领域,这样做究竟是不是要为他们所提供的伦理满足付出一个大得无法支付的代价。亚里士多德主义者声称不受控制的外在事物有重大的伦理价值,但是,在捍卫这个主张的时候,他们并未使用任何压倒一切的论证,甚至也没有使用任何极为详细的或系统的论证,而仅仅是指出大多数普通人似乎都分享的对价值的直观认识。如果我们让妮基狄昂足够逼真地面对激情所带来的极大痛苦以及由此而来的破坏,那么那些直观认识可能就会开始变弱。尤其是在愤怒的情形中——尤其是当斯多亚学派的作家把激情在公共领域中的有害影响描绘出来的时候——通过这条论证路线提出来支持根除激情的理由就开始显得很强。当妮基狄昂真正明白愤怒会给品格带来多么可怕的扰乱,在这个时候,她难道仍然想要尼禄(Nero)感觉到亚里士多德主义者所说的那种"恰当"愤怒?难道她仍然渴望那些灵魂总是被刀子刺穿的领导者和有智慧的人——即使她确实持有一种把这种极度痛苦作为一种正确回应来加以认同的善观念?

斯多亚主义者用两个令人印象更加深刻的论证来补充这个论证。第一个论证(叫作"从完整性出发的论证")含有一个循环的要素,但从内部来看仍足以反驳亚里士多德主义者的见解。第二个论证(叫作"从过度出发的论证")甚至好像摆脱了这种有限的循环。深入探究这两个论证是本书第十一章和第十二章的任务,因此在这里我仅仅略加描述。

从完整性出发的论证提醒妮基狄昂:作为一位亚里士多德主义者,她决心去追求一个好生活,而对每一个行动者来说,这样一种生活是"一个人自己的,不容夺走"(*EN* 1095b25-26)。她按照这样一种生活的规划和安排来界定自我和自己的身份。既然她认定了几种内在地好的行动和生活方式,认定了为它们的有序设定而进行安排的实践理性,[73]她就会认为,这些行动或这种推理的障碍损毁乃至侵犯了她的自我、她的人身领域。因此她深恶痛绝受奴役的状况,在这样一种状况中,她自己的行动和关系不是她所控制的,而是受到了她无法控制的外在事物的支配。正是根据这样的理由,亚里士多德本人反对把最高价值归于财富或名声之类的外在事物,支持把最高价值归于合乎美德的行动。因此,亚里士多德也想"自己做主,不受别人处置"(Epictetus. 相关章节,例如 *Disc.* 4.7.9)。但是,这样一来,妮基狄昂就不得不承认,通过敞开心胸去追求爱之类的外在善以及其他激情,通过如此看重这些东西,以至于去过一种充满激情的生活,她也就有了让自己的个性(其自我的核心部分)受到世界侵犯和控制的可能,因此就有可能在个人尊严和完整性方面遭受丧失——难道不是这样吗?按照克里西普斯所做的词源学研究,"*lupē*"(困苦)这个词是从动词"*luō*"(分解)中获得其名称:它是对一个人的完整性的一种分解(Cicero. *TD* 3.61;参见 Plato *Crat.* 419C)。

---

[73] 关于人的身份和实践理性,见 *EN* 1.7 以及 IX. 4, 1166a16-17。

亚里士多德式行动者的自我延伸到不断变化的世界的各个角落。在那个世界中所发生的事件就能将它撕裂，甚至连骨带肉地将它撕裂。它可以被别人奴役、掠夺乃至吞没。去培养这种依恋以及与之相伴随的自我观念，无异于着手去邀请掠夺和奴役——那些因为损害了最亲密地属于自己的东西而进行贬损和羞辱的侵犯行为。这种侵犯的景象是亚里士多德主义者和斯多亚主义者都同样反感的；但是她并没有采取措施来隔绝这种可能性。相比较而论，斯多亚式的自我认为外部事件只是擦伤自己皮肤的东西（Seneca. *Ep.* 72）。它们绝无可能刺入内部。他和他的善都犹如在家中那样万无一失（Seneca. *Ep.* 9.17）。正如塞涅卡所说，他的最高善"不从外面寻求装备，而是在家中被培养起来，完全在自身内部发展起来。只要他在门外寻求自己的某个部分，他就开始受到运气的摆布"（*Ep.* 9.15）；还有，"他的一切善从头到尾都在自己内部——他可以说，'我的一切善都与我同在'"（9.18）。哲学在自我周围建立了一道坚不可摧的围墙，来抵御运气的一切可能攻击（*Ep.* 82.5）。

这个论证在某种程度上又是循环的。也就是说，除非妮基狄昂就像斯多亚主义者那样认为自足和理性控制具有重大价值，否则说充满激情的生活会让她遭受运气的侵害好像也不是对这种生活的致命异议。此外，除非她相信美德就是至高无上的善，否则她往往也不会承认斯多亚主义者确实会让一切好东西都与她同在。不过，这个论证仍然有力量反对亚里士多德主义者，因为即使妮基狄昂并不把最高价值归于自足和摆脱外在控制，她也确实认为它们很有价值——而且，看来还不仅仅是因为它们符合她对充满激情的生活的认可。妮基狄昂被指责为还没有很认真地按照自己对完整性的设想来考虑她的价值方案所要付出的代价。而在斯多亚主义者看来，一旦她考虑到了这一点，她就会认识到，唯有在一种斯多亚式的生活内部，她才能发现自己最认真地珍视的价值。

最终，斯多亚主义者指责说，对于激情可以被缓解和控制的程度，亚里士多德主义者持有一种天真的乐观主义。妮基狄昂似乎相信，良好的培养和习惯可以把爱和愤怒转变为好品格的有节制、有辨别力、自我管理的要素。于是，只有在理性所确认的场合，只有在理性所确认的程度上，她才会决定去表达爱和愤怒。斯多亚主义者回答说，如果我们真正进入激情的内在生活，我们就会看到并非如此。激情在本质上往往会导向难以管理的过度。《论激情》中有很长一段话为盖伦所引用，在这段话中，克里西普斯发明了一个生动的隐喻。当一个人在散步的时候,他可以随心所欲地检查和改变四肢的动作。但是,假如他在奔跑,就不再是这样了。运动凭借自身的冲力向前推进,于是,即使他想停下来或是想改变行程,他也做不到。运动的冲力会令他跑过想要停下来的那一点。这就是激情之本质所在。斯多亚式理性的真实判断,就像散步一样,可以由我们的意志来管理;愤怒、恐惧和爱,甚至在能够加以阻止的时候,也不可能可靠地停在美德希望它们停留的地方。它们把我们推向比我们的愿望更远的地方(*SVF* III.462 = *PHP* 4.2.13-19, 240-42D)。[74]

这套论证实际上提出了两个有着微妙差别的要点。一个要点关系到每个被单独看待的激情的内在结构。爱导致过度的爱,愤怒导致过度的愤怒。妮基狄昂不可能说,"我在生活中会有愤怒,但是我会教育自己,以便让愤怒总是用正确的方式、在正确的时间、对正确的人们、在正确的程度上表现出来"。斯多亚主义者说这是不可能的,因为激情是骚乱的,无法规划。塞涅卡把这个要点生动地表达如下:

> 有些东西一开始是我们所能控制的,但后来就凭借自身的力量使我们失去了自制力,令我们无法回头。当人们从高处被猛然推下去时,他们无法控制自己,而一旦他们被扔下去,他们也不能退缩回去或是耽搁一下,反而是不可改变的下落速度切断了一切反思和重新考虑,他们被迫到达他们曾经可以不去的地方。同样,如果灵魂用力把自己抛入愤怒、爱以及其他的激情中,它就不被允许检查自己的冲动:恶习的沉重而堕落的本性必定使它失去自制力,将其带入深渊。(*Ir.* 1.7.4)

而且,克里西普斯已经强调说,陷入激情的人会蔑视规划和控制,此乃激情的本质使然。失去控制实际上是人们在对激情的体验中所看重的东西的一部分。妮基狄昂并不想要一直都服从某个理性原则的情人。她喜欢他们把警告抛入风中、无视合理的劝告、用一种"不加规划的"自发方式去追求他们的爱——总而言之,在爱的驱使下失去自制(*SVF* III.475 = *PHP* 4.6.29, 276D)。而在克里西普斯看来,这种情人应该把米南德(Menander)的一行诗当作座右铭:"我接受自己的理智,把它塞到罐子里去。"因为这就

---

[74] 克里西普斯好像一直很喜欢跑步者的隐喻:也见 *SVF* III.476 = *PHP* 4.4.24-26, 256D 以及 *SVF* III.478 = *PHP* 4.6.35-36, 276-278D,这两处文献都是对克里西普斯的直接引用。

是具有那些价值以及关于善的信念的意义所在。

在愤怒的情况下,对限度和量度的这种拒斥最为不幸:因为这种激情的过度不仅是愚昧和浪费的,而且对自己和他人都有害。克里西普斯观察到,在愤怒中

> 我们是如此远离和超出自己,对自己的困境全然盲目,以至于有时候若我们手中有一块海绵或一团羊毛,我们就会抬手把它扔掉,就好像通过这样做,我们就能达到某个目的。要是我们碰巧有了一把刀子或其他类似的东西,我们就会用同样的方式来使用它了。(*PHP* 4.6.44-45 = *SVF* III. 478)[75]

塞涅卡也强调说,愤怒若不达到残忍和凶残的地步就无法可靠地停下来。他那个时代的政治支持这些论点。甚至对于最坚定不移的亚里士多德主义者来说,尼禄的生涯也说不上是一种令人放心的景象。

就各个激情之间紧密的相互关系而论,我们此前提到的一个观点令这个论证既变得复杂又得到了加强。我们假设妮基狄昂承认斯多亚主义者提出的这个论证的一部分,试图以此来做出回应。好吧,她就会说,对于愤怒、嫉妒以及任何其他的激情,只要其过度表现有可能特别残忍和危险,我就会将它根除。然而,我当然无须消灭爱或怜悯,甚至也无须消灭恐惧,因为前两种情感无论怎么过度可能都不会有害,第三种情感的过度尽管确实有害,也只是对我有害。斯多亚主义者现在指出,这个想法看起来没有道理,甚至也不符合妮基狄昂自己的立场。某些评价是一组激情的根据,而一旦环境或者时间视角发生了变化,它们也是其他激情的根据。若没有憎恨和愤怒的倾向,她也不可能有爱;除非她格外幸运,否则她也不可能在实际上没有憎恨和愤怒的情况下去爱。因为她的爱可能有一个障碍;别人可能会把她所珍惜的那个人从她身旁夺走;因此爱本身就向愤怒提供了最剧烈的燃料。她也不可能是这样一种人:感受到强烈的

---

[75] 盖伦在这段话后面立即引用的摘录也很有趣:"在这种盲目的影响下,在不能立刻把门打开的时候,我们往往就会咬钥匙、用拳头砸门。假如我们的脚趾踩上了一些石子,我们就会报复,把它们打碎,用力把它们抛向天才晓得的地方。而且,每一次我们都使用最不合适的语言"(*PHP* 4.6.45, 280D)。接下来,"从这些例子中,可以看到被激情攫住的人是多么不合情理,在这种时刻我们是多么盲目,宛如我们已经与先前正在交换理性论证的人们判然有别"(*PHP* 4.6.46, 280D)。

喜悦但通常不会被恐惧所摄住和折磨,也不会时而因为悲伤而痛苦不堪。塞涅卡写信给尼禄,对怜悯的情感加以谴责(*Clem.* 2.4.4, 2.5.4, 2.6.4;参见 DL 7.123)。假如亚里士多德主义者认为这样做是一个道德和政治错误,那么她最好去进一步反思怜悯和凶残的愤怒之间的联系。只要她去看看,她就会发现这些联系。

在我看来,这些论证都是斯多亚主义者反对亚里士多德主义者的最有力的论证,因为它们告诉亚里士多德主义者:如果不是对他们自己所憎恨的东西有所承诺,他们也不可能具有所珍惜的那些形式的评价和行动。对于我们当中那些珍惜激情的人来说,如果有任何论证会说服他们——说服妮基狄昂,若她打算从亚里士多德转向斯多亚主义的话——去重新思考这些承诺,那么我相信就是这样一个论证:只有在斯多亚主义者所倡导的那种自我包含的生活中,才能有稳定的温柔和慈善,才能可靠地避免可怕行为。("有智慧的人没有恶意:因为他们既不伤害他人,也不伤害自己"〔DL 7.123〕。)因此,在接下来的两章,我会进一步探究这些主张。

六

如果妮基狄昂完成了斯多亚学派的治疗,那么她还会留下什么呢?只要激情本身已然离去,她会像芝诺所说的那样留下自己以前状况的疤痕,但伤口本身已经愈合(*Ir.* 1.16.7)。按照塞涅卡的解释,这个说法意味着她会"感觉到激情的某些细微迹象和阴影,但是她会完全摆脱激情本身"(*Ir.* 1.16.7)。[76] 另一方面,她会获准保留三个所谓的感情回应(参见 DL 7.115 = *SVF* III.431; Cicero. *TD* 4.12-14 = *SVF* III.438)。这些被称为"良好感受"(*eupatheiai*)的回应不是激情,也不等同于任何对外在事物的高度评价。但它们是动机,将有助于妮基狄昂在无关善恶的事物中来引导自己。并不存在与困苦相对应的可靠的感情形式:换句话说,并不存在把一个坏事态的出现消极地记录下来的可靠方式。然而,对未来出现的消极可能性所采取的一种慎重(*eulabeia*)回应得到了肯定。换言之,在严格地按照自己对外部

---

〔76〕 这些伤痕和阴影大概会包括某些自然的动物性反应,它们有时被错误地当作激情本身,例如在受到惊恐的时候惊动的趋向,在恰当的刺激下开始有性兴奋的趋向,等等。

事物的价值所做的理性判断来进行回应时,[77] 即便不把任何内在价值归于外部事物,一个人仍然可以有适当的动机去避免死亡,去避免其他不可取的无关善恶的事物。即便这些事情出现了,他也不会介意;但是他可以明智地避免它们。他可以在合理欲望(*boulēsis*)的引导下、向着它们在未来的对立面运动。[78] 最终,假若好的外部事物竟然如愿来临,妮基狄昂就可以有某种欢乐(*chara*),那种被定义为"理性提升"(*eulogos eparsis*)的欢乐。

于是,在斯多亚主义者反对亚里士多德主义的斗争中,就还有一个要点,即他们坚持认为自己尚未废除人们在情感生活中最看重的东西。欢乐依然存在;那是去除了令人萎靡不振的不确定性的欢乐,是没有恐惧和悲伤的欢乐,是真正地感动人心和激励人心的欢乐。塞涅卡问卢西利乌斯:

> 我何时移除那些偶然出现的事情,何时强调必须避开希望——那些极度甜蜜的愉快?没有,恰恰相反:我不希望你永远没有欢喜(*laetitiam*)。我希望它降生在你家中;要是它降生于你的心底,那该有多好。其他开心的事情(*hilaritates*)不会充实胸怀,只会放松额头;它们是肤浅的(*leves*)——除非你或许也相信一个笑着的人具有欢乐(*gaudere*)。灵魂必须轻快而自信,必须被提升到一切事物之上。(*Ep.* 23.3)

诠释者们有时针对这样的段落来争辩说,斯多亚主义者所说的根除,并不像我们一开始可能会认为的那样,是反对我们的情感生活的激进举措。因为尽管骚动被解除了,仍有很多幸福的感情保留下来。

然而,我相信我们不应该在斯多亚主义者的这种修辞的哄骗下认为:在

---

[77] 参见 *SVF* III.480 = *PHP* 4.5.21-22, 262-264D,盖伦引用克里西普斯的那卷治疗著作:"因为,就像我们所说的,虚弱并不在于'这些东西各自都是好的'这一判断,而是在于在想要那些东西的时候超出了合乎自然的东西。"按照盖伦的记录,克里西普斯把 *orexis*(欲望)定义为"对令人愉快的事物的一种理性冲动——就这个东西本来就令人愉快而论"(*SVF* III.463 = *PHP* 4.2.4, 238D)。*orexis* 首先是在对 *eupatheiai*(良好感受)的分类(在安德罗尼库斯[Andronicus]那里得以记录下来)中被命名的,——但 *boulēsis* 被定义为 *eulogos orexis*(合理欲望);盖伦可能是在把实际上是对 *boulēsis*(或者它的一个种)的定义错误地报告为对 *orexis* 的定义。爱比克泰德把激情与值得选择的事物的一种 *summetros orexis*(相称的欲望)加以对比(*Disc.* 4.1.84)。

[78] Inwood(1985)颇具说服力地论证说,这里的一个核心思想是"保留"的思想;我想要某个东西,但是有一个限制性条件即这样做符合宙斯的意愿。例如,见 Epictetus, *Ench.* 2.2, *Disc.* 4.7.12; Seneca, *Tranq.* 13.3, *Ben.* 4.34.4, 4.39.4。

妮基狄昂习惯于去发现幸福的地方,根除激情仍然为她留下了很大一部分幸福,而仅仅是祛除了很多困惑和紧张。塞涅卡所描述的那种状态其实是被称为欢乐。不过,现在来看看他是如何描述的。这种状态就像一个在内部出生、从未离开子宫而融入世界的孩子。它与欢笑和兴高采烈无关,因为据我们所知,有智慧的人都很严峻(*ausētroi*),[79] 无法忍受自己身上和其他人身上的无聊快乐(DL 7.117);如果一个人从来不放松警戒,他就很不容易笑了。[80] 实际上,这封信继续说道:

> 相信我吧,真正的欢乐(*gaudium*)是一件严厉的事情(*res severa*)。或者,难道你会认为一个无忧无虑的人,或一个……充满幽默的人,能够去鄙视死亡、对贫困敞开家门、抑制快乐、沉思对痛苦的忍耐吗?在自己身上去反思这些事情的人就处于一种无比欢乐(*gaudio*)的状况——但是,不是一种甜蜜得令人愉快的欢乐。我希望你拥有的正是这种欢乐;只要你已经发现去何处寻找它,它就绝不会让你失望。……我所说的那种欢乐,我正试图引导你去追求的那种欢乐,是一种坚固的东西。……因此,亲爱的卢西利乌斯,我求你去做一件能够让你真正幸福(*felicem*)的事情吧:抛弃和践踏一切在外面发光的东西,一切由别人或者从别人那里向你提供的东西。去照看真正的善,只对来自你本身的东西感到高兴。"来自你本身"是指什么呢?指的是你自己和你自己最好的部分。(23.4-6)

在接下来的两章中,我将进一步考察我们为了追寻这种欢乐而可能具有的动机。不过,我们已经可以看到,从妮基狄昂自己的欢乐到斯多亚式欢乐的转变是巨大的。它是从悬而不决和兴高采烈到稳固的自我专注的转变;从惊异和自发性到慎重警觉的转变;从对分离的、外在事物的好奇到对自身安全考虑的转变。用塞涅卡在性方面的隐喻来说,它是从热烈的交欢、生育和养育到单性生殖的转变,而在后面这种情形中,接下来就是永远把受孕的孩子保留在子宫中。它也是对没有任何一部分生命被触及的转变。妮

---

[79] 关于"严峻"这个概念,见 *SVF* III. 637-639。克里西普斯提到他在别处讨论了欢笑的原因——显然是在与激情(*pathē*)的紧密联系中(*SVF* III. 466 = *PHP* 4.7.17, 284D)。他对惊奇的拒斥很有可能在这个分析中发挥了一个作用。

[80] 比较爱比克泰德的劝告:在摆脱激情的疾病上做出进步的每一个人都"对自己保持警惕,宛如那是一个埋伏的敌人"(*Ench.* 48.3)。

基狄昂被给予了获得重大善的希望;为了这种善,她被要求放弃自己此时认为最珍贵的东西,她的日常生活的真正基础。爱比克泰德想象自己在对美狄亚(本书第十二章中的女主角)说话。他给予美狄亚一个简单的幸福原则。"别去渴望你的丈夫了,你想要的一切都能实现"(*Disc.* 2.17.22)。妮基狄昂明白这不是随随便便的修改。实际上,根本就不是修改。它就是斯多亚主义者所说的那个东西,就是激情的根除。

第十一章 塞涅卡论公共生活中的愤怒

一

1991年春天,我访问了西点军校,为学员必修的伦理课程做关于道德困境的讲座。讲座之后,我和几位军官一道,在他们可以远眺哈德逊河的俱乐部用餐,河两岸的树木正抽出枝条,一阵强劲的微风使水面闪起涟漪。四月里这清新美好的天气使海湾战争的血腥、沙尘和残忍就像是遥远的梦境。我想到这些年轻的学员,此时他们在哈德逊河岸平静地思考道德哲学,而在将来的某时某地,他们或许会下令造成无数人的死亡,狂怒、憎恨和恐惧会填满他们的内心,而此刻那里正为康德和亚里士多德的论证所占据。于是,我和军官们一边用餐,一边开始谈论狂怒,谈论斯多亚主义者和亚里士多德主义者就愤怒在公共生活中的作用所展开的争论。在交谈中,我们互相讲述一些公共领域,尤其是军事领域中关于愤怒的故事,就像塞涅卡在《论愤怒》(*De Ira*)中那样主要通过举例来进行论证,也像他一样痴迷于反复谈论那些(看起来)有辩护却骇人听闻的公共愤怒的形象——有时候我们同时这样做。我想以其中三个故事来展开我对这个难度很大的文本的研究,这些故事在它们所要探究、所关切的领域中就类似于塞涅卡的例子,但是来自我们自己的时代。因为在一部塞涅卡式的对话中,读者也是对话者;而且正如塞涅卡在着手研究离他最切近的罗马历史时所说,"但愿这狂怒限于外来的例子。"(3.18)(我们将会看到,这个愿望本身就与愤怒为伍;承认愤怒并非限于此,这是治疗愤怒的关键一步。)

第一个故事:一队美国士兵进入一个越南村庄,寻找藏匿的越共士兵、帮手和物资。当村民们拒绝合作时,指挥官被这些"亚洲佬"激怒了,在他看来,这些人全是敌人而且不能算是完全的人类,于是他命令部下开火。在丛林中遭受了长达数月的挫折和折磨之后,复仇的邀请实在令人愉悦。愤

402

怒淹没了他们,甜蜜得如同一次奖赏。他们向孩子和老人扫射,而对女人则首先施以强暴和残害。最后他们放火焚烧村里的棚屋,将一切都毁坏殆尽。(军官们很不情愿地讲了这个故事,他们知道那就像一场共同的噩梦——在西点军校,哲学未能加以祛除的一场噩梦。)

第二个故事:在美国人民面前,海湾战争被说成是一个能带来巨大骄傲和满足的机会,但就在它临近结束之际,诺曼·施瓦茨科夫(Norman Schwarzkopf)将军在新闻中讨论有关虐待科威特平民的新证据。(在讲述这个故事的时候,我仍记得我当时是如何从车载广播中听到他的言论,当时我正在普罗维登斯[Providence]和阿特尔伯勒[Attleboro]之间的某个地方)。在说话的时候,他的声音带着一种富有感染力的愤怒。他说他不知道如何谈论做出这些可怕行为的人们。他只能说,无论他们是谁,他们看起来都不像是我们所了解和认识的人类成员。

第三个故事:负责西点军校哲学系的上校这时讲了一个故事,是埃利·威塞尔(Elie Wiesel)几周前来访时告诉他们的。威塞尔小时候曾经在一个纳粹集中营待过。盟军到来那天,他见到的第一个解放部队的成员是位大块头的黑人军官。这位军官一走进集中营,看到眼前的一切,就开始以最大的声音咒骂。少年威塞尔看到他持续叫喊和咒骂了很长时间。少年威塞尔在看着他的时候想到,现在人性已经回来了。现在,随着那份愤怒,人性已经回来了。

这些故事放在一起就提出了一个问题,而我相信这就是塞涅卡在《论愤怒》中要设法解决的核心问题,反过来也是我们作为他的读者和对话者要设法解决的核心问题。一方面,愤怒与残忍以及复仇本身所带来的快感紧密相连。用愤怒来看待其他人,把他们看作是该受折磨的人,这是一种让自己疏离其人性的方式;这种做法可以使一个人对他们做出可怕的事情。而这种暴行接下来会削弱自己的人性。正如我们将要看到的,塞涅卡的很多论证都聚焦于这些观点以及为它们提供支持的事例。

另一方面,在可怕的事情发生时不感到愤怒,这本身似乎就削弱了自己的人性。在邪恶盛行的情况下,愤怒宣示了对人类幸福和尊严的关注;无法变得愤怒,往好里说似乎就是"奴性十足"(就像亚里士多德所说),往坏里说似乎就是与邪恶合谋。威塞尔所说的士兵不是斯多亚主义者。但是,正因为他极端地展现了这种合理的狂怒,少年威塞尔才会将他视为人性的使者。塞涅卡的著作力劝人们根除愤怒。全书以这句著名的命令结尾:"让我们培养人性"(*Clamus humanitatem*)。亚里士多德主义者能否在愤怒的同时不失人性？斯多亚主义者能否具有人性而不丧失愤怒？

我们的第二个例子加剧了这个问题的复杂性。因为，如果亚里士多德主义者试图说，在消除那种过度的、缺少辩护的愤怒时，我们可以拥有恰当而合理的愤怒，那么施瓦茨科夫的例子就会对他造成困难。因为这个例子表明，从一种愤怒滑向另一种愤怒是多么容易。施瓦茨科夫将军一开始实际上很像威塞尔所说的那个士兵，对可怕的野蛮行径持有（看似）合理的愤怒。但是很快，在他结束讲话的时候，他看起来离凯利中尉*也不远了。因为他的整个陈述有种力量，似乎在说："看吧，这些伊拉克人跟动物差不多。他们达不到我们的文明水准，他们和我们其实并不属于同一种群。所以我们尽可能将他们赶尽杀绝不是挺好吗？任何时候，杀得越多越好。"这种愤怒宣称人类的道德关切具有重要性，却同时贬低其对象并鼓动力量对之加以攻击，而这些力量太容易为凯利式的野蛮所用。

愤怒所蕴含的这种双重性是一个古老的话题，即使对塞涅卡及其对话者来说也已经够古老了。因为阿喀琉斯（Achilles）的愤怒[1]尽管比蜜更甜，却给阿该亚人带来了千倍于此的痛苦；这愤怒令他以卑劣而丧失人性的方式来对待敌人的尸体。[2]只有当他像普利亚摩斯（Priam）那样放下自己

---

* Lieutenant Calley，1968年在美国对越南战争中下令血洗越南美莱村、屠杀无辜平民的美军中尉。——译者注

[1] 显然，斯多亚主义者所关心的就是这个例子；因为，尽管 mēnis 在希腊化世界不是一个常用的词，但是在激情的定义中占据显要位置。（这个词被定义为"积蓄已久的愤怒"——参见 SVF III. 396-97。）斯多亚主义者对荷马的引用多不胜数；参见 Fillion-Lahille（1984），第1页及以下，第69—70页，以及 Nussbaum（1993a）。值得注意的是，我们在这些定义中认识到多少种不同的愤怒，除了苦痛（lupē）之外，它们远胜过其他任何主要情感。在 orgē 这个属之下，有 thumos（"初始的愤怒"），cholos（"满涨的愤怒"），pikria（"突然爆发的愤怒"），mēnis（"积蓄已久的愤怒"），kotos（"等待着恰当时机予以报复的愤怒"）；相近的词还有 misos（"怀着热切的情感，渴望某个人的处境变得很糟"），dusnoia（"为了自身而希望某个人的处境变糟"），以及 dusmeneia（"等待时机并做坏事的 dusnoia"）。拉丁语中对情感的列举包含了更少的词汇：ira（orgē），excandescentia（thumos），odium（定义与 mēnis 相同，但好像是 misos 的口头译法），inimicitia（定义相当于 kotos，但有可能也用来翻译 dusmeneia），以及 discordia（"一种更加剧烈的愤怒，被认为孕育在灵魂和内心深处"）——参见 Cicero，TD 4.21。需要记住的是愤怒和仇恨之间的紧密联系：二者的主要差别似乎在于，仇恨的定义并未提到一个作为其原因的、先前发生的冒犯。

[2] 今天在波士顿，在为遭受战后压力综合症、心理失常的越战老兵而开设的一个治疗项目中，人们使用了《伊利亚特》（Iliad）。感谢乔纳森·谢伊（Jonathan Shay）对这个问题所做的讨论。

的愤怒时,他才能认识到敌人身上同样存在的人性。[3]对阿喀琉斯的愤怒感到害怕的同一位读者,却会为奥德修斯(Odysseus)身上展现出来的、为矫正对其家宅的毁坏而产生的那种愤怒喝彩,而当那些邪恶的、缺乏充分人性的求婚者及其同伙被击打、吊起、羞辱、砍成碎片时,这位读者也会欢欣鼓舞。因为对他来说,这个故事被塑造得就像威塞尔所讲的故事,其中,狂怒使得一种对道德秩序和人道关怀的感受得以恢复。但是,这两个故事实际上有多大差别呢?愤怒本身所带来的快乐难道不会引导我们从一个故事直接进入另一个故事?那么我们在公共生活中培育人性是需要愤怒呢,还是要将其摒弃?

二

塞涅卡的《论愤怒》是一种治疗性的论证。它的收信人是这位哲学家的兄弟,一位从事公共事务的非哲学家,他被描绘成典型的罗马人,关心军事力量和胜利,关心家人和家园的安全与尊严,关心力量、尊严、男性气概以及一般而言的灵魂的伟大。[4]诺瓦图斯(以及在文中只是用"*inquit*"["他说"]来插话的那个对话者,可能是诺瓦图斯,也可能不是)被如此刻画:他是很多读者的替身,吐露出了这样一些忧虑——它们会使任何一个开始对斯多亚学派关于愤怒的见解感兴趣的好罗马人感到烦恼。与此同时,由于这部作品是在一个新政权的初期撰写的,[5]提到了克劳狄乌斯(Claudius)本人对愤怒的"半哲学式"论述,而且不断地影射卡里古拉皇帝(Caligula)的愤怒和罪行,它就越过对话者而对新皇帝进言,并且提出了普通罗马人对公共生活之未来的关注。[6]因此,它的治疗既是针对个人,同时也具有广泛的社会性。我们将会看到这两个目标深深地联结在一起:塞涅卡为公共生

---

[3] 对《伊利亚特》第24卷的讨论,参见J. Griffin (1980), Macleod (1982), Nussbaum (1992)。

[4] 关于诺瓦图斯以及一般说来塞涅卡的家庭,参见M. Griffin (1976)。

[5] 时间可能是公元41年,克劳狄乌斯统治的第一年。

[6] 参见Fillion-Lahille (1984)。明确提到卡里古拉的地方有1.20, 2.33, 3.18-19, 3.21。对罗马人最近罪行的一般反思在2.8-9,对此,参见进一步的讨论。关于克劳狄乌斯把 *ira* 和 *iracundia* 区分开来的法令,参见Fillion-Lahille (1984)第273页及以下。关于一般而论的罗马斯多亚主义,见Boyancé (1963)。

活开出的药方取决于每一个个体认识到自己灵魂的缺陷。[7] 由于它的治疗结构是如此个人化,在本章中,我会容许用诺瓦图斯来代替妮基狄昂,尽管我们也不应该忽视一个事实:他的当务之急在某种形式上可能也是她的任务所在。[8]

《论愤怒》的结构经常被批评为杂乱无章,缺少合理的顺序。[9] 拉博(Rabbow)称其为名副其实的"混乱",不同材料的乱七八糟的混杂体。[10] 布热里(Bourgery)更进一步,谈到"非同寻常的混乱,超出了能够容忍的程度"(désordre extraordinaire, excedant vraiment toute licence);然后得出结论说:"要是都随心所欲,我们最终将无法为这项工作赋予秩序和明晰。"(Que l'on s'y prenne comme on voudra, on n'arrivera pas à mettre dans cette oeuvre de l'ordre et de la clarté)[11] 对丘拜乌奥罗(Cupaiuolo)来说,塞涅卡的论证"仅仅服从于一种单一的必然性,就是把书页写满,而不考虑是否应该在另一个地方来处理一个问题,或者这个问题是否已经介绍过"。[12] 雅妮·菲利昂-拉伊勒(Janine Fillion-Lahille)在这部著作中颇寻到些秩序,以此来回应这些抨击。[13] 不过她也只是给文本添加了一份过分简单的年代梗概而已。在她看来,第一卷回应了亚里士多德学派对斯多亚学派关于愤怒的见解所做的批评;第二卷转向伊壁鸠鲁学派的见解,攻击了斐罗德穆斯所谓有智慧之人的愤怒是"自然的愤怒"的思想;第三卷转向更具实践性的、罗马人的关注,与塞涅卡最相近的同代人(尤其是塞克斯提乌斯[Sextius])的著作进行对话并以此为基础。尽管菲利昂-拉伊勒的历史主张颇富旨趣,但它们赋

---

[7] 关于罗马人对愤怒的关注,参见 Fillion-Lahille (1984) 第 1 页及以下;关于维吉尔,参见 M. Putnam (1985),关于塞涅卡与《埃涅阿斯纪》的关系,也参见 M. Putnam (forthcoming)。

[8] 关于同一阶层的罗马主妇对荣誉和勇气的关注,参见 Musonius Rufus, "Should Women Too Do Philosophy?"(《女性是否也该做哲学?》)关于女性关注"男子气概"的军事美德,罗马史学家提供了很多例子:例如,有人可能会考虑到塔西佗(Tacitus)对日耳曼尼克斯(Germanicus)的妻子阿格里皮娜(Agrippina)的描述。

[9] 对这些看法的全面纵览,参见 Fillion-Lahille (1984) 第 29 页及以下,第 222 页及以下,第 283 页及以下。

[10] Rabbow (1914) 第 141 页。

[11] Bourgery (1922) 第 39—40 页,第 100 页。

[12] Cupaiuolo (1975) 第 68 页,引自 Fillion-Lahille (1984) 第 283 页,英文由我按菲利昂-拉伊勒的法文译出。

[13] Fillion-Lahille (1984)。

予这部作品的那种秩序确实很古怪,是建立在武断的年代学考虑的基础上,在这些考虑和对话者的治疗或者和一种强有力的哲学见解的发展之间,并不存在什么有趣的关联。

在此我无法试图对《论愤怒》全三卷提出一种全面的结构分析。我的目标在于努力对付它所提供的哲学治疗的一个核心部分;而要表明其中每一个部分是如何促成了这部著作的治疗目的,这个任务只能留待日后完成了。不过我的建议是,如果我们始终记住,塞涅卡的论证实际上是一种治疗论证,是特别针对一位坚定的非斯多亚学派的对话者提出来的,那么我们所获得的就远远不止于对其工作的欣赏。一方面,这个对话者在开始阅读文本的时候,已经准备倾听塞涅卡接下来不得不讲述的东西。因为他好像已经迫不及待地(*exegisti a me*, 1.1)要求塞涅卡对于如何才能缓解愤怒(*quemadmodum posset ira leniri*)提出一个书面论述;而塞涅卡声称知道他对这种激情有着某种强烈的恐惧(*pertimuisse*, 1.1)。"将愤怒从我们的头脑中予以清除,否则肯定就要控制它、约束它的势头",这种尝试稍后被描绘为"诺瓦图斯,你一向最想了解的东西"(*quod maxime desiderasti*, 3.1)。

然而,另一方面,既然对话者是一位野心勃勃、有自尊心的罗马公众人物,他就确信,愤怒是对邪恶的一种有自尊心的公开回应的重要部分,也是一种具有强烈男性气概的军事生活的一个重要部分。这种考虑在现实生活中不可能由逻辑论证来轻易打发;它们处于灵魂深处,执拗地表达自己的抵抗。我认为,正是这种抵抗高于其他一切而支配着塞涅卡的论证结构。这个无名的旁白一再开腔,似乎发自诺瓦图斯的灵魂深处。它一再提出愤怒与对不当行为的威严惩罚、军事荣誉、灵魂的伟大之间的联系。它一再抗议愤怒事实上可以是适度的、自身独立的。"你说什么?难道惩罚有时候不是必须的吗?"(1.6)"愤怒让人心神激荡,若非如此怒火中烧,勇气在战争中不会造就任何壮举。"(1.7)"但是有些人在愤怒中能够控制自己。"(1.8)"但是愤怒的人是自我一致且自我控制的。"(1.8)"但是迎击敌人的时候必须有愤怒。"(1.11)"你说什么?如果好人看到自己父亲被屠杀、母亲遭强暴,他难道不会愤怒吗?"(1.12)"愤怒是有用的,因为它能塑造更好的战士。"(1.13)

对话者的抵抗驱动着整个论证。但这种抵抗不可能随着某种规整而系统的议程出现在完美的哲学秩序中。正如我已经给出的例子所表明,它是用一种乱糟糟的、多种多样的方式出现的,有时是自发地,有时则是为了回应塞涅卡的说法,倾吐着自己那些重复又混杂的反对意见。塞涅卡的任务首先在于引出这种抵抗,然后再努力应对它,而读者也被指望用同样的方式这样做。一个优雅且整洁有序的逻辑论证不能完成这项任务。论证必须密切关注对话者心中那些混杂的驱动力量,必须像这种抵抗一样痴迷地重复自身——甚至在第一个论证于某个时刻已经被成功地陈述很久以后,还要不停地举例,以心理上适当的方式来回答每一个令人焦虑的问题,并用这种方式迫使斯多亚学派的训诫渗入对话者的灵魂深处。我认为,《论愤怒》的真实结构就是这种治疗的戏剧性场面——与真实生活中同复杂的心理障碍的争斗相比不够简洁。

对《论愤怒》的这种探讨也可以解释文本中令批评家困惑不已的另一个特点,即:斯多亚学派的见解是逐渐而零散地出现的,但是对于一部打算澄清并论证支持斯多亚学派愤怒观的著作来说,我们原本指望的并非如此。我们也可以深入阅读这部著作,而不必同意任何鲜明的斯多亚主义观点;而且我们也可以差不多通读全书,而不必面对斯多亚学派道德学说中对这位对话者而言可能最有争议的那个元素,即外在事物不具有价值。斯多亚主义的材料是用这样一种方式被温和而渐进地、也是最低限度地引入的:这种方式最大限度地扩展了塞涅卡与其对话者所能达成的共识范围,并将对话者引进治疗过程而不要求他首先放弃任何他所珍视的目标。如果我们期望从《论愤怒》中得到的是对斯多亚学派道德哲学的系统论述,那么上述说法就会很古怪了。但是斯多亚主义者宣称拥有某些论证,它们能使之前不信奉斯多亚学说的人开展一项斯多亚式的根除激情的计划;一部治疗论著(以一位非斯多亚主义的对话者作为目标)应当关注这种论证,这样若它一开始只是最低限度地采取多少有点像是斯多亚主义的前提,也就一点都不奇怪了。

最后,假若我们把这部文本作为一种治疗论证来探讨,我们就可以理解菲利昂-拉伊勒所注意到的历史事实,却是用一种更看重内在联系、不那么武断的方式来理解。第一卷中最引人注目的哲学家应该是亚里士多德和塞奥弗拉斯托斯(Theophrastus),这并不令人惊讶;原因在于,正如我们将要看到的,他们的观点很接近对话者本人的直观。到我们进入第二卷的时候,对话者已经准备接受对斯多亚学派激情理论的某种更详尽的、半技术性的讨论,因此塞涅卡就可以引入竞争性的斯多亚学派的观点。(与菲利昂-拉伊勒不同,我认为没有理由假定伊壁鸠鲁学派的观点在这里是明显的。)最后,在第三卷,当一位已被说服的对话者准备将这个关于愤怒的观点在自己的生活中付诸实践时,我们竟然发现了更加集中的例子以及关注罗马素材的焦点,这也就不足为奇了。[14]

诺瓦图斯的治疗过程可简单地描述如下。在作品的开始,他承认对愤怒怀有恐惧,并向塞涅卡请教如何加以**缓和**(而非加以根除)。此时,他的观点看来接近于所提出的亚里士多德和塞奥弗拉斯托斯的观点:他认为有可能对愤怒加以缓和,而不用将之完全消除;他认为愤怒是有用的,甚至作为一种动机性力量是必要的;他相信一个好人在自己及其所有物遭到损害的时候感到愤怒是正当的;他相信一个人应该对做坏事的人感到愤怒。(的确,当塞奥弗拉斯托斯在 1.12 和 1.13 成为对话者之一,他"所说的"只不过是在解释对话者已经说出或将要说出的东西。)在这个部分,对话者频频发言,提出很多说法来反对塞涅卡的主张。塞涅卡在回应的时候温柔地将他引向治疗,很少依靠亚里士多德主义者不会接受的斯多亚学派的前提。他强调自己对愤怒的定义很接近亚里士多德的定义(1.3.3);他极其依赖亚里士多德主义者也会分享的观点,即人类当中存在着向善的自然倾向(1.5);[15] 他针对亚里士多德主义关于动机的主张来提出自己的论证,而那些主张在某种程度上是可以与亚里士多德主义的总体立场相分离的。

到了第二卷开始的时候,对话者已经开始对斯多亚学派的立场采取一种更加严肃的兴趣;因为他至少已经暂时确信,这种立场比他原来所认为的能够更好地容纳自己对职责和军事方面的正直所持有的很多直观认识。现在他已经准备更详细也更认真地研究斯多亚学派对激情的看法;塞涅卡于是向他提出了一些论证,反对将激情看作存在于灵魂的某个分离的、非理性的部分之中,并把非理性的反射运动与激情区分开来,而这个区分对于维护那个主张来说必不可少。[16] 对话者现在更充分地参与了对理解的哲学探寻。("你说"[Inquis]现在开始取代"他说"[Inquit],也许暗示治疗过程中有了一种更直接的个人参与:现在,反对意见不再是作为匿名的声音从内部出

---

[14] 因此,Fillion-Lahille([1984]第 250 页及以下)完全正确地强调了塞克斯提乌斯和其他罗马人物对第三卷、以及一般而言对塞涅卡的哲学教育所具有的重要性(关于这一点亦可参见 M. Griffin [1976])。但是令这个论证更加击中要害的想法所具有的动机是哲学的和治疗性的。关于塞涅卡对话中的一般结构,亦参见 Abel (1967)。

[15] 参见 *EN* VI.13。

[16] 关于这部分的一个引人注目的分析,参见 Inwood (1993)。

现,而是由诺瓦图斯本人以其个人角色提出来的。)他对哲学的兴趣此刻也变得明显:当他问道"这项研究有什么关联"时,他得到的答案是"我们在此会知道愤怒是什么"(2.2);这个答案并没有从根本上打消他的念头。抵抗的声音现在不再那么频繁出现,尽管确实也会偶尔迸发出来,说道"一个愤怒的演说家有时会更好"(2.17)以及"缺乏愤怒的灵魂是无精打采的"(2.17)。

现在塞涅卡觉得可以提出治疗愤怒的话题了;这一卷的剩余部分都用来讨论教育问题。在将近结尾的部分记录了抵抗的最后一次爆发,当时对话者展示了对惩罚的一种很深的个人兴趣,而这种兴趣是他此前未予承认的:"但是愤怒具有某种快乐,用痛苦来回报痛苦是甜蜜的"(2.32)。他也首次说到自己对荣誉和自尊持有深层的个人感受:"如果我们报复一个罪行,我们也不会太遭人鄙视"(2.33)。在这一点上,我们似乎已经抵达诺瓦图斯的灵魂深处,已经把他对根除愤怒加以抵抗的最深原因诱发出来。而且,随着塞涅卡再三着重回应这些关注,我们就达到了对话者持有反对意见的目的(不管怎样,至少暂时如此)。

第三卷以一位现在渴望(如果带有轻微限制的话)将愤怒从自己的灵魂中完全祛除的对话者开场(3.1)。他加入谈话并站在塞涅卡这边:"毫无疑问,愤怒是一种巨大而有害的力量;因此要表明它该如何被治愈"(3.3)。亚里士多德现在是作为塞涅卡和诺瓦图斯的共同对手而出现,诺瓦图斯可以看到自己目前的认识与他作为起点的漫步学派的直观之间到底距离多远。关注的焦点现在是在一些例子上,它们既表明了愤怒在不受控制的情况下是糟糕的,又表明了祛除愤怒的可能性。在这一卷中,我们首次看到斯多亚学说的一些核心要素被引进,而且显然得到了对话者的认可,而这些要素就关系到运气的不稳定、外在事物的无价值以及尽可能过一种不受运气损害的生活的需要(3.5、6、11、25、30、34)。对话者最终确信,在自己和他人身上培养人性(humanitas)要求祛除愤怒。稍后我们会回到这个结论以及它对我们的最初问题的影响。

三

塞涅卡对诺瓦图斯提出的核心论证路线有三个部分:其一,对愤怒的一个论述,它表明愤怒是不自然和不必要的,是判断的人为产物;其二,一个论证所说的是,愤怒作为正确行为的动机并不是必要的,甚至也不是有用的;

其三,一个从过度出发的论证,旨在向诺瓦图斯表明,愤怒的人有暴力和残忍的倾向。换句话说,塞涅卡并不指望表明,愤怒的人对伤害的重要性所持有的信念都是错误的;而且,正如我们将要看到的,这个论证之所以格外复杂,其中一个原因就在于塞涅卡在这一点上不想公开面对对话者。

对愤怒的这一论述,正如塞涅卡所说,很接近亚里士多德式的论述("用痛苦来回报痛苦的欲望",1.3.3)。他自己的定义似乎一直都是"对一桩罪行进行复仇的欲望"(cupiditas ulciscendae iniuriae),这可以从拉克坦提乌斯(Lactantius)对这部作品的这个佚失章节的报告中重构出来;他也赞成波西多尼乌斯式的定义,"惩罚你相信已对你造成伤害的那个人的欲望"(1.2.3b)。因此,他遵照希腊斯多亚学派的论述,这个论述略有不同地由安德罗尼库斯(Andronicus)、斯托拜乌斯(Stobaeus)和第欧根尼·拉尔修复述出来。[17]塞涅卡说得很清楚,他赞成最初的希腊斯多亚学派的观点,按照该观点,这种欲望(cupiditas, epithumia)本身就是一种判断(2.1及以下)。[18]但是,甚至在他要求对话者接受这一点之前,他就急于要对话者接

---

[17] 安德罗尼库斯:"一个遭受不义的人施以报复的欲望"(epithumia timōrias tou ēdikēkenai dokountos);第欧根尼·拉尔修:"一个不恰当地遭受不义的人施以报复的欲望"(epithumia timōrias tou dokountos ēdikēkenai ou prosēkontōs);斯托拜乌斯:"一个不算恰当地遭受不义的人施以报复的欲望"(epithumia [tou] timōrēsasthai ton dokounta ēdikēkenai para to prosēkon)(SVF III.395-97)。严格说来,第欧根尼·拉尔修和斯托拜乌斯的补充看来可能是多余的——因为"遭受不义"的思想似乎本身就包含这样一个概念:已经发生的事情是不恰当的——即使我们将 ēdikēkenai 译为"已经无理地对待"或"已经损害",而不是更强烈地译为"已经犯下不义"。之所以进行这些补充,可能是为了考虑一些情形,例如应受惩罚的情形,在这种情形中,当事人不会感到愤怒,因为他知道自己该受惩罚。但是,即便是在"adikēma"(委屈或损害)这个词的最宽泛的意义上,也不太可能将这样一种惩罚称作 adikēma。

[18] 2.1 首先问道,愤怒究竟是通过判断还是通过冲动(iudicio an impetu)而开始的,然后更确切地问道,从一个不当行为的印象(species,等于希腊语中的 phantasia)来看,一个人在被激怒的时候是否伴有理性的赞同。塞涅卡断言愤怒要求赞同(2.1, 2.3),尽管他也同意,印象本身就可以引发某种身体反应,例如颤抖、脸色苍白、流泪、性亢奋、叹息,等等(2.3)。然而,这些表现并不是激情,也不像激情那样与行动具有联系。在此他不仅同意希腊斯多亚主义传统,而且也同意亚里士多德——参见 DA III.9, MA 11(关于这个问题,参见 Nussbaum [1978]相关评注)。

在 2.4,塞涅卡将愤怒区分为三个阶段:一个不自愿的运动(他已经讨论过的身体反应,这种反应直接跟随性质的显现而出现,但先于赞同);一个自愿的、但不是"顽固的"运动,这种运动就在于下面这样的判断(赞同印象):"因为我受到了伤害,所以我予以报复就是对的",或是"这个人受罚是对的,因为他犯了错"。第三个阶段是"一种已经在进行控制的运动,(转下页)

受如下观点(可能是独立于克里西普斯式的分析而被持有)〔19〕:愤怒并非出自人性中一种自然的侵略本能,人天生倾向于社会性和互助,而不是敌对。在一个极富影响力的修辞段落里,他将愤怒拟人化为一个异质的存在物,与人的本质毫无关系:

> 如果我们对人加以审视,它是否合乎天性就会变得明显。还有什么比处于正确的心灵状态的人更温和?但是又有什么比愤怒更残忍?有什么比人更能对他人慈爱?又有什么比愤怒更有敌意?人生来就是要互助,愤怒则导向毁灭;这一个想要合在一起,那一个又想分离开来;这一个想要帮助,那一个又想伤害;这一个甚至会去帮助陌生人,那一个甚至会攻击最亲近的人;这一个准备为了他人的幸福而殚精竭虑,那一个则随时准备以身犯险,只要能够拖着别人一起。(1.5.2)

此时,对于作为这种不自然的激情之根源的判断,塞涅卡仍然不是很清楚;我们很快就会看到弄清楚这一点对他来说是多么困难。但是,即便是亚里士多德主义的立场也会把某种类型的判断当作愤怒的必要条件,既然如此,他就与这位对话者一道、都有可靠的理由认为:愤怒在某种意义上是一种社会产物,我们被教导去相信和判断的东西的产物,而对于这样一种产物来说,任何非认知的身体倾向(参见 2.17 及以下)都被证明是不充分的。

若是这样,塞涅卡的论证就集中于我所说的动机论证以及从过度出发的论证。对于对话者反复吐露的关注,即愤怒作为在战争中表现出色的动

(接上页)而如果这种运动正确的,那它就不想复仇,但是无论如何它都会征服理性"。塞涅卡的论证过程在这里清楚地表明,**第二个阶段**已经是愤怒了,而这是一个有智慧的人**肯定不会有的**。因此,说有智慧的人应该停在第二阶段,这并不是对我即将提出的问题的回答。其实,正是在这个阶段,随着第一卷已经把愤怒的定义确立起来,我们就达到了愤怒所特有的定义。塞涅卡相信,第二个阶段会自动导向第三个阶段,除非有某个抵抗性的推理介入并阻止这个过程。区分这两个阶段的要点就在于表明,愤怒存在于其中的那些判断是可以用判断来修正的(*qui iudicio nascitur, iudicio tollitur*)——但不是在事情已经无可挽回之后。

〔19〕 亚里士多德和伊壁鸠鲁都持有这个观点,参见第三章和第七章。实际上,人天生就具有攻击性的思想在古代文本中很少见。波西多尼乌斯对灵魂的划分**可能**隐含了这个思想,而且,他可能相信这个思想也隐含在柏拉图那里,但是柏拉图的"勇气"(*thumoeides*)尽管是出现在孩童身上,也还是"信念的帮手",与必须通过教导来获得的荣誉观念相联系。另一方面,不少古代思想家相信,生活的一般历程几乎不可避免地产生了这种激情,产生了因为稀缺物品的竞争以及对其重要性所持有的信念而带来的问题——参见第七章。愤怒在这个意义上可以是"自然的",是人类状况的一种多少具有普遍性的结果。我们会看到,这也是塞涅卡将要捍卫的见解。

机是有用的、也许还是必要的,甚至对于在私人生活中捍卫自己也是有用的、也许还是必要的,塞涅卡回答说(正如我们在本书第十章已经看到的),愤怒所提供的动机并不是必要的:因为对美德和职责的思考本身就可以把一个人推向行动。在战争中,在捍卫自己甚至在惩罚罪犯的时候,理性(ratio)本身就是充分的(1.8.5,1.9.1,1.10.1,1.11.2,等等)。不仅如此,愤怒所提供的动机并不可靠:以一个人自身痛苦的变化作为他人安全之基础,这看来是一种愚蠢的、不负责任的做法(1.10.1,1.11.1,1.12.1及以下,1.13.3,等等)。

我们所熟悉的从过度出发的论证强化了这个论证。愤怒之所以是人们所依靠的一种不好的动机力量,其中一个缘由就在于它倾向于越过理性设定的边界。因此,在把自己移交给愤怒的时候,我们就会逐渐失去对自己的控制,无法停留在我们希望停留下来的地方。愤怒就像是身体从高处被急掷而下(1.7.4;参见第十章):它的势头会将其直接带到底部,没有什么能将它唤回。愤怒的这种冲动"暴烈而又缺乏远见"(1.10.1)。与亚里士多德的论述相反,愤怒并不像一种有用的武器:因为一种好的武器,比如美德或理性,都是"牢固、持久、顺从的",而不是像愤怒那样,"是把双刃剑,可能反过来弄伤它的主人"(1.17.2)。

在整部著作中,这些关于愤怒的主张都有一系列例子作为支持,这些例子阐明了不愤怒在军事和政治方面的效力:法比乌斯(Fabius)这位拖延者的计谋,每一个罗马人都记忆犹新;西庇奥(Scipio)审慎的延迟,另一位西庇奥在攻取努曼提亚(Numantia)时的耐心(1.11);尤里乌斯·恺撒(Julius Caesar)的仁慈(1.23);奥古斯都(Augustus Caesar)温和而适度的举止(3.23,40);也有公共愤怒过度得令人恐惧的例子,包括卡里古拉的不虔敬和残忍(1.20;2.33;3.18-19,21),苏拉(Sulla)的罪行(1.34,3.18),沃勒塞斯(Volesus)的大屠杀(2.5),亚历山大(Alexander)那凶残的愤怒(3.17),[20] 还有很多其他的例子,越来越丑恶,越来越恐怖,直到在第三卷那些极其可怕、关于肉刑和折磨的传说中达到顶点(3.17-18)。

愤怒,审慎的不愤怒,这二者之间的对峙在3.40达到了顶峰:费迪乌斯·普里奥(Vedius Pollio)因为一位奴隶打破了一只水晶酒杯而愤怒,要把

---

[20] 亚历山大的情形在2.23就可以看得更加清楚,此处说到他没能相信一封警告他要提防自己医生的信函。

他丢进池塘喂鱼。这个奴隶苦苦哀求碰巧在那里做客的奥古斯都·恺撒,希望能以一种不那么痛苦的方式被处死。奥古斯都"震惊于如此残暴的新刑罚",命人释放了那个奴隶,并将其他所有水晶杯全部打破,最后填平了鱼池。然后,这位皇帝发表了一段独一无二的斯多亚式演说:

> 你要下令将人们迅速带离宴会,用各种新刑罚来折磨他们吗?如果你的酒杯摔破了,那就要把一个人的肠子扯烂吗?难道你竟如此傲慢,要当着恺撒的面处死一个人吗?(3.40.4)

塞涅卡推断说,只能用理性的力量——强大得足以让愤怒战栗的唯一力量(就像这位皇帝)——来击倒愤怒那种"无比凶恶、惨无人道、嗜血若渴"的力量。

四

上述论证都是核心论证。它们的效果如何?有一些明显的问题。首先,塞涅卡的动机论证在很大程度上依赖于如下主张:不愤怒的人也能和愤怒的人一样拥有相同的行动理由。他会通过施加应得的惩罚来回应伤害,其中包括导致罪犯死亡的惩罚(1.15)。在战争中,他会充满活力、全神贯注地追击敌人。他会对杀害父亲、强暴母亲的人施以报复;他会捍卫自身及其所有(1.12)。在这样一些段落中,塞涅卡可能会被解读为是在表达这样一种观点:愤怒的人和不愤怒的人之间的差别是一种非认知的差别——二者都具有同样的理由和判断,但是一个具有某种狂怒的、激情性的动机,另一个则不具有这种动机。然而,如果塞涅卡是一致的,这种解读就不可能是正确的。因为他的观点当然是,愤怒就是某种类型的判断,它那狂怒的冲动就是对外部事物进行某种类型推理的冲动。[21] 因此,这两种人之间的差别归根结底必定是在判断上的差别;若是这样,我们就必须问:这个差别究竟是什么;既然有这种差别,这个人行动的理由实际上是否依然相同。我们不妨考虑下面这个代表性的段落:

---

[21] 请记住,"某某因为不正当地对待我而应受惩罚"这一判断,甚至在它失控之前,就已经是愤怒了。不愤怒的人仍然可以判断说某人应当受到惩罚,即从制止或管教的观点来看待惩罚。他无法做到的,就是坚持认为对他犯下的不当行为应该用惩罚来报复。这就是塞涅卡在下述例子中所说的、不愤怒的人确实持有的想法。

"那又如何?"他说。"如果好人看到自己的父亲被屠杀、母亲遭强暴,他难道不会愤怒吗?"不,他不会愤怒;但他会复仇,会保卫他们。此外,为什么你担心若没有愤怒,虔敬(*pietas*)就会成为一个过于脆弱的动机呢?……好人会泰然自若、毫无畏惧地履行自己职责;他会以这样一种方式去做与好人相称的事情,以至于不会去做与人不相称的事情。……我的父亲正遭受屠杀:我将站起来保卫他。他被屠杀了:我将对谋杀者紧追不放——因为这样做是合适的,而不是因为我痛苦。(1.12.1-2)

上述例子中,好人的判断是什么呢?看来它们会包括下面这个事实:某个对我来说很重要,而我也有义务保护的人受到了一个故意做出的、应受谴责的行为的伤害。做出这个行为的人应当受到惩罚,应当承受自己行为的后果。但是,这样一来,愤怒的人的判断是什么呢?它们看来又包括如下信念:一桩故意的罪行已经做出,它在某种意义上是重大的,让罪犯受到报复是件好事。从塞涅卡本人的论述和斯多亚学派的其他论述来看,这些判断对于愤怒来说是充分的;实际上,按照塞涅卡所接受的克里西普斯式的观点,这些判断就是愤怒的**本质所在**。但是,如果好人确实持有这些判断,那他就是愤怒的,不管他是否破口大骂和翻白眼。这里所描述的那种对复仇的煞费苦心的慎重追求确实就像是一种愤怒——而且是一种不利于塞涅卡去尝试把过度愤怒和失去控制联系起来的愤怒。另一方面,如果好人实际上并不持有愤怒的人特有的判断,那么下面这个问题看来就仍然是一个未决问题:他是否以及在多大程度上会去追缉罪犯并冒险保护自己。

简而言之,斯多亚主义者已经逐渐弄清:他所说的好人在多大程度上能够与关于不当行为及其重要性的日常判断分离开来。一方面,就像在这里一样,他可以尝试让这位好人尽可能接近对话者所设想的好罗马人;但是,这样一来,在把好罗马人的判断给予这位好人时,他好像又没有明显的方法令这个好人不再缺少愤怒(哪怕是一种慎重的、非狂暴的愤怒)。另一方面,他可以让这个好人成为一个具有更加明显的斯多亚主义色彩的人物:这人发自内心地相信血缘关系并不具有真正的价值,美德才是唯一真正重要的东西;这人就像演员那样参与完成恰当地符合习俗的行为,但实际上并不对至关重要的事情做出深刻承诺,而只是执行他在总体方案中的角色。这样一个人在判断上实际上有别于普通的罗马人。看来他确实能够不带愤怒地采取报复行为。但这就是诺瓦图斯可能会尊敬的人吗——一个其行为无论在私人生活还是在公共生活中都能满足罗马人对承诺、坚定以及承受风险之忠诚的深层要求的人？一个甚至在面对艰难险阻的时候也总是会像具有罗马式美德的人那样来行动的人？[22]

我们来考虑一下威塞尔的美国士兵的例子。这位士兵的判断是，一件极度骇人的罪行已经发生，做出这一行为的人们应当受到惩罚。他的愤怒是对那件罪行之严重性的一种承认，因此也是对它所触犯的人类价值的一种承认。这位士兵通过他的愤怒与威塞尔及其脆弱的人性结成同盟。我们还可以说，他也更一般地与一种对人性的乐观主义结成同盟：因为他的愤慨表达了这样一个判断——事情无须是那样，必须对人类抱有更好的期望。相比之下，一个斯多亚学派的士兵又会做出怎样的判断和行动呢？在塞涅卡看来，他会被驱动着去追缉罪犯。但是他的心里会怎么想呢？如果他是一个真正的斯多亚主义者，他就会认为这没什么大不了的，这样的邪恶在人类生活中肯定会发生，而我们也应该有这样的心理准备。倘若如此，他就不值得为此而悲伤痛哭。如果他是在战场或法庭上追击纳粹分子，那也不是因为他认为纠正这些罪行具有内在价值，而是因为他最终相信这就是宇宙此刻要求他做的事情。但是，有人可能会问，如果纠正罪行并不具有真正的重要性，为什么宇宙还会要求那样做呢？还有，如果一个人相信那样做并不具有真正的重要性，那么，在"宇宙实际上要求什么"这个问题上，他难道不可能犹豫不决，特别是考虑到为受伤害的人申冤要求长期的努力并承担风险？塞涅卡对好人所做的严重模糊且不完备的描述回避了这个问题，使好人看起来就像其他任何一个罗马人一样，而没有坦白交代他是否具有关于外在事物之价值的判断，而这种判断对诺瓦图斯来说是不可或缺的，对任何一个斯多亚主义者来说则必定是错误的。

即使塞涅卡提出了正统的斯多亚式回答，这种回答也不会解决他的问题。他可以说，斯多亚主义者承认所有这些东西（在某种意义上）都具有价值（axia），并因为它们与一个人的自然构造之间的关系而被恰当地**优先选择**（参见第十章）。但是，我们可以回想一下，它们所具有的**这种**价值必须小心加以限制。它们并不具有那种对于一个人自己的繁盛生活（eudaimonia）来说要么是必要的、要么是构成性的价值；即便没有这些东西，一个人

---

[22] 与此相关的关注，参见 Murphy (1990) 以及 Murphy and Hampton (1988) 中 Murphy 撰写的章节。

的生活也仍然是完备的。因此,一个人就没有理由为它们的损毁而悲伤,或者没有理由为某个威胁而恐惧。这种价值在任何意义上都不足以与美德的价值相媲美或相通约;人们绝对不会将这些东西(不管数量多大)看得比自身合乎美德的思想活动更加重要,甚至都不会将它们看得同样重要。这两者之间根本就不是竞争性的。下面这种情况也不成立:反过来,它们有一种自成一体的价值,这种价值与美德之价值无法在对称的意义上加以比较——它们之间是全然且极端不对称的。很难相信这种对于为了朋友、家庭和国家而献身的论述能让诺瓦图斯满意,或是能让他(在不借助于斯多亚主义的目的论来有意地兜圈子的情况下)辩护那种他自己所认同的、为了捍卫他人而采取的冒险行动。[23]

塞涅卡对此有自己的答案;随着论证的发展,随着对话者越来越愿意接受斯多亚学派对世界的解释,他越来越频繁地回到这样一个答案。这个回答使用了医学类比。好人就像医生一样关心同胞。当他对罪行施以惩罚时,他这样做,并不是因为他本人对于施加痛苦有什么个人兴趣,而是为了使罪犯得到治愈。"在所有这些事情上,他就像医生对待自己的病人一样仁爱"(2.10),并相信"迄今而言治愈一桩不当行为比对之施以报复更好"。在公共生活中,这意味着他会使用所有传统的惩罚形式,但是不带有遭到伤害的个人所具有的内心痛苦,也没有让罪犯受罪的狂热欲望。"因为他不去伤害,而是以看起来像是伤害的方式来施行医治"(1.6)。正如日常养生方式的微小改变对某些身体疾苦有效,某些罪犯的品格也可以通过"相当温和的言语"而得到治疗(1.6.3)。如果这种方式不起作用,他就会使用更严厉的言辞,"警告并加以责骂"(1.6.3)。最终,他转向惩罚措施,先是"轻微且可撤销的",然后对最顽固和最严重的错误采取死刑(1.6.4)。

这是斯多亚主义者对我们的问题给出的一个好答案。因为它表明不愤怒的人依然有某种方式可以对人性抱有强烈的关心,可以为了人性而被激发起来行动,同时又不和愤怒的人持有同样的判断。不过这同时也揭示出,斯多亚主义者究竟在多大程度上有别于那个为父母寻仇的好罗马人,不同于在威塞尔的死亡集中营里令人性复归的那位士兵。斯多亚主义者之所以认为惩罚是合理的,不是因为不义行为本身的严重性,也不是因为受害者所

---

[23] 不过这的确表明斯多亚主义的论述不涉及在怀疑论那里发展出来的、对于承诺的完全超然。一个人仍然可以出于某些关于宇宙以及自己在其中的地位的信念而关怀他人。

承受的痛苦和不义,而且肯定不是因为**他**自己对于所发生的事情有某种私人的关注,而仅仅是为了行不义者的福祉。(塞涅卡将这一点推向极端,甚至为死刑辩护,理由是在某些情况下死亡对于死去的人来说也是一件好事[1.6,1.14-15]。)然而,这些就是我们和诺瓦图斯希望在一个父亲遭到残杀、母亲受到强暴的人身上看到的行为动机吗?难道我们想要的答复不是承认他们的死亡和苦难的重要性吗?难道不正是因为它造成了那种痛苦和苦难我们才想要惩罚行不义的人吗?在威塞尔的例子中,我们想要的难道不是那个美国士兵实际上做出的那种回应吗?——当他对自己所看到的恐怖景象爆发出愤怒的时候,根本不曾想过希特勒的生活如何改善或者能否改善,而且也不会考虑改造德国人以使希特勒免遭他们的受害者所受的苦难。[24]难道我们想要的回应不正是承认一个人自己对受难者的同胞情谊,承认一个人与其他人的生活和脆弱之间存在着深层关联,而不是斯多亚式的医生所做出的那种略带冷漠且高高在上的回应?

当我们用这种方式来进行反思时,我们甚至开始失去对"应得的惩罚"这一概念的把握。因为,如果受害者的苦难在事物的总体方案中不具有真正的重要性,那么引起苦难的行为看来就失去了它那特别糟糕的属性。好人把偶然发生的事件仅仅看作擦伤皮肤的东西;但是擦伤别人的皮肤这件事情能有多糟呢?如果罪犯的行为并不严重,那什么样的疾病需要使用"惩罚"这剂药方呢?塞涅卡在某种程度上隐瞒了这些问题,尤其是在第一卷中,因为他没有很详细地阐明好人对什么东西重要、什么东西不重要所持有的信念。但是这些信念总在那里,就处于塞涅卡的论证的表层之下:如果他不能对这些信念做个了断,他最终也就无法说服一位具有罗马人和亚里士多德式的直观认识的对话者。

如果我们考虑从过度出发的论证,就会产生第二个紧密相关的问题。在塞涅卡与亚里士多德主义者的辩论中,他提出了这样一个核心主张:愤怒总是难以避免走向过度和冷酷。在确立这个主张时,他的确提出了很多过度愤怒的例子,其中那种以牙还牙的快乐越过了人性的全部界限。但是事情必定如此吗?当我们考虑那个为父母复仇的人,我们发现,仅仅通过提及塞涅卡按照判断对愤怒提出的正式说法,很难将愤怒的人与他所描述的不愤怒的人区分开来:因为看来完全有可能的是,一个人在具有所要求的一切

───────────

[24] 参见 Murphy(1990)。

判断的情况下仍然可以慎重地履行自己的职责。然而,塞涅卡再三否认这种可能性,而且差不多都是根据愤怒天然具有的过度倾向来加以界定:"如果它听从理性,跟从理性的引导,那它就不再是愤怒,因为愤怒的特有属性(proprium)就在于那种顽固的反抗"(1.9.2;参见 2.5.3、3.12,等等)。[25]与此类似,在将愤怒人格化的同时,他总是选择那些把愤怒描绘为本质上就是过度和不受控制的形象:愤怒就是"发火,贪得无厌的狂怒"(1.1);就是一个不肯听从撤退信号的士兵(1.9),就是地狱中一头身上盘满巨蛇、头上冒着火焰的怪兽(2.35),是女战神(Bellona)与不和女神(Discordia)的形象。

然而,既然塞涅卡只是用信念来界定愤怒,那他有什么权利宣称愤怒的一个属性就是对理性的抵抗? 当他的一切论证仅仅表明愤怒是某种类型的判断时,他有什么权利使用那些暗含过度和残酷之意味的形象来描述愤怒? 当然有可能存在着某种类型的判断,就其本性而言特别根深蒂固,而且不容许其他判断对其进行更改;但是,如果塞涅卡想要宣称这一点,他就必须提出一个论证,并向我们说明那种推理障碍的本性。我认为,如果塞涅卡不提及对一个人自己及其家人幸福所做的深层承诺(而愤怒恰好是围绕这些承诺来构建的),他就会发现很难做到这一点:因为看来正是这些承诺的深刻程度使得一个愤怒的人陷入了那种被激起的极端狂暴,抵制劝说性的论证。正是因为冒犯触及一个人生存的核心,复仇看起来才会如此紧迫和必要,它所带来的快乐才会如此诱人。但是,问题再次出现:假如塞涅卡不从诺瓦图斯身上去除某些不仅对其罗马人的特质而言,而且对其人性而言都具有根本意义的东西,他还能告诉诺瓦图斯这些承诺不重要吗?

不过,站在塞涅卡的立场上,我们还有更多的话可说:因为我们尚未加以考虑的一个论证会在很大程度上阐明这两个反驳及其所具有力量,并且以更有吸引力的方式呈现了斯多亚主义者的相对超然。

---

[25] 这一点看似与 2.4 相矛盾,塞涅卡在这个地方把第二阶段的那种还不算顽固(contumax)的愤怒(参见前注 18)给予这个人。但是我认为,通过考虑 2.5.3 就可以使这两段话保持一致,那段话所说的是,愤怒因为"频繁地加以运用"而**变得**无法控制且十分残酷。塞涅卡想同时强调两个主张:其一,愤怒可以由推理来加以消除;其二,一旦愤怒在灵魂中扎下了根,这么做就极其困难。从那时起,愤怒的冲动肯定就不能用一个单一的对立判断来制止,而只能用他推荐和重构的那种持续不断的沉思(adsidua meditatio)来制止。

五

通过注意到塞涅卡对人和人类本性的论述中存在的一个张力,我们可以开始探究这个关键的论证。一方面,正如我们所见,塞涅卡不断否认人的本性中存在着一种天赋的、无法治愈的侵犯本能。在这部著作开始不久(1.5,见前文所引段落),他就提出了这个论点,并在三卷论著中不时回到它。愤怒并不"合乎人的本性"(1.6);它使得愤怒的人"越出人类的一切思想形式"(1.20),抛弃了"人的所有条约"(2.5)。它是一种"邪恶又可恨的伤害力量,最与人格格不入,在其影响下即使野兽也会被驯服"(2.31),它可以"通过持续的反思实践"(2.12)而被消除。就在叙述了最惊人的范例,即莱西马库斯(Lysimachus)对特勒斯弗洛斯(Telesphorus)的残害和折磨(3.17)之后,塞涅卡立即观察到,尽管残害让其受害者看起来都不像人了,"但更不像人的却是那个施加酷刑的人"(3.17)。"培育人性"的最终命令是与根除愤怒和侵犯的劝告紧密相连的。

另一方面,塞涅卡在整个文本中也详述了无所不在的恶,特别是侵犯和渴望伤害他人。原谅不当行为的人就是"把放纵给予人类"(2.10);生活的每个部分都充满罪与恶(2.9)。实际上,我们的生活很像一场角斗士的竞赛,甚至更糟,就像"野兽的集会"——唯一的差别是野兽不吞食自己的同类(2.8)。愤怒和侵犯"不错过任何时刻,不放过任何人"(3.22);它们也出现在教养最好、最沉稳的人当中(3.4);没有任何人可以断言自己摆脱了愤怒和侵犯(3.5)。"我们都是坏的"(omnes mali sumus, 3.26)。

这究竟是怎么回事呢?塞涅卡不可能只是一时疏忽或草率,因为他否认愤怒以及与之相关的恶是自然的,这在他的论证中、一般地说在斯多亚学派的论证中处于如此核心的地位。而且,对一种摆脱侵犯的人性的主张是混杂在对恶的普遍性的提醒中,就好像塞涅卡并不觉得二者的结合对其论证提出了什么问题。我相信这是正确的:就他对人的恶所做的评论而言,所能提出的最佳说明确实使得那些评论与关于人性的评论相一致。我认为关键在于第二卷第九至十章,在这些章节中,塞涅卡告诉我们某些关于恶及其起源的重要事实。他说,有智慧的人不会对侵犯和不正义的无处不在感到惊讶,"因为他已经彻底考察过人类生活的各种境况"(condicio humanae vitae, 2.10)。于是,恶的根源在于境遇,而不是天赋倾向。而且,当有智慧的人着眼于这些境遇时,他就会明白"在人类生活的其他困难的境遇中,就有这样一个境遇:含混不清的思考,与其说是必然犯错,倒不如说是喜欢犯错"(2.9)。人类生活就像一艘有裂缝的船:这样一艘船会渗水,又有什么可奇怪的呢(2.10)?这些评论,加上塞涅卡论证的其余部分,就暗示了下述图景。人们并不是带着邪恶或侵犯本能来到这个世界上。相反,爱与和谐才是他们最初的冲动。但是,他们进入的这个世界是一个粗野的地方,令其四处面临对安全的威胁。如果他们仍然依恋自身的安全以及保护安全的外在善,那么对世界的这种依恋——普遍的,而且在某种意义上合乎其第一本性——几乎很快就会导致破坏"人类条约"的侵犯行为。因为,当各种善事物供应不足,而人们又都依恋它们时,人们就会为之而彼此争斗。因此,侵犯并不是从我们的本性内部生长出来的,而是从本性和环境之间的交互作用中生长出来的,除非哲学教育从人类思想之中消除了黑暗,否则那种交互作用很可能就变成一种普遍情况。我相信这不仅是对此处所提出的论证[26]、也是对其他很多章节的最强也最一致的解释,那些章节把恶的起源追溯到对我们并不拥有的东西的欲望(例如,见 Ep. 90, Clem. 2.1)。[27] 这就使得塞涅卡的论证十分接近我在第七章中所讨论的卢克莱修的论证。

这实际上意味着,如果热爱生活,那么生活就会让我们疏离自己的人

---

[26] 在 2.10 中,有一些形象可能暗示了大自然的侵犯:人们为什么要对荆棘不结果实而感到惊讶(2.10.6),当"大自然保护了恶"时,没有谁会感到愤怒(2.10.6)。但是,这些说法所要提醒的是,催生恶的**条件**是普遍的;而且在我看来,"大自然保护了恶"(*vitiam natura defendit*)这个主张应该被很精确地解读为如下主张:大自然(即这个世界把我们置于的状况 [*condicio*])**支持侵犯和竞争这两个恶习的生长**。

[27] *Clem.* 2.1 将"灵魂中所有恶"的起源追溯至"对外在事物的欲望"(*cupido alieni*)。类似地,Epistle 90 中也有这样的说法:对他人所有物的贪婪和淫欲就是破坏了此前的一个和谐时代的力量(90.3, 16, 36,这些力量被描述为以一种有点神秘的方式出场,其中使用了"突如其来"[*inrupit*]等说法)。这封信很难懂,因为这些力量据说破坏了之前的那个"黄金时代",但有一个问题又没有得到很清楚的阐明,即:是不是物质条件上的某种变化催生了这一转变。但是塞涅卡的黄金时代并不是物质上的传统黄金时代,不是外在善源不断的那个时代(见第十二章),而是**道德上的黄金岁月**(90.44——*egregia, carens fraude*[独特的、远离虚假的];参见第十二章),人们还没有应受谴责地依恋(稀缺的)外在资源的时代。只要人们意识到了资源的稀缺,意识到了为了自我保护而需要取用他人财物,那么这样一种状况会被欲望所破坏也就不足为奇了,而在一个资源匮乏的世界中,这种状况是纯粹假设性的,塞涅卡也说它是无知的天真的产物(90.45)。

性。婴儿并非天生冷酷、爱攻击、邪恶。它欢快地张开双臂接受父母的慈爱。它的天性其实是"温和的""爱他人""天生愿意帮助别人"(1.5)。但是,婴儿的这种柔软和温和,就像生活本身一样,几乎总是会转为冷酷,而对生活来源的关心终究会让孩子转而反对自身,反对自己与他人之间纽带的根基。我们的人性逐渐减少,我们在某种生活形态中每日相见,但这种生活形态向我们表明,我们彼此都是角斗场上的斗士,就像凶恶的怪兽而不是温文尔雅的人。

塞涅卡现在把这个观点用作反对愤怒的最有力论证的基础。由于侵犯和不正义无处不在,如果我们每天都怀着愤怒的人特有的态度来环顾四周,也就是说,决定把不正义和侵犯看作值得让我们心烦意乱的坏事情,那么我们就永远不会停止愤怒,因为我们眼中所见的一切都会让我们心烦:

> 有智慧的人一旦开始愤怒,就永远不会停止:因为一切事物都充满了罪与恶。用抑制就能治愈的东西远非全部。人们在大型的不义竞赛中相互竞争。犯罪的欲望每一天都在增多,而羞耻心在减少。抛开了一切对更好的、更正义的东西的思想,人们的贪欲就会把自己投向它所渴望的任何地方。就连罪行也不再被隐瞒:它们就在眼前,而邪恶在所有人心中占据了如此公开的地位、具有如此强大的力量,以至于与其说天真很罕见,倒不如说根本就不存在。(2.9)

塞涅卡此时列举了罗马人近来的罪行,尤其是与近期内战相关的罪行:背叛、杀害亲人、下毒、烧毁城市、暴政、密谋、颠覆国家、性侵犯、[28] 抢劫、各民族的伪誓、毁约、偷盗以及各种各样的欺诈。他得出结论:"如果你希望有智慧的人要愤怒到罪恶所要求的那种卑鄙的地步,那么他就不仅要愤怒,还要疯狂。"(2.9)

在此,我们注意到,塞涅卡承认这些罪行具有重要性,而且在某种意义上也承认愤怒很有可能是对它们的一种恰当回应。需要注意的是,它们并不只是对一个人自身安全和声誉的冒犯,[29] 而是在大多数情况下都不正义,其中大多数还是公共的,对之感到愤怒看来是合理的。然而,他的建议

---

[28] 塞涅卡在这里提到了强暴和乱交。

[29] 第三卷中的一些治疗性材料就是这种类型,但这是因为此时所关注的是塞涅卡本人以及学生本人的平凡的日常生活。

是，这个过程并非对人的精神没有影响。因为，一个注意到每一桩不正义的行为并对之有所反应的人，在用愤怒来加以回应时，最终必定就类似于他所反抗的那些狂暴和暴怒的人。愤怒使精神变得僵冷，让它背叛它所看到的人性。而且，在背叛人性、在显示愤怒者的狂怒和厌恶的时候，一个人也就很危险地变得接近于那种把厌恶激发起来的、残忍而富有侵略性的人。因此，在塞涅卡的范例中，我们发现了一些令人恐怖的、恶毒和残忍的行为是由那些本来合理地感到愤怒的人做出的，他们的愤怒原本符合罗马人对正义的日常理解。苏拉的犯罪行为最初针对的是正当的敌人；但是它们把他引向残杀无辜的儿童（2.34）。卡里古拉本来在某种意义上有理由对母亲受到监禁而愤怒；但是他后来变得残酷，毁掉了一座别墅以及周围的很多东西（3.21）。坎比西斯（Cambyses）本来有理由对埃塞俄比亚人宣战；但是在要求赔偿的狂暴情绪下，他把手下人马引向一场以同类相残而告终的致命战斗（3.21）。柏拉图则智慧得多，当他有理由去控告一个奴隶时，他交由斯彪西波斯（Speusippus）去实施惩罚，说道："我现在很愤怒；我会做出超出恰当范围的事情，我会带着快乐来做这样的事情。不要让这个奴隶受到一个无法控制自己的人的控制。"（3.12）不管愤怒如何得到辩护，它仍然会让我们背叛我们身上人性的一面。如果我们在自己面前只看到一头令人厌恶的野兽，那么我们就无法保证我们会像对待一个人那样来对待它。

我们再考虑一下诺曼·施瓦茨科夫的例子。它好像就是塞涅卡所设想的例子。在某种意义上说，施瓦茨科夫在看到野蛮拷打的场面时有理由感到愤怒，有理由试图让其听众感到愤怒。另一方面，愤怒让愤怒者在犯罪者面前变得冷酷无情。愤怒说出了施瓦茨科夫曾经说过的话；这些人实际上不是人，我们不必对他们产生和蔼与呵护的感情，我们可以随心所欲地对待他们。在一群人面前的这种冷酷无情就是通向野蛮的第一步，其本身就是对"人类条约"的一种破坏。

从这个角度来看，斯多亚主义者要求我们抑制愤怒的禁令，与其说是一种把我们与人的需要及其安全的重要性分离开来的方式，倒不如说是一种策略，旨在巩固我们与人类同胞的潜在盟约，维护一种与孩子对其他人的那种自然开放、和蔼可亲的举止有点相似的东西，人类在看到这个世界之前、天性中就具有的一种东西。以这种方式，我们就可以看到斯多亚式劝告的诸要素：要去沉思未来的恶，不要把伤害看作极度重要的东西，要对罪犯采取一种治疗态度——不是作为与其他人隔绝和分离开来的策略，而是作为获得真正人道和文雅的公共生活的必要手段。因此，我认为塞涅卡在这部研究著作中对外部事物的矛盾态度在于：他并不直接否认它们具有重要性；他从未正面攻击过那些赋予家庭和城邦以极大重要性的流行信念。另一方面他则表明，通过治疗来疏离那种重要性的策略是明智的，较之对于某些其他目标的强烈依恋而言，这种策略具有更加深刻的一致性，而那些目标是诺瓦图斯——作为一个热爱人类的人——所深深依恋的。

愤怒的一个核心要素是将愤怒的人与愤怒的目标割裂开来。当我变得愤怒时，我把自己置于对我做了不当之事的那个人的对立面上，准备从他的痛苦中获取快乐。在这样做时，我通常会想，"这个人不如我"，"这个人做了我认为完全不配我做的事"，甚至会像施瓦茨科夫那样认为"这个人（不像我）实际上不是人"。这样，就像塞涅卡所说，愤怒含有一种过度的自爱和自我拔高（2.31）。在前面所举的例子里，在凯利和施瓦茨科夫的愤怒中，一个关键的要素显然就在于把世界分割为好坏两个部分，这种分割错误地抬高了美国人的美德，贬低了外国冒犯者。与此相应，在塞涅卡给诺瓦图斯开出的处方中，一个核心要素就是，他应该处处提醒自己，他也会犯自己指责别人所犯的错。"如果我们想要公正地评判一切事物，那我们就要先说服自己：我们都会犯错。因为愤怒正是首先从这里产生：'我没有做错什么'，'我什么也没做'。不对，正相反，你只是什么都不承认而已"（2.28）。

公正的评判者审视其他人的过错，同时也彻底地、批判地审视自己，找出自己和他人身上过错的根源，视之为既无处不在但又并非来自某种邪恶本性（2.28，30；3.12）。只要将恶看作一种有前因后果的东西，一种在自己身上也会发生因果作用的东西，并总是告诉自己，"你自己也会这样做"（2.28；参见3.26），评判者在面对他人过错的时候就不会变得疏离，正如他在面对自己以及自己的过错时不会变得疏离。事实上，这也正是不愤怒的态度所带来的另一个好处，即：一个人仍然可以对自己保持温和，而不是对自己的侵犯暴怒、对自己的欲望横加指责。

在这里，我们就找到了最深刻的理由来解释：为什么塞涅卡的著作将对话者从遥远的异国事例逐步转移到切近的罗马事例，在第三卷中，为什么他会花费这么多时间来确立"愤怒就在我们和我们自身当中"这一主张。这个论证在第三卷第36段中达到顶点，在那里塞涅卡用自己作为例子，向诺瓦图斯展示了一种新的生活方式，其根基就在于透彻的自我审视以及对自我和他人的温和医治：

> 你的一切感官都必须被有效地引向一种牢靠持久的条件；若不再被心灵所败坏，这些感官究其本性来说都是持久的——而心灵是每天都要加以责问的。这就是塞克斯提乌斯过去常做的：在一天结束之际，当他退入晚间休息时，他常常向自己心灵提问："你今天治愈了什么错失吗？你抵挡了什么错误吗？你用什么方式变得更好？"如果一个人知道，每天他都必须作为审判者而面对自己，那么他就会停止愤怒而变得更加节制。因此，还有什么比把一天再展现一遍的习惯更好呢？在对自己有了这种承认后，当心灵已经受到赞许或责备、当它自身潜藏的调查者和评判者已经了解自己的品格时，随之而来的睡眠是多么美好、多么宁静、多么深沉而自由？我利用这种力量，每天都在自己面前为我的事业辩护。当我熄灭眼前的烛光，我的妻子早已知道我有这样的习惯而沉默不语，我就审视自己的一天并衡量自己的言行。我对自己无所隐瞒，不放过任何事情。因为，当我能够说"下不为例，这次我原谅你"的时候，我为什么还要惧怕自己犯下的错误呢？（3.36）

接下来，塞涅卡用一个扩展的例子来说明这种细微的自我审视，在这个例子中，他展示了治疗心灵或灵魂的医师在开展工作时特有的那份耐心和特殊性。[30]

在这个引人注目的段落中，我们看到了一种对于自我塑造的新态度。诺瓦图斯不再认为自己只是一个处于争夺荣誉和成就的外部世界中的行动者。他要把自己看成是一个具有丰富的内在深度的人，一个在某种程度上对自己有所隐瞒、直到从医疗理性之耐心的角度去打开自己的行为和思想的人。[31] 当他看到自己行为的复杂和易错，看到它们是一个由高度特殊的联系所构成的复杂网络的产物，而那些联系就存在于自然的善、生活环境以及生活从心灵中引出的错综复杂的心理反应之间，在这个时候，他也就学会从这个角度来看待其他人：他们的每一个行动和思想都值得予以敏锐关注，他们的错误都来自一个高度复杂的叙事历史而不是一个完全邪恶的本性

---

[30] 既然塞涅卡的老师塞克斯提乌斯和毕达哥拉斯学派有所联系，这里所描述的实践可能并非完全源自斯多亚学派（或塞涅卡）。

[31] 对照 Epistle 40 的解读，见本书第九章。

(亦参见3.24);他就会节制自己对他们的不义行为的愤怒,增强自己对人类团结和互助的承诺。[32] 就群体和国家而言,他就会把它们看作是由多个自我构成的,其中每个自我都有复杂的历史,而且,只要基本的天性使然,他自己恐怕也是其中之一。因此,《论愤怒》的这个最私人的部分也是极其公共的,在为公共行动所开具的药方中占据核心地位。在一个各位君王以残害敌人为乐的世界里,自我审视不仅是一项具有公共勇气的行为,也是一项富有人性的行为。

六

希腊斯多亚学派那些有智慧的人,他们的灵魂十分坚定,能够保护自己不受任何冲动干扰,因此不会偏离美德和职责的正确道路。"一切有智慧的人都很严峻"(*austēroi*,DL7.117 = SVF III.637)。他们"决不允许自己的灵魂屈从于快乐或痛苦,或者被后者所掌控"(Clement. *Strom*. 7.7 = SVF III.639)。而且,这种严厉使他们对别人的缺陷不会心软:有智慧的人并不原谅那些犯错的人,也决不放弃法律所要求的惩罚(Stobaeus. 2.7 = SVF III.640,参见 DL 7.123 = SVF III.641)。作为一个坚定的审判者,他准确地履行严格的法律正义所要求的行动,拒绝 *epieikeia** 的观念,即:出于对某个特定案例的具体理解,可以免除严格惩罚(SVF III.640)。

在我看来,在这里我们碰到了希腊斯多亚学派的立场中存在的一个深层张力。一方面,对于有智慧的哲学治疗和医学治疗之间的类比,斯多亚主义者有着很深的承诺;他们也接受这样一个亚里士多德主义的主张:在伦理学领域,好的医疗从头到尾都是特殊的,致力于对每个具体案例做出深刻理解。另一方面,亚里士多德传统将这个医学模型和一种在公共生活中对 *epieikeia* 的有力承诺联系起来。实际上,对于亚里士多德来说,*epieikeia* 既意味着好的判断具有那种超出法律一般性的透彻的特殊性,也意味着倾向

---

[32] 关于采取叙事态度和摆脱愤怒之间的联系,亦参见 Nussbaum(1993c),以及 Nussbaum,"Perception and Revolution," 收于 Nussbaum(1990a)。

* 这个词兼有"公平合理"与"合情、合适、宽厚"的意思,后者类似于汉语中的"酌情",作者在下文中对此作了详细论述。在她以 equitable 翻译 *epieikes*(同一词根的形容词形式)的地方,我们译作"公平的"。在她保留希腊文而不译出,以便同时传达这两重含义的地方,除非必要时译作"公平"或"公平合理",我们一般不再另外译出中文。——译者注

于按照一种对具体案例的因果理解来减轻严格的法律惩罚。亚里士多德说，"对人间诸事报以宽恕，这是公平的(*epieikes*)"(*Rhet.* 1374b10)。[33] 在 *epieikes* 的这两种意义之间的联系看来其实是由医学类比加以塑造的：因为，如果一个人用医生对一个病例的特殊性所抱有的那种同情的关切来着手加以处理，那么他就更有可能对犯罪者作为一个人而具有的前景产生关切，就更有可能注意到一切可以减轻刑罚的因素，而且一般来说更有可能不用法律的冷酷无情作为把自己与罪犯区分开来的方式。[34]

我认为，塞涅卡在这里较之希腊斯多亚主义者而言更为一致，因为他承认，他信奉那种看待人类缺陷的医学方式，这使他离开斯多亚式的有智慧之人身上具有的那种冷酷严苛，转向亚里士多德式的公平(*epieikeia*)传统。在此我们看到了一种对于温和、对于放弃严格判断的承诺，它被认为是唯一能够避免对自己和所有人产生持续的疯狂愤怒的方式；随着对环境的透彻考察，加上承认要获得美德会面临巨大障碍，这就导致对各种缺陷采取一种宽恕的和不愤怒的态度时，医疗态度所固有的那种特殊主义，也就变成了斯多亚主义者对自己和他人的态度之中一个核心的结构性特点。正如我们已经看到的，愤怒有一种把"我们"与"他们"截然分离开来的思维模式，对缺陷大发脾气，同时又让自己与之保持距离；愤怒几乎不会承认同样的缺点也出现在一个人自己身上。从这个观点来看，希腊斯多亚主义者身上的那种冷酷严苛不可思议地看起来像是一种愤怒：对人的缺陷和激情所做的侵犯，源于对完美无缺的美德的高贵希望。塞涅卡式的怜悯(*clementia*)并不是不能对恶做出判断：这一点在《论仁慈》(*De Clementia*)中也像在此处一样得到了持续强调。仁慈并不是宣告一个人无罪。但是，只要看看自己、看看人类的处境，一个人最终就会理解这样的事情何以发生。这种医疗性的理解通向仁慈。[35]

仁慈，*clementia*，甚至是按照与希腊斯多亚学派的"冷酷"明显不同的方

---

[33] 我很早就处理了这个联系的历史，见 Nussbaum (1993b)。

[34] 关于"公平"(equity)这个概念的这两个维度，参见 Lawless (1991), Nussbaum (1993b)。对这个概念及其在法律中所起的作用的历史所做的一个全面论述，参见 D'Agostino (1973)。

[35] 有一个相关的论证把这个见解扩展到道德责任本身，它所说的是，如果一个人所接受的教养阻止他学会对伦理推理做出回应，那么他就不能对坏行动负责。关于这个论证，参见 Wolf (1990)。

式来界定的:因为它是一种"灵魂在实施惩罚时趋于温和的倾向",而且"也是这样一种东西,它使其进程偏离能够被公正地决定的东西的这一面"(*Clem.* 2.3)。相比较而论,希腊斯多亚式的灵魂从不走偏,永远都不会偏离严厉。既然仁慈的对立面是残酷(2.4),而残酷体现了愤怒,那么我们也可以说,仁慈既和严格惩罚中的严苛相反,同时也和愤怒相反,就好像严苛在我们的内心深处与愤怒很接近。就像塞涅卡所说,"惩罚一个缺点而抓住不放,这本身就是个缺点"(*culpa est totam persequi culpam*, *Clem.* 2.7, 残篇)。

《论愤怒》的政治是仁慈的政治,也是渐进主义的政治。按照亚里士多德主义的标准,塞涅卡的提议就像斯多亚学派的很多提议一样,是激进的:因为它们要求诺瓦图斯放弃传统道德中相当核心的部分,而亚里士多德只是对这个部分提出了适度批评。另一方面,这些提议并未忽视在人类生活中做出任何激进改变的困难。因为塞涅卡提醒诺瓦图斯,过高的期望和乌托邦式的抱负往往会激起狂怒(3.30,他对恺撒遭同伴谋杀的分析)。在人身上和人类社会生活中寻求彻底改变,这个希望也许就是希腊斯多亚学派政治理论中极端乌托邦主义的名著(芝诺的《政制》和克里西普斯的《政制》[*Politeiai*])背后的推动力。因为这些作品实际上想象了一个所有成员都具有美德的城邦:它想象着消除了很多限制,而这些限制由于美德的缺失而在当今成为人类生活的必要条件。[36] 塞涅卡那更为谨慎也更加人道的进路则坚持认为,我们不能也不该期待,人类生活这只已经布满裂隙的容器能够被修复得焕然一新。相反,我们修补它,尽我们所能令它良好地发挥功能,每一天都为了一些细微的进步而耐心工作,[37] 纵使这任务像人类生活本身一样艰难,也不感到厌烦或沮丧。"众多持久存在的邪恶要求我们缓慢而耐心的抵抗——目的并非在于它们应该终止,而是在于它们应该无法获胜"(*Ir.* 2.10.8)。作为我们自己的医生,作为人类生活的医生,我们只

---

[36] 参见 Schofield (1991)。

[37] 塞涅卡的著作总是强调持久进步的必要性,拒绝承认任何一个活着的人是有智慧的,并强调努力本身的道德价值和尊严——例如,参见 Epistles 88, 90。Epistles 90 甚至论证说,黄金年代里不可能有先于恶而存在的真正美德:哲学的技艺对于真正的美德来说是必要的,这是人类需要的一种创造。*Non enim dat natura virtutem: ars est bonum fieri*(自然并不给予美德:技艺使善得以存在),这门技艺在恶不存在的情况下不会已经存在,恶的存在是促进它的条件(90.45)。

不过是试着用尽可能多的善、尽可能少的狂怒（特别是包括对于狂怒自身的狂怒）来填补我们那些短暂的岁月。[38]

塞涅卡提醒诺瓦图斯，人生没有多少时间可以浪费在愤怒上，并以此来结束他对仁慈的论证：

> 不久我们就会咽下最后一口气。在此期间，当我们还在忍受，还是人们当中的一员，我们就要培育人性。我们不要令他人恐惧，不要让他人觉得危险。我们应鄙视伤害、不公、虐待、嘲弄，并以一个宽广的胸怀来容忍那些短暂的困扰。当我们像人们所说的那样转过身去、回顾过往，死亡于是降临。（*Ir.* 3.43）

这里的论证引入了"不要在意外部的偶然事件"这个禁令，但不是作为某种方式而将诺瓦图斯从这个世界、从与他人的联系中分离开来，而是作为捍卫人性（*humanitas*）的一种策略，旨在消除那些横亘在自己和同胞之间的屏障。从一个人自己的过错中分离出来，这对仁慈而言是必要的；而仁慈，正如尼采曾经用一种塞涅卡似的口吻说道，是"对正义的自我克服"。[39]

仁慈仅仅是让自我免于狂怒的对策吗？抑或它也应当是对冒犯者的正确态度？塞涅卡的论证以坚持前一个目标开始；但是到了《论愤怒》的最后，以及在整部《论仁慈》中，他似乎也认同后一种观点。依法律中进行审

---

[38] 关于仁慈，参见 Murphy and Hampton (1988)，他们赞成对这个概念采取一种相当窄的理解，把它限制到司法和制度语境，并把它与谅解相对比，而后者是一个更宽泛的概念。塞涅卡把仁慈理解成一个宽泛的概念，既适用于私人往来也适用于公共交往，尽管他关心的是惩罚的分配而不是罪责的判定。虽然仁慈在法律领域确有特殊的显著地位，但它所要求的仅仅是进行惩罚的可能性。仁慈并不一定意味着 *ignoscere*，即宽恕或原谅，因为就像塞涅卡所强调的，一个人可能对罪行持有严厉的态度，但对于惩罚仍然态度和缓（*Clem.* 2.7）。对这些问题的进一步讨论，参见 Nussbaum (1993b)。

尤为重要的是仁慈和 *misericordia*（希腊语为 *eleos*）即怜悯或同情之间的区别。后者涉及承认一个人自身的软弱和脆弱，就此而论是斯多亚学派所禁止的——参见 *Clem.* 2.5。塞涅卡论证说，*misericordia* 是软弱的一个条件，是沮丧的一种形式，是对命运的一种屈从。在此斯多亚主义者似乎不同于伊壁鸠鲁主义者，后者认可同情——在这里我发现了斯多亚政治理论的一个主要弱点。

[39] Nietzsche, *Genealogy of Morals* 2.10；关于尼采对怜悯的批评与斯多亚学派的论证之间的联系，参见 Nussbaum (1993c)。

判、归责和定罪都是合适的;但随后在量刑的时候,对整个人生以及如下事实加以考虑也是合适的:即便是最可恶的罪行也不是某个本来就邪恶的意志的产物,而是心理、社会和自然等方面的环境因素交织而成的产物。当我们明白了这一切,仁慈就不仅仅是审慎的,也是正义的。作为正确的情境化感知的 epieikeia(公平合理)就会导向作为仁慈地减轻责罚的 epieikeia(宽厚合情)。[40]

七

塞涅卡的论证是有力的,但还是给我们留下了一些令人困扰的问题。首先,任何一个阅读《论愤怒》和《论仁慈》的现代人可能都会感到震惊:大量的暴力惩罚在仁慈的名义下得以发生和助长。说死刑对死者来说是件好事,这种医学辩护引发了很多伊壁鸠鲁式的质疑;而且,它的那种牵强附会的特征恰恰揭示了塞涅卡是如何承诺要保留死刑的,即使他的论证逻辑看起来并不支持这一点。除此之外,我们还发现,那些骇人的残酷行为居然被当成了宽大处理的核心典范。例如,柏拉图由于没有在愤怒中鞭打他的奴隶而受到赞许。但是他**做了**什么呢?他只是把鞭打奴隶的工作转交给不愤怒的斯彪西波斯(3.12)。他从来没有问奴隶是否应受鞭打。人们或许觉得,到这个份上就算是仁慈了。在这里,读者只能把许多事情归因于文化差异,并提醒自己说,这个文本也包含了很多当时看来已经相当彻底的有关仁慈的例子:奥古斯都干预并免除了对那位奴隶的惩罚,他以和善的方式对待侮辱自己的人(3.23,40)。然而,这些事情看起来之所以异乎寻常,完全是因为公共道德已经糟糕透顶,是因为塞涅卡的读者已经如此习惯于认为奴隶可以受到折磨和遭到杀害、皇帝可以砍掉批评者的脑袋。所有这些可能都会令我们认为,塞涅卡式的渐进主义把眼界设得太低,容许甚至利用了太多本来不该许可的事情。它对人类行为持有普遍的悲观主义,它策略性地劝告人们准备接受最坏的事情,以便在最坏的事情发生时避免愤怒突然袭击——这些事情在某种意义上难道不是与培养人性相冲突吗,因为它们使我们更容易去容忍人类身上最坏的东西?

我认为塞涅卡会这样来回答:反对者必定在某种程度上误解了他论证

---

[40] 对这个联系的进一步讨论,参见 Nussbaum (1993b)。

的目的。他主张为最坏的情况做好准备、将目光集中于人类生活中无所不在的恶劣。这些策略都不是为了让我们在邪恶面前麻木不仁,而是为了在对抗邪恶的过程中保持耐心。如果一个人不论在政治领域还是在爱的领域都抱有过高期望,那么当事情不能如愿的时候,就会导致愤怒和愤世嫉俗。如果一个人持有斯多亚学派的观点、认识到获得善有诸多阻碍,他会一直耐心地帮助人们,不觉得他们野蛮或是丑陋,而是认为他们在与无法制胜的厄难抗争时显示出软弱。而这就意味着,一个人不会对他们感到愤怒或者不理会他们,而是会继续保持仁慈:

> 因为,告诉我,你认为一个人是否应该对那些在黑暗中踉跄前行的人感到愤怒?是否应该对那些由于耳聋而不听从命令的人发怒?如果孩子们不去考虑责任,而是转去玩游戏、和同伴进行可笑的比赛,是不是也该对他们发怒?你会对那些病人、老人和疲惫不堪的人发怒吗?(2.10)

431 塞涅卡在此提出的主张是,若想取代那种会让一切人性关怀都丧失殆尽的狂怒,用这种医疗的方式来看待人就是最好的方式,或许也是唯一的方式。

不过,这会将我们引向塞涅卡的论证所提出的、也许是最深刻的问题。人们彼此所做的恶在多大程度上成为值得关注的事情?斯多亚主义者难道不是做出了太大让步、而他们这样做恰好是因为他们试图不作让步?塞涅卡声称他的策略培育人性,允许我们在彼此间的善和恶中保持深层联系,但是不具有那些会破坏那种关怀之纽带的情感反应。而且,在他的整个论证中,他用某种方式承认世界上发生的事情具有真正的分量和重要性,而这种方式与正统的斯多亚主义可能完全一致,也可能不完全一致。他也同意杀害父亲、强暴母亲这样的事情确实重要,应该对之做出反应。而且,他显然希望对话者对他所叙述的残忍事件感到恐怖,把它们看作严重伤害。在这里,塞涅卡提出了不要发怒的劝告,不过就像我一直表明的,与其说这个劝告是要解除罪行的真实恐怖,不如说是为了温和而采取的一种策略。

但是,与此同时,斯多亚主义者并不打算像威塞尔的士兵那样行动,用一种显示自己深深地涉入人类事务的方式来承认损害的重要性。而是,为了避免出于塞涅卡已经提出的理由而愤怒,斯多亚主义者就必须培育有时候看来确实有点令人担忧的超然(detachment),而这种超然看来几乎与充分承认受害者所遭受的苦难和残酷罪行都不相容。"远远退后并笑出来",

塞涅卡这样告诉我们。[41] 但是,假若威塞尔的士兵走进了死亡集中营又笑出来,我们会如何看待他?少年威塞尔本来又会怎么想?不错,这就是这样一个人:在他小心谨慎的人性中,他不是很完整地属于人类,不能分享人类的困苦和欢乐。塞涅卡再次告诉我们,反对愤怒的策略要求有意回避知识:"看见一切、听到一切并非有利。因为很多过错(iniuriae)在我们身边经过,不承认它们的人也不会被其中的大部分所触动。你不想那么容易发怒吧?那就不要好奇。"(3.11)[42] 当我们谈到死亡集中营时,这个劝告就令人心寒地让我们想起当时那么多人的实际行为——他们无疑避免了愤怒,但他们不能感到好奇,这让他们付出了人性。塞涅卡的目标是保留对所有人的同情,这可能很有价值。而且,他很可能也正确地认为:好奇的人所面临的危险在于容易以另一种方式丧失人性。然而,真的是因为一个人避免去了解其他人的困境,这种解决方案就不能为了他们而进行干预吗?假若塞涅

---

[41] 这句话出现在这样一个语境中:塞涅卡敦促一个人超脱无足轻重的事情,去关心自己的声誉——但是类似的劝告也出现在 2.10 中,与塞涅卡在那里列举的严重的公共罪行和不正义相联系。他描述了赫拉克利特和德谟克利特的相反举止,其中一人为了人们的失败而哭泣,而另一个则总是发笑,因为"任何严肃的事情在他看来都不值得认真看待"。这个故事的主要目的是要把赫拉克利特和德谟克利特描绘为胜于那些感到愤怒的人:"如果所有的事情要么需要发笑,要么需要哭泣,哪里还有愤怒的余地呢?"不过,看来塞涅卡的论证还是会让德谟克利特的反应比赫拉克利特的更可取;因为一个有智慧的人既不应该有悲伤,也不应该有同情,而没有了这些情感,也就很难哭泣。亦见 3.11:"不少事情都可以转变为调侃和取乐的契机",以及同时记述的那个关于苏格拉底的笑话——苏格拉底有一次在出门时撞到了头。

[42] 接着举出的这些例子再次涉及避免知道自己受到侮辱——但这是消除愤怒倾向的一个完全一般的计划的一部分,而且这个劝告是用一种明确无误的一般语言来表述的。在接下来的那一节中,我们发现了柏拉图、斯彪西波斯和那个奴隶的故事。在这里,奴隶的冒犯肯定是严重的,因为塞涅卡断定痛打一顿是恰当的惩罚。此后立即就是普列克萨斯佩斯(Praexaspes)和哈尔帕格斯的故事,这些故事表明,对暴君的号令置之不理会有什么结果;因此这个劝告就关系到塞涅卡对政治生活的最复杂也最严肃的反思。除此之外,2.9-10 聚焦于严重的公共罪行,也提出类似的劝告;不少处理严肃的公共事务的例子也得出类似的教训;例如 2.23 讲到,亚历山大因为无视对其生命的一次威胁而受到赞扬。有人可能会尝试这样来处理这个建议所提出的问题:他们会说,塞涅卡只是用一种从个人偏好出发的方式,把这个劝告提供给易于在对立方向上犯错误的对话者。但我认为这样做并不充分;没有迹象表明诺瓦图斯有一种胜过其他人的极度好奇心,而塞涅卡也说得很清楚,为了避免狂怒,确实就需要拒绝认识到在自己周围存在的恶。

卡只愿意说,这些东西无论如何都不重要,那么他的见解就算招致非议、至少也是前后一致的。[43] 但他不愿意这样说:他想要捍卫公共的勇气、牺牲与虔敬(pietas)。这样一来,通过提倡拒绝公共知识,他难道不是在破坏他自己的关切吗?

　　这个关于超然的张力在整个文本中以各种方式出现,但是我认为,没有哪一处比第三卷中的几个章节更加清楚,塞涅卡在这些章节中讨论了如何恰当地回应一位暴君对一个家庭犯下的罪行。回想一下,第一卷已经给予这些例子以特殊的显要地位,用它们来具体地说明:对于好人来说,介入、追缉罪犯、公平对待亲情都会具有特殊的重要性。我们也想知道,若缺少愤怒特有的信念,这一点是否真能做到;而现在,在第三卷中,我们将会看到塞涅卡同意如下说法:在这种例子中,避免愤怒确实会要求一种分离——与塞涅卡自己都觉得无法接受的事件分离开来。加图(Cato)在嘲笑者往自己脸上啐口水时仍坚持己见是一回事(3.38)。但是我们觉得,帕斯托尔(Pastor)奉卡里古拉之命,在后者杀害自己儿子的当天,"带着欢快的表情"赴宴又完全是另一回事。对于这个不愤怒的例子,塞涅卡立即用一种令我们满意的方式做出了解释和辩护:"你们问为什么?因为他还有一个儿子。"(2.33)要阻止进一步的暴行和损失,就必须压制一个在其他方面都恰当的回应。然而,无论对我们来说还是对塞涅卡自己来说,普列克萨斯佩斯和坎比西斯的故事都不是那么容易,尽管第三卷引入这个故事好像是为了表明,甚至在最极端的环境中,一个人也有可能抑制怒气。

　　　　坎比西斯国王特别喜好美酒;于是,他的一位最亲密的朋友普列克萨斯佩斯建议他喝酒要更节制一些,并对他说,醉酒对于一位国王来说是可耻的,因为人们的眼睛和耳朵都在关注着他。坎比西斯就回答说,"为了让你知道我决不会丧失自我控制,我要向你证明,我在饮酒之后,眼睛和手依然能够履行它们的职责"。于是他换了更大的酒杯,比平时更加放纵地饮酒。当他酩酊大醉的时候,他命令谏言者的儿子走到门对面,站在那里,将左手举过头顶。然后他拉开弓箭,瞄准,直接射穿了这位年轻人的心脏——这其实就是他之前所说的目标。坎比西斯

---

[43] 然而,他在 3.34 提出了更进一步的说法:"我们怀着这样的悲哀(tarn tristes)来做的事情里,没有什么是严肃的,也没有什么特别重要。这就是你的愤怒与疯狂的根源,你把细小的事情看得太重。"

剖开年轻人的胸膛,让他父亲看到利箭笔直地插入心脏,然后问这位父亲,自己的手是不是够稳。而普列克萨斯佩斯竟然回答说,就算阿波罗亲自射箭也不可能更准了。愿众神诅咒这个男人(di illum male perdant),与其说他是因为外部环境而奴颜婢膝,不如说他在灵魂深处就是个奴仆。他赞扬一件令人无法直视的事情。他儿子的胸膛被撕成两半,心脏仍在伤口中颤动,而他却认为这是个溜须拍马的时机。他本应该挑战这位国王的大话,要求再来一次,这样坎比西斯可能就会拿这位父亲本人作为靶子,来展示自己射箭的手法其实更精准。多么残暴的君王!他就配底下人拿他当靶子活活射死!可就算我们厌恶(execrati)他,因为他用这种惩罚和死亡的方式来结束一场宴会,但是比射穿这位年轻人的心脏更为可恶的是对这个行为加以赞扬。我们不久就会看到,若一位父亲不仅见证了儿子的死亡而且自己就是导致这一切的原因,那他站在儿子尸体旁边的时候,应当是什么样的表现。但是,我们所讨论的要点是清楚的,即抑制愤怒是可能的。普列克萨斯佩斯没有诅咒这位国王,甚至连一个表示悲痛的字都没说出来,尽管他看到自己的心就像儿子的心脏那样被射穿了。(3.14)

为了避免让人觉得奇特的这段话在塞涅卡的文本中是孤立的而不具有代表性,他接着这个故事又讲了一个很相似且同样复杂的故事:

> 我不怀疑,哈尔帕格斯(Harpagus)也向他的国王,波斯人的国王,提出了类似于戒酒的建议——国王对这个建议很愤慨,于是就在一场宴席上让哈尔帕格斯吃下自己的孩子,还不停问他是否喜欢烹饪的方式。然后,当国王看到哈尔帕格斯已经被不幸折磨得差不多的时候,就命人把孩子们的头颅也端上来,问哈尔帕格斯对这番取乐作何想法。这位可怜的人并未词穷,他的嘴也没有被封住。"在王上的官中",他说,"任何宴饮都令人欢快"。他这般奉承究竟是为了什么?是为了避免被邀请把剩下的那些肉品尝一遍。我并不是说一位父亲千万不要谴责其君主的行为,我也不是说他不应该设法给这种残暴的野兽(tarn truci portento)施以恰当的惩罚——但是,此刻我只是做出这样一个结论:即使是巨大的邪恶所激起的愤怒,也可能被隐瞒起来,也可能强迫自己说出言不由衷的话语。(3.15)

在这两个故事中,我们发现塞涅卡是在全力对付他自己的见解中存在的张力。表面上看,这些故事用来表明人们可以隐瞒自己的愤怒。而且,这部分文本的公开建议就是:一个人确实应该这样做,即使在巨大的邪恶中,一个人不可避免地会感受到某种愤怒,但他也应该这样做。(需要注意的是,塞涅卡从来不曾严肃地怀疑,面对这些事情,父亲在内心中会**感觉到**愤怒;他甚至也不会去暗示说,若感觉不到愤怒,那将是一件好事。)在整个第三卷里,只有很少几个这种人的例子:他们之所以没有陷入政治上的麻烦,是因为他们抑制自己,不将愤怒展现出来;这被公开地认为一件好事。但是塞涅卡不能完全接受自己的建议。他确实不能说这些父亲的做法就是正确的:他们如此令自己置身事外,屈从于奉承的要求,就好像这样做没什么大不了的。塞涅卡自己表明他认为这些事情是多么重要,这体现在他的语言所具有的戏剧性特征中,体现在他对坎比西斯国王和波斯国王的强烈谴责中,而这种谴责使用了很愤怒的字眼(*di illum male perdant*,*execrati*,*truci portento* 等等)。而且,特别意味深长的是,他做出了如下判断:普列克萨斯佩斯恭顺地避开了愤怒,因此甚至比坎比西斯还要糟糕,更应受到众神的诅咒。塞涅卡不再是一个温和的医生,而是希望犯罪者遭到报应:"诅咒这个男人"(*di male perdant*)完全不是一种医疗性的回应。就像威塞尔的士兵一样,塞涅卡在这里也被迫诅咒眼前所见的一切,请求众神惩罚这个人的奴性以及他对儿子那颗仍在跳动的心脏的冷漠。

那么,一位父亲在这种情况下应该怎么做呢?塞涅卡已经向我们承诺要对这个问题给出一个回答。如果一种超然的生活在某些情况下太卑劣,另一方面,如果一种愤怒的生活有损一个人的人性,那么,对于那些生活在并不把兽性看作奴性的时代中的人来说,这个文本还能为他们提供什么治疗呢?在哈尔帕格斯的故事之后,塞涅卡很快给出了答案。

> 我们不会对这样一群凄惨的奴隶给予安慰,我们也不会催促他们去做那些屠夫所命令的事情。我们会向他们表明,在任何奴役中,都有一条道路通向自由。这样一个人的灵魂生了病,他自身的过错也让他遭受不幸,因为他完全有可能终结自己的烦恼,同时也了断自己。若一个人有一位国王,那国王注定要对着他朋友的胸口射箭,而另一个人有一位主人,那主人逼着当父亲的往嘴里塞满自己孩子的内脏,那么我要说:"你这个疯子,你为何呻吟呢?为什么要等着一个敌人前来摧毁你的国家,好为你报仇呢?或者,为什么要等着某位权倾天下的君王从远方飞来解救你?不管你往何处看,你的烦恼总有结束的一天。你看到

那悬崖了吗？从那里落下你可以获得自由。你看到那片海、那条河、那口井了吗？自由就在它们的深处。你看到那棵树了吗，它矮小、枯萎、不结果实？自由就挂在它的枝丫上。你看到自己的脖颈、喉咙和心脏了吗？它们就是逃脱奴役的通路。我让你看的这些出路是不是都太难了、要求太多勇气和力量？你要的是通往自由的捷径吗？你身上的任何一根静脉都是。"(3.15)

塞涅卡在此坚持一种斯多亚学式的看待自杀的传统。[44]我在这里的意图并不是要讨论这整个传统，也不是要讨论这样一个问题：该传统中，那些用来支持一个人结束自己生命的信念，是否与斯多亚学派关于外部事物不具有价值的其他学说充分一致。我相信，对于任何一位斯多亚主义者来说，这里实际上都存在着深层的问题。但是我的关注点在于塞涅卡，在于他对自杀的建议是如何从其论证内部的某个特定张力中产生的。一方面，他并不希望活在屠夫和暴君的淫威之下的人去过一种愤怒的生活。另一方面，他又被迫承认，在某种极端的环境下，一种超然而温和的反应是令人厌恶的奴性行为。在劝告那位丧子的父亲时，他的第一直觉就是唆使这位父亲去接受一种看来与抵抗愤怒很相似的东西：因为他告诉这位父亲要去迎合暴君的第二次射箭，以此来作为回应。但是现在，在与他的"愤怒从来都不是必要的"这一坚决主张保持一致时，他向这位父亲提出了一个不同的取舍并坚持认为：若没有这种极端的反应，后者的生活就会是一种无比凄惨、终生为奴的生活。这两种死法就其后果而言没什么不同；关键的差别似乎在于，自杀维护人性免于腐败，而愤怒的反抗无法做到这一点。

然而，我们很想知道，塞涅卡是否并未赋予纯粹性和完整性的理想以过分的重要性，而只要对这个理想加以考虑，就会发现它很自我中心。因为用投井的方式来回应暴君的人并没有为他人做什么；他以一种自私的不涉入作为代价来保护他与人性之间的温和联系。威塞尔的士兵，整个盟军解放

---

[44] 关于斯多亚学派对自杀的看法，比如，可以参见 Rist (1969), Long and Sedley (1987) 以及下面两部卓越的综合讨论：M. Griffin (1986), Bonhöffer (1894)。特别是关于塞涅卡本人对自杀的看法，参见 Tadic-Gilloteaux (1963) 以及 Englert (1990) 所做的杰出论述。格里芬强调塞涅卡的观点是斯多亚学派的正统观点；恩格勒特发现，在论及在什么条件下可以选择自杀这个方面，塞涅卡是正统的；但是他也从塞涅卡对自杀与自由之关系的丰富论述中发现了一些新东西，而在我看来，这是正确的。

部队,可能早就奋不顾身地跳进北海了;但是那样的话,少年威塞尔以及与他相似的受害者结果又会怎么样呢?甚至当一个人自己的死亡很可能是随着一个抵抗行动而来时,那个行动也可以为人性取得一些东西。若不是这样,它的存在本身也会代表社会正义发表一个声明,而在我看来,自杀,哪怕是斯多亚学派所主张的那种自杀,也做不到这一点。

此外,我们看到的是,这个纯粹性的策略,即使按照它自己的斯多亚式措辞来说,也是不成功的。因为自杀并未表明,而且也不可能表明,这个世界以及其中所发生的一切都不重要。甚至在决定自杀这项活动中,斯多亚主义者作为愤怒的人,就已经被深深地卷入这个世界及其邪恶之中。因为他做出这样一个判断:在这种情形中,condicio humanae vitae("人类生活的各种境况",注意这个用语在普列克萨斯佩斯的故事中的重复)确实很重要,有些东西是令人无法忍受的、伤得太深以至于令人无法继续生活。在做出这个判断时,他已经承认,为了不做奴隶,他就必须作为一个人在这个世界上生活,必须是这个世界的一部分,深切地关心谋杀孩童、暴君们的可耻命令之类的事情,那支夺走他儿子性命的利箭也刺穿了他的心。而且需要注意的是,这个自杀者特有的信念实际上就是某种类型的愤怒;因为它们包含着这样两个判断:其一,有人施行了严重的不正义;其二,这种不正义该受惩罚。唯一的差别就在于,不管是因为无能还是因为那种夸大的纯粹性,这个自杀者拒绝亲自参与惩罚;但是他也知道,有这种暴君存在的生活是令人作呕的、卑劣的生活,而且,他太在乎那些外部事物,因此他就用他所认为的最有效方式来惩罚暴君,剥夺暴君本人从谋杀中获得的快乐。

在这部著作的大部分篇幅里,塞涅卡都在试图描绘一种温柔而耐心地参与人性的生活,在这种生活中,某种超然的态度使行动者免于严厉和残酷。现在,当他面对自己的时代里那些极端的事件,他承认,关于对不正义的正确回应,他所持有的矛盾态度变得越来越明显。他所得出的正式结论是,总有可能避免愤怒,不管是通过温和的超然,还是通过自杀。但是,这部文本的蜿蜒曲折包含着一个格外复杂的讯息。因为,当在亲情和荣誉的极端情形中遭受重大损失的时候,"退后并笑出来""不要看得太认真"几乎不是塞涅卡提出的劝告。这些事情很重要,不要让它们变得重要是一种奴性的做法。无论是在愤怒的反抗中,还是在自杀特有的准愤怒中,塞涅卡都面对这些事情,时刻准备咒骂,表现得更像威塞尔的士兵而不是他自己所设想的那位漠不关心的主人公。

我们知道塞涅卡接受了自己的劝告,这段论述对塞涅卡思想的重要性也由此而得到加强。多年之后,当尼禄统治下的世界变得太糟,而塞涅卡的劝告已变得无用的时候,在这位愤怒的皇帝面前,他并没有像普列克萨斯佩斯那样为自己做辩解。首先,他确实尝试过政治抵抗,因为他卷入了庇索(Piso)的谋反中。当这场谋反失败而皇帝要对他定罪时,他也并未尝试用阿谀献媚来逃避罪责。他倒是写了一封信,语气十分克制,但用拒绝献媚来抵抗:"因为",历史学家塔西佗评论说,"他的心灵不会轻易谄媚。没有人比尼禄更清楚这一点,他见识过最多的是塞涅卡的自由不屈,而不是奴颜婢膝"(《编年史》[Annales],15.61)。塞涅卡用宁死不屈来惩罚这位皇帝,让后者没有机会享受因为对他进行折磨和羞辱所带来的快乐。[45] 不管我们是否将此称为愤怒,它都是对人类事务予以深刻关注的某种条件。他切断自己的静脉;但是,由于已经年老,血液流动得并不快。于是他就继续自己的工作,"甚至在生命最后一刻,他的雄辩也没让自己失望。他请来书记员并做了大量口述,这些段落都在他的全集中出版了,因此我就不再特意去加以改写"(《编年史》,15.63)。[46]

或许正是以这种方式,塞涅卡将其哲学见解中所有复杂的张力都设法整合成一个一致的整体:以勇气和"准愤怒"(quasi-anger)来反抗暴君,但同时也始终用写作来培育人性(humanitas),而他的作品都表达了医治的同情。甚至当他环顾四周的时候,死亡其实已经降临到他头上。

我已经谈到公共领域中的愤怒和不愤怒。但是,妮基狄昂可能会接受斯多亚主义者对于在这个领域中避免愤怒的重要性而提出的复杂论证,同时仍然相信我们应当保持私人的爱,并在这些情形中允许自己更深地涉入这个世界。(把塞涅卡式的超然之限度揭示出来的这些情形,就是孩子的死亡,这并非偶然。)她或许会记得,斯多亚式的有智慧的人也被允许(尽管很勉强)爱上一个人(SVF III. 650-53;参见本书第十二章脚注3)。她很可

---

〔45〕 对于要不要赴死,塞涅卡其实没得选择:如果他不自杀,他就会被处决。另一方面,此前他已经在政治生活中展现了极大的勇气,他死的方式也显示了他的审慎和勇敢。

〔46〕 关于塞涅卡的自杀,参见 M. Griffin (1976, 1986),他强调自杀是对斯多亚学派准则的实施,特别强调了它与《斐多》中苏格拉底形象之间的联系。

能还想知道这种爱是什么,斯多亚主义者能否允许那种执迷不悟的爱欲(*erōs*)的深层激情以及它们可能产生的冲突和痛苦。对于这个问题及其最深层的心理复杂性,塞涅卡并不陌生。

第十二章　灵魂中的巨蛇：解读
　　　　　塞涅卡的《美狄亚》

哦，女人的床榻，满目混乱，对那些必死的人儿，你们究竟造了多少孽。
　　　　——欧里庇得斯：《美狄亚》，第 1290—1292 行

别再渴望你的丈夫了，你想要的一切都能实现。
　　　　——爱比克泰德(致美狄亚)：《对话录》，2.17.22

智慧的人应当审慎地、而不是狂热地爱他的妻子。他控制着寻求快乐的冲动，不会急切地想要发生关系。
　　　　——塞涅卡：《论婚姻》(残篇)

疯狂也会袭向你。
　　　　——卡珊德拉，塞涅卡：《阿伽门农》，第 1012 行

一

先来想象一个结局，让它在你的头脑中上演，就像观众在看塞涅卡的吟诵剧时在脑海中上演一样：

她现身于王宫那陡峭倾斜的屋顶。她所爱的男人仰头凝视着她。他见她高高在上(第 995 行)，通身散发着光芒和怒火，裹在她的外祖父即太阳神的红光之中。[1]（她将他那无助的新娘裹在一件斗篷里，斗篷以蛇样的火焰舔噬了她的肉身[第 818—819 行]。)她不会死于这道红光。火焰是她家族的传承，正如蛇是她的密友。她呵斥他，令他抬起肿胀的双眼看向自己

---

[1] 美狄亚与太阳神的关系在这出剧中得到反复强调：参见 28-36，207-210，510-512，570 及以下。对于这个问题的一个很好的讨论，参见 Fyfe(1983)，第 82 页。

(第 1020 行)——或许她知道自己的美从未像现在这样占尽了优势。他在见证一场凯旋。爱的凯旋。而现在,无辜的孩子们那流血的躯骸在空中四散,是激情的最后一次"还愿奉献"(第 1020 行)。

也是他的激情。尽管歌队更愿意为他开脱,说他"习惯于在恐惧中用不情愿的右手去爱抚一位放纵的伙伴的胸部"(第 103—104 行),但是伊阿宋知道,或者说他应该知道,情况并非如此。就在片刻之前,在不顾一切想要救下最后一个孩子的时候,他还以那捆缚他们的欲望之名恳求美狄亚。"看在我们一起私逃的份儿上",他呼喊着。(为了爱情,他们劫掠她父亲,杀了她兄弟。)"看在我们的床榻的份儿上——对此我从未背叛"(第 1002—1003 行),伊阿宋坚称自己的情欲生活只和美狄亚共度,而不是与那位死去的有美德的人。美狄亚的回答承认,他们近来实在很亲密,即使在伊阿宋和一位端庄的处女订婚的时候也是如此(她想方设法要侵犯的就是这位处女的身体);事实上,即使在安排"一整窝蛇"(第 705 行)去毁掉那位处女的时候,她和伊阿宋依然亲密。因为美狄亚认为自己当时还有可能怀了他的孩子。她打算进行一个简单的妇科试验以确认事实,并中止错误:

> 就算现在我的子宫(matre)[2]里还藏着你的某些宝贝(pignus),我也会用一把剑来检查自己的腹腔,用这铁器把它们取出来。(第 1012—1013 行)

她并不是在暗示自己可能会切开腹部;她因为自我伤害而过于争强好胜、过于自我防御。不是的,她愤怒是因为知道他一直在她身体里,甚至现在可能还在,想到他的一部分(他们爱情的一部分)还在自己的身体里寄存并以之为食,她就感到狂怒。她在报复,希望将阴道狠狠地穿透,这种穿透会在他曾经进入的地方进入,用一种仅由她自己来掌控的方式取消他的穿透;这种穿透将去除身体中像肿瘤一样生长的爱情,让她恢复到自足的健康状态。"我的王国又复兴了",她为此感到狂喜。"我那被偷走的童贞又回来了。……这真是喜庆的节日,这真是婚礼的佳期"(第 984—986 行)。她与自己的攻击性结合,安全地遏制外部的伤害。两个人都将自身延伸至那个不确定的世界,都认为那些不可靠的事物具有价值。现在她刺伤他那活着的孩子的身体,以此

---

[2] 关于这个形象,亦参见 Costa(1973),F. J. Miller(1917),Ahl(1986)。这个词恢复了第 1007 行"mater"这个词的字面用法:"寻找处女的床榻,抛开母亲。"

刺伤他(参见第550行);而他在她那里安置了一个可能的新生命,以此来刺伤她。这生命也是爱欲(erōs)的誓言,是只有用暴力才能赎回的誓言。他们两人都不曾保有完整性;都不能免于痛苦;都无法摆脱邪恶。

接着,一辆战车飞过明亮的天空,出现在她面前,驾车的是两条布满鳞片、长着飞翼的蛇(第1023—1024行)。"这就是我逃脱的路径",她大声宣告,握住了缰绳(第1022行)。"天上的通路向我敞开"。御夫与蛇,他们上升。而他泪流满面,眼睛红肿,目送她的背影远去,为了他的妻子、孩子以及所有为他所爱而被她杀害的人哭泣。如果他足够诚实的话,他也是在为他们一同犯下的谋杀哭泣,为了以前和现在所感受到的激情哭泣。"上升吧,穿过深邃的天空",他最后一次呼唤她,"亲眼见证吧,你要去的地方,那里没有神"(第1026—1027行)。

这个可怕的噩梦与我们何干?塞涅卡的主张是,这个谋杀和凌虐的故事正是我们的故事,是每一个心怀爱意的人的故事。更确切地说,没有一个心怀爱意的人可以稳妥地保证,这样的故事将在她或他那里终止。亚里士多德主义者认为,我们可以在生活中拥有热烈的爱,同时还能是有美德的、做出恰当行动的人:有美德的人可以被指望在正确的时间、以正确的方式去爱正确的人,并与其他行为和职责处于正确的关系之中。[3]美狄亚的问题

---

[3] 关于塞涅卡与亚里士多德主义的关系,参见本书第十章、第十一章,在那里我论证说,亚里士多德为塞涅卡提供的不只是一个相对立的哲学立场,而且还有一个与其对话者的很多直觉相近的观点,关系到各种情感在好生活中的地位。在此我意在描述亚里士多德主义者对爱持有的一个一般立场,与亚里士多德关于愤怒的明确立场相类似(见本书第三章)。Price(1989)已经成功地表明,这个立场接近于亚里士多德有关 philia(友爱)具有情欲成分的立场。斯多亚学派明确地将一种普遍而全面的立场归于漫步学派名下,该立场主张情感应当加以调节,而不应予以根除(尤其参见 Seneca. De Ira 1, Cicero. TD 4)。这个"亚里士多德式的"立场十分接近欧里庇得斯笔下歌队的立场,这表明该立场得到了广泛认可。
关于希腊斯多亚学派对 erōs(爱欲)的看法,见 SVF III. 397-399,以及650-653。这些定义拒绝了那种仅仅渴望性关系而不具有友爱的爱欲,但是允许明智的人具有某种通过身体来实现的情欲之爱,它结合了对友爱的希望。西塞罗嘲笑并指责对激情的攻击中所存在的这种不一致(TD 4.70-76)。塞涅卡的《论婚姻》(残篇,见 Hasse [1897-1889])谴责了对于一个人的配偶所怀有的全部情欲性的激情(见箴言与注释48)。已婚的人们应当只为了繁衍而有性生活。穆索尼乌斯·卢弗斯(Musonius Rufus)加入了对激情的攻击,认为快乐决不能成为婚内性生活的目的。但是他描绘了一幅更招人喜欢的婚姻图景,即"伙伴关系"(koinōnia)与"共同生活"(sumbiōsis)。他力劝哲学家结婚。(参见《论婚姻的目的》与《婚姻是否对哲学构成妨碍?》,见 Hense [1905]。)

不是一般而论的爱的问题,而是一种不当的、不节制的爱的问题。有美德的人能够避免这个问题。在欧里庇得斯的《美狄亚》中,歌队里的那些女性一直将她们的女主人公看成一种反常的存在,注定要度过的命运属于某种极度强烈的天性,因此她们认同下面这个令人感到安慰的想法:

> 过分的激情在到来时,既不给人带来好名声也不带来美德。但是如果阿芙洛狄忒在恰当的时间、以恰当的方式到来,那么就没有其他的神灵能够令人感到如此欢愉。(第 627—631 行)〔4〕

塞涅卡在这里严厉地告诉我们,这个区分是空洞的。并不存在那种能够可靠地阻止自身过度的性爱激情。关心不受控制的外部对象的这种方式产生了灵魂中的不受控制:在美狄亚的灵魂里是强烈的和过分逞强的豪情;在伊阿宋的灵魂里(就像在大多数灵魂中那样)则是对激情的爱和对道德的恐惧之间的分裂。

亚里士多德主义者又一次告诉我们说,我们可以在生活中拥有爱,同时也能祛除残酷和残忍的狂怒。欧里庇得斯的歌队之所以向阿芙洛狄忒祈祷,不是为了挑起敌意或攻击,而是为了"赞美没有争斗的床榻"(第 639—640 行)。亚里士多德式的有美德的人是温和的,不会有怀恨在心的倾向(EN IV.5,尤其是 1126a1-3)。塞涅卡的论证将会告诉我们,这也是一种空洞的祷告。考虑到这些以激情为基础的信念的本性,考虑到生命的各种偶然,一个人绝不可能稳妥地保证爱不会产生残杀。因为爱可能会遇到阻碍;有人可能会攻击、反对或是毁掉爱。于是,爱本身(它自身对于对象所怀有的评价性的推崇)就为愤怒提供了最剧烈的燃料。Veniet et vobis furor(疯狂也会袭向你)。

最终,亚里士多德主义者主张,在爱的生活内部,你能拥有一定量的、可接受的个人完整性。你可以形成强烈的依恋且依然自视为自己的主人,认为你的人格不受侵犯。塞涅卡会论证说这也是一种逃避。爱本身即是自我的软肋,外部世界几乎不可能不通过它而给自我造成痛苦且令人衰弱的打击。激情的生活就是一种不断向侵犯敞开裂口的生活,在这样一种生活中,自我的各个部分摸索着进入外部世界,外部世界的各个部分也危险地设法

---

〔4〕 关于一个类似的希求,见 Pindar Nem. 8:"神圣的青春绽放,芬芳的使者呵,你热爱阿芙洛狄忒的欢愉,你落于少年男女的眼睑,你用温柔的必然之手托起某个人,以别的手掌托起其他人。若不偏离每样事物的恰当机缘,一个人就能得到更好的情欲之爱,那就备受欢迎。"

进入自我内部；这是一种可以恰当地用身体的侵犯、用向内挤压与向外爆发的意象来加以描绘的生活方式；可以用性侵入和意外怀孕的意象来描绘的生活方式。

这部戏剧探索了上述论证以及其间的联系。这样做的同时，它也向我们展示了激情生活的样貌及其特有的自我观念；与此相反，斯多亚式"自足"的结构被看成是对这样一种生活的治疗。我们的经历据说就是这个样子；这个主张必须结合斯多亚主义者提出的一个主张来加以评估，即可评估的基本行动不是外部世界中的运动，而是内心世界里的运动，是思想、愿望和欲望的运动。于是这部戏剧声称，只要我们心有所爱，我们就无法阻止自己想要杀戮的愿望；而杀戮的愿望本身就是凶手。柏拉图的对话《斐德罗》(*Phaedrus*)中充满爱欲的灵魂在对所爱者的欲望的激励下，向上朝着真理和知识攀登，如同一架有翼的马车，由一位车夫驾驭并由两匹力量强大的马儿牵引。激情之爱创造出一种美丽和谐的运动，如同代表灵魂之各种情感的那匹马所具有的高贵品格与理性形成了一种伙伴关系，并赋予理性以全新的动机力量和认知力量。〔5〕塞涅卡宣称，他所描绘的有翼战车（在欧里庇得斯的戏剧里未得到描绘，但是在这部剧中得到了突出强调）向我们揭示了情欲的真正本性：人类行动者被两条布满鳞片的巨蛇拖向热与火，它们

---

〔5〕 柏拉图的《斐德罗》在罗马斯多亚学派中享有盛名且颇受重视。例如西塞罗在 *TD* 1.53 中就表明他很了解其中的一个论证。塞涅卡在 *Tranq.* 17.10（提到245A）、可能还在 *Ben.* 4.33.1（由 *ut ait Plato*［正如柏拉图所说］所引入的短语可能是在阐释246A）对这个论证（归于柏拉图名下）进行了阐释。他还详细提及《泰阿泰德》《斐多》《理想国》《蒂迈欧》和《礼法》（见 Motto[1970]书中辑录的相关文段）。塞涅卡在 *Ep.* 24.6 指出，他笔下典型的斯多亚式英雄加图，在临终前阅读柏拉图的《斐多》；而 M. Griffin(1976)第11章指出，塞涅卡自己的死亡也是在效仿苏格拉底之死。这就向我们表明，塞涅卡与柏拉图之间的联系是如此深刻而又如此内在，以至于这个文本成为一种表达其最为深刻的生活承诺的方式。关于斯多亚学派（或者与该学派相关的）对柏拉图的马车和马的其他用法，参见 Plutarch, *Virt. Mor.* 446E; Arius Didymus, *Ecl.* 2.89.4-90.6; Posidonius frr. 31, 166; Philo *Leg. Alleg.* 2.94, 3.118; Galen *PHP* 4.2, 244D, 4.5.18，比较 3.3.15, 3.3.5-6。（见 Inwood [1985]第462页对上述文段的讨论。）关于《斐德罗》中对情感的动机作用和认知作用的论述，见 Nussbaum(1986a)第7章以及 Price(1989)。关于波西多尼乌斯使用《斐德罗》来捍卫他自己对灵魂三分的设想，见 Nussbaum(1993a)。尽管柏拉图的确把欲望的马和情感的马区分开来，但他强调说，即使前者也是由理性来管束的，而且整驾马车是作为一种"长在一起的能力"(*sumphuton dunamis*)而运动。波西多尼乌斯似乎认为欲望的部分也可以加以重塑和教导。

那种弯弯曲曲的不雅运动所模仿的正是两位欲火焚身的情人的身体运动，它们那种静静厮杀的残暴正是激情本身具有的残杀愿望的象征。

在斯多亚学派的散文作品中，我们也可以发现这种反对亚里士多德主义的论证；但是在这部悲剧的情节和语言中，它们是通过特殊力量和生动性而提出来的。而且，与希腊化时期其他的学派不同，斯多亚主义者极为重视悲剧，赋予其认知上的重要性，[6] 并论证说这种写作形式较之散文写作往往更清晰地展现出一个哲学论证对于人类所具有的含义。克里安特斯（Cleanthes）采用某种引人注目的形象来捍卫诗歌所具有的哲学价值："就像我们呼出的气息，通过号角的狭长通道并由末端的开孔倾出时便能发出更清晰也更明确的声响一样，诗歌形式的精确限定也会令我们所要表达的意义变得更加清晰和明确。"（Seneca. *Ep.* 108.10）通过这种更清晰也更明确的形式，诗歌就能向摇摆不定的灵魂生动地描绘爱的风险和罪恶，探查灵魂潜在的同情和暗藏的矛盾，使其面对一个关于愧疚的故事，而灵魂也不得不承认这个故事就是它自己的。爱比克泰德论证说，悲剧是最适宜于驳斥激情的文学形式。"对于那些对外在事物惊讶不已、却在习俗的尺度中安身立命的人来说，他们所遭受的际遇如果不是悲剧，还能是什么呢？"（*Disc.* 1.4.26）他又说道，"看看悲剧是如何发生的吧：不就是偶然的事件落在了愚人头上"（2.26.31）。这些诗句用一种不可避免的方式来展现好奇对于外部世界的生活所产生的后果，因此就能让我们的灵魂变得坚强。

因此，本着斯多亚式的治疗精神，我转向塞涅卡的《美狄亚》，从中寻找一种斯多亚主义者反对激情的论证中最强也最没有循环之嫌的清晰表达；去寻找一种能够让心灵对自身的承诺令人不安地加以审视的论证。在介绍该剧

---

[6] 对于克里西普斯式的斯多亚主义（Chrysippan Stoicism）及其后来的继承者尤其是塞涅卡（见本书第十章、第十一章及参考文献）和爱比克泰德来说，事实的确如此。波西多尼乌斯相信灵魂具有一个分离的无理性部分，因此他似乎对诗歌和音乐的道德重要性采取了一种非认知的看法。亦参见巴比伦的第欧根尼（Diogenes of Babylon）《论音乐》（*On Music*）的残篇，保存于斐罗德穆斯的论辩中（*SVF* III，第221-235页）。De Lacy（1948）将斯多亚学派对诗歌的看法的相关证据颇有助益地汇辑在一起；但是他并没有做出这个很重要的区分，即把对待诗歌教育的认知态度和非认知态度区分开来。我在 Nussbaum（1993a）对这个问题进行了彻底讨论。塞涅卡指出，很多实际存在的诗篇都是有害的，因为它们包含着日常生活中错误的价值结构并强化了这种结构（*Ep.* 115.12）。这一观点至少自柏拉图的《理想国》以来就已经形成，但它好像并不要求全盘拒斥诗歌，而是要对它进行激进改革。

的情节与核心论题之后,我将花些篇幅来考察剧中对于激情的描述,提出理由来表明它确实既遵从又发展了克里西普斯的论述。接下来我将考察塞涅卡对美狄亚故事的处理如何得出了那个从完整性入手的论证以及两个从过度入手的论证。我将考察这部戏剧对激情的大胆鲁莽的自我以及斯多亚式的自足所具有的封闭自我所做的描述。最后,我将追问谁是这些论证能够说服的对象,对爱有所依恋的人可能会对它们提出怎样的回答——塞涅卡自己的犹豫不决如何展开对它们的回答。对于亚里士多德式立场的限度,对于爱甚至要求有爱的人超越道德神灵的各种方式,我最终会做出一些结论性的反思。

这部戏剧所要求的自我审视是一项令人痛苦而纠结的工作。我们被要求去面对自己最深层的情感,去看到它们包含着永久的风险,可能引发混乱和恶。塞涅卡选择用这种猛烈的、对抗性的知识作为接近我们的方式。[7] 他猛然将丑陋推到我们面前并说道:这些都是你,都是你身上所有的。在我看来,除非我们也接受这部戏剧的风格所包含的挑战,否则我们就无法接受其中治疗性的挑战。我认为这意味着阐释者应该面向自己、面向对话者,去寻找塞涅卡的戏剧所要求并示范的那种同样的直接、率直以及面对可怖之物并使之得到面对的同样愿望。这种直接并不是自我说明的:它需要哲学上的评论。但是它必须存在,否则我们就会把自己隔离于这部戏剧所能提供的某些可能的理解之外。

二

她可以得到辩护:但是她的行径依然骇人。在这部戏剧的开篇几行,这种双重性就得到了强调。美狄亚首先吁请合法婚姻的神灵;请来生育女神朱诺(Juno Lucina),即婚床的守护者、生产的保护神(第1—2行),以及见证伊阿宋对她许下誓约的诸位神灵。然后,"用一种不祥的口吻"(第12行),她的愤怒又请出了一队更阴暗的神祇:"无尽黑夜的混沌,地下世界的王国,不洁的亡灵。"(第9—10行)最后,她召唤复仇女神,对正义的要求与对复仇的渴望在她的哭喊中无法分割:

现在,现在降临吧,报复罪恶的女神,你们的发丝纠缠着扭动的巨

---

〔7〕 塞涅卡在 Ep. 108.8-12 强调了戏剧对于认识自我及"坦言真实"(confessionem veritatis)的意义。

蛇，你们血污的手中举着黑色的火炬，到来吧，令人敬畏的神灵们，就像你们一度侧立于我的婚床。给这位新妇带去死亡，给她的父亲带去死亡，给整个皇族带去死亡。（第 13—18 行）

我们不可能感觉不到她在自己的愤怒中所表达的正义。她呼唤复仇女神，因为她有权呼唤她们。她长久而忠诚地爱着伊阿宋。为了他，她以身涉险，牺牲家乡与家庭，甚至犯下罪行。多年来他们共同生活，她为他诞下合法的子嗣。而现在，他背叛了誓言、合法的婚姻和妻子，只为了某位富有、显赫的年轻女郎的床榻。愿复仇女神向那场婚宴燃起黑暗血腥的火把。就像她所说的，她应当祈求对他们的结合降下可怕惩罚的 *fas*（神的法令）[8]，那是合法且正当的。

然而，我们也不自禁地感觉到这场报复的卑鄙，尤其是请出冥府的力量来针对伊阿宋的新娘的可怖行为，这位新娘的罪责仅仅在于同意接受伊阿宋的不忠诚的爱慕。复仇女神自己唤起了这种双重反应。因为就像所描述的那样，她们是一种真实罪恶的合法复仇者；而她们也是邪恶的、丑陋的。她们将自己的黑暗和巨蛇带给祈求她们的那人的灵魂，不管那人在祈请她们时是否公正。[9] 后来，当美狄亚请整整一群巨蛇来用她的毒药对付克莱乌萨（Creousa）的时候，她自己变得就像这些复仇女神一样——头发散开，脖颈拱起，头颅疾速摆动，她再次呼唤黑暗女神赫卡忒（Hecate）（第 800—801 行）。

辩护和恐怖的这种混合对于塞涅卡的戏剧情节（事实上不止一个）来说至关重要。他的女主角起初并不是罪犯；她们都是因为爱而变成了罪犯。他的悲剧将一系列忠于爱情的妻子展现在我们眼前，她们都是人到中年却遭到见异思迁的丈夫抛弃——通常是为了更年轻的女子，有时候则是为了钱财，他们总是冷酷地无视妻子多年来对自己的照料。既然妻子心中的热烈爱意未有丝毫减退，于是就会产生引发悲剧的剧烈变化——悲剧通常是由妻子针对情敌或丈夫或者双方的邪恶举动而引发。迪恩丽娅（Deaneria）、斐德拉（Phaedra）、克吕苔涅斯特拉（Clytemnestra）、美狄亚，通过引领我们一遍又一遍地经历同一情节的各种变化并经过不断的改编，塞涅卡迫使我们看到，正是那个爱得恰当且忠诚的人，那个真正理解对一个外部对象的承诺究竟有什么价值的人，才会因为痛失所爱而脱离常轨。正是因为这些女性真正地关心那个外在的东西并押上了她们的全部，她们才会被悲伤和愤怒逼得发狂。他向

---

[8] 对这番说辞的含混之处所做的一项杰出研究，见 Fyfe（1983）。

[9] 关于维吉尔笔下复仇与道德阴暗面之间的联系，见 M. Putnam（1990）。

我们表明,尽管背叛来自外部世界,完全不是因为这位女性自身的过错,背叛却依然能够在她的灵魂内部引发邪恶。通过详细描述年纪渐长的妻子的困境,即长期婚姻关系的瓦解,他提醒我们,既然情欲的激情具有这样的结构,这种背叛和丧失往往就会落到那些在生活中拥有激情的人们头上。

美狄亚经历了这种背叛和狂乱。但是,她和塞涅卡笔下的其他女主人公不同,她具有力量和超凡的精神。我们知道,斯多亚主义者都对她的故事怀有非同寻常的兴趣。据说克里西普斯在自己的某部著作中几乎原封不动地抄录欧里庇得斯的整部作品。[10] 尽管其批评者指责他这样做是为了拉长自己的作品清单,但我们还是可以假设某种更强的动机。爱比克泰德反过来把克里西普斯置于所有其他斯多亚主义者之上并且通晓后者的作品,他向我们说明了自己对美狄亚的兴趣,而这种兴趣很可能是来自于克里西普斯本人。他告诉我们(2.27.19),美狄亚是一个"至情至性"(great-natured)的人,却不幸变得迷恋于外在事物。在这里我们看到了一个具有强大力量和魄力的灵魂;爱比克泰德说,她所采取的报复之分量向我们表明,"对于某个人来说,未能如愿以偿究竟意味着什么",她具有"恰当的印象"(2.27.20)。换句话说,她所度过的生活就是亚里士多德式的生活所能具有的模样,有着强大力量的灵魂,并恰当地理解自己所做承诺的价值。她是亚里士多德式美德的好例子。实际上,正是出于同样的理由,她又成为斯多亚学派的极好的原材料。[11] 她展现了对这两个学派来说构成共同基础的美德之要素:对

---

[10] DL 7.180。对于克里西普斯在其作品中包括太多引文有广泛的批评;盖伦继续详尽地批评这一点,而按照第欧根尼的记录,雅典的阿波罗多洛斯(Apollodorus of Athens),一位伊壁鸠鲁主义者,在指责克里西普斯对诗人的依赖时说道,"如果把克里西普斯作品中外来的引文剥去,那他的书页就只剩下空白了"。关于克里西普斯对诗人和日常用法的兴趣,见本书第十章;关于他对文学作品的一般兴趣以及对美狄亚的特殊兴趣,见 Gill(1983) 和 Nussbaum(1993a)。关于克里西普斯本人对戏剧风格和修辞风格的使用,参见 Fronto, *Ant.* 2, p. 68 = *SVF* 2.27,按照文献此处的记录,他不满足于阐述,而是"给出描述、做出区分、引入人物并借别人之口来提出自己必须表达的观点"。关于塞涅卡与克里西普斯在这方面的联系,见 Wright(1974)。

[11] 斯多亚主义者不会像欧里庇得斯的剧中人和多数希腊思想家那样,因为一位女性在这里展现了男性的美德(例如勇敢和灵魂的伟大)就感到沮丧。关于女性在美德方面具有同等的能力,参见本书第九章,尤其参见该章对 Musonius Rufus,"女人也应当做哲学吗?"以及"儿子和女儿是否该受同样的教育?"(载于 Hense 1905)的引用。为了进一步强调道德辩护的这个方面,塞涅卡甚至允许美狄亚在复仇时使用公认的宗教语言,见第 562 行,以及 Costa(1973) 的相关论述,Henry and Henry(1985)第 159 页。

目标的坚持,灵魂的伟大,[12] 理智,激情,对重要事物的价值具有恰当的感受。问题在于,她所看重的价值是错误的。如果我们看到她是如何不顾自己的价值,仅仅因为在判断一个男人的重要性方面犯下了一个简单的失误而酿成大错,如果我们看到,她本来可以多么轻而易举地成为一个杰出的、斯多亚式的人物,那么我们就会更清楚地理解这两种美德观念之间的差异。因此我们就可以理解,人们之所以因爱而犯罪,不一定是因为他们在爱方面有所欠缺,或是因为他们缺乏亚里士多德式的美德;在那个由珍贵但是不可靠的事物构成的宇宙中,罪行对于最好的事物来说是可能的——而且,也许对于最好的事物来说比对于最坏的事物来说更有可能。"可怜的女人",爱比克泰德写道,"就因为在最重要的事情上犯了一个错误,她就从一个人变成了一条毒蛇"(*Disc.* 1.28.8-9)。

我相信塞涅卡对美狄亚的处理与此相似。因为他令美狄亚展现出精明、强悍、尊贵与正直。在歌队的唱词中,他将她与往昔伟大的探险者和英雄相提并论——俄耳甫斯、赫丘利(Hercules)、梅利阿戈尔(Meleager),等等。他为她写作的演说词表达了对她所遭受的伤害的贴切感受,也表达了她那骄傲的灵魂将以恰当的方式来回应不幸的决心。"命运可以夺走我的财富,却夺不去我的灵魂"(第 176 行)——这个陈述令人想起斯多亚式英雄主义的整个传统。她对自己的谋杀行为的看法就如爱比克泰德的看法一样,将之视为对自己所蒙受的丧失做出的恰当回应(在某种意义上甚至是正确的回应):"现在就行动吧,我的灵魂——你千万不要暗中丢弃你有美德的行动。"(第 976—977 行,就在她杀害孩子们之前)而且最重要的是,他将美狄亚描绘为这样一个人:她理解自己的美德和自我是如何以这样一种方式与外在事物深深地相联系,以至于只要受到了命运的伤害和侵犯,她就不再是自己了。只有通过一场清除障碍的复仇,她才能再度成为美狄亚。"美狄亚",当女仆在她忍受痛苦的时候称呼她时,她回答说,"我会成为美狄亚"(第 171 行)。而当她拒绝自己此前犯下的所有罪行、认为它们都不足道时,她设想了一项伟大的行为来承担她悲伤的力量,这样她就可以说,"现在我是美狄亚:我的心智已经通过痛苦而成长"(第 910 行)。正是在承

---

[12] Rosenmeyer(1989)也论证说,她身上具备斯多亚式的英雄所具有的很多特性(第 48 页),尽管我认为他错误地暗示了,对于斯多亚式的英雄来说,"生活仅仅作为一场演出,作为一次审美经验而具有意义"。

受痛苦的过程中,她理解了失去自己所渴望的东西意味着什么,因此明白了自己是谁、代表什么。最终,她扔下已遭杀害的孩子,冲着他大喊:"你认出(或者承认)你的妻子了吗[coniugem agnoscis tuam]?"(第1021行)有几段文字将她的名字以头韵的方式与其他字词联系起来;这种列举揭示了一种在伟大和兽性之间保持平衡的本性。这些词有:monstrum, maius, mare, malum, magnum, immane(兽、更大的、海水、恶、大、庞大)。伟大与邪恶似乎不仅仅是偶然联系在一起。斯多亚主义者因为美狄亚的伟大而看重她:他愿意教导她如何脱离邪恶而拥有这种伟大。爱比克泰德认为这是可能的;而我们将会看到,塞涅卡的观点则更为复杂。

三

若要将这部戏剧作为斯多亚学派的伦理论证的相关作品来读,[13] 我们就需要从确立下面这一点开始,即这部戏剧对于激情的表现确实是斯多亚式的。事实上,如果妮基狄昂要用这部戏剧作为案例集来说明克里西普斯式的理论,她就会得到丰富的补给。

正如我们已经看到的,美狄亚的情感(爱、悲伤与愤怒)根本上涉及赋予外在事物和情境以重要价值。她对伊阿宋的爱,对孩子的爱,对她的权力和地

---

[13] 很多人都试图追溯这些联系。例如,参见 Marti(1945,1947), Pratt(1948,1983), Egermann(1940), Dingel(1974), Rosenmeyer(1989)。马尔蒂的进路(声称这些戏剧都是一个有次序的教学序列)过于死板,而且缺少历史证据的支持。普拉特的起点是一个论证较弱的理论,即塞涅卡拒斥克里西普斯,跟从波西多尼乌斯,因此他无法公正地对待戏剧的认知内容。丁格尔的思路则更加乐观,对于塞涅卡的悲剧与斯多亚学说的某些条目之间模棱两可的关系,他持有一些有趣的看法。对塞涅卡的戏剧思想的最佳论述是这样的:它们精确地、同情性地回应戏剧的内在结构并愿意为其打动——其中最重要的论述见 Regenbogen(1930)和 Henry and Henry(1985)。更加简明却又把握到了塞涅卡写作精神的文章是 Herington(1966)和 Segal(1983a 和 b)。Segal(1986a)对拉康式心理分析理论的术语运用相当死板,因此在我看来帮助不大。塞涅卡是一位比拉康更伟大的心理学家,而且,关于他的戏剧,需要说的一切都可以通过谈论这部戏剧而说出来。亦参见 Hadot(1969)对塞涅卡与心理治疗传统的关系所做的论述。关于如何理解塞涅卡式悲剧的其他问题,全面而又均衡的介绍参见 Fantham(1982)。Rosenmeyer(1989)的写作计划将悲剧与斯多亚学派的物理学联系起来,这是对里根博根之著作所做的富有成效的扩展,尽管我并不认为它消除了对伦理学理解和心理学理解的要求。特别有价值的是罗森梅耶将这两个层面联系起来所做的讨论。亦可参见 M. Putnam(即出)。

位的爱,所有这些都是其行动的主要动机。这一点在对伊阿宋的塑造中恰好被清楚地呈现出来,他将孩子看成是他"生活的理由,因照料他们而疲惫不堪的心灵的慰藉。很快我就可以舍弃呼吸、四肢和光芒"(第547—549行)。这个判断当然就是他接踵而来的悲伤的根本原因。就像美狄亚在听到这段话时所说,"他陷进去了:有一个对伤害完全敞开的地方"(第550行)。

不过,这几乎是所有讨论激情的古代思想家的共同看法;为了表明这部戏剧具有克里西普斯式的信据,我们还需要做得更多。而且我们可以做得更多。情感与信念或判断的同一关系事实上得到了突出强调。美狄亚的激情并没有被表现为来自她品格中某个与理性判断相对立的部分。这些激情就是她的思想或判断本身的倾向,是她的整个人格的倾向,而后者被设想为居于理性的部分。[14] 当女仆催促她隐藏自己的邪恶愿望时,她回答说:"可以慎重地权衡和隐藏自身的,只是轻微的悲伤:而重大的痛苦不会隐藏。"(第155—156行)悲伤被描绘为一种实存,它能权衡,能够选择要不要躲藏;它不是和思想处于某种联系中的事物,它就是某种形式的思想。后来美狄亚还说她的"愤怒的灵魂""命令"或"判断""自己内心中的"某个东西(第917—918行)。

冲突也以克里西普斯所描述的方式展现出来:不是表现为竞争力量的争斗,而是表现为整个人格的变化或起伏。这种方式的最醒目的例子就在于美狄亚对慎思所做的长篇演说,在第893行以下。她先是刺激自己的灵魂发怒,提醒自己伊阿宋的种种恶行(第893—909行)。当她完全接受了自己的判断即相信自己受到了不公的伤害时,她就宣称自己等同于她的愤怒:现在我是美狄亚(Medea nunc sum)(第910行)。愤怒现在就向她展现出报复的方式:复仇的最后一击必须是杀死孩子们。但是一想到孩子们,她的心又改变了方向。"恐惧击打着我的心,我的四肢冰冷麻木,我的胸口颤抖。愤怒离开了它的地盘,愤怒的妻子被赶走,母亲彻底回来了[materque tota coniuge expulse redit]"(第928行)。她吐露自己对于谋杀幼子的恐惧。然后,"他们是伊阿宋的孩子"这个念头又回到了她的心中。此刻,人格的波动变化愈发剧烈:

> 让他们死吧,他们不是我的孩子,就让他们毁灭。——他们是我自

---

[14] 参见 Gill(1983)和 Knox(1977)对欧里庇得斯戏剧的论述,以及本书第十章第三部分。克里西普斯看起来是在欧里庇得斯那里发现了斯多亚式的心理学,而塞涅卡的戏剧作品用一种十分明确的方式呈现了克里西普斯式的观点。

第十二章 灵魂中的巨蛇:解读塞涅卡的《美狄亚》

己的孩子,[15]他们没有罪恶也没有过错,他们是无辜的——我承认这一点——我的兄弟也是一样。为什么,我的灵魂,你总是这样摇摆不定[titubas]?为什么泪水沾湿了我的脸,为什么怒与爱将我那游移不定的自我[variam]一会儿拖往这儿,一会儿又拖向那儿[nunc huc nunc illuc]?两股浪潮令我来回摇摆;我不能确定自己的方向——就像狂风发起野蛮的战斗,就像两方冲突的急流狂卷着海面,就像起伏不定的水面开始沸腾,即使这样我的心也随着波涛起伏不定[fluctuatur]。愤怒将爱驱走,母爱的愤怒。悲伤,让步于母亲的爱。

这种起伏波动一直在持续。她拥抱了她所爱的孩子们。然后,一想起伊阿宋的恶行,愤怒的浪潮再度回来。"悲伤又一次增长,而厌憎再度沸腾,古老的复仇之神掌控了我。愤怒,我将跟从你的脚步"(第951—953行)。

这段话不仅是对内心深处的折磨所做的非凡论述,也是对克里西普斯式的观点的直观正确性所提出的一番强有力的论证。美狄亚的内心冲突有多深入,这一点就体现在如下事实中:这种冲突恰好是在理智和感情这两种立场之间不断地摇摆,其中每一个立场都反映了她看待这个世界以及存在于其中的她的孩子的方式。这一刻,他们在她看来是难以言说的亲爱与美好,作为她自己的孩子,他们显得无辜和特别。下一刻,他们又痛击着她,他们是其父亲身上的一部分,是可以用来伤害他的工具。美狄亚的整个灵魂都被推搡着摇摆不定,左右为难,一下子差点儿走上这条路,一下子又倾向于那条路。在其他两个审慎思考的情境中,歌队所唱的 nunc huc nunc illuc (一会儿在这儿,一会儿在那儿)按其字面意思被表演出来,此时美狄亚来回走动,身体模仿着灵魂的变化。她"冲过来又冲过去(huc et huc)",步态狂乱(第385行);她"忽而举步向这儿,忽而举步向那儿,仿佛一头被人夺走了孩子的母虎"(第862—863行)。我们开始确信美狄亚的内心冲突是

---

[15] 我对这番话的句读略微不同于下述作者所选择的方式:Zwierlein(1986a 和 b),Costa(1973),以及 F. S. Miller(1917),他们都写成:"occident, non sunt mei;/ pereant, mei sunt crimine et culpa carent, ….etc." Ahl(1986)是按照这种句读方式来翻译的。按照该读法,转变发生的较晚,是在 sunt 之后,而且念头就成了"让他们死吧,因为他们现在属于克莱乌萨,让他们毁灭吧,因为他们是我的孩子[因此也是伊阿宋的孩子]"。我觉得这种读法不太可行,因为美狄亚始终将愤怒和复仇的欲望与"孩子们属于克莱乌萨"这个念头联系在一起,将爱和在复仇面前退缩与"孩子们属于她自己"这个念头联系在一起(参见第920—925行,第929—930行)。

沉重的,因为她的整个灵魂都被淹没了;正在发生的是理性的斗争,关系到什么东西应该被看成是最重要的。这种论述直观上是强有力的,同时它对克里西普斯的观点的强调也过于显著,因此不可能是偶然的。

但是,更加令人惊异的是它对各种激情之间关系的描述,而这也是我们相信这部戏剧有其克里西普斯式思想根源的最确凿证据。对于一位首次通读整部戏剧的读者来说,没有比互换各种激情名称的方式更令人感到震惊和意外了:不能预测,无法区分,就好像这些名称是同义的,或者就好像这些人物自身并不是很清楚自己正在感受或见证什么情感。伊阿宋如此描绘美狄亚:"瞧吧,她一看到我就爆发出狂怒,她在自己面前展现出她的憎恶——她的全部悲哀都在她的脸上。"(第445—446行)稍后,就在我们刚刚讨论过的那段话里,美狄亚说起自己的情感:"愤怒将爱驱走,母爱的愤怒。悲伤,让步于母亲的爱。"(第943—944行)在这两段话中,"悲伤"这个词出现在我们期待看到"愤怒"这个词的地方,或者不如说,愤怒和悲伤是如此接近,如此混杂难分,以至于先是把自身展现为某种情感,稍后就把自身显示为另一种情感。[16] 娄布(Loeb)丛书收入的这部戏剧的译者米勒(F. J. Miller)没弄清这一点,将第二段中 *dolor* 译成了"激忿"(wrath)。但是这样的段落不应该用标准的方式来处理(而且它们在塞涅卡的剧作中根本就说不上不同寻常)[17]。因为如果斯多亚学派关于这些激情是什么的论

---

[16] 各种激情之间的这种密切关系,在其他的拉丁语诗歌文本中(尤其是维吉尔那里)也很明显,甚至影响了 *dolor* 一词的含义,以至于在不少段落中好像是在"感到愤恨"的意义上指"受到伤害",因而就与愤怒非常接近。例如可参见《埃涅阿斯纪》(*Aen*. 1. 25, 5. 608, 7. 291, 2. 594, 8. 220, 8. 501)。这令我的论点变得有些复杂但并未消除它。只有这个斯多亚式的论点是一种与日常信念和生活格格不入的理论时,我们才会指望它将那些与非技术性的日常话语保持分离的东西结合起来。但是我已经论证它并非如此。非技术性的话语有同样的让 *dolor* 偶尔与 *ira* 相联系的倾向,我认为这个事实应被视为这个观点所具有的直观力量的证据。我很感激普特南就这一点所做的讨论;而我一直受益于他书中(M. Putnam [1985])对 *dolor*, *amor* 和 *ira* 的精致论述。亦参见 M. Putnam(1987, 1990)。

[17] 关于一些相关的例子,见 *Phdr*. 360 及以下,1156;*Ag*. 131 及以下,*HO* 249 及以下(相关论述见 Regenbogen [1930]),295 及以下。我要说的是,无论是在这些例子中,还是在 Putnam(注释16)提出的那些例子中,将 *dolor* 译为"悲伤"(grief)或"痛苦"(pain)通常都是正确的,但这是为了承认痛苦会多么迅速地导致报复。在 *HO* 249 及以下, *dolor* 的各种"形式"包括抱怨、乞求和呻吟(*queritur implorat gemit*);但同样清楚的是,这些形式也和威胁紧密相连(第249行);而且第295行坚持认为 *dolor* 要求报复。

述是正确的,那么爱、愤怒和悲伤这些激情之间的关系如此紧密就不会令人感到惊讶。美狄亚那充满激情的爱、她的愤怒以及她的悲伤,都等同于她的判断——将某种极高的、无法取代的价值赋予伊阿宋。它们只是在这个观点的具体内容上有所不同。悲伤聚焦于如下事实:这个她深爱的男人不再属于她;而愤怒的焦点则在于,他离开是因为他背叛了誓言并抛弃了自己;爱则仅仅集中于他是多么珍贵这一点。在美狄亚的处境下,这些判断在她心里彼此紧密相连,这就毫不令人惊奇了。

当我们注视美狄亚的时候,我们看到的是一个基本境况,即赋予这样一个不稳定的外部存在者以如此重的分量,它自然地呈现出某种千变万化的多样性,就仿佛她一一经历了各种各样的判断,而它们都是这个境况的组成部分。女仆对此有很好的描述:

> 她的双颊烧得火红,她发出深深的叹息,她高声怒喊,她泪流满面,她因为快乐而焕发容光;她表现出激情的每一种形式。她停下来:威胁,强压怒火,抱怨,呻吟。她要将灵魂投向何处?她要对何方发出威胁?这一股情绪的怒潮要向哪里喷发?疯狂淹没了所有的界限。(第387—392行)

陷入爱里的灵魂已经越过自身的界限而走入这个世界。它像波浪那样膨胀,忽而打破欢乐,忽而冲击带着杀机的愤怒或悲伤。(而她在这里的欢乐也可能是想到杀戮时所获得的欢乐。)一旦她关心这个男人到如此地步,就再也没有什么激情是她所没有的。从悲伤到爱,从愤怒到欢乐——这转变很难说是在她的控制之内,而是取决于他、取决于她赋予他掌控自己生活和思想的那种力量。(的确,没有他的帮助,她能脱离悲伤、获得欢乐的唯一方式,就是屡次杀人。)而这部戏剧主张,对于爱与愤怒之间的关系来说,情况也是一样。如果伊阿宋和克莱乌萨这样做是为了威胁她在这世上最看重的东西,那么灵魂的承诺,即她的爱,就会立即转变为狂怒与憎恨。

我已经说过这些观点是斯多亚学说的证据。我也说过,我发现它们很有说服力而且在心理上是真实的。还有很多对斯多亚学派观点的极其具体的运用,因此很难说它们只是巧合,尤其是考虑到我们的作者就是一位斯多亚学派哲学家。但是这部戏剧并不只是一份传单或一本手册,塞涅卡也不是在为某个观念开空头支票。这种戏剧手法的魅力就在于:这部戏剧是这样一个人的作品,而这个人已经在斯多亚学派的学说中发现了一条看待人类生活的真实途径。

四

关于激情的描述就说这么多。现在我们必须看看塞涅卡是如何使用这种心理学来构建一个反对爱的案例,这个案例甚至可能会说服亚里士多德主义者,后者此前确信爱具有很高的价值。我已经在本书第十章论证了,一个人可以接受斯多亚学派对激情的分析和描述,而不必同时接受他们用来支持根除激情的案例,尽管这种分析显然既能帮助他们表明根除激情是可能的,同时也让我们确信这是必要的。塞涅卡已经接受了这个分析;他还用一种强有力的方式来推进根除激情的案例,发展了斯多亚学派反对亚里士多德主义的最强的论证。

没有哪位坚定的亚里士多德主义者在读过这部戏剧之后还会确信,美狄亚的爱仅仅是一个判断错误,是对有关伊阿宋的错误信念的接受。塞涅卡并没有把他的案例建立在错误的基础上,而本书第十章已经向我们表明,这样做是明智的。确实,为了劝说读者相信这个论证是公平的,他也表明(如果他确实表明了什么的话),他笔下的伊阿宋比欧里庇得斯作品中的伊阿宋更动人。塞涅卡强调伊阿宋的动机是对孩子们真挚的爱、为他们的安全担心,而不是贪婪或冷漠,他由此将一种新的人性和尊严赋予伊阿宋。不论是在这里,还是在对他过去的英雄气概和力量的不断回忆中,我们都看到了这样一个人物,他当得起美狄亚的信任和判断,当得起她对其生活充满爱意的祝愿:"愿他活着——如果可能的话,我的伊阿宋,还像他以前那样活着——而如果不可能,依然愿他活着,记得我,好好珍重我给他的生活。"(第140—141行)的确,就像我们已经暗示的,伊阿宋是一个在很多方面都能引起我们认同的人物。就像大多数观众一样,他是一个分裂的存在,有着双重的忠诚。一方面,他表现出一种道德敏感性以及对道德法则的敬畏,而美狄亚逐步丧失了这种敬畏。他的第一番讲辞和最后一番讲辞都是关于道德诸神(第431行及以下,第1026—1027行)。他说到了道德上的羞耻(第504行),说到了忠诚(*fides*,第1003行),说到了对理性对话和终结愤怒的渴望(第537行,第558—559行)。正是作为一个道德意义上的存在者,他在美狄亚那凶猛的激情面前畏缩了(或者就像歌队所认为的那样)(第102—104行)。另一方面,他是一个英雄,就此而论始终与 *erōs*(爱欲)和

audacia（胆量）相联系，与无畏的英雄壮举相联系，而美狄亚就是其相宜的战利品（第364行），因为那种壮举突破了自然的法则。在这两个方面，伊阿宋都赢得了读者的同情；我们为他那充满爱欲的天性和道德关注所说服；而且我们也在自身之中感觉到同样的双重忠诚。[18]

塞涅卡同意，这是一个关于爱的好例子，没有明显的谬见或扭曲。但是他的论证在这里才刚刚开始。因为这三个针对亚里士多德的非循环论证都构造得非常精巧。如果我们按照第十章引入这些论证的次序来研究它们，那么就应当记得，这部戏剧的力量几乎都是来自这些论证相互交织的方式。

首先，我们一直都有丰富的证据来说明激情所具有的那种令人痛苦和虚弱的感觉。爱、愤怒和悲伤被反复描述为剧烈的运动，比"烈火或狂风的任何力量"都要强（第579行及以下）。运动的这种暴烈导致了一种受到削弱的、不稳定的灵魂状况。这种弱点在伊阿宋的情形中最为明显，从他第一次入场开始，他显然丧失了自己在英雄年代时的气势与热情。他是一个筋疲力尽的男人，激情和精力都已耗干燃尽："我扛不住了"，他说，"各种烦恼令我疲惫不堪"（第518行）。对他的妻子来说也是一样。从她第一次亮相，美狄亚就无精打采，渴望获得她灵魂中的"古老能量"（第41—42行）。[19]她觉得自己被难以理解的力量拖往不同方向："我是如此心神不定，被拖着走向各个不同的方向。"（第123—124行）她身不由己，没人知道何处才是终点（第392行）。最重要的是，她感到一种痛苦难忍的被动；她"被疯狂的激情迅速攫走"（第850—851行），她不知道"我狂热的灵魂在身体里强行做了什么决定"（第917—918行）；她对自己的愤怒说，"我跟从你的指引"（第953行）。像这样的段落都表明，对于一个以亚里士多德式的方式喜爱实践理性、规划和控制的人来说，这种情感体验令人烦恼且十分糟糕。这样一个如此有控制力、能够具有英雄式美德的人，她如何能够容忍自己受到此种力量的摆布、容忍其灵魂就像这样随风飘零呢？

激情可以在意识层面之下运作，这个不断重复的暗示深化了塞涅卡对亚里士多德的反驳；因为，如果在某种生活中，最重要的事情都是在行动者无法完全达到的层面上被决定的，那么，对于一个正试图"按照实践理性"

---

〔18〕 关于伊阿宋的品格，见 Maurach（1966），Pratt（1983）第25页，Herington（1966）。

〔19〕 关于激情的这些症状，比较 Phdr. 360 及以下，尤见 374-378："她步履蹒跚，浪费精力。而她的精力也不同于往昔，健康的红润光彩不再令她那明亮的面颊容光焕发。"

来生活的人来说,这样一种生活除了令人苦恼的体验外,还能有什么其他结果呢?亚里士多德允许这些情感在好生活中占有一席之地,却没有理解它们是如何运作的,也没有理解它们是多么模糊不清——因此也就没有理解它们会给接纳它们的生活带来多么被动的影响。另一方面,斯多亚主义者则对自己十分警惕,"就像警惕埋伏的敌人"(Epictetus. *Ench.* 48.3)——因为他对自身的道德完善所具有的热情,加上他对思想和欲望的道德相关性的信念,就意味着他无法承受搁置对道德审查的守卫,哪怕只是暂时搁置而已。[20]

这就将我们直接引向从完整性得出的论证。美狄亚就像一个出色的斯多亚式英雄那样看重控制。她按照某些对她来说非常重要的目标和活动来界定自我,并且认为,如果这些东西竟然遭到别人的侵犯或控制,那么她的自我就会受到削弱。但是她心有所爱。而任何一个身陷爱中的人都是在自我的壁垒上打开了一个缺口,世界可以通过这个缺口穿透自我。塞涅卡的悲剧充满丧失身体完整性的意象,在这些意象中,通过一个行动者的爱与需求,外部世界的各个部分就会进入自我,在那里施加一种不受控制的干扰力量。[21] 泰厄斯忒斯(Thystes),阿特柔斯(Atreus)复仇的受害者,吃掉了他的孩子并在自己的内脏中发现了一个可怕的东西,那东西既是又不是自己的一部分:

> 是什么东西搅动着我的肠胃[*viscera*]?是什么在我体内颤抖?我感到自己无法承受的负担,是我的胸膛在呻吟,不是我自己在呻吟[*meumque gemitu non meo pectus gemit*]。(第 999—1001 行)

他的界限已经为爱欲(*erōs*)和愤怒的后果所侵犯。塞涅卡的连锁词序(*meum...non meo*)向我们展示了这些依恋所导致的自我与非自我的可怕混淆。要是俄狄浦斯没有在愤怒中杀人、没有感觉到爱欲的激情,他就会过上平静的生活,但事实上他发现了自己的罪行,觉得必须深入自身,挖出这些激情所栖身的双眼:他用"钩子一样的手指"(第 965 行)挖出了(*scrutatur*)自己的双眼,从"它们最深的根基"(第 968 行)夺去它们。这些话语明白无误地

---

[20] 比较 Rabbow(1954),他敏锐地提到斯多亚学派的"伦理总体性的意志(Wille zur ethischen Totalität)"。

[21] 以下论述受到了 Segal(1983a)的很大启发,我依循他对《泰厄斯忒斯》《俄狄浦斯》以及《腓尼基女人》的译文。亦参见 Henry and Henry(1985)。

充满性的意象:他进入了那个孕育他的女人,他撕开了"那些洞穴和空凹",他的"手待在里面的深处"。在《腓尼基女人》(Phoenissae)中,他走得更远:他希望越过眼睛而直达大脑本身:"现在把你的手伸进大脑;完成你的死亡,就在我开始死去的地方。"(第180—181行)欲望在他的身体内部是如此根深蒂固,以至于只有对他的大脑予以致命一击才能复原他的自足。唯有通过进一步的侵犯,才能纠正与激情相伴而生的对自我的入侵和败坏。欲望是自我之死的开端。

在《美狄亚》中,我们看到这些明显的内脏意象,它们被一致且有力地构造出来。塞涅卡的语言远比希腊悲剧的语言更加活灵活现,它提醒我们,一种献身于爱的生活无法避免内部的缺陷漏洞。而一旦有了缺陷,就像美狄亚说的,也就有了"一个对伤害完全敞开的地方"(第550行)。她的剑后来确实插进了还活着的孩子的身体,同时也插进了伊阿宋的心。"就是这儿,你禁止我进入的地方,你忍受痛苦的地方[qua doles],我要插进我的剑"(第1006行)。在美狄亚这一方,就像我们已经看到的,她依然能够感受到对伊阿宋的性爱,这种性爱由于意外的怀孕而被感受到;她的欲望就是将其根除,摧毁他的那个在她体内生长的部分。她对成功的想象就是对恢复童贞的幻想。

塞涅卡的强力迫使我们用一种任何平静的说教都无法做到的方式去面对完整性问题。因为它令我们想起激情和痛苦的身体感觉,想起那种非常真实地感到外部世界打击的感觉,就好像自己私人的身体空间被刺穿了。因此,当事情变糟的时候,我们就会受到饱含痛苦的打击,这种痛苦来自外部世界却潜在于自身内部,因此就有了搅乱一切和毁坏一切的巨大力量。一个亚里士多德主义者,或者说我们当中的任何人,能够承受这个吗?而塞涅卡做得更多。通过向我们表明这些人物在身体完整性受到侵犯时所做出的暴烈反应,他将这个论证与得自过度的论证联系起来,而就我所知,后者从未在斯多亚学派的散文作品中出现过。

这个论证大概是这样的。一个过着某种亚里士多德式生活的人看重激情及其目标;她也看重自己的人格完整以及免受侵犯或伤害的自由。因为她看重完整性,她就会用愤怒来回应侵害(只要她有了自己的价值观念,她就会恰当地回应),她试图消除正在侵入的外部刺激,以便让世界重回正轨。爱几乎是不可避免地导致伤害,因此爱也会导致愤怒和某种想要根除混乱根源、恢复自我边界的反应性尝试。但是这些尝试几乎总是暴力的。

它们要求挖出自身中的他者,攻击痛苦的根源。此外,它们可能也是自我挫败的。因为,当爱用愤怒来加以回应时,它就会封锁那些令爱成为可能的伤口或缺口。于是,到了最后,我们所得到的就是一个被封锁的自我,斯多亚主义者自始至终都持有的那个自我;只有通向这个自我的途径是必须经由暴力才能达到的。曾经失落的童贞只有通过剑才能予以恢复。如果你睁开爱的双眼来认识世界,那么你必定会为了消除已经进入世界的恶而弄瞎自己。一旦灵魂的宇宙受到了侵犯,那么只有通过发动一场扰乱整个宇宙的对抗战争,它才能复归平衡。"我要向众神宣战,我要撼动一切"(第 424—425 行),美狄亚说。

亚里士多德主义者喜欢想象自身通过好品格而达到稳定的平衡,始终如一地把获得有美德的行动作为追求的目标。塞涅卡论证说,如果激情和作为其基础的承诺依然内在于生活本身,那么生活就无法保有这种稳定性。相反,它必定处于一种危险的震荡之中,这种震荡存在于不断扩大的被动性和某种对于入侵的外部事物的激烈拒斥之间,存在于赤裸地流血的肌肤和粗糙的伤痕组织之间,存在于强暴和暴力流产、被残害和进行残害之间。

为避免我们将这种反应性的激情设想为即使被激起也还能加以节制或使之变得温和,塞涅卡就用激情过度的证据来充斥这部戏剧。美狄亚告诉我们,只有轻微的悲伤才能被理性掌控(第 155 行)。既然她爱的如此热烈,她也就无从知道恨的节制与中道(modun)(第 397—398 行)。"一旦愤怒被激起,将灵魂从其中转开就十分困难",她用一种令人想起克里西普斯的话语说道(第 203—204 行)。在一旁观察的女仆这样形容她:"她的悲伤不断生长并愈演愈烈,这太可怕了。"(第 671—672 行)

在整部戏剧中,有两个意象一再出现,它们使克里西普斯的观点变得清晰:缰绳的意象和浪潮的意象。歌队说美狄亚的性欲"放纵不羁"。[22] 稍后,他们意识到这意味着在回应性的愤怒中存在同样的过度:"美狄亚不知道如何驾驭她的愤怒或她的爱。"(第 866—867 行)在这番宏大的颂词中,歌队将由于失望的爱而产生的愤怒比作一切最为暴烈的自然力,从而得出结论说:"为愤怒所点燃的爱火是盲目的,它不想接受辖制,它不能忍受缰

---

[22] 关于做一个恰当的新娘和接受缰绳的束缚之间的联系,见 Aelianus, *De Natura Animalium* 12.33,其他相关说法则辑录于 Bonnefoy(1991),第 97 页。Aristotle, *HA* 578a8 把母马当作渴望交配的、贪婪的雌性动物的典型。

绳。"(第591—592行)如果缰绳的意象强调了激情的热忱和强力,那么浪潮的意象则强调了它们的暴力一旦开始就会表现出冷酷无情。她内心的浪潮当然会喷涌而出(第392行),她那疯狂的激情"满溢"(*exundat*,第392行)。歌队还把火、风以及洪水带来的暴雨添加到水的意象之上(第579行及以下)。

我们已经看到这部戏剧是如何将不同的激情放在一起;我们也看到塞涅卡的完整性论证的版本是如何把它们放得更近。我们看到了美狄亚的过度。塞涅卡通过表明(就像我们迄今所期待的那样)激情的过度是混合式的过度来完成他的论证。我们在这里所看到的,是一种虽然依旧是爱、但已经把自身转变为凶残的爱。"这位沾染了斑斑血迹的女祭司,她要被这凶残的爱[*praeceps amore saevo*]裹挟着带向哪里呢?"歌队问道(第849—850行)。美狄亚自己提出了一个甚至更加悖谬的主张。在谈及过去、谈及杀害自己的兄弟时,她说,"我犯这些罪行都不是出于愤怒[*irata feci*];发怒的是那不幸的爱[*saevit infelix amor*]"(第135—136行)。有些批评家对于把爱和残暴放在一起感到困惑,于是就经常修订这处文本。[23]但这个写法是经过深思熟虑的。

稍后,在我们此前提及的一段话中,歌队将这一点普遍化:

> 烈火或狂风的暴烈,飞射而出的梭镖那骇人的强力,都无法与一位丧失了婚姻的妻子相比,带着爱与恨,她的怒火熊熊燃烧[*ardet et odit*]……为愤怒所点燃的爱火是盲目的,它不想接受辖制,它不能忍受缰绳。(第579行及以下)

在这样的段落中,我们面对着一种将自身转变为暴力的爱。愤怒只是一个诱因。狂怒的主要力量来自爱本身,后者遭到封锁,失落了快乐。爱并不是一种温柔可爱的激情(或者说不仅仅是这样一种激情,因为我们不应该忘记美狄亚还希望伊阿宋过得好),它是自然界中最强烈的那种暴力,是燃烧的火焰,令我们忽而惊奇忽而恐惧。命运造成了其间的差别,我们对此只能被动承受。只要我们曾经投身于爱的烈火,就再也无法阻止吞噬无辜的他

---

[23] 见Zwierlein(1986a, 1986b);他对照性地保留了*saevit*,对比各种拟定的修订(例如改为*suasit*, *movit*与*fecit*)来捍卫这种读法。尤其相关的是Virgil, *Aen.* 4.531-532:"Ingeminant curas rursusque resurgens/ saevit amor magnoque irarum fluctuat aestu."(爱再次复苏,他们的忧心又再次加强/爱由于愤怒而剧烈地波动。)

人。一个亚里士多德主义者无法说出下面这句话:"我将在生活中拥有爱,但我也会摆脱残暴的怒火",现在我们知道了其中最深刻的原因。因为发怒并且屠戮的,正是爱本身。

五

现在我们可以去面对这部戏剧中的核心意象——蛇的意象。从戏剧一开始,蛇就是美狄亚的纹章,也是她的爱及其罪行的纹章。我们首先看到这些蛇与复仇女神的头发拧在一起,她们因为美狄亚早前因爱犯下的罪过而向她报复,而现在又准备帮助她去毁灭对手克莱乌萨(第13行及以下)。她的想象描述了一场本身就像蛇一样的复仇:"伤口、屠戮和掠过肢体的死亡。"而且(就像拉丁文的诗歌中经常出现的一样),蛇的想法与火焰的想法相联系:它们都会导致瞬间的致命死亡,都有流动柔软的形状。科林斯王国被火舌吞噬,其见证者正是美狄亚的祖父和太阳神(第28行及以下)。在剧中,就像我们已经看到的,美狄亚本人变成了疯狂的女子,有着蛇样的颈项和披散的头发(第752行及以下,第800—881行)。整部剧的核心情节就是"咒语"那漫长的一幕,其中美狄亚召唤了天上和人间所有的蛇。凶猛,强大,飞快地吐着信子,盘绕着身体,这些蛇在美狄亚的歌声中离开了栖身之处,聚集在一起去实现她那残暴的爱的意愿。她从它们的身体中提取出毒药,其中含有"隐蔽的火种"(第832行)。随着"蛇形的火苗舔舐她的骨髓深处"(第818—819行),这些毒药毁掉了克莱乌萨的生命器官。在这部剧的结尾,在被她兄弟的愤怒的复仇女神追猎的时候,美狄亚带着用蛇做成的鞭子(第958—961行),在其他那些蛇的帮助下得以脱身。就像我们看到的,将美狄亚带向太阳、由蛇驾驭的战车正是塞涅卡对《斐德罗》中激动人心的美丽形象所做的反讽式替换。

不过,这里的蛇是什么呢?我们已经说过,它们代表了她的爱,她的愤怒,以及对她的爱的愤怒:她的爱在激情、罪恶与报复中的循环以及最终赢得的胜利。但是这些蛇如何代表她的爱呢?关于塞涅卡对这种爱的看法,蛇的意象,或者说蛇与火焰的双重意象,又告诉了我们什么呢?正如伯纳德·诺克斯(Bernard Knox)在其经典论文《蛇与火》("The Serpent and the

Flame"）中所表明的，[24] 蛇在拉丁语诗歌中是一个非常普遍的意象来源。而塞涅卡探讨了很多传统联想：蛇的凶残，它们拥有沉默却致命的力量，以及它们给无辜的生命造成的威胁所具有的隐蔽性质。[25]（歌队告诉我们，即使是能洞悉命运的伊德蒙[Idmon]，在利比亚的沙漠中也无法躲避一条蛇的突然攻击[第 653 行]）。蛇的运动迂回蜿蜒，它们会突然从藏身之处现身并触及所攻击的受害者，极富侵略性地、贪婪地吐着信子。对于这部戏剧所描绘的情欲的激情来说，蛇真是最恰切的象征。三个世纪之后，奥古斯丁告诉我们，当魔鬼将罪带进伊甸园的时候，他为什么会选择蛇作为其身体形式："因为它狡诈，活动的路线又蜿蜒曲折，因此就很符合他的目的"（*Civ. Dei* 14.11）——而他的目的当然就是唤醒伊甸园之中以前具有美德并受意愿主宰的居民身上的性渴望。蛇是恰当的表达形式，它表达了情欲对意愿和道德提出的威胁。[26] 卢坎（Lucan）的诗歌将蛇描绘为斯多亚式的英雄加图最致命的敌人，正如在那份非凡的《蛇类编目》（"catalogue of snakes"）中，他记录了加图在沙漠中所遭遇的危险时刻，这种做法是恰当的。

在我们所讨论的这部戏剧中，塞涅卡比维吉尔或卢坎更明确地赋予蛇以性联想，无论是对雌性还是对雄性。他令美狄亚变形为一条蛇，并由此将蛇与女人的发丝、与她扭动的姿势联系在一起。在"咒语"那一幕中，在那份重要的蛇类编目中，他提醒我们，蛇同时也象征着雄性的性力。在向赫卡忒奉献蛇祭的时候，美狄亚纳入了"反叛的百头怪兽泰丰（Typhoeus）在挑衅朱庇特的神威时附于其上的肢体"（第 773—774 行）。米勒（F. J. Miller）用"这些蛇的肢体"来翻译 *membra*。事实上，如果我们看看神话学家阿波洛多

---

[24] Knox（1958）收集了很多例子，都是蛇的意象以及蛇和火焰之间的意象联系。他还提到了 Virgil. *Georg.* 3.414-439 中的"蛇类编目"（serpent catalogue），以及在 *Culex* 163-197 中对一条蛇的详尽描述。

[25] 关于塞涅卡作品中其他涉及蛇的论述，见 Motto（1970）。散文作品中的这些段落强调了蛇的毒性、凶残和不可预知（例如 *Ir.* 1.1.5-6, 1.16.5, 1.17.6; *Clem.* 1.25.4; *NQ* 2.31.2）。但是 *Clem.* 1.17.1 提到了一种不同的动物，"没有哪种动物的秉性更为倔强，也没有其他动物需要这种技能来掌控"。所谓的这种动物就是人类。

[26] 亦参见 Freud（1900-1901）VI E，其中论证了蛇的意象所具有的普遍含义。罗马文化中蛇的意象所具有的多重意义在《摩诃婆罗多》（*Mahabharata*）非凡的蛇类编目中得到了类似的处理。对印度情色文化传统中蛇的意象所做的一个出色论述，见 Doniger（1973，1986）。

鲁斯(Apollodorus)的作品(也可能是塞涅卡在这里和其他段落中的文献来源),也会发现对这些肢体有如下描述:"从他的大腿上长出体型极大的蛇,它们盘曲的身体绵延向上、直爬到他的头颅,并发出嘶嘶声。"(1.6.3 及以下)所以,就在她准备杀死对手的时候,她也像置身梦境或幻觉之中一样,被伊阿宋的情欲力量的意象纠缠不休——她将这种力量描绘为某种奇妙又危险的东西,它联系到传说中的神力,联系到罪,它暴烈地反叛道德的众神。她向赫卡忒献上了这些肢体。

于是,直到某个时刻,塞涅卡才忠实于斯多亚学派传统,把蛇(以及由此把爱)描述为不可靠的、暴力的、致命的,描述为美德和秩序的最危险的敌人。大多数这类蛇都是众神和英雄的危险对手。巨蛇(Hydra)是赫拉克勒斯(Heracles)所面临的最艰巨的任务;皮松(Python)竟敢在太阳神阿波罗和狩猎女神狄安娜(Diana)仍是襁褓中的天真婴儿时攻击他们(美狄亚幻想中的流产的预兆);百头怪兽泰丰则攻击宙斯本人。不过,当我们读到这类蛇的时候,我们觉得这部剧中的蛇并不像在沙漠中对卢坎笔下的加图进行攻击的那窝丑陋骇人的蛇。在卢坎那里,每一种蛇身上那令人厌恶的特性都得到了冷静的自然主义描述,我们看到它们就像实际存在的、低贱的动物那样活生生苏醒过来,完全不具备更高级的力量或功能。相比较而言,在塞涅卡这里,蛇带有一种神话的、半神的力量,它们具有一种我们无法用任何方式简单地加以鄙视的美丽。美狄亚的魔力通过蛇并利用蛇而施展,因此就一直能够改变自然的法则,改变四季,重建天上的秩序。它所创造出来的不是混乱,而是一种反秩序。回应美狄亚歌声的这些蛇并非卑劣鄙贱的野兽:"现在,就是现在",她哭喊道,"是时候超越平凡的罪恶了"(第 692—693 行)。

接下来的数行中,她召唤天上和古老神话中的蛇降临:天龙星座(Draco)盘踞在大熊座和小熊座之间;蛇夫座(Ophiouchos)的巨大力量;皮松的胆量;巨蛇的多个蛇头被赫丘利(即前文提到的赫拉克勒斯——译者注)砍下,"随着自身遭到屠戮,它们又再长出新的"(*succisa serpens caede se reparans sua*,第 702 行);最后是看守金羊毛的巨蛇。这些传说中的蛇纷纷出场,向我们暗示了爱欲的力量根本就不是微不足道的恶,而是一种古老的宇宙力量,一种既与死亡和屠杀相联系,也与重生和诞生相联系的神圣力

第十二章　灵魂中的巨蛇:解读塞涅卡的《美狄亚》　473

量。(在维吉尔笔下的意象中,诺克斯也发现了同样的双重性。)[27] 我们或许会说,那是一种来自于一个反宇宙的力量,这个反宇宙被设立在众神的宇宙之外,但与后者一样有力,并要求我们的恐惧和敬畏。事实上,这正是我们在欧里庇得斯的《美狄亚》中所发现的爱欲形象;显然也是我们在索福克勒斯的《安提戈涅》(Antigone)中所发现的爱欲形象,爱欲在其中尽管可以激发不正义,却仍然"在万物诞生之初就与伟大的正义法则平起平坐"(第797—800行)。

在这一点上,我们或许会认为塞涅卡仅仅是在提醒我们那个历史时期、那种非理性的力量以及与之相伴而来的邪恶,并告诉我们,在任何一种人类生活中,这样的丑陋都会给美德造成连续不断的强大障碍。但是我认为事情并非如此简单。因为这些蛇不同于卢坎笔下的蛇,它们不是(或者说并不全是)丑陋骇人的。在戏剧结尾处,那辆有翼的战车带着优雅和力量遽然飞向明亮的天空。我认为我们都会把它想象成光彩夺目,在阳光下熠熠生辉。[28] 第一条回应美狄亚咒语的蛇具有既吓人又奇妙的属性:

　　在这里,一条凶猛的蛇[saeva serpens]拖着他巨大的身躯爬行;他吐着分叉的信子,寻找那些能杀死的猎物。当他听到美狄亚的歌声,就带着敬畏停住,将他那肿胀的身体盘绕成扭曲的结,强行盘成一个圈[cogitque in orbes]。(第686—690行)

---

[27] Knox(1958),第380页:"除了暗示毁灭的力量外,它也可以代表重生,即拉丁语诗歌传统中与蛇在春天里的蜕皮相联系的那种再生。"他征引了 Ovid, Met. 9.266, AA 3.77, Lucr. III. 614, Tibullus 1.4.35 等文献,而这是他自己对 Aeneid 2 的阐释的关键特征,《埃涅阿斯记》的这个部分描写了特洛伊(Troy)的毁灭,这与其(更加荣耀的)重生被认为是不可分割的。关于《美狄亚》中的创生与毁灭之间的联系,亦参见 Fyfe(1983),第83页。

[28] 最后一幕中,美狄亚的讲辞都是在强调明亮和率直。就像在戏剧开始时,她呼唤作为自己祖先的太阳神——"我们家族的播种者",并提到太阳神的马车(及其燃烧的马匹)"飞驰过向来纯净的天空"(第30行),因此现在(她的"王国"从戏剧中间部分的黑暗及其夜间默想中得以恢复)她说到"露天里漂浮","通往天界的通路已经打开"(第1022行,1025行)。伊阿宋见她在火中燃烧(第996—997行),在"高空"(sublime)中飞入"以太的开阔空间"。如果我们再加上一个事实,即她把这一切说成是大婚之日、是王权和父权恢复的日子(第982—984行),那我们就可以看到,有理由把蛇驾的马车与主导整个这一幕的那种明亮和率直的氛围联系起来,与戏剧开始时来自父亲家族的马车那火焰般的明亮联系起来。一个优秀的舞台导演(或灯光师)会发展这些线索,读者或听众的想象力也是如此。

这条蛇既是致命的又充满情欲;他对诗歌或歌曲有几分酷爱。(塞涅卡的头韵体诗歌对他也有几分吸引。)而且,当他悄无声息地将自己送上 orbes(这是塞涅卡常用来表示宇宙秩序的词),[29]迫使流动的物质有了形式,我们就感觉自己处于世界的创生之初。此外,它所创造的世界,即美狄亚的反宇宙,既丰饶又仁慈。当她描述自己如何改变自然的时候,没有任何关于枯萎凋零的意象。相反,冬天里也获丰收,夏季有鲜花盛开,森林中有光,日月同辉。这里很明显,蛇代表了诞生与繁盛。[30]

最后,考虑一下大蛇天龙星,它在星空中盘踞,"如一条宽阔奔腾的大河"(第 694 行)。我们会想象美狄亚对它说,"就让那条蛇降临人间吧"(第 695 行),如果这一幕要以视觉形式来呈现的话,在我们面前,我们肯定会看到一条蛇忽然降落于美狄亚在人间的居所,它那巨大的身躯由天空中的星辰构成。我们会看见它那盘绕的耀目向着我们飞落。然后整个房间,我们的整个世界,都会在一片闪烁的光亮中、在她和我们周围爆发。这是一种明白无误、非同寻常的性快乐的意象。它把捉到了情欲体验中的强度,还有其中的美感与价值。通过将天界的蛇带到观众或听众面前,带进她的房间(不妨这么说吧),这个意象使得这种体验成为美狄亚的体验,并提醒美狄亚那就是她的体验。在卢坎笔下就没有这样的描写,在他那里,厌恶仍然是最重要的,而加图的直率与蛇的破坏性力量更是相去甚远。塞涅卡已经把蛇的力量带入其戏剧的核心。它已经到达,用无法抗拒的壮丽照亮这个世界,并且(颠覆性地)创造出一个与斯多亚式的美德世界相反的世界。他让我们知道,这些美妙与蛇的那些致命特性不可分离;但是他也表明,如果一种美德遗漏了这一点,它也就遗漏了某种可以让人为其犯下谋杀罪的东西。总而言之,他允许他的观众看到 erōs(爱欲)的价值并为其紧紧攫住。她忽

---

[29] 根据 Busa and Zampolli(1975),这个词在塞涅卡的著作中出现了 165 次,其中有 45 次都出现在《自然问题》(Naturales Quaestiones)中。单数形式最经常地出现在词组 orbis terrarium 中,意为"宇宙",而且是一个有秩序的宇宙,而非正在崩溃为混沌的宇宙。复数经常指某个天体的"循环",同样也强调秩序与设计。在《美狄亚》中,这个词还出现在另外四段中。它在第 5 行中指的是作为阳光之接受者的自然界秩序。在第 98 行,它意味着新月的钩尖在封闭一个完满的光环时所造成的圆圈。在第 372 行,它用来表示人类现在胆敢穿越的整个自然界。在第 378 行,用来表示将由人的胆量来发现的各个新"世界"。

[30] Regenbogen(1930)和 Henry and Henry(1985)的分析都忽视了塞涅卡描述情欲生活的这个方面把重点放在失序和混乱上面,否则他们的分析就会令人印象深刻。

然被咬伤了,"蛇样的火苗"钻入她的骨髓深处。

这种解读得到了这部戏剧最后几行的确认。美狄亚胜利了:这本身就是一个颠覆性的念头。因为在一个由正确理性统治的宇宙中,就像斯多亚学派的宇宙那样,这样的大胆行为不应该逍遥法外。(塞涅卡很喜欢伊卡洛斯[Icarus]和法厄同[Phaethon]的故事,在其他地方着迷地加以复述,而故事的悲惨结局就对这种野心提出了严格意义上的道德警告。)[31] 但是这个结局是由传统情节给出的。因此我们或许应该对它打点折扣。但是我们不能低估的是伊阿宋的最后几行台词,即使与希腊和罗马的神话传统相比,这几行话也一直被认为十分反常且令人震惊;而当它们被置于一部斯多亚主义的戏剧结尾,它们确实就更加不同寻常和令人震惊。"飞升吧,穿过天界的深幽空间",他喊道,"去见证吧,你要去的地方,那里没有神"(第1026—1027行)。当然,伊阿宋在这里表达的是他感到的不公:她的胜利似乎与众神对其行为的判断格格不入。既然他只是部分地封闭在斯多亚学派道德判断的狭隘世界中——实际上,既然他反映了观众的可能地位,陷于道德主义和人类对外部事物之价值的一种直观感受之间——他就不禁把她的逃避看作一场胜利,不禁觉得这件事情很重要。但是塞涅卡表达这个想法的方式很奇怪。科斯塔(Costa)评论道,"*Nullos esse deos*(众神不存在)并不是希腊悲剧中的典型抱怨,即使在欧里庇得斯那里也是如此:遭受痛苦的人反而会问,'众神如何能够允许这种事情发生?'"[32] 艾略特(T. S. Eliot)写道,"伊阿宋对正在启程离开的美狄亚的最后一声哭喊是独一无二的,我想不到还有其他的戏剧会为最后一句话保留这样一种震惊"。[33] 当然,这

---

[31] 关于伊卡洛斯,见 *Ag.* 506, *Oed.* 892 及以下, *HO* 686;关于法厄同,见 *Phdr.* 1090, *HO* 677, 854, 以及 *Medea* 599 中歌队的唱词。在 826,美狄亚告诉我们,她从法厄同那里得到了她的火种:因此可以说她是法厄同在人间的生还者。关于维吉尔在 *Aeneid* 6 对伊卡洛斯故事的使用,以及对 *dolor* 和怜悯的相关反思,见 M. Putnam(1987)。

[32] Costa(1973),第 159—160 页。Rosenmeyer(1989)很奇怪地将它译为"众神已死";但是他对美狄亚的激情与世界秩序上的剧变之间的关系所做的评论(第 200—201 页)则是意味深长且十分贴切的。

[33] Eliot(1951),第 73 页。参照 Pratt(1983),第 89 页,他敏锐地评论说,美狄亚已经变得"反神"(anti-god)。我觉得这个说法远胜于 Lawall(1979)将美狄亚与混沌和未成形且野蛮的自然联系起来的做法。Dingel(1974, 108 页及以下)论证说,既然众神支持美狄亚,他们就不可能是真正的神灵。Fyfe(1983)论证说,我们是要看到伊阿宋受到了欺哄,因为美狄亚是自然秩序复仇的手段。我觉得这是她的论文中最不成功的部分,否则这会是一篇很有价值的论文。

种震惊在斯多亚式的世界观中最为深刻。因为根据这种观点,神无处不在。宇宙中没有哪个地方不曾栖居神圣的理性。无论美狄亚去往哪里,她的狂怒和她的爱都会参照神的意愿、亦即参照完美的道德美德而被判定为坏的。整个宇宙都道德化了,其中一切事物要么是善的,要么是恶的。如果不是善的,那就因此是恶的。塞涅卡明确地告诉我们,月上的世界就像有智慧之人的心灵一样明澈安详(而且是善的)(*Ep.* 59.16)。相比较而论,伊阿宋的台词告诉我们,道德宇宙内部有一个空间。不是每一个地方都充满了神灵。因为蛇驾的战车将怀爱的灵魂带往一个国度,那里没有神灵存在,也没有神灵对激情所做的判断。因此,一个超越了美德与恶习、健康与疾病的地方,就像尼采所说的那样,是一个超越了善与恶的所在。

六

除了蛇的激情,塞涅卡的戏剧现在也开始具有了蛇的出其不意。它出乎意料地攫住我们,在道德世界和爱的世界之间编织自己的路线。就像喜爱美狄亚歌声的那条富有诗意的蛇那样,这部戏剧也盘踞出一个宇宙,创造出一个世界,而且就像那条蛇一样,它也有分叉的蛇信,也会询问该将死亡带给何人。我们并不知道它想要攻击的对象究竟是激情,还是斯多亚学派的道德本身。为了结束我们对这部戏剧中蜿蜒曲折的二重性的描绘,并提出理由来表明可以在其中发现这种更强的含混,我们就转到歌队及其对黄金年代、对人性从纯洁到堕落所做的非凡颂歌。与欧里庇得斯式的歌队不同,塞涅卡的歌队并不同情美狄亚。歌队所传达的,正是斯多亚式道德的冷静声音,劝告人们根除激情、抑制鲁莽、过一种安守家宅并合乎其自身美德的生活、决不逾越自然的界限。然而我相信,我们将会发现,塞涅卡为了歌队的核心布道而给予歌队的语言本身包含了对这种道德的批判性判断,而且包含在这个判断之中正是对斯多亚式英雄的传统肖像的一种深刻批评。就像在《安提戈涅》中对人类的颂歌一样,尽管表面上并没有那首颂歌的赞扬方面,但是歌队以歌咏人类发明航海术作为开始。

多么勇敢啊[*audax nimium*],第一位颠簸着、惊叫着穿过变幻莫测的海洋的人,当他看着家乡的土地在身后消失,他就将自己的生命托付给轻柔的风:他将海水辟出一条前途莫测的路,却只能信任一块薄板,在生与死之间划出一道淡淡的线。(第301—308行)

第十二章 灵魂中的巨蛇:解读塞涅卡的《美狄亚》

对人类勇气的这番论述不久就与一个更为纯洁、更加道德的世界形成对比:

> 纯洁的[candida]年代是我们父辈眼中的光景,罪愆完全被消除。每一个不活跃的[piger]人坚守自己的领土,在祖先留下的土地上老去,无甚收获,除了故土的出产外并不知道有其他的财富。(第329—334行)

无论是在对"黄金年代"的这个描绘之前还是之后,歌队都继续控诉早期开拓者的大胆(ausus),他们打破了此前在自然法中所设立的限制(foedera mundi,第335行),为疾风书写新的法律,以挥霍和榨取海洋(以某种斯多亚式的方式被描述为一种现存的、道德上苛求的存在)(第337行);对过度开发的记录在歌队的一个观察中达到了极点,即阿尔戈号探险的奖赏就是美狄亚,比海洋更为危险的灾难(maiusque mari Medea malum,第363行)。颂歌以一场痛苦的反思结束,而这场反思似乎从戏剧中的神话时代直接进入当时的罗马生活:

> 现在,在我们的时代,海洋已经停止抵抗并承受了我们给予它的一切法律。……任何微小的咆哮此刻都在海水深处四处游逛。每条边界都已消除[terminus omnis motus];各城邦在新的领土上筑起城墙,而现在可以四处穿越[pernius orbis]的世界在其早期的所在地已所剩无几。……在遥远的未来,终有一天会到来,在那个时候,海洋将会松开连结诸事物的纽带,广袤的大地将显露出来,海之女神忒提斯(Tethys)将发现新的世界[novas orbes],极北之地将不再是大地的边界。(第365—379行)

这支颂歌[34]向我们呈现了两种好生活的观念以及与之相关的两种自我观念之间的对比。其中一种是它表面上加以责备的,而另一种是它表面

---

[34] 关于这支合唱的颂歌,尤其参见 Henry and Henry(1985),第51—52页,Segal(1983b),Lawall(1979)。拉沃尔(Lawall)将歌队的调子解读为一种关于人类进步的"幸福的乐观主义",将它在这里的梦想解读为对"无限制的进步以及人与自然之间的和谐"的梦想,这种做法看起来有点不寻常。诚然,他的确看到了某种真实地存在于这首颂歌背后的东西,即对胆量(audacia)和情欲生活的某种依恋,但是代价在于错失了表面的论证,而后者肯定更加悲观。他认为进步的图景与美狄亚的胆量相对立(他将美狄亚与原始自然联系起来,后者与技艺相对),这观点也同样奇怪。

上予以赞扬的。一方面,我们拥有属于人类的勇敢生活,人看重各种外在善,花费力气和心思去获得自己渴望的目标。既然这种生活明显与美狄亚及其价值序列相联系,亦与旧日里情爱绵绵的伊阿宋相联系,那我们或许可以称其为情爱的生活(the erotic life)。这种生活看重不稳定的事物,诸如占有、爱、世俗成就和名望。人们按照朝向外部的运动和冒险来想象这种生活。"勇敢"(audax)本身就是动态的,自我延伸以超越自身,生机勃勃地扩展到世界各处。它与自然及自然法的关系常常是对抗性的——它突破界限,将那些原本是分离的陆地连结起来,不接受任何限制。[35]

另一方面则是一个更为纯粹的自我:这个自我待在家里,满足于为数不多的外部事物,因为它并不看重这些东西。它在道德上没有污点,纯净洁白(candida),远离罪恶。[36]它正是斯多亚式的自我,在家中即拥有其全部善事物,因为所有的善都存在于美德之中。它尊重自然之中的界限,因为它无意加以冒犯。

大多数评论者一直将这段话视为对某个理想的"黄金年代"的描写。比如,科斯塔说,它"显然属于对那个理想的早期存在所提出的诸多论述范畴,而在希腊语和拉丁语文献中,我们都发现了那些论述"。他提到了赫西俄德、维吉尔和奥维德。[37]但是,如果我们检视这些(以及其他)文献资源,我们就可以看到,塞涅卡不出所料地是在用一种斯多亚式的方式来批判这些传统故事。黄金年代的故事往往强调,有价值的外在善事物无须经受风险或不加劳作就已经唾手可得。大地本身就是丰产的;一年到头都是春季;物资的充裕不需要人们辛苦劳作;没有疾病、年老或苦痛。这是黄金的年代,因为人们在家中即坐拥所有的善事物,但是这些善事物通常都是外在的,神话因此就要求在自然的行为上有所改变。在这儿没有航行,不是因为(就像在塞涅卡那里一样)对于唯有通过航海才能获得的善事物缺乏向往,

---

[35] 然而又一次,我们看不到有任何迹象表明这种自我会把导致混乱视为己任。相反它追求有序的计划,为人类的实践理智发现新领域。

[36] 参照"无辜的生命"(innocuae vitae)(HFu 125 及以下,关于这一点可见进一步的讨论)以及希波吕托斯(Hippolytus)赞美远离贪婪的那种林中生活时所说的"远离邪恶"(vitio carens)(Phdr. 482 及以下)。

[37] 参见 Virgil, Georg. 1.125(注意这个黄金年代里没有毒蛇的踪迹);Hes. Op. 109 及以下;Aratus, Phaen. 第110—111 页;Catullus, 64.6 及以下,38 及以下;Ovid, Met. 1.94 及以下;Tibullus, 1.3.37 及以下。见 Costa(1973)相关论述;Lovejoy and Boas(1935),尤其是第263页及以下;Konstan(1977);Blundell(1986)。

而是因为大自然本身就在我们所在的地方赐予我们同样且充足的善事物。当然,对于一个斯多亚主义者来说,对外在价值的这种强调是被彻底误导的。那个对于人类生活来说成问题的东西,那个阻碍人们像本来那样拥有一切好事物的东西,就是恶习(vice)。因此,正确地想象黄金年代的唯一方式就是想象一个没有恶习、没有激情,也没有对外部事物的价值持有错误信念的年代。这就是我们在此处所得到的。[38] 这些人们待在家里,并不活跃,因为他们并未以一种被误导的方式去渴望那些远方的事物。

然而,在重读这支颂歌时,我们必须注意用来描绘这种理想存在的那种矛盾情绪。在罗马文献中,"怠惰的"(piger)这个词并不是表示称赞的用语。它始终是贬义词,与"劳动"(labor)和"美德"(virtus)相对立。塞涅卡在其著作中使用这个词(以及它的关联词"懒惰"[pigritia]和"偷懒"[pigrescere])56次。[39] 只有在少数情况下这个词才是中性的:即作为补足语由 ad 引入,且意为"慢慢地做某事"(slow to do X)、迟缓地做某事(sluggish at X-ing)——而 X 并不总是指好事情。但是,如果没有 ad,piger 就是贬义词。当它指的是非人类本性或人类的物理生活中的缓慢运动时,甚至在这里也似乎总是有某种不好的东西持续存在。一条缓慢流淌的河流,其河水会毁掉庄稼的收成(Phdr. 15),肢体怠懒是疫病的迹象(Oed. 182),清新的空气阻止某种沉滞怠惰的氛围成形(NQ 5.18.1);地下的空气沉滞污秽,因此地震时便会导致瘟疫(NQ 6.27.2);缓慢流动的沼地环绕着一潭沉滞或不动的死水(Oed. 547)。此类例子不一一列举,因此"停滞的"(stagnant)通常是最佳译法。在道德世界中,情况就更加清楚,因为塞涅卡始终如一地谴责灵魂的停滞不动。他公开表示"我不会原谅懒散[pigris]、粗心和啰嗦"(Ir. 3.24.2)。"道德层面的恶[inhonesta]就是一切胆怯与焦虑,就是一切行动中的懒散[pigritia]"(Ep. 74.30)。在一个有美德的行动中掺进懒散,这个行动就会丧失自身合乎美德的特点(Ep. 66.16)。哲学教师的工作就是要唤起此前隐藏着的、懒散的精神力量(Ben. 6.16.7)。因此,在塞涅卡那里,就像在其他罗马作家(无论是斯多亚学派的还是非斯多亚学派的)笔下一样,"闲散"(piger)这个词是一个毫不含糊地与主要美德(尤其是与

---

[38] 亦比较 Horace, Carm. 1.3,与对黄金年代的其他描述相比则更接近这段话;Ep. 16 也应加以比较。

[39] 参见 Busa and Zampolli(1975)增补卷。

那些关系到工作和奋斗的美德)相对立的词汇。它也正是这样一个词汇:为了拥有一个令人信服的美德观念(特别是在罗马),这位斯多亚主义者就需要有能力把它安置在自己的思想面前。

但是,他能始终如一地这样做吗?我们所处理的文段显露出深刻的怀疑。"闲散"(piger)这个词在斯多亚式的美德这里出现,这暗示我们,这个斯多亚式的理想,尽管纯洁且无可指责,但在努力、胆量和活动性方面却奇怪地有所匮乏——而这些都是深受整个罗马美德传统看重的品质。一种斯多亚式的极乐生活其实也就是一种闲散怠惰的生活——如果这种生活对自身之外的东西根本就不在意,那它也许就必定是这样一种生活。

在塞涅卡那里,对"闲散"这个词的另一种看似积极的用法也肯定了上述说法。《赫丘利的狂怒》(Hercules Furens)中的歌队赞美了乡间的简朴生活,其中仅有少量日常所需,人们"拥有远离伤害的生活[innocuae vitae]中那种无人打扰的宁静[tranquilla quies]"(第159—160行)。他们已经把这种生活与城邦中那种伴有"无边的希望和令人颤抖的恐惧"(第162—163行)的生活相对比,而在城邦之中,人们都是为了不稳定的外在善而生活。他们再一次赞美"无所惧怕的宁静"[secura quies,第175行],并责备赫丘利那颗"过于勇敢的心"[nimium...pectore forti,第186行]。他们现在简要地给出了自己的道德建议:

> 就让那荣耀对着许多国土去讲述别人。就让那喋喋不休的记述穿越每一个城邦去赞美他,吹捧他,让他与苍穹中的群星齐名。就让别人乘着车登上高耸的[sublimis]云霄。至于我,就让我的土地保护我守在一处不为人知的家火旁边。闲散[pigros]终老;数间小房舍,居于低微却安全的地方。而高蹈的美德会从巍峨的高处坠落[alte virtus animosa cadit]。(第192—201行)

闲散度日(being piger)又一次与斯多亚式安全宁静的目标联系在一起,并与缺乏对外部事物的那种值得责备的关注相联系。它再一次与道德上的无可厚非相联系,再一次与英雄式的胆量相对立。[40] 但是在这里,与《美狄

---

[40] 这里很奇怪地提到了驾车在高处(或在空中)飞驰(alius curru sublimis eat),这或许会令我们想到美狄亚的离去:"天空高处,高的空间"(alta...spatia sublime aetheris);不过这个引用很可能就是一个泛泛的说法,令人想起在世的统治者和首领——也许在其中我们还会发现塞涅卡本人。

亚》相比，我们甚至更清楚地发现了道德纯洁性的理想所拒斥的东西：赫丘利的勇敢，发生在外部世界中的伟大行为的荣耀，以及高蹈的美德本身。

在这些剧作中，当塞涅卡领会到你不可能同时具有传统的罗马英雄主义和斯多亚式美德时，他比大多数斯多亚学派的作者都看得更加深刻。斯多亚学派的作者们愿意认为你能这样，而且他们也这么写，就好像这些元素能够加以结合。卢坎笔下的加图一向小心、勤谨且勇敢，他随其斯多亚主义一道示范了罗马美德的某些要素，而这首诗歌的读者也会深深地迷恋这些要求。"加图的美德不欲停滞不前，而是敢于[audet]将其人民托付于未知的国度"（9.371-372）。他那勇敢的美德（audax virtus，第 302 行）不懂得如何保持无为（第 294—295 行）。在穿越利比亚沙漠的时候，他希望战胜大自然（第 302 行）。"就像我的伙伴们一样"，他说，"我寻求那些为危险本身所吸引的人"。若没有这些品质，加图就很难成为罗马英雄。塞涅卡此处的要点（或许不只是针对别人，也针对他自己的某些观点）在于，这种英雄主义对于一个好的斯多亚主义者来说是不可能的，就算他们愿意认为它是可以得到的。一个好的斯多亚主义者或许不会完全无所作为；但是，由于他对外部事物缺乏热烈的爱，他也就不会在世界上采取鲁莽的计划，也不会为此承受劳苦或风险。现在我们不再推崇那些旧词汇例如"勇敢"（audax）或"劳动"（labor），而是推崇"纯洁"（candidus）和"闲散"（piger），"闲散"如今更采取了一种全新的、正面的含义。这是在英雄的典范中所发生的一个深刻变化。后来有一首颂歌谴责了人们眼中所有伟大的英雄，因为他们过分大胆并破坏边界——先是阿尔戈英雄，然后是赫丘利、梅勒阿戈尔以及各位荷马式的英雄。一个好的斯多亚主义者并不想要这样的生活。

然而，当观众看到这种被重新束缚的生活与她对伟大的直观想象相比，是多么软弱无力、多么缺少英雄气概时，她可能就会对之感到摇摆不定，并在情欲方面为美狄亚灵魂的伟大所吸引。（伊阿宋，这位满怀情欲、扬帆远航的阿尔戈英雄，远比我们在这部戏剧的大部分情节中所看到的那个乏味又道学的伊阿宋更招人喜欢；实际上，塞涅卡的意图显然是要将这两个伊阿宋相提并论，而不总是褒扬后者。我们或许还可以多说一点：舞台上的这个伊阿宋唯一令人喜爱的时刻，也正是他宣告对儿子的爱的时刻，是他因其悲伤、为其担惊受怕的时刻。而这些并不是斯多亚式的情感。）再者，我们也无法逃避如下事实：正是这首颂歌描绘了其明确热烈地加以谴责的那种勇敢（audacia），这使得它不同于（比如说）贺拉斯在其《颂歌集》（Odes，

1.339)中对进步的谴责。据说这些关于未来探索的诗句描绘了我们的大胆鲁莽最终会将自己引向什么下场。但是它们有一种与斯多亚主义很不相称的、活力盎然的语调。费尔迪南·哥伦布(Ferdinand Columbus)在他手头这部戏剧副本的边白处写道,"这则预言由我父亲克里斯托弗·哥伦布在1492年实现了"。[41] 他从这些诗句中感受到的并非道德谴责,而是对巨大成就的预言。我想他是看到了某种确实存在的东西。

跟随本书第十一章的论证,我们还可以冒险走得更远。在这个以道德清白为特征的斯多亚主义的黄金年代,我们甚至都没有获得某种非常丰富的道德美德的观念。纯洁年代里没有暗黑的污点;但也不清楚还有什么其他东西。这个意象令我们想到的是一个空白的空间。远离欺骗(procul fraude remota)也是负面的、微弱的。(比较一下"避免邪恶"[vitio carens], Phdr. 483;"无辜的生命"[innocuae vitae], HFu 159。明智的人远离不义之举,ablabēs——DL 7.123。)我们在此处看不到任何对社会正义的正面关注,也看不到一个人对其人类同胞的慷慨大度,看不到为了朋友或国家的勇敢献身。因为,就像亚里士多德在告诉我们众神缺乏道德美德时敏锐地认识到的那样,伟大的道德美德都要求高度看重那些不可控的外部事物。而如果贫困、奴役、丧失所爱之人乃至死亡都算不上是恶,从而也没有任何恐惧要去加以应对,那还要什么勇气呢?如果社会内部所分配的善事物没有任何真正的人类价值,那还要什么对正义的承诺呢?还要什么慷慨呢?在这里能够完整地存在的唯一美德也许就是明智(sōphrosunē),它被认为意味着懂得并保持一个人在事物的整体格局中的恰当位置。那些传统上人形化的(anrhtopomorphic)众神不能具有美德,因为他们控制着一切善事物;就像传统黄金年代里的人类一样,他们也想要这些善事物,而他们也完全拥有这些。这部戏剧暗示,这些美德对斯多亚主义者来说同样是成问题的,因为他并不控制那些被他界定为非善物的东西,并且学着不去渴望这些东西。结果都是一样的,斯多亚主义者确实像神一样。于是,这种生活就开始很奇怪地像是一种"闲散的"(piger)生活,不仅按照传统英雄主义的标准是如此,而且就它本身对那些重要目标的表面排序来说也是如此。美德似乎自身就可以带有情欲意味。

所以我们已经讨论过,世界上有两个自我以及两个人格(selfhood)的图

---

[41] 参见 Costa(1973)相关论述。

景,甚至还有两种道德图景,而我们必须在它们之间加以选择。这个选择并不简单,反而富有悲剧意味。如果我们选择的是爱欲(erōs)和胆量(audacia),我们所得到的就是罪愆和残忍的愤怒(murderous anger);而如果我们选择的是纯洁,那我们得到的则是平淡无奇和英雄式美德的终结。我们得到的还有悲剧的终结,因为回想一下,所谓悲剧就是"那些为外在事物而感到惊奇的人类所遭受的苦难"。这部戏剧若是一部悲剧的话,那也仅仅是因为其中的人物并不是斯多亚主义者;[42] 我想我们可以这么说:即使这部戏剧真成了悲剧性的,那也仅仅是因为它在某种程度上分享了那些人物的爱以及他们的好奇——仅仅是因为它把遵循斯多亚主义这个选择描绘为本身就是发生在我们身上的某种悲剧,来自于我们的道德存在对洁白无瑕和免于伤害的生活的要求。

　　于是我们想问,塞涅卡是谁? 塞涅卡式的悲剧又是什么? 任何一个研究过塞涅卡的人都不会对下面这一点感到奇怪,即塞涅卡是一个难以捉摸的、复杂又矛盾的人物,他对于斯多亚主义和这个世界、对于纯洁和情欲都有深深的承诺。他深居简出,同时又驾着他的战车凌步云霄。他的事业和他的思想之间充满诸多显著的张力。这些张力在格里芬(Miriam Griffin)富有吸引力的研究中通过令人信服的准确论证而得到了陈述。[43] 下面这个事实则不常为人讨论,即:这些围绕着世俗奋斗之价值的张力自身也穿插在写作当中。格里芬察觉到这部著作的悖论性特征:"如果有人被要求尽可能简明地勾勒出塞涅卡的观点的独特之处,他很可能会指出塞涅卡身上同时具有病态禁欲主义和现实人性。"[44] 在本书第十一章中,我们已经看到塞涅卡对发展和奋斗的强烈兴趣是如何令其将某种难以与斯多亚主义相调和的价值附加在哲学的劳作之上。我们这里所说的就是,对于大胆、勇气和奋斗的兴趣(这种兴趣本身在斯多亚主义[尤其是罗马斯多亚主义]那里具有深层根基)实际上是(而且在这里被塞涅卡看成是)在与斯多亚主义的某些基本道德原则之间的一种深层的、悲剧性的张力中展现出来的。这部悲剧发现并探究了这种张力,促使塞涅卡进一步批评斯多亚式的纯洁,而他在

---

[42] 在《论婚姻》(On Marriage)的一个片段中,塞涅卡写道,"悲剧中所充斥的一切,倾覆城邦与王国的一切,无非是妻子与情妇之间的争斗而已"(Haase [1897-1898])。

[43] M. Griffin(1976)。

[44] Ibid.,p.177.

任何一部散文作品中都没想过要走这么远。[45]

这种模棱两可本来就应该在诗歌中最有力地展现出来,这或许并非偶然;这种批评本来就应该在悲剧中有所呈现,这或许也非偶然。因为,就像柏拉图在禁止悲剧时已经看到的,悲剧对于柏拉图和斯多亚主义想要拒绝的价值有着深切承诺。对于一个斯多亚主义者来说,尝试用悲剧的形式来写作是危险的。悲剧就像美狄亚的巨蛇一样,通过它自身的戏剧感、通过诉诸观众的想象和记忆的独特方式以及自己的价值方案,轻松地潜入斯多亚式道德之中。在这里,在这部戏剧中,文学给哲学带来的真正危险最明显不过了:因为正是在将悲剧转变成斯多亚式论证的过程中,斯多亚主义给了自己一记痛击。

七

亚里士多德主义者[46]想要对此有所回应。因为塞涅卡已经把某种悲剧性的两难困境呈现在我们眼前:要么放弃重大的价值,要么不断承担受伤害的风险。但是任何悲剧性的两难困境所具有的说服力都在于两个方面的力量和必然性。亚里士多德主义者承认爱的价值。她还需要被说服相信存在谋杀的危险。当她为这部悲剧打动乃至感到震惊,她仍有可能不愿意承认它是适合自己的故事——或者同样重要的是,不愿意承认它适合于那些按照亚里士多德式的方式培养起来的好品格。我们需要听听她的反驳。

她首先提出,当塞涅卡声称(如果他真的如此声称的话)这个故事适合于每一个深陷爱中的人,他这么说肯定不准确。这是一个非常极端的故事。只有极少数爱人会变成凶犯,杀死自己孩子的爱人就更少了。事实上,这个故事在其极度的夸张中看来是如此奇怪,因此我们是否应当对之加以关注就成了一个未决的问题。

我想斯多亚主义者对此会给出若干有趣的回答。他的第一步就是要指

---

[45] 这可能是一个作品订年的问题,但是其实不必涉及订年,尤其是考虑到一个事实:在塞涅卡的一生中,哲学写作与指导行动的信念之间似乎始终存在张力(参见 M. Griffin [1976])。悲剧的写作年代不管怎样都是高度不确定的。在重要问题上的感受和思想的变化并不总是直线发展的;我们可以回想起塞涅卡对心灵波动的论述。

[46] 在这里我再次提到一个在流行的直观中具有深层基础的假设立场,而不是提及亚里士多德的明确论证。

出,如果一个亚里士多德主义者未曾看到人们在爱的名义下每天实际上受到了多少伤害,那她要么是天真,要么就是故意视而不见。杀人的例子可能是相对少数。但是,如果考虑到婚姻,尤其是离婚发生的整个领域,你就很难避免以下结论,即激情和残忍总是相伴相生。我们还可以考虑一下众多虐待行为,尤其是虐待女性和孩童的行为,考虑一下背叛,考虑遭到背叛者对此前的爱人和竞争对手精心采取的恶意报复行为,以及对孩童的生活和情感的操纵、经济纠纷、过分的诉讼等等——考虑一下这些例子,你就会发现,与情欲的激情相联系的风险和不确定性的确产生了大量糟糕的、毁灭性的行动。[47]但是,如果我们每天都看到人们互相伤害对方及其无辜的孩子(而且这些人并非只是停留在遥远的新闻报道中,相反通常是我们的朋友或者就是我们自己),如果这些人已经以斯多亚主义的方式步入了婚姻并根除了激情,[48]那么周围会减除多少残忍,尤其是,那些年轻孩子的生活又能增加多少保证。

这种伤害在情欲之爱中并非普遍。甚至在破裂的情欲之爱中,它们也可能不是普遍的。(尽管我们很难找到一桩不包含任何残忍因素在内的离婚案件;而且严正声明这种事只发生在别人身上,这迟早听起来就像是欧里庇得斯笔下阿伽门农的抗议一样,他令赫卡柏的行动面对以下观察,即只有异乡人才会为了复仇而杀人。)[49]但是,认为一个人可以过一种情欲生活,同时又很有把握地相信这种事情不会发生,这就过分乐观了。你无法对自己承诺说,"我在生活中会拥有爱,但是我永远不会伤害自己的孩子"。因

---

[47] 这个论证接近于塞涅卡在《论婚姻》的残篇中给出的一个论证。在批判罗马当时的婚姻制度时,塞涅卡因修辞学家盖米诺斯(Varius Geminus)创造的一个说法而称赞他,即:*Qui non litigat, caelebs est*(如果你没有卷入诉讼,那你肯定没结婚)。穆索尼乌斯评论说,一桩失败的婚姻远比"凄凉的孤独"(*erēmia*)更糟糕(《婚姻的目的》)。

[48] 出自塞涅卡的《论婚姻》,其中有个故事说的是一个热烈地爱着妻子的男人:"那种爱的根源很体面,但是它的规模丑陋而怪异。一个人如果陷入疯狂,原因再体面也无济于事。这是为什么塞克斯提乌斯曾说,'那个男人是一个过分热烈地爱着妻子的奸夫'。的确,对有夫之妇的爱都是可耻的,但是对自己妻子的过度的爱也同样可耻。明智的男人应该审慎地(*iudicio*)爱自己的妻子,而不是热烈地(*adfectu*)爱她。他控制着追求快乐的冲动,并不急于进行性交。像奸夫一样对待自己的妻子是最可耻的事。至于那些说自己是为了共和国和人类而与妻子做爱并生儿育女的男人,至少让他们像牲口那样去生活吧——在他们的妻子肚子大了以后,别让他们毁了自己的儿子。让他们表明自己不是妻子的情人,而是丈夫。"

[49] 欧里庇得斯的《赫卡柏》(*Hecuba*);参见 Nussbaum(1986a)第 13 章。

为爱欲(erōs)实际上会不会将你引向某种困境(而在这种情况下对爱的进一步追求将导致伤害孩子或导致其他某种类型的伤害)——这完全是个时运问题。欧里庇得斯笔下的歌队似乎已经认识到这一点,当他们听到屋子里杀害孩子的声音,他们大声哭喊:"你听到了吗?你听到孩子的哭声了吗?哦,这可怜的女人,这不幸的女人。"沃尔纳(Rex Warner)的英译文写道,"哦,你这冷酷的心肠,你命中注定要遭受厄运的女人"。不过看起来很重要的是,希腊人既没提到命运,也没提到邪恶。她所犯下的残忍被看成是她的坏运气。亚里士多德主义者对这部戏剧的描述也必定如此。有些爱人能避免残忍而有些不能,你自己也只能希望加以避免。但是对于生活和抚养子女来说,这种方式就能令人满意吗?[50]

　　亚里士多德主义者必须承认这些事实。然而,在这一点上,她将试着坚持说,一个具有好品格的人,一个投身于慷慨、正义和亲情的人,将总是能够决定不去做那些真正恶劣的残忍之事。她会坚持把悲伤和愤怒分离开来:一种含有激烈的爱的生活无法指望免于悲伤,但它可以万无一失地避开愤怒。当两种重要的价值(例如激情和对孩子的爱)在一种同时对二者有所投入的生活中偶然发生冲突时,可能就无法避免对某人造成某种伤害——如果这伤害要么不予理睬、要么与我们所爱的人分离开来的话。但是,由于某种不幸的必然,一个好人也会不情愿地、无愤怒地造成伤害。事后他会尽一切可能去促进那个被忽视的善、去做出补偿。(用当代的说法就是慷慨地支付子女抚养费、探望并帮助子女。)受到伤害的人,遭到背叛的人,甚至会处于某种更加安全的位置。因为她根本就不需要面对激情和责任之间的冲突;她可以怀着悲伤来接受激情的丧失,并能避免那种将悲伤转变为伤害的复仇。再者,受到伤害或遭到背叛的人绝不会去做美狄亚所做出的那种真正可怕的事情,他们当然也绝不会去残害或是杀戮别人。

　　对于斯多亚主义者来说,以下思想相当自私自利,即认为存在着一种道

---

〔50〕 强调抚养而不仅仅是生育孩子对于配偶双方来说都是婚姻的首要目的,这在这个时期似乎是很新鲜的——参见 Musonius, "The Goal of Marriage"("婚姻的目的"), "Is Marriage an Impediment to Philosophy?"("婚姻是对哲学的妨碍吗?")以及反对杀婴的作品"Should One Raise All the Children That Are Born?"("我们是否应该抚养所有出生的孩子?")(Hense〔1905〕)。

德上合适的、离开家庭和子女的方式。这些事情是恶劣的。[51] 而如果一个人不看重爱欲(erōs)的话，那些导致离婚过程中的糟糕行径的价值冲突就根本不会发生。因此一切对于"不可避免的必然性"之类的谈论（这些日子我们老听到这种话）不过是自私自利的套话。有一些广为人知的有效途径可以改变一个人对待爱欲的倾向并形成一桩真正合乎理性的婚姻。如果一个人并不采取这些途径，那他当然要为随之而来的一切过错担当责任。就像塞涅卡笔下的斐德拉所说，"导致不贞的是心灵，而不是机运"(Mens impudicam facere, non casus, solet)。而对于那些遭受不公正对待的可怜人，我们可以说两点。首先，心灵的习性是因失去所爱而产生的巨大悲伤的基础，同样也是背叛的基础并使婚姻变得不稳定。无辜的人不能以其无辜为傲，因为她自己很可能也同样有罪。（美狄亚在自己受到伤害之前曾为了伊阿宋而杀死自己的兄弟。）不仅如此，要说一个将自己的全部生活都押在爱欲上的人只会感受到悲伤，这似乎也不合情理。悲伤本身就足够糟糕了，它是对个人空间的侵犯，是对个体完整性的撕裂。但是悲伤和愤怒紧密地共存于内心之中。如果你不是因为对方死去而是因为受到背叛而失去了你爱的人，那么根据亚里士多德主义者描述的图景，你对背叛感到愤怒并想要对其始作俑者采取伤害性的行动就不仅是可能的，而且也将是正确的。

这就导致斯多亚主义者又做出了一个非常重要的观察。他已经论证说，可评价的行动之核心在于内心中暗自发生的东西。外在行为只是真实举动的"胞衣"，后者则是意念、欲望和意愿(will)的活动（参见本书第十章）。那么就要假定我们不应将这部戏中的谋杀行为看成是在现实世界中所做的行为，而是看作愿望(wish)和幻想所进行的谋杀。除了我们对这一斯多亚式的学说所具有的知识外，这部悲剧中有大量奇怪的特征鼓励我们采取这个视点。对美狄亚的指责几乎总是聚焦于其心理状态——她那大胆鲁莽的脾气、她那疯狂的暴怒及其激情的变幻不定。对孩子们的实际谋杀被描绘为某种对她的悲伤(dolor)的"献祭"，就好像"悲伤"本身是真正重要且占据主导地位的东西，是我们的注意力实际上应当指向的东西。杀害克莱乌萨甚至更强烈地暗示了这种内在性。克莱乌萨是如何被杀害的呢？

---

[51] 罗马斯多亚学派强烈地反对通奸，无论是男人还是女人；对于盛行的性别层面之双重标准的一个激烈攻击，参见 Musonius, "On Intercourse"(《论性爱》)。对此以及相关问题的讨论，参见 Foucault(1984)。

不是被美狄亚在世界中直接采取的行动杀害的,而是被魔法咒语杀害的。我们并没有看到美狄亚走近对手并攻击她。相反,我们看到她独自站在房间里,祈祷并念出她的咒语,召唤那群蛇,至此它们在这部戏中已经被等同于她自己的情爱愿望和欲求。爱以某种方式静默而痴迷地考虑如何消灭阻碍,以其所思所想的全部力量对之发出威胁,对于这种方式还能有什么更好的戏剧性表达呢?克莱乌萨中毒身亡,而就在这一幕,美狄亚化身一条凶狠的蛇,她的思想和爱的感觉就是它的毒液。如果我们把女仆的汇报和歌队的评论包含进来,杀人的念头和欲望这一幕就足足占了全剧的五分之一。[52]实际上,这正是这部剧与欧里庇得斯的同名悲剧之间的最大差别:有那么多的外部行动被内心活动所取代。这一幕只是整个故事的一部分,而在别处也是一样,全剧的大部分篇幅都被美狄亚心中的内在活动所占据,由于所占篇幅太多以至于评注者科斯塔(Costa)在第893行写道,"她又一次置身于自己内心那个黑暗痛苦的世界之中"。[53]

最终我们还要补充一个事实:就算这些剧作是要演出的,这些巨蛇和怪兽也不能像如此笨拙的巴洛克式舞台装置那样直截了当地出现在观众面前。它们会出现在美狄亚和观看者的想象中,而出现的方式就暗示了它们是在脑海中出现的产物,是激烈的念头的延展。如果这些剧作本来就不打算在舞台上演出(这更有可能),[54]内在性就会变得更加明显。现在,除了谋杀者在文本中被表现为意念和愿望的罪犯这个事实之外,我们还面对一个事实,即全部这些表现本身都是在每一个孤独的听众或读者的脑海中上演。每一个听到美狄亚说"这就是我心中的思量"的人都会意识到,美狄亚的内心世界的整个梦魇(哪怕是现在)就在于沉思她心中所想。

于是我们现在就可以从一个更强有力的角度来阅读剧中那些反对亚里士多德主义者的主张。塞涅卡所说的是:即使你在一桩不幸的爱情中应当避免做出邪恶的外部举动,你也不可能永远没有那些暴力和愤怒的念头,不可能对你以前的爱人或是对手形成谋杀和邪恶的幻想。你还是很可能会(几乎是不由自主地)发现自己正在编织那些残忍的念头,希望残酷的事情

---

[52] Zwierlein(1966)提出这一点,以此驳斥那种相信这些戏剧曾在舞台上演出的看法。亦参见Henry and Henry(1985)的评论。

[53] Costa(1973)相关评论。

[54] 对这个困难问题的有益讨论,参见Zwierlein(1966)和Fantham(1982)。

第十二章 灵魂中的巨蛇：解读塞涅卡的《美狄亚》

发生。这些念头不受正确的理性和良好的品格所控制。它们有自己的生命，就像火焰，就像毒蛇。它们诞生于爱本身所具有的热烈，它们在灵魂中自行其是，如此悄无声息，以至于最为警觉的人、甚至是那善解人心并最以此为荣的人也会为之感到意外。(就连洞悉命运的伊德蒙也在利比亚沙漠里被蛇咬伤。)你可以假设自己是纯洁的，能够"不争"地去爱。然后就在某一天，在某个夜晚的梦中，或是在某个清晨你将要投入日常生活的时候，你感到心中有某种邪恶的愿望在咬噬你。或者在百头怪泰丰的阴茎的意象中，伤害另一个人的愿望会在性爱过程中进入你的脑海；于是你会允许它刺穿你(别忘了，就该剧的道德论证而言，这种性行为也可能是意念中的行动)，而允许这一点就意味着让一条肿胀的蛇进入，它可以通过自身的内在来玷污你。一旦你将自己的心灵向欲望打开，就不存在可靠的心灵之善，也不存在免受玷污的纯洁意向。"疯狂就会袭向你"(*Veniet et vobis furor*)：卡桑德拉的预言总是对的，却也总是被人忽视。

到这里，亚里士多德主义者会打断我们，坚持认为我们应当维护内心愿望和外部行动之间的区分在道德上的重要性。斯多亚主义者将所有的评价引向内心世界；杀人的愿望似乎变得和杀人的行为一样糟糕。但是我们当然不会这么认为。愿望和意向都与对一桩罪行的评价相关，但是如果并不存在一个外在的行动，也就不存在罪行。我们的法律甚至连同我们的道德判断都允许人们有杀人的念头。只要他们在外部世界中控制自己，他们就可以随心所欲地念出邪恶的咒语。

然而这个答案当然是不充分的。首先，它对斯多亚主义立场的勾勒有失准确。斯多亚主义者实际上依然能够在外部世界和内部世界之间做出区分，尽管是以一种不同的，而且(斯多亚主义者自己会争辩说)在道德上更相关的方式。意向实际上就是全部。我们并不认为一个想要杀人却仅仅因为外在条件限制而没能犯罪的人比成功杀人的人在道德上更好。然而更常见的是由对立的欲望和愿望、由内心的摇摆不定所产生的那种抑制，那种摇摆不定不允许邪恶念头长时间地占上风从而把行动产生出来。而这正是斯多亚主义者可以且确实加以考虑的东西。他可以说，摇摆不定的内心在某种意义上不如完全被愤怒裹挟的内心那么邪恶。[55]然而他依然坚持认为

---

[55] 但是斯多亚主义者也不情愿地承认邪恶是有程度差别的，因为他们坚持认为在智慧的人和愚蠢的人之间存在着绝对的界限。

这样的内心不具有美德,也不纯洁——事实上它很糟糕。亚里士多德主义者在此肯定会同意这一点。因为她也会把恰当的动机和回应性的情感的出现看成是美德以及有美德的行动的基本条件。她也会将欲望看成是灵魂的可评价的要素。她也会拒绝说一个行动具有美德,只要它不是出于全然和谐的有美德的欲望。看来她必须承认,一个正在爱着的人也不能保证其美德的纯洁足以对抗那些可以玷污它的愿望。而对于亚里士多德主义者来说,这就够糟了,因为她希望美德完全稳定可靠,希望具有实践智慧的人被认为是一个总在正确的时间、按照正确的方式行动的人。这意味着,要么有实践智慧的人必须放弃情爱生活,要么这样一个在思想和行为反应上就像亚里士多德所描述的那样、总是可靠地具有美德的人,实际上不可能存在。

我觉得这符合我们的道德直观。因为无论我们怎样区分内在的愿望和外在的行动,我们都不赞同那些希望无辜者死去的人,我们也不赞同自己心中暴力的愿望。我们可以暂时把美狄亚看作一个仅仅希望克莱乌萨死去的女人;她想象这一幕,梦想它发生,当它真正发生的时候(尽管是以其他方式),她的内心充满狂喜(我们暂且这么说)。我们还可以将她设想为一个具有好品格的人,她心中产生残忍的杀人愿望并不是因为某种邪恶的嗜好,而仅仅是因为她对克莱乌萨现在所拥有的那个男人怀有无可救药的强烈欲望——因此,在她心中,坏愿望及狂喜与很多恰当的好愿望共存,而在伤害降临到克莱乌萨头上的时候也应该伴随着恰当的悔恨。我们甚至还可以设想,这些残忍的念头(或者其中大多数念头)都是无意识的,因为她的品格不会容忍它们存在,反而对之加以压制。这个女人不会因为谋杀而受审,她甚至会颇受人们同情。然而我们还是对她做出审判,更为重要的是,如果她就是我们所描述的那个人,那她就会审判自己。当她被内心存在的邪恶唤醒,她肯定会相信自己是被某条蛇侵犯了;她会有一段艰难的日子,因为她尚未将这条蛇的存在和爱本身的存在联系起来。由于她对自身的攻击性感到恐惧,就很可能向往美狄亚的结局——回归童贞,封缄所有入口。

但是,迄今为止我们还没有向亚里士多德主义者提出可能发生的案例中最强的一个。因为我们的论述至今都忽略了一个特点,而如果某种关系能称得上是爱,那么这个特点就不仅是主要的,而且按照亚里士多德的观点来看也是必要的。[56] 这就是为了所爱之人自身的缘故而关心那人,这种关心不带有任何自私的占有欲。如果美狄亚真的以最好也最真诚的方式深爱伊阿宋,那么,亚里士多德主义者会说,她就会为了伊阿宋自身的善和幸福去爱他,即使她自己要为此付出代价。这种奉献在美狄亚早先的献身中表现得十分明显,甚至在她被抛弃之后,在她希望伊阿宋过得好的祝愿中也很明显(第140—142行)。如果她一直坚持并始终采取这种态度,那么即使在伊阿宋离开她之后,她那正当的愤怒和怨恨本应被她对伊阿宋怀有的真爱所消除,而这种爱本应阻止她去尝试采取攻击伊阿宋的行为,甚至阻止她去渴望这种行为。然而在美狄亚这里,这种情况并没有发生,这个事实向我们表明,我们在这里并未发现真爱的一个好例子,而只是发现了某种更加混杂和自私的激情的好例子。因此,我们可以想象一种更加个人化的、较之斯多亚式婚姻而具有更强情爱意味的爱,但它依然不具有美狄亚那种愤怒的嫉妒。

我认为很难不顾生活事实而坚持这个观点。它包含了某种真实:因为存在着某些类型的爱(例如父母对孩子的爱),它们在自身的结构中就包含了自愿放开对方去独自生活的意愿。当一个孩子离开家庭的时候总会有忧伤,但是除非事情变得极糟,否则不会有愤怒或怨恨的情绪,甚至在愿望和幻想中也不会有。但是就像这部剧作所刻画、也像我们大多数人所经历的那样,情欲之爱还包含其他的誓言、其他的希望。甚至当它不包含病态的占有欲和嫉妒心的时候,它也涉及共度一生(或者是相当长时间)的希望。[57] 如果这希望实际上没有发生,那就像我们说过的,感到痛苦和无奈的正是爱得深、爱得恰当的那个人。而如果她是由于对方的不当行为而遭受这种令人无奈的事情,那么愤怒就是既自然又恰当的反应。不当的行为一经发现可能会在实际上导致爱的终止,因为这种爱必须以对于目标的某种评价作为基础,而发现对方并不像我们所认为的那样,这就会使这种爱脱离常轨。不过就算这种情况不会发生,就算对这个人的爱、希望他好的愿望依然存在,这种爱也会自然地、甚至恰当地为愤怒所玷污。我认为,坚持要求对这

---

[56] 关于亚里士多德对爱(以及爱和友谊在亚里士多德式的"友爱"[philia]之中的相互关系)的论述,参见 Nussbaum(1986a)第 12 章,Price(1989)。

[57] 这也是罗马人的通例,参见 Musonius,"On the Goal of Marriage",相关论述参见本章注释[3]。

样一种恶劣行径做出柔软温和的回应既不现实也不正确;它会将一种"把另一半脸也给敌人"的基督教观点强加到亚里士多德式的观念上,而这种基督教观点很不符合亚里士多德主义的世界观,很不符合后者对外部世俗善事物的价值所采取的全部态度。这种基督教观点不会说服一个深深地看重情欲之爱的人;实际上,基督徒决定避免报复性的愤怒,这有助于解释基督教对激情所持有的猜疑和敌意,因为激情看起来与愤怒的根源关系紧密。不过这个一揽子削掉爱欲与愤怒的观念至少是一致的。不一致的地方在于他们以一种我称之为亚里士多德式的方式来看重爱,然后又转过来强调基督徒对爱的目的所采取的超然态度。我认为亚里士多德正确地将此称为过分"奴性的"反应。基督教图景中还有另一个部分更为可取,这就是基督徒在塞涅卡那里发现的部分;我稍后会回到对它的讨论。

在这个问题上,我们可以稍微超出亚里士多德主义的说法,坚持认为在那种最好的个体之爱中,温柔与温和具有重要性,而只有在美狄亚那样剧烈的激情中,这种性情才极为少有,但是,就像对所爱之人的善付出的热烈奉献一样,它可以让被爱的人免于伤害。按照这个论证,美狄亚本来就是那种可能会杀害别人的人,因为她向来如同野兽般暴烈,毫无温柔可言。如果我们想象文学作品中的另一种情人形象(比如说,但丁笔下的弗兰茜丝卡,她捍卫自己那种"迅速在温柔的心中点燃"的情欲之火),我们就会发现,认为爱产生杀戮(哪怕只是停留在愿望中)的想法变得愈加困难。事实上,但丁将他笔下相爱的人们描绘成白鸽,这种动物看起来完全不能做出残忍之事,尽管它们可以蒙受痛苦并感受到丧失。

这个回答包含了部分真理,我后面还会回到这一点。但是它似乎不足以完全解决受到伤害或破裂的爱的问题。白鸽在良好的环境里可能对于彼此都是白鸽,而当它们被抛弃的时候就变成了巨蛇,不过也可以说它们还是原来的它们。(保罗和弗兰茜丝卡尽管身在地狱,却能幸运地结合并共同赴死。)或者不如说,那些相信自己骨子里是白鸽的正常人和好人可能会发现自己身上栖居着隐秘的巨蛇。正是在这种好的、温柔之爱的本性中,在强烈的情欲之爱的本性中,事情才应该是这样。既然美狄亚曾经如此温柔地爱着伊阿宋,她就会、也应当会对他抛弃自己感到怨恨。当他庆贺自己的新婚时,对他心怀温柔看起来就是(也确实是)一种病态的反应。如果对她曾爱过的男人是这样,那么对她那位该受谴责的对手就更是如此——对于这么一个人物,就连白鸽一样的弗兰茜丝卡也会产生最狠的邪恶愿望。("该隐环向那夺去我们性命的人敞开"——这可不只是在陈述事实。)如果我们与她的爱有共鸣,我们就会觉得,她有这种愤怒是对的——希望他被冰封在最底层的深渊,永无赦免之日。

八

亚里士多德主义者于是就得到以下信息:不存在任何可靠的方式能够让我们将深刻的个体之爱(特别是情欲之爱,但很可能不只是这种爱)与无污点的道德纯洁结合起来。如果你决定成为一个珍视所有美德的人,想要每一个行动都做得正义而且恰当,要在正确的时间、以正确的方式、针对正确的人而行动,那么你最好像罗马斯多亚学派那样忽略情欲之爱。你最好也忽略任何一种当你身在其中、你和你的善就变得格外脆弱的爱,忽略任何一种你将幸福(eudaimonia)全押在它身上的爱。如果你接受这种爱,你几乎肯定会不由自主地离开美德,因为这个构成部分很可能会威胁和质疑其他的部分。因此正是亚里士多德主义者(她是如此渴望全部生活都能和谐整全)的这种完善论可能导致狂怒的不断发生——愤怒的暴力指向一个人自身的暴力,一把剑指向一个人自身的攻击性。

另一方面,如果我们像这部戏剧所教导的那样对爱不予考虑,那我们也就忽略了一种不可抵挡的诧异和活力的力量,其美好既非道德的美好所能比拟,也不亚于道德的美好。这种力量绝不可能和谐地居于道德内部,也绝不可能作为一个要素居于一个和谐的生活计划的内部;但是如果对之不予考虑,那么你所拥有的生活也就不是完整的,因此也就不幸福(eudaimōn)。这样一来,无论是我们现在的生活,还是我们将来的生活,看来都是不完美的。

因此亚里士多德主义者和斯多亚主义者都被迫认识到:并不是所有的美丽和奇妙都能被强制性地放进某种对完美生活和健康生活的缜密规划中。亚里士多德主义者所强调的是平衡与健康,以及理清一个人的目标模式然后稳当地命中目标,但这种强调忽略了一个事实,即某些重大的善就其本质而论不易受到这种驯化的影响,有些重大的价值要求我们不应把对健康的关注置于其他一切事物之上。这些善事物或许不像斯多亚主义者所说的那样是疾病的形式,但是只要我们接受它们,它们就要求我们在疾病与健康之间的对立之外来表明自己的立场——至少是在如下意义上:我们不再为了每一次偏离美德而过分惩罚自己。只要爱是健康的一部分,只要它是在恰当的时间、在与我的目标的恰当关系中到来,我就要拥有它;这个愿望不仅仅是不可能得到实现,其实它就是希望在生活中不拥有任何爱。因为就像这部剧作所暗示的那样,爱不可能完全道德化,也不可能与严酷的、惩罚性的道德监督共存。

最终,这部戏剧所暗示的是一种伦理立场的观念,它不去理睬(至少有几次且在某些方面是这样)医学类比的一个方面,即不厌其烦地强调完美的健康;在这样一种观念中,完整的人类生活不是被设想为亚里士多德所说的目标,而是被看作美狄亚的毒蛇,它有时候会盘绕成有序的环形,有时候则滑行着寻找要捕杀的猎物。杀人的冲动或许一直都被看作是不对的,但是如果它们就像医学类比有时似乎建议的那样、成为过分的有罪审查和自我惩罚的焦点,那么爱的能力本身恐怕也会被摧毁。

这就将我们带回了从完整性展开的论证。因为也是在这个问题上,我们好像需要一个对亚里士多德主义的相关批评。亚里士多德太在乎自足和理性控制以至于不接受面目可憎的爱。他容许有很多风险存在,但是他太鄙薄受奴役,以至于不允许一种关系进入内在价值之中——在那种关系中,我们是如此完全地受制于另一个人的掌控,被占据、被缠绕,自己的本性没有坚实的核心。斯多亚主义的治疗是一种边界的收缩。但是如果我们拒绝这种治疗,我们似乎就必须学着用新的意象来想象自己:不是将自身想象为安全的居住者、住在由我们自身的美德构成的坚固大厦中,而是想象为柔软曲折的生物,在世界的内外之间迂回行进,在人和人之间游移来去。

当我们发展这种伦理观念和上述意象的时候,我们其实在很大程度上得到了医学类比的另一个方面的帮助:它的特殊主义,它对每个案例的因果历史的移情关注。这种叙述态度为塞涅卡提供了部分方案来治疗对于人类的不完善所具有的愤怒。在仁慈中,灵魂自身放弃了对每一个缺点的严苛惩罚(就算当时有人正在犯错),因为它理解了一个人在他/她努力好好生活的过程中所面对的困难。在这里我们有了同情性的理解,却没有超然;在这里我们有了一个来源、对自己和他人都怀有温柔,甚至在那些存在着不当行为的地方、在那些既有愤怒又有恶意的地方,这种温柔都能调整我们的激情。我们的求学者妮基狄昂会受到鼓励,对那个伤害她的爱人采取这样一种宽容的态度,耐心而生动地想象(就像观看戏剧一样)促成他的不当行为的那些社会和心理方面的困难和障碍,直到狂怒让位于叙事性的理解。她

第十二章 灵魂中的巨蛇:解读塞涅卡的《美狄亚》

也会被鼓励着(而且这鼓励非常迫切)对自己采取这种态度,理解她之所以会产生怨恨和邪恶冲动的缘由,减轻她倾向于对自己的灵魂所施加的严厉惩罚,在人类生活自身的本性中看到减轻惩罚的根据。

根据我的论证,这种产生宽容的态度就是一种同情的叙事态度。如果妮基狄昂要成为一个具有某种伦理观点的学生、而这种观点对于爱和宽容二者的价值都有所承诺,那她就会像亚里士多德和斯多亚学派所建议的那样,花费大量时间从事哲学思考并澄清自己的价值观念。但是,在这种论辩的生活里,她的老师也会创造某些空间,人们在其中讲述并聆听故事,这样他们就置身于自己的神秘、自己的那种与疾病和健康都无关的品格之中。《美狄亚》这部剧作很可能也是其中的一个故事。我们也希望有更加幸福的爱情故事——在这样的故事中,一种伟大的激情破天荒地摆脱邪恶、繁盛生长,或者至少相爱的人彼此之间的爱本身不会被外部事件所玷污。而我们除了悲剧也想看到喜剧,因为在喜剧中,我们也能发现对于一种混合性的人类生活的接受。但是我们还会坚持让妮基狄昂面对这个特殊的故事,因为在这样的一个故事中,我们可以对亚里士多德式的道德和斯多亚式的道德所具有的特定局限一目了然。

当妮基狄昂听到这些故事并被它们打动,她会看到人类对于完善美德的渴望所具有的局限,并学会缓解她对自身的道德稳定性的要求,学会在不可预期的事情面前怀着某种谦恭的态度而等待(只要我们可能把这样的事情教给一个如此热切地渴望完善自身的实践理性的人)。因此我要给妮基狄昂讲一个故事作为本章的结束。这个故事也是塞涅卡剧作的结尾,而我们此前曾以它作为开端,不过重新讲述它也是为了说出那些超越道德的含混之处——而我们正是在其道德化的表面下发现了它们。作为告别,我给妮基狄昂讲这个故事,在本书中,她自始至终都是如此焦灼地渴望学习如何好好生活,希望自己总是站在真理的一边,想要在克服无序和邪恶方面取得些许胜利(就像她的名字所暗示的那样),这样就可以与某种完全平衡的、对一切真正具有价值之事物的依恋相协调。于是我给妮基狄昂重新讲了一遍美狄亚故事的结尾。

她现身于宫殿屋檐上那陡峭的斜面。她所爱的男人抬头凝视着她,见她高高在上,容光焕发,愤怒至极,周身笼罩在她的祖父、太阳神的红光之中。这红光既令人害怕也使人变形。日常世界的可靠秩序虽然岌岌可危,仍闪耀着令人目眩的美。在恐惧中,在激烈的欲望中,她抬起肿胀的双眼,望向蛇形的火苗；她从不曾美得如此炫目。而现在，一辆战车飞驰过明亮的天际、来到眼前，驾车的是两条有翼的巨蛇。她看到它们蜿蜒又突然的运动，看着它们悄无声息而闪闪发光地盘作一团。当她拿起缰绳，它们那扭曲的动作便与她的头发、她的身体的运动合而为一。伊阿宋看着它们，仿佛是美狄亚的身体和自己身体的双重形体，在激情中相互纠缠。过度的、有翼的、流动的、致命的，它们同时象征着死与力、谋杀与降生。

御夫与蛇，这些反柏拉图主义的符号，它们在上升。美狄亚则完全与她的激情合一，她离开我们的世界、走向太阳，离开道德判断的地带、走向那没有神灵存在的地方。伊阿宋同时被道德和爱、认同和判断以及出自虔敬的懊悔和来自巨蛇的华美所拉扯，好像被分裂成两半，而观众的心灵与此同时也被分裂成两半。那个道德的伊阿宋哭泣、谴责、批判。他把自己和美狄亚的升空远远隔开，他说"你要去的地方，那里没有神"。但是我们现在记起并在自己的头脑中看到，天空中有两条巨蛇。那个蛇样的伊阿宋，在狂喜中与他的同伴相互纠缠，行动，飞翔，重生，超越众神，超越那个到处都有神灵栖息的斯多亚式的宇宙。在宇宙的深处，在那个一度无言、超越斯多亚式的贞洁月亮之上的地带（而他们的孩子死于尘世），此刻显现出某种火热的闪光，某种无规律的、蛇样的运动。我们是在见证一场凯旋。爱的凯旋。

第十三章　欲望的治疗

> 绝无可能,用人的声音
> 去表达超出人的事情;
> 亦无可能,用超出人的声音
> 去表达人的事情;
> 从人的事情的顶峰或深处,用人的方式去言说
> 才是最敏锐的言说。
>
> ——华莱士·史蒂文斯:《彻科鲁亚致邻居》

在这些学派的思想中,哲学令自身成为人类生活的医生。我们应该从它们的成就中获得什么呢?一种全面的哲学评估恰好要求回答人类生活的根本问题。我们需要弄明白:何谓人的死亡,害怕死亡究竟是不是一种正确态度?一种人类生活,为了变得完备,需要对不可靠的外在事物具有什么形式的依恋,是否可以具有这些依恋而没有令人衰竭的不确定性?在保留个人完整性和实践理性的时候,又有多少不确定性和需求是一个人所能忍受的?既然爱能造成痛苦,根本上有爱存在还是不是好事?美德本身是否需要爱,若不需要,它对一个完备的生活来说是否依然充分?社会是应该建立在爱、需要和同情的基础上,还是应该建立在尊重理性之尊严的基础上?为了避免奴性,我们是否必须允许自己愤怒,即使愤怒侵蚀人心,让我们疏远敌人的人性和自己的人性?希腊化时期伦理学的主要特征就在于对这些问题的描述极其复杂,由此引发的问题也格外丰富。

在这些问题上,在人与人之间,也许在每个人内部,可能仍然存在很深的分歧。因为脆弱确实令人痛苦,此外,对外在事物充满热情依恋的生活不仅是一种危险的生活,有时也是一种有害的、不公正的生活。另一方面,我

们也很难摒除如下思想:这些依恋做出了某些贡献,假若没有这些贡献,生活就不完备,甚至美德本身也不完备。有些人相信,对这些问题有一个彻底的、一劳永逸的解决在哲学上是件好事,但是我认为未必如此。如果一个人能够清晰地描绘这些问题的艰难以及在面对它们时自己感到的困惑,由此对不适当的论述提出批评,并超越以前的说法、在更适当的论述上取得一点进步,那么这也许就可以成为对那种自认为知道一切的态度的一种苏格拉底式的替代。这种哲学工作应该是用具体而复杂的方式来面对生活的一个良好准备——不是用怀疑论那种达到均势、不为所动的精神,而是用苏格拉底寻求真理和卓越的精神,即使后者也保留了这样一个意识:在如此神秘、如此多样的问题上,人的智慧是有限的。[1] (在这里,在方法论上,我既不支持怀疑论者,也不支持伊壁鸠鲁主义者和斯多亚主义者那种更加自信的教条主义,而是支持苏格拉底式的辩驳法[elenchos]和亚里士多德的辩证法所具有的那种开放态度;但是我认为,在斯多亚学派最复杂也最具苏格拉底式谦逊的伦理著述中,在卢克莱修的那些更为辩证的部分,也有类似的进路。)这种苏格拉底式的探究其实已经贯穿本书,而在这里,对一切疑难提出一个快速的回答并不符合我的目的(也超出了我的能力)。我只想针对把本书各个章节联系起来的论题提出一些并非系统的反思,并以此来结束本书。

一、治疗论证的方法论成就

我已经论证说,一旦把哲学的任务设想为治疗性的,设想为致力于解除人类苦难,对于哲学的方法和步骤也就有了一种新设想;方法和步骤的选择并不像一些人可能假设的那样是内容中立的,而是与对人类困境的一种诊断、对人类繁盛的一种直观理解具有密切联系。我已经试图表明,在每一种情况下,这些方法都体现了对疾病和健康的复杂设想、对友谊和共同体之结构的复杂设想。另一方面,我已经试图表明,这个事实并未让整个哲学治疗事业变得成问题:因为,在对哲学的这种设想中,不同的要素以这样一种方式相互支持和加强,以至于尽管辩护是整体论的,但也并不因此就是一个笑话。不过,更具体地说,从这些学派自身的历史环境来看,从我们自己对道

---

[1] 见 Vlastos(1985,1991)。

德哲学应如何运作的关注来看,在我心目中,这些学派的方法论成就究竟是什么呢?

1. 首先,而且最主要的是,我认为我们必须指出**对需要和动机问题的新关注**——当这些学派试图在医学方面应对具体的人类生活时,我们在这种努力中所看到的那种关注。与当代道德哲学相比,在任何情况下,古希腊和罗马哲学对这些问题往往更加敏感;因为在希腊传统中,对"如何生活"的追问从来都不是一种单纯的学术训练,哲学也从来都不是一门单纯的学术科目。它是由真实的人类困惑激发起来的,因此最终必须正视这些困惑。但是,希腊化时期各学派细致入微地关注对话者的具体需要和从事哲学思考的动机,在这一点上他们就远远超越了亚里士多德,甚至也超越了苏格拉底和柏拉图。不同的学派用不同的方式来做这件事情,而且,对于引发学生去求助哲学医生的那些疾病,他们也持有相当不同的设想。但是,如果当代道德哲学希望超越学术界而在人类日常生活中为自己争取一席之地,那么,它需要从这些学派的各种尝试中学习很多东西。

2. 与此密切相关的是这些学派**对哲学演说和哲学写作技术的细心关注**,这也是他们的哲学著作之所以卓越的一个主要原因。[2] 他们觉得,如果哲学交流的对象不限于少数精英,那么严格和精确就不够了(尽管是必要的)。因为,严格和精确,当用枯燥乏味、吹毛求疵或充满行话的学术语言来表达时,不会吸引学生去寻求真理,也不足以深刻地渗透到她对生活中重要事情的思考中,因此就无法从她那里取得承认,例如承认她实际上在想什么、在面临什么困境。文学和修辞策略深入这些方法,不只是在装饰论证,也是在塑造对一个治疗论证是什么的总体认识,并用它们在文体上的具体性来表达对学生的需要的尊重。在撰写本书的过程中,我已经越来越关心希腊化时期的哲学方法的这个方面,因此也就自然而然地越来越关心罗马而非希腊的文献资源,因为在前者那里有系统的文学著作可以考察。尤其是,在本书第五章到第七章以及第十一章和十二章中,在卢克莱修和塞涅卡那里,我已经发现了哲学-文学分析的出色模型,其中,文学语言和复杂的对话结构吸引并占据对话者(以及读者)的全部灵魂,这大概是一部抽象且缺乏个人色彩的散文著作做不到的。

在密切关注学生的需要时,这些作者就是苏格拉底的口头论证实践的

---

[2] 怀疑论者在这里似乎是例外,虽然他们确实仔细考虑要如何吸引特定的学生。

继承者。[3] 在本书第四章中，我已经提出一些证据来表明，至少在伊壁鸠鲁传统中，这种实践在修辞上极为复杂和具体。不过，与苏格拉底不同，卢克莱修和塞涅卡更接近柏拉图，他们不得不努力应对一个事实：听众多种多样，而且不在他们身边。为此，他们为读者发明了一个内部代理人，用精心设计的语言来激发要与他们交谈的读者的想象力。形式和内容，并不像我们在当今哲学著作中经常看到的，只是偶然地相联系。形式是一部著作的哲学内容的一个关键要素。有时候，形式所表现出来的内容实际上（例如在《美狄亚》中）是如此有力，以至于其中所包含的所谓更加简单的教导都受到了质疑。在大多数情形中，形式和内容之间的关系更加简单也更为和谐。

一些哲学史家往往转向卢克莱修和塞涅卡，把二者作为他们的论证资源，以便能够重构希腊伊壁鸠鲁学派和斯多亚学派的见解。他们应该认识到，若不破坏整个哲学事业（其实是不错过某些实际上正在加以论证的东西），他们也无法从将论证表达出来的整个语境中把"论证"转移出来。另一方面，古典文学学者经常关注这些著作的文学形式，但不太关心哲学论证。他们也应该认识到，文学形式与哲学是不可分离的，只有作为哲学表达才能得到充分理解。在处理卢克莱修和西塞罗、塞涅卡和普鲁塔克这些变化多端的作者时，我们在这些方向上都有很多工作要做。[4] 当代道德哲学的正式选择现在往往受到了学术惯例（例如在学术期刊上发表论文的政策）的支配，而不是人类需要的支配，因此它就需要从希腊化时期的伦理学中学习很多东西。

3. 在所有这些方法中，希腊化时期的道德哲学家都进一步发展了亚里士多德对**特殊知觉（这是好选择的一个要素）**的兴趣。他们用来发展这个兴趣的方式，正如本书第四章所论证的，在某种程度上背离了亚里士多德：因为，总体上说，特殊性确实占据中心地位，但却是在医生力图治疗病人之疾病的时候，而不是在他把健康规范本身表达出来的时候。另一方面，健康规范必定是在特殊事物中得到实现的，假若它根本上得到实现的话；所有学派都承认这一点。此外，对于斯多亚主义者来说，正是一个行动被选择出来的具体情境赋予其道德地位。教师/医生的医学关注要由每个人应用在自

---

[3] 关于希腊化时期对待苏格拉底的态度，见 Long(1988)。

[4] 在当代，沿着这些路线已经有了一些新的工作，例如 Nussbaum(1990d)。

己身上——在努力审视自己的动机、每天努力生活得好的时候应用在自己身上。因此，对于斯多亚主义者来说，一如对于亚里士多德来说，特殊知觉是一种基本的道德能力，在合理地颁布一个一般的道德价值概念时很重要，而且本身就具有道德价值。[5] 在这里我们再次看到，道德研究作为治疗研究的思想，是如何导致希腊化时期的各个学派对伦理学中的一个要素做出丰富的探究，而在当代的道德理论中，这个要素已经不太占据中心地位。

就特殊主义和相对主义的关系而论，对斯多亚学派伦理学的进一步研究也会提供有价值的指导，因为这项研究清楚地表明：即便某个伦理学看重对具体环境的敏锐知觉、视之为好选择的一个标准，它也无须在任何意义上是相对主义的，正如好的医治无须采纳一个相对于境况而论的健康观念。正如我在本书第一章和随后几章中所论证的，健康规范本身必须回应真实的人身上的某些东西，特别是他们的一些最深的需要和欲望，否则它就不是一个关于**健康**的规范。但是这也不要求主观主义乃至相对主义，因为这些学派都强有力地论证说，人在某个层次上具有类似的深层需要、类似的根本繁盛目标。这些目标必须用与每个情境、每段历史、对繁盛的每一套具体障碍相适应的方式来加以实现。不过，它们在最一般的形式上依然是普遍的人类目标。

4. 在斯多亚主义和伊壁鸠鲁主义的方法论成就中，一项核心的成就在于它们认识到**现存的欲望、直觉、偏好都是社会上形成的，并不完全可靠**。这一认识当然与它们所取得的一项最大的重要成就相联系，即对欲望和情感的强有力的分析。而且，它也是令内容和方法富有成效并不成问题地发生联系的方式的一个样板。现代道德哲学总体上倾向于把现有的偏好和直观处理为论证的一个可靠基础。形式比较简单的功利主义（特别是经济学中的功利主义）在方法论上显然就是如此；更加复杂的哲学功利主义者强调要在其理论的核心部分对偏好进行某种修正，但是，当他们与读者进行论辩的时候，他们并不总是为此而担忧。[6] 不论是在理论上还是在实践上，

---

[5] 不过，与亚里士多德相比，斯多亚主义者对这种能力提出了一种更加理智化的处理。

[6] 与一些深刻的方法论考虑相联系，这方面的例外是 Hare (1981) 和 Parfit (1984)；亦见 Brandt (1979)。对于依靠不加修正的偏好的做法，Sunstein (1991) 最近提出了一个有价值的批评。

一些自认为继承了以美德为中心的古希腊传统的当代道德哲学家也是如此。[7] 因为他们相信这些传统告诫我们要信任直观和情感；在某种意义上他们是对的（就亚里士多德是对的而论）。但是，他们也在某种程度上忽视了亚里士多德自己针对偏好和欲望在现实社会中的扭曲而提出的精辟见识；他们肯定忽视了希腊化时期各个学派所提出的激进挑战。

一方面是承认偏好不可靠，另一方面是希望对话者在论证过程中成为具有自我管理能力的积极参与者，没有什么比让这二者保持平衡更加微妙了。如果简单地抛弃展开论辩的想法，转而对学生进行洗脑，或者通过非论辩性的手段去诱导某种"皈依"的体验，那就很容易绕开学生的偏好。这些方法与宗教操纵、政治操纵的共同之处要多于它们与哲学的共同之处；只要希腊化时期的哲学学派转向这些方法，它们就有了不再是哲学的危险。我立刻就会更详细地论述这一点。另一方面，我在这里已经考虑的最好论证确实展现了如下认识：批评工作必须从学生自己的信念和欲望的内部，通过一种理性的、批判性的论证过程来入手。即便就是用了一种更巧妙地进行操纵的技术，一般来说也可以通过诉诸强有力的论证来验证其结果；这些论证令人印象深刻，因为它们让学生的那些据说是不可靠的偏好与她所相信和欲求的其他东西相冲突，因此就为她澄清了其替代方案的本质。卢克莱修论愤怒、爱以及恐惧，塞涅卡论爱与愤怒——这些都是此类论证：当普通人被要求说出他们目前的直观时，这些论证彻底挑战了他们所说的东西。然而，他们的结论是由论证来达到的，而且是那种深入学生内心、把隐藏得更深的信念提取出来的论证。

在撰写本书的论证时，这个问题令我自己的任务复杂化了。我已经不止一次地意识到我的结论可能会受到这样的指责（特别是在批评希腊化时期的治疗实践的地方）：我自己的偏好本来就是在文化上形成的（或者本来就在文化上受到了扭曲），因此我的结论也是有偏见的；此外，尽管我希望很多读者分享我的偏好，但批评者会说，不能只是因为我的偏好无所不在就

---

[7] 比如，见 Williams(1985)；Nagel(1979)提出了一个类似的方法，但没有提及古希腊传统。MacIntyre(1981, 1988)对日常信念和直观的看法很复杂。一方面，麦金泰尔力劝我们回到这样一个社会中去，在那里，关于"要做什么"的日常直观是可靠而和谐的，他相信古希腊社会已经是这样一个社会；另一方面，他也相信，若不存在由宗教或准宗教权威（这种权威通过彻底安排生活和实践来引领人们的偏好）来保护的第一原则，这种回归就不可能。

认为它们得到了验证。一个人很难自信地说,为了满足希腊化时期的治疗要求,他已经对自己有了足够深入的探究,或者已经用充分的批判意识来看待自己所生活的社会。我在希腊化时期的观点自身当中可以发现一种张力或前后矛盾的地方,比如说,在处理卢克莱修和塞涅卡对愤怒的论述的时候,我就有了一点自信:我借以批评其观点的直观是深刻的并值得尊重。在我看来,在这里继续前行的唯一方式,就是让自己尽可能与诚实和准确保持一致,把自己认为是真正深刻和恰当的东西显示出来;要是读者断定(在这里和其他地方)我已经做到了这一点,我就知足了。

5. 最终,在西方哲学史上,希腊化时期的学派是第一个**认识到无意识的动机和信念**的哲学学派。这一创新既是实质性的又是方法论的,就像我已经论证的那样,它在亚里士多德式的辩证方法上导致了一个根本变化。现在,方法必须旨在把无意识的观点带到表面来进行审视,也要确保将真信念安置在一个足够深的层次上,以便它们(用伊壁鸠鲁的话说)在灵魂中"变得能干"。这意味着我们不能简单地用一种纯学术的方式来从事哲学,认为它在我们的生活中只是占据一小部分。哲学要求持久而耐心的努力,要求严密关注每一天,关注一天之中的每一个时刻,也要求哲学共同体和哲学友谊的支持。

伊壁鸠鲁主义者在这里强调有智慧的教师的作用,这样一位教师要求学生的信任和"坦白",有时会利用一些并不要求学生自己的批判性活动的技术(例如记忆和背诵)。怀疑论者走得更远,设计一些哲学方法来削减学生积极的认知贡献,让学生越来越多地受到不要求信念的动机力量的控制。[8]在我看来,在所有这些学派中,正是斯多亚主义者最有效地把对灵魂深度的认识与对学生积极的实践推理的尊重结合起来,从而产生一幅哲学友谊的图景。这幅图景把亲密关系与对称性和互惠性结合起来,而且,作为一幅自我审视的图景,它补充而不是取代了辩证的哲学方法。(在卢克莱修的很多论证中,他好像都充分体现了这种结合,既与读者形成了一种友谊,又使得友谊成为一个自为的目的;就此而论,他可能背离了伊壁鸠鲁学派的方法似乎分享的那种权威主义。)

有些论证被用来支持对无意识的东西的承认,这些论证也不是免于批

---

[8] 怀疑论者没有明确承认无意识的东西——当然,只要打算持有任何关于心灵之结构的理论,这种做法就不符合他们的方法。

评的,因为没有任何这样的论证能够免于批评,不过,在卢克莱修论述恐惧的情形中,这种论证给人留下了极为深刻的印象。这里的核心问题是:这些论证相对而论是局部的和不系统的,与关于幼年时期的任何明确的发展理论无关。希腊化时期的思想家在某些方面是现代心理分析之父,但是,他们的经验研究工作尚未涉及实际的孩童,而后者能令他们的研究以一种发展的方式具有充分的根据。〔9〕在我看来,在卢克莱修那里有丰富的材料,可以用来发展一个理论,即关于幼年时期的情感发展以及随之而来的焦虑抑制的理论。这样一种论述,若得到适当发展,不亚于最好的心理分析理论,在某些方面甚至比主流的弗洛伊德理论具有更强的根据,因为它视为起点的东西,是人们对需求和缺乏自足所具有的那种很一般的,而且(在某种形式上)肯定是普遍的体验,而不是那个成问题的、相当狭隘的婴儿性欲的概念。梅勒妮·克莱因(Melanie Klein)和对象关系学派的工作发展了这样一些见识。〔10〕

6. 把治疗当作一个规范来使用,这种做法会带来一些潜在地更成问题的方法论后果,这些后果是我们现在必须正视的。首先,在这些学派对健康的热情中,它们可能会**让真理和好的推理屈从于治疗功效,而我始终对这种可能性感到困扰**。此前我论证说,(至少在某种程度上)按照人类的最深需要和欲望来定义伦理真理并非不合情理。一切伦理理论都设法在真理和欲望之间建立联系。在一种极端的柏拉图主义那里,这种联系是偶然的,是通过回忆而获得的。但是,在亚里士多德的理论中,如果一个伦理提议与伦理研究的参与者的最深愿望和欲望格格不入,它会被当作错误的而受到拒斥。我也论证说,在这里谈论真理仍然是合适的———一部分原因在于这样一套理论强调广泛的一致性和适应性,另一部分原因则在于一致性要求也会从外部对这个理论施加约束,比如说,要求它符合心理学和物理学中的结果。斯多亚学派的理论显然满足这些约束,对它来说,提出真理的主张看来完全是合适的。事实上,正如我在本书第九章和第十章中所论证的,相较于亚里士多德式的理论,斯多亚学派的理论在某种意义上不太具有人类中心论的色彩,从外在的方面来看更加现实,因为只要人的欲望与宇宙的理性秩序相和谐,它们就是正确的向导。(然而,我也论证说,对于那些不能接受斯多

---

〔9〕 见 Brunschwig(1986)。

〔10〕 例如,见 Klein(1984, 1985),Fairbairn(1952)以及 Bollas(1987)。

亚学派目的论的人来说,斯多亚主义者也提出了独立的论证来支持根除激情,这些论证在亚里士多德式的意义上是可靠的辩证论证——参见以下第7点。)我们可以补充说,与其他学派不同,斯多亚主义者把实践推理变成一种主要的内在价值;他们无论如何都不会让实践推理屈从于摆脱激情(apatheia)所带来的好处。

在这个谱系的另一端,在通往心神安宁(ataraxia)的路途中,很明显怀疑论者确实抛弃了真理,甚至抛弃了可靠的推理。他们乐于承认、甚至强调他们做到了这一点;因此指出这一点就说不上是对其做法的强有力的批评。本书第八章中的批评来自于对如下问题的一项全面考察:一种缺少真理和可靠的推理规范的生活究竟是什么样子?我论证说这是一种贫乏的生活。

在这一点上,伊壁鸠鲁主义者的情形是最微妙也最难正确描绘的。因为,一方面,伊壁鸠鲁主义者确实提出强大且具有说服力的论证来支持其见解。这些论证的质量对他们来说很重要,而且,这些论证的确构建了一种关于宇宙(或至少其中能够对有关心神安宁的问题产生影响的那些方面)的全面观点。另一方面,看来这种推理被赋予一种纯粹工具的价值,即便是一种很高的工具价值。与亚里士多德学派相比,伊壁鸠鲁主义者完全是为了伦理目的而追求科学研究。因此就很不清楚物理学是不是能够为伦理学提供独立支持;但是,如果我们认为伦理真理是一个(部分地)不依赖于欲望的概念,那么这种支持似乎就很重要。伊壁鸠鲁学派的伦理学与其物理学保持广泛的融贯性和适应性,这个事实本身可能足以让伊壁鸠鲁主义者声称其观点是真的,特别是当我们补充如下说法的时候:他们的观点据说符合最深的人类需求和人类欲望。但是,在伊壁鸠鲁学派的方法中,理性的工具地位仍是一个令人不安的要素,而且,他们的方法未能用亚里士多德式的辩证方式去考虑"普通人和有智慧的人"的意见,这个事实也加剧了那种不安。心神安宁被当作一个目的提出,却是用一种略带教条的方式提出,然后就被用来塑造其他论证,甚至被用来决定哪些判断和论证会得到考虑。(在这个方面,卢克莱修的一些论证要好得多。)

7. 这直接导致了我的第二个关注领域:**在对学生的治疗中,在批判的自主性和因果操纵之间所存在的张力**。这些学派希望学生获得幸福(eudaimonia),他们(甚至怀疑论者,或者我认为是这样)都对这个目的是什么提出某种明确的设想并借助它来运作。他们也都认为,现存的社会在其信念和偏好上是病态的,学生感染了这些疾病。这就自然地导致了一个欲望,即想去**干预**学生的理性思考过程,去切断社会已经灌输的东西,以便获得更加可靠的判断,而在他们看来,这种判断在灵魂中被掩埋在这种材料下面。(或者,在怀疑论者那里,去摧毁**一切**信念材料,在那个地方不留下任何东西。)亚里士多德从已经接受良好道德教育(这种教育依赖于习惯化以及其他形式的非哲学的、尽管肯定不是非理智的教学)的学生入手,试图以此来解决学生的自主性问题。有了这样的学生,他就可以稳妥地使用开放的辩证策略,因为在与相对健康的偏好的互动中,他可以依靠这种策略来得出伦理上可靠的结果。希腊化时期的学派就做不到这一点,因为他们多多少少限制了学生对各种取舍的自由考虑,因此操纵了结果。

在这里,怀疑论者又一次产生了迄今为止最令人不安的结果,因为他们很坦率地将自己的论证应用于学生——但不是作为需要批判性地加以评价的论证,而是作为操纵行为的设施。实际上,他们精确地调整论证的强度,以对付学生的疾病的强度。不鼓励学生去发挥积极的或批判性的作用,于是他们就越来越多地成为各种力量的消极接受者。教师差不多也是这样,因此权威主义不是问题。问题实际上在于主体性和能动性的完全消失。除了快乐之外,这可能不会给怀疑论者带来什么东西;我已经论证说,不管怎样,这对社会和政治生活来说是一个很糟糕的结果。

伊壁鸠鲁共同体也有某些令人不安的方面。学生被怂恿不去信任自己、而只是依靠教师的智慧,这就是伊壁鸠鲁学说所谓的"节省力量"。学生被迫与城邦及其认知影响分离开来,服从记忆、背诵和坦白的日常生活规则,无法对各种可能观点进行公平的考虑,因此也就没有多少自主性。伊壁鸠鲁学说也不认为自主性是一个有价值的目的。令人惊奇的是,在罗马的伊壁鸠鲁主义那里,似乎出现了一些微妙的差别。罗马人深深地眷恋自己的个人完整性,而且是与其他罗马人一道生活在罗马,于是,当卢克莱修与他们进行论辩的时候,他就逐渐将其对话者转移到一种更有自主性、更成熟的地位。对于对立的观点,他仍然采取轻蔑而尖锐的态度,远远不是辩证的态度。不过,他要求学生自己去承担论证和评估工作。因为学生不会生活在一个安宁的伊壁鸠鲁共同体之中,可以去赞美伊壁鸠鲁的欢宴、去依靠伊壁鸠鲁式友谊的支持。学生必须回家与家人和朋友一道生活,而在一个他所碰到的大多数人都不是伊壁鸠鲁主义者的世界中,他也必须承担自己作为政治和军事领域的人员所要承担的角色。

在我看来，斯多亚主义者用最具吸引力的方式解决了这些问题。因为，首先，他们认识到自己不会总是在与顺从的学生打交道，不管这些学生是来自斯多亚学派还是来自前斯多亚学派。因此，尽管他们乐于解释自己的体系，表明它在整体上如何融贯，但他们也急于向不属于斯多亚学派的对话者提供论证，例如塞涅卡就经常这样做。这要求他们用严肃而辩证的方式反驳漫步学派和伊壁鸠鲁学派的立场。而且，既然他们认为积极的实践推理具有内在价值，他们就鼓励学生不要去听从任何人的权威（不管是教师说的，还是从书本中了解到的），而是要掌控自己的生活。这实际上意味着废除医学模型所暗示的那种在教师和学生之间的不对称，尽管教师仍在激励和辅导学生，但是要让学生通过自己的独立思考得出结论。仍需颠覆根深蒂固的社会信念；为了达到这个目的，教师就准备向学生提供强有力的论证和某种生动的修辞。但是，教师不是权威：学生的理性才是唯一真正的权威。这意味着**自我**批评和**自我**认识取代了伊壁鸠鲁式的"坦白"，成为核心的批评和诊断活动。在这里，斯多亚主义者极其有效地效法苏格拉底——通过与学生产生一种反讽式的疏离，通过对未经审视的信念进行激烈的挑战，苏格拉底认为，学生的自主性较之舒适感更加重要，甚至比自己去信奉正确的观点都重要。〔11〕

在讨论伊壁鸠鲁的时候，我曾暗示说，亚里士多德式辩证法的开放性与希腊化时期"医疗"思想的教条主义形成了鲜明对比，没有任何完全的医疗观念能够具有亚里士多德那种灵活的自我审视和自我修正的能力。斯多亚主义者质疑这一观点。因为，尽管他们正式采用的方法确实不是辩证的，而且事实上相当教条，但他们对实践理性的完整性有着深刻承诺，因此就坚决否认教条的权威为学生所提供的庇护。只要一个人是理性的，那么除了自己，就没有什么东西是可靠的。于是下面这件事情就不令人惊讶了：从这种方法论上的承诺中，我们找到了在本书第十一章和第十二章中已经发现的那种斯多亚主义的反省和明显修改的例子；同样不会令人奇怪的是，在塞涅卡那里，我们找不到对某个信条的僵硬宣告，反而看到的是一个人自己与不断出现的问题所进行的机智且深入的搏斗。

---

〔11〕 对苏格拉底的一个相关讨论，见 Vlastos(1991)第一章。

二、医学模型中的张力

医学模型产生出一幅丰富立体的哲学家肖像——具有同情性的关怀,但是摆脱了令人不安的情感波澜,在技能上是专家却又很亲近每个受苦的病人。在这种描绘中,有两个张力是我们现在必须面对的。第一个是在同情和摆脱困扰之间的明显张力。医疗哲学家显然是因为人类需要的紧迫性而转向哲学,在对他的描绘中,他受到了对这种需要的某种同情性回应的感染。然而,对这些学派来说,同情(怜悯)[12]并不是一种适当的动机,因为他们都坚持认为有智慧的人摆脱了所有情感(在伊壁鸠鲁学派那里,摆脱了大多数情感)。选择做一位医治灵魂的医生大概不是一个人所能追随的最轻松、最不令人苦恼的道路,既然如此,这些学派如何说明这个选择呢?

怀疑论者在这一点上仍然是一致的,即使一致得令人难以置信——因为他们坚持认为教师没有情感上的动机,只有从事某种职业的习惯,而且,在一切信念都被消除的时候,就只有知觉和感受留了下来,不管它们是什么样子。这并没有对教师的所谓"爱人类"(*philanthrōpia*)做出一个很丰富的论述,也没有很好地说明为什么某个人首先决定去教**其他人**,而不只是利用自己的职业来治疗自己。不过,怀疑论者也许是在变成有充分资格的怀疑论者之前成为教师的,甚至在信念逐渐变弱的时候仍然坚持当教师。或许怀疑论者就是用这种方式来谋生的。在这里,正如在其他地方,在建设一个社会的时候,这些动机说不上是可以依靠的动机。但是,保持可靠不是怀疑论者的职责。

伊壁鸠鲁主义者面对的是一个极为复杂的张力,实际上,在友谊和爱的问题上,他们所持有的全部立场都存在张力,而这个张力只不过是那种张力的一个变种。与其他学派不同,他们并未抛弃**一切**情感,因此就能允许而且确实允许某种同情(参见本书第七章);他们对人类目标的看法允许他们相信痛苦和困扰一般来说很糟糕,而在面对另一个人的痛苦时,这一看法就为同情提供了一个基础。另一方面,每个人的目的应当就是自己的心神安宁

---

[12] "*eleos*"(怜悯)这个希腊词和"*misericordia*"这个拉丁词与傲慢态度没有联系,而"pity"这个英语单词有时确实具有这种联系,尽管现在往往用它来翻译这两个词。法国哲学中对"*pitié*"的使用(比如说在卢梭那里)则仅仅遵从古希腊和罗马的用法。

(ataraxia)和无痛苦(aponia),而且,正如我们所看到的,其他人的善首先是作为工具进入这个目的,即使有可能也是经由某些类型的友谊所具有的内在价值而进入其中(参见本书第七章)。这好像不足以说明伊壁鸠鲁为何经营自己的学派,还立下遗嘱来支持其未来的发展;奥伊诺安达的第欧根尼(Diogenes of Oenoanda)为何为陌生人和未来的人们树起一块精心制作的石碑;卢克莱修为何希望为其他人留下一部苦心经营的著作。即使对活着的人的一切利他主义行为都可以被解释为(在很大程度上,而不是完全)立足于伊壁鸠鲁式友谊的工具原则,这也不足以说明对陌生人和未来的人所具备的关怀。但是,伊壁鸠鲁主义者显然有这种关怀,并依靠它来创作自己的作品。

在这里,斯多亚主义者碰到了他们在面对一切利他主义时所面临的问题:他们不得不说明,假如一个人已经消除作为情感依据的全部依恋,其他人的善对他来说为何仍然很重要。他们还面对一个问题:他们必须说明,如果美德是自足的,无须从外面寻找什么来实现和维护自身,那么有美德的人为何仍会断定其他人需要自己的帮助。他们对首选的无关善恶的事物提出了一种复杂论述,以此来处理这些问题,但是这种论述可能足以说明、也可能不足以说明有关行动(见本书第十章)。(这种论述当然会否认哲学家具有任何基于怜悯或同情的动机;我认为,在这一点上这是一个严重损失,在物质利益及其分配的情形中也同样如此。)此外,他们认为哲学活动具有内在价值,因此从事哲学活动的人几乎就**无须**去辩护这种做法(尽管这本身并未说明为什么要对其他人、为其他人从事哲学活动)。然而,在这里最重要的是,他们依靠每个学生那种自我激活的工作,把医治首先看作自我医治,把论证首先视为自我审查。问题是:这些回答加在一起,是否足以说明斯多亚式论证的对话者(特别是在罗马)深刻地依恋的那种利他主义?我们并不惊讶,在斯多亚主义这里,犹如在伊壁鸠鲁主义那里,还是会发现哲学介入世界的一些例子,这些例子超出了他们的正式立场所允许的范围,比如说,塞涅卡咒骂那位奴性十足的父亲,正如他为了学生好而热情地关心学生(他好像不止一次显示了这种关心),正如《美狄亚》在对爱欲(erōs)的描绘中所呈现出来的那种模棱两可的态度。

医学类比中的第二个张力更难描绘;这个张力在本书第十一章中发挥了主要作用。一方面,哲学家当医生的想法在专业知识方面制造了一种强烈的不对称,使得学生远离教师。在一些希腊斯多亚主义者和伊壁鸠鲁主义者那里,这导致了一种相当严厉的姿态:医生用敏锐的知觉来观察和判断学生,却不带任何同情。另一方面,医学模型固有的特殊主义在另一边导致一种了解病人的全部历史的兴趣。在塞涅卡那里,对叙事的强调让他背离了冷酷,转向充满同感的同情和仁慈。这两条进路原则上是一致的,因为专家的知觉可以是特殊主义的;不过,在实践上它们导致了不同的态度和不同的哲学技术。对专业知识的强调导致了冷酷的教条主义,对叙事的强调则导致了一种灵活的判断,这种判断背离了固定的规则,或者至少不考虑它们所推荐的惩戒。在这里,很多事情都取决于医生对自己所采取的态度,因为那种冷漠的审判姿态可能与一个想法相联系,即自己比学生聪明得多,另一方面,正如塞涅卡所表明的,仁慈的姿态则是与如下认识相联系:一个人就像违法者一样,自身是不完美的。

怀疑论者自己并不关心道德判断和仁慈之间的区分,而是偏爱在悬搁一切判断的教师那里表现出来的那种无限制的灵活性。在伊壁鸠鲁主义那里,事情变得更加复杂:道德判断的那种冷漠的不对称关系在某种程度上依然盛行(尽管在卢克莱修那里是用更加成熟的方式表现出来的);然而与此同时,对人性弱点的同情也成为一种得到认可的情感,一种对教师的做法具有引导作用的情感。希腊斯多亚主义者似乎选择了冷漠而严厉的判断。不过,对塞涅卡来说,仍然需要去发展仁慈的思想(很可能是通过吸收亚里士多德传统和罗马传统),并把它与对自身的不完善以及对难以琢磨的"生活环境"的认识联系起来。在我看来,不论是实质上还是(正如第十二章结尾所论证的)在方法论上,这对道德哲学来说都是一个主要进步。

三、自然和有限性

每个学派都宣称要给予学生一种合乎自然的生活,都提出关于自然的主张,从对人及其需要和能力的某种考察中得出这些主张。在这些学派那里,自然的概念都是规范性的,而不仅仅是描述性的,是一个关于未受阻碍的繁盛的概念,这种繁盛与消除某些由疾病(往往是社会疾病)所施加的障碍相联系。每个学派都宣称要给予我们一种合乎自然的生活,这个主张与一种思想相联系,即承认我们作为必死的存在者是有限的,要放弃社会所诱导的、要求我们去超越那些限度的渴望。另一方面,三个学派也都声称要给予我们一种**像神一样**的生活,这个主张往往与另一个主张相联系,即消除令必死的生活变得最不堪忍受的困扰。于是,在每个学派那里,我们都看到了一个或一系列张力,出现在抛弃超越和获得另一种超越的企图之间。各个学派如何处理这个问题呢?

在三个学派之中,怀疑论者对"自然"的设想是最具还原性的——实际上把"自然地"属于人的东西限制到动物性冲动加上习惯的层面,正如当学生被告诫要彻底"脱去""人类存在者的衣饰"的时候。这也正是他们所捍卫的那种生活,用略带修辞的色彩称之为得到祝福的、像神一样的生活——因为他们论证说,正是这种生活例示了摆脱困扰的神圣目的。在这个希腊传统中,兽和神在某些方面相接近(见本书第七章),因为二者都没有伦理关怀和对他者的关注,都没有美德。怀疑论者所说的神具有这种否定性的、类似兽性的特征,由于没有关切和承诺而摆脱了由此而来的困扰。他们所说的"自然"仍是一个关于摆脱妨碍的规范思想;在他们这里,一如在其他学派那里,这些障碍可以追溯到社会和教导所强加的东西。但是,在他们消除这些障碍的热诚中,并通过他们对规范承诺本身的无情攻击,他们也消除了人类生活的一个部分,而在其他所有希腊哲学家看来,甚至在大多数普通人看来,那个部分用规范的措辞来说就是人类繁盛的一个本质要素。

在伊壁鸠鲁主义那里,"自然"和神之间的张力要复杂得多。因为神是免受伤害和自足的榜样,明确地充当了学生的行为规范。另一方面,正如我们已经看到的,在对论证所做的详细而出色的哲学工作中,相当一部分工作就在于引导学生去理解自己——用一种摆脱传统的宗教渴望的方式、作为有限且必死的存在者来理解自己。在对自然的这种丰富的规范理解中,就有这样一个思想:要把一个人接受为由有限的存在者所构成的世界的成员。这种理解好像也把友谊作为一种具有内在价值的东西包含在内(在卢克莱修那里,这是明显的,在伊壁鸠鲁那里大概也是明显的),于是,一个过着繁盛生活的人就需要其他人,因此就不像神。在卢克莱修对愤怒、共同体和友谊的处理中,在他对爱的诸多论述中,比如当他向学生提供一种栖息于爱和风险之中的人类生活方式的时候,有限论的思想都占据支配地位;为了绝对的安全而"屈从于属人的生活",放弃对神的生活的渴望。这些结果可能不是完全符合伊壁鸠鲁主义者的正式要求,即要求把心神安宁(ataraxia)当作目标;然而,在这些情形中,尽管卢克莱修仍然追求那个目标,但并未以牺牲他的论证所认同的世俗之善为代价。(例如,他并不像伊壁鸠鲁那样劝告哲学家不要结婚和生育,他也没有因为政治生活可能招致愤怒而力劝我们回避那种生活。)然而,在反对死亡的论证中,在一些关于爱的论证(这些论证拒绝任何一种比具有性别特征的友谊更加热烈的情爱联系)中,我们看到,有朽和不朽、安全和脆弱之间的张力也出现在卢克莱修的立场内部。在他的论证中,总的来说我喜欢有限论的论调,而且,在我看来,通过把关注的焦点放在这条线索上,但是也只有通过(就像卢克莱修那样)削弱对于完全的心神安宁的承诺,伊壁鸠鲁主义者才能有一个一致的反对超越的立场。

三个学派中,斯多亚主义者对"自然"的规范理解最为丰富,这种理解允许把作为一种内在善的实践推理,甚至允许把关于宇宙之理性秩序的推理包含在合乎自然的生活中。因此在他们的见解中,在合乎自然地生活的渴望和就像神那样来生活的渴望之间似乎就不存在张力。我们的本性**本来就是**一种像神一样的本性:因为寻求全面的理解就是与神最接近的东西。于是,通过理性,我们既成就自己,又与宙斯联结。

另一方面,对"自然"的这种片面描述,由于痴迷地关注理智,也确实提出了一些严重问题。这些问题关系到亚里士多德所说的"我们的本性"(亚里士多德在这里又是在规范的意义上谈论人类生活中最重要的东西)的其余部分,也就是把我们的有限性反映出来的那个部分。我们那种"合乎"这一切以及我们的理智的生活,就是我们必死的命运吗?就是我们作为情人、朋友、配偶和同胞的彼此需要吗?就是我们对饮食的需要和对健康的维护吗?正如我们已经看到的,斯多亚主义者对这个问题提出了一个错综复杂的回答。因为他们的确承认,在大多数情况下,人们正当地优先选择这些东西,而且似乎是因其在我们的"第一本性"中的作用而优先选择它们。另一方面,我们对这些东西的承诺也不要过于深刻,否则就会对摆脱激情(apatheia)造成危害;但是,亚里士多德会认为,对于一个充满激情的、有限的、"倾向于与他人一道生活"的存在者来说,这样一种肤浅的承诺是**不自然的**。亚里士多德和斯多亚主义者并不是在价值中立的经验问题上发生分歧,因为自然的概念对他们来说都是一个规范概念。他们是在思考一个问题的根本方式上发生分歧,即人类生活为了变得完备而需要什么东西。就像在伊壁鸠鲁的情形中,我偏爱斯多亚主义者的这样一些著作;这些著作承认亚里士多德式的立场的压力,特别是承认,在一种真正合情合理而且完备的生活中,我们与他人形成的各种联系是有深度的。在我看来,希腊化时期伦理学的一项主要贡献,就是力劝我们要像有限的存在者(我们实际上就是这样的存在者)那样用属于人的方式去思考。我相信,这个见识在某些情况下本来就应该让论证改变方向：从摆脱激情（*apatheia*）中转移出来，转向爱欲（*erōs*）和同情。

四、承诺与心神安宁

现在，我们必须直接面对本书大部分章节所应对的那个问题：这些学派对各种各样的无痛苦和无困扰的迷恋，如何允许学生去承诺在自己的美德之外的**任何东西**？由此得到的生活又有多完备？

怀疑论者迫使学生放弃一切承诺（包括认知承诺），其理由是，对世界的任何承诺，哪怕是对"世界就是这样或那样"这一事实的承诺，都会把学生置于危险的境地。（因此他们看到了一个值得注意的事实：对真理的哲学追求，尽管被柏拉图主义传统赞颂为一切生活中最稳当、最无风险的生活，实际上并非真的如此摆脱了危险，因为它让我们的善依赖于一种在我们之外的实在所存在的方式，依赖于一个有限的心灵把握这种实在的能力。）他们告诫学生：不要对自己所爱的人和自己的国家有任何承诺，甚至不要对自己的过去、品格和品味有任何承诺。这些东西**就在那里**，它们施加了因果影响——而即便它们碰巧不在那里，也别去追求它们。这样，学生就有了一种格外安全的生活；然而，这种生活让自我变得贫乏，让自我对他人来说变得不可信赖。

与怀疑论者相比，伊壁鸠鲁主义者似乎用一种更加积极的方式来理解心神安宁本身——不只是把它理解为缺乏困扰，也用正面的措辞把它理解为我们的一切才能的健康的、未受阻碍的运行，其中大概包括我们的认知才能的某些运用，[13]可能也包括友谊的亲密互动。这意味着，即便是这个目的可能也包括了对他人的某些承诺；但是，这个目的性的工具要求带进了太多承诺。首先是伊壁鸠鲁哲学的认知承诺，通过这些承诺，学生就会去猜测他们所生活的世界是什么样子，但经验可能表明他们的猜测是错误的。这样就带进了一个风险的要素——尽管教师会坚称风险不会很大，因为伊壁鸠鲁主义者在阐述其见解的时候，已经为每一个问题和挑战精心准备了有说服力的答案。其次是美德以及合乎美德的行动的要求——它们仅仅作为摆脱困扰的手段而被选择，但是，作为规则，它们显然对学生具有约束力，甚

---

[13] 虽然不是它们的**哲学**运用——见本书第四章。

至当合乎美德的行动在某个具体的情形中并非有利的时候依然如此。[14]在这里,学生又会因为做出了某个承诺而招致风险。这种风险可能就很大了。最终是友谊的承诺——在伊壁鸠鲁这里,这种承诺首先是工具性的,排除了婚姻、性爱、孩子以及政治共同体。在卢克莱修那里,这种承诺得到了广泛而深入的扩展,不仅把那些被排除的领域都包含在内,而且好像还给予它们一种并非仅仅是工具性的价值。于是,风险和牺牲很可能都会成为好人的生活的一部分。

在这一点上,斯多亚主义者面临我已经详细讨论过的一个两难困境,因为摆脱激情及其认知基础好像不是人们所公认的属于斯多亚式英雄的气质,即一种需要担当风险的忠诚和勇气。斯多亚式的朋友和配偶都必须以这种方式生活,这样的话对方的死亡或离去就不会引起悲伤。尽管怜悯(pietas)和对职责的敬畏可以产生忠心耿耿、看似尽职的行动,但斯多亚主义者就像演戏那样来经历这些运动。他不会把自身之善的任何一部分托付给别人。对我们来说,一如对塞涅卡的美狄亚来说,既然这种生活缺乏深厚的爱和率直,它就是一种贫乏的、不完备的生活。

到目前为止,我已经把关注焦点首先放在对朋友、爱人和同胞的承诺上,而在这些地方,希腊化时期的见解很有争议。但是,这些学派在另一个领域做出了一项主要贡献。他们所面对的社会是由对财富、权力和奢华的竞争来支配的。人们觉得必须去追求这些东西,宛如它们具有某种内在价值。这就(正如三个学派都用自己的方式详细表明的)导致了各种对抗和狂热的斗争,导致了残忍行为,导致了各种纽带的破裂,而正是这些纽带把家庭、城邦以及人类共同体结合起来。要合乎自然地生活的命令在很大程度上就是这样一个命令:要抛弃对这些错误目标的狂热追求,要按照这样一种认识来重构自己的欲望和偏好,即它们充其量不过是人的机能运行的非常有限的工具。伊壁鸠鲁主义者和斯多亚主义者都用锐利的论证来表明,只要学生对人的繁盛有了最深刻、最一致的理解,他们就会认为财富、权力和奢华之类的东西没有内在价值,只是单纯的工具。通过分析这些错误目标和各种导致社会不睦的欲望之间的联系,他们还提出了一种后果主义的论证来支持他们对偏好的改革。

这些论证是当代社会生活、特别是当代经济思维需要认真关注的。因

---

[14] 参见 Mitsis(1988a),Goldschmidt(1977)。

为,如果希腊化时期的思想家是正确的,那么,只要一个人最大限度地寻求财富和其他满足,他的行为就不仅不是自然的或理性的,反而是社会教化的一种病态形式的产物。(对于卢克莱修来说,这种行为更糟糕,是一个自欺欺人的错误信念的结果,即认为通过积聚财富,就可以击败自己的死亡。)只要充分知情的人们已经通过一种批判性思考的过程而适当地细察各种取舍,他们就不会选择这种行为了。

我们应该对无限制地攫取财富和寻求权力提出有理有据的批评,在当代社会中,没有什么比这项任务更紧迫了。然而,道德哲学家,尤其是资本主义国家的道德哲学家,很少直接去面对这些目标、去探究它们所带来的问题。经济学中的功利主义者把最大限度地追求财富正式当作一个理性目的来认同。其他功利主义者用各种方式修改这个图景,但是很少用希腊化时期的论证所要求的那种方式。即便是罗尔斯式当代的康德主义理论,也把财富和收入包括在越多越好的"基本善"之中。[15] 只有那些与古希腊世界保持一种明确的友好联系的理论,例如阿玛蒂亚·森(Amartya Sen)的新亚里士多德式理论,[16] 才明明白白地指出:这些金融方面的好东西只是人的机能运行的手段。我们仍需听到斯多亚主义者和伊壁鸠鲁主义者的详尽而有力的批评。[17]

五、政治

希腊化时期对治疗人类生活的探讨聚焦于自足(self-sufficiency)。当学生的需要令其依赖于一个并不总是满足那些需要的世界,这些学派此时就通过改变需要来迎合世界,而不是通过改变世界来满足人的需要。有时候人们不免会猜测:对人类生活中什么东西具有内在价值所提出的论述已经受到修改,以便满足哲学家对什么东西能够轻易而可靠地弄到手的认识,这样一来,对政治所要分配的不定物品提出的主张就不能得到公平的承认。

---

[15] 见 Rawls(1971)。

[16] 见 Sen(1982, 1985)以及 Crocker(1992)。

[17] 在继续这一批评时,至少从研究的目的来看,我们希望把赚钱的心理和追求权力的心理区分开来,因为亚当·斯密和塞缪尔·约翰逊(Samuel Johnson)都以不同的方式论证说,忙于赚钱的人是一个相对无伤大雅的人物,其美德将包括节俭和自律,而且不太可能将仇恨或残暴的行为归于他。这样一个人可能对整个社会也有点好处。这些论证需要仔细考虑。

这些哲学家真的这么想把哲学作为生活的**唯一**技艺确立起来,为幸福(eudaimonia)提供所需要的一切,以至于低估了政治分配的价值吗?这难道不意味着,在聚焦于个人灵魂的时候,他们忽视了哲学此前已经履行的另一项任务——为了公正人道的公共服务而教育立法者?

这个忧虑从一开始就与我们同在;确有可能沿着这些路线在亚里士多德的思想和希腊化时期的思想之间做出一个鲜明对比。亚里士多德坚持认为某些"外在善"对于幸福是必要的,因此就转向那种让世界来适应人类需要的政治规划;相比之下,希腊化时期的思想家要求人调整自己的目的来适应世界的不确定和不公正。然而,这样一种对比也太简单了。本书还没有尝试对希腊化时期的社会和政治思想提出一个全面论述;[18] 不过,我们已经看到,在这些学派对共同体和自足的看法中,有很多看法开始揭露这幅图景的真正复杂性。

这个简单的图景很符合怀疑论者,因为他们对改变世界毫无兴趣,而把注意力完全集中到这样一项计划上:让学生更少地遭受事物在世界中运行的方式给他们带来的痛苦。他们甚至不希望完全消除身体疾苦,因此也不会去考虑与幸福(eudaimonia)不相容的物品是否不够充足——只要这种物品的欠缺所引起的痛苦是适度的就行。除此之外(比如说,在发生饥荒的情况下),他们不会提出任何政治的或哲学的建议,并把如何尽量应对身体疾苦这件事情留给有机体的自然反应。有机体可能自私地应对。至于由奴役、不公正、失去朋友之类的社会不幸所造成的心理痛苦,他们所提供的治疗方案仅仅是:去消除"这些东西是糟糕的"这一信念。因此,他们的学生在政治变化方面就是(用他们自己的隐喻来说)阉人:没有欲望去寻求纠正不公正的措施,哪怕是一个不得不加以抵制的欲望。

对于伊壁鸠鲁主义者来说,事情更为复杂。伊壁鸠鲁本人强烈阻止对政治共同体的积极涉入,把正义看作只是一个人自己摆脱困扰的工具。不过,他同时也很关心身体及其需要,把一切痛苦规定为糟糕的,把幸福(eudaimonia)规定为无痛苦。他也很关心共同体的结构以及它们帮助人们满足需要的方式。在这些方式中,一些方式仅仅涉及如何从正在发生的痛苦中转移出去;不过,我们有理由假设,伊壁鸠鲁共同体**曾经**关心其成员的身体健康以及精神上的无忧无虑。伊壁鸠鲁强调所有实在(包括人类灵魂的

---

[18] 目前,关于这个计划的一部分,见 Schofield(1991)。

实在)的物理本性,这一点确实很突出;因为,伊壁鸠鲁(与柏拉图主义不同)不会因为身体疾病不对"真实的我"产生影响就认为它们是无害的,因此不再予以考虑。然而,伊壁鸠鲁的探讨所具有的限度也是明显的:不仅在正义的工具概念中——也许还可以在一个由朋友构成、但对于更广泛的世界来说仍不够充足的共同体中——而且在世界本身的狭窄界限中,他的探讨除了关心周围少数人之外,仍缺乏对其他所有人的关心。全世界不可能组织成为一些很小的伊壁鸠鲁式的共同体;这种共同体总是寄生在那个更大的世界的经济生活和政治生活之上。那么,那个世界要如何生活呢?伊壁鸠鲁没有提出任何说法。

然而,卢克莱修在其罗马社会中承担了这项任务。我们并未发现对政治分配或对最好的政治秩序的成熟论述,但是确实发现了关于我们对物品的有限需要的伊壁鸠鲁式的论证、对无限制地积聚财富的攻击,而且二者都在政治环境中得到明确使用。我们也发现了对社会盟约和同情的反思,这些反思都具有现实的政治含义。而且,卢克莱修还努力表明:当时政治生活的痼疾如何在促使人们寻求积聚越来越多财富的那种焦虑和贪婪中、如何在与邻居的猛烈竞争中获得其心理根源。

在此我认为,伊壁鸠鲁主义(特别是它在卢克莱修那里的发展)清楚地表明,希腊化时期特有的一种从个人心理入手的探讨可以为政治提供多少资源。因为卢克莱修看到了西方政治思想中最近才重新发现的东西:个人的——情感的生活以及一个人的亲密关系,包括情爱方面的关系——就是政治的,是由社会形成的,而且反过来在社会中有其产物。因此,政治就不仅仅在于对平常的物品和职位进行分配。政治也涉及整个灵魂,涉及它的爱、恐惧和愤怒,涉及它的性别关系和性欲,涉及它对财物、孩子和家庭的态度。伊壁鸠鲁主义者看到了生活中这些所谓"私人的"方面在何种程度上受到了一个不公正且贪婪的社会传统的扭曲;他们声称受到这种扭曲的个体无法以任何其他方式变成好的社会行动者,以此把他们的个人疗法推荐给我们。

斯多亚主义者远远超过其他学派而有一套成熟的政治理论——或者说不止一套理论,因为不论是在希腊和罗马之间,还是在罗马斯多亚主义内部,对最好的共同体的论述都有所变化。在这里我尚未研究这些论述,但是它们都明确表明,对于美德在世界上被培养出来的环境,斯多亚主义者深感兴趣——因为美德仍然需要接受教育(尽管他们并不认为外在善对美德的形成来说是绝对**必要的**),即便美德一旦获得就是自足的。此外,我认为更重要的是,对于那些看起来是个人和天赋的东西(愤怒、对死亡的恐惧、热情的爱、对食物、金钱和性的态度)所具有的社会/政治本性,斯多亚主义者也有一个详尽论述(比如说在卢克莱修那里)。每一个斯多亚式的行动者的自我审视,正如本书第十一章所论证的,也是一种深刻的政治活动,是对社会上形成的偏好(这些偏好在所有层次上都扭曲了人与人之间的生活)的一种根除,是对在一种渐进主义和仁慈政治中开花结果(至少在塞涅卡那里)的人性(humanitas)的一种培养。

斯多亚学派的政治学在很大程度上所依据的并非"人是不完备的"这一思想,而是人的尊严和自我管理的思想。这一强调,尤其是与斯多亚主义者针对美德的潜力而提出的普遍主义结合起来的时候,就可以促使他们为说明人权和人的自由做出极大贡献。[19] 他们对奴隶和女性之平等人性的强调显得特别突出,即使没有与一种兴趣(即对改变奴隶和女性生活的政治现实的坚定兴趣)相结合。另一方面,他们坚定不移地拒绝将怜悯或同情当作一个政治动机,这种做法破坏了一个传统,而在要求慈善、要求承认人的友爱和平等的时候,这个传统曾经在希腊世界中发挥重大作用,在我们的世界中仍然能够发挥重大作用。把奴隶当作人来尊重,正如斯多亚学派的文本很明确地表明的,完全符合保持和认可奴隶制。相比之下,同情使得奴隶的痛苦对自己变得真实并由此而承认其重要性,因此就会自然地走向物质变化和制度变化的方向。但是,斯多亚主义者之所以否认同情,恰好是因为同情把重要性归于这样的外在环境,就好像人的尊严仍然不是自足的。毋宁说,既然我们都有不可转让的尊严和自由,奴隶和主人都应该明白奴隶制不是什么大不了的事情。智慧本身就使得一个人真正自由,而且,也唯有智慧才使得一个人真正自由。

在我看来,由于这些缘故,斯多亚学派的政治思想是一种极为混杂的成就:它对激情的政治和唯物主义之限度的分析可谓深刻且富有洞察力;它承认不同社会阶层的成员、不同种族甚至不同性别的人都具有人的尊严,在这个方面它也可谓深刻;但是,在转到物质环境对幸福(eudaimonia)的影响时,它就显得残酷和教条。承认人甚至在受到奴役的情况下也仍然保留一种不可剥夺的价值,因此奴役一个人是不公正的和道德上令人厌恶的,这是

---

[19] 见 Burnyeat (forthcoming a)。

一回事。而声称这种尊严对幸福来说是唯一真正重要的,是如此坚固以至于甚至连奴隶制都触动不了,因此无论一个人是不是奴隶对于幸福来说实际上都不重要,这却是另一回事。看来正是亚里士多德,而不是斯多亚主义者,为政治思想确立了正确方向:因为人类机能的发挥很重要,而这种发挥具有物质上和制度上的必要条件,这种条件不只是重要,而是极为重要。

希腊化时期的思想家都承认,人是由他们所生活的制度条件和物质条件来塑造的。事实上,正是制度对欲望和功能的扭曲影响成了他们的起点。然而(这是核心的困难),他们似乎把逐一生产完美的人视为己任,就好像在不深刻改变物质条件和制度条件的情况下,也可以把完美的人生产出来。这些哲学共同体本身在某种程度上创造了与周围社会不同的条件。不过,正如他们自己所承认的,这种创造仍然不够深入和广泛。然而与此同时,他们不想承认,在牵涉到人的地方,他们事业的完整成功确实在某种程度上等待和要求政治变革与社会变革。因为对他们来说,一旦承认了这一点,人就依赖于环境来取得幸福,并且最显著地依赖于某种不同于哲学的东西。这些学派宁愿不承认这一点,因为他们不仅把自足当作教条,还不可一世地宣称他们的哲学就是**唯一**的生活技艺。实际情况是:他们自己对欲望和偏好的扭曲思考自然地走向要求哲学和政治结为伙伴的方向:因为唯有与在外部世界中做出的努力相结合,思想和欲望的生活才能在这种结合中以任何一种有意义的方式真正发生转变。例如,想象一下,如果美国的公民权运动在移向法律和制度之前就要求人们摆脱种族主义的欲望和思想,那会发生什么;如果女性首先坚决要求男性完善他们的意识和欲望,而不是要求在法律和制度面前的平等,那会发生什么。我们可以猜测,在这样一种方案下,相较于目前那种往往是法律和制度领先、思想和欲望不情愿地让步的状况,欲望和思想本身所取得的进步就会更少——这种局面也许只有在未来几代人那里才会真正有所改观。希腊化时期的很多思想家并未在政治中或通过政治而取得很多成就,这是我们可以原谅的:因为他们所生活的时代是不同的时代,而要知道在政治中做什么才好,这对于哲学家来说绝非易事。既然他们没有更经常地呼吁这种变化,我们就不能、也不应该原谅他们,实际上,他们想要说的是,只需通过逐一完善个体,然后允许这些获得完善的人来创造世界,我们就可以在地球上把理性王国创造出来。[20]

---

[20] 这个段落中的一些表述得益于与约翰·罗默尔(John Roemer)的交谈。

在斯多亚学派的思想中,还有一个要素对当代世界做出了一个主要的政治贡献;它将使我能够用一种积极的语调来结束这一节。该思想如下:我们每个人都是整个宇宙的公民(kosmou politēs)。斯多亚主义的思想从其希腊源头开始,就是反宗派的和反民族主义的,坚定不移地反对各种狭隘的忠诚,这种忠诚使政治聚焦于群体之间的竞争,而不是对整体的善的理性慎思。在本书第九章,我们已经看到,斯多亚学派的学生如何认为自己的善以错综复杂的方式与他人的善相联系,并把整个世界的那种环环相扣的秩序看作慎思的基本题材。这并不意味着认同一个世界国家,也不意味着把自己根本的成员身份看作一种真正的全球身份、而非一种地方性的或宗派的身份,更不意味着把自己的基本家庭视为所有人的家庭。在现代世界中,这种对待政治的态度仍不多见。甚至我们时代主要的正义理论(例如约翰·罗尔斯的理论[21]),都把民族国家看作其基本单位,很少去谈论国际正义或国际关怀。[22] 对于这些理论中更具相对主义色彩的理论,我们可能真的无话可说,因为它们认为一切正义规范都源自一个特定的共同体固有的传统,[23] 而斯多亚主义则对人类繁盛提供了一种非相对主义的关注,同时还有对世界秩序的那种环环相扣的相互依赖性的敏锐意识。因此,斯多亚主义就为慎思当代世界的一些紧迫问题(例如饥饿、生态、人口以及女性地位)提供了一个有希望的基础,而在探究这些问题时,若不着眼于所有人的善(事实上是全世界的善),我们就不能很好地处理它们。

六、激情

激情一直是本书的核心论题。现在终于到了评价我们的发现的时候。在我看来,有一件事情是无可辩驳的,即:斯多亚学派和伊壁鸠鲁学派的文本对情感提出的分析既精微又中肯,西方哲学史上处理这个论题的其他任何著作都无法超越。亚里士多德的论述显然是有价值的先驱。但是我相

---

[21] Rawls (1971).

[22] 不过,在Pogge(1981)中,他很有趣地将罗尔斯式的原则应用于国际正义。

[23] 这个思想显然来自Michael Walzer(1983)和Richard Rorty(1982)的部分工作。不过,也有一些非相对主义的思想家例如Charles Taylor(1989)试图从历史传统中推出道德规范和政治规范,在其中一些非相对主义者的著作中,国际道德和国际正义也很少得到讨论。(查尔斯·泰勒目前的工作就在弥补这个空白。)相关论证见Nussbaum(1990b and forthcoming b)。

信,希腊化时期的思想家超越了亚里士多德,比如说,在他们对情感和信念之间的关系所做出的分析的细节和力量上,在他们对情感中的评价性要素的论述上,在他们就各种情感之间的相互联系所提出的建议上,最终,在他们把情感生活与一种很普遍的世界观(这种世界观认为我们被运气所绑架)联系起来的做法上。不管一个人如何思考他们反对激情的论证,如何看待他们把激情鉴定为信念或判断的做法,这些论述都是任何进一步的工作必不可少的起点。哲学家们一度认识到这一点,17、18世纪讨论情感的佳作(笛卡尔、斯宾诺莎和亚当·斯密的作品)都从他们那里获益匪浅,也许在某些方面还达不到他们的水平。而在当今,在关于情感的哲学论著中,这些论述却差不多总是被忽视,[24] 后者不得不费力地重新发明原来就清清楚楚地摆在那里的东西(而且往往达不到原来的水平)。不仅如此,希腊化时期思想家对具体情感的详细分析就像一般的理论一样令人印象深刻。当代对爱、愤怒以及恐惧的分析再次因为忽视这些分析而吃尽苦头。

伊壁鸠鲁学派的情感理论,就我们所知,在某些方面不如斯多亚学派的理论精细:在区分必要性和充分性以及区分这二者与同一性的时候,它并未充分阐明信念和激情之间的关系。另一方面,卢克莱修做出了很有价值的补充,即情感与**叙事**相联系的想法。[25] 某一情感(比如说爱)的认知内容,并不是仅仅通过把握抽象的命题就能得到,甚至也不是仅仅通过关于自己生活的高度具体的命题就能得到。倒不如说,我们内化了在文化层面上来叙述的情节,而这些情节就向我们提供了那个情感的特征、韵律和结构。因此,当我们在这些情节所创造的角色中来塑造自己和他人时,这些情节就在我们自己的生活中得以发生。有了这种论述,我们就可以用一种崭新的方式认识到文学叙事在道德哲学中可能发挥的作用:文学叙事不仅对于完整地理解道德哲学中一个极为重要的要素来说必不可少,而且对于理解传统的叙事权力可能借以扭曲人类关系的某些方式也必不可少。

在某种意义上说,愤怒是本书的核心论题及其存在根据。希腊化时期

---

[24] 在此只提一个特别显著的例子,即 Murphy and Hampton(1988),这是一本论述愤怒、原谅和仁慈的(杰出)著作,其中既没有提到塞涅卡,也没有提到斯多亚主义。未受此忽视的一个领域是对死亡的恐惧,在这个领域中,伊壁鸠鲁的论证已经得到承认,在哲学层面具有极为重要的地位——见本书第六章。

[25] De Sousa(1987)提出了一个密切相关的建议。

哲学家之所以对我有吸引力，不仅是因为他们对激情的分析很有力量，也是因为我非常同情他们对根除愤怒的论证。在《善的脆弱性》(*The Fragility of Goodness*)中，我已经把最好的人类生活描绘为一种承受风险的生活——在丧失和悲伤方面承受风险。我还没有接受、甚至也没有深入考虑（除了在讨论欧里庇得斯的《赫卡柏》[*Hecuba*]的那一章外）如下思想：由于腐蚀性的愤怒，最好的生活会遭受风险。希腊化时期的思想家确实正视了这个问题——以一种导致他们拒斥**所有**激情的方式。我之所以针对这些思想家著书立说，其中一个动机就是要发现是否有可能接受他们关于消除愤怒的论证，同时仍然拒斥他们对爱、恐惧和悲伤之类的激情所做的更一般的攻击。

这个尝试在很大程度上失败了。希腊化时期消除愤怒的一些方式，例如减少对钱财的迷恋，与在生活中保有某种爱完全相容，但这不是对那些东西的爱，而且仅仅是在如下意义上：只要爱依然存在，愤怒本身就依然作为可能性而存在。他们声称在爱和愤怒的可能性之间存在一定联系，这种联系以如下方式得到了有力的展现：这种方式既维护了亚里士多德针对深厚的依恋和愤怒之间的关系提出的主张，却又因为这个缘故而质疑他的另一个主张，即对于一个有美德的人来说，其生活不会包含不当行为，因此就没什么可遗憾的。这意味着一个人必须做出选择：要么像正统的斯多亚主义者那样同时放弃爱和愤怒，要么就去冒伤害的风险。

在这里，不论是在公共领域还是在私人领域，卢克莱修和塞涅卡都持有复杂且带有矛盾情结的立场。卢克莱修试图描绘共同体的基础，这种尝试在揭示为了自己而愤怒的根据的同时又保留了这种根据。这种正当的愤怒并未摆脱潜在地令人不安的后果，而且，在本书第七章中我们看到，当卢克莱修试图创造一种既让自己得到保护又让朋友得到珍惜的共同体时，他也是在尝试进行一种艰难的平衡。在描绘一个既尊重自身又摆脱愤怒的共同体时，塞涅卡也碰到了很大困难。他的分析既提出了强有力的理由来反对愤怒，又提出了强有力的理由来支持对伤害和不当行为采取一种医疗态度。但是，当暴君伤害了我们所爱的人时，在这种情况下，超然就让位于诅咒。

就对情爱的依恋而言，事情甚至变得更加复杂。卢克莱修设想了一种摆脱愤怒和嫉妒的稳定婚姻；但是，只有通过实际上消除爱欲，并把这种关系想象为一种补充了性快乐的友谊，他的设想才变得可理解。他提出的建议就类似于在穆索尼乌斯·卢弗斯那里所描绘的斯多亚式的理想婚姻（见本书第十二章）——尽管斯多亚主义者并不像卢克莱修那样认为性快乐有那么重要。我已经论证说,这些经过平衡和净化的关系遗漏了某种东西:在宣称要屈从于属人的生活时,卢克莱修并没有充分遵循这个劝告。在塞涅卡的《美狄亚》中,那个被遗漏的方面得到了既令人兴奋又令人恐惧的描绘,这部戏剧同时揭示了爱欲的价值和危险。在某种程度上,我们可以把希腊化时期的规范与塞涅卡结合起来,从而强调说,当情爱出现在某些人(他们就像朋友那样彼此尊重对方的品格、一道分享承诺和一种生活方式)之间时,它是最有价值的。与在其他地方相比,在这种爱中遭受最具毁灭性的怨恨和愤怒的风险也许会小一点,原因在于,即使在极度的痛苦中,相互尊重也还是有其重要性。

然而,这实际上并未把愤怒从情爱生活中消除,而仅仅是对它做了一点限制。这肯定不足以令斯多亚主义者满意——因为,正如本书第十二章所论证的,好品格固然可以抑制有害的行为,却消除不了有害的意愿。在这里,我认为我们必须像塞涅卡那样转向仁慈和叙事——试图回应已经发生的事情而不去实施严厉惩罚,要求时刻保持警惕的智慧之眼、用叙事性的理解去探究别人的动机和自己动机的复杂性。斯多亚主义者试图把一切恶疾从社会生活中清除,这种大胆尝试,只要严格贯彻到底,也会以消除有限的人性、承担风险的忠诚以及充满激情的爱而告终。绝对的完善不适于一个有限存在者的生活,而一旦抛弃了对这种完善的热情,抛弃了如此频繁地与这种热情相伴随的对惩罚和自我惩罚的渴望,我所推荐的那种教育就会用仁慈来看待人类生活所具有的那种含糊不定的卓越和激情。

参考文献

Abel, K. (1967). *Bauformen in Senecas Dialogen*. Heidelberg.

Ackrill, J. (1980). "Aristotle on *Eudaimonia*." In A. Rorty (1980) 15-33.

Ahl, F., trans. (1986). *Seneca: Medea*. Ithaca.

Annas, J. (1980). "Truth and Knowledge." In Schofield, Burnyeat, and Barnes (1980) 84-104.

Annas, J. (1986). "Doing without Objective Values: Ancient and Modern Strategies." In Schofield and Striker (1986) 1-30.

Annas, J. (1992). *Hellenistic Philosophy of Mind*. Berkeley.

Annas, J. and Barnes, J. (1985). *The Modes of Scepticism: Ancient Texts and Modern Interpretations*. Cambridge.

Arnim, H. von. (1903-1905). *Stoicorum Veterum Fragmenta*. 3 vols. Leipzig.

Arrighetti, G. ed. and trans. (1960) *Epicuro Opere*. Turin.

Aubenque, P. (1957). "La définition aristotélicienne de la colère." *Revue philosophique de France et de l'étranger*. 300-317.

Austin, J. L. (1961). "*Agathon* and *eudaimonia* in the Ethics of Aristotle." In *Philosophical Papers*, by J. L. Austin, 1-31. Oxford.

Bailey, C., ed. (1900). *Lucreti De Rerum Natura*. Oxford Classical Text. Oxford.

Bailey, C., ed. and trans. (1926). *Epicurus: The Extant Remains*. Oxford.

Bailey, C. (1938). "The Mind of Lucretius." *American Journal of Philology* 61: 278-291, and in Classen (1986): 3-16.

Bailey, C., ed. (1947). *Titi Lucreti Cari De Rerum Natura*, with Prolegomena, Critical Apparatus, Translation, and Commentary. 3 vols. Oxford.

Barnes, J. (1982a). "Medicine, Experience and Logic." In *Science and Speculation*, ed. J. Barnes, J. Brunschwig, M. Burnyeat, M. Schofield, 24-68. Cambridge and Paris.

Barnes, J. (1982b). "The Beliefs of a Pyrrhonist." *Proceedings of the Cambridge Philo-

logical Society 29: 1-29.

Betensky, A. (1980). "Lucretius and Love." *Classical World* 73: 291-299.

Blum, L. (1980). *Friendship, Altruism, and Morality.* London.

Blundell, S. (1986). *The Origins of Civilization in Greek and Roman Thought.* London.

Bollack, J. (1975). *La pensée du plaisir.* Paris.

Bollack, M. (1978). *La raison du Lucrèce.* Paris.

Bollas, C. (1987). *The Shadow of the Object: Psychoanalysis of the Unthought Known.* London.

Bonhöffer, A. (1894). *Die Ethik des Stoikers Epictet.* Stuttgart.

Bonnefoy, Y. (1991). *Greek and English Mythologies.* Trans, under direction of W. Doniger. Chicago.

Bourgery, A., ed. (1922). *Seneca. De Ira.* Paris.

Bowlby, J. (1980). *Loss: Sadness and Depression.* New York.

Boyancé, P. (1963). "Le stoicisme à Rome." In *Actes du VIIIme Congrès de l'Association G. Budé*, 218-255. Paris.

Boyle, A. J., ed. (1983). *Seneca Tragicus.* Victoria, Australia.

Brandt, R. B. (1979). *A Theory of the Good and the Right.* Oxford.

Brieger, A. (1908). Review of W. A. Merrill's edition of Lucretius. *Berliner Philologische Wochenschrift*: 1621-1625.

Brock, D. (1986). "Justice and the Severly Demented Elderly." *Journal of Medicine and Philosophy* 13: 73-99.

Brock, D. (1993). "Quality of Life Judgments in Health Care and Medical Ethics." In Nussbaum and Sen. (1993) 95-132.

Brown, R. D. (1987). *Lucretius on Love and Sex.* Leiden.

Brueckner, A., and Fischer, J. M. (1986). "Why Is Death Bad?" *Philosophical Studies* 50: 213-221.

Brunschwig, J. (1980). "Proof Defined." In Schofield, Burnyeat, and Barnes (1980) 125-160.

Brunschwig, J. (1986). "The Cradle Argument in Epicureanism and Stoicism." In Schofield and Striker (1986) 113-144.

Brunschwig, J. (1992). "Pyrrhon et Philista." In *"Chercheurs de sagesse": Hommage à Jean Pépin*, Paris. 133-146.

Brunschwig, J., and Nussbaum, M., eds. (1993). *Passions & Perceptions: Proceedings of the 5th Symposium Hellenisticum.* Cambridge.

Burnyeat, M. F. (1980a). "Can the Sceptic Live His Scepticism?" In Schofield, Burnyeat, and Barnes (1980) 20-53, and in Burnyeat (1983) 117-148.

Burnyeat, M. F. (1980b). "Aristotle on Learning to Be Good." In Rorty (1980) 69-92.

Burnyeat, M. F. (1982). "The Origins of Non-deductive Inference." In *Science and Speculation*, ed. J. Barnes, J. Brunschwig, M. Burnyeat, M. Schofield, 193-238. Cambridge.

Burnyeat, M. F., ed. (1983). *The Skeptical Tradition*. Berkeley.

Burnyeat, M. F. (1984). "The Sceptic in His Place and Time." In *Philosophy in History*, ed. R. Rorty, J. B. Schneewind, and Q. Skinner, 225-254. Cambridge.

Burnyeat, M. F. (forthcoming a). "Greek Freedom."

Burnyeat, M. F. (forthcoming b). "Carneades."

Busa, R., and Zampolli, A. (1975). *Concordantiae Senecanae*. 2 vols. Hildesheim.

Buxton, R. G. A. (1982). *Persuasion in Greek Tragedy: A Study of Peitho*. Cambridge.

Campbell, K. (1985). "Self-mastery and Stoic Ethics." *Philosophy* 60: 327-340.

Caston, V. (1992). "Aristotle on Intentionality." Ph. D. diss., University of Texas at Austin.

Caston, V. (forthcoming). *The Problem of Intentionality in Ancient Greek Philosophy*. Cambridge.

Cavell, S. (1969). "Knowing and Acknowledging." In *Must We Mean What We Say?* by S. Cavell, 238-266. New York.

Cavell, S. (1979). *The Claim of Reason*. Oxford.

Charles, D. (1984). *Aristotle's Philosophy of Action*. London.

Chen, M. (1983). *A Quiet Revolution: Women in Transition in Rural Bangladesh*. Cambridge, Mass.

Chilton, C. W. (1960). "Did Epicurus Approve of Marriage?" *Phronesis* 5: 71-74.

Chilton, C. W. (1967). *Diogenes Oenoandensis*. Leipzig.

Chilton, C. W. (1971). *Diogenes of Oenoanda: The Fragments*. London and New York.

Chilton, C. W., ed. (1976). *Epicurus' Letter to Mother*.

Christensen, J. (1962). *An Essay on the Unity of Stoic Philosophy*. Copenhagen.

Classen, C. J. (1968). "Poetry and Rhetoric in Lucretius." *Transactions of the American Philological Association* 99: 77-118, and in Classen (1986) 331-374.

Classen, C. J., ed. (1986). *Probleme der Lukrezforschung*. Hildesheim.

Clay, D. (1976). "The Sources of Lucretius' Inspiration." In *Études sur l'epicurisme antique*, ed. J. Bollack and A. Laks, 203-227. Lille.

Clay, D. (1983a). *Lucretius and Epicurus*. Ithaca.

Clay, D. (1983b). "Individual and Community in the First Generation of the Epicurean School." In *ΣΥΖΗΤΗΣΙΣ: Studi sull' epicureismo greco e romano offerti a Marcello Gigante*, ed. G. Macchiarolli, 255-279. Naples.

Clay, D. (1984a). "The Cult of Epicurus: An Interpretation of Philodemus *On Epicurus* (P Here 1232) and Other Texts. In "*Atti del XVII Congresso Internazionale di Papirologia*, Naples. 677-679.

Clay, D. (1984b). Review of Frischer. (1982). *American Journal of Philology* 105: 484-489.

Clay, D. (1986). "The Cults of Epicurus." *Cronache Ercolanesi* 16: 11-28.

Collins, S. (1982). *Selfless Persons: Imagery and Thought in Theravada Buddhism*. Cambridge.

Commager, H. S., Jr. (1957). "Lucretius' Interpretation of the Plague." *Harvard Studies in Classical Philology* 62: 105-118.

Copley, F. O. (1956). *Exclusus Amator: A Study in Latin Love Poetry. Monographs of the American Philosophical Association*, 17. Baltimore.

Costa, C. D. N., ed. (1973). *Seneca. Medea*. Oxford.

Costa, C. D. N., ed. (1984). *Lucretius De Rerum Natura V*. Oxford.

Crocker, D. (1992). "Functioning and Capability: The Foundations of Nussbaum's and Sen's Development Ethic." *Political Theory*, 20: 584-612.

Cupaiuolo, G. (1975). *Introduzione al "De ira" di Seneca*. Naples.

Davidson, A. (1990). "Spiritual Exercises and Ancient Philosophy: An Introduction to Pierre Hadot." *Critical Inquiry* 16:475-482.

D'Agostino, F. (1973). *Epieikeia: Il tema dell'equità nell'antichita Greca*. Milan.

De Lacy, P. (1948). "Stoic Views of Poetry." *American Journal of Philology* 69: 241-271.

De Lacy, P. (1958). "*Ou mallon* and the Antecedents of Ancient Scepticism." *Phronesis* 3: 59-71.

De Lacy, P., ed. (1978-1980). *Galen, De Placitis Hippocratis et Piatonis*. Corpus Medicorum Graecorum. Berlin.

De Sousa, R. (1987). *The Rationality of Emotion*. Cambridge, Mass.

De Witt, N. W. (1954). *Epicurus and His Philosophy*. Minneapolis.

Diano, C. (1974). *Epicuri Ethica et Epistulae*. Florence.

Diels, H., and Kranz, W., eds. (1968). *Fragmente der Vorsokratiker*. 3 vols. Dublin and Zürich.

Dingel, J. (1974). *Seneca und die Dichtung*. Heidelberg.

Doniger, Wendy. (1973). *Siva: The Erotic Ascetic*. Chicago.

Doniger, Wendy. (1986). "Horses and Snakes in the Adi Parvan of the *Mahabharata*." *Aspects of India-Essays in Honor of Edward Cameron Dimock*, ed. Margaret Case and N. Gerald Barrier. New Delhi.

Dover, K. J. (1974). *Greek Popular Morality in the Time of Plato and Aristotle*. Oxford.

Dover, K. J. (2nd ed. 1989). *Greek Homosexuality*. Cambridge, Mass.

Drèze, J., and Sen, A., eds. (1989). *Hunger and Public Action*. Oxford.

Duncan, C. M. (1991). "Diseases of Judgment: The Emotions in Stoic Psychology and Ethics." Undergraduate honors thesis, Department of Philosophy, Brown University, April.

Düring, I. (1966). *Aristoteles*. Heidelberg.

Edelstein, L. (1967). "Empiricism and Scepticism in the Teaching of the Greek Empiricist School." In *Ancient Medicine*, ed. L. Edelstein. Baltimore.

Edelstein, L., and Kidd, I. G., eds. (1972). *Posidonius*. Vol. 1, *The fragments*. Cambridge.

Egermann, F. (1940). "Seneca als Dichterphilosoph." *Neue Jahrbücher für Antike und deutsche Bildung* 3: 18-36.

Eliot, T. S. (1951). "Seneca in Elizabethan Translation" and "Shakespeare and the Stoicism of Seneca." In *Selected Essays*. London.

Englert, W. (1988). *Epicurus on the Swerve and Free Action*. American Classical Studies, 16. Atlanta.

Englert, W. (1990). "Seneca and the Stoic View of Suicide." Paper read to the meeting of the Society for Ancient Greek Philosophy, December.

Fairbairn, W. R. D. (1952). *Psychoanalytic Studies of the Personality*. London.

Fantham, E. (1982). *Seneca's Troades: A Literary Introduction with Text, Translation and Commentary*. Princeton.

Fauth, (1973). "Divus Epicurus: Zur Problemgeschichte philosophischer Religiosität bei Lucrez." In *Aufstieg und Niedergang der römischen Wettt*, ed. H. Temporini and

W. Haase, I. 4: 205-225. Berlin.

Feinberg, J. (1977). "Harm and Self-Interest." In *Law, Morality, and Society: Essays in Honour of H. L. A. Hart*, ed. P. M. S. Hacker and J. Raz, 284-308. Oxford.

Fillion-Lahille, J. (1970). "La colère chez Aristote." *Revue des etudes antiques* 72: 46-79.

Fillion-Lahille, J. (1984). *Le De Ira de Sénèque et la philosophie stoicienne des passions*. Paris.

Fish, S. (1989). *Doing What Comes Naturally: Change, Rhetoric, and the Practice of Theory in Literary and Legal Studies*. Durham.

Fitzgerald, W. (1984). "Lucretius' Cure for Love in the *De Rerum Natura*." *Classical World* 78: 73-86.

Flintoff, E. (1980). "Pyrrho and India." *Phronesis* 25: 88-108.

Fortenbaugh, W. (1975). *Aristotle on Emotion*. London.

Foucault, M. (1984). *Histoire de la sexualité*. Vol. 3, *Le souci de soi*. Paris.

Fowler, D. P. (1989). "Lucretius and Politics." In M. Griffin and Barnes, (1989) 120-150.

Frede, M. (1974). *Die Stoische Logik*. Göttingen.

Frede, M. (1979). "Des Skeptikers Meinungen." *Neue Hefte für Philosophie* 1516:102-129. Translated as "The Skeptic's Beliefs." In *Essays in Ancient Philosophy*, by M. Frede, 179-200. Minneapolis, 1987.

Frede, M. (1982). "The Method of the So-Called Methodical School of Medicine." In *Science and Speculation*, ed. J. Barnes, J. Brunschwig, M. Burnyeat, and M. Schofield, 1-23. Cambridge and Paris.

Frede, M. (1983). "Stoics and Sceptics on Clear and Distinct Ideas." In Burnyeat (1983) 65-94.

Frede, M. (1984). "The Sceptics' Two Kinds of Assent and the Question of the Possibility of Knowledge." In *Philosophy in History*, ed. R. Rorty, J. Schneewind, and Q. Skinner, 255-278. Cambridge.

Frede, M. (1986). "The Stoic Doctrine of the Affections of the Soul." In Schofield and Striker (1986) 93-110.

Freud, S. (1900-1901). *The Interpretation of Dreams*. London.

Frischer, B. (1982). *The Sculpted Word*. Berkeley.

Furley, D. J. (1967). *Two Studies in the Greek Atomists*. Princeton.

Furley, D. J. (1978). "Lucretius the Epicurean on the History of Man." In *Lucrèce*.

Entretiens sur L'Antiquité Classique 24: 1-37. Geneva. Reprinted in Furley, *Cosmic Problems*. (1989). Cambridge.

Furley, D. J. (1986). "Nothing to Us?" In Schofield and Striker (1986) 75-91.

Fyfe, H. (1983). "An Analysis of Seneca's *Medea*." In Boyle (1983) 77-93.

Gigante, M. (1975). "*Philosophia Medicans* in Filodemo." *Cronache Ercolanesi* 5: 53-61.

Gill, C. (1983). "Did Chrysippus Understand Medea?" *Phronesis* 28: 136-149.

Glibert-Thirry, A. (1977). "La théorie stoicienne de la passion chez Chrysippe et son évolution chez Posidonius." *Revue philosophique de Louvain* 75: 393-435.

Glidden, D. (1983). "Skeptic Semiotics." *Phronesis* 28: 213-255.

Godwin, J., ed. (1986). *Lucretius: De Rerum Natura IV*. Warminster.

Goldschmidt, V. (1977). *La doctrine d'Epicure et le droit*. Paris.

Graver, M. (1990). "The Eye of the Beholder: Lucretius on Perceptual Relativity." In Nussbaum (1990d) 91-116.

Green, O. H. (1982). "Fear of Death." *Philosophy and Phenomenological Research* 43: 99-105.

Griffin, J. (1980). *Homer on Life and Death*. Oxford.

Griffin, M. (1976). *Seneca: A Philosopher in Politics*. Oxford.

Griffin, M. (1986). "Philosophy, Cato and Roman Suicide: I and II." *Greece and Rome* 33: 64-77, 192-202.

Griffin, M. (1989). "Philosophy, Politics and Politicians at Rome." In M. Griffin and Barnes (1989) 1-37.

Griffin, M., and Barnes, J., eds. (1989) *Philosophia Togata*. Oxford.

Grimal, P. (1963). "Lucrèce et son public." *Revue des études latines* 41: 91-100.

Guthrie, W. K. C. (1975). *Plato: The Man and His Dialogues, Earlier Period. A History of Greek Philosophy*. Vol. 4. Cambridge.

Haase, F., ed. (1897-1898). *L. Annaei Senecae Opera Quae Supersunt*. 3 Vols. Leipzig.

Hadot, I. (1969). *Seneca und die griechische-römische Tradition der Seelenleitung*. Berlin.

Hadot, P. (1981). *Exercises spirituels et philosophie antique*. Paris.

Hadot, P. (1990). "Forms of Life and Forms of Discourse in Ancient Philosophy." *Critical Inquiry*. 16: 483-505.

Halliwell, S. (1986). *Aristotle's Poetics*. Chapel Hill.

Halperin, D. (1986). "Plato and Erotic Reciprocity." *Classical Antiquity* 5: 60-80.

Halperin, D. (1989). "Plato and the Metaphysics of Desire." *Proceedings of the Boston Area Colloquium for Ancient Philosophy* 5: 27-52.

Halperin, D. (1990). *One Hundred Years of Homosexuality and Other Essays on Greek Love.* New York.

Hardie, P. (1986). *Cosmos and Imperium.* Oxford.

Hare, R. M. (1981). *Moral Thinking: Its Levels, Method, and Point.* Oxford.

Harris, W. (1990). *Ancient Literacy.* Cambridge, Mass.

Henry, D., and Henry, E. (1985). *The Mask of Power: Seneca's Tragedies and Imperial Rome.* Warminster.

Hense, O., ed. (1905). *C. Musonii Rufi Reliquiae.* Leipzig.

Herington, C. J. (1966). "Senecan Tragedy." *Arion* 5: 422-471.

Hershbell, J. P., ed. (1981). *Pseudo-Plato, Axiochus.* Chicago.

Hossenfelder, M., intro. and trans. (1968). *Sextus Empiricus. Grundriss der Pyrrhonischen Skepsis.* Frankfurt.

House, D. K. (1980). "The Life of Sextus Empiricus." *Classical Quarterly* 30: 227-238.

Housman, A. E. (1972). "Lucretiana." In *The Classical Papers of A. E. Housman*, ed. J. Diggle and F. R. D. Goodyear, 2:432-435. Cambridge.

Hume, D. (1739-1740). *A Treatise of Human Nature.* Oxford.

Hutchinson, D. (1988). "Doctrines of the Mean and the Debate Concerning Skills in Fourth-Century Medicine, Rhetoric, and Ethics." *Apeiron* 21:17-52.

Humphries, R., trans. (1968). *Lucretius: The Way Things Are.* Bloomington.

Inwood, B. (1985). *Ethics and Human Action in Early Stoicism.* Oxford.

Inwood, B. (1987). "Goal and Target in Stoicism." *Journal of Philosophy* 83: 547-556.

Inwood, B. (1993). "Seneca on Emotion and Action." In Brunschwig and Nussbaum (1993) 150-183.

Ioppolo, A. M. (1980). *Aristone di Chio e lo Stoicismo antico.* Naples.

Irwin, T. H. (1986). "Stoic and Aristotelian Conceptions of Happiness." In Schofield and Striker (1986): 205-244.

Jackson, H. (1920). "Arisotle's Lecture Room and Lectures." *Journal of Philology* 35: 191-200.

Jaeger, W. (1934). *Aristotle: Fundamentals of the History of His Development*, trans.

R. Robinson. Oxford.

Jaeger, W. (1957). "Aristotle's Use of Medicine as Model of Method in His Ethics." *Journal of Hellenic Studies* 77: 54-61.

Kenny, A. (1963). *Action, Emotion, and Will*. London.

Kenny, A. (1973). "Mental Health in Plato's Republic." In *The Anatomy of the Soul*, by A. Kenny, 1-27. Oxford.

Kenney, E. J. (1970). "Doctus Lucretius." *Mnemosyne*, ser. 4, 23: 366-392, and in Classen (1986) 237-265.

Kenney, E. J., ed. (1971). *Lucretius, De Rerum Natura, Book III*. Cambridge.

Kenney, E. J. (1977). *Lucretius. Greece and Rome* New Surveys in the Classics, 11. Oxford.

Kerferd, G. B. (1978). "The Origin of Evil in Stoic Thought." *Bulletin of the John Rylands Library of Manchester* 60: 482-494.

Kidd, I. G. (1971a). "The Stoic Intermediates and the End for Man." In Long (1971) 150-172.

Kidd, I. G. (1971b). "Posidonius on Emotions." In Long (1971) 200-215.

Klein, M. (1984). *Envy, Gratitude, and Other Works*, 1946-1963. London.

Klein, M. (1985). *Love, Guilt, and Reparation and Other Works*, 1921-1945. London.

Knox, B. M. W. (1958). "The Serpent and the Flame." *American Journal of Philology* 38: 379-400.

Knox, B. M. W. (1977). "The *Medea* of Euripides." *Yale Classical Studies* 25: 77-93.

Konstan, D. (1973). *Some Aspects of Epicurean Psychology*. Leiden.

Konstan, D. (1977). *Catullus' Indictment of Rome*. Amsterdam.

Kosman, L. A. (1976). "Platonic Love." In *Facets of Plato's Philosophy*, 53-69. *Phronesis* Supplement Vol. II. Assen.

Laursen, J. C. (1992). *The Politics of Skepticism*. Leiden.

Lawall, G. (1979). "Seneca's *Medea*, The Elusive Triumph of Civilization." In *Arktourus: Hellenic Studies Presented to B. M. W. Knox*, ed. G. Bowersock et al., 419-426. Berlin and New York.

Lawless, J. (1991). "Equity Argumentation in Isaeus." Ph. D. diss., Brown University.

Lazarus, R. (1991). *Emotion and Adaptation*. New York.

Lefkowitz, M. (1986). *Women in Greek Myth*. Baltimore.

Leighton, S. R. (1982). "Aristotle and the Emotions." *Phronesis* 27: 144-174.

Lesses, G. (1989). "Virtue and the Goods of Fortune in Stoic Moral Theory." *Oxford Studies in Ancient Philosophy* 7: 95-128.

Lieberg, G. (1962). *Puella Divina. Die Gestalt des göttlichen Geliebten bei Catull im Zusammenhang der antiken Dichtung*. Amsterdam.

Lloyd, A. C. (1978). "Emotion and Decision in Stoic Psychology." In Rist (1978) 233-246.

Lloyd, G. E. R. (1981). *Magic, Reason, and Experience*. Cambridge.

Lloyd, G. E. R. (1983). *Science, Folklore, and Ideology: Studies in the Life Sciences in Ancient Greece*. Cambridge.

Lloyd, G. E. R. (1989). *The Revolutions of Wisdom*. Berkeley.

Locke, J. (1690). *An Essay Concerning Human Understanding*. Ed. P. H. Nidditch. Oxford, 1975.

Logre, J. B. (1946). *L'anxiété de Lucrèce*. Paris.

Long, A. A., ed. (1971). *Problems in Stoicism*. London.

Long, A. A. (1974). *Hellenistic Philosophy*. London.

Long, A. A. (1981). "Aristotle and the History of Greek Scepticism." In *Studies in Aristotle*, ed. D. J. O'Meara, 76-106. Washington, D. C.

Long, A. A. (1988). "Socrates in Hellenistic Philosophy." *Classical Quarterly* 38: 150-171.

Long, A. A., and Sedley, D. (1987). *The Hellenistic Philosophers*. 2 vols. Cambridge.

Longo Auricchio, F. (1978). "La scuola di Epicuro." *Cronache Ercolanesi* 8: 21-37.

Lovejoy, A., and Boas, G. (1935). *Primitivism and Related Ideas in Antiquity*. Baltimore.

Luper-Foy, S. (1987). "Annihilation." *Philosophical Quarterly* 37: 233-252.

Luria, S. (1970). *Demokrit*. Leningrad.

Lutz, C. (1988). *Unnatural Emotions*. Chicago.

MacLeod, C. W., ed. and comm. (1982). *Homer: Iliad* 24. Cambridge.

MacIntyre, A. (1981). *After Virtue*. Notre Dame.

MacIntyre, A. (1988). *Whose Justice? Which Rationality?* Notre Dame.

McPherran, M. (1987). "Skeptical Homeopathy and Self-Refutation." *Phronesis* 32: 290-328.

Mahabharata. (1973). *Vol. 1, Of the Beginning*. Trans. J. van Buitenen. Chicago.

Marrou, H. -I. (1956). *A History of Education in Antiquity*. Trans. G. Lamb. London.

Marti, B. (1945). "Seneca's Tragedies: A New Interpretation." *Transactions of the American Philological Association* 76: 216-245.

Marti, B. (1947). "The Prototypes of Seneca's Tragedies." *Classical Philology* 42: 1-16.

Marx, K. (1841). *Difference between the Democritean and Epicurean Philosophy of Nature*. In *Collected Works*, Vol. 1, by Karl Marx and Fr. Engels, 25-74. London and Moscow, 1975.

Maurach, G. (1966). "Jason und Medea bei Seneca." *Antike und Abendland* 12: 125-146.

Mill, John Stuart (1961). "Nature." In *Three Essays on Religion*, in *The Philosophy of John Stuart Mill*, ed. M. Cohen. New York.

Miller, F. (1976). "Epicurus on the Art of Dying." *Southern Journal of Philosophy* 14: 169-177.

Miller, F. J., ed. and trans. (1917). *Seneca's Tragedies*. 2 vols. Loeb Classical Library. London and Cambridge, Mass.

Mitsis, P. (1988a). *Epicurus' Ethical Theory: The Pleasures of Invulnerability*. Ithaca.

Mitsis, P. (1988b). "Epicurus on Death and Duration." *Proceedings of the Boston Area Colloquium for Ancient Philosophy* 4: 303-322.

Mitsis, P. (1993). "Seneca on Rules and Precepts." In Brunschwig and Nussbaum (1993) 285-312.

Morrison, D. (1990). "The Ancient Sceptic's Way of Life." *Metaphilosophy* 21: 204-222.

Motto, A. L. (1970). *Seneca: A Sourcebook*. Amsterdam.

Murphy, J. G. (1976). "Rationality and the Fear of Death." *Monist* 59: 187ff.

Murphy, J. G. (1990). "Getting Even: The Role of the Victim." *Social Philosophy and Public Policy* 7: 209-225.

Murphy, J. G., and Hampton, J. (1988). *Forgiveness and Mercy*. Cambridge.

Nagel, T. (1979). "Death." In *Mortal Questions*, by T. Nagel, 1-10. Cambridge. Originally published in *Nous* 4 (1970): 73-80.

Newman, W. D. (1887-1902). *Aristotle: Politics*. 4 vols. Oxford.

Nietzsche, Fr. (1887). *On the Genealogy of Morals*. Trans. W. Kaufmann. In *The Basic Writings of Nietzsche*, ed. W. Kaufmann, 439-579. New York, 1966.

Nietzsche, Fr. (1888). *Twilight of the Idols*. Trans. W. Kaufmann. In *The Viking Portable Nietzsche*, 463-563. New York, 1968.

Nussbaum, M. (1972). "*Psuchē* in Heraclitus, II." *Phronesis* 17: 153-170.

Nussbaum, M. (1978). *Aristotle's De Motu Animalium*. Princeton.

Nussbaum, M. (1986a). *The Fragility of Goodness: Luck and Ethics in Greek Tragedy and Philosophy*. Cambridge.

Nussbaum, M. (1986b). "Therapeutic Arguments: Epicurus and Aristotle." In Schofield and Striker (1986) 31-74.

Nussbaum, M. (1990a). *Love's Knowledge: Essays on Philosophy and Literature*. Oxford.

Nussbaum, M. (1990b). "Aristotelian Social Democracy." In *Liberalism and the Good*, ed. R. B. Douglass, G. Mara, and H. Richardson, 203-252. New York.

Nussbaum, M. (1990c). "Therapeutic Arguments and Structures of Desire." In *Differences* 2: 46-66. *Society and Sexuality in Ancient Greece and Rome*, ed. D. Konstan and M. Nussbaum.

Nussbaum, M., ed. (1990d). *The Poetics of Therapy: Hellenistic Ethics in Its Rhetorical and Literary Context*. Apeiron 23, no. 4.

Nussbaum, M. (1991a). Review of Mitsis (1988a). *Philosophy and Phenomenological Research* 51: 677-687.

Nussbaum, M. (1991b). Review of Vlastos (1991). *New Republic*, September: 34-40.

Nussbaum, M. (1992). "Tragedy and Self-Sufficiency: Plato and Aristotle on Fear and Pity." *Oxford Studies in Ancient Philosophy* 10: 107-159. A shorter version in *Essays on Aristotle's Poetics*, ed. A. Rorty, 261-290. Princeton.

Nussbaum, M. (1993a). "Poetry and the Passions: Two Stoic Views." In Brunschwig and Nussbaum (1993) 97-149.

Nussbaum, M. (1993b). "Equity and Mercy." *Philosophy and Public Affairs*.

Nussbaum, M. (1993c). "The *Oedipus Rex* and the Ancient Unconscious." In *Freud and Forbidden Knowledge*, ed. P. Rudnytsky and E. H. Spitz. New York.

Nussbaum, M. (forthcoming a). *Upheavals of Thought: A Theory of the Emotions*. Gifford Lectures 1993. Cambridge and New York, 1996.

Nussbaum, M. (forthcoming b). "Aristotle on Human Nature and the Foundations of Ethics." In *World, Mind, and Ethics: Essays on the Philosophy of Bernard Williams*, ed. J. E. G. Altham and R. Harrison. Cambridge.

Nussbaum, M., and Rorty, A., eds. (1992). *Essays on Aristotle's De Anima*. Oxford.

Nussbaum, M., and Sen, A., eds. (1993). *The Quality of Lif*e. Oxford.

Oatley, K. (1992). *Best Laid Scheme*s. Cambridge.

Olivieri, A., ed. (1914). *Philodemus: Peri Parrhēsias*. Leipzig.

Owen, G. E. L. (1986). *Logic, Science, and Dialectic: Collected Papers in Greek Philosophy*. Ed. M. Nussbaum. London and Ithaca.

Pangle, T. (1990). "The Classical Challenge to the American Constitution." *Chicago-Kent Law Review* 66: 145-176.

Parfit, D. (1984). *Reasons and Persons*. Oxford.

Partridge, E. (1981). "Posthumous Interests and Posthumous Respect." *Ethics* 91: 243-264.

Patin, M. (1883). *Études sur la poésie latine*. Paris.

Pease, A. S., ed. and comm. (1955). *M. Tulli Ciceronis de Natura Deorum liber primus*. Cambridge, Mass.

Perelli, L. (1969). *Lucrezio Poetà dell' Angoscia*. Florence.

Pigeaud, J. (1981). *La maladie de l'âme: Étude sur la relation de l'ame et du corps dans la tradition medico-philosophique antique*. Paris.

Pitcher, G. (1984). "The Misfortunes of the Dead." *American Philosophical Quarterly* 21: 183-188.

Pogge, T. (1989). *Realizing Rawls*. Ithaca.

Pohlenz, M. (1938). "Zenon und Chrysipp." *Nachrichten der Gesellschaft der Wissenschaften zu Göttingen*, phil.-hist. Kl. Fach. 1, no. 2: 173-210.

Pohlenz, M. (1970). *Die Stoa: Geschichte einer geistigen Bewegung*. 2 vols. 4th ed. Göttingen.

Pomeroy, S. B. (1975). *Goddesses, Whores, Wives, and Slaves: Women in Classical Antiquity*. New York.

Pratt, N. T. (1948). "The Stoic Base of Senecan Drama." *Transactions of the American Philological Association* 79: 1-11.

Pratt, N. T. (1983). *Seneca's Drama*. Chapel Hill.

Price, A. W. (1989). *Love and Friendship in Plato and Aristotle*. Oxford.

Price, A. W. (1990). "Plato and Freud." In *The Person and the Human Mind*, ed. C. Gill, 247-270. Oxford.

Putnam, H. (1981). *Reason, Truth, and History*. Cambridge, Mass.

Putnam, H. (1993). "Objectivity and the Science-Ethics Distinction." In Nussbaum and Sen (1993) 143-157.

Putnam, H. (forthcoming). "Pragmatism and Moral Objectivity." In *Human Capabilities: Women, Men and Equality*, ed. M. Nussbaum and J. Glover. Oxford.

Putnam, M. C. J. (1985). "Possessiveness, Sexuality, and Heroism in the *Aeneid*." *Vergilius* 31: 1-21.

Putnam, M. C. J. (1987). "Daedalus, Virgil and the End of Art." *American Journal of Philology* 108: 173-198.

Putnam, M. C. J. (1990). "Anger and Blindness in Virgil's *Aeneid*." In Nussbaum (1990d) 1-40.

Putnam, M. C. J. (forthcoming). "Senecan Tragedy and Virgil's *Aeneid*."

Rabbow, P. (1914). *Antike Schriften über Seelenheilung und Seelenleitung auf ihre Quellen untersucht*. Vol. 1, *Die Therapie des Zorns*. Leipzig.

Rabbow, P. (1954). *Seelenführung*. Munich.

Rachels, J. (1990). *Created from Animals*. New York and Oxford.

Rawls, J. (1971). *A Theory of Justice*. Cambridge, Mass.

Rawls, J. (1980). *Kantian Constructivism in Moral Theory: The Dewey Lectures*. Journal of Philosophy 77.

Regenbogen, O. (1930). "Schmerz und Tod in den Tragödien Senecas." *Vorträge der Bibliothek Warburg*, *Vorträge* 1927-1928, ed. F. Saxi, 167-218. Leipzig and Berlin. Reprinted in *Kleine Schriften*, 411-464. Munich, 1961.

Reynolds, L. D., ed. (1977). *Seneca: Dialogi*. Oxford Classical Text. Oxford.

Reynolds, L. D., ed. (1965). *Seneca: Ad Lucilium Epistulae Morales*. Oxford Classical Text. Oxford.

Richardson, H. (1992). "Desire and the Good in *De Anima*." In Nussbaum and Rorty (1992) 382-399.

Rist, J. M. (1969). *Stoic Philosophy*. Cambridge.

Rist, J. M. (1972). *Epicurus: An Introduction*. Cambridge.

Rist, J. M., ed. (1978). *The Stoics*. Berkeley.

Rodis-Lewis, G. (1975). *Epicure et son école*. Paris.

Rorty, A., ed. (1980). *Essays on Aristotle's Ethics*. Berkeley.

Rorty, A. (1983). "Fearing Death." *Philosophy* 58: 175-188.

Rorty, R. (1982). *Consequences of Pragmatism*. Minneapolis.

Rosenbaum, S. (1986). "How to Be Dead and Not Care: A Defense of Epicurus." *American Philosophical Quarterly* 21: 217-225.

Rosenbaum, S. (1987). "The Harm of Killing: An Epicurean Perspective." In *Contemporary Essays on Greek Ideas: The Kilgore Festschrift*, ed. Baird et al., 207-226. Waco.

Rosenmeyer, T. G. (1989). *Senecan Drama and Stoic Cosmology*. Berkeley.

Russell, B. (1953). *The Conquest of Happiness*. New York.

Sainte Croix, G. E. M. de. (1981). *The Class Struggle in the Ancient Greek World*. London.

Salkever, S. (1989). *Finding the Mean*. Princeton.

Sandbach, F. H. (1975). *The Stoics*. London.

Santayana, G. (1910). *Three Philosophical Poets*. Cambridge.

Schofield, M. (1991). *The Stoic Idea of the City*. Cambridge.

Schofield, M., and Striker, G. eds. (1986). *The Norms of Nature*. Cambridge.

Schofield, M., Burnyeat, M. F., and Barnes, J., eds. (1980). *Doubt and Dogmatism: Studies in Hellenistic Epistemology*. Oxford.

Schrijvers, P. H. (1969). "Eléments psychagogiques dans l'oeuvre de Lucrèce." *Actes du VIIe Congrès de l'Association G. Budé*, 370-376. Paris.

Schrijvers, P. H. (1970). *Horror ac Divina Voluptas: Etudes sur la poétique et la poésie de Lucrèce*. Amsterdam.

Scruton, R. (1986). *Sexual Desire*. New York.

Sedley, D. (1980). "The Protagonists." In Schofield, Burnyeat, and Barnes (1980) 1-19.

Sedley, D. (1983a). "The Motivation of Greek Skepticism." In Burnyeat (1983) 9-30.

Sedley, D. (1983b). "Epicurus' Refutation of Determinism." In *ΣYZHTHΣIΣ: Studi sull' epicureismo greco e romano offerti a Marcello Gigante*, ed. G. Macchiarolli, 11-51. Naples.

Segal, C. P. (1983a). "Boundary Violation and the Landscape of the Self in Senecan Tragedy." *Antike und Abendland* 29: 172-187.

Segal, C. P. (1983b). "Dissonant Sympathy: Song, Orpheus, and the Golden Age in Seneca's Tragedies." In Boyle (1983) 229-251.

Segal, C. P. (1986a). *Language and Desire in Seneca's Phaedra*. Princeton.

Segal, C. P. (1986b). "War, Death and Savagery in Lucretius: The Beasts of Battle in 5.1308-49." *Ramus* 15: 1-34.

Segal, C. P. (1988). "Poetic Immortality and the Fear of Death: The Second Proem of the *De Rerum Natura*." *Harvard Studies in Classical Philology* 92: 1-19.

Segal, C. P. (1989). "Poetic Immortality and the Fear of Death: The Second Proem of the *De Rerum Natura*." *Harvard Studies in Classical Philology* 92: 193-212.

Segal, C. P. (1990). *Lucretius on Death and Anxiety*. Princeton.

Sen, A. (1982). "Equality of What?" In *Choice, Welfare, and Measurement*, by A. Sen, 353-369. Oxford.

Sen, A. (1985). *Commodities and Capabilities*. Amsterdam.

Sherman, N. (1989). *The Fabric of Character: Aristotle's Theory of Virtue*. Oxford. Shibles, W. (1974). *Death*. Whitewater, Wis.

Sihvola, J. (1989). *Decay, Progress, the Good Life? Hesiod and Protagoras on the Development of Culture*. Societas Scientarum Fennica. Helsinki.

Silverstein, H. (1980). "The Evil of Death." *Journal of Philosophy* 77: 401-417.

Simon, B. (1978). *Mind and Madness in Ancient Greece*. Ithaca.

Sinaiko, H. (1965). *Love, Knowledge, and Discourse*. Chicago.

Sorabji, R. (1980). "Aristotle on the Role of Intellect in Virtue." In Rorty (1980) 201-220.

Sorabji, R. (1983). *Time, Creation and the Continuum*. London.

Sorabji, R. (1993). *Man and Beast*. Townsend Lectures, Cornell University, 1991. Ithaca.

Stevens, W. (1954). *The Collected Poems*. London.

Stewart, Z. (1958). "Democritus and the Cynics." *Harvard Studies in Classical Philology* 63: 179-191.

Stough, C. (1984). "Sextus Empiricus on Non-Assertion." *Phronesis* 29: 137-163.

Striker, G. (1980). "Sceptical Strategies." In Schofield, Burnyeat, and Barnes (1980) 54-83.

Striker, G. (1983). "The Role of *Oikeiosis* in Stoic Ethics." *Oxford Studies in Ancient Philosophy* 1: 145-168.

Striker, G. (1986). "Antipater, or the Art of Living." In Schofield and Striker (1986) 185-204.

Striker, G. (1988). Comments on P. Mitsis, "Epicurus on Death and Duration." *Proceedings of the Boston Area Colloquium in Ancient Philosophy* 4: 322-328.

Sudhaus, S. (1911). "Epicur als Beichtvater." *Archiv für Religionswissenschaft* 14: 647-648.

Sumner, L. S. (1976). "A Matter of Life and Death." *Nous* 10: 145-171.

Sunstein, C. (1991). "Preferences and Politics." *Philosophy and Public Affairs* 20: 3-34.

Sykes Davies, H. (1931-1932). "Notes on Lucretius." *Criterion* 11: 25-42, and in

Classen (1986) 273-290.

Syme, R. (1964). *Sallust*. Berkeley.

Tadic-Gilloteaux, N. (1963). "Sénèque face au suicide." *L'antiquité classique* 32: 541-551.

Taylor, Charles. (1989). *Sources of the Self: The Making of Modern Identity*. Cambridge, Mass.

Taylor, Charles. (1993). "Explanation and Practical Reason." In Nussbaum and Sen (1993) 208-231.

Taylor, C. C. W. (1980). "All Perceptions Are True." In Schofield, Burnyeat, and Barnes (1980) 105-124.

Taylor, C. C. W. (1987). Review of Schofield and Striker (1986). *Oxford Studies in Ancient Philosophy* 5: 235-245.

Usener, H. (1887). *Epicurea*. Leipzig.

Vlastos, G. (1941). "Slavery in Plato's Thought." *Philosophical Review* 50: 289-304, and in Vlastos (1973).

Vlastos, G. (1973). *Platonic Studies*. Princeton.

Vlastos, G. (1983). "The Socratic Elenchus." *Oxford Studies in Ancient Philosophy* 1: 27-58.

Vlastos, G. (1985). "Socrates' Disavowal of Knowledge." *Philosophical Quarterly* 35: 1-31.

Vlastos, G. (1991). *Socrates: Ironist and Moral Philosopher*. Cambridge.

Voelke, A. J. (1965). "L'unité de l'âme dans l'ancien stoicisme." *Studia Philosophica* 25: 154-181.

Walzer, M. (1983). *Spheres of Justice: A Defense of Pluralism and Equality*. Cambridge, Mass.

White, N. P. (1979). "The Basis of Stoic Ethics." *Harvard Studies in Classical Philology* 83: 143-178.

Whitehead, D. (1975). "Aristotle the Metic." *Proceedings of the Cambridge Philological Society* 21: 94-99.

Whitehead, D. (1977). *The Ideology of the Athenian Metic*. PCPS Supp. Vol. 4. Cambridge.

Whitman, W. (1973). *Leaves of Grass*. Norton Critical Edition. New York.

Wilke, C. (1974). ed. *Philodemi De Ira liber*. Leipzig.

Williams, B. A. O. (1962). "Aristotle on the Good: A Formal Sketch." *Philosophical

Quarterly 12: 289-296.

Williams, B. A. O. (1973). "The Makropulos Case: Reflections on the Tedium of Immortality." In *Problems of the Self*, by B. A. O. Williams, 82-100. Cambridge.

Williams, B. A. O. (1985). *Ethics and the Limits of Philosophy*. Cambridge, Mass.

Winkler, J. J. (1990). *The Constraints of Desire: The Anthropology of Sex and Gender in Ancient Greece*. New York.

Winkler, J. J. (forthcoming). Martin Classical Lectures, 1988. Princeton.

Wolf, S. (1990). *Freedom within Reason*. New York.

Wormell, D. E. W. (1960). "Lucretius: The Personality of the Poet." *Greece and Rome* 7: 54-65.

Wright, J. R. G. (1974). "Form and Content in the Moral Essays." In *Seneca*, ed. C. D. N. Costa. London.

Young, C. (1988). "Aristotle on Temperance." *Philosophical Review* 97: 521-542.

Yourgrau, P. (1987). "The Dead." *Journal of Philosophy* 84: 84-101.

Ziegler, Konrat (1936). "Der Tod des Lucretius." *Hermes* 71: 421-440.

Zwierlein, O. (1966). *Die Rezitations-dramen Senecas*. Meisenheim-am-Glan.

Zwierlein, O., ed. (1986a). *Seneca: Tragoediae*. Oxford.

Zwierlein, O. (1986b). *Kritischer Kommentar zu den Tragodien Senecas*. Mainz-Stuttgart.

出处索引[1]

ACHILLES TATIUS 阿希莱斯·塔提乌斯

2.37　　184n. 80

AESCHYLUS 埃斯库罗斯

Cho.《奠酒人》
804　　381n. 57

Prom. Des.《被缚的普罗米修斯》
377　　49

ALCAEUS 阿尔凯欧斯
347.4　　180n. 71

ALEXANDER OF APHRODISIAS 阿弗洛狄西亚的亚历山大

In Arist. Top.《亚里士多德〈论题篇〉评注》
p. 75　　150n. 18

De Fato《论命运》
199.27　　359

ANAXAGORAS 阿纳克萨哥拉

Diels-Kranz 第尔斯-克朗兹（DK 本）
A33　　363n. 19

ARATUS 阿拉图斯

Phaen.《现象》
110-11　　466n. 37

ARISTOPHANES 阿里斯托芬

Equ.《骑士》
1284-85　　180n. 71

Lys.《吕西斯特拉妲》
163　　184n. 80

ARISTOTLE 亚里士多德

DA (*De Anima*)《论灵魂》
402b22-24　　85n. 17
428b2-4　　83
432b30-31　　83

---

[1] 感谢迪昂·格雷（Dion Gray）协助我准备这份索引。

III. 9　83，99n. 31，4ll n. 18

EE(*Eudemian Ethics*)《欧德谟伦理学》
1214b7ff.　60，72，291 n. 12
1214b12ff.　58n. 33
1214b12-14　72
1214b28ff.　69
1215al-2　72
1215a8ff.　58n. 33
1215a13-19　62
1215b15-18　59
1215b18-24　62
1215b25-1216a10　62
1216a26-39　72
1216bl-2　58
1216b22-25　59
1216b26ff.　57
1217al-2　73
1217b23　59n. 34
1217b25-26　59n. 35
1218a33-34　59n. 34，n. 35
1218b1-2，59n. 35
1218b9-10　59n. 35
1237a24　381n. 57

EN (*Nicomachean Ethics*)《尼各马可伦理学》
1094a22-24　60，291 n. 12
1094a25　291n. 12
1094b4-8　73n. 51
1094b11-12　72
1094b27ff.　70
1095a2-6　55
1095a5　58n. 33

1095a6-7　71
1095a7　71
1095a11　60
1095a17-22　60 n. 37
1095 b4-5　70
1095b20　62
1095b25-26　394
1096a1-2　63
1096a4，9-10　71
1096a11ff.　75
1096a32　68
1096b33　59n. 35
1096b33-35　61
1097a12-13　65
1097a15-b21　63
1097a24　72n. 48
1097b8-11　64
1097b9-11　343
1097b22-25　60n. 36
1097b23　72
1098 a22-26　58
1098a28-30　75
1098b6　72n. 48
1099a33-b6　87
1099b18-20　61
1099b24-25　62
110l a9-14　93n. 28
1102a28　99n. 31
1102b28-1103a1　81
1102b29-34　99n. 31
1103b26ff.　58 n. 33
1103b29　59n. 34
1103b34ff.　59n. 33
1103b34-1104a10　66

1104a 70	1143b18ff. 58n. 33
1105b25-26 96	1143b32-33 70
1106b16-17 96	1144a7 60
1107a29-32 66	1144a7-8 71
1109b9 68n. 47	1144b3ff. 333 n. 17
1109b18-23 68	1144b8 123n. 46
1109b30-32 94	1145a20 68n. 47
1111a1-2 94	1145b2-7 57
1111a10ff. 68n. 47	1146a l9 68 n. 47
1111a25-26 123n4 6	1147a10-24 376n. 43
1111b11-13 99n. 31	1147b3-5 375n. 39
1115a9 94	1147b4-5 291
1115a12-13 94	1148a33 68n. 47
1115b11-13 94	1149a8 94
1115b24-27 94	1151b18 68 n. 47
1116a22, 33 68n. 47	1153a15 109n. 10
1117b10-13 94	1153b16-21 63
1117b10-16 304n. 42	1155a21-22 343
1118b28-33 82	1161al4 68n. 47
1111b16 82	1166a16-17 394n. 73
1119b15 82	1168b20 99n. 31
1125b26-29 95	1169a18-26 304n. 42
1126al-8 95	1176b23 123n. 46
1126al-3 442	1178b10-16 228, 256n. 22
1126a3-8 244	1179b23ff. 70, 7 1
1128a25ff. 67	1179b28-29 69
1136b10 68n. 47	1179b35ff. 58n. 3
1137b17-19 66	1180b7ff. 68
1141b13-14 67	I. 7 394n. 73
1141b14-16 67	11 93
1142a12ff. 70	III. 1 364
1142-43a17 123n. 46	IV. 5 442
1142a23-24 59n. 33	VI. 13 333n. 17, 409n. 15
1143b13 59n. 34	VII 109

5　249n. 14

IX. 4　394n. 73

GA(*Generation of Animals*)《动物的生成》

727b9-10　184n. 80

727b35-36　184n. 80

739a29-35　184n. 80

764a63　81n. 57

787b12　290n. 11

HA(*History of Animals*)《动物志》

509b31　381n. 57

520b31　381n. 57

Insomn.(*On Dreams*)《论梦》

460b19　83，374n. 38

MA(*On the Motion of Animals*)《动物的运动》

ch. 7　81n. 7

ch. 11　83，83n. 11，411n. 18

Metaph.(*Metaphysics*)《形而上学》

980b25-28　375n. 39

980b26　291

995a30ff.　304n. 42

I. 1　12

1076a11-16　75n. 53

MM(*Magna Moralia*)《大伦理学》

1203b4　381n. 57

PA(*Parts of Animals*)《动物的部分》

675b32　381n. 57

I. 1　56n. 28

Poetics《诗学》

1453a5　87n. 20

1454a4　87n. 20

Pol.(*Politics*)《政治学》

1260a13　54n. 22

1262b22-24　68

1269a3-4　57

1324a23-25　60n. 37

1337b40　290n. 11

1370a12　290n. 11

I. 4　95

8　112n. 15

13　54. 22

II. 4　68

VII. 1　57，112n. 15

2　60n. 37，100

VII-VIII　100，l00n. 32

Rhet.《修辞学》

1370a28　85n. 18

1374b10　426

1375b27　381n. 57

1376a7　381n. 57

1378a20-23　88

1378a24-28　89

1378a27　82

1378a34-bl　90

1378b1ff.　90

1379b2-4　90

1379b31-32　90

1379b35　90

1380a8　89

1380a8-10　90

1380b25-29　90

1381a35-b4　86

1382a21-3　85

1382a23　86

1382a28-30　85，87

1382b23　86

1382b26-27　87

1382b30-32　86

1382b33-35　89

1383a17　85n. 19

1384a23　85n. 19

1385b13-15　87

1395b14　87 n. 20

1385b17　85n. 19

1385b21-22　85n. 19，87

1385b24, 32, 35　85n. 19

1385b31　87

1385b34-86a1　87，87 n. 20

1386a1-2　85n. 19

1386a6-13　87

1386a22　87

1386a26　85n. 19

1386a27-8　87

1386a30-31　85n. 19

1386b6-8　87

1386b7-13　87n. 20

1386b14-15　87

1389a3ff.　98

II. 12　98

ARRIAN 阿里安

Pref. to Disc. of Epictetus《爱比克泰德论说集·序言》

5-8　330

ATHENAEUS 阿特纳奥斯

VII p. 208a　150n. 21

VII p. 278f　150n. 21

XII p. 546e　150n. 21

p. 546f　110n. 11

547a　155n. 29

XIII p. 588　131

AUGUSTINE 奥古斯丁

Civitas, Dei《上帝之城》

14. 11　460

Conf.《忏悔录》

9. 16　122n. 44

CATULLUS 卡图卢斯

64. 6ff.　466n. 37

CICERO 西塞罗

Acad. (*Academica*)《学园派》

2. 32　296n. 29

77　300n. 39

295　311n. 48

104　292n. 17

Fin. (*De Finibus*)《论至善》

1. 17　121

30　106-107

40　108

55	443n. 5	13	317, 389
59	116n. 26	14	388
63	129n. 53	19-20	388
63-64	115n. 23	24	387n. 64
71	108	29-34	382n. 58
2. 36	108n. 8	30	363
69	110n. 21	31	389
87-88	212	35	387n. 64
3.	333	41	50n. 21
3	108n. 8	61	367n. 23, 395
7	150n. 21	74-75	372
19ff.	363	74ff.	383n. 59
20	150n. 21	76	335
22	291n. 12	77	338
24	366	79	336, 339
26	363 n. 15	83	338
32	363, 366	84	352
33-34	361	4.	243n. 4
42	363n. 15	8	388
44	361	10ff.	390
50	361	12-14	399
50-53	360n. 9	14	387n. 64
4.	441n. 3	14-22	387n. 65
7	3	21	404n. 1
29	361n. 11	23	316
70-76	441n. 3	23ff.	388
5. 1. 3	119	26	377
7	361n. 11	34	363n. 16
		57	382n. 58

TD(*Tusculan Disputations*)《图斯库兰论辩集》

		59	336, 339
3-4	359	70	150n. 18
3.	391n. 70	5. 83	363
6	14, 316		

CLEMENT 克莱芒

Alexandr. Paedag.《教师》
2. 10 p. 84　150n. 22

Strom.《杂缀集》
2. 23. 138　153n. 26
23. 232　153
4. 22　359n. 3

DEMOCRITUS 德谟克利特

DK B 第尔斯-克朗兹(DK 本)B 部分
3, 112　49
9　51n. 13
224　51n. 13
231　51n. 13
285　51n. 13

DIOGENES OF BABYLON 巴比伦的第欧根尼

On Music《论音乐》

SVF《斯多亚哲学残篇》
III pp. 221-235　367n. 24, 444n. 6

DIOGENES LAERTIUS 第欧根尼·拉尔修
2. 13　363n. 19
3. 46　54n. 19
4. 43　139n. 64
7.　359n. 2
32-33　322n. 7, 334n. 18
89　363, 389

98　363, n. 16
101　361n. 11
102　360n. 8, 3 62
105-106　360n. 9
110-111　372n. 31
110-114　387n. 65
110-118　359n. 2
111　366n. 23
112　387
115　399
117　390, 400, 426
118　390
121-122　360n. 7
122　388
123　398, 426, 470
125　360n. 7
127　359n. 3, 360n. 5
127-128　361n. 12
128　363
160-164　360n. 6
180　447n. 10
9. 63　313-314
64　306
65-66　313
66　305-306, 315
68　313
76　310
104　294
107　300
108　313, 314
112　315
10.1-4　118
5　117n. 32, 1 5 0
6　132, 150

7 45n. 38, 150	26 444
11 112, 113n. 18	27 391
13 155	6. 30 345
17 120	7 349
20 118, 118 n. 33, 120	8 349
22 111n. 13, 202n. 9	11. 39-40 349
25 117n. 32	17. 4-12 349
26 117n. 32	23. 3 152n. 26
27 149	7 152n. 26
28 149	10 153n. 26
31 129n. 53	27. 4-5 327
118-119 149, 150	28. 3 296 n. 29
119 152n. 26	7 384n. 60
121 250	8-9 328, 448
120 126	2. 1. 1 329, 393
137 106	9. 2-3 325
19-20 117n. 3 2	10. 1-2 326
120 133	3 343-344
	11. 2-4 332
DIOGENES OF OENOANDA 奥伊诺安达的第欧根尼	13. 21 349
	14 349
III-IV 153 n. 27	16. 3 339n. 21
IV 117	17. 22 401, 439
	27 349
	34 350
EMPEDOCLES 恩培多克勒	26. 31 444
DK B 111, 112 49	27. 19 447
	20 447
EPICTETUS 爱比克泰德	3. 7. 19 152n. 26
	20 152n. 26
Disc. (*Discourses*)《论说集》	4. 1. 84 399n. 77
1. 1. 7 327	7. 9 395
12 326	12 399n. 78
4. 13-14 346	
20 382n. 58	

Ench. (*Encheiridion*)《手册》

1.5　328
2.2　399n. 78
3　371 n. 28
48.3　400n. 80, 455

EPICURUS 伊壁鸠鲁

KD(*Kuriai Doxai*)《基本主张》

1　243, 251
1-4　116
2　201n. 8
4　104
11　111n. 13, 124, 128, 256
12　124
14　112
15　105n. 4, 112n. 15
18　112n. 15
20　112n. 15, 113
21　112n. 15
22　115n. 23
26　105n. 4, 112n. 16, 153
30　113 n. 19, 153, 290

LHdt (*Letter to Herodotus*)《致希罗多德的信》

35　116n. 26, 129, 132
36　132
37　124
77　243, 251
83　40 n. 34, 120n. 40, 133

LMen(*Letter to Menoeceus*)《致美诺俄库斯的信》

122　115
124　113, 201n. 8, 202n. 8
125　195, 201n. 8, 202n. 9
127　105n. 4
128　105, 107n. 6, 108, 264, 272
130　112, 112n. 16
132　14, 152, 192
135　115n. 24, 120, 132, 133, 215

LPyth. (*Letter to Pythocles*)《致皮索克勒斯的信》

83　124
84　124, 132
85　120n. 40, 124, n. 47
86-87　125
116　132
123　132
135　132

Usener, *Epicurea* 尤塞纳辑录,《伊壁鸠鲁集》

18　154
19　153n. 26
62　150 n. 22, 151
62a　151 n. 22
67　150n. 21
117　131
141　131
161　132
181　152
189　113n. 18
219　15n. 6, 115n. 25
221　13n. 1, 102 n. 1
224　116n. 26

227	115n. 25		59	105n. 4, 113
243	129n. 53		64	116n. 26
257	129n. 53		67	113n. 18
409.70	110n. 11		68	112n. 17, 113n. 18
423	102		71	108
457	154		80	150
464	113n. 18			
469	112n. 16		EURIPIDES 欧里庇得斯	
471	116n. 26			
473	112n. 17		*Medea*《美狄亚》	
478	112n. 17		627-631	442
479	112n. 17		639-640	442
480	112n. 17		797-800	461
483	150n. 18, 290n. 10			
489	122		EUSEBIUS 优西比乌斯	
512	155n. 29			
521	153, n. 26		*Prep. Ev*,《福音的预备》	
523	153n. 26		15. 15. 3-5	343
574	149			
629	151n. 22		FRONTO 弗隆托	

VS(*Vaticanae Sententiae*)《箴言集》

			Ant.《致奥勒留》	
18	154		2. p. 68	447n. 10
20	112n. 16			
21	105n. 4, 113		GALEN 盖伦	
23	105n. 4			
25	112n. 17, 113n. 18		*Art. Med.*《论医术》	
33	113n. 18, 152, 213n. 28		c. 24 t. I p. 371K	150n. 22
35	105n. 4			
41	111n. 13, 118, 127		*De Loc. Affect.*《论患病的部位》	
46	125		3.1	368n. 25
47	121, n. 42; 191n. 85			
51	151, 152		*PHP*《论希波克拉底和柏拉图的学说》	
54	115n. 23, 116n. 26		3. 3. 5-6	443n. 5

15　443n. 5
5. 23　369n. 27
4-5　359n. 2
4. 1. 14ff.　373n. 35
2.　379n. 51, 443n. 5
4　399n. 77
6-7　372n. 31
13-19　396
3. 1-2　372n. 31
lff.　373n. 35
4. 24-26　396n. 74
5. 18　443n. 5
21-22　399n. 77
25　378
6.　379n. 51
29　393, 397
35-36　396n. 74
44-45　397
45　397n. 75
46　397n. 75
7.　375n. 40
9-10　363n. 19
12ff.　382n. 59
17　400n. 79
26-28　386n. 62
8. 2-18　373n. 33
5. 2. 22　14, 316
22-28　316
23　388
23-24　329
24　316
5. 12-20　389n. 68
20-22　377
6. 45-46　368n. 25

7. 52　368 n. 25

GORGIAS 高尔吉亚

Defence of Helen《为海伦辩》
14　51

HERMEIAS 赫尔梅亚斯

In Plat. Phdr.《柏拉图〈斐德罗〉评注》
p. 76　150

HERODOTUS 希罗多德
2. 89　381n. 57
121-124　381 n. 57

HESIOD 赫西俄德

Op.《工作与时日》
109ff.　466

HOMER 荷马

Iliad《伊利亚特》
1. 24　404n. 3
9. 946　49
10. 246-247　130
24. 757　381

HORACE 贺拉斯

Carm.《世纪之歌》
1. 3　467n. 38
39　469

ISOCRATES 伊索克拉底

Peace《论和平》
39   51
40   52

JUVENAL 尤文纳尔
2. 167   184n. 79
6. 131-132   180n. 71
187-196   176n. 62

LUCIAN 卢西安

Erotes《爱》
27   184n. 80

LUCRETIUS 卢克莱修
I. 5   246
5ff.   245n. 7
7   159
13   159
14-15   159
15-16   160
17-19   159
19   160
24   155, 163
28   163
30   161
35-37   163
41-43   161, 240
44-49   215, 251
48-II. 650   252
66   273

70-79   215
75-79   274
80ff.   197
80-101   261
82-83   197
102ff.   197
646-651   215
922-923   237
925-950   156
929-930   237
932   161
944-994   277
II. 7-8   216, 276, 280
8   215
16-19   159
74   266
632   273
643   273
649-651   251
959   273
1019-1025   276
1090ff.   252
1093   252
1094   252
1098   181
III. 5   274
11   156n. 34
13   216
15-22   216
16   274
18-24   252
28-30   216
36-40   198
37-40   195

51-54	197, 261	1069	269n. 39
55-58	199	1312	182n. 78
59ff.	198	1313	182n. 79
59-67	198	14152	195
78-82	197	14159	195
79-81	270	IV. 4-5 2 3 7	
288 ff.	255, 272	191	16l n. 40
310	277	232	161 n. 40
447	254n. 19	750-751	161 n. 40
614	461n. 27	735ff.	165
642-655	240	779ff.	165
845-869	202	814-817	165
870-911	202	818-822	165
873	103	858ff	165
873-874	198	912-915	168
878	103, 203	962ff.	165
879-880	203	969-970	165
885-887	203	984	165
914-915	194	986-1010	165
931ff.	203	1005ff.	177
936-937	222n. 32	1024-1025	165
938-939	203	1026-1036	167
944-945	212	1040	168
944-995	218	1048	169
963-971	203	1049	169n. 52
967-971	222	1053	167n. 46, 169n. 52
995-1002	218	1056ff.	173
984-994	218	1057	171, n. 56
1003ff.	197	1058	169
1003-1007	194	1061-1062	172
1003-1010	219	1065-1066	185
1024ff.	278	1066	172
1042-1043	278	1068-1069	172, 259
1053-1070	198	1070	259

出处索引 | 555

1075	172	1137-1140	177
1077	260n. 26	1153ff.	260n. 26
1077-1078	172	1153-1170	175
1079ff.	173	1171	178
1079-1081	260n. 260	1174-1191	178
1079-1083	177, 240, 259	1175	180
1086-1087	259, 260n. 26	1189	182n. 76
1095-1096	174	1192	261n. 26
1101	260	1193-1194	260n. 26
1103	173	1200	183n. 79
1104	173	1205	183
1105	260	1207	183, 184n. 79
1105-1111	174n. 58, 177	1233	185
1107	260n. 26	1270	184n. 79, 185
1110	173	1278	185-186
1120	173, 259	1278-1287	186
1113	183	V. 6	216
1121ff.	260n. 26	8	216
1121-1132	176	11-12	216
1134	177	22	217
1137-1040	177	39-40	254
1153ff.	260n. 26	43-48	269
1153-1170	175	45	270
1171	178	45-46	241
1174-1191	178	45-50	145
1175	180	146-155	252
1189	182n. 76	156	252
1192	261n. 26	168-172	216
1193-1194	260n. 26	177-178	200, 258
1200	183n. 79	188	162
1205	183	199-234	254
1121ff.	260n. 26	849-854	161
1121-1132	176	857	255
1134	177	925-932	265

932　162
949-1006　201
958　161
958-959　265
960-961　161
962-965　162, 265
970　272
988-993　193, 200, 240, 265
991　257
998ff.　254
999-1001　162
1011ff.　162, 166
1014-1016　266
1017-1018　162, 266
1019-1025　266
1028ff.　267
1120-1028　262
1145-1050　268n. 36
1161ff.　162
1161-1082　256
1169-1085　261
1172　256
1175-1082　268
1180　200
1192-1207　170
1194　261
1203　216
1233-1234　201
1233-1240　261, 270
1238　270
1281ff.　268
1283-1284　263
1289-1290　264n. 30
1291-1292　241, 2 78

1305-1307　263
1308ff.　240
1308-1349　272
1421　263
1423-1424　263
1434-1435　264, 272
VI 11-23　270
15　269n. 39
53　270
71-79　252
1276-1286　278
1278-1286　240

LYSIAS 吕西阿斯
18. 19　381

MARTIAL 马提亚尔
3. 75. 6　184n. 79

MUSONIUS RUFUS 穆索尼乌斯·卢弗斯

That Women Too Should Do Philosophy《女人也应当做哲学吗?》
247n. 11, 316n. 1, 405n. 8, 447n. 11
12. 5-19　324

On the Goal of Marriage《婚姻的目的》
441n. 3, 472n. 47, 473n. 50, 478 n. 57

On Intercourse《论性爱》
474n. 51

Is Marriage an Impediment to Philosophy?《婚姻是对哲学的妨碍吗?》

441n. 3, 473n. 50

Should one Raise All the Children that are Born?《我们是否应该抚养所有出生的孩子?》
473 n. 50

Should Sons and Daughters Have the Same Education?《儿子和女儿是否该受同样的教育?》
447n. 11

ORIGEN 奥利金

Contra Celsum《驳凯尔苏斯》
1.64   318
7.51   318

OVID 奥维德

Ars Amatoria《爱经》
682-684   184n. 80

Met.《变形记》
1.94ff.   466n. 37
9.266   461n. 27

PHILO 斐洛

Leg. Alleg.《寓意解经法》
2.94   443n. 5
3.118   443n. 5

PHILODEMUS 斐罗德穆斯

De Dis《论神》
11. 19-20   255n. 20
28-34   255n. 20
13. 30-31   255n. 20
34-35   255n. 20
14. 7-8   255 n. 20
21-30   255n. 20

O(*Peri Orges*)《论愤怒》
IV   130
VIII   20-27
XIX   126n. 51
XXXI-XXXII   126n. 51-52
XXXVII   114n. 21
XLI   114n. 21
XLII   242
XLII-XLVIII   242
XLIV   124, 126, 250
XLVI   243
XLVIII   243
XLIX   242
XLIX-L   114n. 20
cols. III-IV   122
col. VI   114n. 20
fr. 4   114n. 20

P(*Peri Parrhesias*)《论自由言说》
1   122n. 44
3   122n. 44
6   125n. 48; 126n. 51
7   126n. 51
8   125n. 48, 135
9   125n. 48

10	126n. 51
13	123n. 45
15	131
18	125n. 48
20	125
22	123n. 45, 125
25	125
28	134
30	126n. 51, 126n. 51
39	130
40	130
39-40	134
41	134n. 60, 135
46	130n. 54
49	134
50	135
51	134
54	125
55	118n. 35
59	126n. 51
61	126n. 51
63	126n. 51
63-64	125
64	125
65	125
67	122n. 44, 126n. 51
68	126
71	125n. 48, 126n. 51
81	130n. 54
83	126
85-87	125n. 48
86	125
col. II	126n. 51
VIII	130n. 54
XIV	126n. 51
XVII	126
XXIb	118

PINDAR 品达

Nem.《涅墨亚颂歌》
| 8. | 442n. 4 |
| 49ff. | 49 |

PLATO 柏拉图

Apology《申辩》
30CD	92
41C	54n. 20
41D	92

Crat.《克拉底鲁》
| 419C | 395 |

Phaedo《斐多》
58E	93
59A	93
60A	93
64D	151n. 24
117D	93

Phaedrus《斐德罗》
| 247D | 17 |

Republic《理想国》
352D	304n. 42
387DE	93
387-88	92

474D	176n. 62	1071A-E	291n. 12
604B12-C1	92		
604E	93		
606B	92		

Grylli《动物无理智吗？》

II-III	85	c. 6 p. 989b	152n. 25
VIII			
558D-559C	151n. 24		

LB《不为人知地生活是否明智？》

IX	220	1128-1129	119n. 37-38
		1128F-1129A	137n. 62

Symposium《会饮》

206C-212A	235n. 40	1129A	117n. 32

Mor.《道德论集》

Tim.《蒂迈欧》		637E	363n. 18
91B	150n. 19	769EF	184n. 80

Non Posse《论事实：信奉伊壁鸠鲁的人无法快乐地生活》

PLINY 普林尼

NH《自然史》

		1088E	110n. 11
35. 5	119	1089C	150
		1089D	213 n. 28

PLUTARCH 普鲁塔克

1089DE	110n. 11
1090A	110n. 11

Adv. Col.《驳柯罗特斯》

		1091B	102
1117A	119	1093D ff.	110n. 11
1117B	119n. 38, 120, 130	1104C	201
1117BC	131		
1117E	118, 131		
1124D	134n. 60		

On Fortune of Alex.《论亚历山大的命运》

329AB   349

Comm. Not.《对斯多亚派的一般观念的批判》

Qu. Conviv.《把酒畅谈》

1059E	311n. 48	3. 6	151

St. Repugn.《论斯多亚学派的自我矛盾》
1039C　361n. 11
1046D　366n. 22
26　366n. 22

Virt. Mor.《论道德美德》
441C　363n. 16, 384
441F　384
446E　443n. 5
449C　373 n. 33
449C　373n. 33
566F　134n. 60

PORPHYRY 波菲利

Ad. Marc.《致玛尔茜拉》
27, p. 208N　116n. 26
30, p. 209, 12 N　122n. 42
31, p. 209, 23N　13n. 1, 102n. 1
31, p. 209, 21　154

De Abstin.《论戒肉食》
1. 51-52　113n. 18

POSIDONIUS 波西多尼乌斯
fr.
31 E-K　443n. 5
164　378
166　443n. 5

Ps. -AR. 伪亚里士多德

Probl.《问题集》
907b25　381n. 57
924b28　381

SALLUST 撒路斯特

Cat.《喀提林阴谋》
5　245

SCHOLIAST TO DIONYSII THR. 色雷斯的狄奥尼索斯(的《语法技艺》)的注释(者)
BAG p. 667　150n. 18

SEMONIDES 西蒙尼德斯
fr. 7W　180n. 71

SENECA 塞涅卡

Agamemnon《阿伽门农》
131ff.　452n. 17
506　463n. 31
1012　439

Ben《论恩惠》
4. 33.1　443 n. 5
34 4　399n. 78
39 4　399n. 78
6. 16 7　467

Clem.《论仁慈》
1.17. 1　459n. 25
25.4　459n. 25
2.1.　421n. 27

4. 427, 428n. 38	37. 347
4 398	1 354
5. 428n. 38	38. 1 337, 354
4 390, 398	39. 1 354
6. 4 398	40. 1 338, 354
7. 7 426	4 336
	7 357
Ep.《道德书信集》	41. 1-2 326
5. 1 329	3-4 340
7-8 389	6-8 325
8, 2 316	43. 1-3 354
8 348, 352	3 354
9. 15 395	44. 3 54-55
17 395	2 355
18 395	2-3 355
15. 318, 325	3 355
1-2 321	3-4 356
5 348	4-5 356
16. 1 329, 331	5 356
3 329	6 356
9 112	7 356-357
21. 9-10 348	45. 350
22. 1 335	1 354
15 389	4-5 351
23. 3 400	5 350
4-6 400	8-10 350
24. 4-5 135	9 325, 334
6 443n. 5	47 334-335
25 347	48. 329, 350
33. 346-347	1 350
4 131, 345	2-3 342
5 348	4 351
7-9 346	7 351
11 351	8 317

8-9　350
9-10　351
10　351
12　350
50. 9　353
52. 3　126n. 49
59. 1　387n. 64
16　390
18　389
63. 11　371 n. 28, 384
64. 7　336
7-8　336
8-9　336, 348
66. 16　467
72　390, 395
74. 30　467
75. 11　377
82. 5　395
88.　346, 428n. 37
1-2　347
90.　421, 27; 428n. 37
44　421n. 27
45　421n. 27, 428n. 37
92. 17　361n. 11
95. 4　339
5　339
12　339n. 22
108.　330n. 14
8-12　445n. 7
10　444
111.　350
1　350
5　350-351
115. 11-12　389

12　444n. 6
116. 1　389
117.　350
5　350-351
19-20　351
30　350
121.　333
15　333

Hfu《赫丘利的愤怒》
125ff.　466n. 36
159　470
159-160　468
162-163　468
175　468
186　468
192-201　468
284-295　469
302　469
9. 371.2　469

HO《俄达山上的赫丘利》
249ff.　452n. 17
249　452n. 17
295　452n. 17
677　463n. 31
854　463

De Ira《论愤怒》
1.　441n. 3
1.　406
3-5　393
5-6　459n. 25
2. 3　381

3b 410	1ff. 411
3. 3 409-410	2. 409
6-8 379n. 50	3. 411n. 18
5. 409, 420-421	4. 411n. 18, 419n. 25
2 412	5. 420
6. 407, 417, 420	3 397, 419n. 25
2 335	8. 420
3 417	9-10 420, 432n. 42
4 417	9. 422
7. 407	10. 417, 420, n. 21
4 397, 413	6 421n. 26
8. 407	8 428
5 412	12. 419n. 25
9. 4 1 9	17. 409
1 412	17ff. 412
2 419	18. 409
10. 1 412-413	23. 413 n. 20, 432n. 42, 433
11. 407, 413	28. 424
1 412	30. 424
2 412	31. 420, 424
12. 407, 409, 414	32. 409
1-2 392, 414,	33. 405n. 6, 413
lff. 412	34. 422
13. 407, 409	35. 419
3 412	3. 1. 406, 410
14-15 417	3. 410
15. 414	4. 420
16. 5 459n. 25	5. 410, 420
6 392	6. 410
7 398	11. 410, 432
17. 2 413	12. 419, 423-424, 430
6 459n. 25	14. 434
20. 405n. 6, 413, 420	15. 434-435
2.	17. 413, 420

17-18	413	140-142	478
18.	402	155-156	449
18-19	405n. 6, 413	155	457
20.	423	171	448
21.	405n. 6, 423, 413	176	448
22	420	180-181	456
23	413, 430	203-204	457
24.	425	207-210	439n. 1
2	467	301-308	465
25.	410	329-334	465
26.	424	335	465
30.	410	337	465
34.	410	363	465
36.	275n. 45, 424-425	364	454
1-3	341	365-379	465
38.	433	372	462n. 29
40.	413, 430	378	462n. 29
3	413	385	451
43.	429	387-392	452
		392	454, 457
Medea《美狄亚》		397-398	457
1-2	445	424-445	457
9-10	445	431ff.	453
12	445	445-446	451
13-18	445	504	453
13ff.	459	510-512ff.	439n. 1
41-42	454	518	454
28-36	439 n. 1	537	454
28ff.	459	547-549	449
102-104	454	550	440, 449, 456
103-104	440	558-559	454
123-124	454	579ff.	454, 457-458
135-136	458	591-592	457
140-141	453	599	463n. 31

653	459
686-690	462
692-693	461
694	462
695	462
671-672	457
702	461
705	440
752ff.	459
800-801	446, 459
818-819	439, 459
826	463n. 31
832	459
849-850	458
850-851	454
862-863	451
866-867	457
893ff.	450
893-909	450
910	448, 450
917-918	450, 454
928	450
943-944	451
948-986	440
951-953	450
953	454
958-961	459
965	455
968	455
976-977	448
982-984	462n. 28
995	439
996-997	462n. 28
999-1001	455
1002-1003	440
1003	454
1006	456
1020	439
1021	448
1022	441, 462n. 28
1026-1027	441, 453, 463

NQ《自然问题》

182	467
547	467
892ff.	463n. 31

On Marriage(Haase)《论婚姻》(Haase 编辑)

441n. 3
472n. 47
473n. 48

Phaedra《斐德拉》

15	467
360ff.	452n. 17
482ff.	466n. 36
483	470
1090	463n. 31
1156	452n. 17

De Otio《论闲暇》

4.1   343

Tranq《论心灵的安宁》

13.3   399n. 78
17.10   443n. 5

SEXTUS EMPIRICUS 塞克斯都·恩披里柯

M《驳学问家》
7.1-446　307n. 45
393　296n. 29-30
8.2-140　307n. 45
141-299　307n. 45
147　296n. 29-30
300-481　307
317　296n. 29-30
480-481　310
11.74　307
96　106
111　302
112　290, 302
115　297, 307
116　297
118　289, 296, 302
121　297
134-137　297
140　302
141　289, 302
143　293n. 18
148　293n. 18
149　290
152-153　293
156　293n. 18
156-157　293n. 18
157　293n. 18
158-159　289
161　293, 302
165-166　314
169　15n. 6, 115n. 25

212　306

PH《皮浪学说概要》
1.1-4　290
4　294n. 23
8　285
8-10　286
12　287, 301
15　294n. 23
17　292
20　313
22　292
23-24　292
25　289, 290, 301
25-30　287
26　301
29　300
30　289
88　307
90　313
177　313
187-191　294n. 23
197　294n. 23
200　294n. 23
203　294n. 23
204-205　299
229　292
231　292
238-239　295n. 27
2.14-79　307n. 45
80-96　307n. 45
90　296n. 30
97　296n. 29-30
97-133　307n. 45

134-203	307
188	310
205-212	307n. 45
212-213	307n. 45
244	292
258	313
3. 123	293n. 18
182	307
194-195	106
234	299
235-236	282, 289
235ff.	297
236-237	282
238	293 n. 18
280	285, 296, 298
280-281	13

SOPHOCLES 索福克勒斯

Antigone《安提戈涅》

1095	380
fr. 130	381n. 57

STOBAEUS 斯托拜乌斯

Ecl.《选集》

2. 7	426
79	360n. 8
83. 10	360n. 9
84. 4	360n. 9
84. 18	360n. 9
88-89	386n. 63
93. 1	388
98. 17	363 n. 15
111, 18	360n. 7

Florileg.《文萃》

17. 23	112n. 16
34	113n. 18
82. 13	311n. 48
195	116n. 26

SIMPLIC 辛普里丘

In Aristot. Categ.《亚里士多德〈范畴篇〉评注》

102A	359n. 3
102B	359n. 3

SVF（STOICORUM VETERUM FRAGMENTA)《斯多亚哲学残篇》

I. 205-215	372n. 31
209-210	372n. 31
212	372n. 31
262	344
333-403	360n. 6
II. 27	447n. 10
231	389n. 68
III. 293	61n. 11
303	61n. 11
493	61n. 12
50-67	361 n. 12
54	363n. 15, 366n. 22
117	360n. 8
118	360n. 8
118-123	360n. 8
124-139	360n. 9
126-127	360n. 9

198	363n. 16	457	368n. 25
221-235	444n. 6	458	368n. 25
228	389n. 68	459	384
229	390n. 68	460	368n. 25
229a	389n. 68	462	373n. 33, 396
232	389n. 68	463	399n. 77
233-235	389n. 68	466	382n. 59, 400n. 79
237	359n. 3	467	386n. 62
238	359n. 3	471	14, 316, 329
241	359n. 3	474	318
266ff.	363 n. 16	475	393, 397
377-490	359n. 2	476	396n. 74
384	373 n. 33	478	396n. 74, 397
385-387	377	480	377, 399n. 77
390	380	548	360n. 7
391	377, 377n. 46, 381 n. 56	549	360n. 7
393	377	554	360n. 7
395-397	411n. 17	556	360n. 7
396-397	404n. 1	557-66	360n. 7
394	377, 380	637	426
397	243n. 5, 387n. 65	637-639	400n. 79
397-38	243n. 4	639	426
401	387n. 65	640	426
409	387n. 65	641	426
412	387	650-653	438
414	387n. 65		
421	377, 388		
427	377		
428	377		
431	399		
438	399		
443	389		
444	389		
447	389		

TACITUS 塔西佗

Annales《编年史》

15. 61　437

63　437

THUCYDIDES 修昔底德

I. 138　67n. 46

TIBULLUS 提布鲁斯

1. 3. 37ff.　466n. 37
4. 35　461n. 27

VIRGIL 维吉尔

Aeneid《埃涅阿斯纪》

1. 25　451n. 16
2. 594　45ln. 16
4. 531-532　458
5. 608　451n. 16
6. 　463n. 31
7. 291　451n. 16
8. 220　451n. 16
501　451n. 16
9. 66　451n. 16

Georgics《农事诗》

1. 125　466n. 37
3. 414-439　459n. 24

XENOPHON 色诺芬

Symp.《会饮》

8. 21　184n. 80

总索引[1]

(所有页码为本书英文版页码,即中译本边码)

Abel, K. 阿贝尔 408n. 14
Achilles 阿喀琉斯 228, 404
Admetus 阿德墨托斯 224
Adonais 阿多尼 236
Agamemnon 阿伽门农 197, 473
Aggression 侵犯/侵略,见 Anger
Ahl, F. 阿尔 440n. 2, 450n. 15
Alexander the Great 亚历山大大帝 101, 64n. 44, 413n. 20, 432
Anaxagoras 阿纳克萨哥拉 363n. 19
Anaxarchus 阿那克萨库斯 314
Andronicus 安德罗尼库斯 363n. 16, 399n. 77, 411n. 17
Anger 愤怒 89-90, 91-92, 94-95, 239-279, 391-392, 396-398, 402-483, 508-510
    Christian view of 基督教的愤怒观 478
    Erotic love and 情爱和愤怒 439-483
    not innate 愤怒不是天生的 410-412, 420-421
Animals 动物 17, 31-32, 104-110, 240-241, 254-259, 265-266, 271-273, 281, 291-292, 305-306, 315, 325
Annas, J. 安娜斯 307n. 44
Annas, J. and Barnes, J. 安娜斯和巴恩斯 307n. 44, 312n. 51
Apelles 阿佩莱斯 131, 287-288, 300, 303-304
Aphrodite 阿芙洛狄忒 424n. 4
Apollodorus 阿波罗多洛斯 93, 460
Apollonides 阿波罗尼德斯 135
Appearances 表象,显像 83, 84 也见 Phantasia
Appetites, bodily 身体欲望 81-82
Arecesilaus 阿尔凯西劳斯 139, 238, 300n. 39
Aristo 亚里斯托 360n. 6
Aristocles 亚里斯托克勒斯 315n. 56
Aristophanes 阿里斯托芬 25n. 18, 173n. 57
Aristotle 亚里士多德 9, 11-12, 16, 22, 30, 35-36, 41-42, 48-101, 103-106,

---

[1] 本索引涵盖所涉及的主题和二手文献中最具实质性的讨论,并非所有脚注的完备目录。我很感谢玛格丽特·格雷弗(Margaret Graver)在准备这个索引时所提供的慷慨帮助。

109, 114, 120-122, 123-124, 126, 136, 138-139, 149, 151, 154-155, 187, 213n. 28, 228, 242-244, 249, 252, 280-281, 291, 304n. 42, 309, 312, 318, 320, 322, 327n. 13, 329, 333, 341, 351, 360n. 3, 361-365, 368n. 26, 369, 370, 373-375, 381n. 53, 392-393, 394, 398, 402-403, 406-408, 411n. 18, 426, 439-483, 486, 488n. 5, 484, 491, 502, 505, 507

Aristotelianism 亚里士多德主义 4, 10, 48-101, 102-104, 364-365, 389-401, 403-404, 439-483, 485

Arius Didymus 阿里乌斯·迪都穆斯 386n. 63

Arrian 阿里安 330, 337

Aspasia 阿斯帕西娅 54n. 20

Assent 认可 328-329, 374-381

Assertion 断言 293-294

Athenaeus 阿特纳奥斯 131, 150n. 21

Augustine 奥古斯丁 18, 460

Augustus Caesar 奥古斯都·恺撒 412, 430

Ataraxia 心神安宁 见 Freedom from disturbance 摆脱困扰

Authority 权威 346

Axiochus 阿克塞欧库斯 199, 201

Bailey, C. 贝利 140nn. 1, 2, 142n. 5, 143, 143n. 8, 152, 153n. 26, 164n. 45, 175nn. 61-62, 182, 182n. 78, 183n. 79, 245n. 7, 251n. 19, 264n. 30, 272

Barnes, J. 巴恩斯 284n. 1, 288n. 7,

290n. 9, 293nn. 18, 22, 294n. 23, 295nn. 25-26, 296nn. 28, 30, 298n. 34, 299, 299n. 36

Beasts 野兽（见 Animals）

Belief 信念 78

 false 错误信念 15, 104-115, 127-128, 284, 352-353

 life without 无信念的生活 280-315

 ordinary, role in Stoicism 日常信念在斯多亚主义中的作用（也见 Ethics）

 ordinary-belief approach to socially taught 对社会上传授的信念的日常信念探讨

Betensky, A. 贝腾斯基 141n. 2, 172n. 56

Blum, L. 布鲁姆 392n. 72

Bollack, M. 博莱克 143, 203n. 3

Bonhöffer, A. 邦赫费尔 319n. 5, 435n. 44

Books 书本, 书籍 336-339, 345-347, 351, 354

Bourgery, A. 布热里 406, 406n. 11

Bowlby, J. 鲍利 383n. 59

Bridle 缰绳 457

Brock, D. 布洛克 211n. 26

Brontë, E. 勃朗特 191

Brown, R. 布朗 143n. 8, 149n. 15, 150n. 17, 152n. 25, 153n. 26, 157nn. 35, 37, 164n. 44, 167nn. 47-48, 168nn. 50-51, 170n. 54, , 171n. 55, 172n. 56, 175nn. 176nn. 62-63, 177nn. 64-65, 178n. 66, 179n. 67, 180, 180nn. 76, 78, 186n. 82, 187n. 83, 261n. 25

Brunschwig, J. 布伦瑞克 109n. 9, 491n. 9

Burnyeat, M. 伯恩耶特 283n. 1, 284nn. 1-2, 285n. 3, 291n. 14, 292n. 16, 293nn. 18-19, 296nn. 29-30, 299n. 35, 300n. 39, 301n. 40, 307n. 43, 308n. 46, 311n. 49, 313n. 52, 375n. 39, 504n. 119

Bury, R. G. 伯里 293n. 18, 299n. 37

Caesar, J. 恺撒 413, 428

Caligula 卡里古拉 405, 413, 423, 433

Calley, W. 凯利 414, 424

Campbell, K. 坎贝尔 384n. 60

Cambyses 坎比西斯 423, 433-435

Candide 坎第德 315

Carneades 卡尔尼亚德斯 285

Cassandra 卡珊德拉 439, 476

Catiline 喀提林 245

Cato 加图 433, 443n. 5, 460, 463, 469

Catullus 卡图卢斯 175n. 62

Cavell, S. 卡维尔 25n. 19, 190n. 84

Chalcidius 卡尔西迪乌斯 390n. 68

Charles, D. 查尔斯 81n. 7, 85n. 16

Chen, M. 陈 28. n 22, 35n. 28

Children 儿童/孩子 32, 98-99, 104-110, 254-259

Chilton, C. W. 奇尔顿 137, 153nn. 26-27

Chrysippus 克里西普斯 6, 8, 13, 54n. 21, 316, 318, 319n. 4, 322, 328, 330n. 14, 332, 335, 346, 366-388, 399n. 68, 390n. 68, 391, 393, 395-397, 399n. 77, 400n. 79, 415, 428, 444, 446-447, 449, 451, 457

Cicero 西塞罗 5, 14-15, 28, 34, 42n. 35, 106-107, 116, 121, 130, 140, 212, 250n. 15, 256, 316-317, 322, 330, 331n. 15, 332n. 16, 333, 335, 338, 363, 366, 376, 383n. 59, 387n. 67, 388n. 67, 391, 441n. 3, 443n. 5, 489

Civilization, origin of 文明的起源 264-269

Clarity 清晰 46, 71-72, 74, 128

Classen, C. J. 克拉森 141nn. 2, 5, 155nn. 29-30, 157nn. 35, 37, 187n. 83, 246n. 9

Claudius 克劳狄乌斯 405

Clay, D. 克雷 116nn. 26, 28, 118n. 35, 119nn. 36-38, 120n. 39, 121n. 42, 126n. 49, 131, 132, 133n. 57, 141n. 4, 143, 145n. 9, 154n. 30, 157n. 35, 158, 158n. 38, 159, 168n. 49, 169-170, 279n. 49

Cleanthes 克里安特斯 346, 355, 360n. 3, 444

Clement of Alexandria 亚历山大的克莱芒 150, 153n. 26

Clytemnestra 克吕苔涅斯特拉 446

Colotes 科罗特斯 130-131, 215

Columbus, C. 哥伦布 469

Columbus, F. 哥伦布 469

Commager, H. S. Jr. 康马杰 170n. 54

Community 共同体 40, 57, 60, 73, 117-120, 250, 257-259, 320-321, 341-344, 502-507

Compassion 同情（见 Piety）

Confession 坦白 40, 132-135, 196, 294

Consistency, instrumental role of 一致性的工具作用 46, 65, 74, 128

Contradiction 矛盾 285-287, 298-300, 307-308

Copley, F. 科普雷 179n. 67

Costa, D. 科斯塔 264n. 30, 272n. 41, 440n. 2, 447n. 11, 450n. 15, 463, 466, 466n. 73, 469n. 41, 475, 475n. 53

Cotta 科塔

Creon 克瑞翁 380

Creousa 克里乌萨 446, 450, 454, 459, 475, 477

Crocker, D. 克罗克 502n. 16

Cruelty 残忍 397, 413, 432, 472-474

Culture 文化(见 society)

Cupaiuolo, G. 丘拜乌奥罗 406n. 12

Cynics 犬儒主义者 8

Dante 但丁 479

Davidson, A. 戴维森 353n. 34

Deaneria 迪恩丽娅 446

Death, fear of 死亡恐惧(对死亡的恐惧)(见 Fear)

Democritus 德谟克利特 37n. 32, 48n. 2, 51n. 12, 121, 121n. 41, 130, 153n. 26, 431n. 41

Derrida J. 德里达 310n. 47

Descartes, R. 笛卡尔 4, 508

Desire 欲望 11, 78, 103-104
   critique of 对欲望的批评 488-490
   "empty" "空洞的"欲望 105-115
   and ethical truth 欲望和伦理真理 63-65
   for food 对食物的欲望 112-113, 114, 220-221
   limit of 欲望的限度 112-115
   "natural" "自然的"欲望 105-115

Detachment 分离,超然(见 Self-sufficiency)

Dialectic 辩证法,论辩的 35, 46, 48-77, 102-104, 131-132, 138-139, 186-187, 309, 322, 351, 485, 494
   role of appearances in 表象在论辩中的作用 57, 72

Diano, C. 迪亚诺 153n. 26

Dingle, J. 丁格尔 448n. 13, 449n. 13, 464n. 33

Diogenes Laertius 第欧根尼·拉尔修 45, 53-54, 106, 139, 149, 152, 194, 306, 313, 315n. 56, 361n. 12, 363, 366n. 23, 372n. 31, 388n. 66, 389n. 68, 411n. 41, 447n. 10

Diogenes of Babylon 巴比伦的第欧根尼 367, 444

Diogenes of Oenoanda 奥伊诺安达的第欧根尼 137, 153n. 27, 495

Diotima 狄奥提玛 235

Donne, J. 多恩 184n. 80

Dover, K. J. 多弗 184n. 80

Draco 德拉古 461

Dreaming 做梦,梦想 165-168

Drèze, J. and Sen. A. 德雷茨和森 20n. 13

Duncan, C. 邓肯 383n. 59

Eliot, T. S. 艾略特 464

Emotions 情感 9-10, 37-40, 78-101, 269-273, 313, 318, 507-510

and belief 情感和信念 38-40, 80, 88-89, 366-389, 449-450, 507

and ethical thought 情感和伦理思想 383-384, 450-451

and *eupatheiai* 情感和良好感受 398-401

and excess 情感和过度 396-398, 412-413, 418-419, 456-457

extirpation of 根除情感 9-10, 41, 43, 78, 358, 359-401

as false judgments 作为错误判断的情感 366-388, 390-391, 449-450, 453-454

"freshness" of 情感的"新鲜感" 381-382

and integrity 情感和完整性 394-396, 455-457, 481

and intentional awareness 情感和意向性觉察 80, 369

and narrative 情感和叙事 508

as non-reasoning movements 情感作为没有经过推理的运动 79-80, 369-370

as normatively rational or irrational 情感作为规范上合理的或不合理的 80-81, 369-370

modifications of 情感的修改 78, 97, 389

as motives for virtuous action 情感作为有美德的行动的动机 391-392, 412, 414-416

relationships among 情感之间的关系 386-389, 397-398, 451-452, 457-458

in Senecan tragedy 塞涅卡悲剧中的情感 448-458

social formation of 情感的社会塑造 44

Stoic taxonomies of 386-389 斯多亚学派的情感分类

and virtue 情感和美德 94-96, 391-392

as weakness 情感作为软弱 393-394, 454-455

（关于"情感"，也见 Anger; Fear; Grief; Love; Pity）

Empedocles 恩培多克勒 49, 376n. 43

Engels, Fr. 恩格斯 140

Englert, W. 恩格勒特 435n. 44

Epictetus 爱比克泰德 5, 319n. 5, 322, 325-327, 329-333, 337, 346-347, 349, 352, 386n. 63, 391, 399-400, 401, 439, 444, 447

Epicurus 伊壁鸠鲁 6, 12, 13, 37n. 32, 40, 40n. 34, 42-45, 45n. 38, 54, 76, 97, 102-139, 149-155, 164, 187, 192, 195, 196n. 4, 201n. 8, 202, 204n. 12, 206n. 18, 208, 209n. 25, 212-214, 229-230, 232-235, 242-243, 246, 249-256, 256n. 21, 257n. 23, 269n. 37, 270, 273-274, 278, 280-282, 284, 289, 296, 297n. 32, 298, 306, 309, 311, 315, 318, 336, 345, 348, 351, 369, 372, 411n. 19, 490, 494-495, 498-500, 503

Epicureanism 伊壁鸠鲁主义 3, 6-7, 13, 31, 41- 43, 102-279, 288-290, 294, 317-318, 335, 140-141, 370, 406, 408, 484-510

Epieikeia 见 Mercy

Epitomes 纲要 129-130, 132

Eros 爱欲 见 "Love, erotic"

Ethics：medical conception of ethics 伦理学的医疗观念 13-47，53-77，484-510

ordinary-belief approach to 对伦理学的日常信念探讨 16，24-25，28，32-33，65

Platonic approach to 对伦理学的柏拉图式的探讨 16-19，28，32-33

Eudaimonia 见 Human Flourishing

Eunuch 阉人 139，306，312

Euripides 欧里庇得斯 224，284n. 60，439，441-443，446，449n. 114，453，461，463，473n. 49，473

Eusebius 优西比乌斯 140n. 1

Evil 灾祸,恶事

    not innate 灾祸不是天赋的 352-353，410-438

    ubiquity of 灾祸的普遍存在 410-438，445

Examples，philosophical use of 对例子的哲学运用 35-36，339-341，402，413，424-425

External goods 外在善 90-93，359-363，370，376，386，395，423，502

Fear 恐惧 83-89，91-94，103-104，192-238，261-262

Fillion-Lahille，J. 菲利昂-拉伊勒 404n. 1，405nn. 6-7，406，406nn. 9，12-13，408，408n. 14

Fitzgerald，W. 菲茨杰拉德 143n. 8，170n. 53，171n. 56，184n. 79

Foucault，M. 福柯 5，353-354，474n. 51

Francesca 弗兰茜丝卡 474

Frede，M. 弗雷德 283n. 1，284n. 27，192n. 13，308n. 46，349n. 32，373n. 32，374n. 37，377

Freedom from disturbance 摆脱困扰 41，108，128，139，285-288，300-306，311-315，498，499-502

Freud，S. 弗洛伊德 460n. 226

Friendship 友谊,友爱 67-68，90-91，208，227-228，235，250，266-267，276-279，314-315，342，500

Furley，D. 弗利 199n. 5，203n. 11，204n. 12，205n. 14，207，207nn. 22-23，208，212n. 27，213n. 28，217，264，264n. 32，268n. 36

Fyfe，H. 法伊夫 439n. 1，446n. 8，457n. 22，261n. 27，464n. 33

Galen 盖伦 14，81n. 6，295，316n. 25，369，369n. 27，372n. 31，373，373nn. 34-35，374n. 36，377，378n. 68，396，397n. 75，447n. 10

Gentleness 温柔 94-96，239-279，313，431，479-480，500

Gigante，M. 吉甘提 116n. 28，125n. 48，126，130n. 55

Gill，C. 吉尔 384n. 60，447n. 10，449n. 14

Glidden，D. 格利登 284n. 2，293n. 19

Godwin，J. 戈德温 143n. 8，176n. 62，180n. 71，260n. 25

Gods：神,神灵

    Epicurean 伊壁鸠鲁学派的神 194，214-217，221，240，251-258，498

    in Senecan tragedy 塞涅卡悲剧中的神灵 463-464，483

traditional 传统神灵 227-230
Golden Age 黄金时代 465-470
Gorgias 高尔吉亚 51-52
Gratitude 感激 242-245，249-252
Grief 悲伤 92-93，375-389，474
Griffin, M. 格里芬 404n. 3，405，408n. 14，435n. 44，437n. 46，443n. 4，471，471nn. 43-45

Habit 习惯 293-294
Hadot, P. 阿多 353n. 34
Hampton, J. and Murphy, J. 汉普顿和墨菲 415n. 22，508n. 24
Hardie, P. 哈迪 160
Harpagus 哈尔帕格斯 432n. 42，434-435
Health 健康 19-21，30 也见 Human Flourishing
Hecate 赫卡特 460
Hecataeus 赫卡泰乌斯 64n. 44
Hecuba 赫卡柏 473
Hegel 黑格尔 102
Henry and Henry 亨利和亨利 447n. 11，455n. 21，462n. 30，475n. 52
Heracleides 赫拉克莱德斯 134
Hercules 赫丘利（希腊名为赫拉克勒斯）192，269，448，461
Herington, C. 赫林顿 454n. 18
Hermarchus 赫尔马库斯 131，345
Herodotus 希罗多德 64n. 44，130，466
Hesiod 赫西俄德 174n. 60，264n. 32，466
Hierocles 希洛克勒斯 342-343
Hippocrates 希波克拉底 66-67

Hippolytus 希波吕托斯 446n. 36
Hitler, A. 希特勒 418
Homer 荷马 49，227-228，414n. 1
Homosexuality 同性恋 55，150，152，168
Honor 荣誉 103-104，198，261，354-357
Horace 贺拉斯 469
Hossenfelder, M. 霍森菲尔德 295n. 27
Housman, A. E. 豪斯曼 179，179n. 68，180，180n. 71，181
Human flourishing 人的繁盛 11，15，29，59-60，120-122，297-298，300-306，344，359-363，480-483，502-507
Hume, D. 休谟 4

Idmon 伊德蒙 459，476
Idomeneus 伊多梅纽斯 118
Indifferents 无关善恶的事物 360-363，416-417
Individual, health of 个体的健康 46，73-74，128，306，
Informing 通告 135
Insanity 疯狂，见 Madness
Integrity 完整性，见 Emotion
Inwood, B. 因伍德 359n. 2，361n. 17，372n. 31，381nn. 54-55，443n. 5
Irwin, T. H. 欧文 361nn. 10-11，362n. 13，363n. 17，409n. 16
Isocrates 伊索克拉底 48n. 1，51

Janacek, L. 雅纳切克 226
Jason 伊阿宋 327，440，442-466，474，480-483
Jealousy 嫉妒 177，397
Jerome, St. 杰罗姆 140-144，173

Joy 欢乐 398-401
Justice 正义 276, 445, 502-507

Kant, I. 康德 4, 402
Keats, J. 济慈 236
Kenny, E. J. 肯尼 141nn. 2, 4, 145n. 10, 153n. 28, 163n. 42, 169n. 53, 171n. 56,
203n. 11, 278n. 48
Kerferd, G. 克菲尔德 390n. 68
Kidd, I. J. 基德 361n. 10, 362n. 13, 373n. 32, 374n. 36
Klein, M. 克莱因 491n. 10
Knox, B. 诺克斯 449n. 14, 459, 461, 461n. 27
Konstan, D. 康斯坦 113n. 19, 264, 264n. 32, 268n. 36, 466n. 37

Lachmann 拉赫曼 179-180
Lactantius 拉克坦提乌斯 389, 410
Ladder 梯子 310-311
Lambinus 朗比弩斯 179, 180n. 70
Lawall, G. 拉沃尔 464n. 33, 466n. 34
Lesses, G. 莱塞斯 361n. 10, 362n. 13
Liberal education 普通教育,见 *Paideia*
Life, love of 对生活的爱 193-194
Litigation 诉讼 472
Lloyd, G. E. R. 劳埃德 49n. 3, 52n. 14, 54n. 22, 372n. 31, 373nn. 32, 34
Locke, J. 洛克 79-80, 79n. 3
Logic 逻辑 35, 36, 109, 306-308, 348-351
Logos 逻各斯 13n. 1
Long, A. A. 朗 253, 284n. 3, 359n. 2, 486n. 3
Long, A. A. and Sedley, D. 朗和塞德利 107n. 7, 108n. 8, 109n. 10, 111n. 13, 126n. 47, 129n. 53, 148n. 53, 204n. 12, 253nn. 17, 18, 254, 318n. 7, 332n. 16, 334n. 18, 343n. 26, 344, 349, 349n. 32, 435n. 44
Love 爱 12, 67-68, 90-91, 140-191, 375-389, 396, 508-510
  erotic 情爱,性爱 140-191, 208, 218, 220, 227-228, 240, 259-261, 438, 439-483, 500
  family 家人的爱 98-99, 208, 227-228, 235, 342-343, 432-435, 500
Lucian 卢西安 184, 184n. 80, 460-461, 469
Lucilius 卢西利乌斯 7, 325-326, 337-338, 340, 348, 354-357, 399-400
Lucretius 卢克莱修 7, 10, 12, 43, 44n. 37, 110, 119, 125, 130, 133, 140-191, 192-226, 229, 232-237, 240-247, 230-280, 325-326, 337, 338, 340, 342, 345, 348, 350, 354-357, 485, 487, 489- 493, 495, 497-500, 503-504, 509-510
Luria, S. 鲁利亚 50nn. 11-13
Luxury 奢华 103-104, 501

MacIntyre, A. 麦金泰尔 488n. 7, 489n. 7
McLeod, C. 麦克劳德 404n. 3
McPherran, M. 麦克弗伦 311n. 48
Madness 疯狂 140-141, 143, 446, 452
Marriage 婚姻 12, 185, 210, 220, 266-267, 314, 439-483, 500, 509

Marx, K. 马克思 4, 11, 36-39, 37n. 31, 32, 41, 102, 212n. 41, 123

Medea 美狄亚 327-328, 401, 439-483

Medical Analogy 医疗类比 13-14, 16n. 8, 48-53, 59, 102, 115-139, 285, 316-317, 328-329, 417-418, 481, 484 criticism of 69-76 对医疗类比的批评（也见 Ethics, medical conception of）

Medicine 医疗 14n. 4, 295, 300

Memmius 墨密乌斯 157, 157n. 35, 158-159, 161, 166-167, 171, 173, 186, 216, 240, 251, 259, 265, 273-274, 276-277, 279

Memory, memorization 记忆,记住 36, 40, 132-133

Menander 米南德 397

Menoeceus 美诺俄库斯 120, 132

Mercy 仁慈 426-429, 481-482, 496-497, 504, 510

metriopatheia 适度的感受,见 Moderate affect

Metrodorus 梅特罗多洛斯 45n. 38, 117n. 32, 120, 122n. 42, 131, 345

Michael of Ephesus 以弗所的米迦勒 84-85

Mill, J. S. 密尔 29n. 24

Miller, F. J. 米勒 440n. 2, 450n. 15, 451, 460

Mitsis, P. 米特西斯 203n. 11, 104n. 12, 213n. 28, 150n. 15, 158n. 24, 266n. 33, 35, 389n. 8, 339n. 22, 500n. 14

Murphy, J. 墨菲 272n. 10 也见 Hampton, J. and Murphy, J.

Moderate affect 适度的感受 287-290

Money 金钱 103-104, 198, 261, 501-502, 503-504

Moral education in antiquity 古代的道德教育 25（也见 *Paideia*）

Mourning 哀伤 385-386（也见 Grief）

Musonius Rufus 穆索尼乌斯·卢弗斯 247, 247n. 11, 316n. 1, 323-324, 331, 331n. 15, 334, 344, 415n. 8, 441n. 3, 447n. 11, 472, 478n. 57, 509

Nagel, T. 内格尔 202n. 8, 204nn. 12-14, 205, 205nn. 15-16, 206, 206nn. 18, 20, 207-208

Narrative 叙述,叙事 35-36, 339-341, 481-483, 496-497, 508, 510

Nausiphanes 瑙西芬尼斯 139

Nature 自然 29-32, 110, 148, 157-164, 203, 214-218, 221-225, 237-238, 292-294, 389, 497-499
human 人的本质 419-421

Nero 尼禄 394, 397-398, 437

Nietzsche, Fr. 尼采 4-5, 18n. 10, 429n. 39, 464

Novatus 诺瓦都斯 7, 405-410, 415-416, 419, 424-425, 428-429

Nozick, R. 诺齐克 205

Odysseus 奥德修斯 130, 404

Oedipus 俄狄浦斯 455-456

Opposition 对立,见 Contradiction

Orpheus 俄耳甫斯 448

Ovid 奥维德 184, 184n. 80, 466

paideia 普通教育 56, 104, 132, 346-347

Pain 痛苦 104, 108, 111, 232, 281-282, 288-289, 503

Pangle, T. 潘戈 326n. 12

Parmenides 巴门尼德 50n. 7

Particularism 特殊主义 46, 65-69, 70, 123-126, 298-300, 335-341, 481-483, 487-488

    not equivalent to relativism 特殊主义并不等价于相对主义 487-488

Passions 激情, 见 Emotions

Penelope 佩内洛普 311n. 48

Perception 知觉 164-166, 292-294

Pericles 伯里克利 54

phantasia, *phainesthai* 显像, 表象 83-86, 291-293, 327-329, 374-376, 380-381

Phaedra 斐德拉 446, 474

Philista 斐利斯塔 315, 315n. 56

Philodemus 斐罗德穆斯 114, 114nn. 20-21, 116, 117n. 29, 118, 118n. 35, 122, 123n. 45, 125-126, 131, 134-135, 156n. 32, 242-244, 245n. 8, 250, 256, 278, 290n. 10, 444n. 6

Philosophy: as art of human life 哲学作为人类生活的艺术 3-4, 14, 50, 115, 267, 274-279, 287-288, 290, 318-319, 328-329, 367-368, 484-485

    Epicurean definition of 伊壁鸠鲁学派的哲学定义 14

    indifferent to social class 哲学对社会阶级的漠视 355-356

    ordinary-language philosophy 日常语言哲学 25

writing in 哲学中的写作 486-487

（也见 Ethics, medical conception of）

Pindar 品达 49

Pity 怜悯 86-88, 91-94, 266, 428n. 38, 484, 495-497, 503, 508

Plato 柏拉图 4, 5, 17, 22, 36, 41n. 9, 53, 54, 62n. 40, 72n. 50, 78, 80, 91-93, 98, 105, 105n. 5, 110, 110n. 12, 118, 121, 123n. 45, 150n. 19, 154-155, 173n. 57, 190-191, 220, 221n. 31, 235, 247, 252, 256, 264n. 32, 277n. 46, 294, 304n. 42, 319n. 4, 333, 337, 342, 346, 351, 355-356, 372, 373, 374n. 36, 411n. 19, 423, 430, 440-443, 444n. 6, 471, 483, 486-487（也见 Ethics, Platonic approach to）

Pleasure 快乐 107-115, 182-185, 212-214, 278-279

Plotinus 普罗提诺 294n. 23

Plutarch 普鲁塔克 5, 110n. 11, 119, 119nn. 37-38, 130, 131n. 56, 137n. 62, 150, 342, 343, 487

Poetry 诗 43-44, 145, 154-157, 186-191, 237-238, 320, 351-352, 439-483（也见"Tragic poetry"）

Politics 政治, 政治学 7, 10-12, 100-101, 121, 319, 502-507

Political thought 政治思想 12, 319-320, 503-507

Polyaenus 波利艾努斯 135

Population 人口 203-204, 221-225, 232

Posidonius 波西多尼乌斯 80n. 5, 316n. 1, 319n. 4, 361n. 12, 363n. 19, 373-

374，377-378，410-411，433n. 5，449n. 13

Power 权力 103，198，218-220，261，501-502

Practical goal of argument 论证的实践目标 46，58-61，120-122，296-298，329-332

Praexaspes 普列克萨斯佩斯 432n. 42，433-434，437

Pratt, N. 普拉特 448n. 13，449n. 113，454n. 18，464

Price, A. W. 普莱斯 82n. 8，90n. 22，249n. 14，441n. 3，443n. 5，478n. 56

Proust, M. 普鲁斯特 189，199，385-386

Psuche, 灵魂，见 Soul

Psychoanalysis 心理分析 26，134，196-199

Punishment 惩罚 242-250，417-418，429-430，481，510

Pupil 学生 44，53-56，70-71 也见 Teacher-pupil relations

Purgative 泻药 125，127，285，288，310-311，315

Putnam, M. 普特南 405n. 7，446n. 9，449n. 13，452nn. 16-17，463n. 31

Pyrrho 皮浪 285，300，300n. 39，305-306，312-315

Pythocles 皮索克勒斯 124，131，132，140

Rabbow, P. 拉博 406n. 10，455n. 20

Rachels, J. 雷切尔斯 325n. 8

Rawls, J. 罗尔斯 18n. 11，22，22n. 14，23，25n. 19，61n. 38，510，502n. 15，507

Reading 阅读 见 Books

Reason: dignity of 理性的尊严 12，324-326，331，334-335，344-348，353-354，357-358，379，484，504-505

Divides humans and animals 把人与动物区分开来的理性 324-326

Goodness of 理性之善 353

instrumental role of practical 实践理性的工具作用 46，74，110，128，306-308，491-492

Intrinsic value of practical 实践理性的内在价值 344-348，491-492，496

Religion 宗教 12，18-19，50，119-120，140-145，170-171，197-198，200-201，261，267-268，274，353

Rhetoric 修辞 8-9，35，55，82-83，486，494 也见 Examples; Narrative; Poetry; Style

Rist, J. 里斯特 359n. 2，361n. 10，372n. 31

Roman values 罗马的价值观念 7-8，140-191，239-279，323-324，404-410，415-416，468-471

Rosenbaum, S. 罗森鲍姆 209n. 24

Rosenmeyer, T. 罗森梅耶 447n. 12，448n. 13，464n. 32

Rousseau, J.-J. 卢梭 4

Russell, B. 罗素 31，31n. 26

Sallust 萨卢斯特 239，245

Santayana, G. 桑塔耶那 141，141n. 4，143，143n. 7，222，223n. 23

Schofield, M. 斯科菲尔德 334n. 18，428n. 36，502n. 113

Science 科学 18，22-23，146-148，216

Sedley, D. 塞德利 284nn. 3-5，293n.

21, 300nn. 38-39, 301n. 41, 312n. 50, 326n. 10 也见 Long, A. A. and Sedley, D.

Segal, C. P. 西格尔 196n. 3, 202n. 9, 237n. 42, 263nn. 27-29, 264, 264n. 32, 272nn. 40, 42, 273, 279, 449n. 13, 455-456, 466n. 34

Self: erotic view of 从性爱的角度对自我的看法 466-471

 formation of 自我的形成 353-354

 Stoic view of 斯多亚学派的自我观 363, 394-396, 423- 426, 429, 444, 452-453, 466-471

Self-inscription 自我包含 309-311

Self-sufficiency 自足(自我充分) 190-191, 249-250, 253-257, 276, 363, 395-396, 423-424, 431-438, 444, 502

Sen, A. 森 20n. 13, 21n. 14, 28n. 63, 502, 502n. 116 也见 Drèze, J. and Sen. A.

Seneca 塞涅卡 5, 7, 10, 43- 44, 44n. 37, 131, 135n. 61, 153n. 26, 275, 316-317, 319-320, 322, 326, 329, 331, 333-340, 343-357, 379n. 50, 380n. 52, 384, 389, 390n. 68, 391, 393, 396, 398, 402- 483, 487, 494-504, 509-510

Serpents 巨蛇 见 Snakes

Sextius 塞克斯提乌斯 406

Sextus Empiricus 塞克斯都·恩披里柯 6, 15n. 6, 106-107, 115, 253n. 18, 282, 284n. 2, 285-315

Sherman, N. 谢尔曼 249n. 13

Skepticism 怀疑论 3, 6, 13, 40, 43, 280-315, 317-319, 345, 348, 351, 484-510

Slavery 奴隶制(奴役) 11, 356, 394-395, 503-510

Sluggishness (*pigritia*) 迟缓 467-469

Adam Smith 亚当·斯密 4, 508

Snakes 蛇 439-443, 458-464, 475, 483

Society 社会 31, 148-149, 185

 Health of 社会的健康

 也见 Beliefs, socially taught; Community; Politics

Socrates 苏格拉底 4, 36, 50n. 8, 53, 54n. 20, 63n. 42, 91, 92-93, 337, 344, 345, 355, 376, 431n. 16, 485-486, 491n. 11

Sophocles 索福克勒斯 380, 461

Sorabji, R. R. K. 索拉布吉 82n. 8, 84n. 14, 204n. 12, 208n. 24, 291n. 15, 325n. 8, 327n. 13, 374n. 38

Soul 灵魂 13n. 2, 269-273, 340-341

Speusippus 斯彪西波斯 430, 432n. 42

Spinoza 斯宾诺莎 4, 508

Stevens, W. 斯蒂文斯 192, 230-232, 340-341

Stobaeus 斯托拜乌斯 152, 388n. 66, 411, 411n. 17

Stoicism 斯多亚主义 3, 4, 6-9, 12, 13-14, 40, 43- 44, 282-283, 316- 483, 484-510

Stough, C. 斯托夫 298nn. 18-20, 22, 308n. 46

Striker, G. 斯特莱克 291nn. 12-13, 292nn. 16-17, 296n. 28, 327n. 13, 332n. 16, 363n. 17

Style, use of 风格的运用 16n. 7, 40, 43-44, 145, 154-157, 240-241, 260-273 也见 Examples; Narrative; Poetry; Rhetoric
Sudhaus, S. 萨德豪斯 134n. 58
Suicide 自杀 140-141, 197, 435-438
Sulla 苏拉 413
Summaries 总结 见 Epitomes
Suspension (*epoche*) 悬搁 285-286
Surgery 手术 126
Syme 赛姆 246n. 9

Tacitus 塔西佗 405n. 8, 437
Taylor, C. C. W. 泰勒 35n. 27, 108n. 8, 291n. 12, 361n. 10, 363n. 17, 507n. 23
Teacher-pupil relations 师生关系 27, 485-486
　asymmetry in 师生关系的不对称 27, 46, 74-75, 130-131, 308-309, 492-494
　symmetry in 师生关系的对称 74-75, 344-348, 489
Telesphorus 特勒斯弗洛斯 420
Theophrastus 塞奥弗拉斯托斯 4-8, 54n. 22, 58n. 32, 408
Thomas Aquinas 托马斯·阿奎那 137
Thucydides 修昔底德 67, 170
Thyestes 泰厄斯忒斯 455
Timocrates 提谟克拉忒斯 45n. 38, 149, 170n. 54
Timon 蒂蒙 300n. 39, 302, 315
Torquatus 托夸图斯 107, 121, 123, 124, 130
Tragic poetry 悲剧诗 92-93, 439-483

Trust 信任 352
Truth 真理 22-24, 62-63, 75-77, 293, 307n. 45, 335, 491-492
Typhoeus 泰丰 460

Unconscious beliefs and desires 无意识的信念和欲望 133-135, 196-201, 454-455, 490-491
Utilitarianism 功利主义 25, 501-502

Value-relativity 价值相对性 46, 61-65, 122-124, 300-306, 332-335
Varius Geminus 瓦里乌斯·格米鲁斯 472n. 47
Venus 维纳斯 157-164, 169-171, 172n. 56, 176, 181, 184n. 79, 237, 240, 251
Virgil 维吉尔 160, 446n. 9, 451n. 16, 460-461, 463n. 31, 466
Virtue 美德 94-96, 209, 227-228, 323-324, 350-366, 447-448, 466-470
Vlastos, G. 弗拉斯托斯 36nn. 29, 30, 50n. 10, 63n. 42, 91n. 24, 92nn. 26-27, 110n. 12, 333n. 17, 485n. 11, 494n. 11
Voltaire 伏尔泰 315

Walzer, M. 瓦尔泽 507n. 23
War 战争 103, 158-160, 164, 239-240, 251, 262-264, 271-273, 402-405
Wave 波浪 452, 457
Wealth 财富 见 Money
Whitman, W. 惠特曼 31, 31n. 26, 32
Wiesel, E. 维泽尔 403-404, 415-416,

418，436

Williams, B. 威廉斯 124n. 6，204n. 12，206，206nn. 19-20，207-208，226，226n. 34，229，488n. 7

Winkler, J. 温克勒 147n. 11，174n. 60，186n. 81，422n. 28

Women 女性，女人 20-21，27-28，45，53-56，117-119，126，174-191，246-248，160-161，322-324，402，439-483

Xanthippe 克珊西普 93

Xenophon 色诺芬 118n. 32，184n. 80

Xenophones 色诺芬尼 256n. 22

Zampolli 赞波里 462n. 29，464n. 39

Zeno of Citium 基提翁的芝诺 6，54n. 21，322，334，343-344，346，372-373，378，398，428

Zeno of Sidon 西顿的芝诺 117n. 29

Zwierlein, O. 茨维莱因 450n. 15，458n. 23，475n. 52，476n. 54

译后记

1992年4月,都柏林三一学院,当时任教于布朗大学[1]的玛莎·努斯鲍姆受邀前来进行学术报告,主题是关于情感的本性。讲座当天,她收到母亲病危的消息,由于无法立刻安排回国的行程,她照常做了报告。在讲座结束后几十个小时之内,在宾馆房间里,在归途中,甚至在飞回美国的航班上,她不停地写作另一篇关于塞涅卡论"愤怒"的讲座文稿——直到航班降落在费城机场,她接到母亲刚刚去世的消息。[2] 这篇浸透了个人情感体验的哲学文稿,后来几经修改,构成了《欲望的治疗》一书的部分内容。[3]

24年之后,面对《纽约客》记者的采访,69岁的努斯鲍姆对于当时的情景依然无法释怀——她无法忘记当时是如何一面将自己投入高强度的哲学工作,一面又对自己如此冷静甚至高效的工作状态感到不安甚至内疚。在后来写作并修改《欲望的治疗》的过程中,甚至在作为哲学研究者的整个职业生涯里,她都不停地问自己:哲学思考究竟能够给人带来什么?如果哲学(或者说理性能力)真的像我们一直以来所相信的那样,能够根除人性中危险的激情,能够令人们面对最深刻的悲伤和最重大的厄运而始终保持平静,那么这真的是一件好事吗?当我们决定以哲学来治疗激情的时候,我们所付出的代价是什么?这种付出又总是值得的吗?……

努斯鲍姆从未摆脱这些问题的"纠缠",相反,她根本不曾寻求摆脱,而是不断地对此进行思考、写作、再反思、再写作……四年之后,她出版了《欲望的治疗》,书中涉及的思想家不止塞涅卡,而是以亚里士多德为起点,对希腊化时期的几个主要思想流派如斯多亚主义、伊壁鸠鲁主义以及怀疑论的文本和观点进行了细致的分析与阐述。她所讨论的主题也不仅限于愤

---

[1] 参见 Wikipedia, https://en.wikipedia.org/wiki/Martha_Nussbaum。
[2] 参见 Rachel Aviv, "Captain of Her Soul", in the *New Yorker*, 25 July, 2016。
[3] 尤其是第十一章,"塞涅卡论公共生活中的愤怒"。

怒、仁慈以及情感的本性，而是深入探究了哲学论证与治疗激情之间——或者说人性中理性部分与非理性部分之间——的关系，以此追问"究竟在什么意义上理性能够真正地、在实践层面上为人们承诺自由与幸福？"〔4〕在她看来，希腊化时期的哲学之所以格外重要且迷人，就是因为这些思想家直接面对"激情是否真的很危险"以及"应该如何根除激情"这样的问题，并给出了各自的思考和答案。而在《欲望的治疗》初版完成之后的 15 年间，努斯鲍姆不断地在各个层面和领域探索这些问题，为此写作并发表了大约 24 篇论文和 8 部论著（包括专著、译著、文集和主编的论文集）。〔5〕不仅如此，自 2009 年《欲望的治疗》修订再版、直到她在 2016 年接受《纽约客》的采访期间，她继续在不同场合、结合不同论题反复追问上述问题——甚至在接受采访之前，她刚刚出版的新著《愤怒与原谅》仍在系统地探讨塞涅卡对于这两种人类心理状态所提出的经典阐述。

　　事实上，无论是情感或激情，还是愤怒或仁慈，它们在人类生活中的地位及其与哲学论证之间的关系，一直是努斯鲍姆思考的主题。哲学家主要是靠理性来进行思索，而努斯鲍姆始终通过理性思考来关注人性中那些非理性的部分以及人类生活中那些无法用理性来把握和控制的东西。在她的第一部著作《亚里士多德的〈论动物的运动〉》中，努斯鲍姆就通过严谨的文本分析和高度技术性的论证辨析来讨论亚里士多德是如何理解**欲望**在人类行动的动机系统中所扮演的角色及其运行模式的。而自她的成名作《善的脆弱性》开始，努斯鲍姆则以一种更加自由也极为个性化的写作方式，结合哲学、文学以及个人体验来尝试着给予那些非理性的、偶然的因素以应有的关注，强调它们的重要性，既承认其偶然的、不可控的、威胁性和破坏性的一面，同时也充分肯定它们为人类生活带来的多元、丰富和优美的另一面。在她看来，这两个方面共同交织出人性以及人类的生活境况。但是，仅仅指出这一点是不够的——尽管在以理性主导并以分析见长的英美学术传统下，指出并强调这一点已经是一项艰难的工作，而她更想追究的是，这两个方面是**如何**构成了我们的整个人性和人类处境，当我们每一个个体发现自己正在面对这两个方面的冲突时，我们应该寻求什么样的立场和理由来推动自己做出判断并支持该判断，以便让自己在面对艰难处境时也仍然能够保持

---

〔4〕　参见本书初版导论。

〔5〕　参见本书再版导论后所附的作品清单。

内在的完整甚至高贵,并且在多年后也不会为当初做出的判断和选择而感到不安乃至后悔?

所有这些问题都有其哲学上的重要性,也不可避免地带有个体的独特性。事实上,对于努斯鲍姆而言,哲学一直都是与实际生活无法分割的东西,是她个人的体验和思考的独特场所。在《欲望的治疗》这本书中,这两个方面都表现得格外明显。因此,该书不仅在努斯鲍姆个人的生活体验和哲学反思层面具有重要意义,而且在公共性的学术研究层面也同样产生了重要影响。

对于英语世界希腊化哲学研究的整体发展而言,《欲望的治疗》无疑有其不容忽视的地位。正如努斯鲍姆自己在本书 2009 年新版导言中所说,如何对"希腊化时期的哲学思想"这个研究对象提出一个恰当的评价并给予其应有的地位,这是一项非常困难的工作。这不仅是因为希腊化时期的哲学文本佚失情况严重,人们很难准确而公正地重构各个学派的重要论证,而且也是因为希腊化哲学本身就有其复杂性和丰富性,其倾向和旨趣与古代主流的柏拉图-亚里士多德传统有所不同,与后来一般而言的西方哲学传统也有差别。[6]因此,充分地理解各个学派的思想要点并恰当地予以阐释和评价就成为一项格外艰难的任务。至少基于这两方面的原因,在很长一段时间里,英语学界对于希腊化哲学的研究处于相对薄弱的状态,[7]而即使在今天,在英美希腊化哲学研究自 20 世纪中期以降蓬勃发展了数十年之后,人们——无论是专业学者还是一般读者——对于希腊化思想仍然存在着颇多误解。[8]

鉴于上述考虑,《欲望的治疗》无论是在首次出版的 20 世纪 90 年代,还是在今天,都具有十分重要的意义。正如努斯鲍姆自己在 2009 版导言中所说,这本书的一个核心关注,就在于强调希腊化思想中的一些特点,以此来澄清人们长期以来对希腊化哲学的一些误解。在她看来,尤为关键的是要强调,希腊化哲学实际上极为看重哲学论证和理性能力本身,并对它们在人

---

[6] 参见本书 2009 年再版导言。

[7] 关于英美学界希腊化哲学研究的大致发展状况,参见 A. A. Long, *Hellenistic Philosophy*, Duckworth, 1974; 以及 K. Algra, *et al* eds., *The Cambridge History of Hellenistic Philosophy*, Cambridge: Cambridge University Press, 2002。

[8] 参见 2009 版导言。

类生活中的积极作用有着根深蒂固的信仰和承诺,而不是像人们通常认为的那样,由于推崇非哲学的、反对论证的个人化论述方式而低估哲学论证本身。在这样一个基本前提下,努斯鲍姆着重指出,希腊化哲学在现实世界中的重要贡献,就在于它表明了具体的社会条件是如何塑造了人们的情感、欲望和思想。[9] 正是在论证这一点的过程中,努斯鲍姆引导读者和研究者注意到希腊化哲学中的一些重要元素(例如哲学论证的治疗因素)[10],澄清了一部分误解,[11] 同时也贡献了极为出色的文本分析。[12] 即使在今天,《欲望的治疗》的上述贡献依然为读者和专业研究者所重视,无论是对人们了解一般而言的希腊化哲学来说,还是针对某个具体的主题(例如情感)进行深入研究来说,这本书都是绝佳的入门导读和最重要的参考文献之一。

努斯鲍姆在本书中所做出的上述贡献,与她一直以来的关注焦点及其所坚持的方法论有关。首先,她在阐释哲学思想的时候非常重视将哲学论证本身与相关的历史语境及文学传统结合起来,强调将哲学文本放入具体的语境中加以分析。[13] 其次,她擅长将普遍的哲学命题与具体的个人处境和体验放在一起,考察其中可能蕴含的张力甚至冲突,由此剥离出对于哲学研究和个人生活来说都具有重要意义的问题。她在书中提到,希腊化哲学接受并发展了一个重要认识,"哲学,若想有效地把握情感,就得进入冷静的论辩无法触及的个性深处"。[14] 而在某种意义上,努斯鲍姆自己其实也在做同样的工作。第三,她充分重视非理性部分在哲学思考和人类生活中的作用,尽力用一种更为开阔、同时也更加细腻敏锐的视角去审视欲望、激情和情感对于人类而言的复杂性。上述特点构成了她的个人视角与风格,而她对于这些特征的自我意识与坚持则推动着她不断发掘出古代哲学传统

---

[9] 参见本书出版导言,原书页码第 11 页。

[10] 参见 D. Baltzly, "Stoicism", *The Stanford Encyclopedia of Philosophy* (Spring 2014 Edition), Edward N. Zalta (ed.)。

[11] 例如人们一度认为,斯多亚学派所设想的"有智慧的人"是一个完全免受激情控制、能够抑制情感甚至没有冲动的人,而这种误解为斯多亚学派招致了很多批评。相关论述参见 P. Donini, in *The Cambridge History of Hellenistic Philosophy*, p.723。

[12] 例如本书第五章"超越痴迷和厌恶:卢克莱修论爱欲的治疗"。相关评论参见 B. Williams, 'Do not disturb', in the *London Review of Books*, Vol.16, No.20, 20 October, 1994。

[13] 参见本书初版导论

[14] 参见原书页码第 99 页。

内部容易为人忽略的重要问题,并运用这些问题以及相关的见解来审视人类生活的现状。

作为当代美国最有影响、在公共事务领域最为活跃的哲学家之一,努斯鲍姆对于西方知识界的意义已经远远超出了古代哲学研究、甚至一般而言的哲学研究的范畴。近年来,她通过教学、写作和公共演讲等方式,不断地为伦理学、法学、政治学以及文化评论等领域的前沿问题贡献自己的思考。她所关注和讨论的焦点也已经远远超出了理论哲学本身,而是更多地涉及各种实践层面的问题。但是,就像她在《欲望的治疗》中选择亚里士多德哲学作为起点来讨论希腊化哲学中的治疗性特征以及哲学—医学类比一样,每当她着手反思并探讨人类生活中最困难的或者最现实的问题(抑或二者)时,无论是有意还是无意,她都会选择自己最为亲近的古代哲学和思想——尤其是希腊悲剧、亚里士多德以及塞涅卡——作为理论资源,从中获取某种角度或者动力来阐释、分析并呈现当前问题的核心症结。正是从她的这种写作和思考中,古代哲学研究也不断获得新的动力,并由此产生新一轮的争论和反思,由此推动人们重读文本并生出对于"老问题"的新认识。就此而言,《欲望的治疗》与其"姊妹篇"《善的脆弱性》一样,对于每一个对哲学本身(无论是古代还是当代)感兴趣、并且不肯停止追究哲学对于人类生活有何种意义的读者来说,都是最有趣的向导、最好的论辩对手和最迷人的伙伴。

本书由徐向东和陈玮共同翻译完成,其中陈玮翻译了第十一章和第十二章,其余部分由徐向东译出。我们共同完成了整部译稿的审校与修订。在这个过程中,我们得到了很多师友热情而无私的帮助:特别感谢何博超,他帮助我们翻译了几乎所有的拉丁文引文。感谢刘哲和曾怡翻译了法文引文。感谢葛天勤协助我们校对了整部译稿并且澄清了很多缩写和专名方面的翻译错误。感谢程炜、詹文杰帮助校对了部分译稿并给出了极为细致有益的修改意见。尤其要感谢刘津瑜老师、徐晓旭老师和花威兄,他们帮助我们查找资料、核对文本并解答了翻译中的疑难问题……最后还要感谢本书作者,当我们为了某个概念的理解而争执不下的时候,努斯鲍姆教授非常耐心且极其清晰地通过邮件解答了我们的困惑。

《欲望的治疗》的翻译是一项困难的工作,由于我们在知识和语言能力方面存在颇多不足甚至匮乏,因此可以毫不夸张地说,如果没有这些师友的慷慨帮助,本书的翻译就不可能完成。而最令我们感动的是,每次当我们遇到问题时，他们从来都是放下手头已经十分繁重的工作和课业，第一时间为我们解答问题、查找资料和翻译引文——有很多翻译和校对的工作都是他们放弃休息、甚至熬夜帮我们完成的，有的师友甚至在出差途中、在火车和汽车上也不忘用手机帮助我们确定缩写并推敲译法……如果说，哲学理解与表达在根本上是一项极为困难的任务，从而有时候难免会令人心生疑惑、自卑甚至绝望的话，那么在翻译这本书的过程中，我们所获得的这些支持和帮助令我们认识到，使哲学以及人类的好生活最终成为可能的，不是一个人的理性能力，而是一个互相支持、彼此信赖的、温暖的学术共同体。

最后，我们要特别感谢这本书的编辑王晨玉女士，是她以卓越的专业水准、包容和高度的责任心守护了这本书。同时我们也要感谢方书春前辈及其翻译的卢克莱修《物性论》，以及罗晓颖、吴小锋编译的《菜园哲人伊壁鸠鲁》，感谢他们卓越的工作成果为我们在翻译相关章节时提供了宝贵的参考。

尽管有这么多人的帮助和守护，但是由于译者的水平有限，错漏之处在所难免。虽几度校订修改，仍有不尽之处，烦请读者诸君不吝来信指出错误（译者邮箱 ctt117@zju.edu.cn），我们会在再版时加以修改。在此先行致谢！

徐向东　陈玮

2017 年 8 月 18 日